Directeur de collection
Philippe GLOAGUEN
Cofondateurs
Philippe GLOAGUEN et Michel DUVAL
Rédacteur en chef
Pierre JOSSE
assisté de
**Benoît LUCCHINI, Yves COUPRIE,
Florence BOUFFET, Solange VIVIER,
Olivier PAGE et Véronique de CHARDON**

LE GUIDE DU ROUTARD

1993/94

ÉTATS-UNIS
(Côte Ouest et Rocheuses)

Hachette

Hors-d'œuvre

Le G.D.R., ce n'est pas comme le bon vin, il vieillit mal. On ne veut pas pousser à la consommation, mais évitez de partir avec une édition ancienne. D'une année sur l'autre, les modifications atteignent et dépassent souvent les 40 %.

Chaque année, en juin ou juillet, de nombreux lecteurs se plaignent de voir certains de nos titres épuisés. A cette époque, en effet, nous n'effectuons aucune réimpression. Ces ouvrages risqueraient d'être encore en vente au moment de la publication de la nouvelle édition. Donc, si vous voulez nos guides, achetez-les dès leur parution. Voilà.

Nos ouvrages sont les guides touristiques de langue française les plus souvent révisés. Malgré notre souci de présenter des livres très réactualisés, nous ne pouvons être tenus pour responsables des adresses qui disparaissent accidentellement ou qui changent tout à coup de nature (nouveaux propriétaires, rénovations immobilières brutales, faillites, incendies...). Lorsque ce type d'incidents intervient en cours d'année, nous sollicitons bien sûr votre indulgence. En outre un certain nombre de nos adresses se révèlent plus « fragiles » parce que justement plus sympa ! Elles réservent plus de surprises qu'un patron traditionnel dans une affaire sans saveur qui ronronne sans histoires.

Spécial copinage

– *Restaurant Perraudin :* 157, rue Saint-Jacques, 75005 Paris. ☎ 46-33-15-75. Fermé le dimanche. A deux pas du Panthéon et du jardin du Luxembourg, il existe un petit restaurant de cuisine traditionnelle. Lieu de rencontre des éditeurs et des étudiants de la Sorbonne, où les recettes d'autrefois sont remises à l'honneur : gigot au gratin dauphinois, pintade aux lardons, pruneaux à l'armagnac. Sans prétention ni coup de bâton. D'ailleurs, c'est notre cantine, à midi.

Un grand merci à Hertz, notre partenaire, qui facilite le travail de nos enquêteurs, en France et à l'étranger.

IMPORTANT : les routards ont enfin leur banque de données sur Minitel : 36-15 (code ROUTARD). Vols superdiscount, réductions, nouveautés, fêtes dans le monde entier, dates de parution des G.D.R., rancards insolites et... petites annonces. Et une nouveauté, le QUIZ DU ROUTARD ! 30 questions rigolotes pour – éventuellement – tester vos connaissances et, surtout, gagner des billets d'avion. Alors, faites mousser vos petites cellules grises !

Hôtels, pensions, restos... mode d'emploi

En raison de l'inflation galopante dans une majorité de pays, il n'est plus possible d'indiquer les prix des hôtels et des restos. Souvent, en moins d'un an, la différence entre les prix relevés et ceux en vigueur au moment de la première diffusion du guide peut être très importante. Aussi avons-nous adopté le système des fourchettes de prix en instituant des catégories : bon marché, prix moyens et plus chic. Ces catégories varient selon les pays. Si les hôtels pas chers d'un pays se situent autour de 15 F, ceux qui s'affichent à 50 F appartiendront bien sûr à la rubrique « Prix moyens », et ceux qui coûtent 100 F et au-delà à celle « Plus chic ». Il est évident que pour un pays débutant à 100 F pour ses hôtels les moins chers, les autres rubriques seront décalées d'autant.

Avantage : l'inflation étant la même pour tout le monde, s'il y a élévation globale du coût de la vie, les prix augmentent simultanément. La seule chose imprévisible, c'est qu'un hôtel ou un restaurant change de standing (en bien ou en mal) et passe donc dans une autre catégorie. Dans ce cas de figure, assez rare il faut le dire, nous sollicitons bien sûr l'indulgence légendaire de nos lecteurs.

© Hachette, 1993
Tous droits de traduction, de reproduction
et d'adaptation réservés pour tous pays.

© Cartographie Guides Bleus

TABLE DES MATIÈRES

COMMENT ALLER AUX ÉTATS-UNIS ?

- Lignes régulières 14
- Organismes de voyages 15

GÉNÉRALITÉS

- Adresses utiles, formalités.. 38
- Argent, banques, change ... 40
- Boisson 42
- Budget 44
- Cigarettes 46
- Climat 46
- Courant électrique 46
- Cuisine 48
- Fêtes, jours fériés 50
- Hébergement 50
  ● Les YMCA ● Les campings ● Les terminaux de bus ● Les motels ● Échange d'appartements ● Louer un appartement ● Vivre dans une famille américaine
- Histoire 58
  ● Le Nouveau Monde ● Le détroit de Béring ● La découverte ● Les premières tentatives de colonisation ● L'arrivée des Anglais ● La Nouvelle-Angleterre ● Les Français et le Nouveau Monde ● William Penn et les Quakers ● La « Boston Tea Party » et l'indépendance ● L'esclavagisme et la guerre de Sécession ● L'immigration massive ● L'arrivée dans le club des Grands ● McCarthy et les listes noires ● Le mal de vivre ● La ségrégation ● Ordre mondial et désordre national
- Les Indiens 70
  ● Les guerres indiennes ● Un Indien assimilé est un Indien mort ● L'Indien, multi-racial mais non multi culturel
- Magasins, achats 72
- Mesures 73
- Orientation 74
- Poste, télécommunications, téléphone 74
- Routes 76
- Santé 76
- Savoir-vivre 78
- Sites, monuments 78
- Transports intérieurs 78
- Travailler aux États-Unis 89

LA CALIFORNIE

- SAN FRANCISCO 91
  ● Sausalito ● San Rafaël ● Berkeley ● Stanford University
- LA VALLÉE DU VIN 137

De San Francisco à Los Angeles par la côte.... 139

- SAN JOSE 140
- MONTEREY 140
- CARMEL 142
- HEARST CASTLE 143
- SAN LUIS OBISPO 145
- SOLVANG 146
- SANTA BARBARA 146
  ● Chanel Islands

De San Francisco à Los Angeles par l'intérieur. 152

- SACRAMENTO 152
- SOUTH LAKE TAHOE 152
- YOSEMITE NATIONAL PARK 154
- BODIE 159
  ● La belle histoire des villes fantômes et de la ruée vers l'or
- LONE PINE 160
- DEATH VALLEY 161
- LOS ANGELES 165
  ● Pasadena ● Hollywood ● Studios Universal ● Beverly Hills ● Midtown ● Westwood ● Venice ● Santa Monica ● Malibu
- ANAHEIM 207
  ● Disneyland ● La côte sud
- CALICO 212
- SAN DIEGO 213
  ● Ramona ● Julian ● Le désert d'Anzo Borrego ● Joshua Tree National Park ● Tijuana

LE MIDDLE WEST (SUD)

- LAS VEGAS 226
- PHOENIX 238
- TUCSON 244
  ● Biosphère 2
- TOMBSTONE 247
- BISBEE 250
- FLAGSTAFF 251

TABLE DES MATIÈRES

- LE CANYON DU COLORADO 254
  - ● Rive sud ● Rive nord
- LES RÉSERVES D'INDIENS 263
- LE TERRITOIRE HOPI 265
- GALLUP 266
- LE CANYON DE CHELLY 267
- MONUMENT VALLEY 268
- PAGE ET LE LAC POWELL 271
- BRYCE CANYON NATIONAL PARK 273
- ZION NATIONAL PARK 275
- CANYONLANDS NATIONAL PARK 277
- ARCHES NATIONAL PARK ET MOAB 277
- DURANGO 280
- MESA VERDE NATIONAL PARK 282
- TAOS 283
- SANTA FE 286
- ALBUQUERQUE 290
- DALLAS 292

LE MIDDLE WEST (NORD)

- Vers le mont Rushmore 295
- LE MONT RUSHMORE 295
- DEVIL'S TOWER NATIONAL MONUMENT 295
- CHEYENNE 295
- CODY 296
- YELLOWSTONE NATIONAL PARK 298
- GRAND TETON NATIONAL PARK 303
- JACKSON HOLE 304
- SALT LAKE CITY 305

- INDEX 316

UN NOUVEAU GUIDE DU ROUTARD

4000 adresses en France : auberges de campagne, tables du terroir sélectionnées par région sur des critères d'authenticité, de qualité, d'accueil et de prix.

UNE CARTE DE LA FRANCE
35 PLANS DE GRANDES VILLES
600 PAGES.

HÔTELS & RESTOS de FRANCE

Les étapes buissonnières

LES GUIDES DU ROUTARD 1993-1994

(dates de parution sur le 36-15, code ROUTARD)

France

1 - Alpes
2 - Aventures en France
3 - Bretagne
4 - Hôtels et restos de France
5 - Languedoc-Roussillon
6 - Midi-Pyrénées
7 - Paris
8 - Provence-Côte d'Azur, Corse
9 - Restos et bistrots de Paris
10 - Sud-Ouest
11 - Val de Loire
12 - Week-ends autour de Paris

Afrique

13 - Afrique noire
    Sénégal
    Mali, Mauritanie
    Gambie
    Burkina Faso (Haute-Volta)
    Niger
    Togo
    Bénin
    Côte-d'Ivoire
    Cameroun
14 - Maroc
15 - Tunisie

Asie

16 - Égypte, Israël, Jordanie, Yémen
17 - Inde, Népal, Ceylan
18 - Indonésie
19 - Malaisie, Singapour
20 - Thaïlande, Hong Kong et Macao
21 - Turquie

Europe

22 - Allemagne, Autriche (nouveauté 93)
23 - Amsterdam (mini-Routard)
24 - Espagne
25 - Europe du Nord
    Danemark
    Suède
    Norvège
    Finlande
    Islande
26 - Grande-Bretagne
27 - Grèce
28 - Irlande
29 - Italie du Nord (nouveauté 93)
30 - Italie du Sud (nouveauté 93)
31 - Pays de l'Est
32 - Portugal

Amériques

33 - Antilles
34 - Brésil
35 - Canada
36 - Chili, Argentine
37 - États-Unis (Côte Ouest et Rocheuses)
38 - États-Unis (Côte Est et Sud)
39 - Mexique, Guatemala
40 - New York (mini-Routard)
41 - Pérou, Bolivie, Équateur

et bien sûr...

42 - Le Manuel du Routard
43 - L'Atlas du Routard
44 - La Bibliothèque du Routard

NOS NOUVEAUTÉS PARUES ET A PARAITRE

ALLEMAGNE, AUTRICHE : deux pays aux personnalités bien différentes. En Allemagne, efficacité, travail, et prospérité. Les performances du système ont bizarrement amené sa contestation : écologie, refus du nucléaire, droits de la femme... L'Allemagne n'est décidément plus ce qu'elle était, mais une nation qui s'interroge devient tout à coup passionnante. L'Autriche, ambivalente, ne l'est pas moins. Ici, musique et romantisme cohabitent. Des hauts lieux historiques pleins de fastes et de mystère. Le tout dans une nature toujours somptueuse.

ITALIE DU NORD et ITALIE DU SUD : un pays si riche mérite bien deux guides. Des vestiges à n'en plus finir et des paysages qui respirent l'éternité. Et aussi le vin de Frascati, les courses en Vespa (sans casque), le cappuccino, la siesta, les gelati, et les musées « chiuso ». Mais n'oubliez surtout pas les Italien(nes). Ils ont choisi la folie des passions.

HÔTELS ET RESTOS DE FRANCE : notre best-seller absolu. Pour cette 2ᵉ édition : 500 nouvelles adresses ; un guide qui sent bon la France.

LES MINI-ROUTARDS

Mini-prix, mini-format : adresses, conseils, visites et renseignements utiles.

AMSTERDAM : une ville étonnante à guère plus de 500 km de Paris. Son visage change nonchalant au gré des canaux et de la lumière du jour. Perchés sur des milliers de pilotis, les édifices se serrent les uns contre les autres comme de vieux copains. Calme trompeur.

NEW YORK : une ville suffisamment exceptionnelle pour mériter son propre guide.

NOUVEAU : depuis le temps qu'on en rêvait... On a enfin notre disque ! LE DISQUE DU ROUTARD est désormais disponible chez tous les disquaires, sous forme de CD 17 titres (avec livret de 28 pages) ou de K7 (avec trois titres en prime). Nous avons voulu ce disque éclectique (rock, blues, reggae, new wave) pour satisfaire toutes les générations de routards, tout en vous faisant partager nos passions (Marley, Clash, La Mano Negra, Leonard Cohen, etc.). Les titres sélectionnés ont en tout cas un point commun : ils chantent la route et évoquent le voyage, on s'en serait douté !... A vos bacs ! (Sony Music.)

Pour voyager tranquille:
ASSUREZ AVEC TREKKING®

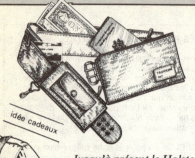

idée cadeaux

Utilisée par de nombreux concurrents du Rallye Paris-Dakar, la ceinture MULTI-POCHES est l'indispensable protection contre la perte et le vol. 5 poches intégrées pour : passeport, booknotes, chéquier, portefeuille etc... Imperméabilisée, très résistante. 3 tailles réglables.
A partir de 250 F.*

Jusqu'à présent le Holster était exclusivement utilisé pour porter une arme. Désormais nous vous proposons un usage plus pacifique : le HOLSTER PORTEFEUILLE.
En toute discrétion il protègera vos papiers et argent. Réglable en 4 positions pour un confort maxi., absolument invisible sous une veste ou un blouson. A partir de 190 F.*

*Pour ne pas perdre le Nord :
la MONTRE-BOUSSOLE* :
- Dessus c'est une superbe montre de plongée étanche à 100 m, mouvement à quartz.
- Dessous découvrez une boussole d'explorateur très précise !
Fabrication SUISSE. Garantie 1 an. A partir de 2200 F.*

Cette superbe ceinture a un secret : elle est équipée d'une ouverture interne pour ranger à l'abri des voleurs des billets de banque ! La ceinture PORTE-BILLETS est indispensable en voyages, week-end, lorsque les banques sont fermées... A partir de 95 F.

*Brevetés. Modèles déposés.

150 articles inédits et exclusifs pour votre sécurité, des idées cadeaux à tous les prix à découvrir d'urgence dans ce nouveau CATALOGUE DU GLOBE TROTTER

MINITEL
3615 code TREK

TREKKING®
La griffe des grands migrateurs

le catalogue
globe-trotter

SANS ENGAGEMENT Veuillez m'envoyer
le CATALOGUE DU GLOBE-TROTTER ainsi que la liste
complète de vos dépositaires agréés (maroquiniers, grands magasins, sport...)

NOM : .... PRÉNOM : ....
ADRESSE : ....
LOCALITE : .... C.P. |__|__|__|__|__|

Retournez ce coupon aujourd'hui même à : **GALERIE DAVSO 27, rue Davso - 13001 MARSEILLE**
(Joindre 3 timbres à 2,50 F pour frais d'envoi)

ROUTARD ASSISTANCE

VOS ASSURANCES TOUS RISQUES VOYAGE

VOTRE ASSISTANCE "MONDE ENTIER" LA PLUS ETENDUE !

RAPATRIEMENT MEDICAL .... 1.000.000 FF.
(au besoin par avion sanitaire)

TOUS VOS SOINS : MEDECINE, CHIRURGIE, HOPITAL   2.000.000 FF.
GARANTIS A 100 % DU COUT TOTAL et SANS FRANCHISE

HOSPITALISE ! **RIEN** A PAYER... (ou entièrement remboursé)

BILLET GRATUIT DE RETOUR DANS VOTRE PAYS :   **BILLET GRATUIT**
En cas de décès (ou état de santé alarmant) d'un proche parent   **(de retour)**

* BILLET DE VISITE POUR UNE PERSONNE DE VOTRE CHOIX   **BILLET GRATUIT**
si vous êtes hospitalisé plus de 5 jours   **(aller-retour)**

Rapatriement du corps - Frais réels   **Sans limitation**

AVEC ALLIANZ - VIA
Premier Assureur Européen

RESPONSABILITE CIVILE "VIE PRIVEE"

Dommages CORPORELS ..... garantie totale à 100 %   **SANS LIMITATION**
Dommages MATERIELS ...... garantie totale à 100 % **20.000.000 FF.**
(dommages causés aux tiers)   **AUCUNE FRANCHISE**

EXCLUSION RESPONSABILITE CIVILE AUTO : ne sont pas assurés les dommages causés ou subis par votre véhicule à moteur : ils doivent être couverts par un contrat spécial : ASSURANCE AUTO.

ASSISTANCE JURIDIQUE (Accident) .... 3.000.000 FF.
CAUTION PENALE .... 50.000 FF.
AVANCE DE FONDS en cas de perte ou vol d'argent 5.000 FF.

VOTRE ASSURANCE PERSONNELLE "ACCIDENTS"

Infirmité totale et définitive .... 500.000 FF.
Infirmité partielle - (SANS FRANCHISE) .... **de 1.000 à 495.000 FF.**
Préjudice moral : dommage esthétique .... 100.000 FF.
Capital DECES .... 20.000 FF.

VOTRE ASSURANCE PERSONNELLE "ACCIDENTS"

ASSURANCE TOUS RISQUES DE VOS BAGAGES : .... 6.000 FF.
Vêtements, objets personnels pendant toute la durée de votre voyage à l'étranger : vol, perte, accidents, incendie,
dont APPAREILS PHOTO et objets de valeurs   2.000 FF.

COMBIEN ÇA COUTE ?   VOIR
80 F TTC par semaine (jusqu'à 35 ans)   AU
                                              DOS
Informations complètes sur
MINITEL 36.15 code **ROUTARD**

ROUTARD ASSISTANCE

MON ASSURANCE TOUS RISQUES *

NOM ☐☐☐☐☐☐☐☐☐☐☐☐☐☐☐☐☐☐☐☐☐
M. Mme Mlle

PRENOM ☐☐☐☐☐☐☐☐☐☐☐☐☐☐☐ AGE ☐☐

ADRESSE PERSONNELLE ☐☐☐☐☐☐☐☐☐☐☐☐☐

☐☐☐☐☐☐☐☐☐☐☐☐☐☐☐☐☐☐☐☐☐☐☐☐☐

☐☐☐☐☐☐☐☐☐☐☐☐☐☐☐☐☐☐☐☐☐☐☐☐☐

CODE POSTAL ☐☐☐☐☐ TEL. ☐☐☐☐☐☐☐☐

VILLE ☐☐☐☐☐☐☐☐☐☐☐☐☐☐☐☐

VOYAGE DU ☐☐☐☐☐☐ AU ☐☐☐☐☐☐ = ☐☐
SEMAINES

DESTINATION PRINCIPALE : ....

C.E.E. ou EUROPE ou MONDE ENTIER (à entourer)

Calculez votre tarif selon la durée de votre voyage en SEMAINES.
Informations complètes : MINITEL 36.15 code ROUTARD.
℡ **(1) 42 85 29 29**

Faites des copies de cette page pour assurer vos compagnons de voyage.

> *1993 ! CES CONDITIONS ANNULENT ET REMPLACENT
> LES PRECEDENTES ! JUSQU'AU 1.10.93.*

Pour un TRES GRAND VOYAGE, demandez
"ROUTARD ASSISTANCE" T.G.V.

Prix spécial "JEUNES" de   80 F x ☐☐ = ☐☐☐☐☐ FF.
                                SEMAINES

Jusqu'à 2 ans et de 36 à 60 ans : **Majoration 50%** + ☐☐☐☐☐ FF.

PRIX A PAYER ☐☐☐☐☐ FF.

Faites de préférence, un seul chèque pour tous les assurés, à l'ordre de :
"ROUTARD ASSISTANCE" **A.V.I. International**
90 et 92, rue de la Victoire - 75009 PARIS - Tél. 42 85 29 29
METRO : AUBER - OPERA

Je veux recevoir très vite ma *Carte Personnelle d'Assurance.*

Si je n'étais pas **entièrement** satisfait,
je la retournerais pour être remboursé, **aussitôt !**

JE DECLARE ETRE EN BONNE SANTE, ET SAVOIR
QUE LES MALADIES OU ACCIDENTS ANTERIEURS
A MON INSCRIPTION, NE SONT PAS ASSURES.

SIGNATURE :

Contrats d'**ALLIANZ** et **GESA** Assistance
souscrits et gérés par **A.V.I. International.**

USA - OUEST

Los Angeles à partir de 3200 F

- ❏ Vols à tarifs réduits
- ❏ Circuits organisés et à la carte
- ❏ Circuit moto dans les Rocheuses
- ❏ Hôtels, location de voiture, motorhome, moto

Demandez notre brochure
AMERIQUES

nouveau monde VOYAGES

Prix à dates spécifiques
au 1er novembre 92

8, rue Mabillon	75006 PARIS	Tél.: (1) 43 29 40 40
55, cours Pasteur	33000 BORDEAUX	Tél.: 56 92 98 98
8, rue Bailli de Suffren	13001 MARSEILLE	Tél.: 91 54 31 30
6, pl. Edouard Normand	44000 NANTES	Tél.: 40 89 63 64 - lic. 1171

Seul l'oiseau
n'a pas besoin
d'Air Monde Assistance

AVANT DE VOUS ENVOLER
SURVOLEZ CE TARIF MONDE ENTIER
D'AIR MONDE ASSISTANCE

DURÉE DU VOYAGE	INDIVIDU	FAMILLE*
1 à 17 jours	210 F	570 F
18 à 31 jours	280 F	760 F
32 à 60 jours	490 F	1 320 F
61 à 90 jours	720 F	1 940 F
91 à 180 jours	1 050 F	2 840 F
181 à 270 jours	1 600 F	4 320 F
271 à 365 jours	2 150 F	5 810 F

GARANTIES MONDE ENTIER :
écrivez ou téléphonez
à A.S.T.
(1) 42.85.26.61

*Famille : parents et enfants vivant sous le même toit.

AIR MONDE ASSISTANCE EST UNE EXCLUSIVITE A.S.T.

ASSURANCE SPORTS ET TOURISME
5, rue Bourdaloue - 75009 Paris - (1) 42.85.26.61

Et pour cette chouette collection, plein d'amis nous ont aidés :

Albert Aidan
Véronique Allaire
Catherine Allier
Bertrand Aucher
Aneta Bassa
René Baudoin
Jean-Louis de Beauchamp
Lotfi Belhassine
Nicole Bénard
Cécile Bigeon
Alexandre Blanzat et Sophie Delahaye
Philippe Bordet
Hervé Bouffet
Francine Boura
Pierre Brouwers
Jacques Brunel
Justo Eduardo Caballero
Danièle Canard
Daniel Célerier
Jean-Paul Chantraine
Bénédicte Charmetant
Pascal Chatelain
Sandrine Couprie
Marjatta Crouzet
Roger Darmon
Marie-Clothilde Debieuvre
Olivier Debray
Jean-Pierre Delgado
Éric Desneux
Stéphane Diederich
Luigi Durso
Sophie Duval
François Eldin
Henri Escudier
Éric et Pierre-Jean Eustache
Alain Fisch
Leonor Fry
Jean-Luc Furette
Bruno Gallois
Carl Gardner
Alain Garrigue
Carole Gaudet
Cécile Gauneau
Michèle Georget
Gilles Gersant
Michel Girault
Florence Gisserot
Hubert Gloaguen
Jean-Pierre Godeaut
Vincenzo Gruosso
Jean-Marc Guermont
Florence Guibert
Patrick Hayat
Philippe Heim
François Jouffa
Jacques Lanzmann
Alexandre Lazareff
Denis et Sophie Lebègue
Ingrid Lecander
Patrick Lefèbvre
Raymond et Carine Lehideux
Martine Levens
Astrid Lorber
Kim et Lili Loureiro
F.X. Magny et Pascale
Jenny Major
Fernand Maréchal
Alain Marx
Constance Mathieu et Agathe Laurent
Francis Mathieu
Emmanuel Mellier
Corine Merle
Jean-Paul Nail
José Emanuel Naugueira-Ramos
Pierre Pasquier
Odile Paugam et Didier Jehanno
Francisco Pena-Torre
Bernard Personnaz
Jean-Pierre Picon
Jean-Alexis Pougatch
Michel Puyssegur
Antoine Quitard
Edmond Richard et Sophie Bayle
Catherine Ronchi
Frédérique Scheibling-Seve
Roberto Schiavo
Patricia Scott-Dunwoodie
Patrick Ségal
Julie Shepard
Jean-Luc et Antigone Schilling
Charles Silberman
Isabelle Sparer
Régis Tettamanzi
Stéphane Thibaut
Jean-Claude Vaché
Yvonne Vassart
Marc et Shirine Verwhilgen
Axel Villette
François Weill

Nous tenons à remercier tout particulièrement **Patrick de Panthou** pour sa collaboration régulière.

Direction : Adélaïde Barbey
Secrétariat général : Michel Marmor
Édition : Isabelle Jendron et François Monmarché
Secrétariat d'édition : Yankel Mandel et Christian Duponchelle
Préparation lecture : Claire Boucher
Cartographie : René Pineau et Alain Mirande
Fabrication : Gérard Piassale et Françoise Jolivot
Direction des ventes : Marianne Richard, Lucie Satiat et Jean-Loup Bretet
Direction commerciale : Jérôme Denoix et Anne-Sophie Buron
Informatique éditoriale : Catherine Julhe et Marie-Françoise Poullet
Relation presse : Catherine Broders, Danielle Magne, Caroline Lévy, Cécile Dick et Martine Leroy
Service publicitaire : Claude Danis et Marguerite Musso

COMMENT ALLER AUX ÉTATS-UNIS ?

LES LIGNES RÉGULIÈRES

▲ **AIR FRANCE** propose des « vols-vacances » sur New York et Montréal. La baisse du prix est justifiée par une simplification du service à bord et par l'augmentation du nombre de sièges. Attention aux durées de séjour obligatoires : de 14 à 60 jours. Air France dessert aussi Chicago, Washington, Los Angeles, Miami, San Francisco, Boston et Houston à raison de 3 à 7 vols hebdomadaires suivant la période et la destination.
Une nouvelle ligne relie Paris à New York (aéroport de Newark) chaque jour à 10 h 30 au départ de Paris-Orly ; arrivée à Newark à 12 h 35 (heure locale). Dans l'autre sens, l'avion quitte Newark à 18 h (heure locale) pour arriver à Orly-Sud le lendemain à 7 h. Sur ce vol, le tarif « super Apex » est applicable.
AIR FRANCE propose des vols directs sur New York au départ de Lyon et Nice. Nouveau et intéressant : AIR FRANCE (y compris les vols-vacances) offre la possibilité d'*open jaw*. Ce mot barbare signifie que l'on peut par exemple arriver par New York et repartir par Los Angeles. 4 vols directs par semaine sur San Francisco. Intéressants tarifs « Visite » et « Jeunesse » pour les moins de 21 ans.
SABENA, la compagnie nationale belge, propose des tarifs Super-Apex sur New York, Boston, Chicago, Detroit et Atlanta.
– *AIR FRANCE :* 119, Champs-Élysées, 75008 Paris. ☎ 45-35-61-61. M. : George-V. Et dans les agences de voyages.

▲ **SABENA**, la compagnie nationale belge, propose des tarifs super Apex sur New York, Boston, Chicago, Detroit et Atlanta.
– *SABENA :* 19, rue de la Paix, 75002 Paris. ☎ 47-42-76-00. M. : Opéra.

● Plusieurs grandes compagnies américaines desservent aussi Paris. New York-Paris avec *American Airlines, Continental Airlines, Pan Am, Tower Air* et *TWA*. Au départ de Chicago ou de Washington, avec *United Airlines ;* au départ de Detroit avec *Northwest Airlines* et, enfin, au départ d'Atlanta ou de Cincinnati-Orlando avec *Delta Airlines.*

▲ **AMERICAN AIRLINES :** 109, rue du Faubourg-Saint-Honoré, 75008 Paris. ☎ 42-89-05-22 ou 03-46. M. : Saint-Philippe-du-Roule. Ouvert de 9 h à 18 h. Numéro vert province : ☎ 05-23-00-35.

▲ **CANADIAN AIRLINES INTERNATIONAL :** 24, avenue Hoche, 75008 Paris. ☎ 49-53-07-07. Fax : 49-53-04-81. La compagnie régulière canadienne propose des tarifs vacances et Apex très intéressants sur Montréal et Toronto, avec des liaisons sur les États-Unis. Également un *pass* Canada-États-Unis-Hawaii.

▲ **DELTA AIRLINES :** 4, rue Scribe, 75009 Paris. ☎ 47-68-92-92. M. : Opéra. Ouvert de 9 h à 18 h. Numéro vert province : ☎ 05-35-40-80. Si on utilise le Delta Pass, le billet international est demandé à chaque étape.

▲ **NORTHWEST AIRLINES :** 16, rue Chauveau-Lagarde, 75008 Paris. ☎ 42-66-90-00. M. : Madeleine. Ouvert de 9 h à 18 h. Numéro vert province : ☎ 05-00-02-80.

▲ **TWA :** 6, rue Christophe-Colomb, 75008 Paris. ☎ 47-20-62-11. M. : George-V. Ouvert du lundi au vendredi de 9 h à 18 h, le samedi jusqu'à 17 h.

▲ **UNITED AIRLINES :** 34, avenue de l'Opéra, 75002 Paris. ☎ 48-97-82-82. M. : Opéra. Numéro vert province : ☎ 05-01-91-38. Ouvert de 9 h à 18 h.

ORGANISMES DE VOYAGES

▲ **ACCESS VOYAGES**
– *Paris*, 6, rue Pierre-Lescot, 75001. ☎ 40-13-02-02 et 42-21-46-94. Fax : 45-08-83-35. M. : Châtelet-Les Halles.
– *Lyon :* Tour Crédit Lyonnais, 129, rue Servient, 69003. ☎ 78-63-67-77. Fax : 78-60-27-80.
Vendu aussi dans les agences de voyages.
Le spécialiste des Amériques pour les billets d'avion à prix réduit sur vols réguliers avec réservation, desservant plus de 70 destinations aux États-Unis (25 villes desservies en direct), au Canada, et en Amérique du Sud. Des liaisons de plus en plus diversifiées sur l'Amérique du Sud, l'Asie, l'Afrique et l'Europe. Un système de coupons d'hébergement permet de se loger dans 1 800 hôtels aux États-Unis, au Canada et au Mexique. Une nouveauté : Access offre de nombreux départs de province, sur vols réguliers également. Le transit par Paris n'est plus nécessaire. Pour la plupart, ces vols sont sans supplément de tarif (départs de Lyon, Nice, Marseille, Toulouse, Bordeaux et même Genève). Très intéressant pour les provinciaux qui utilisent le service « paiement à la carte ». Également des tarifs très intéressants pour la location de voitures sur le continent américain. Ainsi que sur toutes les autres prestations sur place (pass aérien, hôtels, motorhome, vols intérieurs, etc.).
De plus, le service « paiement à la carte » permet à tous les détenteurs d'une carte bancaire des réseaux carte bleue Visa ou Master Card de réserver et de payer leur billet par téléphone.

▲ **AMERICOM :** 208, avenue du Maine, 75014 Paris. ☎ 40-44-81-29. Fax : 45-41-73-30. M. : Alésia. Spécialiste des États-Unis, comme son nom l'indique. D'excellents circuits individuels (donc sans dépendre d'un groupe) et des voyages individuels sur mesure : vols transatlantiques et vols intérieurs, voitures de location, minivans, camping-cars, gamme complète d'hôtels et de motels. Représente en France *American Adventures*, un T.O. organisant des circuits accompagnés en minibus de 1 ou 2 semaines (avec ou sans le vol) avec guide francophone. Des séjours linguistiques en université, intensifs ou semi-intensifs, jeunes et adultes, des circuits jeunes.

▲ **ANY WAY :** 46, rue des Lombards, 75001 Paris. ☎ 40-28-00-74. Fax : 42-36-11-41. M. : Châtelet. Ouvert du lundi au samedi, de 10 h à 19 h et le samedi de 11 h à 18 h. Une équipe sympathique dirigée par 3 jeunes Québécois. Rompus à la déréglementation et l'explosion des monopoles sur l'Amérique du Nord, leurs ordinateurs dénichent les meilleurs tarifs. Des prix charters sur vols réguliers. Les tours-opérateurs leur proposent leurs invendus à des prix défiant toute concurrence.
Any Way permet de réserver à l'avance vols, séjours, hôtels et voitures. Assurance rapatriement incluse. Possibilité d'achat à crédit (Cetelem). Recherche et commande par téléphone, éventuellement avec paiement par carte de crédit.
Intéressant : « J-7 » est une nouvelle formule qui propose des vols secs à des prix super discount, 7 jours avant le départ. Tarifs par téléphone ou par Minitel (36-15 Routard).

▲ **CAMINO :** ☎ 44-92-80-00. Fax : 44-92-80-05 ou 06. Brochure disponible dans les agences de voyages.
Voyagiste connu depuis 30 ans comme spécialiste de l'Amérique du Nord (États-Unis, Canada, Bahamas et Hawaii). Propose depuis 1991 trois autres brochures spécialisées sur Israël, l'Italie et l'Europe en général.
Sur ces quatre destinations : des circuits accompagnés avec guide spécialisé français, des circuits autonomes avec le vol aller-retour, des hôtels réservés et une voiture pour voyager en toute liberté, des week-ends et une formule Express qui permet de confirmer une réservation de chambre dans la même journée.
Enfin, les « Musts » : le système exclusif « Early Bird » qui donne droit à d'importantes réductions sur les circuits accompagnés pour toute réservation faite à l'avance, et l'option « prix garantis » en échange de 70 % d'acomptes versés au moment de l'inscription, révisables seulement en cas de baisse du dollar.

▲ CASE DÉPART
– *Paris :* 15, rue du Grenier-Saint-Lazare, 75003. ☎ 42-77-25-40. M. : Rambuteau.
– *Paris :* 66, bd de Strasbourg, 75010. ☎ 42-05-55-55. M. : Gare-de-l'Est.
Spécialisé sur les États-Unis depuis une dizaine d'années. Circuits en minibus ou campings dans l'Ouest ou possibilité de construire soi-même un périple individuel. Intéressant : location de grosses motos au départ de Los Angeles et Miami (réserver le plus tôt possible). Descente du Colorado.

▲ CHARTERS ET COMPAGNIE :
☎ 45-15-15-15. Brochure dans les agences de voyages. Le nouveau et grand spécialiste du vol sec sur toutes destinations (4 000 en tout), notamment États-Unis, Antilles et Méditerranée. Un bon truc pour les malins, SOS charters, un répondeur qui fonctionne 24 h/24 et 7 jours sur 7. Toutes les promotions y sont indiquées, la mise à jour est faite les lundi et jeudi. Sur Minitel, 3615 code SOS CHARTERS.

▲ COMPAGNIE DES VOYAGES :
28, rue Pierre-Lescot, 75001 Paris. ☎ 45-08-44-88. Fax : 45-08-03-69. Infos sur répondeur 24 h sur 24 au 45-08-00-60. M. : Étienne-Marcel. Spécialiste du long-courrier, tout particulièrement Asie et Amériques. Les prix font pâlir les plus gros, et ils sont garantis à l'inscription si le voyage est payé en totalité. Pas de rallonge donc... Destinations phares : Bangkok, Indonésie et Amériques. Très vaste choix de vols secs. Sur la brochure, chaque vol se voit attribuer des étoiles (de 1 à 4), en fonction du nombre d'escales, du prix et du confort. Pour les provinciaux, vente par correspondance. Brochure « tour du monde » en kit : formule très souple qui permet d'additionner plusieurs modules que l'on choisit soi-même.

▲ COUNCIL TRAVEL SERVICE (C.I.E.E.)
– *Paris :* 31, rue Saint-Augustin, 75002. ☎ 42-66-20-87. Fax : 40-17-05-17. M. : 4-septembre.
– *Paris :* 16, rue de Vaugirard, 75006. ☎ 46-34-02-90. Fax : 40-51-89-12. M. : Odéon.
– *Paris :* 51, rue Dauphine, 75006. ☎ 43-25-09-86 ou 43-26-79-65. Fax : 43-29-97-29. M. : Odéon.
– *Paris :* 49, rue Pierre-Charron, 75008 Paris. ☎ 45-63-19-87 ou 42-89-09-51. Fax : 45-56-65-27. M. : George-V.
– *Aix-en-Provence :* 12, rue Victor-Leydet, 13100. ☎ 42-38-58-82. Fax : 42-38-94-00.
– *Lyon :* 36, quai Gailleton, 69002. ☎ 78-37-09-56. Fax : 78-38-05-51.
– *Montpellier :* 20, rue de l'Université, 34000. ☎ 67-60-89-29. Fax : 67-60-41-26.
– *Nice :* 37 bis, rue d'Angleterre, 06000. ☎ 93-82-23-33. Fax : 93-82-25-59.
Créée en 1947, c'est la plus ancienne des associations de voyage. Vols quotidiens sur les États-Unis, continuations et forfaits aériens intérieurs les plus avantageux du marché. Locations de voiture, de motos et camping-cars, et réservations d'hôtels toute catégorie et d'appartements en Amérique du Nord et ailleurs dans le monde. Vend les pass Greyhounds et Amtrak. Sélection de voyages en minibus et de produits camping aux États-Unis. Circuits auto + hôtel, bus + hôtel, vélo + hôtel. Ouvert à tous. Vend aussi la carte internationale d'étudiant. Tarifs aériens spéciaux vers le monde entier pour jeunes et étudiants. Département spécial pour études et « summer sessions » en université, stages et jobs d'été aux États-Unis et au Canada.
Réservations et informations possibles par Minitel : 36-15 COUNCIL. Sinon, numéro vert pour la province : ☎ 05-14-81-48.

▲ DÉSERTS :
6-8, rue Quincampoix, 75004 Paris. ☎ 48-04-88-40. Fax : 48-04-33-57. M. : Châtelet-Les Halles. Une équipe de mordus inconditionnels de sable, de glace et de tout ce que l'on appelle les « déserts ». A leur actif, déjà plus de 50 destinations proposées dans leur brochure, mais aussi leur capacité de monter « sur mesure » n'importe quel type de voyage dans les espaces qu'ils maîtrisent. Leur agence est exclusivement tournée vers le voyage dans les déserts : cartographie, salle de projection, bibliothèque et, de ce fait, une équipe de véritables professionnels est là pour vous aider à construire vos rêves.
Destinations : Sahara algérien, Niger, Mali, Maroc, Namibie, Israël, Égypte, Jordanie, Yémen, Pakistan, États-Unis, Mexique, Bolivie-Chili, Inde, Australie,

Avec

experiment

(en France depuis 1934)

Voir autrement L'AMÉRIQUE... l'Europe, l'Asie, l'Australie, etc.

Séjours en famille et Séjours linguistiques

- Séjours individuels ou en petits groupes
- Cours de langues, anglais des Affaires
- Séjours high-schools, universitaires
- Summer camps pour les juniors
- SÉJOUR AU PAIR U.S.A. (1 an)
(100 $/semaine + avion A/R + cours et stages)

Une famille, des amis vous attendent

EXPERIMENT (Association loi 1901 agréée)
89, rue de Turbigo, 75003 PARIS. Tél. : (1) 42.78.50.03.

INTER CHART'AIR

VOLS REGULIERS A PRIX "CHARTER"

350 destinations avec des compagnies aériennes sélectionnées sous trois critères :

SECURITE - PONCTUALITE - SERVICE

Quelques idées de prix aller/retour (à partir de)

DALLAS	3.770 FF
DENVER	3.770 FF
LAS VEGAS	3.990 FF
LOS ANGELES	4.110 FF
SAN FRANCISCO	4.110 FF
VANCOUVER	3.430 FF

Tarifs en vigueur au 1er novembre 1992

La brochure INTERCHART'AIR est à votre disposition dans toutes les agences de voyages agréés.

18 COMMENT ALLER AUX ÉTATS-UNIS ?

Islande, Groenland, Aragon, Turquie, Argentine, Russie, Kazakhstan, Canada, Spitzberg, Tunisie.

▲ **DISCOVER AMERICA MARKETING :** 85, avenue Émile-Zola, 75015 Paris. ☎ 45-77-10-74. Fax : 45-77-78-51. M. : Charles-Michels.
Représente plusieurs chaînes d'hôtels américaines et effectue des réservations à la carte :
— avec le *Discover America Hotel Pass* : *Vagabond Inn* (39 motels situés principalement en Californie), la *Quinta Inns* (200 motels dans le sud), et *Hampton Inn* (200 motels dans l'est) ;
— avec le *Discover America Hotel Pass* : système de coupons avec les chaînes Vagabond Inn, Quinta et Hampton. Avec la chaîne Embassy Suites, logement jusqu'à 6 personnes pour le prix d'une chambre.
Particularité de ces deux systèmes uniques de coupons : aucune surcharge à payer sur place et valable pour une chambre de 1 à 4 personnes.
Location de voitures *Hertz*, avec le *Discover America Car Pass* aux États-Unis, sauf à New York et dans l'État d'Illinois, avec les avantages suivants : kilométrage illimité, l'assurance CDW (tierce collision) incluse, pas de surcharge ni de supplément haute saison, pas de minimum de location imposé.
Les *Studios Universal Hollywood et Floride* (vente de tickets d'entrée).
Scenic Airlines et *Grand Canyon Airlines* [survols, excursions (avec ou sans hébergement) du Grand Canyon, de Monument Valley et de Lake Powell] et la compagnie aérienne *US Air*.

▲ **ESPACES DÉCOUVERTES VOYAGES**
— *Paris* : 38, rue Rambuteau, 75003. ☎ 42-74-21-11. Fax : 42-74-76-77. M. : Rambuteau ou Châtelet.
— *Paris* : 14, rue Vavin, 75006. ☎ 40-51-80-80. Fax : 44-07-22-05. M. : Vavin.
— *Paris* : 3, rue des Gobelins, 75013 Paris. ☎ 43-31-99-99. Fax : 45-35-14-70. M. : Gobelins.
Cette jeune agence est animée par une équipe de professionnels amoureux du voyage qui prennent toujours le temps de vous conseiller utilement pour la réussite de votre voyage.
Long ou moyen-courriers, vols réguliers ou charters, sur plus de 400 destinations, Espaces Découvertes offre un vaste choix de tarifs aériens parmi les plus compétitifs. Propose également un éventail de circuits et séjours sélectionnés pour leur bon rapport qualité-prix.
En province, vente par correspondance.

▲ **EXPERIMENT (Expérience de Vie Internationale) :** 89, rue de Turbigo, 75003 Paris. ☎ 42-78-50-03. Fax : 42-78-01-40. M. : Temple ou République.
Ouvert du lundi au vendredi de 9 h à 18 h sans interruption.
Partager en toute amitié la vie quotidienne d'une famille pendant une à quatre semaines, à la période et aux dates que vous souhaitez, c'est ce que propose l'association Experiment. Cette formule existe également dans une trentaine d'autres pays à travers le monde. N'accepte pas les enfants de moins de 16 ans.
Autres possibilités de séjour aux États-Unis : suivre des cours intensifs d'anglais sur campus de 4 semaines à 1 an ou en vivant au sein d'une famille américaine (de 4 à 24 semaines). Ces différentes formules existent pour les adultes et les adolescents.
Par ailleurs, E.V.I. offre la possibilité, pour les 18-25 ans, de partir un an « au pair » aux États-Unis (billet A/R offert, rémunération de 100 US $ environ par semaine, formulaire d'obtention de visa fourni, etc.), en toute légalité.

▲ **EXPLORATOR :** 16, place de la Madeleine, 75008 Paris. ☎ 42-66-66-24. Fax : 42-66-53-89. M. : Madeleine. Le spécialiste le plus ancien et le plus célèbre des voyages à caractère d'expédition : à pied, en voiture tout-terrain, bateau, radeau, etc. Plus qu'une agence, une solide équipe de spécialistes qui vous emmèneront par petits groupes, dans la plus pure tradition du voyage, découvrir l'authenticité des hommes et des sites demeurés à l'écart du tourisme.
Sahara (de l'Atlantique à la mer Rouge : Mauritanie, Maroc, Algérie, Niger, Soudan, Égypte), continent africain (Zimbabwe, Mali, Rwanda, Zaïre, Tanzanie, Éthiopie, Kenya, Botswana, Namibie), Explorator vous entraîne aussi vers

AmeriCan Adventures 🇺🇸 🍁

Le Spécialiste Américain de Circuits Jeunes de 18 ans à 35 ans en minibus, camping et motels. Tarifs imbattables !

**ETATS-UNIS
CANADA
ALASKA
MEXIQUE**

Renseignements, réservations, brochures en Français :
AMERICOM, 208, av. du Maine - 75014 PARIS - Tél. : 40 44 81 29

Where all the miles are free™

**A partir de 385 F / Semaine *
en FLORIDE kilométrage illimité**

Réservations auprès de votre agence de voyages.

Renseignements :
Tél. (1) 44 77 88 01/02
Fax. (1) 42 60 05 45

* Au cours de change de Novembre 1992.

l'Amérique sauvage (descente du Colorado en radeau ; trekking dans les Rocheuses canadiennes), au Moyen-Orient (Yémen, Jordanie) et en Asie (Inde, Népal, Chine, Pakistan, Indonésie). N'oublions pas la Bolivie, le Guatemala, l'Argentine (la Terre de Feu, la cordillère des Andes), le Chili (le désert de l'Atacama, une expédition Sud-Chili) et deux extrêmes en prime : le pôle Nord et le cap Horn. Que vous faut-il de plus ? Pas de vol charter ni de vols secs.

▲ FORUM-VOYAGES

– *Paris* : 11, avenue de l'Opéra, 75001. ☎ 42-61-20-20. Fax : 42-61-39-12. M. : Palais-Royal.
– *Paris* : 39, rue de la Harpe, 75005. ☎ 46-33-97-97. Fax : 46-33-10-27. M. : Saint-Michel.
– *Paris* : 81, bd Saint-Michel, 75005. ☎ 43-25-80-58. Fax : 44-07-22-03. M. : Luxembourg.
– *Paris* : 1, rue Cassette (angle avec le 71, rue de Rennes), 75006. ☎ 45-44-38-61. Fax : 45-44-57-32. M. : Saint-Sulpice.
– *Paris* : 55, avenue Franklin-Roosevelt, 75008. ☎ 42-56-84-84. Fax : 42-56-85-69. M. : Franklin-Roosevelt.
– *Paris* : 140, rue du Faubourg-Saint-Honoré, 75008. ☎ 42-89-07-07. Fax : 42-89-26-04. M. : Saint-Philippe-du-Roule.
– *Paris* : 49, avenue Raymond-Poincaré, 75116. ☎ 47-27-89-89. Fax : 47-55-94-44. M. : Victor-Hugo.
– *Paris* : 75, avenue des Ternes, 75017. ☎ 45-74-39-38. Fax : 40-68-03-31. M. : Ternes.
– *Amiens* : 40, rue des Jacobins, 80000. ☎ 22-92-00-70. Fax : 22-91-05-72.
– *Caen* : 90-92, rue Saint-Jean, 14000. ☎ 31-85-10-08. Fax : 31-86-24-67.
– *Lyon* : 10, rue du Président-Carnot, 69002. ☎ 78-92-86-00. Fax : 78-38-29-58.
– *Melun* : 17, rue Saint-Étienne, 77000. ☎ 64-39-31-07. Fax : 64-39-86-12.
– *Metz* : 10, rue du Grand-Cerf, 57000. ☎ 87-36-30-31. Fax : 87-37-35-69.
– *Montpellier* : 41, bd du Jeu-de-Paume, 34000. ☎ 67-52-73-30. Fax : 67-60-77-34.
– *Nancy* : 77, rue Saint-Dizier, 54000. ☎ 83-36-50-12. Fax : 83-35-79-46.
– *Nantes* : 20, rue de la Contrescarpe, 44000. ☎ 40-35-25-25. Fax : 40-35-23-36.
– *Reims* : 14, cours J.-B.-Langlet, 51072. ☎ 26-47-54-22. Fax : 26-97-78-38.
– *Rouen* : 72, rue Jeanne-d'Arc, 76000. ☎ 35-98-32-59. Fax : 35-70-24-43.
– *Strasbourg* : 49, rue du 22-Novembre, 67000. ☎ 88-32-42-00. Fax : 88-75-99-39.
– *Toulouse* : 23, place Saint-Georges, 31000. ☎ 61-21-58-18. Fax : 61-13-76-49.

Et depuis juin 1992, les brochures de vols discount et toutes les brochures de circuits et séjours de Forum-Voyages sont en vente dans les 72 agences Club Med Voyages (agences du Club Méditerranée).
Conformément à son slogan « la Terre moins chère », Forum-Voyages est le spécialiste du vol discount sur ligne régulière (pas de charter) ; il offre près de 500 destinations sur 44 compagnies.
Une fois sur place, c'est « le Luxe moins cher » : une vaste gamme de séjours et de circuits qui vont du camping au plus grand palace et du rafting aux circuits en voiture privée avec chauffeur et guide.
Ses destinations privilégiées : les États-Unis (New York, tout l'Ouest, Chicago, la musique rock avec des séjours à Memphis et à Nashville, l'art lyrique avec le festival de Santa Fe, les lieux branchés avec le District Art Deco de South Miami Beach), le Canada, le Mexique et aussi le Guatemala.
L'Asie : brochures très complètes sur le sous-continent indien (Inde, Népal, Ceylan) et une nouvelle brochure de 110 pages réalisée avec la Thai Internationale sur la Thaïlande et toute l'Asie du Sud-Est jusqu'à la Nouvelle-Zélande.
Enfin, une brochure Méditerranée et une brochure de séjours et circuits prestigieux appelée : « Passions de Forum-Voyages ».
Plusieurs services clientèle : possibilité de payer en 4 fois sans intérêts, liste de mariage (avec un cadeau offert par Forum-Voyages), vente par téléphone (règlement par carte bleue, sans vous déplacer) et aussi un serveur vocal interactif au (1) 47-27-36-37 vous donnant 24 h sur 24 et 7 jours sur 7 toutes les informations sur les promotions, les brochures de Forum-Voyages et la possibilité de vous inscrire par carte bleue.

1ERE STÉ DE RÉPRÉSENTATION ▪ ▪ ▪ ▪ ▪ DANS LE MONDE ▪ 41 BUREAUX

1993

DÉCOUVREZ LE MEILLEUR DE L'AMERIQUE
AVEC
DISCOVER AMERICA HOTEL PASS
500 HOTELS PARTICIPANTS
HAMPTON INN•LA QUINTA INNS•VAGABOND INN

350^F

Tarif sujet à modification

Par nuit/par chambre de 1 à 4 personnes • Sans surcharge
Petit déjeuner continental inclus
pour les hôtels Hampton Inn, La Quinta Inns et Vagabond Inn
Taxes locales à payer sur place • Parking gratuit (sauf rares exceptions)

RENSEIGNEMENTS ET RESERVATIONS : 45 77 10 74

Enfin, le Club Forum-Voyages qui offre des assistances dans le monde entier et des centaines de réductions. De plus, les membres reçoivent à domicile le journal bimestriel du club.

▲ GO VOYAGES
– *Paris :* 97 bis, boulevard Latour-Maubourg, 75007. ☎ 47-53-05-05. M. : Latour-Maubourg.
– *Paris :* 22, rue de l'Arcade, 75008. ☎ 42-66-18-18. M. : Madeleine.
– *Lyon :* forum C, 33, rue Maurice-Flandin, 69003. ☎ 78-53-39-37.
Dans les agences Fnac et dans les 3 500 agences de voyages du réseau.
Avec sa célèbre grenouille verte, Go Voyages repose sur un principe simple : le voyage au moindre coût et en toute liberté. Chacun construit ses vacances selon son désir et ses moyens, à l'aide de deux brochures indépendantes. Le catalogue « Vols charters et vols réguliers » offre plus de 300 destinations sur le monde entier à des tarifs discountés. Les billets sont avec réservation. Le catalogue des prestations conseillées présente des hôtels, des locations d'appartements et villas, des locations de voitures et motor-homes sur 17 destinations (Antilles, Baléares, Canada, Canaries, Crète, Espagne, États-Unis, Grèce, Irlande, Maroc, île Maurice, Portugal, Réunion, Sénégal, Sri Lanka, Thaïlande, Tunisie).

▲ JETSET :
32, rue de Washington, 75008 Paris. ☎ 42-89-18-00. Fax : 45-63-68-33. M. : George-V. Et dans les agences. Tour-operateur avec les États-Unis et le Canada comme destination vedette, Jetset propose une gamme très large de circuits accompagnés, autotours (voiture + hôtels réservés). Avec notamment plusieurs spécialités : les parcs, le Sud, la Nouvelle-Angleterre et l'Alaska. Choix d'hôtels et de prestations à la carte à des prix très compétitifs. D'autre part, avec Jetset'Air, Jetset propose toute l'année des vols (réguliers) à prix réduits vers plus de 40 villes des États-Unis et du Canada.

▲ JEUNES SANS FRONTIÈRE (J.S.F.) - WASTEELS
– *Paris :* 5, rue de la Banque, 75002. ☎ 42-61-53-21. M. : Bourse.
– *Paris :* 8, bd de l'Hôpital, 75005. ☎ 43-36-90-36. M. : Gare-d'Austerlitz.
– *Paris :* 113, bd Saint-Michel, 75005. ☎ 43-26-25-25. M. : Luxembourg.
– *Paris :* 6, rue Monsieur-le-Prince, 75006. ☎ 43-25-58-35. M. : Odéon.
– *Paris :* 12, rue Lafayette, 75009. ☎ 42-47-09-77. M. : Le Peletier.
– *Paris :* 91, bd Voltaire, 75011. ☎ 47-00-27-00. M. : Voltaire.
– *Paris :* 58, rue de la Pompe, 75016. ☎ 45-04-71-54. M. : Pompe.
– *Paris :* 150, avenue de Wagram, 75017. ☎ 42-27-29-91. M. : Wagram.
– *Paris :* 3, rue Poulet, 75018. ☎ 42-57-69-56. M. : Château-Rouge.
– *Paris :* 146, bd de Ménilmontant, 75020. ☎ 43-58-57-87. M. : Ménilmontant.
– *Nanterre :* 200, av. de la République, 92000. ☎ 47-24-24-06.
– *Versailles :* 4 bis, rue de la Paroisse, 78000. ☎ 39-50-29-30.
– *Aix-en-Provence :* 5 bis, cours Sextius, 13100. ☎ 42-26-26-28.
– *Angoulême :* 49, rue de Genève, 16000. ☎ 45-92-56-89.
– *Béziers :* 66, allée Paul-Riquet, 34500. ☎ 67-28-31-78.
– *Bordeaux :* 65, cours d'Alsace-Lorraine, 33000. ☎ 56-48-29-39.
– *Chambéry :* 17, faubourg Reclus, 73000. ☎ 79-33-04-63.
– *Clermont-Ferrand :* 69, bd Trudaine, 63000. ☎ 73-91-07-00.
– *Dijon :* 20, av. du Maréchal-Foch, 21000. ☎ 80-43-65-34.
– *Grenoble :* 50, av. Alsace-Lorraine, 38000. ☎ 76-47-34-54.
– *Lille :* 25, place des Reignaux, 59000. ☎ 20-06-24-24.
– *Lyon :* 5, place Ampère, 69002. ☎ 78-42-65-37.
– *Marseille :* 87, la Canebière, 13001. ☎ 91-95-90-12.
– *Metz :* 3, rue de l'Australie, 57000. ☎ 87-66-65-33.
– *Montpellier :* 6, rue de la Saunerie, 34000. ☎ 67-58-74-26.
– *Mulhouse :* 14, av. Auguste-Wicky, 68100. ☎ 89-46-18-43.
– *Nancy :* 1 bis, place Thiers, 54000. ☎ 83-35-42-29.
– *Nantes :* 6, rue Guépin, 44000. ☎ 40-89-70-13.
– *Nice :* 32, rue de l'Hôtel-des-Postes, 06000. ☎ 93-92-08-10.
– *Reims :* 24, rue des Capucins, 51100. ☎ 26-40-22-08.
– *Roubaix :* 11, rue de l'Alouette, 91000. ☎ 20-70-33-62.
– *Rouen :* 111 bis, rue Jeanne-d'Arc, 76000. ☎ 35-71-92-56.
– *Saint-Étienne :* 28, rue Gambetta, 42000. ☎ 77-32-71-77.
– *Strasbourg :* 13, place de la Gare, 67000. ☎ 88-32-40-82.

DÉCOUVREZ LE MEILLEUR DE L'AMERIQUE
★
DISCOVER AMERICA CAR PASS
AVEC HERTZ

PLUS DE 800 STATIONS PARTICIPANTES AUX USA
LE SEUL SYSTEME DE COUPON DE LOCATION DE VOITURE
VALABLE A LA JOURNÉE, SANS MINIMUM DE LOCATION
DANS UNE MÊME VILLE

170 F

Catégories A et B
en CALIFORNIE
Tarif sujet à modification

Prix par jour / voiture • Kilométrage illimité
- **SANS SURCHARGE**
- **SANS SUPPLÉMENT HAUTE SAISON**
- **SANS SUPPLÉMENT POUR CONDUCTEUR SUPPLÉMENTAIRE**
- **C.D.W. (rachat de franchise) INCLUSE**
- Taxes locales à payer sur place

Mosaic-RCS 383 692 829

RENSEIGNEMENTS ET RESERVATIONS : 45 77 10 74

- *Thionville* : 21, place du Marché, 57100. ☎ 82-53-35-00.
- *Toulon* : 3, rue Vincent-Courdouan, 83000. ☎ 94-92-93-93.
- *Toulouse* : 1, bd Bonrepos, 31400. ☎ 61-62-67-14.
- *Tours* : 8, place du Grand-Marché, 37000. ☎ 47-64-00-26.

Repris par le puissant réseau Wasteels (170 agences en Europe dont 70 en France). Vols secs sur le monde entier, vacances organisées, billets Bige. Assistance assurée dans certaines gares et aéroports.
Wasteels est aussi implanté à Orlando (Floride), ce qui permet la programmation des États-Unis à la carte.

▲ JUMBO AMERICA

: 38, avenue de l'Opéra, 75002 Paris. ☎ 47-42-06-92. M. : Opéra. Et dans les agences de voyages. Filiale d'Air France. Important tour-opérateur français sur les États-Unis et le Canada. Assure le transport transatlantique sur vols réguliers d'Air France ou affrétés auprès d'Air Charter et de transporteurs américains. Destinations : New York, Los Angeles, Boston, Toronto, Montréal, Québec.

En vacances à construire :
- des hôtels dans 11 villes américaines plus les parcs nationaux ;
- des bons d'hébergement valables aux États-Unis et au Canada ;
- locations de motor-homes, de voitures ;
- des voyages en cars Greyhound et des vols intérieurs.

En vacances construites :
- séjours libres ou combinés ;
- circuits avion plus hôtel et voiture ;
- ou encore des circuits accompagnés ou camping, formule plus économique.
- Un tout nouveau circuit individuel en voiture « Mississippi Blues » à côté d'une large gamme de circuits soit de 15 jours, très complets (transaméricaine, Patchwork Tropical), soit de week-ends à New York et de séjours à Orlando et à Miami.

▲ NOUVEAU MONDE

- *Paris* : 8, rue Mabillon, 75006. ☎ 43-29-40-40. M. : Mabillon.
- *Bordeaux* : 57, cours Pasteur, 33000. ☎ 56-92-98-98. Fermé le samedi.
- *Marseille* : 8, rue Bailli-de-Suffren, 13001. ☎ 91-54-31-30. Fermé le samedi.
- *Nantes* : 6, place Édouard-Normand, 44000. ☎ 40-89-63-64. Fermé le samedi.

Toujours passionnée par l'Amérique latine, en particulier par la Bolivie, l'équipe de Nouveau Monde s'intéresse également à l'Amérique du Nord – essentiellement au Canada –, aux Caraïbes, au Pacifique et à l'Asie, avec une prédilection pour la Chine. Proposant vols à tarifs réduits, hôtels et circuits sur toutes ces destinations, il était inévitable qu'elle devienne une référence pour les globe-trotters en mal de tours du monde.
Sa vocation de découvreur s'affirme encore lorsqu'il s'agit de dénicher sur la planète les « spots » les plus rares pour passionnés de planche à voile ou bien des virées d'enfer pour motards aux 4 coins du monde, des États-Unis à l'Australie.

▲ NOUVELLES FRONTIÈRES

- *Paris* : 87, boulevard de Grenelle, 75015. ☎ 42-73-10-64. M. : La Motte-Picquet.
- *Aix-en-Provence* : 52, cours Sextius, 13100. ☎ 42-26-47-22.
- *Ajaccio* : 12, place Foch, 20000. ☎ 95-21-55-55.
- *Bordeaux* : 31, allée de Tourny, 33000. ☎ 56-44-60-38.
- *Brest* : 8, rue Jean-Baptiste-Boussingault, 29200. ☎ 98-44-30-51.
- *Clermont-Ferrand* : 8, rue Saint-Genès, 63000. ☎ 73-90-29-29.
- *Dijon* : 7, place des Cordeliers, 21000. ☎ 80-31-89-30.
- *Grenoble* : 3, rue Billerey, 38000. ☎ 76-87-16-53.
- *Le Havre* : 137, rue de Paris, 76600. ☎ 35-43-36-66.
- *Lille* : 1, rue des Sept-Agaches, 59000. ☎ 20-74-00-12.
- *Limoges* : 6, rue Vigne-de-Fer, 87000. ☎ 55-32-28-48.
- *Lyon* : 34, rue Franklin, 69002. ☎ 78-37-16-47.
- *Marseille* : 83, rue Sainte, 13007. ☎ 91-54-18-48.
- *Metz* : 33, En-Fournirue, 57000. ☎ 87-36-16-90.
- *Montpellier* : 4, rue Jeanne-d'Arc, 34000. ☎ 67-64-64-15.
- *Mulhouse* : 5, rue des Halles, 68100. ☎ 89-46-25-00.
- *Nancy* : 4, rue des Ponts, 54000. ☎ 83-36-76-27.

UNIVERSAL STUDIOS
Hollywood & Florida

VENEZ EXPLORER L'ENVERS DU DECOR

EFFETS SPECIAUX, TOURNAGES, SPECTACLES, ATTRACTIONS, SENSATIONS FORTES...

1 journée au cœur du monde du Cinéma et de la Télévision.

A HOLLYWOOD	A ORLANDO
ADULTES 155F*	ADULTES 200F*
ENFANTS (3 à 11 ans) 125F*	ENFANTS (3 à 9 ans) 160F*

* Entrée incluant 1 journée d'attractions illimitées.
Tarifs sujets à modification

représenté par

Discover America Marketing inc.

RENSEIGNEMENTS : 45•77•10•74

- *Nantes* : 2, rue Auguste-Brizeux, 44000. ☎ 40-20-24-61.
- *Nice* : 24, avenue Georges-Clemenceau, 06000. ☎ 93-88-32-84.
- *Reims* : 51, rue Cérès, 51100. ☎ 26-88-69-81.
- *Rennes* : 10, quai Émile-Zola, 35000. ☎ 99-79-61-13.
- *Rodez* : 26, rue Béteille, 12000. ☎ 65-68-01-99.
- *Rouen* : 15, rue du Grand-Pont, 76000. ☎ 35-71-14-44.
- *Saint-Étienne* : 9, rue de la Résistance, 42100. ☎ 77-33-88-35.
- *Strasbourg* : 4, rue du Faisan, 67000. ☎ 88-25-68-50.
- *Toulon* : 503, avenue de la République, 83000. ☎ 94-46-37-02.
- *Toulouse* : 2, place Saint-Sernin, 31000. ☎ 61-21-03-53.

▲ NOUVELLE LIBERTÉ
- *Paris* : 24, avenue de l'Opéra, 75001. ☎ 42-96-14-12. Fax : 49-27-05-81. M. : Pyramides.
- *Paris* : 13, rue des Pyramides, 75001. ☎ 42-60-35-98. M. : Pyramides.
- *Paris* : 108, rue Montmartre, 75002. ☎ 42-21-03-65. M. : Bourse ou Sentier.
- *Paris* : 3, rue des Filles-Saint-Thomas, 75002. ☎ 42-96-10-00. M. : Bourse.
- *Paris* : 26, rue Soufflot, 75005. ☎ 43-25-43-99. M. : Luxembourg.
- *Paris* : 106, rue de Rennes, 75006. ☎ 42-96-10-00. M. : Rennes.
- *Paris* : 14, rue Lafayette, 75009. ☎ 47-70-58-58. M. : Chaussée-d'Antin.
- *Paris* : 68, boulevard Voltaire, 75011. ☎ 48-06-79-65. M. : Saint-Ambroise.
- *Paris* : 49, avenue d'Italie, 75013. ☎ 44-24-38-38. M. : Tolbiac.
- *Paris* : 29, avenue du Général-Leclerc, 75014. ☎ 43-35-37-38. M. : Mouton-Duvernet.
- *Paris* : 109, rue Lecourbe, 75015. ☎ 48-28-32-28. M. : Sèvres-Lecourbe.
- *Saint-Germain-en-Laye* : 60, rue au Pain, 78100. ☎ 34-51-08-08.
- *Aix-en-Provence* : 28, cours Mirabeau, 13100. ☎ 42-38-97-79.
- *Angers* : 15, boulevard Foch, 49100. ☎ 41-87-98-17.
- *Avignon* : 29, rue Saint-Agricol, 84000. ☎ 90-85-50-50.
- *Bordeaux* : 53, cours Clemenceau, 33000. ☎ 56-81-28-30.
- *Brest* : 7, rue Boussingault, 29200. ☎ 98-43-44-88.
- *Caen* : 117, rue Saint-Jean, 14000. ☎ 31-79-05-50.
- *Cannes* : 15, rue des Belges, 06400. ☎ 93-99-49-00.
- *Dijon* : 20, rue des Forges, 21000. ☎ 80-30-77-32.
- *Grenoble* : 12, place Victor-Hugo, 38000. ☎ 76-46-01-37.
- *Lille* : 7-9, place du Théâtre, 59000. ☎ 20-55-35-45.
- *Lyon* : 2, place Bellecour, 69002. ☎ 78-92-90-22. Fax : 78-37-54-55.
- *Marseille* : 10, rue du Jeune-Anacharsis, 13001. ☎ 91-54-11-10. Fax : 91-54-11-26.
- *Montpellier* : 24, Grand-Rue-Jean-Moulin, 34000. ☎ 67-60-99-99.
- *Mulhouse* : 42, rue des Boulangers, 68100. ☎ 89-66-14-15. Fax : 89-42-86-38.
- *Nantes* : 1, place Delorme, 44000. ☎ 40-35-56-56.
- *Nice* : 85, boulevard Gambetta, 06000. ☎ 93-86-33-13.
- *Orléans* : 1, rue d'Illiers, 45000. ☎ 38-81-11-55. Fax : 38-62-89-32.
- *Reims* : 61, place Drouet-d'Erlon, 51100. ☎ 26-40-56-10.
- *Rennes* : 3, rue Nationale, 35000. ☎ 99-79-12-12.
- *Rouen* : 47, rue Grand-Pont, 76000. ☎ 35-70-50-50. Fax : 35-15-15-65.
- *Toulouse* : 1 bis, rue des Lois, 31000. ☎ 61-21-10-00.
- *Tours* : 1, rue Colbert, 37000. ☎ 47-20-49-50.

Il ne faut pas confondre charter et bétaillère : en effet toutes les compagnies ne sont pas fréquentables. D'où une sélection sévère ! Les prix du monde ont changé ! Grâce à sa compagnie *Air Liberté*, Nouvelle Liberté vous permet de bénéficier de tarifs avantageux. Au total, près de 400 destinations sont proposées aux meilleurs rapports qualité-prix.
Les voyages sont « en kit », donc modulables en fonction de vos moyens : pour les fauchés, des vols secs ; pour les autres, des voitures, hôtels (plusieurs catégories de prix), appartements ou villas, du trekking, des excursions en bateaux... Le bonheur.
Et en exclusivité, le « contrat confiance » avec l'U.A.P. :
- si l'avion a plus de 2 h de retard, on vous rembourse 200 F par heure de retard (avec un maximum de 70 % du prix du billet) ;
- s'il y a surbooking, on vous rembourse votre billet et vous voyagez gratuitement sur un autre vol.

▲ TOURS 33 – ATOLL VOYAGES
– *Paris :* 85, boulevard Saint-Michel, 75005. ☎ 43-29-69-50. M. : Luxembourg.
– *Montpellier :* 1, rue de l'Université, 34000. ☎ 67-66-03-65.
– *Nice :* 30, avenue Georges-Clemenceau, 06000. ☎ 93-88-95-95.
– *Toulouse :* 33, rue Boulbonne, 31000. ☎ 61-22-49-49.

Tours 33, agence de voyages au service de tous ceux qui veulent découvrir le monde. Sélection de vols à tarif réduit toute l'année. Édite toute une brochure sur la Nouvelle-Zélande et l'Australie (vols et circuits). Deux vols sur Sydney par semaine à prix très avantageux, pass en kilométrage illimité de 14 jours en train, pass dans 350 hôtels australiens. D'ailleurs, Tours 33, vrai spécialiste de l'Australie, peut répondre à toutes vos questions. Un Australien qui connaît bien son pays et qui parle le français comme vous.

Une salle, Maison du Pacifique, avec un numéro de téléphone spécifique (☎ 43-29-36-50), propose tous les renseignements sur les îles du Pacifique.

Une brochure spéciale sur les États-Unis pour ceux qui veulent organiser eux-mêmes leur voyage : charters, forfaits intérieurs, location de voitures... Également une brochure Nouvelle-Calédonie. Plusieurs vols par semaine à des prix intéressants.

▲ TRAFIC TOURS :
brochures dans les agences de voyages. Grossiste revendu dans toutes les agences de voyages. Cette importante agence canadienne a désormais son propre bureau à Paris. Évidemment, les produits qu'ils vendent sur le Canada sont bons et d'un excellent rapport qualité-prix. Location de voitures et de camping-cars, forfaits de bus. Nombreux circuits « Aventure » au Québec : descente de rivières en canoë ou en radeau, observation des baleines dans l'estuaire du Saint-Laurent, visite de la baie James, le plus grand complexe hydroélectrique du monde.

Enfin, Trafic Tours possède sa propre compagnie aérienne, Air Transat (avions Tristar et Boeing), qui assure les liaisons avec Montréal, Québec, Toronto, Vancouver et, cette année, pour la première fois dans l'histoire des charters aériens, Calgary. Les prestations terrestres sont assurées par la maison mère à Montréal. Trafic Tours, c'est aussi les États-Unis, avec des vols formules week-end à New York, des circuits « fly and drive », est-ouest, des hôtels, des forfaits Floride et Mexique.

▲ UNICLAM 2000
– *Paris :* 11, rue du 4-Septembre, 75002. ☎ 40-15-07-07. Fax : 42-60-44-56. M. : Opéra.
– *Paris :* 63, rue Monsieur-le-Prince, 75006. ☎ 43-29-12-36. M. : Odéon.
– *Paris :* 51, rue de Clignancourt, 75018. ☎ 42-59-00-23 ou 02-08. Fax : 42-52-82-52. M. : Château-Rouge.
– *Grenoble :* 16, rue du Docteur-Mazet, 38000. ☎ 76-46-00-08.
– *Lille :* 157, route Nationale, 59800. ☎ 20-30-98-20.
– *Lyon :* 19, quai Romain-Rolland, 69005. ☎ 78-42-75-85.
– *Mulhouse :* 13, rue des Fleurs, 68100. ☎ 89-56-10-21.
– *Strasbourg :* 6, rue Pucelles, 67000. ☎ 88-35-30-67.

UNICLAM s'est d'abord fait connaître pour ses charters sur l'Amérique latine, et tout particulièrement le Pérou. Aujourd'hui, UNICLAM propose des formules de « découvertes en liberté » aux États-Unis avec des forfaits aériens pour les lignes intérieures. Système très appréciable dans ces pays : la possibilité de réserver, avant de partir, des nuits d'hôtel. Des circuits organisés comme « Far West » et « Chemin des Indiens » en Californie. Puis des « Fly and drive » dans les parcs nationaux. Quelques activités plus insolites : festival du vélo tout-terrain dans le Colorado, marathon de New York.

▲ VACANCES FABULEUSES :
6, rue de la Chaussée-d'Antin, 75009 Paris. ☎ 45-23-55-77. Fax : 42-46-97-98. M. : Opéra ou Chaussée-d'Antin. Dans toutes les agences de voyages.

Ce spécialiste des États-Unis depuis 10 ans, propose un vaste choix de tarifs spéciaux, sur vols réguliers exclusivement, au départ de Paris et certaines villes de province. Toutes les solutions de voyages sont proposées dans le catalogue : séjours et hôtels à la carte (réservations de chambres dans les parcs nationaux, location de voitures et de motor-homes, circuits individuels ou accompagnés, camping, rafting, séjours dans des ranchs, location de villas, excursions, croisières, etc.

L'AIR LIBRE

7 GRANDES COMPAGNIES REGULIERES
(DELTA AIR LINES - UNITED AIRLINES - BRITISH AIRWAYS
- AIR FRANCE - USAIR - AIR CANADA - NORTHWEST AIR LINES)

250 DESTINATIONS
LE CHOIX, C'EST LA LIBERTÉ

PARIS-LOS ANGELES A/R
à partir de **4120 F**

TARIF AU 31.10.92 SUJET A MODIFICATION

POUR TOUT L'AIR DU NOUVEAU MONDE

PARIS : 45 23 55 77   VACANCES FABULEUSES   NICE : 93 16 01 16

OU DANS VOTRE AGENCE HABITUELLE

Lic. A1664

▲ **V.O. VOYAGES :** 181, boulevard Pereire, 75017 Paris. ☎ 40-53-07-11. Fax : 40-53-00-75. M. : Pereire ou Porte-Maillot. Ouvert du lundi au vendredi de 9 h à 18 h 30 (le samedi, de 10 h à 13 h et de 14 h à 17 h 30). Une équipe spécialisée pour construire avec vous tous vos projets de voyages en fonction de votre budget. Les destinations fortes : États-Unis, Canada, Thaïlande et Antilles.

▲ **VOYAG'AIR – BALAD'AIR :** 55, rue Hermel, 75018 Paris. ☎ 42-62-45-45. Fax : 42-62-49-00. M. : Simplon ou Jules-Joffrin.
Plusieurs brochures à l'actif de ce jeune tour-opérateur glouton dans sa production et dans le choix de ses destinations.
Sous la marque Voyag'air : une brochure spécifique « vols secs » qui regroupe en deux parties distinctes, d'une part, une importante production en charters ou en blocs sièges à destination des États-Unis et du Canada entre autres ; et, d'autre part, le monde en technicolor avec des tarifs négociés sur vols réguliers sur plus de 200 destinations.
Sous la marque Balad'air : deux brochures pour les prestations terrestres – à ajouter ou pas aux vols cités plus haut – « American Breakfast » (États-Unis et Canada) et des formules en liberté : les « Balad'n Drive », des circuits accompagnés ou pas, des séjours et une sélection d'« Insolites » pour ceux qui veulent sortir des sentiers battus.

▲ **VOYAGES ET DÉCOUVERTES**
– *Paris :* 21, rue Cambon, 75001. ☎ 42-61-00-01. M. : Concorde.
– *Paris :* 58, rue Richer, 75009. ☎ 47-70-28-28. M. : Cadet.
Voyagiste proposant d'excellents tarifs sur lignes régulières à condition d'être étudiant ou jeune de moins de 26 ans. Difficile de trouver des vols moins chers sur les États-Unis. Grâce à ses accords avec Kilroy, tarifs assez exceptionnels sur plus de 200 destinations mais réservés aux jeunes de moins de 26 ans titulaires de la carte Jeunes et aux étudiants de moins de 35 ans titulaires de la carte internationale d'étudiant.

▲ **VOYAGES POUR TOUS**
– *Paris :* 220, rue Saint-Jacques, 75005. ☎ 43-26-06-88. M. : Luxembourg. Fax : 43-26-65-13.
– *Paris :* 243, boulevard Voltaire, 75011. ☎ 43-73-76-67. Fax : 43-73-96-97. M. : Nation.
– *Aix-en-Provence :* 26, place des Tanneurs, 13100. ☎ 42-26-58-38.
– *Annecy :* 55 bis, rue Carnot, 74000. ☎ 50-57-00-49. Fax : 50-57-14-81.
– *Avignon :* 21, rue des Trois-Faucons, 84000. ☎ 90-82-77-58. Fax : 90-82-76-45.
– *Bordeaux :* 54, cours Pasteur, 33000. ☎ 56-91-45-29.
– *Brive :* 4, rue de Lestang, 19100. ☎ 55-23-41-43.
– *Chambéry :* 128, rue Croix-d'Or, 73000. ☎ 79-75-08-50. Fax : 79-85-00-04.
– *Limoges :* 1, rue Basse-de-la-Comédie, 87000. ☎ 55-33-50-00. Fax : 55-33-73-95.
– *Lyon :* 128, avenue du Maréchal-de-Saxe, 69003. ☎ 78-60-36-54. Fax : 72-61-13-80.
– *Marseille :* 26, rue des Trois-Mages, 13006. ☎ 91-42-34-04. Fax : 91-92-33-69. Ouverture de 12 h à minuit.
– *Montélimar :* 15, boulevard Aristide-Briand, 26200. ☎ 75-01-67-46.
– *Perpignan :* 29, rue du Maréchal-Foch, 66000. ☎ 68-34-97-17.
– *Reims :* 25, rue de Cères, 51100. ☎ 26-50-01-01.
– *Soissons :* 8 bis, rue du Beffroi, 02200. ☎ 23-59-06-10. Fax : 23-59-06-60.
– *Toulouse :* 14, rue du Taur, 31000. ☎ 61-21-15-00. Fax : 61-21-23-83.
– *Toulon :* 5, rue Jean-Jaurès, 83000. ☎ 94-22-10-89.
Ouvert du lundi au vendredi de 9 h à 19 h sans interruption. Le samedi à partir de 10 h. Des circuits originaux et d'un bon rapport qualité-prix. Brochure spéciale pour les vols secs.
L'agence propose désormais des circuits « sur mesure » aux Amériques, grâce à un service informatique, très performant. En fonction de vos goûts, vos moyens et votre durée de séjour, Voyage pour Tous vous fabrique « VOTRE » voyage.

▲ **VOYAGEURS AUX ÉTATS-UNIS** (ex-Carrefour des Voyages) : 5, place André-Malraux, 75001 Paris. ☎ 42-86-17-30. Fax : 42-60-35-44. M. : Palais-

GRAND CANYON

L'ETAPE LA PLUS **FABULEUSE** PARMIS LES 16 PARCS NATIONAUX QUE NOUS VOUS PROPOSONS DE VISITER AVEC NOTRE FORMULE "AUTO-SELF"

"AUTO-SELF" CIRCUITS INDIVIDUELS À CONSTRUIRE DANS L'OUEST. 7 NUITS MINIMUM

LOGEMENT AU GRAND CANYON

à partir de **360** F

PRIX PAR CHAMBRE/PAR NUIT
PRIX AU 31 OCTOBRE 1992
SUJET A MODIFICATION

WELCOME TO THE GRAND CANYON

VACANCES FABULEUSES

PARIS : 45 23 55 77 NICE : 93 16 01 16

OU DANS VOTRE AGENCE HABITUELLE

Lic. A1664

32 COMMENT ALLER AUX ÉTATS-UNIS ?

Royal. L'équipe de Voyageurs aux États-Unis est constituée d'Américains et de Français ayant longtemps vécu aux U.S.A. Ils sauront vous guider dans vos choix, concevoir pour vous un itinéraire sur mesure pour faire de votre voyage une réussite totale. Voyageurs aux États-Unis vous propose toutes sortes de voyages vers les États-Unis à des conditions très avantageuses : tarifs réduits sur vols réguliers et nombreuses formules à la carte.

EN BELGIQUE

▲ **ACOTRA WORLD** : rue de la Madeleine, 51, Bruxelles 1000. ☎ (02) 512-86-07. Fax : (02) 512-39-74. Ouvert de 10 h à 18 h (18 h 30 le jeudi) et le samedi de 10 h à 13 h. Acotra World, filiale de la Sabena, offre aux jeunes, étudiants, enseignants et stagiaires des prix spéciaux dans le domaine du transport aérien. Prix de train (BIGE - Inter-Rail) et de bus intéressants. Le central logement-transit d'Acotra permet d'être hébergé aux meilleurs prix, en Belgique et à l'étranger.
Un bureau d'accueil et d'information « Acotra Welcome Desk » est à la disposition de tous à l'aéroport de Bruxelles-National (hall d'arrivée). Ouvert tous les jours, y compris le dimanche, de 7 h à 14 h.

▲ **C.J.B.** (Caravanes de Jeunesse Belge ASBL) : chaussée d'Ixelles, 216, Bruxelles 1050. ☎ (02) 640-97-85. Fax : (02) 646-35-95. Ouvert de 9 h 30 à 18 h tous les jours de la semaine. C.J.B. organise toutes sortes de voyages, individuels ou en groupes, de la randonnée au grand circuit. Vacances sportives ou séjours culturels. Recherchent pour vous, dans la jungle des tarifs de transport (avion, train, bus ou bateau), les prix les plus intéressants. Pour les détenteurs de la carte Jeunes, réduction sur la carte C.J.B. et 5 % sur les billets B.I.G.E. Vend la carte ISIC (International Student Identity Card).

▲ **CONNECTIONS**
– *Bruxelles* : rue Marché-au-Charbon, 13, 1000. ☎ (02) 512-50-60. Fax : (02) 512-94-47.
– *Bruxelles* : avenue Adolphe-Buyl, 78, 1050. ☎ (02) 647-06-05. Fax : (02) 647-05-64.
– *Anvers* : Korte Koepoortstraat, 13, 2000. ☎ (03) 225-31-61. Fax : (03) 226-24-66.
– *Gand* : Nederkouter, 120, 9000. ☎ (091) 23-90-20. Fax : (091) 33-29-13.
– *Louvain* : Tiensestraat, 89, 3000. ☎ (016) 29-01-50. Fax : (016) 29-06-50.
– *Liège* (nouvelles destinations) : rue Sœurs-de-Hasque, 1b, 1348. ☎ (041) 22-04-60. Fax : (041) 21-11-45.
– *Liège* : rue Sœurs-de-Hasque, 7, 4000. ☎ (041) 22-04-44 ou (041) 23-03-75. Fax : (041) 23-08-82.
– *Louvain-la-Neuve* : place des Brabançons, 6a, 1348. ☎ (010) 45-15-57. Fax : (010) 45-14-53.
Le spécialiste du voyage jeune, estudiantin, fait partie d'un groupement international implanté en Europe dans environ 70 villes stratégiques.
Connections offre une gamme importante de produits, à savoir le billet SATA (billet d'avion pour jeunes et étudiants, en exclusivité pour le marché belge), les tarifs aériens ouverts à tous (avec spécialisation sur l'Europe et les États-Unis), les formules « Rail », incluant l'Eurodomino, le B.I.G.E. et toute autre formule, des séjours « City » (Prague, Budapest, Séville, etc.), une gamme de services terrestres aux États-Unis (location de voitures et de mobil-homes, séjour en campings et à l'hôtel, des self drive tours, des expéditions à départ garanti, etc.), des circuits, des cartes de réductions (International Student Identity Card, la carte Jeunes), l'assurance voyage I.S.I.S. Bref, le monde en toute liberté aux meilleures conditions.

▲ **JOKER** : boulevard Lemonnier, 37, Bruxelles 1000. ☎ (02) 502-19-37. « Le » spécialiste des voyages aventureux, travaille en principe avec le nord du pays mais il peut être intéressant d'y faire un tour. Voyages pas chers et intéressants. Vols secs aller simple ou aller-retour. Circuits et forfaits.

▲ **NOUVEAU MONDE** : chaussée de Vleurgat, 226, Bruxelles 1050. ☎ (02) 649-55-33.

L'AMÉRIQUE A LA CARTE

CIRCUITS INDIVIDUELS

EXEMPLE

"WESTERN EXPRESS"
11 JOURS/10 NUITS
SAN FRANCISCO · YOSEMITE · DEATH VALLEY · LAS VEGAS · BRYCE CANYON · GRAND CANYON · LOS ANGELES.

3275 F
PRIX DU FORFAIT HOTELS
PAR PERSONNE
EN CHAMBRE DOUBLE

PRIX AU 31 OCTOBRE 1992 - SUJET A MODIFICATION

HORS DES SENTIERS BATTUS

RANCH (séjour équitation)
RAFT (expédition)
MOTO (location)
4 x 4 (excursion)
BATEAU (location)

TOUT EST POSSIBLE. NOUS CONSULTER

VACANCES FABULEUSES

PARIS : 45 23 55 77   NICE : 93 16 01 16

OU DANS VOTRE AGENCE HABITUELLE

Lic. A1664

34 COMMENT ALLER AUX ÉTATS-UNIS ?

▲ NOUVELLES FRONTIÈRES
- *Bruxelles :* boulevard Lemonnier, 2, 1000. ☎ (02) 513-76-36. Fax : (02) 513-16-45.
- *Bruxelles :* chaussée d'Ixelles, 147, 1050. ☎ (02) 513-68-15.
- *Bruxelles :* chaussée de Waterloo, 690, 1180. ☎ (02) 646-22-70 ou (02) 648-35-94.
- *Liège :* boulevard de la Sauvenière 32, 4000. ☎ (041) 23-67-67.

▲ PAMPA EXPLOR :
chaussée de Waterloo, 735, Bruxelles 1180. ☎ (02) 343-75-90 ou répondeur 24 h/24 au (010) 22-59-67. Fax : (02) 346-27-66.
L'insolite et les découvertes « en profondeur » au bout des Pataugas ou sous les roues du 4 × 4. Grâce à des circuits ou des voyages à la carte entièrement personnalisés, conçus essentiellement pour les petits groupes, voire les voyageurs isolés. Des voyages originaux, pleins d'air pur et de contacts, dans le respect des populations et de la nature. Pratiquement dans tous les coins de la « planète bleue », mais surtout dans les pays couverts par le Sahara. Sans oublier les inconditionnels de la forêt amazonienne, les accros de paysages andins ou les mordus des horizons asiatiques.
Également un club des voyageurs Harmattan dont le siège est : avenue de Chérémont, 1300 Wavre. ☎ (010) 22-59-67. Toutes sortes de voyages réservés aux membres, une boutique et des activités prévues pour ceux qui s'y inscrivent.

▲ SERVICES VOYAGES ULB :
campus ULB, avenue Paul-Héger, 22, Bruxelles, et hôpital universitaire Erasme. Le voyage à l'université, accueil évidemment très sympa. Ticket d'avion de compagnie régulière à des prix hyper compétitifs. Ouvert de 9 h à 17 h sans interruption du lundi au vendredi.

▲ TAXISTOP :
la carte de membre Taxistop donne droit à des vols charters à prix réduits :
- *Airstop,* rue Marché-aux-Herbes, 27, Bruxelles 1000. ☎ (02) 512-10-15 et 511-69-30. Fax : (02) 514-41-11.
- *Taxistop Gand :* 51 Onderbergen, Gand 9000. ☎ (091) 23-23-10. Fax : (091) 24-31-44.
- *Taxistop-Airstop :* place de l'Université, 41, Louvain-la-Neuve 1348. ☎ (010) 45-14-14. Fax : (010) 45-51-20.

▲ UNICLAM 2000 – EOLE
- *Bruxelles :* rue de l'Association, 4, 1000. ☎ (02) 217-33-41. Fax : (02) 219-90-73.
- *Bruxelles :* rue Marie-Christine, 78, 1020. ☎ (02) 428-40-53. Fax : (02) 428-28-61.
- *Bruxelles :* chaussée de Haecht, 33, 1030. ☎ (02) 218-55-62. Fax : (02) 217-71 09.
- *Louvain-la-Neuve :* Grand-Place, 1, 1348. ☎ (010) 45-12-43. Fax : (010) 45-52-19.
- *Liège :* boulevard de la Sauvenière, 30, 4000. ☎ (041) 22-19-04. Fax : (041) 22-92-68.
- *Charleroi :* boulevard Tirou, 60, 6000. ☎ (071) 32-01-32. Fax : (071) 31-58-60.

(Voir texte plus haut.)

EN SUISSE

C'est toujours cher de voyager au départ de la Suisse, mais ça s'améliore. Les charters au départ de Genève, Bâle ou Zurich sont de plus en plus fréquents ! Pour obtenir les meilleurs prix, il vous faudra être persévérant et vous munir d'un téléphone. Les billets au départ de Paris ou Lyon ont toujours la cote au hit-parade des meilleurs prix. Les annonces dans les journaux peuvent vous réserver d'agréables surprises, spécialement dans le *24 Heures* et dans *Voyages Magazine*.
Tous les tours-opérateurs sont représentés dans les bonnes agences : Kuoni, Hotelplan, Jet Tours, le TCS et les autres peuvent parfois proposer le meilleur prix, ne pas les oublier !

LA CARTE JEUNES OU LE PASSEPORT POUR MIEUX VOYAGER

- Vol Aller Retour sur compagnies régulières
- Billets valables 6 mois / 1 an
- Dates modifiables ou retour OPEN
- Aller simple ou retour simple possible

EUROPE*

Copenhague	1.400 FFr	Edimbourg	990 FFr
Londres	730 FFr	Hambourg	1.240 FFr
Birmingham	840 FFr	Leeds	1.140 FFr
Manchester	840 FFr		

USA*

	au départ de Paris	au départ de Bordeaux, Lyon, Marseille, Nice, Toulouse
New York	2.300 FFr	2.680 FFr
Miami	2.960 FFr	3.320 FFr
Los Angeles	4.000 FFr	4.360 FFr
San Fransisco	4.000 FFr	4.360 FFr

PACIFIQUE*

	au départ de Paris	au départ de Bordeaux, Lyon, Marseille, Nice, Toulouse
Auckland	8.400 FFr	8.760 FFr
Sydney	8.400 FFr	8.760 FFr
Melbourne	8.400 FFr	8.760 FFr
Adélaïde	8.400 FFr	8.760 FFr

AMÉRIQUE LATINE*

	au départ de Paris	au départ de Bordeaux, Lyon, Marseille, Nice, Toulouse
Buenos Aires	6.820 FFr	7.180 FFr
Caracas	5.040 FFr	5.420 FFr
Bogota	5.040 FFr	5.420 FFr
Rio	5.460 FFr	5.820 FFr
Sao Paulo	5.460 FFr	5.820 FFr

ASIE*

	au départ de Paris	au départ de Bordeaux, Lyon, Marseille, Nice, Toulouse
Delhi	5.250 FFr	5.620 FFr
Hong Kong	6.300 FFr	6.660 FFr
Kuala Lumpur	5.980 FFr	6.140 FFr
Pékin	6.340 FFr	6.720 FFr
Tokyo	7.450 FFr	7.820 FFr

* Prix au 1er novembre 1992

Lic. 1850

Renseignements et inscriptions :

VOYAGES ET DÉCOUVERTES
21, rue Cambon 75001 PARIS
Tél. (1) 42.61.00.01

Merci de m'envoyer votre brochure Vols Jeunes

Nom :
Adresse :

▲ ARTOU
- *Genève :* 8, rue de Rive. ☎ (022) 311-02-80.
- *Lausanne :* 18, rue Madeleine. ☎ (021) 23-65-56.
- *Sion :* 44, rue du Grand-Pont. ☎ (027) 22-08-15.
- *Neuchâtel :* 1, chaussée de la Boine. ☎ (038) 24-64-06.

Demandez leur documentation (très bien faite) et leurs tarifs spéciaux sur les billets d'avion. Une librairie du voyageur complète les prestations de chaque agence.

▲ NOUVELLES FRONTIÈRES
- *Genève :* 10, rue des Chantepoulet, 1201. ☎ (022) 732-03-52.
- *Lausanne :* 3, avenue du Rond-Point, 1006. ☎ (021)-26-88-91.

▲ S.S.R.
- *Genève :* 3, rue Vignier, 1205. ☎ (022) 329-97-33.
- *Lausanne :* 22, boulevard de Grancy, 1005. ☎ (021) 617-58-11.
- *Neuchâtel :* 1, rue Fausses-Brayes. ☎ (038) 24-48-08.
- *Fribourg :* 35, rue de Lausanne. ☎ (037) 22-61-62.

Le S.S.R. est une société coopérative sans but lucratif dont font partie les employés S.S.R. et les associations d'étudiants. De ce fait, il vous offre des voyages, des vacances et des transferts très avantageux, et tout particulièrement des vols secs. Délivre les cartes internationales d'étudiants et les cartes Jeunes.
Ses meilleures destinations sont : l'Extrême-Orient, les États-Unis, l'Amérique du Sud, l'Angleterre, l'ex-Yougoslavie, la Grèce, la Turquie, le Maroc, la Sardaigne et le Canada. Et aussi le transsibérien de Moscou à la mer du Japon, la descente de la rivière Kwai... Billets Euro-Train (jusqu'à 26 ans non compris).

AU QUÉBEC

▲ TOURBEC
- *Montréal :* 3419, rue Saint-Denis, H2X-3L2. ☎ (514) 288-4455. Fax : (514) 288-1611.
- *Montréal :* 3506, avenue Lacombe, H3T-1M1. ☎ (514) 342-2961. Fax : (514) 342-8267.
- *Montréal :* 595, Ouest de Maisonneuve, H3A-1L8. ☎ (514) 842-1400. Fax : (514) 287-7698.
- *Montréal :* 1454, rue Drummond, H3G-1V9. ☎ (514) 499-9930. Fax : (514) 499-9616.
- *Montréal :* 1887 Est, rue Beaubien, H2G-1L8. ☎ (514) 593-1010. Fax : (514) 593-1586.
- *Laval :* 155-E, boulevard des Laurentides, H7G-2T4. ☎ (514) 662-7555. Fax : (514) 662-7552.
- *Québec :* 1178, avenue Cartier, G1R-2S7. ☎ (418) 522-2791. Fax : (418) 522-4536.
- *Saint-Lambert :* 2001, rue Victoria, J4S-1H1. ☎ (514) 466-4777. Fax : (514) 499-9128.
- *Sherbrooke :* 1578 Ouest, rue King, J1J-2C3. ☎ (819) 563-4474. Fax : (819) 822-1625.

Cette association, bien connue au Québec, organise des charters en Europe mais aussi des trekkings au Népal, des cours de langues en Angleterre, Italie, Espagne ou Allemagne. Vols long-courriers sur l'Asie, l'Afrique ou l'Amérique. Sa spécialité : la formule avion + auto.

2 PIECES POUR LE PRIX D'UNE SIMPLE CHAMBRE D'HOTEL

EMBASSY SUITES℠

103 Hôtels & Resorts aux Etats-Unis, situés dans les principales grandes villes et les régions touristiques.

🄴 DEUX FOIS PLUS D'ESPACE...

Chaque suite se compose d'une chambre à 1 ou 2 lits doubles, un living avec canapé double convertible et une salle de bains.
Il est possible de loger 4 à 6 personnes selon les hôtels.
Formule idéale pour les familles voyageant avec des enfants :
deux pièces "communiquantes" pour le prix d'une seule chambre.

🄴 DEUX FOIS PLUS DE CONFORT...

Chaque suite offre une "mini-kitchen" équipée d'un four à micro-ondes, d'une cafetière éléctrique et d'un réfrigérateur, un mini-bar, 2 télévisions, 2 téléphones. Les hôtels Embassy Suites offrent tout le confort des grands hôtels américains et possèdent tous une piscine (sauf New-York).

🄴 DEUX FOIS PLUS D'AVANTAGES...

* *Chaque matin, **petit déjeuner américain** inclus.*
* *Chaque soir, **cocktails et boissons gratuits** pendant 2 heures.*

AUTANT DE BONNES RAISONS DE CHOISIR
EMBASSY SUITES℠

représenté par

RENSEIGNEMENTS ET RESERVATIONS: 45•77•10•74

Mosaïc-RCS 383 692 829

GÉNÉRALITÉS

Adresses utiles, formalités

ADRESSES UTILES EN FRANCE

– **Office du tourisme des États-Unis et ambassade des États-Unis :** renseignements par courrier : 75382 Paris Cedex 08 ; ou par téléphone : 42-60-57-15 (de 10 h à 12 h et de 13 h à 17 h du lundi au vendredi) ; ou par minitel : 36-15 (code USA).
– **Ambassade des États-Unis :** 2, avenue Gabriel, 75008 Paris. ☎ 42-96-12-02. M. : Concorde.
– **American Express :** 11, rue Scribe, 75009 Paris. ☎ 47-77-77-07. M. : Opéra.

FORMALITÉS D'ENTRÉE

– *Passeport* en cours de validité.
– Bonne nouvelle : le visa n'est plus nécessaire pour les Français qui se rendent aux États-Unis pour tourisme ou affaires. Cependant, votre séjour ne doit pas dépasser 90 jours.
Attention : le visa reste indispensable pour les diplomates (catégorie socio-professionnelle assez rare chez les routards...), étudiants poursuivant un programme d'études, journalistes en mission.
– Pas de vaccination obligatoire.
– *Carte internationale d'étudiant :* assez précieuse, vu l'importance des réductions accordées.
– Impératif d'avoir son permis de conduire, même si on ne conduit pas. Il est beaucoup plus souvent demandé, comme preuve d'identité, que le passeport.

OBTENTION D'UN VISA

Pour ceux qui n'en sont pas exemptés, il faut :
– un passeport en cours de validité ;
– une photographie récente ;
– un formulaire de visa (si le conjoint ou un enfant, quel que soit l'âge, sont sur un même passeport, il leur faudra remplir un formulaire séparé) ;
– avec la demande de visa, il faut donner les raisons du voyage.

CONSULATS AMÉRICAINS EN FRANCE

– *Paris :* 2, rue Saint-Florentin, 75001. ☎ 42-96-14-88. M. : Concorde. Ouvert de 8 h 45 à 11 h du lundi au vendredi (pour la nationalité française ; autres nationalités, de 14 h à 15 h). 2 h d'attente en juillet-août.
Il existe un photomaton à proximité, dans la bouche de métro, à l'angle de la rue de Rivoli et de la rue Saint-Florentin.
– *Bordeaux :* 22, cours du Maréchal-Foch, 33000. ☎ 56-52-65-95. Répondeur pour les renseignements sur les visas : ☎ 56-44-82-22. Ouvert de 10 h à 12 h du lundi au vendredi.
– *Marseille :* 12, boulevard Paul-Peytral, 13280 Cedex 6. ☎ 91-54-92-00. Ouvert de 9 h à 12 h et de 13 h 30 à 15 h.
– *Nice :* 31, rue du Maréchal-Joffre, 06000. ☎ 93-88-89-55. Ouvert de 9 h à 11 h 30 et 13 h 30 à 16 h 30. N'ont pas de service de visas, mais donnent des informations.
– *Strasbourg :* 15, avenue d'Alsace, 67000. ☎ 88-35-01-04. N'ont pas de service de visas.

GREYHOUND ®
L'Amérique facile

PROFITEZ DU FORFAIT AMERIPASS
KILOMETRAGE ILLIMITE U.S.A.

4 JOURS :	**500 F**
7 JOURS :	**900 F**
15 JOURS :	**1.300 F**
30 JOURS :	**1.800 F**

Forfaits CANADA : nous consulter

AMERICOM, 208, av. du Maine - 75014 PARIS - Tél. 40 44 81 29
Ouvert de 9h30 à 13h et de 14h à 18h30 - le samedi : horaires saisonniers.

AMERIQUE
LE GUIDE DU VOYAGE EN AMERIQUE
est paru (et il est GRATUIT), il comprend

Tous les VOLS A PRIX REDUITS* Exemple :

NEW YORK	**1 980 F**	MONTREAL	**1 980 F**
LOS ANGELES	**2 900 F**	MIAMI..............	**2 400 F**
SAN FRANCISCO..	**2 900 F**	HONOLULU	**5 650 F**

Les LOCATIONS DE VOITURE à partir de **240 F / Semaine**
+ de 1000 Hôtels à partir de **120 F / Personne**
Des CIRCUITS A LA CARTE ET EN GROUPE
Des TOURS INSOLITES
Des RENSEIGNEMENTS PRATIQUES
Envoi de notre brochure contre 10 F en timbres.

*Prix au 1/10/92 révisables

Pacific Holidays

UC 211

34, avenue du Général-Leclerc 75014 PARIS - Tél. 45.41.52.58

ADRESSES UTILES EN BELGIQUE

– **Pour obtenir le visa en Belgique :** boulevard du Régent, 25, Bruxelles 1000. ☎ (02) 513-38-30. Le visa n'est pas obligatoire pour les Belges. Le passeport en cours de validité suffit.
– **Ambassade des États-Unis :** boulevard du Régent, 27, Bruxelles 1000. ☎ (02) 511-51-82.

ADRESSES UTILES EN SUISSE

– **Ambassade des États-Unis :** 93 Jubilaumstrasse, 3000 Berne. ☎ 31-43-70-11. **Consulat :** même adresse. ☎ 31-43-72-27.
– **Représentation des États-Unis :** 141 Zollikerstrasse, 8008 Zurich. ☎ (1) 22-25-66.
– Le visa n'est pas nécessaire pour les Suisses qui se rendent aux États-Unis.
– Le consulat des États-Unis de Genève n'a pas de service de visas. Se renseigner à l'ambassade à Berne.

ADRESSES UTILES AU QUÉBEC

– **Consulat des États-Unis :** 1155 St Alexandre, Montréal. ☎ 398-96-95.
– **Consulat des États-Unis :** 2, place Terrasse Dufferin, Québec. ☎ 692-20-95.
– Le visa n'est pas nécessaire pour les Canadiens qui se rendent aux États-Unis.

Argent, banque, change

Un conseil primordial : avoir presque tout son argent sous forme de chèques de voyage, car aux États-Unis, comme partout ailleurs, le vol existe. En cas de perte ou de vol, les banques remboursent assez facilement. Le remboursement sera d'autant plus facile que vous aurez les chèques de voyage d'une banque américaine (First National, Chase Manhattan, American Express et Bank of America sont les quatre plus importantes). Sachez enfin que vous n'êtes pas obligé, comme en Europe, d'aller dans une banque pour les échanger contre de l'argent liquide. En effet, la plupart des grands magasins, restaurants et motels les acceptent.
Une combine particulièrement intéressante quand les banques sont fermées : achetez un hamburger ou une babiole avec un chèque de voyage. On vous rendra la monnaie en liquide.
Il est préférable de se munir de chèques de voyage en petites coupures (20 $ par exemple) car ils sont acceptés partout, même chez les commerçants.
Il est conseillé enfin d'être membre du *A.A.A.* avant même de respirer : grâce à votre adhésion, qui ne coûte annuellement que 30 $, vous aurez des remises partout, notamment 10 % sur la plupart des locations faites sur le compte. De plus, dans toutes les agences, vous obtiendrez des cartes à plus ou moins grande échelle, guides, listes des terrains de camping et magazine *S.E.E.* gratuit.

Attention !

– Acheter OBLIGATOIREMENT ses dollars avant de partir, car peu de banques aux États-Unis acceptent de changer l'argent étranger, à l'exception de la Bank of America. Même les dollars canadiens sont difficilement acceptés.
– Les billets de banque ont une taille et une couleur identiques ; seuls les chiffres changent (of course !). Éviter donc de confondre 1 $ avec 1 000 $.
– Pour reconnaître un vrai dollar, humecter légèrement le côté vert du billet et le frotter sur du papier. La couleur verte doit légèrement déteindre. Éviter de le faire dans une banque...
– Les banques sont généralement ouvertes de 9 h à 15 h, du lundi au vendredi.
– *Les cartes de crédit :* ici, on les appelle « plastic money ». Bien qu'étant américaines, certaines cartes de crédit comme la *Diners Club* sont relativement peu acceptées par les commerçants (en effet, ces organismes prennent une

VOYAGES
Spécialiste des Etats-Unis et du Canada

Voyages individuels

Vols réguliers à tarifs préférentiels.
Locations de voitures, minivans, motorhomes.
Hôtels, motels, toutes catégories.
Forfaits transferts-hôtels-excursions,
dans les grandes villes américaines.
Très grand choix d'itinéraires individuels.
Circuits sur mesures et prestations à la carte.

Les plus beaux circuits accompagnés

Accompagnés depuis Paris, 1/2 pension.
Guides francophones expérimentés, hôtels 3 à 5 étoiles.
Départs toute l'année, toutes régions.
Circuits à thèmes : nature, découverte, culture, musique...
Réductions importantes
(jusqu'à 3000 FF par personne)
pour toute réservation longtemps à l'avance.

Et, également :

Circuits accompagnés multilingues Etats-Unis et Canada,
courtes durées (4, 8, 11 ou 13 jours), repas libres.
Circuits jeunes de 18 à 35 ans, minibus et camping/motels,
U.S.A., Canada, Alaska et Mexique.
Séjours Linguistiques en Universités Américaines,
Cours intensifs ou semi-intensifs, logement campus.

VOYAGES

Licence A 478

208, Avenue du Maine - 75014 PARIS
Métro Alésia
Tél : 40 44 81 29 - Fax : 45 41 73 30

Ouvert de 9h30 à 13h et de 14h à 18h30 - le samedi : horaires saisonniers

commission de 7 % sur chaque achat !). Une des cartes les plus efficaces aux États-Unis est, chose étonnante, la *carte bleue internationale* VISA. Ne pas confondre avec la carte bleue simple, valable en France uniquement. Sachez que c'est votre banquier qui décide de son attribution. Si vous n'êtes pas salarié (étudiant...), il est bon de solliciter un rendez-vous auprès du directeur de votre banque afin de le convaincre. Ça aide souvent. Indispensable aux États-Unis pour louer une voiture.
La carte de crédit permet aussi d'avoir du liquide *(cash advance)* en s'adressant aux banques. Avantage et inconvénient : on n'est débité qu'une semaine plus tard, minimum, au taux du jour. Intéressant si le dollar baisse. La carte VISA n'est pas acceptée par tous les distributeurs automatiques de billets.
Attention : si vous utilisez une carte de crédit, reprenez les deux parties de votre reçu et déchirez le carbone (quand il existe encore) qui peut servir pour imiter votre signature.
Lorsque vous réglez avec une carte, *n'oubliez jamais* de remplir la case *Tips* (pourboire) et d'inscrire le total en bas. Sinon, vous risquez d'avoir des surprises au retour. Le commerçant aura lui-même rempli cette case et vous devrez un pourboire dont il aura établi le montant...
Les titulaires d'un compte au Crédit Agricole peuvent obtenir la carte de crédit *Eurocard*. Acceptée par le réseau *Master Charge,* fort étendu.
En cas de perte, téléphonez immédiatement au centre pour faire opposition, soit sur place si vous avez le numéro, sinon en France : ☎ 42-77-45-45 pour les cartes VISA Premier, ou 42-77-11-90 pour les VISA, Master Card et Eurocard.
— Les chèques de voyage sont changés à l'achat en France à un cours plus intéressant que l'argent papier.
— Une dernière chose : dans la conversation courante, un dollar se dit souvent *a buck*. L'origine de ce mot remonte au temps des trappeurs lorsqu'ils se faisaient payer les peaux de daim (= *bucks*) avec des dollars.

Boissons

Sachez que l'alcool est très mal vu aux États-Unis. La société américaine, conservatrice et puritaine, autorise la vente libre des armes à feu mais réglemente de manière délirante tout ce qui touche aux plaisirs « tabous » (sexe, marijuana, alcool, voire même certains disques rock jugés dangereux !). L'héritage de la prohibition et bien sûr les lobbies religieux n'y sont pas pour rien. Vous pouvez acheter une Kalachnikov et des caisses de munitions sans aucun permis mais, paradoxalement, on vous demande souvent votre carte d'identité si vous voulez acheter une simple bière ! Ils sont fous ces Américains...
De même, il est strictement interdit de boire de l'alcool dans la rue. Vous serez frappé à New York par le nombre de gens cachant leur canette de bière dans des sachets en papier. Fortement déconseillé d'avoir des bouteilles décapsulées en voiture en cas de contrôle par les flics. Dans les bars et dans certaines épiceries on ne vous servira pas d'alcool si vous n'êtes pas majeur. Le *drinking age* est 21 ans. Mais il suffit que vous ne compreniez pas très bien lorsqu'on vous demande votre âge et on vous servira peut-être normalement. Certains bistrots exigeront votre carte d'identité. N'oubliez pas non plus que la vente d'alcool est en principe interdite dans les réserves indiennes.
On trouve de bons petits vins californiens, c'est un cadeau qui fait toujours plaisir.
— Tout le monde sait que le *cocktail* est une invention américaine. Toutefois, peu de gens connaissent l'origine du mot qui signifie « queue de coq ». Autrefois, on apposait sur les verres des plumes de coq de couleurs différentes afin que les consommateurs puissent retrouver leur breuvage. Pour la petite histoire : en 1779, à Yorktown, dans l'État de Virginie, pendant la guerre d'Indépendance, officiers américains et français de l'armée révolutionnaire se retrouvent tous les jours dans l'estaminet de Betsy Flanagan. Un soir, elle dit qu'elle aura la peau du coq d'un Anglais qu'elle déteste. Chose promise... elle revient quelques heures plus tard avec la queue du coq (traduction littérale : *cocktail)*. Pour fêter l'événement, ils font un banquet au cours duquel les plumes dorées de la tête viennent décorer les verres. En France, au XVIIe siècle dans le Bordelais et les Charentes, existait une boisson à base de vins et d'aromates appelée coquetel ! Qui des deux fut le premier ?... Ne soyons pas trop chauvin. Quelques grands cocktails : *Manhattan* (vermouth rouge et bourbon), *Screw-*

publi-rédactionnel

LE REVE AMERICAIN ACCESSIBLE
AVEC ACCESS VOYAGES

Pour les Routards qui veulent aller toujours plus loin à moindre frais, **ACCESS VOYAGES** propose des vols vers la côte ouest des Etats-Unis au départ de Paris et de sept grandes villes de province : Bordeaux, Lyon, Marseille, Mulhouse, Nice, Strasbourg et Toulouse.

Vieux routard lui-même, **ACCESS VOYAGES** propose des vols réguliers à des prix charter. Par exemple, la découverte de la côte ouest des USA commence à partir de **3 500 F** par personne seulement pour l'aller/retour entre Paris et **San Francisco**, ou Paris et **Los Angeles** ou encore Paris et **San Diego**.

En plus des billets d'avion à prix réduits, **ACCESS VOYAGES** met à la disposition de ses clients tout un ensemble de prestations sur place aux Etats Unis, telles la location de voiture et la vente avant le départ de coupons d'hébergement, valables pour des chambres d'hôtel pouvant accueillir jusqu'à quatre personnes !

Proposant le monde entier à des prix **ACCESS**ibles, c'est l'agence la plus compétitive dans le domaine du transport aérien vers le Continent américain. Elle propose une gamme complète de vols réguliers, avec réservation à des prix réduits sur des centaines de destinations, aux Amériques, en Europe, en Asie et dans le Pacifique.

Conseil de vieux routard : contactez vite votre agence de voyages ou l'un des bureaux **ACCESS VOYAGES** ci-dessous :

A PARIS :	A LYON :
6, rue Pierre-Lescot	Tour Crédit Lyonnais
75001 Paris	129, rue Servient
Tél. (1) 40 13 02 02 ou	69003 Lyon
(1) 42 21 46 94	Tél. 78 63 67 77
Fax (1) 45 08 83 35	Fax 78 60 27 80

driver (vodka et jus d'orange), *Dry Martini* (vermouth et gin), *Bloody Mary* (vodka et jus de tomate ; créé en 1921 par Pete Petiot, barman au *Harris Bar*), *Black Velvet* (champagne et bière forte).
— Les Américains boivent sans arrêt : Coca-Cola, Seven-Up, Dr Pepper, Fresca, Tab... et compagnie... C'est vraiment pas terrible. Essayez le thé glacé *(iced tea)*, les jus de légumes (tomates, V8...), de fruits et même la bière extra-légère qui ne fait pas de mal.
— Dans les restaurants, ils ont également l'habitude de donner un verre d'eau glacée à tout consommateur. Si vous êtes fauché, entrez dans n'importe quel building, vous trouverez des fontaines où l'eau est très fraîche.
— Le matin, il est préférable de commander un breakfast avec du café et non avec du thé ; car, en principe, on peut redemander du café autant de fois qu'on le désire (mais on s'en lasse vite, car il est généralement imbuvable). Une combine bête comme chou : achetez du Nescafé. Vous compléterez votre tasse à votre goût.
— Si vous voulez faire une expérience intéressante, goûtez à la *root-beer*, vous verrez qu'il y a moyen de faire pas mal de choses avec un goût de chewing-gum. Oui, c'est une expérience culturelle à ne pas manquer, à condition de ne pas la renouveler souvent. Ce sinistre breuvage est adoré des kids américains. Exercez-vous longtemps pour prononcer le mot (dire bien « rout bir »), sinon le visage profondément déconcerté de la serveuse vous fera reporter votre choix sur un Coke banal.
— Et puis il est impossible d'oublier le *bourbon,* ce whisky américain, dont le Kentucky fournit une bonne moitié de la production. Cette région s'appelait autrefois le Bourbon County, dont le nom fut choisi en l'honneur de la famille royale française. C'est ainsi, depuis 1790 (en pleine Révolution française !), que le célèbre whisky américain porte le nom de bourbon. Pas étonnant non plus que la capitale du bourbon s'appelle Paris (7 820 habitants).

Budget

Difficile de prévoir un budget précis dans ce vaste pays. Pourtant une chose est sûre : en slalomant entre les pièges de la surconsommation, on peut s'en tirer très honorablement. Que ce soit pour le logement, la nourriture ou le transport, il existe toujours des solutions économiques. A vous de les trouver (avec notre aide évidemment).
— Première inconnue : le prix du dollar. C'est tout bête, mais on fait deux fois plus de choses avec un dollar à 5 F qu'avec un billet vert à 10 F. Et ça, quand on prépare son voyage en mars pour partir en juillet, c'est imprévisible. Globalement, il faut savoir que la vie est relativement moins chère aux États-Unis qu'en France pour un salaire comparable. Avec un dollar à prix « normal », c'est-à-dire aux environs de 6 F, vous vous en rendrez compte : par exemple, un lit en A.J. coûte 10 $ (60 F), un hamburger-frites 5 $ (30 F), un trajet en bus 1 $ (6 F), et l'essence est entre 2 et 3 fois moins chère que chez nous... En maniant la calculette avec doigté, vous pourrez éviter l'Armée du Salut.
— Pour le moyen de locomotion, bien réfléchir. Votre choix dépendra en fait de deux paramètres : combien vous êtes et où vous désirez aller. Schématisons : si vous êtes 4 ou 5 et que vous faites les grands parcs de l'Ouest américain, la voiture est indispensable et vous fera économiser un temps et un argent fous. Si vous êtes 2 et que vous vous contentez de New York (impossible d'y circuler en voiture), Boston et Chicago, à l'évidence la voiture est inutile : vous utiliserez l'avion pour les grands trajets et le bus pour les transports locaux dans les villes. Tout ça pour dire que le choix de votre mode de locomotion est extrêmement important et peut peser lourd sur votre budget.
— Pour le logement, il est également difficile de faire une moyenne chiffrée. Ceux qui circulent en camping-cars ou en voiture et campent dans les parcs nationaux s'étonneront de la modicité des prix (de 6 à 8 $ pour l'emplacement). Ceux qui souhaitent dormir dans les motels et les hôtels devront compter entre 40 et 60 $ la nuit pour 2, sans le petit déjeuner. Dans la rubrique « Hébergement », nous indiquons une fourchette de prix pour chaque mode de logement.
— Petit avertissement pour ceux qui sont ric-rac côté finances : vous n'avez pas beaucoup de sous, vous pensez pouvoir « faire avec » quand vous additionnez les postes budgétaires. Très bien. Mais n'oubliez pas une chose. Les sirènes de la consommation ont plus d'un tour dans leur sac pour vous y faire mettre la tête (dans le sac). Comment résister, par un après-midi de canicule, au « Big

Une Agence pas comme les autres.

■ Des tarifs à prix charter sur compagnies régulières, des locations de voitures, des hôtels.

■ Le voyage à la carte, une spécialité.

■ Des forfaits club sélectionnés par Any Way.

■ Une recherche permanente sur les meilleurs tarifs et le service à la clientèle.

■ Une informatisation pointue permettant de donner les tarifs et les disponibilités rapidement.

■ Le premier J-7 en France pour les soldes de dernière minute.

■ Un service de réservation et d'information par téléphone avec possibilité de paiement par carte bleue.

■ Avec Any Way les Amériques, Any Way l'Asie, Any Way la Méditerranée, un service groupe dynamique et efficace, des produits adaptés à une clientèle exigeante.

L'équipe Any way est heureuse de se mettre au service des clients des Guides du Routard.

ANY WAY

Tél : résa et info :
40 28 00 74
Groupe : 40 28 02 60
Minitel : 3615 Routard
46, rue des Lombards
75001 Paris
Métro Châtelet

Splash » qui vous tend les bras (sorte de foire du trône avec uniquement de gigantesque jeux d'eau) ? Comptez entre 10 et 15 $. Si vous passez par Las Vegas, même en chaussant votre air intello et dédaigneux de celui qui vient « pour analyser la décadence d'un modèle en faillite », comment résister à l'envie de glisser quelques piécettes dans la machine à sous ? Comptez au moins 10 $. En Floride ou en Californie, comment éviter les « Marineland » où de superbes orques vous éclaboussent avec le sourire ? Comptez 25 $. A New York, ne pas visiter les musées relève du crime culturel ! Comptez entre 3 et 5 $ par musée. A La Nouvelle-Orléans, vos oreilles vous en voudront toute leur vie si vous ne les emmenez pas faire le tour des boîtes de jazz. Comptez entre 30 et 100 $ la soirée selon les clubs visités. Bref, lors de la préparation budgétaire de votre futur merveilleux voyage, ne vous serrez pas trop la ceinture côté plaisir. « S'éclater sans état d'âme », c'est aussi ça l'Amérique.

Cigarettes

Attention, les cigarettes sont souvent plus chères dans les machines automatiques. Le prix des cigarettes varie du simple au double suivant les États et les magasins.
Peu de routards savent qu'il est interdit, dans une trentaine d'États, de fumer dans les lieux publics (magasins, bus, cinémas, théâtres, musées, etc.). On ne rigole pas. Les amendes peuvent aller de 10 à 100 $. Interdiction de fumer sur les vols intérieurs.
La guerre anti-tabac s'étend à bien d'autres domaines : certains restos, motels et B & B interdisent désormais la cigarette. Mais le plus souvent, on vous demande (histoire de ne pas perdre trop de client) si vous voulez une chambre ou une table « smoking or no smoking ? »...

Climat

Du fait de l'immensité du territoire, les climats sont très variés. N'oubliez pas qu'il fait frais en été à San Francisco, tandis que le soleil frappe fort en Floride. New York est étouffant l'été. Il est difficile de transformer de tête les degrés Fahrenheit en degrés Celsius. Aux degrés Fahrenheit, soustraire 30, diviser par 2 et ajouter 10 % – ou enlever 32 et diviser par 1,8.

- *Tableau d'équivalences*

Celsius	Fahrenheit	Celsius	Fahrenheit
100	212	16	60,8
40	104	14	57,2
38	100,4	12	53,6
37	98,6	10	50
36	96,2	8	46,4
34	93,2	6	42,8
32	89,6	4	39,2
30	86	2	35,6
28	82,4	0	32
26	78,8	– 2	28,4
24	75,2	– 4	24,8
22	71,6	– 6	21,2
20	68	– 8	17,6
18	64,4		

Courant électrique

Généralement : 110 volts et 60 périodes (en France : 50 périodes).
Attention, aux États-Unis, les fiches sont plates. Achetez l'adaptateur en France, on trouve cependant sur place des petits coffrets avec les différentes prises pour voyager dans le monde entier.

PASS CANADIAN

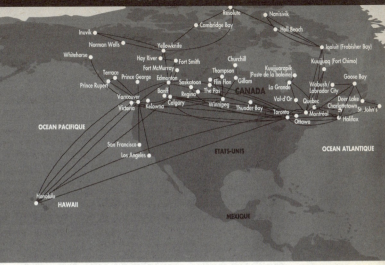

De Montréal à Vancouver ou Honolulu en passant par Resolute ou Winnipeg... avec le Pass Canadian, à vous tout un jeu de destinations à la carte que la première compagnie intérieure du pays étale devant vous chaque jour.

Renseignements : (1) 49.53.07.07 ou dans votre Agence de Voyages.

NOUS ALLONS OÙ VOUS ALLEZ.

Cuisine

Chacun sait qu'on trouve une foule de snacks vendant hamburgers, hot-dogs... Ils ne sont pas chers (les moins chers sont les MacDonald's), mais guère nourrissants. Si vous restez quelques jours dans un endroit, achetez votre nourriture dans les supermarchés, c'est tellement plus sain et tellement meilleur marché. D'ailleurs certains hamburgers sont pensés pour aiguiser la faim : aussitôt vous en achetez un second... C'est donc payer pour pas grand-chose de pas très bon. Parmi les supermarchés intéressants, citons *Safeway, Ralf, K Mart, Ralley's*.
Vous avez, sur les routes, d'autres chaînes telles que *Howard Johnson's* et *Holiday Inn*, où vous trouverez une carte plus variée, plus chère que les *hamburgers joints* (maisons de hamburgers), et une nourriture plus agréable.
Si vous commandez un œuf, la serveuse vous demandera comment vous le désirez. Brouillé *(scrambled)* ou sur le plat *(fried)*. Sur le plat, il peut être ordinaire *(up)* ou retourné et cuit des deux côtés comme une crêpe *(over)*. Dans ce cas, pour éviter que le jaune ne soit trop cuit, demandez-le *over easy* (légèrement). Ils peuvent également être mollets *(boiled)* ou durs *(hard boiled)*. On peut aussi y ajouter du jambon, du bacon, des saucisses, beaucoup de ketchup, quelques *buttered toasts*, des *French fried* (frites françaises, s'il vous plaît !).
La viande de bœuf est de premier ordre. Comme les animaux sont de plus petite taille que les nivernais ou les charolais, on peut s'attaquer à un *T-bone*, c'est-à-dire la double entrecôte avec l'os en « T ». Quand on souhaite un steak « bien cuit », on le demande *well done*. En revanche *medium* signifie à point, et saignant se dit *rare*. Enfin, ça c'est la traduction littérale car, en fait, les Américains cuisent beaucoup plus la viande que les Français : souvent *well done* signifie carbonisé et *rare* très cuit. Si vous aimez la viande saignante, insistez lourdement sur *rare*, ou, mieux encore, demandez l'animal vivant...
L'Ouest des cow-boys et des *cattlemen* a donné à l'Amérique et au reste du monde la recette indispensable : le barbecue, accompagné de son cortège de sauces en flacons. Le poulet frit du Kentucky (ou d'ailleurs) est également une des bases du menu américain, et la gamme de *sea-food*, c'est-à-dire les fruits de mer, une de ses attractions.
Soyez méfiant vis-à-vis du mot « sandwich ». Le sandwich que nous connaissons en Europe s'appelle en américain *cold sandwich*. A ne pas confondre avec les *hot sandwiches*, qui sont de véritables repas chauds avec hamburgers, frites et salade, donc bien plus chers.
On trouve toujours du pain qui a la consistance du marshmallow, mais on peut acheter du pain d'orge, complet, ou de seigle... Choisir son pain quand on vous propose un sandwich est du domaine du possible. Les *submarines* sont des sandwiches un peu plus élaborés que les autres.
Un bon truc pour les affamés qui veulent garder la ligne : les *salad-bars* dans les restaurants style *Bonanza* : un choix de crudités, de salades à volonté pour un prix raisonnable. Vous pouvez vous resservir autant de fois que vous le désirez ; repas diététique et copieux. Exemple d'un menu salad-bar : melon, tomates, céleri, radis, carottes, chou râpé, salade verte, salade de fruits, haricots, salade de spaghetti (!), et parfois gelée, gâteaux et fruits... avec toutes sortes de gadgets pour l'assaisonnement.
Il faut parler aussi des *delicatessen* que vous trouverez surtout à New York. C'est un type de restaurant qui regroupe toutes les spécialités juives d'Europe centrale, importées en même temps que leur culture par les immigrants au début du siècle. Mais un Juif américain vous affirmera que le *delicatessen* est une invention typiquement américaine ; le mot « deli » est d'ailleurs passé dans la langue à New York. C'est là que l'on goûte les meilleurs sandwiches au pastrami, au corned-beef ou à la dinde, servis sur du pain au cumin avec le cornichon et le sempiternel petit pot en carton de *cole slow*.
Et voilà un autre chapitre de la gastronomie américaine qui vaut la peine qu'on s'y arrête. Il y a des milliers de glaciers comme *Dairy Queen*, une chaîne nationale, dont tous les noms sont une variante de ce dernier. Vous allez à la fenêtre de la petite maison avec un grand cornet dessus commander vos délices et payer, puis vous allez manger dans la voiture, la seconde maison des Américains ! L'*ice cream* y est blanche, molle, crémeuse, parfumée à la vanille. Vous pouvez l'avoir en cornet, ou bien dans un petit bol en carton avec, par-dessus, des fruits frais sucrés de toutes sortes... cela s'appelle un *sundae*... à la fraise, à la noix de coco râpée, avec des ananas, au caramel, ou au *hot fudge* : un choco-

Sur les vols charters,
ou les vols réguliers,
SOYEZ LES PLUS MALINS!
CONSULTER :

Charters & Compagnies

Seulement pour les plus malins!

TARIFS

EXEMPLES DE TARIFS A/R
(à dates très précises)

NEW YORK 1990^F
LOS ANGELES OU **SAN FRANCISCO 3490^F**
MIAMI OU **ORLANDO 2990^F**

DISPONIBLE DANS TOUTES
LES AGENCES OU
AU 16 (1) 44 09 06 22
ET 3615 S.O.S. CHARTERS
REPONDEUR SOLDES
ET PROMOTIONS : (1) 49 59 09 09

lat fondu, épais et chaud (plus des noix ou des cacahuètes) ; et puis il y a des *banana splits* et des *malts*. Sachez que chez *Baskin Robbins* vous pourrez choisir entre 31 glaces délicieuses...
Si vous achetez du *pop-corn*, précisez si vous le voulez avec du sucre, sinon ils vous le serviront salé. On peut aussi le demander avec du beurre fondu.
Enfin, dernière spécialité américaine : le *peanut butter*, beurre de cacahuètes, le Nutella des petits Américains, des grands aussi.

● *Remarques*

— En général, les restos les moins chers sont ceux tenus par des familles immigrées. Les origines varient selon les régions ; à vous de chercher les groupes prédominants dans les États (restos indiens et asiatiques à New York, restos mexicains dans le sud-ouest, restos asiatiques sur la côte ouest).
— Les samedis et dimanches matin, il est bon de prendre un *brunch*. Après la grasse matinée, il est trop tard pour le petit déjeuner mais on a trop faim pour attendre l'heure du déjeuner. Ainsi, bon nombre de restaurants servent, vers 11 h, le brunch, formule bâtarde entre le *breakfast* et le *lunch*.
— *Les petits restes :* si dans un restaurant vos yeux ont vu plus grand que votre estomac, n'ayez pas de scrupules à demander un sachet plastique pour emporter le reste de vos plats. Jadis on disait pudiquement « C'est pour mon chien », et il était alors question de *doggy-bag*. Aujourd'hui, n'hésitez pas à demander : « *Would you wrap this up for me ?* »
— Dans certains restaurants, en particulier dans les grandes villes, les mêmes repas coûtent beaucoup plus cher le soir qu'à midi, surtout si le cadre est joli. Il est donc conseillé de bien manger à midi, quitte à prendre des toasts le soir.
— Dans de nombreux journaux paraissant le mercredi, il existe des coupons publicitaires offrant de substantielles réductions, notamment pour les restaurants, supermarchés... Les économies sont réelles.
— De nombreux restaurants proposent un menu enfant, même pour le petit déjeuner.
— Certains restaurants proposent des *happy hours* (généralement de 16 h à 18 h). Pendant ces heures creuses, les repas sont moins chers. Sur la côte californienne, ce type de repas est souvent appelé *early birds special*.
— Pour manger dans « les endroits chic », tenir sa fourchette dans la main droite et poser la main gauche sur le genou, sans quoi vous passerez pour un véritable plouc ! On vous aura prévenu.
— Hormis dans les routiers *(truck stops)* ou les cafétérias, en arrivant dans un restaurant on ne s'installe pas à n'importe quelle table, sauf si l'écriteau « Please seat yourself » vous invite à le faire.

Fêtes, jours fériés

Ils varient suivant les États. Mais voici sept jours fériés sur l'ensemble du territoire. Attention, presque toutes les boutiques sont fermées :
— *Memorial Day :* le dernier lundi de mai.
— *Independence Day :* 4 juillet.
— *Labor Day :* 1er lundi de septembre.
— *Colombus Day :* 2e lundi d'octobre.
— *Thanksgiving Day :* 4e jeudi de novembre.
— *Christmas Day :* 25 décembre.
— *New Year Day :* 1er janvier.

Hébergement

Le problème de l'hébergement est le plus important des problèmes que l'on rencontre aux États-Unis, car c'est le plus onéreux. Pour chaque ville, quelques adresses vous seront données, mais voici quelques tuyaux qui ont fait leurs preuves et qui sont valables pour tous les États.
D'abord, l'Américain est très accueillant. Si vous liez connaissance avec lui, soyez certain qu'il vous invitera car il a bien souvent la possibilité matérielle de le faire. Il n'est pas rare que l'on vous prête un appartement pour le week-end...
Si vous appartenez à une communauté (raciale, religieuse...), allez trouver vos homologues américains. En effet, un Breton sera fort bien accueilli par les Bre-

ESPACES DECOUVERTES
VOYAGES

■ **TOUS LES VOLS A PRIX REDUITS**

SAN FRANCISCO :
4 050 F

LOS ANGELES :
3 950 F

■ **VOYAGES A LA CARTE**
■ **NUITS D'HOTEL**
■ **LOCATIONS DE VOITURES**

(prix a/r départ Paris, à partir de, au 1er janvier 1993)

38, rue Rambuteau, 75003 Paris
métro Rambuteau ou Châtelet-les-Halles
✆ 42 74 21 11

14, rue Vavin, 75006 Paris
métro Vavin
✆ 40 51 80 80

3, rue des Gobelins, 75013 Paris
métro Gobelins
✆ 43 31 99 99

LIC 175529

tons de tel bled, un Arménien par la confrérie arménienne de tel autre bled. Sachez qu'il y a beaucoup de familles de souche française dans la Louisiane de l'Ouest, en particulier autour de Lafayette.
Si vous êtes jeunes mariés, n'oubliez pas de le mentionner dès que possible. Pour les Américains, les *honeymooners* sont à traiter avec le plus grand soin. C'est une tradition très tenace par là-bas.
Le prix du petit déjeuner n'est pratiquement jamais inclus dans le prix de la chambre.

● *Les YMCA* (hommes) *et les YWCA* (femmes) ont des prix très variables. Certaines ont des dortoirs peu onéreux (assez rares toutefois). Les YMCA sont relativement chères et peuvent atteindre facilement 20 $ par personne à New York ou à Chicago. A remarquer que les YMCA sont généralement mixtes, tandis que les YWCA sont toujours réservées aux filles exclusivement. Les « Y » sont en général très centrales. Beaucoup d'étudiants et de jeunes de la localité ou des travailleurs en déplacement y résident ; c'est donc un moyen de se faire des connaissances sur la ville, sûr et rapide. Le seul problème des « Y » est qu'elles sont souvent complètes, surtout le week-end. Pour y remédier, plusieurs solutions : d'abord possibilité de réserver, ensuite on peut acheter à New York des *vouchers* (à Sloane House) pour « X » nuits, et on est mieux placé pour avoir une chambre en cas d'affluence. Dans tous les cas de figures, la meilleure solution consiste à toujours se pointer vers 11 h, heure du *check-out*. Vous serez donc le premier ou dans les premiers à bénéficier des quelques chambres qui seront libérées. A signaler que dans beaucoup de villes de « province », s'il ne reste pas de place à la « Y », vous pouvez vous rabattre sur les hôtels du Downtown qui sont parfois moins chers que la « Y », la propreté en moins, bien sûr.
Avantage des YMCA et YWCA, on peut réserver à partir de la France :
– *Rencontre et Voyage :* 5, place de Vénétie, 75643 Paris Cedex 13. ☎ 45-83-62-63. M. : Porte-de-Choisy. Bien vérifier les dates et le prix à payer. On nous signale des erreurs.

● Il existe aussi une centaine d'**auberges de jeunesse** (Hostelling International). Les prix sont en général plus abordables. Elles se trouvent rarement dans les grandes villes, la plupart sont isolées dans la campagne, sauf quelques exceptions (San Francisco, Boston, Washington, Denver, Phoenix, San Diego, par exemple). On y obtient souvent des tas de tuyaux (jobs, etc.). Aucune limite d'âge. La carte internationale des auberges de jeunesse n'est pas obligatoire pour être admis à dormir, mais vous paierez plus cher. Cette carte coûtant environ 100 F en France, il est indispensable de l'acheter avant votre départ (deux fois plus chère aux États-Unis). Pour plus de renseignements, voir le *Manuel du Routard*, toujours aussi indispensable. Dans certaines A.J. (renseignez-vous) on peut « échanger » son séjour contre quelques heures de travail.
Parallèlement aux A.J. régies par la fédération officielle, *Hostelling International* (autrefois appelée *American Youth Hostels*) se sont développées les *American Independant Hostels*. Avantage de ces dernières : ouvertes toute la journée, le voyageur n'est pas mis à la porte de 10 h jusqu'à 16 h. *Hostelling International* est représenté à Paris par la *Fédération des Auberges de Jeunesse* : 27, rue Pajols, 75018. ☎ 46-07-00-01. M. : Porte-de-la-Chapelle. Ouvert du lundi au vendredi de 9 h 30 à 18 h et le samedi de 9 h 30 à 12 h 30 et de 14 h à 18 h. On peut s'y procurer la liste des A.J. aux États-Unis.

● Il est facile de dormir dans une **université**. Les *Residence Halls* dépendent d'un collège ou d'une université. Les étudiants étrangers peuvent y être hébergés hors de la période scolaire, mais ce n'est pas systématique.
Un organisme américain présent en France vend des carnets de bons pour dormir en université. Il s'agit d'*Apple Accommodations*, c/o Campus Holidays Inc, représenté par la *Commission franco-américaine*, 9, rue Chardin, 75016 Paris. ☎ 45-20-46-54. M. : Passy.

● *Les campings :* près des endroits touristiques. Bon marché et assez bien aménagés. Il est fort utile d'acquérir le *Rand MacNally's Campground and Park Guide*. C'est en deux volumes. Le mieux est de se procurer la brochure de l'A.A.A. (gratuite pour les adhérents), avec tous les tarifs. Il est possible de réserver pour camper dans les parcs nationaux à ce numéro : Mistix, 365-CAMP. Aux États-Unis, avec le 1-800. La réservation peut s'effectuer jusqu'à 8 semaines à l'avance.
Quelques tours-opérateurs proposent plusieurs itinéraires en camping-tours particulièrement bien conçus. Voir les adresses dans « Comment aller aux États-Unis ? ».

VOUS AVEZ CHOISI VOTRE ETAPE, ALORS GO !

GO VOYAGES
vous propose :

Un vol seul ou accompagné d'une ou de plusieurs nuits d'hôtel, d'une location de voiture ou d'un appartement ...

GO VOYAGES :
une nouvelle façon de voyager, plus libre, plus souple : Canada, Canaries, Grèce, Guadeloupe, Maroc, Martinique, Maurice, Réunion, St Martin, Sénégal, Thailande, Tunisie, USA...

LEADER DE L'AERIEN

plus de 300 autres destinations à votre disposition

EN VENTE DANS LES AGENCES FNAC VOYAGES, AGENCES SÉLECTOUR ET AGENCES AGRÉÉES.
RENSEIGNEMENTS ET RESERVATIONS -TEL:(1)49.23.26.86 ET SUR 3615 GO

A notre avis, le camping est la meilleure solution pour voyager aux États-Unis. Situés en pleine nature, les campings n'ont rien de commun avec leurs homologues européens. Cette économie sur l'hébergement vous permettra de vous payer une voiture, si vous êtes plusieurs. De toute façon, pour faire du camping, il est pratiquement obligatoire d'en avoir une. En effet, les terrains sont souvent difficiles d'accès avec les transports en commun. Certains *trailer-parks* n'acceptent pas les tentes. Il existe deux types de campings.

— Les *campings nationaux et d'États (campgrounds)* sont les moins chers. On les trouve partout dans les National Parks, National Monuments, National Recreation Areas, National Forests et State Parks. Généralement, dans les *campgrounds* nationaux, il faut déposer une enveloppe avec 6 $ dans une urne avec, notifiés sur l'enveloppe, vos nom et adresse, et le numéro minéralogique de la voiture. Peut-être ne verrez-vous personne contrôler si oui ou non vous avez payé, ceci parce que la Constitution américaine est basée sur l'honneur et la confiance, ce qui est plutôt sympathique quand on y pense. A part le fait d'être bon marché, ils sont le plus souvent situés dans les meilleurs endroits, en général boisés. L'espace entre l'emplacement de chaque tente est très grand (on peut faire du bruit sans déranger les autres). Chaque emplacement possède une table et un barbecue. Donc, rien à voir avec les campings concentrationnaires français. Il y a toujours des lavabos, mais pas toujours de douches. Arrivez entre 10 h et 12 h pour réserver votre emplacement dans les parcs nationaux. Pensez à effectuer vos courses dans un supermarché avant d'entrer dans les parcs. Les boutiques sont rares ou alors assez chères et peu fournies. Enfin, n'oubliez pas d'emporter des vêtements chauds. Beaucoup de parcs sont en altitude, et il arrive qu'en septembre il gèle la nuit. Dans les parcs, en été, les campings étant souvent complets, on vous propose la combine suivante : trouver des gens qui ne se sont installés qu'avec une tente (on a généralement droit à trois par « site »), prendre son air le plus avenant, innocent et perdu, et demander si, moyennant le partage de la somme, bien sûr, on peut se mettre à côté d'eux. On y gagne sur tous les plans : on fait des rencontres, on n'attend pas et c'est moins cher. De toute façon, même si c'est écrit « full » (complet), tentez votre chance, car il y a souvent des gens qui n'honorent pas leur inscription du matin.

— Les *terrains de camping privés* vous offrent un certain nombre de commodités, comme la distribution d'eau courante, l'électricité et des installations sanitaires, mais aussi des tables de pique-nique et des grils pour vos barbecues. Il y a aussi des chaînes de terrains de camping telles que *KOA* (Campgrounds of America) qui sont très luxueuses au niveau des services et pas si chères que cela : aménagements pour caravanes et *campers*, machines à laver, self-service, épicerie, douches, aires d'amusement pour les enfants, tables de pique-nique et même des piscines ! La chaîne KOA édite une brochure (disponible dans tous ses campings) où figure la liste de ses installations, leur emplacement précis dans les 50 États et une carte routière desdits États. Procure également une carte d'abonnement qui donne 10 % de réduction.

Donc, les campings privés bénéficient d'installations exemplaires, ce qui n'est pas toujours le cas des campings gouvernementaux *(campgrounds)*. Les prix s'en ressentent : 13 à 20 $ pour deux personnes dans un *KOA*, beaucoup plus cher que dans un campground.

● **Les terminaux de bus :** il est toujours possible d'y dormir, surtout lorsque vous arrivez en bus en pleine nuit. Guère tranquille toutefois, car beaucoup de monde, donc beaucoup de bruit... Mais les stations d'autocars sont intéressantes pour dormir quand on est fauché (à condition d'avoir un billet de bus). De plus, bon nombre de routards voyagent en Greyhound. La nuit, ces endroits sont gardés et il y a des distributeurs de boissons et de nourriture. On y voit des gens étranges. Bon nombre de fauteuils dans les terminaux possèdent une T.V. incorporée. Agréable en cas d'insomnie, mais peu pratique en tant qu'oreiller... Il est bon de signaler que les stations de bus sont souvent situées dans des quartiers sinistres. Moralité, il est préférable de dormir dans les stations plutôt que de s'évertuer à trouver un hôtel minable dans les environs. Si l'on espère dormir dans un terminal, il vaut mieux dépenser 75 cents pour mettre ses bagages à la consigne, car il y en a trop qui se réveillent le matin avec plus grand-chose.

Se méfier des propositions de logement que l'on vous fait dans les endroits très fréquentés par les touristes (terminaux de bus, surtout) : ce sont souvent des moonistes qui recrutent... Dans l'ensemble, faites attention, ça peut être dangereux.

Des vacances de rêve à prix routard.

ertz loue des Ford et d'autres grandes marques.

Pour que vos vacances aux Etats Unis soient inoubliables, les centaines de points de location Hertz vous offrent un service de location de voitures allant des modèles économiques aux décapotables de luxe, tous avec kilométrage illimité et à des prix garantis pour un voyage sans soucis.

Pour vous aider lors de votre voyage, Hertz met à votre disposition un service téléphonique en français. La brochure "Conduire aux Etats Unis" ainsi que notre service Assistance sur route 24 heures sur 24 vous permettront de rouler en toute confiance. Hertz vous souhaite bonne route et beau temps.

Hertz. Davantage d'avantages.

Pour tous renseignements ou réservation, appelez le (1) 47 88 51 51 ou votre agence de voyage habituelle.

● *Les motels* : ils sont d'autant plus intéressants que l'on peut prendre une chambre à un lit et y loger à plusieurs, à condition de ne pas trop se faire remarquer. Les deux chaînes d'hôtels et motels les plus importantes aux États-Unis sont *Holiday Inn* et *Howard Johnson*. Howard Johnson possède 470 hôtels surtout implantés sur la côte est. Certains de ces hôtels proposent la réduction « Freedom U.S.A. », à condition d'effectuer ses réservations plusieurs mois à l'avance.

Il existe aussi des chaînes de motels économiques : *Econo-Lodge* (surtout sur la Côte Est) et *Motel 6* (surtout sur la Côte Ouest, notamment en Californie) sont les meilleur marché. La plupart d'entre eux disposent de piscine, TV couleur (des films sont proposés dans les chambres), air climatisé, sanitaires privés. Les communications locales sont gratuites. Les enfants jusqu'à 18 ans ne paient pas. Parking gratuit. Dans le premier *Motel 6* où vous descendrez, demandez la liste des autres *Motel 6* des États-Unis. Les *Motel 6* étant d'un bon rapport qualité-prix (environ 25 $ pour deux, 29 $ pour quatre ; 6 $ par personne supplémentaire), ils sont souvent complets. On peut réserver de Paris en écrivant longtemps à l'avance ou par fax au 19 (1) 505-892-8667. Il existe plus de 400 motels.

Econo-Lodge est représenté en France, uniquement pour la Floride, par *Discover America Marketing* : 85, avenue Émile-Zola, 75015 Paris. ☎ 45-77-10-74. M. : Charles-Michels.

Les motels bon marché, souvent plus convenables que les hôtels de même catégorie, ont quand même l'inconvénient d'être éloignés du centre ville.

Le jour où vous êtes très fatigué, offrez-vous une nuit dans un motel avec *jacuzzi* (bain chaud avec bulles), sauna et machine à laver le linge, à sécher... on s'en souvient encore !

Le petit déjeuner n'est jamais compris dans le prix. Voici ce qu'il faut savoir :
Single : chambre simple.
Twin : chambre à 2 lits.
Double : chambre pour deux avec 1 lit.
European Plan : chambre seulement.
American Plan : pension complète.
Modified American Plan : demi-pension.
Room service : repas.
Maid service : ménage.

N'hésitez jamais à demander un *discount*, surtout si l'hôtel n'est pas complet. Les Américains le réclament souvent et le patron, même s'il refuse, ne vous cassera pas la tête à coups de pioche.

Enfin, faites attention au *check-out time,* heure au-delà de laquelle vous devez payer une nuit si vous n'êtes pas encore parti. C'est généralement 12 h. Check-in vers 13-14 h.

Attention aux aires de repos *(rest areas)* sur les autoroutes. Dangereux parfois la nuit because les rôdeurs, à moins que vous ne dormiez dans une voiture fermée. Mais le lendemain, vous pourrez bénéficier des toilettes, des lavabos, qui équipent les stations-service.

● *Échange d'appartements* : des organismes vous permettent d'utiliser une formule de vacances originale, très pratiquée outre-Atlantique. Il s'agit pour ceux qui possèdent une maison, un appartement ou un studio d'échanger leur logement avec un adhérent de l'organisme du pays de leur choix, pendant la période des vacances. Cette formule offre l'avantage de passer des vacances à l'étranger à moindres frais et plus spécialement pour les jeunes couples ayant des enfants.
– *Contacts Intervac* : 55, rue Nationale, 37000 Tours. ☎ (16) 47-20-20-57. International. Représentant en France d'*International Home Exchange.*
– *Séjours* : le Bel Ormeau, 409, av. Jean-Paul-Coste, 13100 Aix-en-Provence. Correspondant en France de *D.G.A. Vacation Exchange Club.*

● *Louer un appartement* : beaucoup d'universitaires partent pour les vacances et sous-louent leur appartement, pour une durée très variable, allant de 3 semaines à 3 mois ou plus. On trouve des annonces dans les universités avec la mention « Sublet ». Ne vous faites pas d'illusions, c'est cher mais, si vous êtes à plusieurs, cette formule peut être intéressante.

Autre formule intéressante : les « room-mates » : on partage un appartement avec d'autres étudiants, et on obtient ainsi un loyer assez bas. Valable surtout en été. Permet de rencontrer des Américains.

● *Vivre dans une famille américaine*

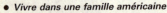

*Immediate boarding to L.A.**

PARIS / LOS ANGELES
PARIS / SAN FRANCISCO
4 480 frs A/R**

→ Vols réguliers →

Des circuits individuels
en liberté
ou en groupes,
des locations de voitures,
de camping-cars.

TRAFIC
TOURS

**Plus loin pour
beaucoup moins**

En vente dans les agences de voyages

Lic : 175 190   SEE Conseil   *Embarquement immédiat pour L.A.   **A partir de

Si vous partez à la découverte des États-Unis, du Canada ou du Mexique, *Experiment* vous suggère de commencer votre voyage par une expérience en profondeur consistant à vivre dans une famille qui vous propose son amitié et son rythme quotidien. N'acceptent pas les enfants. Séjours individuels de 1 à 4 semaines toute l'année et séjours d'études (cours intensifs de 1 à 3 mois ; séjours au pair 1 an).
– *Experiment* : 89, rue de Turbigo, 75003 Paris. ☎ 42-78-50-03. M. : Temple. Ouvert de 9 h à 18 h. Téléphonez avant de vous déranger.

Histoire

● *Le Nouveau Monde*

Tout au bout de nos rêves d'enfant se trouve un pays, un pays dont on partage les clichés et les mythes avec le monde entier. Des bidonvilles asiatiques aux intellectuels occidentaux, en passant par les hommes d'affaires japonais et les apparatchiks de l'ex-Union soviétique, nous avons tous bien plus que « quelque chose de Tennessee » en nous ! Certains s'élèvent contre un impérialisme culturel et/ou politique et en dénoncent les dangers. D'autres vont boire à ces sources qui leur inspirent des œuvres telles que *Paris, Texas* qui sont tellement américaines qu'elles ne peuvent être qu'européennes !
Cette fascination assez extraordinaire que nous éprouvons pour ce pays ne peut être expliquée seulement par sa puissance industrielle ou son dollar... Peut-être avons-nous tous, imprimés dans notre subconscient, ce désir, ce rêve d'un nouveau monde... La preuve, Mickey et les westerns ont fini par appartenir à notre culture. C'est un comble !

● *Le détroit de Béring*

Les premiers colons nommèrent les Indiens Peaux-Rouges, non en raison de la teinte naturelle de leur peau (qui est d'ailleurs plutôt jaune), mais de la teinture rouge dont ils s'enduisaient en certaines occasions. Venue d'Asie en l'an 50000 avant J.-C. environ, cette toute première vague d'immigration dura jusqu'au XIe ou X^e millénaire avant J.-C. Ces premiers migrants franchirent le détroit de Béring à pied sec car à cette époque lointaine les grandes glaces du Nord retenaient d'immenses masses d'eau, asséchant le détroit. Suivant la côte ouest, le long des Rocheuses, ces hordes d'hommes préhistoriques pénétrèrent peu à peu le nord et le sud du continent américain. La migration dura 25 000 ans puis, le climat se modifiant, le détroit de Béring fut submergé. La superficie de ce continent et les vastes étendues d'eau qui le séparent du reste du monde font que les Indiens tant au nord qu'au sud imaginèrent longtemps être seuls au monde.
Si au Mexique et en Amérique du Sud d'autres types de civilisations se sont développés, en Amérique du Nord – peut-être grâce à l'abondance des ressources du pays – les Indiens étaient, à quelques exceptions près, des nomades. Qui dit nomadisme dit évolution lente, car il a été constaté que pour inventer et évoluer l'homme doit non seulement être confronté à des obstacles, mais aussi être sédentaire (conservation et développement de l'acquis). En revanche, si, à l'arrivée des premiers colons, les Indiens furent une fois pour toutes catalogués comme « sauvages » (il faut dire que les Indiens de la côte est avaient à peine dépassé le stade du néolithique), notre ignorance à leur sujet aujourd'hui, quoique moins profonde, demeure impressionnante.
Contrairement à une certaine imagerie populaire, il n'y a jamais eu de « nation indienne », mais une multitude de tribus réparties sur l'ensemble du territoire nord-américain. Le continent était si vaste qu'on estime qu'avant l'arrivée de l'homme blanc il y avait plus de mille langues indiennes, chacune étant inintelligible aux membres d'un autre groupe linguistique. Isolés les uns des autres, ils n'ont jamais mesuré l'étendue de leur diversité. Depuis l'arrivée des Blancs, plus de 300 langues ont disparu. Aujourd'hui, le tagish n'est connu que d'une seule femme... de 86 ans.
Les modes de vie variaient selon les tribus, certaines sédentaires comme les Pueblos (baptisés ainsi par les Espagnols parce qu'ils habitaient dans des villages), mais la plupart vivaient de chasse, de pêche et de cueillette, se déplaçant au gré du gibier et des saisons. Quant à leur nombre avant l'arrivée de l'homme blanc, certains ethnologues avancent le chiffre de 10 à 12 millions de sujets !

DE BONNEVILLE ORLANDINI

LE VRAI VOYAGE.

D*ans notre existence emplie de TGV, de COB, de PAC, de FAX, de PIN'S... quelles sont les occasions qui nous sont données de partir vraiment ? De redécouvrir des choses simples et vraies. Avec nos vrais yeux, nos vraies oreilles.
Voilà <u>notre vocation</u>: vous permettre de <u>voyager plus vrai</u>.
Nous sommes les défenseurs des valeurs du vrai voyage, de la vraie découverte (y compris de soi) aux vrais prix. Nous nous battons pour cela : offrir à la fois de vrais conseils, de vraies destinations, aux vrais prix.*

<u>VRAIS CONSEILS :</u>
*Notre organisation "Voyageurs du Monde" est la seule à être constituée d'équipes restreintes spécialisées chacune dans une seule destination.
De vrais passionnés... Ils ont vécu ou ils sont nés là-bas.*

<u>VRAIS CHOIX :</u>
Chaque équipe étant spécialisée, elle conçoit, organise et propose toutes les formes de voyages, de la plus économique à la plus élaborée, de la plus classique à la plus originale. Des circuits organisés, des itinéraires à la carte ou de simples vols secs.

<u>VRAIS PRIX :</u>
*Connaissant la façon dont vous concevez votre voyage et votre budget, l'équipe de "Voyageurs du Monde" peut mieux déterminer les types de prestations, les styles de confort, les itinéraires adaptés qui vous correspondent.
Connaissant parfaitement le terrain, elle achète bien les prestations, (transport, hébergement, service). De plus, "Voyageurs du Monde" distribue directement sans intermédiaire. Voilà pourquoi son rapport prestations/prix est le meilleur du marché. Le vrai prix des vraies choses..........................*
CIRCUITS ORGANISÉS, VOYAGES A LA CARTE, OU VOLS SECS EN PROMOTION, PAR EXEMPLE PARIS/ LOS ANGELES A.R. A PARTIR DE 3.990 F. + TAXES, SUR COMPAGNIES RÉGULIÈRES : RENDEZ VISITE OU CONTACTEZ L'ÉQUIPE DE VOYAGEURS AUX ÉTATS-UNIS, 5, PLACE ANDRÉ MALRAUX, 75001 PARIS. TÉL. 42 86 17 30.

Photo de W. DELAGE "voyageur du monde" aux Etats-Unis juillet 92

VOYAGER PLUS VRAI

VOYAGEURS AUX ÉTATS-UNIS FAIT PARTIE DU GROUPE **V**OYAGEURS DU MONDE.

● La découverte

Leif Eriksson (le fils d'Éric le Rouge), un Viking, se lança dans l'exploration du Nouveau Monde. En 1003, avec un équipage de 35 hommes, il partit du sud du Groenland puis explora toute la côte de Terre-Neuve à la Nouvelle-Angleterre et passa l'hiver sur une île nommée Vinland (on pense qu'il s'agit de Martha's Vineyard). D'autres expéditions suivirent et il y eut des tentatives de colonisation, puis les Vikings rentrèrent chez eux. Ceci se passait plus de 100 ans avant que Christophe Colomb ne « découvre » l'Amérique ! A notre avis, son attaché de presse était plus efficace que celui des Vikings.

Colomb, lui, cherchait un raccourci pour les Indes. La plupart des hommes cultivés de son époque étant arrivés à la conclusion que la terre était ronde, il y avait donc forcément une autre route vers les trésors de l'Orient que celle de Vasco de Gama, même si paradoxalement elle se trouvait à l'ouest. D'origine italienne, Colomb vivait au Portugal, et c'est donc vers le roi Jean du Portugal qu'il se tourna pour financer son expédition. Le roi Jean n'était pas intéressé, et finalement c'est grâce à un moine espagnol, Perez, confesseur de la reine Isabelle d'Espagne (il est aujourd'hui question de la canoniser pour avoir rendu possible la christianisation des Amériques), que Colomb put approcher la reine et monter son expédition. Son bateau, la *Santa Maria*, ainsi que deux autres petites caravelles, partirent le 3 août 1492. La *Santa Maria* n'était pas le bateau idéal pour ce genre d'expédition, lourde, peu maniable et lente... Mais deux mois plus tard, le 12 octobre 1492, Colomb débarqua aux Bahamas, muni d'une lettre d'introduction... pour le Grand Khan de Chine ! Tout le monde sait que les premiers habitants des États-Unis s'appellent « Indiens » parce que Christophe Colomb ne connaissait pas le Guide du Routard. De vous à moi, il aurait pu se rendre compte rapidement de son erreur : l'Empire State Building ne ressemble guère à un temple hindou !

Les récits de la découverte de Colomb firent très vite le tour de l'Europe, et la grande vogue vers le Nouveau Monde était lancée. Plus importante que ce nouveau continent était l'idée de trouver un passage vers la Chine, et tous les géographes de l'époque étaient unanimes sur ce point : un tel passage devait exister ! Le roi François Ier envoya Jacques Cartier qui, lui, fit trois voyages entre 1534 et 1541. Cartier remonta le Saint-Laurent jusqu'au Mont-Royal où des rapides arrêtèrent son entreprise, lesquels rapides furent d'ailleurs nommés Lachine, puisque la Chine devait être en amont ! Puis Fernand de Magellan trouva un passage – le seul possible bien sûr à l'époque : celui du cap Horn – en 1520. Le malheur des Indiens et la colonisation de l'Amérique n'eurent pour origine que la volonté de trouver un autre accès plus facile vers l'Asie !

● Les premières tentatives de colonisation

En 1513, Juan Pons atteint la Floride, qu'il croit être une île ; le 7 mars 1524 le Florentin Giovanni Da Verrazzano, envoyé lui aussi par François Ier, débarque au Nouveau Monde – alors baptisé *Amérique* en souvenir de l'explorateur et géographe Amerigo Vespucci – et promptement le rebaptise *Francesca* pour honorer sa patrie d'adoption et son maître. De 1539 à 1543, Hernando de Soto découvre et explore des cours d'eau comme la Savannah, l'Alabama et le majestueux Mississippi, mais il est finalement vaincu par la jungle ; au même moment, Francisco Vasquez de Coronado part du Mexique, franchit le Rio Grande et parcourt l'Arizona. En même temps, la première tentative de christianisation par les moines de Santa Fe reçoit le salaire du martyre... Ils sont massacrés par les Indiens Pueblos, et petit à petit le cœur n'y est plus. L'or, les richesses des civilisations sophistiquées qui pourraient dissiper les hésitations ne sont pas découverts, et les milliers de volontaires nécessaires à une véritable colonisation ne se concrétisent pas. Et puis, finalement, pourquoi étendre encore un empire déjà si vaste, se dit la couronne espagnole ?

● L'arrivée des Anglais

Le premier Anglais, John Cabot, n'est pas un Anglais d'origine mais un Génois habitant la ville de Bristol. Lui aussi est à la recherche d'un passage vers l'Orient en 1497 et fait de la navigation côtière. Faute de trouver ce fameux passage, il laissera son nom à la postérité avec la pratique du... cabotage ! Son fils, Sébastien, pousse ses recherches jusqu'en Floride et au Brésil. Puis, tout comme l'avaient fait les Vikings avant eux, l'Amérique est de nouveau abandonnée...

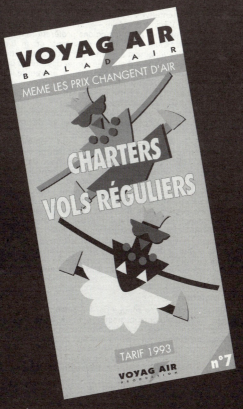

62 GÉNÉRALITÉS

Pas pour longtemps : trois quarts de siècle passent, l'Angleterre est plus prospère, les querelles religieuses s'apaisent, et Élisabeth Ire est sur le trône depuis 1558. L'heure américaine a sonné. Martin Frobisher tente de contourner le Canada par le nord pour le compte de la Compagnie Cathay (toujours la route de la Chine !) et ramène quelques pauvres Indiens à Londres. Sir Humphrey Gilbert propose d'installer une colonie en Amérique qui fournirait, l'heure venue, les vivres aux marins en route pour la Chine. Élisabeth lui accorde une charte, mais la colonie ne se matérialise pas.

Une nouvelle charte est accordée, cette fois à son demi-frère sir Walter Raleigh. Il serait à l'origine de deux tentatives d'implantation. Il jeta l'ancre près de l'île Roanoke et baptisa la terre Virginia (Virginie) – le surnom de la reine Élisabeth : la Vierge –, mais après le premier hiver les colons préférèrent rentrer en Angleterre. La seconde tentative aura lieu un an plus tard, et, le 8 mai 1587, 120 colons débarquent. Un événement aura marqué cette 2e tentative : la naissance sur le sol du Nouveau Monde – d'après le carnet de bord du bateau avant qu'il ne reprenne la mer – de la première « Américaine », une petite fille nommée Virginia Dare (nom lourd de sous-entendus, Dare signifiant en anglais : ose !). Mais c'est encore un échec, tragique cette fois-ci, car, quand le bateau revient en 1590, les colons ont disparu sans laisser de traces.

Malgré ces échecs successifs, le virus du Nouveau Monde s'empare de l'Angleterre, mais il faudra attendre le successeur d'Élisabeth, Jacques Ier, pour un véritable début de colonisation.

Le 26 avril 1607, après 4 mois de traversée, 144 hommes et femmes remontent la rivière James dans 3 navires et choisissent un lieu de mouillage qu'ils baptisent James-Town. C'est un aventurier-marchand de 27 ans, le capitaine John Smith, qui a combattu en Europe et sait maintenir une discipline (essentielle pour ne pas sombrer dans le désespoir), qui dirige les colons. Il s'enfonce dans le pays, fait des relevés topographiques... Le rôle d'un chef était primordial dans ce genre de situation, et l'anecdote suivante illustre bien à quel point. John Smith fut capturé par les Indiens et il eut la vie sauve grâce à la fille du roi Powhatan, Pocahontas. Il comprendra, ayant vécu avec cette tribu, que les colons ne survivront que par la culture du « blé indien » : le maïs. A son retour parmi les siens, et sur son ordre, les colons (très réticents car ils voulaient bien chasser, chercher de l'or, ou faire du troc avec les indigènes, mais pas se transformer en agriculteurs) cultivèrent le maïs à partir de grains offerts par les Indiens. Le maïs contribua pour beaucoup à la culture américaine, toutes époques confondues.

● *La Nouvelle-Angleterre*

En 1620, une nouvelle colonie est fondée par les pèlerins – *Pilgrims* – arrivés sur le *Mayflower*. Ces immigrants protestants transitèrent par la Hollande, fuyant les persécutions religieuses en Angleterre. Ils aspirent à un christianisme plus pur, sans les concessions dues selon eux aux séquelles du papisme que l'Église anglicane charrie dans son organisation et ses rites. Ce sont au total 100 hommes et femmes avec 31 enfants qui arrivent au cap Cod (cap de la Morue). Rien n'a préparé ces hommes à l'aventure américaine. Il faudrait pêcher, mais ils ne sont pas pêcheurs, de plus ils sont de piètres chasseurs et se défendent difficilement contre les Indiens qu'ils jugent sauvages et dangereux. Plus grave encore, voulant atteindre la Virginie et sa douceur, les voilà en Nouvelle-Angleterre, une région éloignée, avec un climat rude et une terre ingrate. La moitié d'entre eux meurent le premier hiver. Pourtant l'année suivante, ils célèbrent le tout premier Thanksgiving – une journée d'action de grâces et de remerciements – symbolisé par la dégustation d'une dinde sauvage. Ces immigrants austères et puritains symbolisent encore dans l'Amérique d'aujourd'hui une certaine aristocratie, et nombreux sont ceux qui se réclament – ou voudraient bien se réclamer ! – d'un aïeul venu sur le *Mayflower* ! La ténacité, la volonté farouche et une implication religieuse proche de l'hystérie (voir l'épisode de la chasse aux sorcières à Salem en 1692, pour ne citer que la plus célèbre illustration de leur fanatisme religieux) va garantir le succès de cette nouvelle colonie qui compte déjà 20 000 âmes en 1660 !

La différence essentielle entre ces deux premières colonies est que celle de la Virginie est une colonie de rapport et celle de la Nouvelle-Angleterre un « havre » spirituel.

● *Les Français et le Nouveau Monde*

C'est grâce à René-Robert Cavelier de La Salle, un explorateur français né à Rouen en 1643, que la France, elle aussi, eut pendant une courte période une

Les USA à prix tirés !

361°

le petit degré en plus !

■ **BORDEAUX**
ACCUEIL/VENTE
54, cours Pasteur
Tél. 56 91 45 29
ADMINISTRATION/DIRECTION
26, quai de Bacalan
Tél. 57 81 12 00

■ **AIX-EN-PROVENCE**
26, place des Tanneurs
13100 AIX-EN-PROVENCE
Tél. 42 26 58 38

■ **ANNECY**
55 bis, rue Carnot
74000 ANNECY
Tél. 50 57 00 49

■ **AVIGNON**
21, rue des Trois Faucons
84000 AVIGNON
Tél. 90 82 77 58

■ **CORBEIL ESSONNE**
60, rue de Lattre-de-Tassigny
91100 CORBEIL ESSONNE
Tél. 60 89 09 79

■ **DRANCY**
90, avenue Jean-Jaurès
BP 68 - 93700 DRANCY
Tél. 48 95 41 46

■ **LIMOGES**
1, rue Basse de la Comédie
87000 LIMOGES
Tél. 55 33 50 00

■ **MARSEILLE**
26, rue des Trois Mages
13006 MARSEILLE
Tél. 91 42 34 04

■ **MONTELIMAR**
15, boulevard Aristide-Briand
26200 MONTELIMAR
Tél. 75 01 67 46

■ **PARIS 5e**
220, rue Saint-Jacques
75005 PARIS
Tél. (1) 43 26 06 88

■ **PERPIGNAN**
29, rue du Maréchal-Foch
66000 PERPIGNAN
Tél. 68 34 97 17

■ **PORNICHET**
17, avenue du
Général-de-Gaulle
44380 PORNICHET
Tél. 40 61 75 49

■ **REIMS**
25, rue de Cères
51100 REIMS
Tél. 26 50 01 01

■ **SAINTE-FOY-LA-GRANDE**
99 bis, rue Victor-Hugo
33220 STE-FOY-LA-GRANDE
Tél. 57 46 56 56

■ **SEDAN**
12, rue Carnot
08203 SEDAN CEDEX
Tél. 24 29 15 17

■ **SOISSONS**
8 bis, rue du Beffroi
02200 SOISSONS
Tél. 23 59 06 10

■ **TOULON**
55, rue Jean-Jaurès
83000 TOULON
Tél. 94 22 10 89

■ **TOULOUSE**
14, rue du Taur
31000 TOULOUSE
Tél. 61 21 15 00

■ *OU CHEZ VOTRE AGENT DE VOYAGE HABITUEL*

VOYAGE POUR TOUS

Les Découvreurs

Licence 133016

FABER COMMUNICATION

64 **GÉNÉRALITÉS**

part du « gâteau » nord-américain. Après avoir obtenu une concession en amont de Montréal au Canada et appris plusieurs langues indiennes, il partit explorer tour à tour les Grands Lacs, puis il descendit le Mississippi jusqu'au golfe du Mexique. Il prit possession de ces nouvelles contrées pour la France et tenta d'y implanter une colonie en 1684. Il périt assassiné au Texas en 1687 par un de ses compagnons. En l'honneur du roi Louis XIV, cette terre prit le nom de Louisiane.
Cette nouvelle colonie s'avéra être une catastrophe financière, doublée d'un climat très malsain. La couronne française céda la concession à Antoine Crozat qui ne la trouva pas plus rentable, et qui à son tour vendit ses parts à un Écossais que l'histoire de France a bien connu puisqu'il s'agit de John Law, contrôleur général des Finances en France sous Louis XV, inventeur probable du crédit, du papier-monnaie... et de la banqueroute !
Grâce à l'aide de la Banque Générale en France, il fonda en août 1717 la Compagnie de la Louisiane. Le succès fut fulgurant mais de courte durée. Devant la montée spectaculaire des actions, beaucoup prirent peur et l'inévitable krach s'ensuivit, probablement le premier de l'histoire de la finance. John Law quitta la France secrètement et mourut à Venise quelques années plus tard, le 21 mars 1729. Law fut sans aucun doute un génie financier et l'on peut considérer son rôle dans la prospérité de la Louisiane comme primordial ; mais il faut bien reconnaître que son « employeur », l'impopulaire roi Louis XV, fit tout pour lui mettre des bâtons dans les roues...
La ville de La Nouvelle-Orléans fut fondée en 1717 par Jean-Baptiste Le Moyne de Bienville, le frère du gouverneur Pierre Le Moyne d'Iberville. Un premier lot de 500 esclaves noirs fut importé en 1718 et la culture du coton commença en 1740. Puis, par un traité secret, une partie de la Louisiane fut cédée aux Espagnols en 1762, et l'autre aux Britanniques ! Les 5 552 colons français de la Louisiane de l'époque ne goûtèrent guère ce tour de passe-passe, mais dans l'ensemble le règne dit « espagnol » fut calme et prospère. C'est d'ailleurs à ce moment que les exilés d'Acadie, persécutés par les Anglais, arrivèrent en Louisiane. Après une nouvelle distribution des cartes politiques, la Louisiane « espagnole » redevint française en 1800. A peine le temps de dire ouf, et Napoléon — à court d'argent pour combattre l'ennemi héréditaire — revendit la colonie aux États-Unis le 30 avril 1803.
La Louisiane est très fière de ses origines françaises. Et c'est bien cet esprit « vieille Europe » qui différencia le Sud du reste des États-Unis et qui fut à l'origine de la guerre de Sécession. D'un côté la Confédération voulait continuer son bout de chemin sans ingérence de la part du Nord dans ses affaires, et de l'autre côté l'Union rêvait de devenir une grande puissance, ambition qui passait aussi par la mainmise sur les richesses du Sud et une unité d'esprit de l'ensemble du pays.

● *William Penn et les quakers*

La plus sympathique implantation de l'homme blanc en Amérique fut sans conteste celle des quakers. Avec son principe de non-violence, son refus du pouvoir des Églises quel qu'il soit, et son doute quant à la nécessité des prêtres en tant qu'intermédiaires entre l'homme et Dieu, le quaker est appelé à une liberté radicale, irrépressible puisqu'elle se fonde sur Dieu lui-même. George Fox, qui fut à l'origine de ces thèses révolutionnaires et subversives, naquit en 1624. « Songez qu'en vous il y a quelque chose de Dieu ; et ce quelque chose existant en chacun le rend digne du plus grand respect, qu'il soit croyant ou pas. » Pour mieux mesurer l'extravagance de cette déclaration de George Fox, il faut se souvenir qu'à cette époque l'Inquisition espagnole battait son plein. « Quakers » signifie « trembleurs » (devant Dieu), et ce surnom leur fut donné par moquerie, leur véritable appellation étant *Society of Friends* (Société des Amis).
Hormis le célèbre paquet de céréales, c'est surtout le nom de William Penn qui vient immédiatement à l'esprit dès qu'on prononce le mot « quaker ». (Les deux sont d'ailleurs liés car l'emblème de la marque est effectivement un portrait de Penn, la compagnie — à sa fondation, en 1901 — ayant choisi ce créneau de marketing pour souligner la pureté de ses produits ! Cela dit, cette compagnie n'avait rien à voir avec la Société des Amis, et un procès fut intenté contre eux en 1915 par les vrais quakers, sans succès.)
William Penn, né en 1645, était un fils de grande famille extrêmement aisée, avec moult propriétés en Irlande comme en Angleterre. A l'âge de 13 ans, il

Les USA aux meilleurs prix

TOURS 33

Exemples de tarifs au départ de Paris :

- **NEW YORK**
  à partir de 2.390 F A.R.
- **SAN FRANCISCO**
  à partir de 4.300 F A.R.
- **LOS ANGELES**
  à partir de 4.300 F A.R.
- **WASHINGTON**
  à partir de 2.990 F A.R.
- **MIAMI**
  à partir de 3.500 F A.R.

Prix calculés au 15/08/92 et susceptibles d'être modifiés.

Demandez notre brochure USA, ainsi que nos brochures Australie/Nelle-Zélande et Nelle-Calédonie.

75005 PARIS
85, boulevard St-Michel
Tél. : 43 29 69 50
Fax : 43 25 29 85

NOUMEA
47, rue Sébastopol
Tél. : 28 14 15
Fax : 27 51 97

34000 MONTPELLIER
1, rue de l'Université
Tél. : 67 66 03 65
Fax : 67 66 33 56

31000 TOULOUSE
33, rue Boulbonne
Tél. : 61 22 49 49
Fax : 61 13 66 99

06000 NICE
30, av. Georges Clémenceau
Tél. : 93 88 95 95
Fax : 93 88 98 52

rencontre pour la première fois celui qui allait marquer sa vie, Thomas Loe, quaker et très brillant prédicateur. L'influence quaker indispose sa famille qui le reniera un temps. Quittant rubans, plumes et dentelles, William ne conserve de sa tenue de gentilhomme que l'épée qu'il déposera aussi par la suite, soulignant ainsi publiquement son refus de la violence et l'égalité entre les hommes. A partir de 1668, ses vrais ennuis vont commencer ; il a alors 24 ans. De prisons (la tour de Londres entre autres) en persécutions, Penn publiera rien moins que 140 livres et brochures, plus de 2 000 lettres et documents. *Sans croix, point de couronne*, publié en 1669, sera un classique de la littérature anglaise. A la mort de son père, Penn devient Lord Shanagarry et se retrouve à la tête d'une fortune considérable. Il met aussitôt sa richesse au service de ses frères. Les quakers avaient déjà tourné leurs regards vers le Nouveau Monde afin de fuir la persécution, mais les puritains de la Nouvelle-Angleterre ressentent la présence des quakers sur leur territoire comme une invasion intolérable. Des lois anti-quakers sont votées. En 1680, après avoir visité le Nouveau Monde, William Penn obtient du roi Charles II (en remboursement des sommes considérables que l'État devait à son père) le droit de fonder une nouvelle colonie sur un vaste territoire qui allait devenir la Pennsylvanie (« forêt de Penn », une terre presque aussi grande que l'Angleterre).

Les Indiens qui occupent cette nouvelle colonie sont les Lenni Lenape (ou Delaware) ; ils parlent l'algonquin et sont des semi-nomades. Penn et les quakers vont établir avec eux des relations d'amour fraternel, et le nom de leur capitale, Philadelphie, fut choisi pour ce qu'il signifie en grec (« ville de la fraternité »). Penn apprendra leur langue ainsi que d'autres dialectes indiens. Dans sa maison de Pennsbury Park, il y avait souvent une foule étrange : les Indiens arrivaient par dizaines, voire même parfois par centaines ! Les portes de la maison leur étaient grandes ouvertes. Le fait qu'ils étaient peints et armés n'effrayait personne. Ils réglaient les questions d'intérêts communs avec Onas, c'est-à-dire avec Penn (« Onas » veut dire plume en algonquin, « Penn » signifiant plume en anglais). La non-violence étant une des pierres d'angle des principes quakers, les Indiens auraient pu massacrer toute la colonie en un clin d'œil. Mais tant que les principes quakers ont dominé, les deux communautés ont vécu en parfaite harmonie.

Les anecdotes sur les rapports entre les quakers et les Indiens sont nombreuses et c'est certainement aussi « l'esprit » des deux communautés qui les a rapprochées. Car si d'un côté les Indiens étaient très primitifs matériellement parlant, leur art de vivre et leur spiritualité étaient très raffinés. Une histoire illustre bien ce point. Un jour, des Indiens féroces firent irruption dans une réunion des Amis (les quakers se réunissent – sans prêtre, bien sûr – pour se recueillir ensemble devant Dieu). Les Indiens étaient armés et prêts à massacrer tous ceux qui bougeraient. Impressionnés, mais aussi mesurant le recueillement et la non-violence de ces gens, les Indiens s'assirent et assistèrent au service. A la fin de la réunion, le chef tira une plume blanche d'une de ses flèches et l'accrocha au-dessus de la porte afin de faire savoir à tous les Indiens que ce lieu abritait des amis.

● *La « Boston Tea Party » et l'indépendance*

Dès 1763, une crise se dessine entre l'Angleterre et les nouvelles colonies qui sont de plus en plus prospères. Son aboutissement sera l'indépendance. Le 16 décembre 1773, après une série très impopulaire de taxes et de mesures imposées par la Couronne et une nette montée nationaliste, se produisit ce qu'on appelle la « Boston Tea Party ». Des colons, déguisés en Indiens, montèrent sur trois navires anglais dans le port de Boston, et jetèrent par-dessus bord leur cargaison de thé.

Au-delà de la péripétie, l'événement fera date. En effet, le recours aux armes se fera en 1775 et, le 4 juillet 1776, la déclaration d'indépendance rédigée par Thomas Jefferson est votée par les 12 colonies. Le fondement de la déclaration est la philosophie des droits naturels qui explique que Dieu a créé un ordre, dit naturel, et que, grâce à la raison dont il est doué, tout homme peut en découvrir les principes. De plus, tous les hommes sont libres et égaux devant ces lois. En 1778, les Français signent deux traités d'alliance avec les « rebelles » ; en 1779, l'Espagne entre en guerre contre l'Angleterre. Mais il faudra attendre le 3 septembre 1783 pour la signature d'un traité de paix entre l'Angleterre et les États-Unis, qui sera conclu à Paris. Les États-Unis par la suite s'étendent et les Indiens sont rejetés de plus en plus vers les terres désertiques de l'Ouest tandis que la France vend la Louisiane et qu'un nouveau conflit se dessine : la guerre civile.

● *L'esclavagisme et la guerre de Sécession*

Durant plus de trois siècles, le Noir américain fut tour à tour esclave, métayer, domestique, chansonnier, et amuseur public. Il a donné à cette jeune nation beaucoup plus qu'il n'a jamais reçu, lui qui fut un immigrant forcé.
L'idée même de l'esclavagisme remonte à la nuit des temps, et même les Grecs les plus humanistes, durant l'âge d'or de leur civilisation, n'ont jamais douté du fait que l'humanité se divisait naturellement en deux catégories : ceux qui devaient assumer les tâches lourdes afin que l'élite puisse cultiver les arts, la littérature et la philosophie. L'aspect immoral qu'est la vente d'un homme ne fut pas la vraie raison de la guerre de Sécession, contrairement à une certaine imagerie populaire. Abraham Lincoln n'avait que peu de sympathie pour la « cause noire », la libération des esclaves ne s'inscrivant alors que dans le cadre du combat contre le Sud. Il déclara à ce sujet : « Mon objectif essentiel dans ce conflit est de sauver l'Union... Si je pouvais sauver l'Union sans libérer aucun esclave, je le ferais. »... L'histoire a évidemment oublié cette phrase. D'ailleurs, ce n'était pas si difficile pour les Nordistes d'être contre l'esclavage (ils n'avaient que 18 esclaves contre 4 millions au sud !).
Les Sudistes portent l'uniforme gris tandis que les Nordistes sont bleus. Bien qu'ils soutiennent les Noirs, les Nordistes n'hésiteront pas à massacrer les Indiens. Tout ça pour dire que les Bleus n'étaient pas si blancs et les Gris pas vraiment noirs.
Pour être juste, cette guerre civile devrait être présentée comme une guerre culturelle, un affrontement entre deux types de société. L'une – celle du Sud –, aristocratique, basée sur l'argent « facile », très latine dans ses racines française et espagnole, qui était une société très typée avec une identité forte, très attachée à sa terre. L'autre – celle du Nord –, laborieuse, austère, puritaine, extrêmement mobile, se déplaçant au gré des possibilités d'emploi, avec des rêves de grandeur nationale, mais dépourvue de ce sentiment d'appartenir profondément à « sa » terre.
Ce grave conflit fut l'accident le plus grave dans l'histoire de l'Amérique et continue d'être un traumatisme national. Ses origines peuvent s'analyser rationnellement, mais son déclenchement relève de l'irrationnel.
Le détonateur fut l'élection de Lincoln. Le conflit dura de 1861 à 1865, faisant en tout 630 000 morts et 400 000 blessés. Ce fut aussi la première guerre « moderne » – mettant aux prises des navires cuirassés, des fusils à répétition, des mitrailleuses et des ébauches de sous-marins. Deux profonds changements dans la société américaine sont issus de cette guerre civile : le premier est l'abolition de l'esclavage le 18 décembre 1865, et le second sera la volonté de l'Union de symboliser et de garantir désormais une forme de démocratie.
Lincoln en sort grandi, devient un héros national, et son assassinat le 14 avril 1865 par John Wilkes – un acteur qui veut par son geste venger le Sud – le « canonise » dans son rôle de « père de la nation américaine ».
Il reste que presque 150 ans plus tard, les Noirs américains et les « natifs », c'est-à-dire les Indiens, sont toujours en marge du « grand rêve américain ». La drogue, les ghettos, le manque d'éducation, la misère sont leur lot quotidien ; et il y a peu d'exceptions qui confirment cette règle qui hante et culpabilise maintenant « l'autre Amérique ».

● *L'immigration massive*

L'appel du Nouveau Monde à travers tout le XIXe siècle et le début du XXe attira des immigrants en provenance du monde entier, mais principalement d'Europe. En 1790, on pouvait compter 4 millions d'habitants, puis en 1860, 31 millions, mais entre 1865 et 1914 la population va tripler pour atteindre les 95 millions. Il y a autant de raisons historiques pour cette vaste immigration que de peuples et de pays concernés. Mais c'est toujours la persécution – qu'elle soit religieuse ou politique – et la misère qui furent les facteurs principaux de cette immigration, qu'elle soit juive, russe, d'Europe centrale, italienne ou allemande. En 1973, quand le jeu des mariages interraciaux était moins prononcé, la mosaïque ethnique était la suivante : 88 % de Blancs, 10,5 % de Noirs, et 1,5 % de natifs (Indiens autochtones) et de Jaunes. Les souches d'origine étaient les suivantes : 22 millions de Noirs, 15 millions de descendance britannique, 7 millions d'Allemands, 5,5 millions d'Italiens, 4,4 millions d'Austro-Hongrois,

3,4 millions de Russes, 2,5 millions de Scandinaves, puis plus ou moins de 1 million de Polonais, 300 000 Japonais et 250 000 Chinois.
Aujourd'hui, on peut encore trouver des « bastions », comme la « Bible belt » – la ceinture biblique – qui s'étend à travers le centre des États-Unis et est essentiellement germano-britannique de confession protestante, ou des petites minorités dures et pures qui « annexent » des quartiers précis dans les grandes métropoles. Mais, de plus en plus, l'arbre généalogique des Américains devient un kaléidoscope ethnique complexe. Et il est probable que, dans un avenir relativement proche, naîtra de ce *melting pot* une nouvelle « race » unique dans l'histoire de l'homme.

● L'arrivée dans le club des Grands

Dès le lendemain de la guerre de 1914-1918, la suprématie de la Grande-Bretagne est en déclin, et les États-Unis sont désormais présents sur l'échiquier mondial. Une image précise de cette ascension vers la puissance se dégage quand on observe les dates d'un certain nombre d'inventions. 1831 : mise au point de la moissonneuse McCormick ; 1835 : invention du revolver à barillet (Samuel Colt) ; 1843 : invention de la machine à écrire ; 1844 : invention du télégraphe (Morse) ; 1874 : invention du fil de fer barbelé ; 1876 : invention du téléphone (Graham Bell) ; 1878 : invention de la lampe à incandescence et du phonographe (Thomas Edison), etc. Puis la fin de la Première Guerre mondiale engendra un état d'esprit proche de l'hystérie, certainement en exutoire des horreurs vécues.
Les années 20 furent donc... les années folles. Pendant que les intellectuels américains se produisaient dans les bars parisiens, la spéculation boursière s'envolait, et l'Amérique dansait sur la nouvelle musique qui allait ouvrir la voie à d'autres musiques populaires : le jazz. Les femmes, grâce aux efforts des suffragettes, obtiennent le droit de vote. Mais cette grande euphorie se termine tragiquement en octobre 1929 avec le krach de Wall Street. Le monde fut choqué par les images d'hommes d'affaires ruinés sautant par les fenêtres des gratte-ciel, ou les concours de danse-marathon (les participants dansaient jusqu'à épuisement pour une poignée de dollars), fait illustré par le film admirable *On achève bien les chevaux*...
Cette époque fut aussi très noire pour les petits exploitants agricoles durant le « Dust Bowl » : ils durent quitter leurs terres par milliers, fuyant la sécheresse associée à l'effondrement de l'économie. L'auteur-compositeur-interprète Woody Guthrie nous en laissa des témoignages discographiques poignants. Devenu clochard *(hobo)* par la force des circonstances, il passa la Grande Dépression à voyager clandestinement sur les longs et lents trains qui sillonnent les États-Unis en compagnie de sa guitare, narrant le quotidien des gens à cette période. Porté vers la renommée par le climat social autant que par son talent, il fut le porte-parole de l'Amérique paysanne. Activiste politique d'extrême-gauche (communiste bien que le parti refusât son adhésion car il était aussi profondément croyant), il ne fut guère apprécié du gouvernement américain car la peur du « Rouge » pointait déjà son nez. Guthrie fut le père du folk-song et inspira le mouvement contestataire et le renouveau folk des années 60 (il était, entre autres, l'idole de Dylan).

● McCarthy et les listes noires

Le « New Deal » de Franklin D. Roosevelt fut – dans le contexte malheureux de la Seconde Guerre mondiale – le remède qui guérit l'économie des États-Unis, et une ère de prospérité s'ouvrit avec la paix. Les années 50 furent aussi celles de Joseph McCarthy et de ses listes noires. Le communisme représentait l'antithèse de l'esprit de libre entreprise et des valeurs fondamentales américaines. L'Amérique craignait d'autant plus le communisme que les intellectuels de l'époque étaient fascinés par cette doctrine qui semblait humaniste et généreuse. Les listes noires frappèrent essentiellement le milieu du cinéma et instaurèrent un climat de peur et de malveillance. Le grand Cecil B. De Mille fut, entre autres, un grand délateur.

● Le mal de vivre

La « beat generation », autour de 1960 – avec en tête des écrivains tels que Jack Kerouac (d'origine québécoise, issu d'ancêtres bretons) et des poètes comme Allen Ginsberg –, prit la route à la recherche d'un mode de vie alternatif. L'opulence de la société liée à un cortège d'injustices avait créé un refus, chez

les jeunes, du monde dit « adulte ». Pendant que les premiers beatniks rêvaient de refaire un monde plus juste en écoutant les héritiers de Woody Guthrie (Joan Baez et Bob Dylan), le rock'n roll avait déjà pris ses marques. Il fit irruption dès 1956 dans la musique populaire avec Elvis Presley.
Lui aussi se voulait le symbole d'une révolte, mais très différente de celle des beatniks. Le rock'n'roll exprimait certes un refus des valeurs institutionnelles, mais sans offrir de solutions, se contentant de condamner le monde adulte.
C'est James Dean – dans ce qui était au départ un petit film en noir et blanc au budget insignifiant : *Rebel without a cause* (chez nous *Fureur de vivre*, un beau contresens) – qui exprima peut-être le mieux le malaise de l'ensemble de la jeunesse. Jimmy Dean devint, après sa mort violente et prématurée, l'incarnation même du fantasme adolescent de « faire un beau cadavre » plutôt que de mal vieillir, c'est-à-dire le refus des compromis immoraux de la société.
Les années 60 marqueront aussi l'apparition de la musique noire enfin chantée par des Noirs dans ce qu'on peut appeler le « Top blanc ». Auparavant, il y avait des radios « noires » et des radios « blanches », et les succès « noirs » ne traversaient la frontière culturelle que quand des chanteurs blancs reprenaient à leur compte ces chansons. Une anecdote illustre bien les quiproquos qui en résultaient : Chuck Berry se vit refuser l'entrée d'une salle où il devait donner un concert. L'organisateur du concert ne s'était pas imaginé une seconde que les chansons décrivant si bien la jeunesse américaine pouvaient avoir été écrites et chantées par un Noir. Le concert eut lieu sans lui, avec un orchestre blanc (inconnu) jouant et chantant ses chansons ! Il est intéressant de noter que Presley doit une partie de son succès au fait qu'il était un Blanc chantant avec une voix « noire », et Chuck Berry a franchi le premier la barrière noir/blanc du Top parce qu'il puisait dans la culture blanche Country & Western.
Il est bon de signaler que, en gros, le C & W – de loin la musique la plus populaire encore aujourd'hui – trouve ses racines dans les chansons traditionnelles d'Europe, notamment d'Irlande. Chanté avec un accompagnement à la guitare, c'est la nostalgie de la conquête de l'Ouest et un esprit très « feu de camp » qui le caractérise. D'ailleurs, dans le Far West, les cow-boys irlandais étaient particulièrement prisés car ils chantaient la nuit en montant la garde sur les troupeaux, et ça calmait les vaches !

● *La ségrégation*

Les barrières de la ségrégation commencent officiellement à s'estomper dès 1953, date de la décision de la Cour Suprême de mettre fin à la ségrégation au sein du système scolaire, mais il fallut le mouvement des Droits civiques avec Martin Luther King (assassiné en 1968) pour qu'une prise de conscience nationale prenne forme. Le chanteur blanc Pete Seeger – disciple de Guthrie – fit beaucoup pour la cause noire en chantant des comptines pleines d'humour dénonçant la ségrégation.
Les années 60 furent presque partout dans le monde des années de contestation. L'assassinat du président John F. Kennedy à Dallas, en 1963, marqua la fin d'une vision saine, jeune, et dynamique de la politique pour un aperçu bien plus machiavélique du pouvoir. La mort suspecte de Marilyn Monroe ne fit qu'amplifier cette perception. Poupée fragile, meurtrie par sa propre image, elle eut le tort d'être la maîtresse cachée d'un président consommateur de femmes dans un pays puritain. « Who killed Norma Jean ? » (Norma Jean était le vrai prénom de Marilyn), telle fut la question que chanta Pete Seeger, qui au fond n'avait plus rien à perdre : n'était-il pas sur la liste noire de McCarthy ?
Les beatniks laissèrent la place aux hippies, et le refus du monde politique fut concrétisé par le grand retour à la campagne afin de s'extraire d'une société dont les principes devenaient trop contestables. Tout le monde rêva d'aller à San Francisco avec des fleurs plein les cheveux et, en attendant, les appelés brûlaient leur convocation militaire pour le Viêt-nam sous l'œil encourageant du mari de Joan Baez.
L'échec américain dans la guerre du Viêt-nam fut aussi une des conséquences de cette prise de conscience politique de la jeunesse. La soif de « pureté » et de grands sentiments eut sa part dans la chute de Richard Nixon qui, en somme, n'avait fait que tenter de couvrir ses subordonnés dans une affaire de tables d'écoute... La plupart des hommes politiques français ont agi de même sans

jamais avoir été inquiétés. Le président Jimmy Carter fut l'incarnation de la naïveté et du laxisme... notamment au Moyen-Orient au moment de l'affaire des otages. L'Amérique montrait alors au monde le visage d'une nation victime de ses contradictions, affaiblie par sa propre opinion publique, et en pleine récession économique.

Les années 80 marquèrent un profond renouveau dans l'esprit américain. L'élection de l'acteur (Ronald Reagan) à la place du clown (Carter), comme le prônaient les slogans, redonna au pays l'image du profil « cow-boy ». De nouvelles lois sur les taxes eurent pour effet d'élargir le fossé entre les pauvres et les riches. Superficiellement, la récession se résorba un moment et l'industrie fut relancée. Mais, plus présente que jamais, reste l'Amérique des perdants, avec un nombre scandaleux de sans-domicile-fixe vivant en dessous du seuil de pauvreté mondial dans un pays manquant de préoccupations sociales. L'« Autre Amérique », en harmonie avec Reagan, est devenue obsédée par l'aérobic et la santé. L'apparition du sida marqua la fin des années de liberté sexuelle et cette maladie fut brandie comme l'ultime châtiment divin envers une société qui avait perdu ses valeurs traditionnelles.

● *Ordre mondial et désordre national*

La guerre du Golfe, censée juguler la récession, n'a fait que l'aggraver. Avant tout préoccupée de son image extérieure (« gardons le leadership mondial ! ») et par sa stratégie de « nouvel » ordre mondial (les USA jouant évidemment le rôle des Starsky et Hutch interplanétaires), l'administration républicaine en oublie les électeurs... Comment peut-on prôner la démocratie dans le tiers monde tout en négligeant son propre « quart monde » ?

Car pendant que les soldats américains intervienment en Irak, les conditions de vie aux États-Unis continuent à se détériorer : chômage galopant, aides sociales supprimées, violence accrue, propagation des drogues dures et du sida, etc. ! Un an après le relatif triomphe des Alliés au Moyen-Orient, le territoire américain est lui-même sujet à la violence... Les émeutes de Los Angeles (et ailleurs) révèlent au monde entier, mais surtout aux Américains eux-mêmes (étaient-ils donc aveugles ?) le fiasco total des Républicains, dont la politique s'avère pour le moins réactionnaire, égoïste et cynique. Le peuple américain, déçu, sanctionne Bush comme il se doit aux présidentielles de novembre 92.

Le démocrate Bill Clinton, héros de ce suffrage, est à l'opposé de tout ce que pouvaient représenter Reagan et Bush : jeune, proche des petites gens, il incarne dans la vague démocrate cette génération du Viet-Nam soucieuse d'écologie, qui se veut pacifiste et qui à tous les niveaux et échelons politiques et sociaux tend à donner plus de responsabilités aux femmes et aux représentants des minorités ethniques ; en un mot une nouvelle race de président. Espérons qu'il parviendra à tenir ses nombreuses promesses, contrairement à ses prédécesseurs.

Les Indiens

Comprendre ne veut pas dire forcément pardonner. La majorité des immigrants défavorisés, démunis, croyants fanatiques et sans éducation, débarquaient avec l'espoir comme seul bagage, ayant pour la plupart été persécutés dans leurs terres d'origine. Or qui dit persécuté dit persécuteur en puissance. Cette ambivalence de la nature humaine n'est plus à démontrer. Le Nouveau Monde était si dur que seuls les plus forts pouvaient survivre.

Les Indiens n'avaient aucune notion de propriété, et la terre était leur « mère ». Ils ne possédaient aucune notion non plus de la mentalité, ni des lois, ni des règles de la société européenne d'où venaient ces nouveaux arrivants. Il fut enfantin, dans un premier temps, de déposséder les Indiens de leurs terres contre quelques verroteries. Ces derniers s'en amusaient, un peu comme l'escroc qui vend la tour Eiffel : ils obtenaient des objets inconnus, donc fascinants, en échange de ce qui ne pouvait en aucun cas être vendu dans leur esprit. Avide de nouveaux espaces et de richesse, le Blanc ne chercha pas à s'entendre avec l'Indien. Le fusil étant supérieur aux flèches, il s'empara de ses terres sans

aucune mauvaise conscience. On tua l'Indien économiquement, en exterminant les bisons (ça devint même un sport avec Buffalo Bill, un des personnages les plus abjects de l'histoire américaine), puis physiquement et culturellement.
Les Indiens auraient pu au début – et sans aucun problème – rejeter ces nouveaux venus à la mer. L'inverse se produisit. Malgré les différences et les ignorances, les Indiens permirent aux colons d'échapper à la mort. Tous les témoignages concordent. Le « bon sauvage » servait d'intermédiaire avec un monde inconnu et hostile ; il était donc envoyé par Dieu afin de faciliter l'installation des Blancs en Amérique ! Quand il fut chassé de ses terres qui, à ses yeux, étaient les terres de chacun, il se fâcha ; et très vite un bon sauvage devint un sauvage mort. Il est difficile d'imaginer un autre scénario, seuls les quakers respectèrent les autochtones, et encore, le temps aidant et les grands principes quakers s'estompant, eux aussi luttèrent contre les Indiens.

● *Les guerres indiennes : 1675-1915*

Elles s'étalent sur près de trois siècles. Les Indiens ne sont pas assez armés et ne font preuve d'aucune cohésion. A peine 50 ans après l'arrivée du *Mayflower*, le chef Massassoit (également appelé le roi Philippe), mesurant le danger que représente la multiplication des navires venus d'Europe avec leur cortège de violences, de rapts, de saisie de territoires et de meurtres, lève une confédération de tribus de sa région et part en guerre contre les puritains. Ce premier conflit coûtera la vie à 20 000 Peaux-Rouges et 50 000 colons. Un massacre ! Les survivants indiens seront vendus comme esclaves aux Indes occidentales. Cette guerre et toutes celles qui suivirent seront des guerres perdues. Seule la bataille de Little Big Horn, le 25 juin 1876, où le général Custer, de sinistre réputation, trouva la mort ainsi que les 260 *blue coats* de la cavalerie, fut une victoire... Victoire bien coûteuse débouchant sur la boucherie inexcusable de Wounded Knee, le 29 décembre 1890, où le 7e de cavalerie massacra – malgré la protection du drapeau blanc – des centaines de Sioux, y compris femmes et enfants.
Toujours divisées, souvent rivales, les tribus galopent malgré tout comme un seul homme au combat. Mais quand ce n'est pas la guerre, l'homme blanc trouve d'autres moyens perfides d'exterminer l'Indien. La liste des horreurs est longue. Par exemple, les officiers de Fort Pitt distribuèrent aux Indiens des mouchoirs et des couvertures provenant d'un hôpital où étaient soignés des malades atteints de la petite vérole. Le « grand et bon » Benjamin Franklin déclara : « Le rhum doit être considéré comme un don de la Providence pour extirper ces sauvages et faire place aux cultivateurs du sol... »

● *Un Indien assimilé est un Indien mort*

A l'aube du XXe siècle survivent à peine 250 000 Indiens, et c'est l'oubli. En 1920, l'État américain s'en préoccupe de nouveau et décide de faire fonctionner le *melting pot*, c'est-à-dire de pratiquer une politique d'assimilation. On favorise et subventionne les missions chrétiennes, et on lutte contre les langues indiennes pour imposer l'anglais. On tente par tous les moyens de sortir les Indiens de leurs réserves pour les intégrer à l'*American way of life*. L'aigle américain est le seul symbole indien utilisé par la nation américaine ; il est iroquois et les flèches qu'il tient dans ses serres représentent les 6 nations indiennes.
En 1924, on leur octroie même la nationalité américaine, ce qui ne manque pas d'ironie ! Pour supprimer les réserves, mettre fin à leurs hiérarchies, leurs privilèges, on partage la propriété tribale collective entre toutes les familles afin de faciliter l'assimilation. Ce fut une erreur de plus dans l'histoire indienne. Une erreur sociologique, car l'Indien dans sa large majorité ne peut vivre coupé de ses racines et de sa culture. De la même façon que l'Indien est extrêmement vulnérable face aux maladies importées par l'homme blanc, il est perdu économiquement et socialement lorsque isolé dans la société blanche.
Un des plus grands bienfaiteurs des Indiens allait se révéler être le président tant décrié de l'affaire Watergate : Richard Nixon (n'oublions pas au passage que les Américains lui doivent, entre autres, l'ouverture vers la Chine). C'est lui qui, d'un coup de stylo, a tiré un trait sur la politique désastreuse de tentative d'assimilation des Indiens.
Une réserve indienne peut paraître à nos yeux comme un ghetto, et l'est sous maints aspects, mais c'est aussi un territoire réservé, une propriété privée appartenant aux Indiens où ils peuvent s'organiser en respectant leur culture et

leurs traditions. Ils en profitent parfois pour ouvrir des casinos, dans des États où cette activité est prohibée.
L'Indien du XXe siècle ne rejette pas le progrès, mais il refuse les structures d'une société dans laquelle il ne s'intègre pas. On dénombre à ce jour 400 réserves correspondant aux 310 tribus survivantes. Cela dit, à peine 10 % du budget du bureau des Affaires indiennes parvient aux réserves (le FBI enquête !). La population indienne progresse assez rapidement, et approche les 2 millions d'individus. Il existe aujourd'hui 14 stations de radio indiennes que vous pourrez facilement capter avec votre auto-radio : navajo en Arizona, zuni au Nouveau-Mexique...

● *L'Indien, multi-racial mais non multi-culturel*

Les populations indiennes, trop mobiles pour leur grand malheur entre le XVIIe et le XXe siècle, furent placées et déplacées par l'homme blanc au fur et à mesure du non-respect des traités. Cette mobilité fut à la source d'un brassage entre les tribus, mais aussi la cause de nombreux mariages interraciaux. Par exemple, la tribu Shinnecock qui possède sa réserve au beau milieu de Southampton — la ville balnéaire la plus chic, la plus snob de Long Island près de New York — est aujourd'hui (par le jeu des mariages interraciaux) une tribu d'Indiens noirs ! Les Cherokees, eux, gèrent leur « race » grâce au grand sorcier électronique, l'ordinateur. La consultation avant chaque mariage est gratuite et fortement conseillée car il ne faut pas descendre sous la barre de deux seizièmes de sang indien pour l'enfant issu du mariage sous peine de perdre sa « nationalité » indienne, et donc ses droits dans la réserve ! Les « droits » sont parfois importants : les Indiens Osages en Oklahoma ont découvert du pétrole sur leur territoire. De 1906 à 1972, les « royalties » de l'or noir rapportèrent 800 millions de dollars. Les parts étant indivisibles et se transmettant par héritage, un « héritier » cherche toujours à épouser une « héritière » afin d'éviter un nouvel apport de sang non indien. D'autres, comme les Mohawks de l'État de New York, s'en tirent aussi : n'étant pas sujets au vertige, ils sont très recherchés pour la construction des gratte-ciel.
Mais malgré cela, et dans l'ensemble, l'Indien demeure aujourd'hui le groupe ethnique disposant du plus bas revenu par habitant. Jusqu'à 40 % des individus de certaines tribus sont alcooliques, et les 700 avocats de race indienne sont continuellement en procès avec le gouvernement pour parfois des questions aussi choquantes que la violation de cimetières indiens...

Magasins, achats

● *Tableau comparatif entre les tailles*

HOMMES								
Complets	U.S.A.	36	38	40	42	44	46	48
	Métrique	46	48	50	52	54	56	58
Chemises	U.S.A.	14	14 ½	15	15 ½	16	16 ½	17
	Métrique	36	37	38	39	41	42	43
Chaussures	U.S.A.	6 ½	7	8	9	10	10 ½	11
	Métrique	39	40	41	42	43	44	45
FEMMES								
Blouses et cardigans	U.S.A.	32	34	36	38	40	42	44
	Métrique	40	42	44	46	48	50	52
Tailleurs et robes	U.S.A.		10	12	14	16	18	20
	Métrique		38	40	42	44	46	48
Chaussures	U.S.A.		5 ½	6	7	7 ½	8 ½	9
	Métrique		36	37	38	39	40	41

ACHATS 73

● *Achats*

Tous vos achats (y compris les nuits d'hôtel) sont soumis à une taxe (de 0 à 15 % selon les États). Les prix affichés ne sont donc pas nets. Dans les restaurants, n'oubliez jamais de l'ajouter ; sinon le serveur vous le réclamera.
Certains achats sont particulièrement intéressants aux États-Unis. Les prix sont parfois 30 à 60 % inférieurs au tarif français. Voici quelques exemples (attention aux prix : ils varient parfois énormément d'une boutique à l'autre).
- *Appareils-photo* et surtout les accessoires.
- Bouteilles de *vins californiens*.
- *Newman's Own :* l'acteur aux « plus beaux yeux du monde » est aussi un industriel des sauces. On trouve donc dans les supermarchés des vinaigrettes *(dressing)* ou pop-corn avec sa tête sur l'étiquette. Cadeau sympa et pas cher. De plus, vous ferez une bonne action car les bénéfices sont réservés à des œuvres caritatives. Ses petits copains (Redford, Sinatra et Coppola) s'y sont mis aussi.
- *Les lunettes de vue :* si vous devez vous faire refaire vos verres correcteurs ou acheter une nouvelle monture, allez chez votre opticien vous faire faire un devis. Arrivé aux États-Unis, vous vous rendrez compte que cela vous coûtera presque deux fois moins cher, même en tenant compte du remboursement de la Sécurité sociale (idem pour les lentilles). Enfin, pensez aux Ray-ban !
- *Jeans* (pour les branchés, le Levi's 501 bien sûr).
- Les célèbres *salopettes Osh K'osh* pour vos chers bambins. De 60 à 70 % moins chères qu'en France.
- Tous les *articles en cuir* et particulièrement les chaussures, et bien sûr les boots (*Frye*, évidemment) ainsi que les chaussures de sport Nike.
- *Calculatrices*.
- *Téléphones* à touches, téléphones sans fil.
- *Répondeurs téléphoniques :* n'oubliez pas de demander un transfo qui fonctionne avec prise française.
- *Cigares :* pas de Cuba, bien sûr, mais on rappelle que la Floride n'est qu'à une centaine de kilomètres de La Havane et qu'il faut être très fort pour trouver une différence entre le cigare cubain et le cigare américain, bien moins cher.
- *Compact Discs :* bien moins chers qu'en France.
- Presque tous les Français rapportent des *draps* américains, si originaux, et sont parfois désagréablement surpris par leurs dimensions. Pour les lits d'une place, pas de problèmes : achetez 2 *twins*, l'un *fitted* (drap housse) et l'autre *flat* (drap de dessus). Pour les grands lits de 1,40 m de large, prenez un *full fitted* et un *queen flat*. En principe, les taies ne conviennent pas du tout aux oreillers français standard, vérifiez la taille.
- *L'artisanat indien :* souvent beau, mais presque toujours très cher. Acheter de préférence aux Indiens eux-mêmes. Les produits des boutiques sont généralement importés (les tapis du Mexique et les porte-monnaie de... Chine !)
- Évitez d'acheter des transistors (car pas de grandes ondes) et faites attention au matériel hi-fi, car la fréquence n'est pas la même en France et un transformateur ne change que la tension ; il y a cependant beaucoup de modèles adaptables (cassettes, lecteurs digitaux...) sans problèmes.
- Évitez également d'acheter des consoles de jeux vidéo, elles ne fonctionnent pas en France (même si le vendeur vous affirme le contraire). Le système électronique est différent. Idem pour les cassettes de jeux.
Attention, ne pas acheter de cassettes enregistrées pour magnétoscope ni de T.V. Le système américain est incompatible avec le procédé Secam, à moins que vous ne possédiez un magnétoscope tri-standard (PAL-Secam-système américain). Les cassettes vierges fonctionneront sur un magnétoscope français.

Photo
Adeptes du *Kodachrome*, attention : aux États-Unis, les films sont vendus développement non compris. En revanche très difficile de trouver des Ektachromes.

Mesures

- **Longueur**
  1 *yard* = 0,914 mètre
  1 *foot* = 30,48 centimètres
  1 *inch* = 2,54 centimètres
  0,62 *mile* = 1 kilomètre
  ou 1 *mile* = 1,6 kilomètre
  1,09 *yard* = 1 mètre
  3,28 *feet* = 1 mètre
  0,39 *inch* = 1 centimètre

- **Poids**
  1 *pound* = 0,4536 kilogramme
  1 *ounce* = 28,35 grammes

- **Capacité**
  1 *gallon* = 3,785 litres
  1 *quart* = 0,946 litre
  1 *pint* = 0,473 litre

Orientation

- **Les rues**

Il faut savoir un truc, les numéros des rues sont très longs... par exemple, le n° 3730 se situe entre le 37ᵉ bloc, ou rue, et le 38ᵉ ; ça peut ensuite passer de 3768 à 3800. C'est pas compliqué.
D'autre part, sachez que traverser hors des clous ou au feu rouge peut être passible d'une amende (environ 30 $). On vous aura prévenu !

Poste, télécommunications, téléphone

- **Courrier**

Vous pouvez vous faire adresser des lettres à la poste principale de chaque ville par la poste restante. Exemple : Harry Cover, General Delivery, Main Post Office, ville, État. Ou à l'American Express. Les postes restantes ne gardent pas toujours le courrier plus de la durée légale : 10 jours.
Attention si vous achetez des timbres. Vous pouvez en avoir dans les guichets de poste (US Mail), mais on peut également s'en procurer dans les *automats* : là, ils valent un peu plus cher.
Les bureaux de poste sont ouverts de 9 h à 17 h en semaine et le samedi matin pour les achats de timbres, dépôts de lettres ou paquets. Ils ne se chargent pas de l'envoi des télégrammes ; ce sont des compagnies privées qui le font. De plus, ils sont souvent bigrement difficiles à trouver.

- **Télégrammes**

Aux États-Unis, c'est la *Western Union* qui se charge d'envoyer les télégrammes. Durée : 8 h environ pour arriver en Europe. Cherchez la rubrique Western Union dans l'annuaire, et faites le numéro correspondant au service qui vous intéresse. Il est tout à fait possible de télégraphier de l'argent.
Pour une cinquantaine de dollars, vous pouvez demander un *singing telegram* (télégramme chanté) ou un *bellygram* (télégramme donné par une danseuse du ventre) ou encore un *stripgram*. C'est ça l'Amérique.
En général, les Américains utilisent assez peu le télégramme, car les tarifs longues distances du téléphone ne sont pas très élevés, surtout la nuit et le week-end.

- **Téléphone**

États-Unis → France

011 + 33 + numéro du correspondant.
On peut téléphoner en PCV *(collect call)* de toutes les cabines. Où que vous soyez aux États-Unis, en composant le 1-800-537-2623 (ou, pour le retenir facilement : 1-800-5 FRANCE) – appel gratuit – vous obtenez une opératrice française qui établira pour vous vos communications en France soit en PCV, soit facturables grâce à votre carte PASTEL internationale. Il n'est même pas nécessaire, comme pour tous les numéros « 800 », d'introduire une pièce dans les postes publics. Donc, plus de problème de langue ni de pièces de monnaie grâce à FRANCE DIRECT.

TÉLÉPHONE

Pratique, le téléticket AT & T (10, 25 ou 50 unités téléphoniques) donne accès à de nombreux services proposés en français. Une opératrice francophone peut vous aider en cas de difficulté. Comptez 6 dollars la carte de 10 unités. Pour l'obtenir en France, demandez en PCV (19-33-11) le : 408-428-27-35 ; et aux États-Unis composer : 1-800-537-551 (appel gratuit).

France → États-Unis (environ 9,40 F la minute)

19 (tonalité) + 1 + indicatif de la ville + numéro du correspondant.

Indicatif des villes

Atlanta (Geo)	404	Honolulu (Haw)	808	Oklahoma City	405
Baltimore	301	Houston	713	Orlando	407
Birmingham	205	Indianapolis	317	Philadelphia	215
Boston	617	Kansas City (Mo)	816	Pittsburgh	412
Charlotte	704	Los Angeles	213	Portland	503
Chicago	312	Miami	305	Providence	401
Cincinnati	513	Milwaukee	414	Sacramento	916
Cleveland (Ohio)	216	New Haven	203	Saint Louis	314
Columbia (DC)	803	New Orleans	504	Salt Lake City	801
Columbus (Ms)	601	New York :		San Francisco	415
Dallas	214	.Manhattan	212	Seattle	206
Denver	303	.Brooklyn, Queens	718	Washington	202
Detroit	313	.Long Island	516	Youngstown	216

Pour téléphoner en PCV vers la Suisse, composer le 01-41 + indicatif sans le 0 + numéro du correspondant. Quand l'opératrice américaine vous répond, vous lui demandez un *collect call to Switzerland* et vous donnez votre nom.

Tuyaux

— Pour les appels longue distance, 35 % de réduction du dimanche au vendredi de 17 h à 23 h et 60 % de rabais toutes les nuits de 23 h à 8 h, ainsi que toute la journée le samedi et le dimanche jusqu'à 18 h. Mais malheureusement ça ne change rien pour la France.
— Renseignements pour Overseas : composez 0-0. Appel gratuit.
— Le réseau téléphonique est divisé en de très petites régions ; pour appeler d'une région à l'autre, il faut composer le 1 puis le code de la région (ex. : 212 pour New York). Chaque région a son opératrice. Donc en composant le 0 dans une région, on ne pourra pas obtenir des renseignements sur les abonnés d'une autre région. Mais si, têtu, vous voulez quand même un renseignement concernant une autre région, composez le 1, puis le code de la région concernée, puis le 0.
— Il y a des cabines publiques partout, ce n'est pas cher et, surtout, ça fonctionne. Généralement, une communication coûte 25 cents. Si c'est plus, la voix charmante d'une opératrice vous dira combien de piécettes vous devez encore introduire dans l'appareil. Dès qu'elle dit : *Thank you*, il y en a assez. Si vous parlez plus longtemps que le temps prévu, on ne vous coupera pas le sifflet, mais, après avoir raccroché, la même demoiselle vous rappellera aussitôt pour vous demander un supplément. Supplément qu'il vaut mieux payer : sinon la cabine va sonner et ameuter le quartier. Vous pouvez vous faire appeler dans les cabines publiques (elles ont des numéros) et même y téléphoner en Europe en PCV, ce qui est beaucoup plus simple qu'autrement. Pour téléphoner en France directement sans PCV, par l'intermédiaire d'une cabine, il faut un minimum de 7 dollars en quarters (soit donc environ 28 pièces minimum, qu'il est bien difficile de rassembler).
— Tous les numéros de téléphone commençant par 800 sont gratuits (compagnies aériennes, chaînes d'hôtels, locations de voitures...). On appelle ça les *call free* : demandez-les toujours, ça vous fera des économies pour vos réservations d'hôtels et vos demandes de renseignements (la plupart des offices du tourisme en ont un). Lorsque l'on téléphone dans un autre état (ou au Canada), le numéro doit être précédé du 1. Attention, le numéro gratuit des petites compagnies fonctionne uniquement à l'intérieur d'un état.

FUSEAUX HORAIRES

Routes

● *État général*

En France, si vous connaissez le nom de la ville où vous allez, vous pourrez toujours vous débrouiller, mais, aux États-Unis, il faut connaître le nom ou le numéro de la route et votre destination (pour l'orientation nord, sud, est ou ouest) ; par exemple, pour aller de New York à Buffalo (chutes du Niagara), il faut prendre le « New York State Freeway North » ; de New York à San Francisco : Interstate 80 West (sur les panneaux, c'est inscrit I 80 W).
– Se procurer l'Atlas des routes de Rand MacNally : une page par État, très bien fait. Indique les parcs nationaux et les campings. L'Atlas de l'American Automobile Association n'est pas mal non plus.
– Lorsqu'on traverse la frontière d'un État, il y a toujours un Visitors' Center où il est possible d'obtenir gratuitement des cartes routières de l'État dans lequel on entre.

● *Cartes routières*

Pas très utile d'acheter des cartes détaillées en France. Pratiquement toutes les stations-service vous en proposeront à des prix très abordables.
Pour se procurer un plan de ville : demander dans une agence de location de voitures. Il y en a toujours sur le comptoir, et, la plus part du temps, on vous laisse les prendre sans difficulté. Sinon, il faut également savoir qu'il y a, à l'entrée de presque tous les États américains, un Visitors' Center où l'on se fait un plaisir de vous distribuer moult brochures et prospectus sur l'État en question. Parfois, ils donnent même des cartes touristiques.

Santé

● *Soins médicaux*

Il n'y a pas de Sécurité sociale aux États-Unis. Les frais médicaux et d'hospitalisation sont donc à la charge des particuliers. Les tarifs pratiqués étant fort élevés, nous conseillons vivement à ceux qui se rendent aux États-Unis de prendre une assurance pour la durée de leur séjour, du genre Mondial-Assistance ou AMI (formulaire dans les banques et assurances).

DISTANCES (EN KM) ENTRE LES GRANDES VILLES

• Distances entre les grandes villes

Distances en km	Washington DC	Seattle	San Francisco	Saint Louis	New York City	New Orleans	Minneapolis	Miami	Los Angeles	Detroit	Denver	Dallas	Cleveland	Chicago	Boston	Atlanta
Albuquerque	3 006	2 344	1 821	1 691	3 253	1 850	1 998	3 170	1 286	2 518	672	1 046	2 584	2 080	3 608	2 248
Atlanta	1 010	4 419	4 069	896	1 390	789	1 781	1 059	3 534	1 192	2 267	1 301	1 120	1 125	1 718	
Boston	708	4 877	5 067	1 902	342	2 507	2 245	2 474	4 691	1 150	3 182	2 907	1 037	1 589		
Chicago	1 118	3 290	3 493	469	1 352	1 538	656	1 184	3 366	474	1 629	1 501	552			
Cleveland	578	3 842	4 026	893	811	1 723	1 208	2 106	3 870	270	2 134	1 912				
Dallas	2 198	3 390	2 867	1 032	2 566	801	1 518	2 123	2 250	1 859	1 258					
Denver	2 707	2 152	2 022	1 371	2 933	2 059	1 355	3 326	1 786	1 253						
Detroit	830	3 763	3 947	827	1 064	1 766	1 130	2 251	3 800							
Los Angeles	4 293	1 842	667	2 978	4 539	3 029	3 140	4 373								
Miami	1 765	5 478	4 990	1 955	2 133	1 418	2 840									
Minneapolis	1 774	2 634	3 211	904	2 008	2 034										
New Orleans	1 798	4 192	3 669	1 130	2 166											
New York City	368	4 586	4 826	1 562												
Saint Louis	1 336	3 478	3 384													
San Francisco	4 592	1 330														
Seattle	4 408															

Savoir-vivre

● *Toilettes*

Toilettes publiques rarement gratuites mais souvent bien entretenues. Vous en trouverez dans les *bus stations*, dans les stations-service (demander la clef à la caisse) ou, au culot, dans les buildings et les cafétérias, ou aussi dans les halls des grands hôtels. Par quelque réminiscence de puritanisme, on demande *the restroom* ou *the powder room* (et même *the little girls' room*). Une autre expression amusante : « The John » !

Sites, monuments

● *Parcs nationaux*

Il y a l'Océan, la montagne, le désert, la forêt. La chaleur est permanente en certains endroits, d'autres régions sont connues pour leur fraîcheur constante. L'extrême diversité physique et climatique du pays en fait, tout au long de l'année, un lieu de prédilection pour des excursions de tous genres. Les Américains l'ont compris et ont aménagé dans ce but des dizaines de parcs, d'itinéraires, voire des régions entières originellement privilégiées par la nature.
Ces parcs sont des endroits rigoureusement protégés par l'État, et des réglementations très strictes les préservent de toute dégradation d'origine humaine. Le résultat est fabuleux : le *Yosemite*, par exemple, est sans doute l'un des plus merveilleux enclos de beauté naturelle de l'univers (voir plus loin). Pourtant, les Américains ont réussi à y intégrer toutes les commodités possibles en matière de logement champêtre : il est possible d'y passer la nuit en cabane (bains, douche, kitchenette, T.V...), sous une tente ou dans une caravane. Pour dormir dans un parc en été, il est bon de réserver ou de s'y prendre tôt le matin.
Tous ces parcs proposent des programmes de visite en groupe pour les amateurs de nature à l'état pur, mais si vous possédez une voiture, procurez-vous de bonnes cartes, une gourde et quelques sandwiches, et n'hésitez pas à vous enfoncer dans ces forêts de rêve, ces canyons dont les cartes postales ne seront jamais que le piètre reflet, ces vallées dont le cinéma ne restituera jamais la vraie grandeur.
Le *Golden Eagle Passport*, 25 $ par an environ pour une voiture et tous ses passagers, permet un nombre d'entrées illimitées dans certains parcs nationaux et autres sites régis par l'administration des parcs. Attention, c'est valable pendant l'année du calendrier et non pas à partir de la date à laquelle vous l'achetez. Ce passeport est vendu à l'entrée des parcs. L'entrée pour une voiture dans chaque parc étant en moyenne de 5 $, votre pass est rentabilisé à partir de 5 visites. Il n'est pas nécessaire de l'acheter à l'arrivée de l'hiver, car les parcs sont alors gratuits.
Dans tous les parcs naturels, il existe un *Visitors' Center* où l'on trouve le plan du parc, de superbes cartes postales et des livres splendides.
Les chèques de voyage en dollars sont acceptés très facilement dans les boutiques et les restos (même pour des petites sommes).

Transports intérieurs

Que ceux qui n'ont pas bien appris leur géographie à l'école sachent que les États-Unis sont un très grand pays, donc que les distances sont longues, très longues.
N'oubliez pas que voyager à plusieurs (4 est le nombre d'or) est le moyen le plus économique pour découvrir les États-Unis.
D'abord, louer ou même acheter une voiture à plusieurs ne coûte pas une fortune. Voyager en voiture permet de faire sa popote soi-même (matériel de camping-gaz dans le coffre), à moins que vous ne vous lassiez pas de vos hamburgers quotidiens. Pour dormir, préférez les petits motels des bleds perdus. Louez une chambre double et dédoublez le lit (deux sur les matelas et deux sur le sommier). C'est peut-être le seul moyen pas cher de découvrir le pays.

TRANSPORTS INTÉRIEURS 79

● *L'auto-stop (hitch-hiking)*

Il n'est pas facile à pratiquer, et on n'en fait presque plus dans de nombreux endroits. C'est dans les États du Sud (le « Deep South ») que vous aurez le plus de difficultés : les gens, là-bas, ont une aversion viscérale pour tous les marginaux et ceux qui affichent un air bohème.

Le stop est autorisé dans la plupart des États mais pas dans tous. En principe, tout le monde s'en fiche à l'exception de Washington (D.C.), de la Caroline et de la Virginie où le risque de prison est vraiment trop grand. C'est arrivé à des copains.

On le déconseille pour les filles non accompagnées. La protection de se dire V.D. *(venereal disease)* est bien mince.

Le fait de se munir d'une pancarte « French » facilite le stop et évite des ennuis possibles, en particulier avec les flics. Écrire aussi sur la pancarte la direction, ça rassure tout le monde. De plus, vous avez quelques chances d'être pris par des types qui ne prennent jamais de stoppeurs, mais qui ont visité, en voyage organisé, la France en juin 44. Dites-leur que vous faites du stop pour l'expérience et pour rencontrer des Américains, non pas par souci d'économie (ils n'aiment pas du tout).

Si vous traversez la frontière Canada-États-Unis, ne dites pas que vous êtes un stoppeur. On pourrait vous refouler.

Dans les foyers *(Student Centers* ou *Unions)* des universités, il y a toujours en principe un panneau *(Driving Board)* réservé aux *rides with sharing expenses* (avec partage des frais). Il y a aussi des *sharing driving* et des « sharing rien du tout, sauf la compagnie » (filles, attention !).

Il est rare de pouvoir se faire transporter dans un autre État, sauf si on s'adresse aux grandes universités (Harvard, Columbia, etc.). Pour trouver des campus moins connus, acheter une carte de la série « buckle-up U.S.A. » où ils sont signalés en rouge. Enfin, sachez qu'un étudiant n'a pas le droit de vous héberger plus de 4 jours dans sa chambre universitaire.

Sur la route, apportez de l'eau et un peu de nourriture (biscuits, etc.) car vous pouvez tomber dans un coin paumé. N'oubliez pas non plus qu'une bonne partie des États-Unis est désertique (en particulier New Mexico, Arizona et Nevada). Essayez d'être à peu près propre. Ça rassure.

En ce qui concerne les *trailers,* c'est le moyen de déplacement favori des *red necks* (les conservateurs). Bon à savoir quand on est sur le bord de la route car ils ne prennent jamais de stoppeurs, ou quand ils s'arrêtent c'est pour vous injurier. Si vous n'êtes pas convaincu, allez revoir *Easy Rider.*

Les routiers prennent rarement les stoppeurs. Ils sont peu à être couverts par l'assurance en cas de pépin. Évitez les *truckstops* (ce sont les relais pour routiers), il y a des pancartes partout : interdit aux stoppeurs. Même faire du stop à la sortie d'un truckstop est interdit.

Dans certaines villes, surtout sur la côte ouest et pas tellement à New York, l'auto-stop urbain est devenu très courant. Quand vous sentez que ça peut se faire, et que la direction est suffisamment claire, n'hésitez pas à lever le pouce en attendant le bus, c'est généralement beaucoup plus rapide.

Le stop présente de réelles difficultés dans les parcs nationaux. Quand on les visite, c'est avec toute sa petite famille, alors les stoppeurs...

– *Stop sur autoroutes :* en principe, c'est interdit sur l'autoroute même et sur les grandes stations d'autoroutes, mais vous pouvez stopper sur les bretelles d'entrée. Si les flics *(cops)* vous surprennent à stopper sur l'autoroute, oubliez tout ce que vous savez de la langue de Steinbeck. Pas plus bêtes que les autres, ils ne tarderont pas à comprendre que vous êtes étranger. Le risque d'amende en sera diminué et vous aurez même une chance qu'ils vous conduisent au prochain bled (très confortable, leur voiture, croyez-nous !). Il arrive de tomber sur des flics vicieux *(vicious cops),* comme ça nous est arrivé dans le Vermont.

Attention : quand un flic (re-*cop*) s'arrête pour vous demander de ne pas stopper, obéissez car il y a de grandes chances qu'il revienne ou qu'il avertisse par radio un copain. Et là, les ennuis commencent.

Mais quand le flic vous avertit que c'est interdit, il faut avoir le réflexe de lui demander où l'on peut faire du stop, et préciser où l'on veut aller (tout ça dans un anglais des plus déplorables bien sûr). Il est généralement bien embêté et il vous emmène jusqu'à la limite de sa zone de patrouille. Le fait de se retrouver entre deux zones de patrouille élimine le risque qu'un autre flic ne s'arrête.

● Le train

Le réseau est assez réduit. C'est un moyen de transport agréable et très confortable. Le paysage est différent et on y rencontre des tas de gens sympa. Possibilité, en réservant, de se concocter un petit parcours chouette. On y dort bien et les repas « à bord » ne sont pas trop chers. Dans certains convois, il y a même un cinéma ou une boîte ! La vitesse est plutôt lente, mais ça peut être un atout pour une traversée est-ouest.

Aux États-Unis, il y a deux classes de train : *coach* (le plus souvent avec des sièges individuels réglables), où la réservation n'est pas nécessaire, et *club car*, où il faut réserver. Les wagons en service sont des *Metroclub*, avec des fauteuils indépendants et pivotants (tarif première classe), des *lounge cars* ou voitures-salons avec bar, des *footrest coaches* dont les sièges sont équipés d'un repose-pieds, et, pour les wagons-lits, des *roomettes*, petits compartiments (literie escamotable) en single, des *slumbercoaches*, plus petits que les précédents en single ou double, des *bedrooms*, véritables compartiments de wagons-lits (literie escamotable) en double et des *drawing rooms*, compartiments à trois lits avec lavabo et w.-c. Il existe également des *voitures panoramiques* avec un bar en étage (*Vistadome*), et de nouvelles voitures à étage avec un restaurant ou des sièges à l'étage supérieur, les *Superliners*.

Les étrangers bénéficient de forfaits de 45 jours (nationaux ou régionaux) très intéressants en les achetant en Europe. AMTRAK est représenté à Paris par *Wingate Travel* : 7, rue Rouget-de-Lisle, 75001 Paris. ☎ 44-77-30-16. M. : Concorde. Ouvert de 9 h à 12 h et de 13 h à 18 h du lundi au vendredi et un samedi sur 2, de 9 h à 12 h. Les autres samedis, de 9 h à 12 h à l'agence *Wingate Travel* 19 *bis*, rue du Mont-Thabor, 75001 Paris. ☎ 44-77-30-28. M. : Concorde. Numéro aux États-Unis (gratuit) : ☎ 800-872-7245. Apporter son passeport.

En conclusion, le train américain est super-confortable. C'est plus cher que les forfaits bus (sauf si on prend un forfait de 45 jours), mais on y dort beaucoup mieux (sièges larges, et s'allongeant presque complètement dans certaines voitures). De plus, on distribue gratuitement des oreillers et il y a un wagon-fumoir, un wagon-salon... Gratuit pour les enfants de moins de 2 ans et demi-tarif jusqu'à 12 ans.

● L'autocar

Le réseau couvre la quasi-totalité du pays et il existe même des accords entre sociétés régionales, qui permettent de l'élargir encore. Greyhound, lui, dessert 4 000 villes et villages.

Les forfaits

Greyhound propose des forfaits *Greyhound pass* pour 4, 7, 15 jours et un mois, le délai prenant date le jour de la première utilisation du billet. Attention, le forfait 4 jours n'est pas valable les vendredi, samedi et dimanche. La distance est illimitée. L'affrètement et les consignes des bagages sont inclus. Il existe également des possibilités pour utiliser ces forfaits au Canada (supplément dans certains cas). Attention, ces forfaits ne peuvent pas s'acheter aux États-Unis si vous n'avez pas la carte internationale d'étudiant. Si vous l'avez, adressez-vous aux bureaux des renseignements internationaux situé dans les terminaux Greyhound de New York (à la Port Authority, au sous-sol), Miami, Los Angeles et San Francisco.

Il est beaucoup plus intéressant d'acheter l'*Ameripass* en Europe. Vous ne paierez pas de taxe fédérale. Greyhound est représenté en France par :
– *Americom* : 208, avenue du Maine, 75014 Paris. ☎ 40-44-81-29. M. : Alésia. Ouvert du lundi au vendredi de 9 h 30 à 13 h et de 14 h à 18 h 30 ; le samedi jusqu'à 17 h 30. On peut obtenir auprès d'eux tous renseignements utiles sur le fonctionnement des bus Greyhound.

On peut également se procurer les forfaits auprès d'agences possédant un stock. La liste est disponible auprès d'Americom qui vous indiquera le point de vente le plus proche de votre domicile.

L'*Ameripass* se présente sous la forme d'un carnet à souches. Avant la fin du carnet, réclamez un nouveau *booklet* dans un bureau Greyhound d'une ville importante. Ce 2e carnet sera remis gratuitement, mais n'augmentera pas la durée. Les périodes sont consécutives, à compter de la première utilisation.

Vous pouvez donc commander votre billet longtemps à l'avance, sans avoir besoin de connaître vos dates de voyage.
Aucun billet de point à point n'est en vente depuis la France. Ils doivent être achetés directement sur place, mais les grands trajets reviennent plus cher que les forfaits qui sont très vite amortis. Enfin, 120 petites compagnies de bus acceptent les forfaits Greyhound.
Greyhound dessert le Grand Canyon moyennant un supplément et dépose les passagers aux entrées des parcs.
Les routards pédestres ne doivent pas systématiquement cracher sur les excursions organisées, notamment par la compagnie *Graylines Tours*. Plusieurs circuits sont organisés sur une ville ou un site touristique. Pour quelques dollars, l'excursion vous donne une bonne vue d'ensemble, sans perte de temps, quitte à revenir par vos propres moyens dans certains coins qui vous ont particulièrement plu.

Les bagages en bus

Faites attention à vos bagages, car il y a parfois des pertes ou plutôt des égarements : vous vous trouvez à San Francisco et vos bagages se dirigent vers La Nouvelle-Orléans ! Cela arrive un peu trop fréquemment. Si nous avions un conseil à vous donner, ce serait de prendre vos bagages avec vous chaque fois que c'est possible et de les mettre dans les filets...

Pour éviter de payer la consigne, dans les grandes villes, ne récupérez pas vos bagages dès la sortie du bus, ils seront gardés gratis au guichet bagages. On peut faire enregistrer ses bagages trois jours à l'avance. Attention, les consignes automatiques Greyhound sont vidées au bout de 24 h, et les bagages mis dans un bureau fermé la nuit et le week-end.

Le système *package express service* permet de transporter des objets d'une ville à une autre, par bus direct, même si vous ne prenez pas le bus vous-même. Intéressant pour les dingues du shopping qui ne veulent pas s'encombrer. A déconseiller toutefois pour les marchandises de valeur. Les bagages attendront au lieu de destination, à raison de 50 cents par jour à partir du 3e jour. Attention en achetant votre sac à dos, même de marque américaine : pour entrer dans les consignes automatiques, il ne faut pas qu'il dépasse 82 cm. Avec cette taille, on peut juste le rentrer en biais.

Confort

Outre leur rapidité, ces bus offrent un certain confort, avec toilettes « à bord ». Ils sont à air conditionné, ce qui veut dire qu'il peut y faire très frais. Vous avez donc intérêt à vous munir d'un pull, surtout si vous avez l'intention de dormir. D'ailleurs, ces bus sont particulièrement intéressants de nuit car ils permettent de couvrir des distances importantes tout en économisant une nuit d'hôtel ! Mais les sièges ne s'inclinent que faiblement.
On peut acheter un petit oreiller pneumatique dans les terminaux Greyhound. Il a même l'insigne Greyhound et fait sac de plage une fois dégonflé.
En principe, quand un bus est plein dans les grandes stations, un deuxième prend le restant des voyageurs. C'est moins évident dans les petites stations. Même si cela apparaît plus intéressant de voyager dans le second bus à moitié vide (pour s'étendre), sachez que parfois, dès qu'il y a de la place dans le premier, on transfère les voyageurs et, en pleine nuit, c'est pas marrant ! Ne pas se mettre à l'avant (on est gêné par la portière), ni à l'arrière (because les relents des toilettes, et la banquette du fond ne s'abaisse pas).

En vrac

— Faites attention aux diverses formes de trajet : *express, non-stop, local...* Comparez simplement l'heure de départ et l'heure d'arrivée, vous saurez ainsi quel est le plus rapide. Enfin, les gares routières sont les meilleurs points de rendez-vous quand vous ne connaissez pas un bled. D'autant plus que vous pouvez y faire votre toilette. Le seul problème est qu'elles sont souvent loin du centre et que les navettes s'arrêtent à 22 h.
— Si vous achetez un pass aux États-Unis, sachez qu'il est parfois moins cher en fonction de l'endroit où vous êtes (moins cher à Washington qu'à New York, par exemple).

82 GÉNÉRALITÉS

● *La voiture*

Règles de conduite

— La priorité à droite ne s'impose que si deux voitures arrivent en même temps à un croisement. La voiture de droite a alors la priorité. Dans tout autre cas, le premier arrivé est le premier à passer ! Imaginez un tel système en France...

— Contrairement à la circulation dans certains pays, dont la France, un tournant à gauche, à un croisement, se fait au plus court. Autrement dit, si une voiture vient en sens opposé et tourne sur sa gauche, vous passerez l'un devant l'autre, au lieu de tourner autour d'un rond-point imaginaire situé au centre de l'intersection.

— A une intersection, à condition d'être sur la ligne de droite, vous pouvez tourner à droite au feu rouge après avoir observé un temps d'arrêt et vous être assuré que la voie est libre. Attention ! dans certains États seulement, dont la Californie. Bien entendu, on ne le fait pas si une pancarte indique *No Red Turn*.

— Pour aborder une autoroute, mêlez-vous au trafic aussi rapidement que possible. Ne jamais s'arrêter sur la voie d'accès. Si vous avez une panne, stationnez à la droite du véhicule, ouvrez votre capot et attendez. La police routière vous

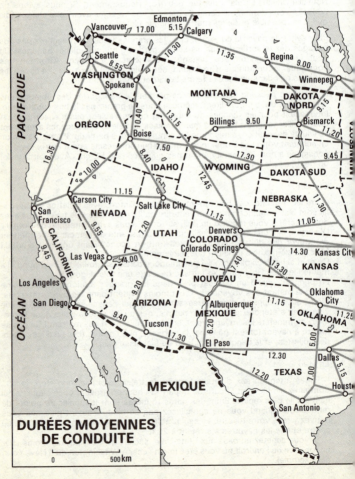

DURÉES MOYENNES DE CONDUITE

0   500 km

TRANSPORTS INTÉRIEURS

aidera. Sur certaines autoroutes, des téléphones sont installés pour des appels d'assistance. De nombreux parkings longent les autoroutes ; vous pouvez vous y détendre et vous reposer.
– Sur les routes nationales et les autoroutes, les voies venant de la droite ont soit un STOP, soit un YIELD (attention à gauche), et la priorité à droite n'est pas obligatoire.
– Les ronds-points sont rares, sauf dans les États de la Nouvelle-Angleterre et l'État de New York. La première voiture engagée a priorité.
– C'est une règle générale : la vitesse est toujours limitée, aux États-Unis. Elle ne dépasse pas 55 mph (88 km/h) sur de nombreuses routes. Mais sur les Interstates, elle peut atteindre 65 mph. Ces limites doivent toujours être respectées car la police, très vigilante, aime beaucoup faire mugir ses sirènes. Dans les États du Sud, les policiers prennent un malin plaisir à arrêter les voitures immatriculées dans un autre État. Sachez aussi que les voitures de police, même si elles vous croisent, ont la possibilité de déterminer votre vitesse.
– Arrivé à votre ville de destination, faites attention où vous garez la voiture. Des panneaux « No Parking » signalent les stationnements interdits. Ne vous arrêtez jamais ni devant un arrêt d'autobus, ni devant une arrivée d'eau pour l'incendie *(fire hydrant)*. Quand la voiture est en stationnement, notez votre rue

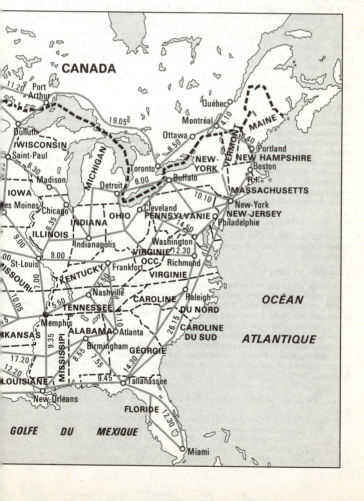

pour la retrouver. Le problème du parking est crucial dans les grandes villes. Assez cher, il vaut mieux trouver un *Park and Ride,* grand parking aux terminaux et grandes stations de bus et métro. Ils sont généralement indiqués sur les plans des villes. Arriver tôt car assez vite complets.
– Il faut savoir que lorsqu'un bus d'école (on ne peut pas les louper, ils sont toujours jaunes) s'arrête et qu'il met ses feux clignotants, l'arrêt est obligatoire. Il faut stopper son véhicule avant de le croiser (pour laisser passer les enfants qui en descendent) et, si on le suit, ne surtout pas le doubler. Ne l'oubliez pas : beaucoup de lecteurs se sont fait piéger. C'est l'une des pénalités les plus gravement sanctionnées aux États-Unis.
– Utile, le petit guide réalisé par Hertz, *Conduire aux U.S.A.* Nombreux conseils pour faciliter la conduite sur place.

Essence

Faites votre plein avant de traverser des zones inhabitées, certaines stations-service (*gas stations*) sont fermées la nuit et le dimanche. Parfois, sur les autoroutes, on peut rouler pendant des heures sans en trouver une. Le prix de l'essence (*gas*) varie selon les régions, les marques et les qualités. Sachez aussi qu'un *gallon* = 3,75 l. On trouve deux qualités d'essence : le super, dit *super, high test* ou *ethyl* (la plus chère) ; l'ordinaire, appelée *normal* ou *regular* (bon marché). N'hésitez pas à prendre du *regular*, sauf dans les grandes voitures américaines. Toutes les *gas stations* vous offrent une grande variété de services : des renseignements, des toilettes à votre disposition, ainsi que du café ou des cigarettes. Ils vendent aussi des cartes très précises de la localité où l'on se trouve et qui couvrent en général un peu plus que la localité (utile lorsqu'on cherche des adresses précises).
L'essence en libre-service est 10 % moins chère. Enfin, on ne donne pas de pourboire dans les stations-service.

Permis de conduire

Le permis français est valable aux États-Unis. Toutefois, il est conseillé de se faire faire un permis international, délivré dans les préfectures sur présentation du permis français, d'un certificat de domicile, d'une carte d'identité et de deux photos. Coût : 17 F. En effet, les policiers sont plus habitués au permis international qu'à un permis écrit dans une langue qu'ils ne connaissent pas. Mais emportez quand même le permis national, car certaines agences de location l'exigent.
En Belgique, pour obtenir le permis de conduire international, adressez-vous au *Royal Automobile-Club de Belgique* (R.A.C.B.).

Les voitures de location

Les voitures sont louées à la journée ou à la semaine. Certaines compagnies louent à l'heure, mais les agences importantes exigent un jour de location au minimum.

• *Location en Europe*

En France, vous pouvez acheter trois types de forfaits ; c'est le plus souvent moins cher que sur place. Passez par une grande agence.
– *Les coupons de location à la journée* : ils n'intéressent que les voyageurs qui ne veulent pas louer une voiture plus de deux jours consécutifs. A partir de trois jours, ces coupons sont inintéressants.
– *Forfaits valables sur tous les États-Unis, sauf la Floride* : il s'agit de locations pour trois jours minimum à une semaine et plus, suivant un tarif dégressif.
– *Forfaits spéciaux Floride* : cette région à vocation essentiellement touristique propose des forfaits similaires aux précédents, mais à des tarifs inférieurs d'environ 10 %.

Conseils :
– Exigez que sur le coupon figure la mention selon laquelle la location a été payée.
– Emportez la documentation où figurent les tarifs pratiqués en Europe.
– Vérifiez si les coordonnées de l'agence ou le numéro de téléphone de celle-ci aux États-Unis sont précisés pour chaque ville où la location se fait.
– Emportez l'adresse et le n° de téléphone de l'agence en France (qui ne figure pas sur le coupon) afin de pouvoir téléphoner en PCV en cas d'ennuis.

• *Location aux États-Unis*

Il faut choisir parmi les tarifs proposés le plus économique par rapport à votre utilisation. Si vous pensez faire peu de kilomètres, il vaut mieux prendre le tarif le plus avantageux à la journée, même si le coût au kilomètre est plus cher. Pour un très long parcours, choisissez les tarifs à la journée les plus onéreux, car le prix du kilomètre sera plus économique !

La formule « kilométrage illimité » est généralement la plus rentable, en tout cas à partir de 150 miles par jour. Les voitures de location les moins chères sont les *economy* et les *subcompact*.

Quand on réserve une compact, par exemple, on ne paie pas plus cher quand il n'y en a plus et que l'agence vous donne une voiture plus grosse.

Les compagnies proposent souvent des réductions week-end (*week-end fares*) : du vendredi midi au lundi midi. On paie 2 jours pour 3 jours d'utilisation.

Il s'agit également d'interpréter le prix annoncé par les compagnies : si l'on vous propose un tarif par jour pour une voiture moyenne, tenez compte de la taxe (en Californie : 6,2 %), de l'assurance tous risques et de l'essence, qui ne sont jamais comprises dans le prix affiché.

Dans de nombreuses compagnies, on peut rendre le véhicule dans un endroit différent de celui où on l'a pris *(one-way rental),* mais c'est beaucoup plus cher.

• *Quelques règles générales*

— Il est impossible de louer une voiture si on a moins de 21 ans, voire 25 ans pour les grandes compagnies.
— Si votre permis a moins de 3 ans ou si vous avez moins de 25 ans, les compagnies de location font payer un supplément par jour. Bien souvent le permis international ne suffit pas ; certaines agences refusent de louer une voiture sans le permis national.
— Évitez de louer dans les aéroports (bien plus cher qu'en ville, même s'il s'agit de la même société).
— Avoir absolument une carte de crédit (VISA ou Eurocard sont acceptées partout). Rares sont les compagnies qui acceptent le liquide. De plus, dans celles qui peuvent accepter, on doit laisser une grosse caution en liquide.
— Toujours faire le plein avant de rendre la voiture. Sinon, vous paierez plus cher. Si on réserve d'avance, on paie moins cher qu'en s'y prenant le jour même.
— Toujours demander une réduction. Ça peut marcher.
— En fait, il y a deux types de location : les locations bon marché dans la ville, mais on ne peut pas dépasser un rayon limité de X miles (sinon vous avez un supplément par km supplémentaire) ; les locations plus chères qui permettent de sillonner tous les États-Unis sans limitation de kilométrage (ex. : *Alamo*).
— Les franchises d'assurances voitures varient d'une compagnie à l'autre.
— Très souvent, les agences de location remboursent le taxi nécessaire pour se rendre à leur agence (demander une *bill* au taxi).
— Bon à savoir : assurance aux tiers (obligatoire) se dit : *P.D.W. (Physical Damage Waiver)*, et assurance tous risques (facultative) : *F.C.W. (Full Collision Waiver).*

• *Les petites compagnies*

Thrifty Rent-a-Car, Greyhound Rent-a-Car, Compacts Only... et toutes les petites compagnies locales qui n'ont que 5 ou 10 voitures. Si vous désirez faire seulement un « U-drive », c'est-à-dire partir pour revenir au même endroit, il est préférable de louer une voiture dans une petite compagnie locale : c'est nettement moins cher et, en principe, ils accepteront de l'argent en guise de caution. De toute façon, si vous reconduisez la voiture à l'endroit où vous l'avez louée, vous risquez de payer moins cher. Pratique pour visiter les parcs nationaux.

Voici quelques petites compagnies avec leurs numéros *toll free* (gratuit). Mais attention, on ne peut pas appeler ces numéros à partir de la France.
— **Holiday Payless Rent-a-Car :** ☎ (800) 237-28-04.
— **Alamo Rent-a-Car :** ☎ (800) 327-96-33. Une des rares qui acceptent les chèques de voyage comme caution. *Attention,* certains lecteurs ont eu des surprises à l'arrivée, concernant l'état des véhicules.
— **Al Rent-a-Car :** ☎ (800) 527-02-02.
— **Rent-a-Wreck :** ☎ (800) 421-72-53. Agences à Los Angeles : ☎ (213) 478-06-76. Attention, le dernier numéro est payant. Vous avez bien compris : « Louez une épave. » C'est une plaisanterie. Modèles vieux ou tout neufs, moins

chers. Toutefois, les voitures sont de plus en plus neuves. Une des rares compagnies qui louent aux 23-25 ans ; dans les autres, il faut avoir 25 ans révolus.

- *Les grandes compagnies*

Hertz, Avis, National, Budget...
— *Inconvénient :* elles acceptent rarement une caution en liquide. Obligation d'avoir une carte de crédit. Voir plus haut le chapitre « Argent, banque, change ».
— *Avantages :* elles sont moins exigeantes sur l'âge. Parfois 21 ans au lieu de 25. Surtout, les voitures sont généralement neuves, donc pas de pépins mécaniques !
— En cas de pépin mécanique, le représentant local de la compagnie vous changera la voiture.
— Possibilité (généralement) de louer dans une ville et de la laisser dans une autre. Mais il faut, dans ce cas, rester dans les limites de l'État où on a pris la voiture. Sinon, les frais de « rapatriement » vous coûteront cher.
— *National Car Rental :* pas besoin d'avoir 21 ans comme dans la plupart des cas (18 suffisent), ni de carte de crédit pour y louer une voiture. Mais ce n'est pas systématique, malheureusement.
— Les plus grandes compagnies de location de voitures ont des numéros de téléphone gratuits (*toll free*). Celui qui appelle pour avoir des renseignements ou réserver ne paie pas la communication à condition de faire le (1) 800.

● *Location d'un « motor-home » ou d'un « camper »*

C'est un véhicule issu de l'amour tendre entre une caravane et une camionnette. Cette progéniture est fort utilisée aux États-Unis.
Le *camper* est une camionnette équipée d'une unité d'habitation qui ne communique pas avec la cabine ; il faut donc utiliser la porte arrière pour pénétrer dans la partie habitation de ce véhicule de taille moyenne — 3,50 m à 5 m —, où quatre personnes peuvent coucher confortablement.
Le *motor-home* est un vrai camion-caravane, très luxueux et très élaboré au niveau du confort. Il est même équipé d'une douche. C'est la plus grande des maisons roulantes (7 à 9 m), pouvant loger jusqu'à six personnes très confortablement. C'est aussi la plus chère des solutions, encore que, lorsque l'on divise les frais par six, cela devient beaucoup plus abordable.
La moins onéreuse des maisons roulantes est sans conteste le bus Volkswagen aménagé, modèle *camper*. Il est équipé d'un coin cuisine avec un petit réfrigérateur, d'une table et de lits repliables. On peut y loger jusqu'à cinq personnes.
A déconseiller : la caravane, car il vous faut louer une automobile pour la remorquer.
Pour choisir un *campground*, vous devez toujours prévoir deux ou trois endroits différents dans un rayon de 50 miles ; ainsi, si le premier terrain ne vous plaît pas, vous pouvez tenter votre chance plus loin, mais ne tardez pas trop dans la journée car il est interdit de stationner en dehors des *campgrounds* pour la nuit. Essayez toujours les parcs nationaux ou les parcs d'États : c'est moins coûteux et le site est toujours intéressant.
Les réfrigérateurs sont en général à gaz et les bouteilles se rechargent dans les stations.
Sachez qu'en plus de tous ces accessoires nécessaires à l'habitation roulante, vous trouverez une hache, un seau, une pelle de camping, de la vaisselle, des chaises pliantes, un couchage complet et même un balai. Les *motor-homes* sont équipés de l'air conditionné, qui fonctionne sur le moteur en marche ou bien en se branchant sur le *hook-up* (branchement dans les campings).
Valable si on a des gamins ou si on voyage à quatre. Si vous êtes intéressé, mieux vaut le louer à Paris car, en été, il est très difficile de trouver sur place.
Pour parler franchement, on n'est pas très favorable à ces engins. Même si c'est la grande mode de louer un *trailer* pour visiter les États-Unis, cela comporte bien des inconvénients :
— C'est lent.
— Il faut le ramener au point d'origine ou, sinon, payer un supplément de 100 $.
— La consommation est extrêmement élevée : de 20 à 45 l aux 100 km selon les modèles !

– En été, il est difficile de trouver des places de stationnement, surtout dans les parcs nationaux. Il est interdit de se garer n'importe où (dans les grandes villes, on vous met en fourrière sur l'heure). Vous devrez passer la nuit dans des emplacements réservés (un annuaire est fourni) : 5 à 12 $ la place + eau + électricité + gaz... Eh oui ! tous les branchements (eau, électricité) sont payants dans les terrains aménagés. Possibilité quand même de stationner sur les parkings des hypermarchés ou des magasins, à condition évidemment d'éviter tout déballage et de laisser les lieux propres.

Dans les parcs nationaux, pas de réservation. La durée du séjour est limitée ; arriver le matin pour avoir une bonne place. Mais, contrairement aux campings français hyper bondés l'été, les terrains aux États-Unis vous laissent des possibilités d'isolement.

– C'est cher : il est souvent moins onéreux de louer une voiture ordinaire et de coucher dans un motel.

On peut les réserver en France auprès d'un voyagiste, c'est souvent moins cher et le risque de ne pas trouver de véhicule en arrivant aux États-Unis est exclu.

– Par ailleurs, la ville de New York interdit l'accès aux camping-cars, ainsi que certaines régions comme la vallée de la Mort, interdites aux véhicules de loisirs durant l'été.

● *Le système de l'« Auto drive-away »*

Les *drive-away* sont des organismes qui cherchent des jeunes (plus de 21 ans) pour conduire à destination un véhicule lorsque son propriétaire n'a pas le temps de le faire. Avec un peu de chance, vous pouvez traverser les États-Unis en Cadillac...

Pour être sûr d'obtenir une voiture (en effet la concurrence est sérieuse !), il suffit de téléphoner tous les jours à la compagnie (inutile de vous déplacer). Au bout de quelques jours, vous obtiendrez une voiture pour la destination de votre choix. Si l'on vous propose une voiture qui vous convient, donnez votre nom pour la réserver et courez sur-le-champ au siège de la compagnie afin d'éviter qu'un rusé ne vous fauche la place.

Remarques :
– Être propre et peigné lorsque vous vous présentez.
– Vous devrez verser une caution (variable selon le trajet) qui est remboursable lorsque vous rendrez la voiture.
– Vous n'avez que l'essence à payer (le premier plein est parfois remboursé) et les éventuels péages.
– Le contrat interdit de prendre les stoppeurs.
– Assez souvent l'itinéraire et le temps sont imposés. Vous ne pouvez donc pas aller de New York à Los Angeles en passant par La Nouvelle-Orléans...
– Pour chaque ville étudiée plus loin, nous donnons l'adresse et le numéro de téléphone de la compagnie la plus importante (*Aacon*). On peut obtenir les adresses des autres compagnies en consultant les *yellow pages* de l'annuaire sous la section « Automobile Transporters » ou « American Transporters ».

● *La moto*

Si vous partez avec votre moto, vous aurez de la peine à l'assurer en France. A New York, les grands magasins proposent des assurances pour les étrangers, par exemple *Camrod Motors :* 610 W 57th Street, Manhattan (mais inventez-vous une adresse à Long Island ou New Jersey, ça vous coûtera moins cher). Dans le journal *Buy Lines* ou bien encore *Recycler* on trouve des annonces de motos et autos d'occasion. Il faut en plus la faire immatriculer, pour ne pas se retrouver coincé dans un bled du Texas par un shérif qui n'aime pas le style *Easy Rider*. Allez au 155 Worth Street, à New York. Ensuite, il faut faire faire un contrôle de sécurité chez un concessionnaire de motos agréé (enseigne jaune). Pour finir, il est conseillé d'équiper sa moto d'un carénage, *because* les insectes dans le Sud. Le mieux est encore d'en acheter une sur place (leur prix est deux fois moins cher qu'en France) et de la revendre.

Sinon, un tour-opérateur français a sorti une brochure « Motos » exclusivement destinée aux motards voyageurs :
– *Nouveau Monde :* 8, rue Mabillon, 75006 Paris. ☎ 43-29-40-40. (Voir adresses province dans « Comment aller aux États-Unis ? »). Tout un tas de circuits tout compris avec ou sans guide, simplement la voiture habituelle est remplacée par une moto.

● *L'avion*

Les compagnies desservant l'intérieur des États-Unis sont nombreuses. La plupart sont spécialisées sur une région. Depuis la dérégulation des tarifs, la concurrence est énorme. Ce qui est très bien. Les retards sont fréquents.
Le routard aura du mal à s'y retrouver (chaque jour de nouveaux tarifs apparaissent). Les forfaits coûtent bien moins cher pour qui les achète avant de partir. Voici quelques éléments qui l'aideront peut-être :

• *Tarif de nuit (night fare)* : sur certaines grandes lignes, il existe des compagnies intérieures qui accordent une réduction d'environ 20 % si vous voyagez de nuit (entre 21 h et 6 h). De plus en plus rare malheureusement.

• *Tarif « stand-by »* (sans réservation) : sur les lignes intérieures courtes et très fréquentées (exemple : New York-Boston ou San Francisco-Los Angeles...), vous pouvez obtenir une réduction de 30 à 35 % si vous embarquez uniquement quand il y a de la place. Heureusement, départs toutes les demi-heures environ. Cette solution s'avère avantageuse si vous réservez 7 ou 14 jours avant le départ. En effet, les prix sont alors bas.

• *Tarif « Visit U.S.A. »*
– Valable jusqu'à 2 mois (parfois 1 an). Très variable suivant les compagnies.
– Compagnies : *American, America Continental, Delta, Northwest, T.W.A., Pan Am, United* et *Western*.
– Suivant la compagnie, ce tarif est valable sur un aller simple, un aller-retour ou *open jaw* (avec interruption de parcours) avec nombre d'escales illimité, mais un seul arrêt par ville (sauf en cas d'escale).

• *Forfaits « Pass »* : en gros, c'est une fleur que font les compagnies aériennes aux passagers résidant en dehors des États-Unis et munis d'un billet transatlantique. Le prix des distances en est réduit. Il est nécessaire de fixer l'itinéraire avant de partir. Inscrire le plus de villes possible. Si on ne va pas à un endroit, on peut le sauter, mais on ne peut pas ajouter d'escale, à moins de payer un supplément de 20 $.
Voici les conditions de quelques compagnies aériennes qui offrent des pass :
– **Air France** (adresse au début du guide) possède des accords avec US Air. Réduction de 100 $ par rapport aux autres compagnies. Passagers classe Club, surclassé en vol intérieur.
– **American Airlines** (adresse au début du guide) propose des forfaits de 3 coupons minimum sur les États-Unis avec extension sur Hawaii, le Mexique et les Caraïbes. Il faut être non-résident américain, rester au minimum 7 jours et au maximum 60 jours. Valable uniquement en conjonction avec un vol transatlantique. On peut acheter 5 coupons supplémentaires maximum.
– **Delta Airlines** (adresse au début du guide) vend le pass « Discover America ». Il faut acheter au minimum 3 coupons et au maximum 12 coupons. C'est valable s'il débute dans les 60 jours suivant un vol transatlantique effectué sur Delta, Air France ou UTA. Impératif de fixer l'itinéraire et de réserver le premier vol avant l'arrivée dans le pays. Les billets doivent être également émis et réglés avant l'arrivée.
– **Northwest Airlines** (adresse au début du guide), en conjonction avec un vol transatlantique sur Northwest uniquement. Il faut acheter 3 coupons minimum. Le 1er coupon doit être réservé et le pass définitif émis au plus tard 7 jours avant l'arrivée aux États-Unis. Valable 60 jours. Un coupon par numéro de vol et 2 stops maximum sont autorisés par ville.
– **TWA** (adresse au début du guide) propose son Airpass réservé aux passagers non-résidents aux États-Unis et porteurs d'un billet transatlantique TWA. Valable 60 jours maximum, sur tout le réseau intérieur TWA. Un vol par coupon.
– **United Airlines** (adresse au début du guide), réservé aux passagers non-résidents aux États-Unis ou au Canada, ayant acheté un vol transatlantique United Airlines. Valable de 1 à 60 jours. Le 1er vol doit être réservé avant l'arrivée aux États-Unis. Le reste du parcours peut être laissé open mais l'ensemble de l'itinéraire doit être fixé avant le départ. 2 stops maximum sont autorisés par ville. *Open jaws* autorisés.
– **America West** : ☎ 43-59-00-34. Pas de conditions particulières si ce n'est qu'il faut être non-résident américain.
– **US Air** : 23 *bis*, rue d'Anjou, 92100 Boulogne. ☎ 40-19-29-00. Ou chez *Discover America Marketing*, 85, avenue Émile-Zola, 75015 Paris. ☎ 45-79-

68-68. M. : Charles-Michels. Ouvert de 9 h à 18 h. Propose des forfaits très intéressants sur l'ensemble de son réseau intérieur. 2 ou 3 coupons minimum selon la zone d'utilisation. Tarif préférentiel pour les passagers voyageant sur un vol transatlantique (régulier ou charter) US Air ou Groupe Air France.

— *IMPORTANT* : si vous avez une série de réservations aériennes à l'intérieur des États-Unis, que vous avez effectuée en France, avant votre départ, il est indispensable de les reconfirmer auprès du premier transporteur, retour y compris, au plus tard 72 h avant le départ.

— *ATTENTION* : il est désormais interdit de fumer dans les avions qui effectuent aux États-Unis des vols de moins de 2 h, ainsi que sur tout les vols de *Northwest Airlines*, et cela en conformité avec une loi votée en 1987 par le Congrès. Une violation de cette règle entraîne une amende de 1 000 dollars (2 000 dollars pour ceux qui fumeraient dans les w.-c.).

● *Transports de véhicules (auto ou moto) par cargo*

ATTENTION : SI VOTRE SÉJOUR NE DÉPASSE PAS 30-45 JOURS, LOUEZ PLUTÔT SUR PLACE ! Dans le cas contraire, un spécialiste confirmé pourra vous calculer un budget raisonnable aller-retour :
— *Homeship* : 62, rue Saint-Lazare, 75009 Paris. ☎ 42-81-18-81. Demander Charlie.

Voitures et camping-cars seront transportés par ferry transatlantique régulier (pas de possibilité passagers) à destination de la côte est (d'Halifax à Houston) aussi bien que de la côte ouest (de L.A. à Seattle). Les motos peuvent être prises telles quelles, c'est-à-dire sans emballage coûteux, sur les destinations Homeship comprises entre Jacksonville et côte ouest (le nord des États-Unis imposant un départ en conteneur donc un emballage préalable). Pour les retours, Homeship vous conseille plutôt d'embarquer côte est, c'est moins cher et plus fréquent. Et les motos peuvent en partir sans emballage, vers Le Havre !

Travailler aux États-Unis

Le visa touristique interdit formellement tout travail rémunéré sur le territoire américain. C'est la théorie. En fait, il y a deux possibilités : le travail déclaré et le travail « au noir ».
— Pour effectuer n'importe quel travail déclaré, il faut se procurer absolument la *Social Security Card*, qu'il était facile d'obtenir jusqu'en 1973. Depuis, la « crise », l'inflation, la récession, le chômage et tout ça font qu'il est pratiquement impossible de l'obtenir actuellement sans visa de résident. De toute façon, cette carte ne légalisait pas votre situation, mais rendait plus aisée la recherche de boulot.
— On peut mettre son costume des dimanches et aller dans les motels expliquer que, question vin, on est imbattable. Avoir un serveur français donne un vieux coup de prestige à leur boîte.
Ceux qui connaissent un peu la cuisine française ont de sérieux atouts. On connaît aussi des acteurs amateurs qui font la tournée des Alliances françaises et écoles privées.
— Le travail « au noir » le plus courant est le baby-sitting (6 ou 7 dollars de l'heure plus le repas). Attention cependant à la concurrence des agences spécialisées. Il y a aussi la plonge, le ramassage du tabac, et la chanson pour les mélomanes. Il faut se faire payer à la semaine plutôt qu'au mois. Ne pas négliger non plus les cours particuliers de français. On peut demander tranquilou 15 ou 20 dollars de l'heure ; et ça marche fort car la langue française (peut-être par snobisme) est très appréciée des Américains. Vous pouvez même garder les enfants de parents qui apprennent le français. Alors là, c'est le jack-pot !

● *Work and Travel U.S.A.* : si vous êtes étudiant(e) de 18 ans au moins, le *Council* peut vous aider à trouver un job aux États-Unis. Le *Council* se charge alors d'obtenir le visa de travail *(visa JI)* dont vous aurez besoin pour travailler légalement. Le C.I.E.E. demande au total 5 350 F, payables en trois fois. Il vous fournit tout d'abord une liste d'offres d'emplois. Lorsque vous avez trouvé quelque chose, vous payez le restant en 2 fois. En contrepartie, le C.I.E.E. fournit un billet aller-retour pour New York, la carte d'étudiant internationale, une réservation pour la nuit de votre arrivée, le visa JI pour travailler, plus une assistance en

cas de problème, et plein d'autres petits trucs. Excellente solution pour un séjour de deux ou trois mois, car le fait de travailler permet de gagner assez d'argent pour rembourser une bonne partie, si ce n'est la totalité, des frais du voyage. Et surtout, travailler aux États-Unis est une expérience très intéressante ; très appréciée sur un C.V.
Pour tout renseignement, écrivez vite à :
– *Council (C.I.E.E.)* : 51, rue Dauphine, 75006 Paris. ☎ 43-25-09-86. M. : Odéon. Brochure sur demande au *Council Work and Travel*, 1, place de l'Odéon, 75006 Paris. Informations sur minitel : 36-15 code COUNCIL.

● *Moniteur(trice) de colonie de vacances* : pour faire acte de candidature, il faut avoir entre 20 et 30 ans, être bilingue, et avoir déjà une expérience des jeunes (être instituteur, avoir animé un club, scoutisme...). Les demandes doivent être faites avant fin janvier pour l'été. L'inscription tourne autour de 1 000 F, selon l'association. Elle comprend le billet d'avion aller et retour et l'assurance. Une fois sur place, vous recevez de l'argent de poche pour 9 semaines. Vous êtes nourri et logé. Super ! On l'a fait. Renseignements :
– *Club des Quatre Vents* : 1, rue Gozlin, 75006 Paris. ☎ 43-29-60-20. M. : Saint-Germain-des-Prés. S'y renseigner aussi pour les emplois saisonniers autorisés.
– *Rencontres et Voyages* : 5, place de Vénétie, 75013 Paris. ☎ 45-83-24-97.
– *I.C.E.P.* (International Counselor Exchange Program) : 38 West 88th Street, New York, N.Y. 10024. ☎ 787-7706. On vous envoie pendant environ deux mois comme animateur de centre de vacances, puis on vous offre la possibilité de partir avec différents tours afin de visiter les États-Unis pendant un mois.

● *Cueillette des fruits* : de juin à octobre dans les États d'Oregon et de Washington. Citrons et oranges de fin janvier à début mars en Californie. Oranges de décembre à mars en Floride (mais grosse concurrence des Cubains). Près des chutes du Niagara, ramassage du tabac en juillet.

● *Cours de français* : nourri-logé, contrat 3, 6, 9 mois. S'adresser à : *Amity Institute*, P.O. BOX 118, Del Mar, CA 920 14 U.S.A. ☎ (619) 755-35-82. Pour les non-anglicistes titulaires d'un D.E.U.G., par exemple (ou d'un quelconque diplôme bac + 2), c'est un bon moyen de travailler légalement aux États-Unis. Logement et nourriture gratuits, le tout dans une *high school* (lycée), ce qui peut être très sympa. Cependant, mieux vaut le savoir, la majorité des postes se trouvent dans le Minnesota, surnommé la « petite Sibérie » américaine.

● *Concordia* : 38, rue du Faubourg-Saint-Denis, 75010 Paris. ☎ 45-23-00-23. M. : Strasbourg-Saint-Denis. En échange du gîte et du couvert, le travail est bénévole. Chantiers très variés, restauration de patrimoine, valorisation de l'environnement, travail d'animation, etc. Places très limitées, s'y prendre à l'avance. Attention, voyage à la charge du participant.

LA CALIFORNIE

1848 : la ruée vers l'or. Aussitôt, par milliers, des pionniers foncent vers cette région mythique. Quelques années plus tard, les Chinois traversent le Pacifique pour construire les voies ferrées. Puis c'est le tour des Noirs qui quittent les États du Sud décidément trop racistes. La dernière immigration en date : celle des Mexicains qui franchissent illégalement la frontière à la recherche d'un travail et d'un peu de bonheur.
La Californie, pays de tous les espoirs ? En quelques années, la côte est perd peu à peu son hégémonie économique. La Californie indépendante serait un pays plus riche que la France, avec deux fois moins d'habitants.

SAN FRANCISCO
IND. TÉL. : 415

A 660 km au nord de Los Angeles. C'était en 1848, San Francisco n'était alors qu'un petit village de pêcheurs d'une trentaine de maisons, quand... un jour de cette même année, à quelque 220 km de là, John Marshall apporta à son patron, le Suisse John Sutter, la première pépite d'or. Ce fut le début du mythe de San Francisco.
Bien des choses ont changé depuis ce jour-là, et ce n'est plus l'or qui attire désormais les nombreux visiteurs de San Francisco. Ici, tout est différent. Les Noirs sont noirs et fiers de l'être, les homosexuels sont fiers d'être homosexuels, même si le sida a perturbé leur quiétude. Les gens se respectent mais ils font toujours ce qu'ils ont envie de faire. En outre, ils défendent avec acharnement leur mode de vie. Ainsi, paradoxalement, il y a peu de gratte-ciel dans le centre ville (comparé à celui d'autres villes) et ils doivent répondre à des normes esthétiques très précises (coûteuses et contraignantes pour le promoteur). Également, étant donné que c'est la confrontation des classes et des genres qui rend une ville vivante, la municipalité veille à ce que les loyers ne s'envolent pas outrageusement, pour maintenir l'équilibre sociologique de la ville. On pourrait en prendre de la graine à Paris. Bref, San Francisco est une ville pour se reposer de l'Amérique.
Considérée par beaucoup comme la plus belle ville des États-Unis, San Francisco vous enchantera par ses nombreuses collines et les fameuses rues en pente (immortalisées par *Bullit* avec le regretté Steve McQueen), et surtout par son ambiance. Pas étonnant que les Américains l'aient surnommée : *Everybody's favorite city*. Comparée à L.A., vraiment une ville à taille humaine. D'abord, il n'y a que 742 000 habitants, ensuite, on peut y marcher (sans que cela paraisse suspect !). Mais n'oubliez pas que les mythes et légendes déforment tout. Ainsi, il y fait très frais même en été, et les nappes de brouillard y sont fréquentes.

Arrivée à l'aéroport

De San Francisco International Airport (SFO), cinq moyens pour aller à Downtown :

– **Bus local Samtrans 7 B ou 3 B :** départ toutes les 30 mn. Pour le centre ville, descendre à l'intersection Mission Street et 5th Street. Très bon marché. Fonctionne de 5 h 45 à 1 h 30. On peut prendre le 3 B jusqu'à Bart Daly City. Prévoir de la monnaie car les chauffeurs ne la rendent pas et n'acceptent pas les billets de 1 dollar.

– **Bus Airporter :** rapide. ☎ 495-8404. Deux lignes : la *Red Route* dessert le centre (angle de Taylor Street et Ellis Street). Départ toutes les 20 mn, de 5 h à 23 h. Ceux qui vont à l'A.J., prendront la *Blue Route* et s'arrêteront à Fisheman's Wharf. Plus cher que le précédent.

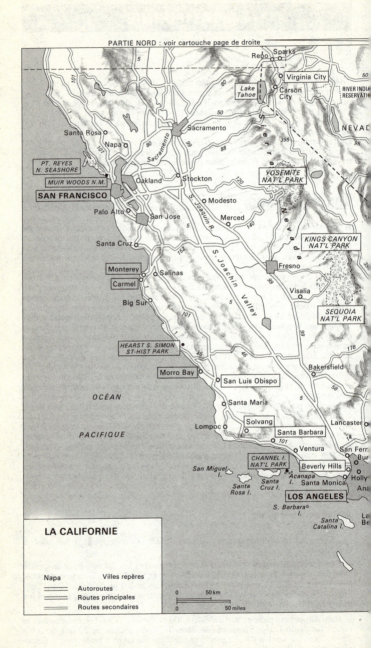

LA CALIFORNIE (ROUTES) 93

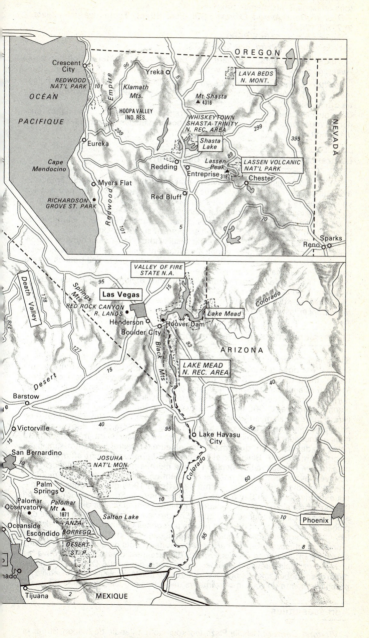

SAN FRANCISCO

94 LA CALIFORNIE

— *Airport Shuttles :* minibus vous déposant directement à l'hôtel. Pratique et tous quasiment aux mêmes prix.
• *Door to Door Airport Express :* 865 Post Street. Toutes les demi-heures. ☎ 775-5121.
• *Super Shuttle :* ☎ 558-8500.
• *Yellow Airport Shuttle :* ☎ 282-7433.

— *Taxis :* assez chers, mais tarif identique au bus Airporter si l'on est trois. Avantage : ils vous déposent à votre hôtel.

— *Voiture louée :* pour se rendre au centre ville, peu compliqué. On sort aisément de l'aéroport. Prendre la Hwy 101, puis la Hwy 80 pour Downtown. Sortie 5th Mission et Market Streets.
Ceux qui disposent d'une voiture à San Francisco doivent savoir qu'il faut tourner les roues vers le trottoir quand on stationne dans les descentes, sous peine d'amende.

La grande et belle histoire du blue jean

En 1847, un immigré juif de Bavière, pauvre bien sûr, arriva à San Francisco avec un lot de bâches. *Levi Strauss* (c'était déjà son nom), ne pouvant les vendre, les tailla pour en faire des pantalons. Leur solidité fut accueillie avec succès par les chercheurs d'or. Le tissu, importé de France, de Nîmes exactement, explique son nom en anglais *denim*. Le mot *jean* vient lui-même de Gênes, port italien d'où le tissu était transporté aux États-Unis.
Le pantalon de M. Levi Strauss avait la particularité d'avoir ses coutures renforcées par des rivets, ce qui le rendait extrêmement solide. En 1937, une association de parents d'élèves souhaita la suppression des rivets des poches arrière car ils abîmaient bancs et chaises. Ce qui fut fait.
Pendant la Seconde Guerre mondiale, la demande était telle que les jeans Levi's n'étaient vendus qu'au personnel militaire.
Les Levi's sont un tel symbole des États-Unis qu'un modèle est exposé à la *Smithsonian Institution de Washington.* Eh oui, c'est ça l'Amérique !

La passionnante saga des tremblements de terre

San Francisco (et toute la Californie) est situé sur la grande faille de l'océan Pacifique. C'est donc une région tectonique instable. En 1906 eut lieu un terrible tremblement de terre. 28 000 maisons (les 4/5 de la ville) furent détruites. Moins d'ailleurs par le séisme que par l'énorme incendie qui embrasa la ville et dura 3 jours. A ce sujet, une anecdote : la ville se releva très rapidement (l'année suivante, 6 000 immeubles avaient été remis debout et plusieurs milliers d'autres étaient en construction). Tout cela à cause de la décision d'un petit juge qui affirma que la destruction de la ville n'était pas due au séisme, mais à l'incendie qui s'ensuivit. Les compagnies d'assurances, très réticentes à payer les dégâts, furent donc mises en demeure d'honorer les contrats incendie (sacrée Amérique !). Religieux et puritains de l'époque avaient affirmé que la catastrophe représentait la punition divine méritée pour une ville décadente et dévoyée (avant tout, grand port ou régnaient en maîtres jeu et prostitution).
Comment donc interpréter le séisme de cette fin 1989 qui provoqua le dramatique effondrement du Bay Bridge ? Punition contre la Sodome et Gomorrhe de l'Ouest américain ou contre les automobilistes dont quelques dizaines périrent sous des milliers de tonnes de béton ? En effet, paradoxalement, en dehors des piégés du pont, il n'y eut que très peu de personnes victimes du séisme en ville. Les normes antisismiques rigoureuses appliquées aux immeubles se révélèrent d'une total efficacité. Seules certaines maisons en bois du quartier de la Marina s'écroulèrent à la suite de glissements de terrain (et c'est là qu'on trouva les uniques et malheureuses victimes en dehors du pont). Que nos lecteurs débarquent donc rassurés puisque, d'après de (faciles) calculs de probabilité, la prochaine quinte de toux importante ne devrait se produire que dans 82 ans...

Adresses utiles

— *Visitors' Center :* Hallidie Plaza (en sous-sol), à l'angle de Market Street et Powell Street. ☎ 391-2000. Ouvert de 9 h à 17 h 30 (jusqu'à 15 h le samedi et

de 10 h à 14 h le dimanche). *French spoken*. Informations en français en téléphonant au 391-2003. Plan de la ville gratuit. Pour les je-veux-voir-un-maximum-de-choses-en-un-minimum-de-temps, il existe un parcours automobile dans la ville qui vous guide au long de votre visite, le *Scenic drive*.
– *Café de la Presse :* 352 Grant Avenue (et Bush). Ouvert de 7 h à 23 h tous les jours. Bar, tabac, journaux et librairie française. On y trouve même le Routard. Personnel francophone. Également journaux français au 925 Larkin Street, **European Book Library :** du *Monde* à *Paris-Match* en passant par *France-Soir*, ☎ 474-0626. Centre commercial The Cannery, Fisherman's Wharf. Dans un angle du *Wine Cellar*, kiosque à journaux.
– *Alliance française :* 1345 Bush Street. ☎ 775-7755. Située dans le centre. L'une des plus sympathiques et dynamiques que l'on connaisse. Bibliothèque avec 25 000 ouvrages, cours de langue, ciné-club, troupe de théâtre avec orientation et programme résolument d'avant-garde, etc. Bon café-restaurant au sous-sol, etc. Excellent accueil.
– *Poste principale et poste restante :* Mission Street, à l'angle de 7th Street. Ouvert de 7 h 30 à 17 h 30 et le samedi de 8 h à 13 h. Autres bureaux de poste : 228 Harrison Street, 865 Stockton Street (Chinatown), 1640 Stockton Street (Northbeach).
– *Western Union* (envoi de télégrammes) : 734 Market Street, près de Grand.
– *United States Appraisers Building :* 630 Sansome Street, Immigration Service (room 107). ☎ 705-4411. Pour prolonger son visa. Y aller une semaine avant l'expiration, vers 15 h (il y a moins de monde).
– *Consulat de France :* 540 Bush Street. ☎ 397-4330.
– *Consulat du Canada :* 50 Fremont Street. ☎ 495-6021.
– *Consulat de Suisse :* 456 Montgomery Street (suite 1500). ☎ 788-2272.
– *Consulat de Belgique :* 170 Columbus Ave. ☎ 434-4400.
– Les *tickets* de concert, théâtre, etc., s'achètent au **BASS Center**, derrière le parking de Union Square, sur Stockton Street. ☎ 762-2277. Renseignements téléphoniques : 676-2222. Certains spectacles sont vendus à moitié prix le jour même (voir tableau sur la droite). On peut aussi acheter les tickets au **Ticketron**, au magasin Emporium sur Market Street.
– *STBS :* Union Square, Stockton et Post. ☎ 433-STBS. Ouvert du mardi au jeudi de 12 h à 17 h 30, vendredi et samedi de 12 h à 20 h. Tickets de théâtre à moitié prix pour le jour même.

Change

– *A l'aéroport :* ouvert de 7 h à 23 h. ☎ 876-7055.
– *Foreign Exchange Ltd :* 415 Stockton Street, à la hauteur de Sutter Street. ☎ 397-4700. Ouvert de 8 h 30 à 17 h en semaine (9 h à 13 h 30 le samedi).
– *Bank of America :* 555 California Street. ☎ 622-2748. Pour obtenir du liquide sur présentation de la carte VISA. Mais les autres banques le font aussi.
– *Foreign Currency Exchange :* 345 Montgomery Street. ☎ 622-2451. Ouvert de 9 h à 16 h. Vendredi 18 h. Samedi 9 h-13 h. Fermé le dimanche.
– *American Express :* 237 Post Street. A proximité de Union Square. ☎ 981-5533. Ouvert de 9 h à 17 h 30 (jusqu'à 16 h 30 le samedi).
– *Bank of the West* (filiale de la BNP) : 130 Montgomery Street.
– *Macy's California :* Stockton et O'Farrell. 4ᵉ étage. ☎ 397-3333. Ouvert de 9 h 30 à 21 h du lundi au vendredi. De 9 h 30 à 18 h 30 le samedi et de 11 h à 18 h le dimanche.

Journaux

– *The San Francisco Examiner :* un journal qui donne le vendredi tous les événements, spectacles, manifs de la semaine à San Francisco et aux alentours.
– *The San Francisco Chronicle :* le dimanche, il renferme le *datebook*, c'est-à-dire tous les films de la semaine, les pièces de théâtre, concerts, etc.
– *Visitor News :* mensuel gratuit qui donne la liste des expositions, cinémas, théâtres, une carte de San Francisco, les sports...
– *The Bay Area Reporter* et *San Francisco Sentinel :* également deux hebdos homos. On les trouve gratuitement dans certaines boutiques de vêtements (notamment sur Haight Street).
– *The Bay Times :* intéressant canard d'infos homo et bisexuel.
– *Visitors Guide :* journal gratuit indiquant tout ce qui bouge à S.F. Au départ du *cable-car*, sur California Street ou au Ghirardelli Square, à Fisherman's Wharf.
– *The San Francisco Bay Guardian :* journal gratuit, genre gauche branchée. A l'entrée de certains bars, restos ; des commentaires sur les restos, magasins, etc. Coupons de réduction. Dans des distributeurs ou chez les commerçants.

96 LA CALIFORNIE

– *The Spectator* : intéressant pour ses petites annonces démentes.
– *Travelhost* et *Key* : là aussi, deux hebdos gratuits qu'on trouve dans tous les hôtels.

Transports intervilles

– *Greyhound :* 425 Mission Street. Entre Fremont Street et 1st Street. A quelques blocs de Downtown. ☎ 558-6789. Ouvert 24 h sur 24. Consigne.
– *Amtrak :* Transbay Terminal, 1st et Mission Streets. ☎ 872-7245. Service quotidien pour Los Angeles, San Diego, Portland et Seattle. Également pour Merced (Yosemite), Fresno, etc.
– *Blue Goose Backpacker Tours :* 1180 Folsom Street. ☎ 255-0468. Fax : 241-0415. Dans l'A.J. privée. Tous transports en minibus et intervilles. En ce regroupant, prix intéressants. Même compagnie à Flagstaff (Arizona). ☎ 1-800-332-1944.
– *Green Tortoise :* angle 1st Street et Natoma Street. ☎ 821-0803. Numéro gratuit en dehors de la Californie : 1-800-227-4766. Compagnie de bus *alternative*. Vieux bus mais bons chauffeurs. Liaisons notamment sur L.A., Seattle (2 fois par semaine), Yosemite (tous les week-ends), New York et Boston. Également : nord de la Californie, Grand Canyon, Alaska, les parcs nationaux, plus, en hiver, la Baja California, etc. Bon moyen de faire connaissance. On dort dans le bus. Musique. Consigne dans le terminal.
– *Continental Rent-a-Car :* 404 O' Farrell Street. ☎ 441-1771. Fax : 441-4618. Assez intéressant. *Return* obligatoire. Location aux moins de 25 ans.
– *A One Rent-a-Car :* 434 O'Farrell Street. ☎ 771-3977. Ouvert de 8 h à 18 h (17 h le week-end). En principe, location aux moins de 25 ans. Pas de kilométrage illimité. Obligation de ramener le véhicule à San Francisco.
– *Automated Auto Transport International, IWC AAA. :* 1300 Bayshore Boulevard, Suite 199, Burlingame, CA 94010. ☎ 342-9611. Appeler au moins 8 jours avant. Dans la banlieue sud de San Francisco. Une adresse de *drive-away* très sympa.
– *National Car Rental,* System INC : 550 O'Farrell Street. ☎ 474-5300. On peut louer une voiture pour traverser d'autres États que la Californie, ce qui n'est pas toujours possible avec d'autres compagnies.
– *Dollar :* 364 O'Farrell Street. ☎ 771-5300. Avoir 21 ans minimum. Kilométrage illimité.

Transports urbains

– Pour circuler dans S.F. le **fast pass** permet le libre accès au métro (BART), *cable-car,* bus, pour une somme vite amortie. Valable un mois calendaire. Sinon, abonnement touristique valable pour la journée, à la semaine et au mois. On peut l'acheter aux machines des terminus de chaque ligne de *cable-car.*
– *Les cable-cars :* c'est comme un baiser sans moustache, San Francisco sans ses *cable-cars* perd beaucoup de sa saveur. Ce n'est d'ailleurs pas un hasard s'ils constituent le seul monument au monde classé historique qui soit mobile. Et de plus, cocorico, les rails des *cable-cars* sont français (groupe Sacilor). Merci pour le client. Chaque voiture s'accroche à l'aide d'un grappin (*grip*) à un câble d'acier sans fin circulant dans une gorge ménagée dans le sol entre les rails, et se laisse glisser le long de la pente qui atteint 21 %.
Avec un billet, on a le droit de changer de ligne. Il faut alors demander au receveur un *transfer.*
Il existe un musée de la machinerie utilisée pour le fonctionnement de tous les *cable-cars* de la ville. Il est situé 1201 Mason Street, près de Washington Street. Gratuit.
Il y a eu, certes, un accident consécutif à la rupture de freins, mais l'une des voyageuses a pu obtenir en dédommagement un nombre respectable de milliers de dollars. Elle a apporté au tribunal la preuve que le sinistre avait engendré chez elle une nymphomanie chronique. On n'a pas son adresse.
– *Le BART* (métro) : assez récent et confortable (moquette). ☎ 788-BART ou 464-6000. Ouvert du lundi au vendredi de 4 h à minuit (6 h le samedi et 8 h le dimanche). Utile pour se rendre de l'aéroport d'Oakland au centre de San Francisco (Downtown). Prenez un bus entre la station de métro et l'aéroport.
Pour aller à Berkeley, on peut aussi prendre le bus F de Transbay Transit Terminal, qui va sur University Avenue.
Dans de nombreuses stations ont été installés des micro-ordinateurs qui donnent de multiples renseignements sur les transports, la météo, les spec-

SAN FRANCISCO / OÙ DORMIR ?

tacles, etc. Possibilité de mettre son vélo sur le BART en dehors des *rush hours* et toute la journée les week-ends. Demander un permis. ☎ 464-7133.
– *Les bus* qui desservent la *Bay Area* (Berkeley, Oakland) ont un terminus sur Mission Street, près d'Embarcadero. Moins chers que le BART, vont plus loin et roulent jusqu'à 2 h du matin. ☎ 839-2882.
– Transports en commun *MUNI* : les transferts sont valables pour deux parcours pendant 1 h 30. ☎ 673-MUNI.
– Tous les bus *Golden Gate Transit* (vers Sausalito, San Rafael, etc.) s'arrêtent à l'angle de Market Street et 7th Street North. ☎ 332-6600.

A vélo ou à scooter

Pour les scooters, le permis de conduire est obligatoire.
– *MacCall's Motorscooter/Motorcycle :* 112 Gough Street. ☎ 861-5582. Il faut impérativement téléphoner avant. Sinon, quand on arrive, on trouve porte close.
– *Avenue Cyclery :* 756 Stanyan Street. ☎ 387-3155.
– *Rent-a-bike :* 640 Stanyan Street. ☎ 751-4100.

Où dormir ?

Les AJ privées, YMCA et AJ « officielles »

■ *European Guest-House :* 761 Minna Street. ☎ 861-6634. Petite rue au sud de Market et Mission Streets, entre 8th et 9th Streets. Proche du centre à pied. Grande maison particulière récemment rénovée avec dortoirs, chambres pour 4, et pour couple, cuisine bien équipée. Terrasse et sundeck vraiment agréable. Bien entendu, pas de couvre-feu. Possibilité de laver son linge. Lockers. Caractéristique particulière : toute l'électronique et l'informatique au service du confort et de la sécurité.
■ *The S.F. International Student Center :* 1188 Folsom. ☎ 255-8800. Fax : 241-1515. Toute nouvelle A.J. privée. Excellent confort. Même direction que European Guest-House. Au rez-de-chaussée, une boîte (pas beaucoup d'efforts donc pour rentrer à la maison !).
■ *International Guest-House :* 2976 23rd Street. ☎ 641-1411. Pas vraiment dans le centre, mais raisonnablement accessible. Situé dans un quartier populaire à majorité mexicaine, au sud de South of Market (Mission District). Voici une adresse qui intéressera ceux (celles) qui aiment les points de chute hors des sentiers battus tout en se retrouvant insérés dans le vrai tissu social d'une ville. De plus, c'est une belle demeure victorienne, rénovée avec beaucoup de goût. Chaleureux décor et ameublement intérieur. Séjour minimum de cinq jours. En effet, le patron de l'AJ souhaite que sa maison soit d'abord un lieu de rencontre et d'échange. En outre, ici, les hôtes apprécient avant tout ceux qui font preuve de sociabilité. Ne pas manquer de réserver ou de téléphoner avant de s'y rendre. Pas de surpopulation. Il règne donc une saine atmosphère, ce qui, allié au confort de la maison, rend le séjour vraiment très agréable. Petits dortoirs de 4 personnes. Un peu moins cher à partir de 10 jours. Fourniture des draps. Chambres pour couples. Deux belles cuisines fort bien équipées. Télé (avec 36 chaînes !), système de téléphone très pratique, excellentes infos de la part du manager. Bref, une de nos meilleures adresses.
■ *Globe Hostel :* 10 Hallam Place. Donne sur Folsom. ☎ 431-0540. Entre 7th et 8th Streets. Bien situé. Ouvert 24 h sur 24. AJ privée du même groupe que le Venice Beach Cotel à L.A. Assez propre. Chambres de 4 avec salle de bains. Cafétéria agréable, petits coffres, café gratuit. Atmosphère assez sympa. Style un peu plus routard, moins informatisé que European Guest-House.
■ *San Francisco 18th Guest-House :* 3930 18th Street. ☎ 255-0644. Situé au sud de Castro, dans Noe Valley, un quartier résidentiel particulièrement vivant et agréable. Pour s'y rendre, depuis Amtrak et Greyhound Bus Terminal, marcher jusqu'à Market Street et prendre le bus n° 8 jusqu'à Noe Street. Sinon, le métro (« J » Church Line) et descendre à 18th Street. Grande maison particulière de style edwardien transformée en petite guest-house. Les patrons, vraiment charmants, ont pas mal roulé leur bosse et ont insufflé à leur logis une chaleureuse atmosphère. Cuisine équipée, petite bibliothèque, chambres pour couples.
■ *San Francisco Central YMCA :* 220 Golden Gate Avenue. ☎ 885-0460. Pour les inconditionnels des « Ouaï » (YMCA). Extrêmement impersonnel

98 LA CALIFORNIE

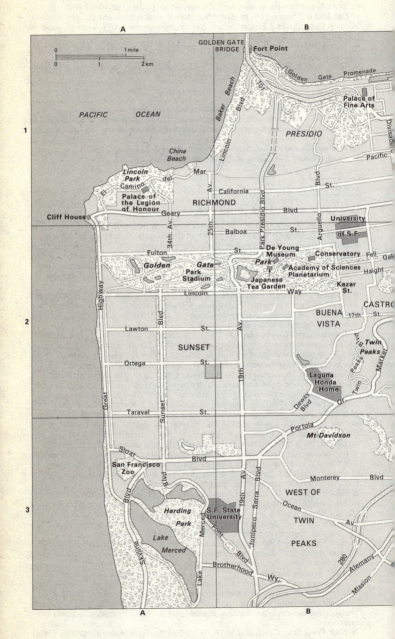

SAN FRANCISCO

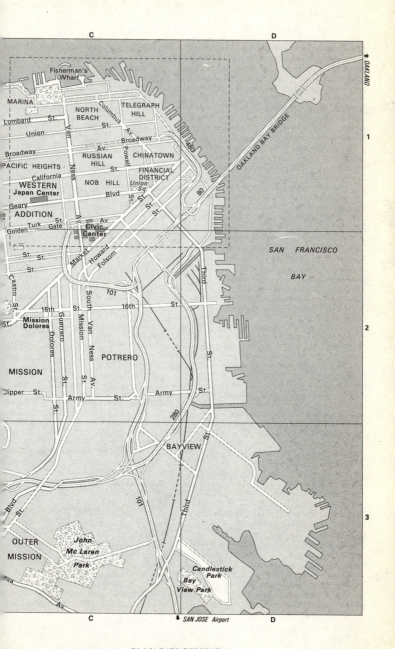

PLAN D'ENSEMBLE

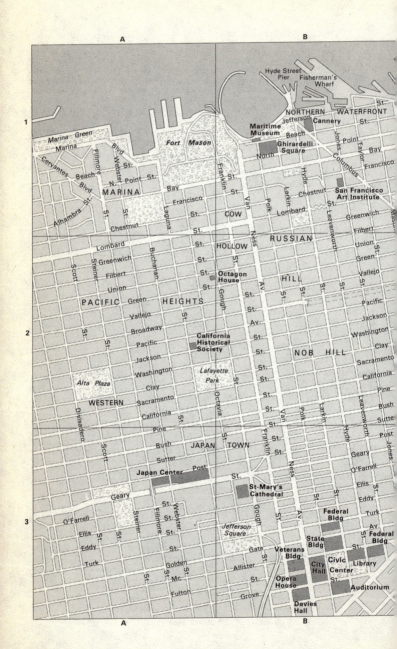

SAN FRANCISCO

SAN FRANCISCO / DOWNTOWN 101

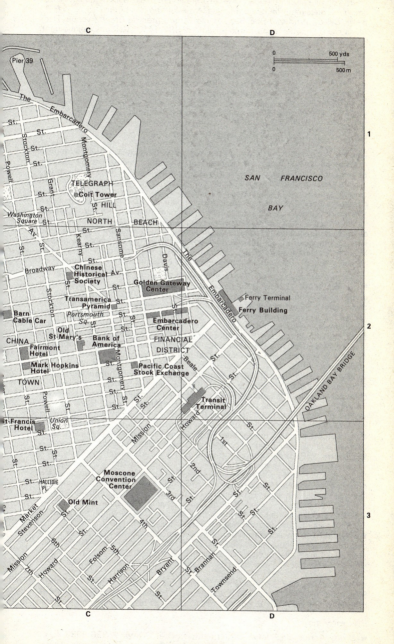

DOWNTOWN

102 LA CALIFORNIE

(même un peu flippant). Quartier et environnement assez durs. A quelques dollars près, quasiment le même prix que le meilleur de nos hôtels.
- *YMCA Chinatown :* 855 Sacramento Street, près de Grant Avenue. Dans Chinatown. Quartier encore intéressant. ☎ 982-4412. Garçons uniquement. Beaucoup d'Asiatiques. D'ailleurs, même l'entrée ressemble à une pagode. Touristes étrangers bienvenus. Chambres doubles avec ou sans bains. Cadre, couloirs, décor des chambres, atmosphère très austère cependant. Piscine et gymnase gratuits.
- *Hostelling International (Youth Hostel) :* 312 Mason Street (Union Square). ☎ 788-5604. Fax : 788-3023. Toute nouvelle AJ officielle en plein Downtown. Environ 175 lits dans des chambres de 2 ou 3 personnes. Lockers et cuisine aménagée. Ouvert 24 h sur 24. Seul point noir : accueil peu sympa. Des lecteurs nous l'ont confirmé.

Hôtels pas chers dans le centre

Le centre, c'est « Tenderloin », un quartier en pleine recomposition, comme la majeure partie des Downtown. Certaines rues sont cependant pour quelque temps encore le rendez-vous des *street people* (clochards, dans le jargon des villes). Vision pathétique, mais il faut savoir que les *street people* ne sont en général pas dangereux. Ce sont des laissés-pour-compte de la crise économique, comme chez nous. Très impressionnant aux USA bien sûr, car ils se concentrent beaucoup plus, se limitant à quelques rues et carrefours. Certains lecteurs(trices) s'en trouveront avec raison gênés. Les autres découvriront avant tout les qualités habituelles du Downtown, son animation la journée, son intéressante position centrale. Tous découvriront en tout cas qu'on peut aussi aborder le quartier par le haut... Comme dit Paul, le patron du Verona : « Les choses bougent, ce Tenderloin ne tardera pas à se transformer en " sirloin " ! »
- *Verona Albergo Hotel :* 317 Leavenworth Street (et Eddy). ☎ 771-42-42. N° gratuit : (800) 422-3646. On ne peut pas plus central. Situé dans Downtown entre Union Square et le Civic Center. Hôtel datant de 1908, qui a été entièrement rénové dans le style initial. Le proprio est d'ailleurs l'un des artisans du *revival* du vieux centre et veille personnellement à la qualité des prestations. Quelques chambres pour 4 et pour familles. Télé couleur, téléphone direct, café offert gracieusement, etc. Bonne atmosphère. Quartier pas très fréquenté le soir (notion éminemment subjective bien sûr !). Loue également des appartements à la semaine, à la quinzaine ou au mois. L'un de nos meilleurs rapports qualité-prix !
- *The Adelaide Inn :* 5 Isadora Duncan. Petite impasse donnant sur Taylor Street (entre Post et Geary). ☎ 441-2261. Bien situé également. Conviendra à ceux qui apprécient les atmosphères familiales et tranquilles. Cadre assez vieillot cependant, mais dans l'ensemble bien tenu. Mêmes prix que le Verona.
- *The Garland Hotel :* 505 O'Farrell Street. ☎ 771-0525. Vient d'être repris par un jeune manager. Le hall, un peu vide, n'apparaît pas très séduisant. Pourtant, chambres très correctes, bien tenues dans l'ensemble et parmi les moins chères de la ville. Du Terminal Greyhound, bus 38 jusqu'à Jones et Geary.
- *Obrero :* 1208 Stockton Street (donne sur Pacific Avenue), dans Chinatown. ☎ 989-3960. Une gentille petite pension à l'ambiance familiale fort sympathique. Ancien hôtel pour les immigrants basques qui allaient être bergers. Une douzaine de chambres claires (et no smoking). Salle de bains commune à l'étage. La salle à manger est tout un poème (décor mi-rustique, mi-artiste), et Bambi, la propriétaire, aussi... Petit déjeuner copieux. Possibilité de dîner (mais à 18 h 30). Bons petits plats basques pour la plupart. Réservation très conseillée. Chèques de voyage acceptés, mais pas de cartes de crédit.
- *Pensione Internazionale :* 875 Post Street. ☎ 775-3344. Façade engageante, mais intérieur plus vieillot. Chambres au rez-de-chaussée un peu sombres. Celles des étages sont acceptables. Valable si tous les hôtels précédents sont pleins. Petit déjeuner continental compris. Les « standard » ne sont pas chères.
- *Hotel One :* 587 Eddy Street (et Larkin). ☎ 775-5934. Fax : 775-5666. Situé dans le coin du Civic Center. Chambres avec salle de bains bien tenues et bon marché. Petit déjeuner compris. Télé couleur et téléphone direct.

Prix moyens

- *Brady Acres :* 649 Jones Street (entre Post et Geary). ☎ 929-8033. Fax : 441-8033. Fort bien situé (6 à 7 blocs de Chinatown, Civic Center, Union

Square). Petit immeuble de charme. Deborah Brady, absolument adorable, tient sa maison avec une méticulosité extrême. Chambres meublées de façon coquette, chacune possédant sa personnalité. Très confortables (la plupart avec bar, réfrigérateur, micro-ondes, télé, cassette player, téléphone privé, appels locaux gratuits, etc.). Compter 400 F la double. Possibilité de laver et sécher son linge. Prix à la semaine et au mois très intéressants. En prime, bonnes infos sur la ville. Notre meilleure adresse dans cette catégorie.

Pour ceux séjournant quelque temps, Brady Acres propose, en outre, sur Pacific Heights, une très belle villa à louer. Deux chambres, cuisine superbement équipée, cheminées, lingerie fournie, élégant ameublement. A partir de 6 000 F la semaine ou 900 F par jour. Se renseigner auprès de Deborah.

■ *Sheehan Hotel :* 620 Sutter Street (entre Taylor et Mason). ☎ 775-6500. Fax : 775-3271. Réservations : ☎ 1 (800) 848-1529. Ancien hôtel de standing superbement rénové et proposant une palette de prix très intéressantes. Décoration intérieure de fort bon goût, couleurs fraîches, joli mobilier. « Twin economy » à prix vraiment intéressant (environ 340 F). Petit déjeuner continental compris. Belle piscine et salle de gym gratuites.

■ *Grant Plaza Hotel :* 465 Grant Avenue (entre Pine et Bush). ☎ 434-3883. Numéro gratuit : 1 (800) 472-6899. Fax : 434-3886. Hôtel correct à deux pas de la Chinatown Gateway. Quartier animé. Chambres doubles aux environs de 300 F.

Hôtels à la semaine et au mois

Voici quelques établissements proposant des chambres à la semaine et au mois à prix fort intéressants. Tous relativement proches du centre. Par ordre de préférence :

■ *Monroe Residence Club :* 1870 Sacramento Street. ☎ 474-6200. Situé entre Van Ness et Franklin. Bâtiment historique qui survécut au tremblement de terre de 1906 sans une égratignure tant il avait été bien construit. Luxueux décor intérieur de boiseries sculptées (la plupart des bois vinrent d'Europe, via le cap Horn !). Bref, l'ensemble possède bien du charme. Grandes chambres (single ou double avec ou sans salle de bains) remarquablement tenues. Possibilité de petit déjeuner et dîner. Réservation avec 25 $ d'arrhes (conseillée en été). Terrasse pour bronzer.

■ *The Kenmore Residence Club :* 1570 Sutter Street. ☎ 776-5815. Fax : 776-9659. Autre bonne adresse. Chambres spacieuses et confortables. Mêmes prix que le Monroe.

■ *The Harcourt Residence Club :* 1105 Larkin Street. ☎ 673-7720. Même principe que les adresses précédentes. Moins de charme, mais reste très correct et un peu moins cher. Engagé dans un processus de rénovation. Sundeck sur le toit.

■ *Baker Acres :* 2201 Baker Street. ☎ 921-3088. Situé dans Pacific Heights, quartier résidentiel chic. Pour s'y rendre bus n° 3 Jackson (arrêt devant Baker Acres). Chambres à la semaine. Correct. Calme. La gérante parle le français.

■ *Gaylord Hotel :* 620 Jones Street (entre Post et Geary). ☎ 673-8445. A trois blocs de Union Square. Location de grands et petits studios bien équipés, uniquement à la semaine ou au mois. Curieuse décoration intérieure, mélange de kitsch et d'Arts déco.

Bon marché à prix moyens hors du centre

■ *American Hostelling (Youth Hostel) :* à Fort Mason (Building 240). Entrée à l'angle de Bay Street et Franklin Street. ☎ 771-7277. Attention, l'AJ est fermée de 14 h à 16 h 30. Arrivez entre 6 h et 7 h en été, si vous voulez avoir un lit. Du terminal Greyhound, prendre le MUNI bus 42 sur Market Street. Magnifique situation face à la baie de San Francisco, avec un grand parc tout autour. Installations impeccables et possibilité de faire sa cuisine. Consigne, parking gratuit. Trois nuits maximum. Ambiance assez boy-scout toutefois, et les corvées sont obligatoires. A quelques minutes à pied, à Fisherman's Wharf, le *cable-car* vous conduit au centre ville.

■ *Van Ness Motel :* 2850 Van Ness Avenue (entre Lombard et Chestnut). ☎ 776-3220. Pour ceux qui souhaiteraient résider pas loin de Fisherman's Wharf. Motel moderne sans charme particulier, mais chambres spacieuses, confortables (grands lits) et fort bien tenues par un couple français originaire de la vallée d'Ossau en Béarn. Excellent accueil. Un des moins chers du quartier

Van Ness-Lombard. Télé couleur. Petit déjeuner compris. Réduction pour nos lecteurs.
■ *Nombreux autres motels* sur *Van Ness Avenue,* à la hauteur de Union Street. Pratique pour ceux qui disposent d'une voiture.

Plus chic

■ *San Remo Hotel :* 2237 Mason Street. ☎ 776-8688. Fax : 776-2811. Dans le pittoresque quartier de North Beach, à deux pas du *cable-car,* à 4 blocs de Fisherman's Wharf et de Telegraph Hill. Hôtel de charme de style italo-victorien datant de 1906 et qui a conservé une atmosphère délicieusement *old-fashioned.* Chambres avec lits de cuivre, meubles et objets anciens. Salles de bains à l'extérieur (pleines de charme aussi). Forfait à la semaine. Une de nos adresses préférées.
■ *The Ansonia Hotel :* 711 Post Street. ☎ 673-2670 et 673-7232. Fax : 673-9217. Numéro gratuit : 1 (800) 221-6470. Pas très loin de Union Square. Très bien. Le moins cher des petits hôtels de standing. Prix très intéressants à la semaine. Au sous-sol, la salle à manger, la télé, machines à laver et à sécher le linge. Petit déjeuner américain et dîner compris.
■ *Atherton Hotel :* 685 Ellis Street (entre Larkin et Jones). ☎ 474-5720. Fax : 771-2436. Numéro gratuit : 1 (800) 227-3608. Situé à côté du Civic Center. Grand hôtel agréable proposant charme et intimité tout à la fois. Bon accueil et confort correct. En général, jusqu'à fin mars, superbes prix d'hiver (à partir de 260 F la double et 320 F la triple par exemple !). Sachez en profiter !
■ *Alexander Inn :* 415 O'Farrell Street (Hyde et Taylor). A 3 blocs de Union Square. ☎ 928-6800. Numéro gratuit : 1 (800) 843-8709. Fax : 928-3354. Beau décor intérieur. Chambres très confortables. Téléphone direct, machine à café dans les chambres, gâteaux le matin. Bon rapport qualité-prix.
■ *Francisco Bay Hotel :* 1501 Lombard, à la hauteur de Franklin. ☎ 474-3030. Fax : 567-7082. Idéal pour visiter le centre ville à pied et se balader le long de la baie. Très grand confort. Tenu par un Français, Noël Frelicot, toujours prêt à vous renseigner ou à vous aider.
■ *The Vagabond Inn :* 2550 Van Ness Avenue. ☎ 776-7500. Fax : 776-5689. A l'angle de Filbert Street. Intéressera ceux qui veulent résider près de Fisherman's Wharf. Les chambres du 5ᵉ étage ont une jolie vue sur le Golden Gate Bridge. Ne pas en prendre dans les étages les plus bas. Rue assez bruyante. Piscine et parking gratuits. Chambres avec air conditionné et TV couleur. Impeccable. Resto ouvert 24 h sur 24 au rez-de-chaussée. Possibilité de réserver à Paris auprès de *Discover America Marketing :* 85, avenue Émile-Zola, 75015 Paris. ☎ 45-77-10-74.

Encore plus chic

■ *The Red Victorian Bed and Breakfast :* 1665 Haight Street. ☎ 864-1978. Au cœur de l'ancien quartier hippie, aujourd'hui quartier des artistes et de la bohème de luxe, un étonnant B & B au caractère insolite et au charme incroyable. La propriétaire, Sami Sunchild, artiste elle-même, a eu la riche idée de créer ce B & B au-dessus de son global Village Bazaar. Outre son accueil hors pair, la patronne a décoré d'une façon très personnalisée ses 18 chambres. On a quasiment envie de dormir dans toutes. Ah, la « Flower Child Room » pour les grandes nuits d'amour, la « Rose Garden » pour les bucoliques, la « Gigi's », la « Japanese Tea Garden », la « Sunshine » et son miroir magique, la « Peace Room », etc. Toute la demeure est une véritable explosion de couleurs, de bon goût, de gentillesse. Chambres avec ou sans salle de bains privée à 390 F (la « Butterfly »), à 450 F (la « Summer of Love Room »), à 480, 600 et 750 F (très copieux petit déjeuner et *afternoon tea* compris). Les plus fortunés de nos lecteurs se doivent même de choisir de suite la « Redwood Forest » ou, mieux, la « Peacock Suite », la plus folle, la plus excentrique des chambres (et aussi la plus chère, bien sûr !). Le week-end, minimum deux nuits. *Attention, no smoking* B & B !
■ *The Washington Square Inn :* 1660 Stockton Street. ☎ 981-4220. Numéro gratuit : 1 (800) 388-0220. Petit hôtel de grand charme, fort bien situé à l'intersection de North Beach et Telegraph Hill. Il surplombe le Washington Square Park. Beau lobby avec cheminée. Toutes les chambres ont été décorées de façon exquise avec des meubles anciens anglais ou français. Élégants tissus. Excellent confort et fleurs fraîches. Copieux petit déjeuner et *afternoon tea* avec gâteaux. Bon accueil et atmosphère chaleureuse. Chambres de 550 à 1 000 F

pour deux (premiers prix avec salle de bains à l'extérieur). Bref, un petit luxe abordable !

Beaucoup plus chic

- **The Mansion Hotel :** 2220 Sacramento Street. ☎ 929-9444. A la hauteur de Laguna Street (Pacific Heights). Une superbe maison victorienne tenue admirablement par Claudia, la maîtresse des lieux. Un véritable nid pour amoureux : petit déjeuner au lit, fleurs dans les chambres. Concerts de musique classique le soir, salle de billard. Certaines chambres disposent d'une cheminée ou d'une petite terrasse. *Sophisticated*. Pour le prix d'un 3 étoiles.
- **The Majestic :** 1500 Sutter Street, à l'angle de Gough Street. ☎ 441-1100. N° gratuit : (800) 824-0094. Construit en 1902, l'hôtel a résisté au tremblement de terre. Magnifiquement situé en haut d'une colline, le Majestic est à la fois dans le centre et éloigné du bruit et de la pollution. Superbe *lobby*. Chambres avec radio, TV couleur, téléphone direct et salle de bains. Meubles de style Empire (français ou anglais). La décoration et les tapisseries anciennes créent une atmosphère à la fois surannée et élégante. Prix d'un 3 étoiles (chambres les moins chères à partir de 650 F). Champagne californien gratuit et jardin sur le toit.

Camping

- **A. Chabot Campground :** super camping dans l'Anthony Chabot Regional Park, à 50 mn de San Francisco, déconseillé aux piétons. ☎ 531-9043 (camping) et 531-9300 (Post Office). D'avril à septembre, réservation recommandée au 392-7469. On dort au milieu d'une forêt d'eucalyptus et on en prend plein les narines. Vastes emplacements, douches chaudes, barbecue, lac, sentiers de balade... et un calme ! Après une rude journée dans Downtown, ça fait du bien de se griller un bon steak au feu de bois. Voilà la marche à suivre : de Downtown, prenez l'Oakland Bay Bridge, à la sortie du pont empruntez l'Interstate 580 et sortir à Redwood Road. 10 miles de virages et vous arrivez à l'entrée du parc. L'enregistrement ne peut se faire après 14 h mais, le portail fermant à 22 h, on peut s'installer entre 17 h et 22 h et s'inscrire le lendemain.

Où manger ?

DANS LE CENTRE, CHINATOWN ET FINANCIAL DISTRICT

Bon marché

- **Original Joe's :** 144 Taylor Street (et Eddy). ☎ 775-4877. Ouvert tous les jours de 10 h 30 à 1 h 30. Tenu par la même famille depuis 56 ans. Grand resto style cafétéria, au décor un peu vieillot, où la foule se presse le midi (employés, hommes d'affaires, yuppies fauchés qui connaissent bien les serveurs, c'est le grand melting-pot !). En effet, pour moins de 10 $, ici on se nourrit fort bien. Depuis l'ouverture, plus de 8 millions de clients ont été servis. Un signe supplémentaire : les serveurs et cuistots ont tous entre 10 et 40 ans de maison. Plat du jour copieux, grand choix de sandwiches (dont le célèbre *Joe's Hamburger*) et de pastas, bons steaks, etc. Sans oublier les *old favorites* et les *house specialities*...
- **Sam Lok :** 655 Jackson Street. ☎ 981-8988. Une des cuisines chinoises bon marché les plus fines. Cadre clean et agréable. Bien aéré. *Lunch special* pas cher du tout. Excellents *Specials* comme le *baked lobster*, le *spiced salt baked crab*, le *dry braised Flounder*. On va tirer le crabe directement de l'aquarium (cuisson originale). Longue carte et bon accueil.
- **Tommy's Joynt :** Van Ness Avenue, à l'angle de Geary Street. Ouvert tous les jours jusqu'à 2 h du matin. Un restaurant très connu des Américains. D'abord, la décoration est assez démente. Le patron a accroché aux murs et au plafond tout ce qu'il a pu y trouver : drapeaux, trophées sportifs, photos anciennes. Atmosphère chaleureuse, intime et colorée. Célèbre pour sa viande de *buffalo* (bison), animal élevé dans les grandes plaines de l'Ouest. Seul endroit de la ville où l'on peut en trouver *(buffalo chili* ou en *stew :* ragoût). On y trouve cette étonnante *steam beer* (bière à fermentation naturelle sans aucune adjonction de gaz carbonique) ainsi que toutes les bières du monde (de la Tsing-

tao chinoise à la Niksicko yougoslave en passant par la Aass de Norvège et la O.B. de Corée ; Steam et Hamm à la pression). Cuisine américano-italienne (*sweet and sour spare ribs, pasta of the day,* B.B.Q., etc.). Ne partez pas sans avoir mis 25 cents dans l'ancienne visionneuse : les photos présentent San Francisco juste après le tremblement de terre de 1906. Apocalyptique.
- *The Celadon :* 881 Clay Street (et Stockton). ☎ 982-1168. Au premier étage. Ouvert tous les jours jusqu'à 23 h. Grande salle peu décorée, beaucoup d'Asiatiques et très peu de touristes, c'est bon signe. Atmosphère un brin distinguée et ennuyeuse. Service stylé. Excellent *dim-sum* le midi et prix remarquablement raisonnables. En tête : les *rice noodles with shrimps,* les *che-bai-kai* et *Ji-bau-kai* (orthographe non garantie !).
- *Silver Restaurant :* 737 Washington Street. ☎ 433-8888. Ouvert 24 h sur 24. C'est la grande cantine. Nourriture pas d'une extrême finesse, mais la foule semble apprécier. Copieux, ça tient au corps et c'est vraiment pas cher. Un riz aux œufs et au bœuf se suffit à lui tout seul.
- *Vietman II :* 701 Larkin Street (et Ellis). ☎ 885-1274. Ouvert tous les jours de 10 h à minuit. D'abord, un mystère : pourquoi « Vietman II », puisqu'il n'y a jamais eu de « Vietnam I » ? Cadre un peu ringard, petite fontaine aux poissons rouges, tables tournantes, beaux panneaux de nacre, lumières parfois meurtrières. Vous arracherez rarement un sourire aux serveurs. Cuisine sino-vietnamienne. Réputé pour son excellent rapport qualité-prix et sa longue carte (170 plats !). Grosse proportion d'Asiatiques, un signe qui ne trompe pas ! Plats particulièrement copieux. Attention, on apporte tout en même temps. La *seafood* se distingue particulièrement pour sa fraîcheur. Délicieux *springrolls,* ainsi que le *five spice chicken,* le *barbecued squail,* le *combo B.B.Q. with noodles* (n° 78), le *curried goat stew* (n° 160).
- *Thai Stick :* 698 Post Street. ☎ 928-7730. Ouvert à midi en semaine, et le soir jusqu'à 22 h, vendredi et samedi 23 h. Cadre assez simple. Bien entendu « Thai Stick », c'est bien autre chose qu'une marque de cigarettes non agréée par la SEITA. C'est avant tout une bonne petite nourriture thaïe à prix vraiment modérés. Excellente réputation downtown pour sa régularité. Longue carte d'où émergent surtout la *seafood,* les *Chef's Specials,* les *curries* et les *clay pots.* Nombreux plats végétariens.
- *Dottie's True Blue Cafe :* 522 Jones Street (et Geary). ☎ 885-2767. Ouvert de 8 h à 14 h. Fermé le mercredi. Reconnu comme l'un des meilleurs endroits pour le petit déjeuner. Salle proprette. Atmosphère cosy et familiale. Bon accueil. Ici, c'est bien préparé et soigné. Goûter au *maple cornmeal,* aux *oatmeal raisin muffins,* aux *pancakes* aux fruits. Pour déjeuner, copieux sandwiches, *jack and pepper quesadilla,* salade Caesar. Attention, beaucoup de monde le dimanche matin, les quinze petites tables sont vite occupées.
- *Sears :* 437 Powell Street (et Sutter). ☎ Pour ceux habitant ou se baladant du coté de Union Square. 986-1160. Ouvert de 7 h à 14 h 30. Fermé lundi et mardi. Petit resto propret. Idéal pour le petit déjeuner. Réputé pour ses *pancakes,* ses prix modérés. A midi, cuisine traditionnelle, mais c'est moins leur truc !

Prix moyens à plus chic

- *Hard Rock Café :* 1699 Van Ness Avenue, à l'angle de Sacramento. Un peu décentré par rapport à Market. A une dizaine de blocs au nord au Civic Center. ☎ 885-1699. Ouvert de 11 h 30 à 23 h 30 (minuit vendredi et samedi). Certainement l'endroit le plus branché de la ville. Une salle gigantesque avec un tas d'objets hétéroclites : Vespa au plafond, Cadillac coupée en deux, guitares de rock-stars. Et tout le tra-la-la des autres Hard Rock Café à travers le monde ! A partir de 18 h, il y a toujours la queue. Entrée interdite aux moins de 21 ans.
- *New Delhi :* 160 Elis Street (entre Mason et Powell). Pas loin de Union Square. ☎ 397-8470. Ouvert tous les jours à midi et soir jusqu'à 22 h (21 h 30 le lundi). Très grande salle au décor chic et assez sobre tout à la fois. Tons bruns dominants et brique rouge, avec de curieuses colonnes corinthiennes. Bonnes spécialités : *tandoori, fish tikka, curry, chicken masala,* etc. Quelques vieilles recettes particulièrement soignées : *Kofta Shah Jahani* (boulettes d'agneau farcies, plats favori de Shah Jahan, constructeur du Taj Mahal) et le *murg Akbari* (qui avait les faveurs de l'empereur Akbar). Le midi, un menu pas cher ou un « buffet-lunch » (10 plats, avec salade et *nan*) pour moins de 10 $. Le soir jazz « live », de 21 h à 1 h (bar ouvert jusqu'à 2 h).
- *Golden Dragon :* 816 Washington Street (et Waverly). ☎ 398-3920. Ouvert de 9 h jusqu'à 23 h (minuit, vendredi et samedi). Un des restos chinois les plus

SAN FRANCISCO / OÙ MANGER ? 107

populaires. Décor agréable à dominante rouge et or. Fameux *dim-sum* le midi (les petits chariots qui naviguent à travers les tables). Plus de 27 choix. Menu spécial *dim-sum* le soir également autour de 10 $. Certains plats à la carte peuvent être un peu chers. Quelques spécialités : *Pearl* ou *Hunan Dinner*, *Supreme Dragon won ton noodles*, *Chow mein* (aux huit ingrédients).

- *Tadish Grill :* 240 California Street. ☎ 391-2373. Ouvert du lundi au vendredi midi et soir jusqu'à 21 h. Dans le Financial District, au milieu des buildings modernes, ce vieux resto détonne quelque peu. Existe depuis 1849 (le plus ancien de Californie). Le cadre actuel date des années 20. Grande salle peu décorée, avec d'immenses comptoirs. Quelques tables sur le côté. Pour une bonne nourriture à base de poisson et *seafood* (pour son petit côté monument historique aussi). Pas de réservation. Beaucoup de monde le midi. En revanche, à partir de 15 h, on peut se restaurer très tranquillement.

- *Corona Bar and Grill :* 88 Cyril Magnin Place, Union Square. ☎ 392-5500. Ouvert tous les jours de 11 h 30 à 22 h 30 (seulement le soir le dimanche). Conseillé de réserver le week-end. Cadre assez plaisant. Grande salle aux tons suaves, saumon, roses, avec plantes vertes. Clientèle et atmosphère tout à la fois sophistiquée et relax. Possibilité de se restaurer au comptoir à toute heure. Cuisine qualifiée ici d'*interpretative mexican*. A côté des classiques *quesadillas*, *enchiladas*, *tacos* et autres, quelques plats élaborés comme les *steamed clams mariscada*, les *grilled spiced prawns*, *paella valenciana*, etc. Le midi, lunch à prix très modérés.

- *California Culinary Academy :* 625 Polk Street (et Turk). ☎ 1 (800) BAY-CHEF. Réservations : ☎ 771-3500. Ouvert du lundi au vendredi de 11 h 30 à 13 h 30 et de 18 h à 20 h 30. Eh oui, pourquoi ne pas manger dans l'une des plus fameuses écoles de cuisine de Californie. Vous aimerez d'ailleurs le cadre rétro de la *Careme Room*, salle immense (ancien théâtre) où l'on voit même les cours se dérouler derrière une grande glace (de même que la cuisine). Tables bien séparées, atmosphère feutrée, parfois un brin austère. Ici, on accepte les règles du jeu : les plats peuvent être sublimes, tout simplement corrects, parfois médiocres. Mais il y a le plus souvent de bonnes surprises (d'autant plus que les « élèves » sont parfois des chefs déjà en activité). Plusieurs formules : l'*Academy Grill* au sous-sol (menu classique le midi et italien le soir). Le vendredi soir *Prime Rib Buffet*. *Le Cyril's*, cuisine à dominante italienne (à midi seulement) et la *Careme Room* proposant une cuisine contemporaine classique. Le grand jour est le vendredi avec un buffet géant midi et soir. Réservation obligatoire.

L'occasion de goûter à des plats vraiment élaborés. Celui du soir particulièrement couru. Pour le buffet, compter 150 F par personne.

Encore plus chic

- *Postrio :* 545 Post Street (et Taylor). A deux blocs de Union Square. ☎ 776-7825. Ouvert tous les jours de 7 h à minuit. L'un des restaurants les plus sophistiqués de San Francisco. Il faut dire que le lieu est remarquable. Établi sur trois niveaux, bénéficiant de volumes exceptionnels et d'un décor vraiment réussi. Résolument moderne, mais ayant su subtilement intégré des éléments d'art ancien (un zeste d'Arts déco, une pointe d'art nouveau, saupoudré de kitsch) qui lui donne un côté frais et chaleureux tout à la fois. Il faut noter les dessins du pavement du sol en marbre se prolongeant sur la moquette des escaliers. Plantes vertes, fleurs fraîches, beaux tableaux apportent des tons supplémentaires. Clientèle chic, chic, mais curieusement atmosphère pas guindée. Le bar est l'un des rendez-vous les plus « chauds » des *yuppies*. Et pourtant, y déguster leurs *antipasti* et savoureuses pizzas avec un verre de vin ne commet guère d'attentat au portefeuille. Bien sûr, en salle, il en est autrement, mais le rapport qualité-prix se révèle de toute façon superbe. Belle cuisine californienne avec des grands élans inspirés. Hors-d'œuvre copieux comme les blinis géants au saumon fumé, *sour cream* et caviar de saumon, les *crab cakes* sautés, le *home smoked sturgeon*, les *pastas*, etc. Quelques plats : *sweet and spicy scallops* (coquilles Saint-Jacques) *with fennel and red pepper*, le *roasted dungeness crab*, le *mandarin style wolfe ranch quail* aux oranges (caille), etc. Seule petite ombre au tableau : service parfois un peu longuet, mais personnel dans l'ensemble aimable et souriant. Petit déjeuner en semaine et *brunch* dominical somptueux.

- *Stars :* 150 Redwood Alley (McAllister et Golden Gate). Dans le Civic Center. ☎ 861-7827. Ouvert à midi en semaine et tous les soirs jusqu'à 23 h. Le grand concurrent de Postrio sur la scène san-franciscaine. Un certain avantage sur le terrain du « Voir et être vu » : ici, quasiment tout le monde est en représentation. Moins de branchés, plus d'industriels et de politiciens. On mange assez souvent au champagne et on passe ostensiblement entre les rangs pour être interpellé. Échanges de vues de convenance et de *business cards* (pendant que les mets refroidissent dans les assiettes)... Un restaurateur français nous a avoué avoir été déconcerté par cela au début. Immense salle incroyablement sonore et bruyante. Pourquoi payer si cher pour souffrir ? Trêve de plaisanteries : la cuisine y est également fameuse et quelques clients viennent d'ailleurs exclusivement dans ce but. Décor composé de grandes affiches (une de la Coupole dont Stars se rapproche, en plus *trendy*), photos souvenir, peintures. Piano-bar. Possibilité de se restaurer au comptoir. Réservation quasi obligatoire. Carte un peu courte. Réputée pour ses copieuses salades dont la *Star Route Farms garden salad*, le *Hawaiian tuna tartare*, etc. A midi, lunch abordable. Le soir, deux fois plus cher. Beaucoup de grillades : *mahi-mahi*, caille, filet de bœuf, *barbecued tuna*. Superbes desserts : *Devil's food cake, chocolate Paradise, Warm pecan Napoleon*... Vins chers, à part un petit chianti classico dans un coin, vraiment doux et fruité. Attenant à la grande salle, le **Star Café**, annexe pour se restaurer plus intimement, plus rapidement aussi, loin des mondanités. C'est tout aussi bon et bien moins cher.

- **Janot's :** 44 Campton Place (ruelle au sud de Sutter, entre Stockton et Grant). ☎ 392-5373. Ouvert à midi et le soir jusqu'à 22 h 30. Réservation très recommandée. Bon accueil du patron dont les clients apprécient beaucoup la *french touch* et l'affabilité. Cadre frais et agréable (brique, plantes vertes). Cuisine française de bonne réputation et prix pas trop prohibitifs. Pas mal de grillades (côtes d'agneau, steak, saumon), cassoulet de crevettes et coquilles Saint-Jacques, filet de sole farci aux épinards, médaillons de veau sautés, etc.

Très chic

- **Trade Vic's :** 20 Cosmo Place (et Jones). Ruelle parallèle à Sutter Street. ☎ 776-2332. Ouvert à midi en semaine et le soir jusqu'à minuit. Grand restaurant qui tient une place à part dans la ville. Créé il y a plus de 40 ans, il a essaimé dans une douzaine de villes dans le monde et quelques villes américaines. Une espèce d'institution donc, contre vents et marées (tous les jeunes loups genre Postrio et Aqua). Propose depuis toujours une cuisine hawaiio-polynéso-asiatique, oscillant entre le sublime et le banal. Vaut surtout pour son cadre assez étonnant. On hésite tout d'abord entre le musée anthropologique et le restaurant. Entrée décorée de grandes statues primitives, canoës peints, fétiches, nombreux objets d'art, dessins, etc., au milieu de luxuriantes plantes vertes. Puis un vaste ensemble de corridors, salons, bar et salles à manger. L'une style bungalow colonial en bambou, musique youkoulili et atmosphère exotique. L'autre, genre salle 1re classe d'un vieux transatlantique, décorée de maquettes de bateaux, instruments de navigation, souvenirs de la mer. Cette dernière salle est très recherchée. Y obtenir une table n'est pas évident. Peut-être la clientèle la plus snob et guindée de la ville. Vous vous contenterez peut-être de déguster un *maï taï* (cocktail) dans l'agréable cadre du Boathouse Bar et de vous restaurer de quelques plats encore abordables : *crab rangoon, BBQ pork, bamboo skewered swordfish*, huîtres, etc. Pour ceux (celles) souhaitant séduire un(e) riche héritièr(e), dans la « salle à manger du paquebot », voici quelques extraits de la carte traditionnelle : le *mauna kea mahi-mahi* (thon hawaiien sauté à la vanille), *tahitian swordfish dali dali* (espadon à la coriandre et à la papaye), *polynesian filet of beef, Cook Island lamb chops*, nombreux *curries*.

- **Aqua :** 252 California Street (entre Front et Battery). ☎ 956-9662. Ouvert le midi en semaine et le soir jusqu'à 22 h (23 h vendredi et samedi). Fermé le dimanche. Réservation très recommandée. Ouvert fin 1991 par George Morrone, un jeune chef de 31 ans qui officia 3 ans au River's Café à New York. Il décida de se consacrer quasi exclusivement au poisson. Avec des idées bien arrêtées : bien connaître la façon dont les poissons ont été pêchés, la qualité de leur acheminement, les producteurs de légumes, etc. Concernant la cuisson, le poisson est préparé *whole bone* parce que, en filets, il perd trop de ses qualités. Recettes vraiment créatives. Pour l'accueil de la clientèle, un bel espace (ancienne banque), haut de plafond avec de grands miroirs, sol en marbre, des murs aux tons doux beige et saumon, d'immenses bouquets de fleurs fraîches pour apporter de la couleur. Long bar de près de 10 m. Bref, élégance et sobriété. Résultat : un succès immédiat et la foule des grands jours tous les soirs. Carte qui se renouvelle souvent. Vous ne les trouverez peut-être pas tous le jour de votre passage, mais voici les plats les plus populaires : *rack* ou *saddle of monkfish*, *sweetbreads with lobster ragout*; *grilled rainbow trout wrapped in Pancetta*, soufflé de saumon fumé maison, *lobster potato gnocchi*, médaillons de *Ahi tuna* (au foie gras), etc. En entrée, goûtez donc le *black mussel soufflé*. Beaux desserts. A midi, les prix sont presque acceptables. Profitez-en pour déguster l'espadon grillé à la Hawaii ou les coquilles Saint-Jacques aux petits oignons, tout en bénéficiant du superbe cadre et de la haute qualité de service.

DANS NORTH BEACH ET FISHERMAN'S WHARF

Bon marché à prix moyens

- *Little Joe :* 523 Broadway (et Columbus). ☎ 982-7639. Ouvert à midi et le soir jusqu'à 22 h 30 (vendredi et samedi 23 h, dimanche 22 h). Fermé le lundi. Espèce de grande cantine proposant de nombreux plats italiens. Cuisine pas particulièrement raffinée, mais portions consistantes. Tous les prix (plutôt modérés). Clientèle un peu plus branchée le soir.
- *US Restaurant :* 431 Columbus Avenue, à l'angle avec Stockton Street. ☎ 362-6251. Ouvert de 6 h à 21 h, seulement du mardi au samedi. Fermé la deuxième quinzaine de juillet. Très simple, tables en Formica, décor nul. Très fréquenté par les jeunes du coin. Cuisine abordable et sans prétention. Après 11 h, on sert le lunch. *Week Day Specials* (le vendredi, possibilité d'en combiner deux pour moins cher). Le samedi, *osso buco* maison. Bon *minestrone* les mardi, mercredi et samedi. Le vendredi, goûter aux petits calmars frits. Vins italiens au verre pas chers. Allez-y assez tôt pour éviter la queue.
- *House of Nanking :* 919 Kearn Street (entre Columbus et Jackson). ☎ 421-1429. Ouvert à midi et le soir jusqu'à 22 h 30. Pas difficile à repérer : au moins une queue de 10 personnes dehors. A l'intérieur, quelques tables dans une salle minuscule au décor nul. Vous nous direz « Qu'a-t-elle donc de particulier, cette adresse ? » C'est tout simplement le meilleur rapport qualité-prix de tous les restos chinois bon marché de la ville. Portions très copieuses, excellente cuisine, pour quelques dollars. Une raison suffisante, *isn't it !*.
- *Mels Drive Inn :* 2165 Lombart Street (et Fillmore). ☎ 921-3039. Ouvert de 6 h à 1 h (vendredi et samedi, à 3 h). Un vrai *dinner*, un des plus anciens de la ville. Avec ses chromes et Formica, les petits juke-boxes de la table, les vieilles photos aux murs. Panoplie habituelle des burgers, salades, des *special today*, des classiques comme le *chicken pot pie*, le *grandma's turkey meat loaf*, le *homemade chili*, le *seafood combination*, etc. Beaucoup de jeunes, ça va de soi. Bons *milk-shakes* et *sundaes* pour les mômes.
- *The Stinking Rose (a garlic Restaurant) :* 325 Columbus Avenue. ☎ 781-ROSE. Un amusant resto mettant l'ail à toutes les sauces, dans tous les plats (bons et originaux). Superbe décor. On y trouve même une glace à l'ail ! Pas un vampire n'ose fréquenter l'endroit....

Plus chic

- *Ciao :* 230 Jackson Street (Jackson Square). ☎ 982-9500. Ouvert de 11 h à minuit (le dimanche ouvre à 17 h). Très grande trattoria au décor sans tape-à-l'œil, carrelage blanc, *clean,* moderne, plaisant, comme pour mettre mieux en valeur la clientèle assez yuppie qui s'y presse. Pourtant atmosphère assez *casual,* pas du tout snob. Une mob accrochée au mur devient un objet d'art ! Les serveurs, tous italiens, font même montre d'une familiarité discrète, teintée d'humour. Ici, on découvre une cuisine italienne de qualité constante. Excellent *risotto del giorno, carpaccio, pasta* d'une extrême finesse (ah, les *fettuccine quattro formaggi !*), *mozzarella alla caprese, polenta con aglio arrosto*. Parfois, certains mois, cuisine d'une région à travers ses meilleures spécialités. Addition finalement moins élevée que le cadre et la clientèle ne le laissent supposer.
- *Fog City Dinner :* 1300 Battery Street. ☎ 982-2000. Ouvert de 11 h 30 à 23 h (vendredi et samedi, minuit). L'un des *dinners* les plus populaires de la ville. Décor années 40 élégant, clientèle assez distinguée, *upper middle class, yuppies*, mais atmosphère assez *casual, easy going*. Beaucoup de monde. Qualité constante lui assurant le succès depuis pas mal d'années désormais (réservation le week-end). Surtout, une carte avec un large éventail de prix (du très raisonnable à l'assez cher). Les *crabcakes* y sont fameux, les plats souvent imaginatifs ; bonne sélection de salades, *oyster bar*.

- *Scott's :* 2400 Lombart Street. ☎ 563-8988. Ouvert à midi et le soir jusqu'à 22 h 30 (week-end, 23 h). Une adresse traditionnelle pour poisson et fruits de mer depuis de nombreuses années et qui a rarement déçu. Cadre assez dépouillé. Quelques gravures de poissons et bateaux pour donner le ton. Bon accueil. Service correct. Excellentes spécialités comme le *fettuccine* avec moules et coquilles Saint-Jacques (ou saumon), truite au feu de bois fourrée aux champignons sauvages, calmars de la baie de Monterey grillés, coquilles Saint-Jacques sautées, *Scott's cioppino* avec poisson et coquillages. Délicieux *clam chowder*. A la carte des vins, presque exclusivement des blancs (normal !).
- *Prégo :* 2000 Union Street. ☎ 563-305. Ouvert tous les jours à midi et le soir jusqu'à minuit. Là aussi, cadre simple. L'attention se porte sur ce qu'on a dans l'assiette. Clientèle peu touristique. Cuisine italo-américaine de bonne réputation. Service efficace. Pizzas au feu de bois, *carpaccio, brodo di pesce,* pâtes maison, *agnoletti d'aragosta, tortellini alle melanzane,* etc.
- *Café Sport :* 574 Green Street, près de Columbus Avenue. ☎ 981-1251. Fermé dimanche et lundi. Ouvert à midi et le soir jusqu'à 22 h 30. Un invraisemblable restaurant de North Beach, dont les tables et chaises sont peintes ; les faïences et les peintures révèlent toute la grandeur de l'art kitsch napolitain. Méfiez-vous, les plats sont copieux. Spécialités de *pasta* bien sûr, *calamari, steamed mussels, melanzane,* etc. Assez cher. Arrivez tôt le soir pour avoir une chance de trouver une place. A reçu diverses distinctions pour la qualité des ses pâtes.
- *MacArthur Park :* 607 Front Street (Jackson Square). ☎ 398-5700. Ouvert dès 7 h pour le petit déjeuner, et pour le lunch du lundi au vendredi. Le soir, du lundi au samedi jusqu'à 22 h 30. Installé dans un ancien *warehouse* (entrepôt). Décor très californien (bien goût, couleurs avec un brin de sophistication). Alliance de brique, peintures modernes. Clientèle assez classe, très business people. A la sortie des bureaux, vers 17 h-18 h, rendez-vous des plus belles femmes du coin. Spécialité de *ribs* (pas trop données quand même, et la cuisine connaît parfois quelques sautes d'humeur). Viande et poisson grillés. Également sandwiches et salades. Au bar, vin au verre. Bons desserts maison.
- *McCormick et Kuleto's :* Ghirardelli Square, 900 North Point Street (coin de Beach et Larkin). ☎ 929-1730. Ouvert à midi et le soir jusqu'à 23 h. Très grande salle sur plusieurs niveaux. Cadre plaisant. Encore un restaurant réputé pour ses bons poissons et fruits de mer. Bon choix à la carte. Plats assez chers, bien sûr, mais possibilité de retrouver la même qualité et pour moins cher au *Crab Cake Lounge,* que, en fait, rien ne différencie du reste du restaurant (à part une carte plus courte et les prix). De même, dans un coin de la carte, on découvre un *lunch and lite* à mini-prix, servi une grande partie de la journée. Ne pas manquer le *McCormick's clam chowder,* le *dungeness crab louie,* la *petrale sole parmesan,* la brochette d'espadon, les *cajun fish tacos,* les *fettuccine* aux crevettes de roches et coquilles Saint-Jacques, etc. Belle carte des vins et vin au verre.

Très chic

- *Cypress Club :* 500 Jackson Street. ☎ 296-8555. Ouvert en 1992, le dernier-né des restos chic. Décor original assez sophistiqué comme il sied à toute nouvelle création désormais (colonnes inhabituelles et lampes énormes). Bar étonnant. Bien, succès immédiat pour sûr, mais trop tôt pour dire si ça tiendra la distance. Quelques aspects de la carte : le *sea bass and scallops in a fennel broth with arugula pesto,* le saumon à la coriandre, le *snapper* grillé, le lapin au cidre, le *loin of lamb* à la purée d'aubergines, etc.

DANS SOUTH MARKET

Appelé SOMA, ancien quartier industriel et d'entrepôts en pleine mutation. Aujourd'hui, celui des boîtes les plus *in.* Quelques vieux restos mexicains, mais surtout de nouvelles adresses, lieux insolites qui s'ouvrent chaque semaine. Au 1122 Folsom, à défaut de laver votre linge, ne manquez pas les burgers et les concerts de blues de Brainwash...

Bon marché à prix moyens

- *Brazilian Fruit Basket :* 104 7th Street. ☎ 626-6432. Ouvert du lundi au jeudi de 8 h 30 à 16 h. Vendredi et samedi de 8 h 30 à 22 h. Dimanche de

SAN FRANCISCO/OÙ MANGER ? 111

10 h 30 à 17 h. Dans un cadre assez simple, accueil à la brésilienne (c'est-à-dire vraiment chaleureux) et très bonne cuisine à prix vraiment modique. C'est l'un des restos préférés de Ruth, une bonne copine à nous. Patron parlant le français (a vécu un temps à Paris). A midi, on vous propose une mini *feijoada* (sinon, bonjours la sieste !), c'est le plat national brésilien. Puis, la *galinha assada con arroz* (poule aux herbes et épices) ou le *strogonoff* tropical, pas chers du tout. Le soir, carte un peu plus étendue et quelques dollars de plus. Recommandé, le *camarao a bahiana* (crevettes sautées au lait de coco).

- **Max's Dinner :** 3rd Street (et Folsom). ☎ 546-MAXS. Ouvert de 11 h à 23 h. Vendredi et samedi jusqu'à 1 h. Dimanche de 11 h 30 à 23 h. Un des *dinners* les plus populaires. Très grande salle. Intéressante collection de photos de dinners des années 50. Si elle y est encore, il faut lire la lettre de réclamation encadrée d'une cliente (à l'entrée contre le mur) et la réponse du patron. Tordant ! Musique rock en fond sonore, ça va de soi ! Très longue carte, l'embarras du choix : salades Caesar ou aux épinards frais, le *corned beef et pastrami*, le *vegetarian club*, le *hamburger Max*, le *turkey sandy mash*, *Max's famous reuben* (un plat à lui tout seul !), le *top sirloin steak*, etc. Belle sélection de desserts : *apple cranberry cobbler, carrot cake, cherry cheesecake, chocolate thunder ice-cream puff*, etc. Pour finir, les célèbres sundaes. Enfin, sachez qu'en vertu de l'article 20 du règlement intérieur, si vous arrivez seul et qu'un serveur commet la maladresse de vous accueillir par un : « Just one ? », le repas vous est offert en excuse !
- **Cadillac Bar :** One Holland Court (entre 4th Street et Howard). ☎ 543-8226. Ouvert de 11 h à 23 h (vendredi, à minuit). Samedi de 12 h à minuit et dimanche de 12 h à 22 h. Immense salle très colorée pour une très classique nourriture mexicaine. Sitôt que ça se remplit un peu, atmosphère vraiment bruyante. En dehors des *burritos* et *tacos* traditionnels, quelques plats qui sortent de l'ordinaire comme le *platillo de siete mares* pour deux (avec demi-homard, crevettes, bouquets, ceviche, poisson, crustacés divers, riz et légumes). Sinon *pollo jalapeño*, *burro combinado*, *camarones Vera Cruz*, *California chili burger*, etc.
- **Hamburger Mary's :** 1582 Folsom Street (et 12th). ☎ 626-5767. Ouvert tous les jours de 10 h à 2 h. Fut un temps un petit temple de la marginalité de bon ton, puis s'est doucement institutionnalisé. Le cadre reste cependant identique, délicieusement hétéroclite et chaleureux. Clientèle assez mélangée. Selon que vous venez à midi ou le soir, atmosphère très différente. L'après-midi, c'est plus clientèle locale et habitués. Le soir, c'est carrément la foule. Jusqu'à une demi-heure d'attente, parfois plus. Festival de looks d'enfer. Certaines nuits, ambiance vraiment indescriptible ! Nourriture correcte. Goûter à l'omelette *fantasy*, au *Mary burger* à l'avocat ou au bacon, au *steak'n eggs*, au *homemade beef chili*, salades variées. Bières extra : Sierra Nevada Ale, Henry's Private Reserve, Newcastle Brown, Red Hook, etc.
- **The Ace Café :** 1539 Folsom Street. ☎ 621-4752. Ouvert de 11 h 30 à 23 h (jeudi jusqu'à minuit et le vendredi, 1 h). Samedi de 18 h à 1 h et le dimanche de 18 h à 22 h 30. L'antithèse de Hamburger Mary's. Resto post-branché. Décor minimum pour de grosses salades et quelques plats chauds à prix raisonnables (tendance un peu mexicaine et sud des États-Unis). Goûter au *cajun chicken sandwich*, à la bonne *reggiana polenta avec ricotta* (jeudi et vendredi), aux *tequila cilantro salmon, quesadillas, calamares, cajun shrimps*, etc. Bons cafés.
- **The Ramp :** 855 China Basin Street. Au sud du SOMA. Suivre 4th Street, passer sous la Highway et aller jusqu'à 3rd Street qui suit le port. A hauteur de Mariposa, vous tomberez sur la fin de China Basin et sur The Ramp. ☎ 621-2378. Resto-bar sympa dans l'un des lieux les plus dépaysants de la ville (pour les privilégiés qui possèdent un véhicule, hélas !). Superbe terrasse sur le port au milieu des docks. Prise d'assaut bien entendu dès les beaux jours. Petit déjeuner dans une atmosphère relax. En semaine jusqu'à 11 h : *homemade corned beef hash, italian sausages and eggs, Denver omelette*, etc. *Lunch* de 11 h à 16 h : *soupes, clam chowder*, salades, sandwiches, *burgers, fish and chips*. Pas de dîner. D'avril à octobre, bons concerts de jazz en plein air le samedi et le dimanche de 15 h à 19 h.

DANS HAIGHT ASHBURY

Mangez au moins une fois dans l'ancien quartier hippie de San Francisco. Atmosphère encore bien spéciale. Haight Ashbury n'est pas prêt d'être enterré !

Bon marché à prix moyens

- **Spaghetti Western :** 576 Haight Street. ☎ 864-8461. Ouvert de 7 h à 22 h tous les jours. Sympathique décor bariolé-western, ça va de soi. Dès l'ouverture, gastronomes food se précipitent dans ce haut lieu de la cuisine du Sud. En effet cher lecteur, vous mangerez ici probablement le meilleur et le plus copieux petit déjeuner de votre séjour. Si vous n'avez jamais eu l'occasion de déguster à l'aube un *snapper-n-eggs*, c'est l'occasion ! Ce frais rouget du Pacifique est superbement préparé avec une délicieuse sauce au vin blanc, ail et tomates. Recommandé également le *zydeco breakfast* (andouille cajun aux œufs et haricots noirs), le *Mama Cruz's huevos rancheros* ou le *wham-bam-thank-you-Scram* (non, on ne vous dira pas ce qu'il y a dedans !). Tout cela, dans une atmosphère vraiment plaisante.
- **Cha-cha-cha :** 1805 Haight Street. ☎ 386-5758. Ouvert de midi à 23 h (jeudi, vendredi et samedi, à minuit). Toute petite salle très colorée. Chaleureuse atmosphère. Beaucoup de succès auprès des étudiants. Goûter aux *tapas*, sardines marinées, *steak sandwich chacha, arroz con pollo, seafood linguini*, quelques plats végétariens. Plus une carte américaine classique, *burgers*, sandwiches.
- **Escape from New York Pizza :** 1737 Haight Street (entre Cole et Shrader). ☎ 668-5577. Ouvert de 11 h 30 à 2 h. Dimanche de 12 h à minuit. Derrière ce nom très polémique se cache l'une des meilleures pizzas du coin. C'est petit, là aussi, tout gris avec tables de Formica, mais ça n'a pas empêché Dolly Parton, Carrie Fisher, le Grateful Dead, Matt Groening, Marvin Hagler, los Lobos, les Ramones, Mamie Van Doren, David Byrne, Tom Hayden, etc., de se régaler de la production locale. Produits naturels, légumes frais et grosses portions (la « 20 inches » comprend au moins 12 tranches). Ne pas manquer la *big meat combo* et la *ten pounder !* De plus, prix très modérés, bien sûr.

Plus chic

- **Indian Oven :** 233 Fillmore, presque au coin de Haight Street. ☎ 626-1628. Ouvert tous les soirs de 17 h 30 à 22 h. Bon resto indien où l'on a opté pour la classe sans pour autant oublier la décontraction. Nappes en tissu, comme les serviettes, déco dépouillée, ambiance intime. Carte fort bien fournie : *chicken* ou *salmon, tandoori* doré doucement au four en argile, *ginger chicken Tikka* (poulet au gingembre), faisan rôti, *dungeness crab Malabar, lamb and spinach curry* (agneau au curry et épinards), *quail Biriyani* (caille à la girofle, cannelle et cardamone avec riz basmati), plats végétariens, etc.

DANS CASTRO, MISSION ET NOE VALLEY

Pour les amoureux du hors piste, voici des quartiers à ne pas manquer. Les derniers refuges multiethniques des homos, artistes et margeos de tout poil. Tout cela loin des tensions du centre ville, avec plein de bonnes *book-shops* et autres lieux relax... Ne pas manquer d'ailleurs de vous procurer le *Lover's Guide to the Mission*, une remarquable carte illustrée avec toutes les boutiques, lieux culturels et cafés sympa situés entre 15th et 24th Streets.

Bon marché à prix moyens

- **Café de Flore :** Market et Noe. ☎ 621-8579. Dans Castro. Service continu de 12 h à 21 h. L'une des terrasses les plus agréables pour, peut-être, le meilleur café (et *cappuccino*) de la ville. Foule bigarrée, *gays* et *straights* mélangés. Décor très coloré, plantes grasses, ambiance relax. Nourriture saine, simple et copieuse : gros sandwiches, crêpes, soupes, plats consistants, salades, etc. Le tout nappé d'une excellente musique.
- **Pozole :** 2337 Market Street. ☎ 626-2666. Pas loin du métro Castro. Ouvert de midi à 23 h (minuit le week-end). Décor particulièrement original et très coloré. Bonne cuisine sud-américaine et délicieux cocktails de fruits frais pressés maison. Goûter au *burrito California* (avec cactus tendre, poivrons, tomates, ail grillé, riz et haricots noirs), à la *quesadilla catalana, ensalada do Brazil, tamale del Salvador, pozole* (potage, chili, poivrons doux, citron, poulet, etc.), *pollo con mole* (poulet au cacao et à la cannelle), *sopa tarasca*, etc.
- **La Rondella :** 901 Valencia Street (et 20th Street). ☎ 647-7474. Ouvert de 11 h 30 à 3 h 30. Un des restaurants mexicains de Mission District les plus populaires. Clientèle mixte gringos et chicanos. Bon accueil et prix très raison-

nables. Grande salle avec banquettes de moleskine, long comptoir, cadre kitschy et douce pénombre. Décor de Noël toute l'année. Bien, bien animé. Traditionnel orchestre de mariachi la plupart du temps. Autres grandes salles à côté. Carte bien fournie à prix très raisonnables. Bien sûr les classiques : *chile rellenos, enchiladas, tostadas* et *burritos*. Quelques plats à succès : *platillo à la michoacana, steak à la tampiquena, fajitas* (lamelle de bœuf grillées avec oignon, guacamole et tomates), *combinations* de plusieurs tailles suivant l'appétit, *caldo de res* (succulente soupe au bœuf) le dimanche. Toutes les bières mexicaines que vous aimez (Carta Blanca, Bohemia, Corona, Pacific, etc.) et *house wines*. Pour les joyeuses bandes, *margarita* au pitcher (au pichet) !
- *Pancho Villa :* 3071 16th Street (au coin de Valencia). ☎ 864-8840. Ouvert tous les jours de midi à minuit. Grande salle haute de plafond et lumières assassines pour votre repas mexicain le moins cher de la ville. En prime, le panel de la population locale le plus large qu'on puisse rêver. Grosses portions et animation gratuite. Ici, la devise c'est : « On mange rapidement, mais ce n'est pas un fast-food. » Leurs *burritos* sont fameux, ainsi que les *chile rellenos*.
- *Nicaragua :* 3015 Mission Street. ☎ 826-3672. Ouvert de 11 h à 21 h 45. Le week-end jusqu'à 22 h 45. Au cœur du quartier hispano, un vrai « trou dans le mur », comme on dit ici. Nappes de plastique, lumière un peu glauque, cadre quelconque pour une bonne et copieuse nourriture du Nicaragua à des prix d'avant la révolution sandiniste (peut-être même celle de 1932). Leur cuisine se distingue assez bien de la mexicaine. Goûter à l'*Indio Viejo*, au *chancho con yuca* (porc grillé en fines lamelles), *tamales* à la pâte légère, excellent *ceviche*.
- *Hop Wa Lee :* 2278 Mission Street. ☎ 864-6668. Ouvert de 11 h à 20 h tous les jours. Une autre bonne petite adresse pour les budgets serrés. Bon accueil. Cadre très banal, mais excellente cuisine chinoise à mini-mini prix. Longue carte comme il est d'usage, avec des plats copieux pour moins de 25 F : *chow fun, chow mein, lamb in clay pot* (agneau cuit en marmite de terre), *fried shrimps and scallops, mongolian beef*, etc. Beaucoup de monde vient acheter en *take away*, c'est toujours bon signe.
- *New Dawn Café :* 3174 16th Street. ☎ 553-8888. Ouvert de 8 h à 15 h (samedi et dimanche 16 h). Un de nos préférés pour le petit déjeuner et le *lunch*. D'abord pour le décor, toujours un peu fou, amoncellement très libertaire d'objets kitsch. Pour ses *burgers* ensuite, frais et *juicy*. Soupes délicieuses, *veggie menu, meatloaf sandwich*, salades. Plus des recettes de *burgers* bien à eux genre *patty melt* ou *chicken shit*, vraiment succulents et originaux. Clientèle jeune, margeo, bohème. Ambiance chouette, bon accueil. Pour les nourritures spirituelles, une *book shop* sympa juste à côté. Que demander de plus ?

Où boire un verre ? Où boire un café ?

San Francisco a conservé toute une série d'anciens bars, bistrots, rades, troquets, dont les proprios n'ont pas changé un bouton de porte. Adresses immuables, chaleureuses et conviviales. Il faut absolument « faire » un maximum d'adresses. Trois quartiers de prédilection : North Beach, Haight Ashbury et Mission. Autant d'expériences, de rencontres insolites... A noter, le nombre de plus en plus important de cafés de quartier sur le modèle européen. Lieux en général très sympa et relax avec la garantie d'y boire quelque chose qui ressemble à du café. Certains se sont même regroupés en association et publient *Cups,* un petit journal.

NORTH BEACH ET FISHERMAN'S WHARF

– *Vesuvio :* 295 Columbus Avenue, à la hauteur de Kerouac Street. ☎ 362-3370. Ouvert depuis 1907 et tous les jours jusqu'à 2 h. Notre décor préféré : tiffanies, peintures, souvenirs divers, collages. Une ambiance. Le bistrot où tous les grands de l'époque beatnik ont bu un verre. Dylan Thomas y écrivait des poèmes jusqu'à épuisement. Dans un coin, les joueurs d'échecs. On peut même apporter son sandwich. Mezzanine.
– *Le Spec's :* 12 William Saroyan Place (anciennement Adler). Donne sur Columbus. ☎ 421-4112. Situé dans un renfoncement à côté du *Tosca Café*. Ouvert de 17 h à 2 h tous les jours. Déco chargée à mort, ambiance enfumée à souhait, bière qui coule à flot, le Spec's accueille depuis plus de 20 ans les écrivains, artistes de North Beach. Tout au début, ce fut même un temple chinois,

et ensuite un club de danse du ventre. Murs couverts de souvenirs. Si vous trouvez une place au bar, vous aurez de la chance. Un des piliers de la Beat Generation, le Spec's n'a aujourd'hui pas dit son dernier mot.
- *Tosca Café :* 242 Columbus Avenue, non loin de Broadway. ☎ YU6-9651. Ouvert de 17 h à 2 h. Bien sombre, avec l'antique machine à café, comptoir bois et aluminium, et les banquettes de moleskine. On y boit au bar le *house cappuccino* : un mélange de chocolat chaud et de brandy, spécialité de la maison. Ne venir que les lundi et mardi soir. Les autres jours, dès 22 h, les tables tremblent au son de la musique du *Palladium*, boîte située juste au-dessous. Il serait dommage de ne pouvoir apprécier en toute sérénité les airs d'opéra que distille le juke-box des années 60.
- *Café Trieste :* 609 Vallejo Street, à l'angle de Grant Avenue. ☎ 392-6739. Ouvert de 7 h à 23 h 30 (vendredi et samedi à 0 h 30). Photos de joyeuses soirées, fresques naïves. Un véritable café italien où l'*espresso* est excellent. Même les pâtisseries sont de là-bas (et pourtant elles sont fraîches !). Les gens *in* de North Beach y prennent leur *breakfast*. Bons sandwiches. Le samedi vers 13 h, des Italiens nostalgiques y jouent de la mandoline. *Mamma mia !*
- *1232 Saloon :* 1232 Grant. ☎ 989-7666. Vieux rade en activité depuis 1861. Pas sûr qu'il ait été repeint depuis. Ouvert par Ferdinand E. Wagner, un Alsacien qui immigra aux États-Unis en 1836. Le bâtiment survécut au séisme de 1906 et est considéré comme l'un des plus anciens de North Beach. Bien sombre, bien enfumé. Clientèle plutôt margeo 30-40 ans. Orchestre pratiquement tous les soirs. Rock années 60 ou blues incandescents. Au juke, les CD des types qui ont enregistré ici : Johnny Nitro, Ron Hacker, etc.
- *Lost & Found Saloon :* 1353 Grant Avenue, près de Green Street. ☎ 397-3751. Intime, confortable, chaleureux. Excellents groupe de rock et de blues du mardi au samedi. Petite piste pour danser. En principe, pas de *cover charge* (droit d'entrée).
- *Fat City Blues Band :* Grant et Green. Ça balance vraiment pas mal ici aussi !
- *Café Gréco :* 423 Columbus Avenue. ☎ 397-6261. Ouvert de 7 h à 23 h (samedi et dimanche de 8 h à minuit). Très bonne sélection d'airs d'opéra. Pour ceux qui ne peuvent se passer d'un bon *espresso* ou qui apprécient simplement les spécialités italiennes. Journaux français et italiens à disposition. Possibilité de grignoter sandwiches, salades ainsi que de bons gâteaux : *cheese cake, panforte classico* ou *cioccolato, tiramisú, torte giancarlo,* etc.
- *Buena Vista :* Beach Street, en face de l'arrêt des *cable-cars*. Constamment bourré le soir. Il est parfois difficile d'atteindre le long bar où s'agglutinent, non sans plaisir, cadres assez chicos et jolies filles. En fin de compte, sympa et rencontres faciles si on connaît deux mots d'anglais. Célèbre pour son *Irish coffee*, qu'il a été le premier à introduire en Amérique en 1952. En moyenne, 3 000 cafés par jour. En revanche, nourriture sans éclat particulier. Ouvert jusqu'à 2 h.
- *San Francisco Brewing Company :* 155 Columbus Avenue, à l'angle de Pacific Avenue. ☎ 434-3344. Intéressant pour sa bière qui est brassée dans l'arrière-boutique. Grand comptoir de bois verni. Des étudiants viennent jouer de la musique le soir. Le lourd ventilateur vaut à lui seul le détour. Dans la journée, plutôt tranquille. Le soir, parfois du jazz.

PACIFIC HEIGHTS, NOB HILL ET MARINA

- *Balboa Café :* 3199 Fillmore (et Union). ☎ 921-3944. Dans le quartier de Marina et Union Street. Ouvert jusqu'à 2 h (c'est le coin préféré de la jeunesse *trendy*). Vers 23 h, l'étroit café yuppie craque déjà aux jointures. Atmosphère beau, belle, *clean*, bavarde, relax et tout... On y trouve ce qu'on apporte ! D'autres lieux du même genre dans Union Street.
- *Royal Oak Saloon :* 2201 Polk Street. ☎ 928-2303. Ce salon style art nouveau avec sa surprenante collection de lampes s'insère parfaitement dans l'ambiance sympa de cette rue. Belles boiseries, plantes vertes, tons chaleureux. Très agréable pour boire un verre le soir. Les jeunes y apportent leurs pizzas et s'effondrent dans de moelleux et confortables fauteuils.
- *Perry's :* 1944 Union Street. ☎ 922-9022. Ouvert tous les jours jusqu'à minuit. Pendant vingt ans, fut considéré comme un des bars les plus animés du coin. Temple du *cruising*, qui s'est pas mal calmé, mais continue à gérer une gentille réputation datant de cette période. Possibilité d'y manger de bons *burgers* et salades variées.

HAIGHT ASHBURY

A notre avis, « THE » quartier. En plus du carrefour traditionnel, Haight et Ashbury (presque institutionnalisé lui !), il se développe une riche vie nocturne dans Lower Haight, autour des numéros 500. Ici, on cultive le décor pas ordinaire. Cependant, durée de vie des établissements peu garantie. Mais il en restera bien quelques-uns quand le guide paraîtra. Voici nos meilleures adresses.

– *Noc-Noc :* 561 Haight Street. ☎ 552-1090. Un des bars les plus mystérieux. Décor étrange : télévisions déréglées, meubles hétéroclites, matériaux disparates, lumières glauques, volutes cassées. Un côté fin du monde baroque pour une clientèle *no future, no past...*
A côté, au n° 547, le *Tornado*, pas mal non plus.
– *The Mad Dog in the Fog :* 530 Haight Street (et Fillmore). ☎ 626-7279. Ouvert jusqu'à 2 h. Bar british assez animé. Bien, bien bruyant et enfumé. Looks intéressants, bon choix de bières, *darts*, etc.
– *Horse Shoe Coffee House :* 566 Haight Street. ☎ 626-8852. Ouvert jusqu'à 2 h. Tout en longueur, encombré de livres et de revues. Quelques fauteuils éventrés pour s'assoupir ou réviser un exam. Superbe atmosphère relax et grand choix de cafés. Quelques gâteaux pas mauvais du tout.
– *Haight Tropical :* 582 Haight Street. ☎ 558-8019. Ouvert jusqu'à 2 h. Comme son nom l'indique, exotique à souhait. Bonne musique tous les soirs, sauf le mardi.

SOUTH OF MARKET

– *Caribbean Zone :* 55 Natoma, juste derrière le DV8, sous l'autoroute. Ouvert à midi en semaine. Le soir de 17 h à 23 h (minuit vendredi et samedi). Cette fois, ce n'est peut-être pas tant un endroit à vivre qu'à voir : le fuselage d'un avion est installé au milieu de la salle, dans lequel vous pourrez boire un verre, servi bien entendu par une hôtesse de l'air et avec, comme vue par les hublots, une télé vous passant un film se déroulant... dans un avion ! Possibilité de manger également.
– Ne pas oublier *Brainwash*, au 1122 Folsom Street (voir plus loin le chapitre « San Francisco by night »). Lieu vraiment sympa aussi pour boire un verre ou grignoter une salade.

Plus chic

– *Julie's Supper Club and Lounge :* 1123 Folsom Street (et 7th Street). ☎ 861-4084. Ouvert à midi pour *lunch* et soir tard. Fermé dimanche et lundi. Cadre coloré, style funky avec réminiscences années 50. Deux grandes salles. Décor changeant parfois. Bar assez recherché, lieu de rencontre de belles femmes et de *trendy* jeunes gens. Atmosphère relax et bourdonnante, musique jazzy pas opprimante. On s'entend parler. Fait également restaurant. Prix raisonnables. Carte assez courte, mais on n'est pas là pour une sortie gastronomique. Le *dave's burger* est OK, la *julie's* ou la *thaie chicken salad* copieuses et le chef se trompe rarement dans la cuisson des ravioli farcis aux ricotta et ail grillé...

CASTRO, NOE VALLEY ET MISSION

Pour la présentation de ces quartiers, on vous renvoie au préambule du chapitre « Où manger à Castro, etc. ». Quartiers à explorer résolument !
– *Café San Marco :* 2369 Market Street. Au 1er étage. Cadre moderne : tabourets mini, moleskine, néons bleus, musique à tue-tête, atmosphère tamisée. Deux bars et quelques pools. Bien pour observer l'animation de la rue aussi.
– *Café Flore :* voir chapitre « Où manger ? ».
– *Josie's Cabaret and Juice Joint :* 3583 16th Street (et Market). ☎ 861-7933. Ouvert de 11 h à 20 h (9 h samedi et dimanche). Grande salle claire et agréable. Sympathique étape pour un bon café accompagné éventuellement d'une quiche ou d'une salade. Goûter aux *smoothies* (jus de fruits, yaourt et banane). Cabaret *gay* après 20 h (voir au chapitre « San Francisco by night »). Petite terrasse derrière aux beaux jours.
– *Phœnix :* 478 Castro Street. L'un des cafés *gay* les plus populaires du coin.

— **The Meatmarket :** 4123 24th Street (et Castro). Au cœur de Noe Valley. ☎ 285-5598. Ouvert de 8 h à 16 h. Samedi de 9 h à 17 h, et dimanche de 10 h à 17 h. L'un des tout premiers cafés de quartier à San Francisco. En activité depuis 1971. *Community board* bien rempli. Expos de photos et peintures. L'endroit idéal pour le petit déjeuner. Excellent café (avec *muffins*). Egalement pizzas, sandwiches, salades, *guacamole*, soupe maison.
— **Café Picaro :** 3120 16th Street. ☎ 431-4089. Ouvert de 9 h à minuit en semaine (1 h le samedi et 23 h le dimanche). Très grande salle chaleureuse et colorée. Bibliothèque contre le mur, expos d'artistes locaux. La *neighbour coffee shop* par excellence. Super bande musicale. Réputé pour son très bon café. Possibilité de grignoter salades, omelettes, *cheese cakes*, etc.
— Enfin, n'oubliez pas **New Dawn Cafe**, son pittoresque petit voisin au 3174 (voir chapitre « Où manger ? »).

L'OUEST DE LA VILLE

— **Ireland 32 :** 3920 Geary Boulevard. ☎ 386-6173. Ouvert de 11 h à 2 h, mais l'ambiance commence vers 23 h jusqu'au petit matin. Pour retrouver la chaude convivialité irlandaise et déguster une bonne *draught* Guinness. Parfois un orchestre. Du jeudi au dimanche, *irish breakfast* de 10 h à 15 h, et *irish stew* et *sheperd pie* toute la journée.
— **Pat O'Sheas Mad Hatter :** 3848 Geary Boulevard (et 3rd Avenue). ☎ 752-3148. Un autre très chouette bar irlandais. Atmosphère électrique le week-end et surtout les soirs de matches sportifs. Clientèle un peu plus populaire peut-être. Possibilité de se restaurer. Bonne nourriture et fameux *brunch* le dimanche matin. Spécialisé dans les *micro beers* : Red Hook, Pete's Wicked Ale, Devil Mountain R.R. Ale, etc.

A voir

LE CENTRE

Tout le long de Market, depuis Van Ness, se succèdent des quartiers aux particularismes bien différents. Au Civic Center (le centre monumental de la ville) succèdent le vieux Downtown (qui amorce un lent processus de rénovation), Union Square (les grands magasins les plus célèbres) et le Financial District. Au nord, Chinatown, puis North Beach et Fisherman's Wharf.
Un bon tuyau : les *Free Walking Tours,* organisés par les amis de la S.F. Public Library. Chaque mois, superbe programme, genre les peintures murales de 24th Street, les églises japonaises, les *mansions* de Pacific Heights ou *Roaf gardens and Open spaces...* Renseignements : ☎ 557-4266. Les guides sont des bénévoles enthousiastes qui aiment leur ville. C'est gratuit, mais une contribution de soutien n'est jamais refusée !
Sinon, en voiture, il y a un circuit dénommé le *49 Miles Drive* et balisé par des panneaux bleus (avec un oiseau dessus) qui mène aux principaux centres d'intérêts.

▶ **Le Civic Center :** autour d'une vaste place, on trouve le City Hall (mairie), construit dans le style classique français du XVIIe siècle (dôme de 92 m de haut). En face, le musée d'Art moderne et l'Opéra, puis le Davies Symphony Hall (belle architecture en rotonde), le Civic Auditorium, la Public Library, les State et Federal Buildings, etc.

▶ **San Francisco Museum of Modern Art :** Van Ness et McAllister. ☎ 863-8800. Ouvert de 10 h à 17 h (jeudi jusqu'à 21 h). Samedi et dimanche, de 11 h à 17 h. Fermé les lundi et jours fériés. Gratuit le premier mardi de chaque mois. Remarquables expositions temporaires d'art contemporain et très riches collections permanentes. Monter directement au 4e étage pour découvrir les dessins de Richard Diebenkorn, mais surtout les extraordinaires toiles de Clyfford Still, grand expressionniste abstrait, et ses explosions d'intenses couleurs. Dans le fonds permanent, on trouve *Scène de rue* et *Femmes d'Alger* de Picasso ; *Portrait de Michael Stein,* et *la Fille aux yeux verts* de Matisse ; *Vase, palette et mandoline,* le *Guéridon* de Braque ; *Paysage* de Derain ; *Paysage, Cannes, Femmes avec les blancs et rouges* de Max Beckmann ; et puis Jawlensky,

Brownish de Kandinsky, Mondrian, *Banlieue rouge* et *Fragments* de Klee ; Giorgio De Chirico ; *la Famille nombreuse* de Max Ernst ; *le Complexe d'Œdipe* de Dalí ; *Arrière-pensée* et *les Profondeurs tacites* de Tanguy ; *l'Aube parfumée par la pluie d'or*, de Miró ; *Nature morte* de Fernand Léger, etc. Beau département de sculptures.

▸ *Union Square :* le centre de San Francisco, avec ses grands magasins, dont Macy's, Saks, Fifth Avenue, Neiman Marcus, et ses hôtels chic : le *Saint Francis*, le *Sir Francis Drake*. A proximité, une rue très intéressante : Powell Street, avec son fameux *cable-car*. Beaucoup d'animation sur Union Square, dès les premiers rayons du soleil. L'herbe y est super pour la sieste.

▸ *Circle Gallery Building :* 140 Maiden Lane (Stockton et Geary). Le bâtiment servit de projet préalable au Guggenheim de New York. Conçu par Frank Lloyd Wright en 1948. A voir surtout pour l'architecture.

▸ *Le Financial District :* à visiter surtout un jour ouvrable (de 11 h à 15 h). Le soir et le week-end, c'est complètement mort. Au moment du *lunch*, on bénéficie du spectacle des *golden boys* qui foncent pour aller manger. Le quartier des banques se doit, bien entendu, de livrer quelques beaux spécimens architecturaux. Proche du point, il se développa beaucoup plus que le centre de la ville (California Street fut toujours une meilleure adresse que Market).

▸ *Wells Fargo Museum :* 420 Montgomery Street, à la hauteur de California Street. ☎ 396-2619. Ouvert de 10 h à 17 h, du lundi au vendredi. Entrée gratuite. Toute une salle de la banque est consacrée aux souvenirs de la Wells & Fargo, en particulier aux célèbres diligences qui ouvrirent la route de l'Ouest, d'une façon aussi efficace que la winchester. Superbement rénové. On met à la disposition des visiteurs des brochures reliées sur l'histoire fabuleuse des diligences. A l'origine, deux financiers new-yorkais, Henry Wells et William George Fargo. C'est quasiment à l'emplacement du musée que la banque démarra en juillet 1852. Trois ans après, la Wells & Fargo comptait déjà 55 succursales (en 1890 : 2 600 !). On ne peut s'empêcher de rappeler la devise de la maison en pleine période ascendante : *Work is a very necessary and good habit*. Aujourd'hui, la Wells & Fargo est la troisième banque de Californie et la dixième des États-Unis.

▸ *Bank of Canton of California Pacific Heritage Museum :* 608 Commercial Street (et Montgomery Street). ☎ 399-1124. Ouvert du lundi au vendredi de 10 h à 16 h. Entrée gratuite. Un intéressant petit musée sur les liens culturels et économiques entre les deux côtés du Pacifique. Expos temporaires (comme l'immigration chinoise ou *Wings over Pacific*, histoire de l'aviation sur cette partie du globe) et présentation permanente de l'histoire de la monnaie américaine. L'actuel édifice fut construit en 1875 en remplacement de la première US Mint (frappe de la monnaie). Il fut sérieusement endommagé par le séisme de 1906, reconstruit avec des éléments de l'ancienne structure (dont la colonne de fer dans le hall principal). Nombreux documents et photos sur les techniques de construction de l'époque.

▸ *Montgomery Street et Jackson Square :* impossible de passer en revue tous les jalons architecturaux du Financial District, mais en voici quelques fleurons. Les n°s 700 de Montgomery Street (entre Jackson et Washington) sont assez remarquables. On y trouve quelques-unes des plus anciennes constructions de l'époque de la ruée vers l'or. Au coin de Montgomery et Washington, élégant immeuble de 1905. A côté, le n° 708, édifié après le grand incendie de 1906. Le n° 722 date de 1851, le n° 728 en brique, de style italianisant, de 1853, le n° 732 de 1852. Au n° 552, riche architecture de la Bank of San Francisco (1908). Le Jackson Square historique correspond aux n°s 400 de Jackson Street. Au n° 472, on trouve le Solari Building, en brique et fonte, de 1850. A côté, le Larco's Building de 1852. Les n°s 440-444 furent originellement des écuries. Le n° 441 date de 1861. Aux n°s 445-451-463-473, on trouve le complexe Hotaling, construit dans les années 1860. Au n° 432, l'un des plus beaux édifices de la rue, construit en 1906. Aux n°s 415-431, la première usine de chocolat Ghirardelli, de 1853. Au n° 407, un trois-étages de 1860. Au n° 408, un immeuble moderne (1953) s'intégrant bien à l'ensemble, etc.

▸ *Bank of California :* 400 California Street. Là aussi, superbe bâtiment de 1907. Temple immense avec façades à colonnes corinthiennes. Surélevé en 1967. Aujourd'hui, propriété des Japonais. Au sous-sol, petit musée de la Monnaie de l'Ouest américain. Ouvert de 10 h à 15 h 30 du lundi au vendredi.

118 LA CALIFORNIE

▶ *Hyatt's Regency :* au bout de Market Street, vers l'Embarcadero. Pas besoin d'avoir usé ses fonds de culotte sur les bancs d'une école d'architecture pour apprécier la beauté de cet hôtel. Vraiment du jamais vu. Attention, c'est surtout l'intérieur qui est chouette. Atrium de 17 étages. Des fleurs, des arbres perdus entre les fontaines. Prenez absolument l'ascenseur intérieur pour avoir une vue plongeante (à partir de 11 h 30 ; mais souvent des liftiers demandent à voir la clé des chambres). C'est là qu'a été tourné *High Anxiety* de Mel Brooks. Enfin, ne manquez pas *The Fountain* à l'extérieur de l'hôtel, côté nord. Au dernier étage, on peut boire des punchs sur une plate-forme tournante qui offre une très belle vue de la ville.

▶ *Glide Memorial Church :* 300 Ellis Street. Office à 11 h tous les dimanches. Chorale avec gospel's : un vrai concert ! Révérend extraordinaire. Moment intense garanti.

SOUTH OF MARKET

▶ *Cartoon Art Museum :* 665 3rd Street (et Townsend Street). Trois blocs au sud du Moscone Center. Bus MUNI n°s 30, 15, 32, 42 et 45. ☎ 546-3922. Ouvert de 11 h à 17 h les mercredis, jeudi et vendredi. De 10 h à 17 h le samedi. Fermé du dimanche au mardi. Abrité dans les locaux du Print Center, un petit musée de la BD à ne pas rater pour les fans. Espaces clairs, lumineux. Planches originales des grands de la BD : *Batman*, *Krazy Cat* de George Herriman (1930), *Wizard* de Brant Parker et Johnny Hart, *Garfield* de Jim Daves, *Broomhilda* de Russell Meyers, *Andy Capp* de Reg Smythe, et tant d'autres. Expos temporaires par thèmes, petite *book-shop*, souvenirs.

▶ *Ansel Adams Center :* 250 4th Street. ☎ 495-7000 et 495-7242. Ouvert de 11 h à 18 h. Fermé le lundi. Très intéressant centre d'art pour la photo. Salle d'expo permanente des photos d'Ansel Adams et superbes expos temporaires.

CHINATOWN ET NOB HILL

A l'intersection de Grant Avenue et de California Street. Avec ses 100 000 habitants, c'est la plus grande ville chinoise hors d'Asie après New York. Mais, les samedi et dimanche matin, ils paraissent dix fois plus nombreux quand ils viennent faire le marché. Allez-y vers 10 h, c'est vraiment la Chine ! Leurs ancêtres arrivèrent là au siècle dernier pour construire les chemins de fer. Beaucoup y laissèrent leur peau.

– Nombreuses boutiques, cinémas et restos chinois (voir « Où manger ? »). Attention aux soi-disant *duty-free shops*. On ne paie pas de taxe, mais les prix peuvent varier du simple au double d'une boutique à l'autre. Sur Stockton Street, le poisson sèche comme du linge. Ils éditent leurs propres journaux. Même les réverbères et les cabines téléphoniques sont dans le style. Ne manquez pas cet étonnant portique sur Grant Avenue (et Bush).

▶ *Chinese Historical Society of America Museum :* 650 Commercial Street. ☎ 391-1188. Ouvert du mardi au samedi de 13 h à 17 h. Présente une collection sur l'histoire des Chinois dans l'Ouest américain et à San Francisco (nombreuses et intéressantes photographies).

– Un cadeau original et bon marché : faire écrire son nom ou celui d'un ami en caractères chinois (dans Grant Street).

– Pour les lève-tôt, il y a, paraît-il, un spectacle de *karaté* et autres arts martiaux dans le parc sur Clay Street, en plein Chinatown : c'est à 5 h. Ne pas emporter d'appareil-photo. La guerre des gangs sévit toujours à San Francisco.

– Pour les fans d'architecture, voir l'*Old Chinese Telephone Exchange-Bank of Canton*, au 743 Washington Street. Superbe construction de 1909. Également le *Ying on Labor and Merchant Association,* au 745 Grant Avenue (belle façade chinoise).
Pittoresque grande fresque représentant des musiciens, au carrefour Columbus et Broadway.

Nob Hill est un quartier délimité, grosso modo, par Bush et Broadway (au sud et au nord) et Powell et Van Ness (d'est en ouest). C'est l'une des collines de la ville les plus fameuses.

SAN FRANCISCO / A VOIR (NORTH BEACH ET RUSSIAN HILL)   119

▶ Voir la *Grace Cathedral* (de style néogothique) et le *Huntington Hotel* au 1075 California Street (et Taylor). Intéressante architecture de 1924. Du sommet, panorama unique sur toute la ville. A côté, le *Masonic Museum* (au 1111 California). C'est le musée de la franc-maçonnerie californienne (ouvert de 10 h à 15 h). Construction moderne avec un grand auditorium.

▶ *Cable-Car Powerhouse and Car Barn* : Washington et Mason. ☎ 474-1887. Ouvert de 10 h à 17 h tous les jours (18 h de mai à septembre). Centre nerveux du fonctionnement des cable-cars. Petit musée. Expo de photos, modèles réduits et vieux *cable-cars*. Film d'une quinzaine de minutes. Gratuit.

▶ *Saint Mary's Cathedral* : à l'angle de Geary et Gough Street (à l'ouest de Van Ness et de Nob Hill). L'intérieur se révèle absolument fabuleux. Construite en 1970, elle est couverte de quatre voûtes élancées et revêtues de travertin d'Italie (c'est la pierre utilisée pour le Colisée à Rome). Ces voûtes se rejoignent au sommet à 60 m au-dessus du sol pour dessiner une croix ornée de vitraux. En principe, ouverte tous les jours de 7 h à 17 h. A côté de Saint Mary's Cathedral se trouve le *Japan Center* : magasins pas chers et restos exotiques.

NORTH BEACH ET RUSSIAN HILL

Dans le quartier autour de Columbus Avenue et de Broadway. Ce fut le quartier de l'immigration italienne. En 1889, on comptait 5 000 Italiens, en 1939, 60 000. Si l'on sait que Haight Ashbury fut le foyer du mouvement hippie, peu se souviennent que la Beat Generation est née à North Beach.
Dans les années 50, les Italiens les plus riches partaient en banlieue, laissant nombre de logements pas chers. Les jeunes gens « Beat » investirent alors ce quartier vivant et accueillant. C'est alors que North Beach devint le haut lieu de la bohème littéraire et musicale (en même temps que Greenwich Village à New York et Venice à Los Angeles). Des margeos aux cheveux blancs, qui hantent certains bars, sont là pour nous le rappeler. C'est d'ailleurs toujours le quartier le plus intéressant pour la vie nocturne. Même si les strip-teases ont progressivement envahi Broadway. Heureusement, City Lights est toujours là, veillant amoureusement sur le quartier. C'est d'ailleurs d'ici que tout commença.

▶ *City Lights* : 261 Columbus Avenue (et Jack Kerouac St.). ☎ 362-8193. Ouvert de 10 h à 23 h 30 tous les jours (vendredi et samedi jusqu'à minuit et demi). Créée en 1953, cette librairie est un monument historique puisqu'elle fut le creuset du mouvement « beat ». Un mot qui viendrait, selon Kerouac, de « béatitude ». Derrière la caisse, on aperçoit encore Ferlinghetti. Ginsberg et Bukowski comptent aussi parmi ses habitués.
Tout a commencé en 1955, Allen Ginsberg venait de terminer *Howl*, et ce poème fut le point de départ d'un mouvement de rupture et de ralliement. Il en fit une lecture publique où l'on trouvait dans l'assistance : Kerouac, Burroughs, Cassidy, Welsh, McClure. Ferlinghetti édita aussitôt ce texte qui prit vite l'allure d'un manifeste. L'ouvrage passa en justice pour obscénité, mais fut « relaxé ». Certains journaux avaient titré au moment du procès : « Les flics ne permettent aucune renaissance ici ! »
Le mouvement beatnik n'est pas une mode (ils n'avaient pas les cheveux longs comme on le croit souvent !), ni un comportement nouveau. C'est avant tout une nouvelle forme de poésie et d'écrits. En revanche, la période « hippie » a moins bien résisté au temps. En effet, les leaders hippies n'étaient pas écrivains : il n'est donc pas resté grand-chose. En 1988 eut lieu un événement considérable : douze rues changèrent de nom pour honorer des écrivains et artistes nés ou ayant travaillé à San Francisco. Parmi eux, Jack Kerouac, l'un des papes de la Beat Generation, mais aussi Bob Kaufman, Jack London, Dashiell Hammett, Mark Twain, Isadora Duncan, etc.

▶ *Coit Tower* : Telegraph Hill Boulevard. Panorama prodigieux sur la ville et la baie depuis Coit Tower sur Telegraph Hill (pour y aller, bus 19). Les habitants de San Francisco adorent raconter l'histoire de cette tour construite en 1933. Une riche Américaine, qui s'appelait Lillie Hitchcock Coit, fut sauvée d'un incendie par les pompiers et fit une fixation amoureuse sur eux. Elle décida donc de faire construire un monument à leur gloire, qui symbolise l'instrument des pompiers, c'est-à-dire... la pompe à incendie. Le problème c'est que la fille s'appelant Coit, la tour prête à confusion. Des gens (mal intentionnés !) n'hésitent pas à la surnommer Coit Erection. Le musée des pompiers (voir plus loin) a d'ailleurs consacré une section importante à sa bienfaitrice. Promenade sympa dans les

120 LA CALIFORNIE

escaliers Filbert vers l'impasse Napier. Jolies maisons victoriennes, petits jardins, l'un des endroits de la ville les plus charmants pour y vivre.

▸ **North Beach Museum** : 1435 Stockton (et Columbus). Ouvert de 9 h à 16 h. Fermé le dimanche. Installé dans une banque, un tout petit musée pour ceux qui veulent compléter leur parcours culturel sur North Beach. Surtout des photos anciennes.

▸ **Russian Hill** : quartier résidentiel, l'un des plus élevés de la ville et livrant de prodigieux panoramas sur la baie. C'est le moment de garer la voiture et d'articuler un parcours *cable-car* et marche à pied. Russian Hill gagna son nom du temps où, colline sauvage et peu urbanisée, on y enterra plusieurs Russes qui travaillaient pour une compagnie de trappeurs.
La rue la plus abrupte est Filbert. Pente de 32 % (entre Leavenworth et Hyde). Belle maison édouardienne avec d'élégants bow-windows ronds au coin de Fills et Hyde. D'autres intéressantes au coin de Union et Leavenworth.

▸ Pour les fans de Kerouac, petite visite au 29 **Russell Place** (Hyde et Union). C'est là qu'il écrivit *On the Road, Doctor Sax* et *Visions of Cody*. Il habitait dans le grenier de la villa de Neal et Carolyn Cassady.

▸ **Green Street** : pour les trekkeurs urbains, une délicieuse promenade à la découverte de superbes demeures. Au 1088, demeure de 1908 (classée), au 1067, l'un des édifices les plus originaux, la **Feusier Octagon House** (1860). En principe, ouverte au public les premier dimanche, deuxième et quatrième jeudis de chaque mois (de 13 h à 16 h). Au 1055, maison de 1866. Celle du 1045 date de la même époque. Au 1039, maison avec escalier extérieur de 1885. Les n°s 1011, 1030, 1040 et 1050 terminent ce parcours architectural. Le dernier édifice mérite surtout l'attention pour son élégance. Continuer par Macondray Lane (entre Union et Green). Au coin de Jones, demeure de 1908 de style édouardien.
Vallejo et Jones fusionnent à l'endroit le plus élevé de Russian Hill et livrent d'adorables impasses et ruelles (notamment Florence Street).

▸ **Lombard Street** : entre Hyde et Leavenworth, une des rues les plus célèbres et probablement la plus tortueuse au monde (déjà vue dans de nombreuses poursuites de voitures au cinéma). Ce design très particulier permit de baisser de 10 % la pente qui en faisait 26). Environnement extrêmement fleuri. Au 1100 Lombard, belle maison. A un bloc, à Chestnut et Jones, on trouve le **San Francisco Art Institute**. Style colonial espagnol. Galeries de peinture (beau mural de Diego Rivera).

▸ A l'ouest de Russian Hill (cinq blocs de Hyde), voir l'**Octagon House** au 2645 Gough Street (et Union). ☎ 441-7212. L'une des deux dernières maisons octogonales. Édifiée et meublée en style colonial. Ouverte de 12 h à 15 h les 2e et 4e jeudis et 2e dimanche de chaque mois.
Voir surtout la **Haas-Lilienthal House** au 2007 Franklin Street (et Jackson). ☎ 441-3004. Magnifique villa de style victorien qui fut l'une des rares à échapper au grand incendie de 1906. De taille exceptionnelle, c'est la seule ouverte au public. Superbe mobilier. Ouverte tous les mercredis de 12 h à 16 h et le dimanche de 11 h à 16 h 30.

Quelques boutiques à North Beach

— **Tower Records** : à l'angle de Columbus Avenue et de Bay Street, près de Fisherman's Wharf. Ouvert de 9 h à minuit tous les jours. Une grande surface proposant un choix gigantesque de disques, compacts, cassettes vidéo, etc. Nombreux soldes, dont certains n'ont rien de démodé.
— **The Shlock Shop** : 1416 Grant Street, près de Green Street. Une boutique de chapeaux assez chouette, à mi-chemin entre le musée et le grenier. Impossible de décrire, il faut voir. Assez cher.
— **Quantity Postcards** : 1441 Grant Ave. ☎ 986-8866. Ouvert tous les jours de 12 h à 23 h. Un choix dément de cartes postales : ringardes, cocasses, drôles, stupides, inutiles, affligeantes... L'Amérique, quoi !

FISHERMAN'S WHARF

Ancien quartier des pêcheurs et des industries alimentaires, qui s'est mué depuis une trentaine d'années en une formidable attraction touristique, drainant des millions de visiteurs chaque année.

SAN FRANCISCO / A VOIR (FISHERMAN'S WHARF)

Pour s'y rendre : prendre le *cable-car* sur Powell Street (Powell Hyde Line ou Powell Mason Line).

- **Sur Taylor et Jefferson,** plusieurs dizaines de restos de poisson et fruits de mer et de boutiques. Très touristiques, souvent prétentieux et donc assez chers. Savoir que beaucoup servent des crevettes congelées de Thaïlande. Overdose de boutiques de mode, de souvenirs et de T-shirts.

- **Entre Jones et Hyde,** vous pourrez encore voir ce qui reste de la flotte de pêche de San Francisco. Sur les centaines de bateaux en activité il y a trente ans, moins de cinquante travaillent encore. Pour assister au débarquement et à la vente du poisson, venir de très bonne heure le matin (à 9 h, c'est fini).

- **Ghirardelli Square :** North Point Street (et Larkin). Il est certain que Domingo Ghirardelli (né à Rapallo en Italie), qui commença à fabriquer du chocolat au moment de la ruée vers l'or (en 1850), ne reconnaîtrais pas son business. Il avait commencé à travailler dans des petits ateliers à Jackson Square. Ses enfants construisirent la chocolaterie Ghirardelli à partir d'une ancienne usine (Old Woolen Mill) en 1893. Le dernier bâtiment fut la Clock Tower (au coin de North Point et Larkin) pour la construction duquel on dit que l'architecte s'inspira du château de Blois. Quand l'usine ferma, il fut fortement question de la démolir pour édifier des appartements de luxe.
Heureusement, un milliardaire de bon sens, amoureux de cette remarquable architecture de brique rouge, la racheta et décida d'en faire un complexe commercial. On ne rajouta que quelques terrasses verdoyantes et des bâtiments mineurs, l'essentiel étant conservé. Le résultat se révèle superbe. La balade parmi les 50 boutiques et la dizaine de restos est tout à fait intéressante pour juger de cette adaptation architecturale postindustrielle (même si, bien entendu, les boutiques sont très luxueuses et pas pour toutes les bourses). Ne pas rater la belle déco intérieure du restaurant *Mandarin*. Aller également sur le toit pour la vue sur l'ensemble.

- **National Maritime Museum :** Aquatic Park, en bas de Polk Street (à l'ouest de Ghirardelli). ☎ 556-8177. Ouvert du mercredi au dimanche de 10 h à 17 h. Contient des reliques d'anciens bateaux et des modèles réduits. Belles proues de navires sculptées et peintes, cartes, photographies, artisanat de marins, etc. Entrée gratuite.

- Sur **Hyde Street Pier,** à côté, bateaux admirablement restaurés dont le *Thayer,* un gros schooner, l'*Eureka,* un temps le plus gros ferry du monde, le *Hercules,* etc. Le *Balclutha,* splendide trois-mâts, reste le bateau le plus joli à visiter. En revanche, le plus intéressant est certainement le *Pampanito,* ancien sous-marin de la Seconde Guerre mondiale. Situé sur le pier 45. Ouvert de 9 h à 18 h tous les jours. En été, jusqu'à 21 h les vendredis et samedis. ☎ 929-0202. Entrée payante.

- **Believe It or Not Museum :** angle de Jefferson Street et Taylor Street. ☎ 771-6188. Ripley était, dans les années 1930, un reporter dans le genre Tin-tin. Hearst, le magnat de la presse, lui finança des voyages dans le monde entier, il en rapporta des centaines d'objets bizarres, des anecdotes truculentes. Vous verrez l'homme aux doubles pupilles ou celui qui se baladait avec une bougie plantée dans la tête... Parfois surprenant, parfois ringard. On a plutôt ri. Les sadomasos seront ravis, une des dernières attractions de choix prévues dans ce musée : la reconstitution de l'effondrement de Bay Bridge... On croit rêver ! On trouve des coupons de réduction dans le *Visitors' News*.

- **The Guinness Museum of World Records :** 235 Jefferson Street, près du précédent. ☎ 771-9890. Ouvert de 9 h à 23 h en été (basse saison de 10 h à 22 h). Jusqu'à minuit toute l'année les vendredi et samedi. Objets tirés du célèbre *Livre des Records*. Le plus grand, le plus petit, le plus gros... Bof !

- **The Cannery :** Leavenworth et Beach. Ancienne conserverie dont on ne conserva que quelques murs de brique. Tout le reste fut modifié. Résultat : un centre commercial malgré tout très réussi. Là aussi ne pas manquer de grimper en haut pour la vue. A côté, *Haslette Warehouse,* bel exemple d'entrepôt du début du siècle.
Pittoresque terminus de la ligne du *Hyde Street cable-car*. Ne pas manquer le rituel de l'Irish coffee à la *Buena Vista* !
Le Cannery abrite également un intéressant *musée du Jouet*. Ouvert de 10 h à 18 h ; 11 h à 17 h le dimanche. Fermé le lundi. On y trouve même un espace-jeu pour expérimenter les nouveaux jeux.

122 LA CALIFORNIE

▶ *Pier 39 :* c'est le dernier-né de ces centres commerciaux. Ouvert de 10 h 30 à 20 h 30 (certains restos jusqu'à 23 h 30). Avançant sur la mer, tout est en bois. On dirait une petite ville digne des meilleurs westerns. Tout est bon pour attirer le touriste mais, ici, on le fait avec génie. En été, toujours de l'animation : clowns, bateleurs. Pour les gamins, c'est vraiment super ! Une colonie de phoques y a élu domicile. Ils lézardent sur les pontons auparavant réservés aux plaisanciers. Plusieurs boutiques intéressantes et originales, dont :
• *Music Tracks :* Pier 39. Pour 10 $, on peut enregistrer sa propre cassette. Grand choix de fond sonore. Fournit les paroles, la partition, etc. Environ 10 mn pour enregistrer. On peut tenir jusqu'à huit dans la cabine. Pour ceux (celles) qui rêvent de chanter *Blueberry Hill*, *Let It Be* ou *Georgia on My Mind* ! Après tout, Elvis Presley a commencé ainsi.
• *The San Francisco Experience :* situé à droite de l'entrée. ☎ 982-7550. Show à partir de 10 h toutes les demi-heures. Reconstitution du grand incendie de 1906. Films sur Alcatraz, les *cable-cars*, les fêtes de Chinatown, la ruée vers l'or, etc. Plutôt ringard, à éviter.
• *Left Hand World :* Pier 39. Au fond de la grande allée principale, puis à gauche. On y vend un tas d'objets et ustensiles pour gauchers... Montres, ciseaux, tire-bouchons, boomerangs...
• *Designs in Motion :* ☎ 397-5050. Très jolie boutique d'objets décoratifs, tous confectionnés en fil de fer, qui reviennent en force dans la décoration actuelle et que le propriétaire du magasin se propose de vous empaqueter et de vous envoyer à l'autre bout du monde si le cœur vous en dit.
• Et puis, des tas de boutiques gadgets : composez votre propre couverture de magazine, achat d'huîtres perlières (avec garantie d'y trouver une perle), etc.

▶ Fort Mason abrite d'autres musées : *la San Francisco African American Historical and Cultural Society* (☎ 441-0640), le *Mexican Museum* (☎ 441-0404), le *San Francisco Craft and Folk Museum* (☎ 775-0990), le *SS Jeremiah O'Brien*, l'un des derniers des 2 751 Liberty Ships de la Seconde Guerre mondiale (☎ 441-3101). Pour infos et horaires, voir l'office du tourisme ou téléphoner.

▶ *Bateaux pour Alcatraz :* Red and White Fleet ferry. Départ toutes les 45 mn, porte 39, pier 41. En bas de Powell Street. De 9 h à 15 h. Actuellement, de gros travaux de rénovation ont été entrepris par le service des parcs nationaux. Une partie de l'île, jusqu'à présent fermée au public pour des raisons de sécurité, devrait s'ouvrir bientôt aux visiteurs. L'excursion dure 2 h. Archibondé le weed-end. Il faut retenir 8 jours à l'avance. En semaine, il faut réserver la veille. ☎ 974-6391 ou 546-2805. Apportez votre petite laine car il fait souvent frais à bord. La prison fut place célèbre des États-Unis jusqu'en 1963. Elle acquit ses lettres de noblesse quand elle accueillit, en 1934, le célèbre Al Capone sous le matricule AZ 85. Pour la petite histoire : Capone n'a pas eu de descendant. Seul membre de sa famille encore vivant : une nièce qui tient un bistrot près d'Avignon !
Personne ne s'est échappé vivant d'Alcatraz. (Il y eut cependant cinq détenus évadés qui furent portés disparus.) Les courants froids rendaient la traversée à la nage impossible.
Une discipline d'une dureté extrême : interdiction de parler, un prisonnier par cellule et extinction des feux... à 17 h.
Aujourd'hui, de « cyniques » organisateurs de voyages font des « Al Capone parties » ; chaque invité revêt l'uniforme rayé et mange dans une gamelle en fer !
Les fauchés se contenteront du ferry qui va à Sausalito : très belle vue sur la baie et le Golden Gate Bridge. Habile transition...

PRESIDIO ET GOLDEN GATE

▶ *Golden Gate Bridge :* le plus célèbre des ponts suspendus (après Tancarville, bien sûr). Fut conçu et réalisé en moins de 5 ans ! Il ouvrit en 1937. L'architecte le dota même d'un petit côté Arts déco subtil. Chaque semaine, 25 peintres utilisent environ 2 t de minium pour l'entretien ininterrompu de la structure métallique. Les voitures paient 3 $ pour entrer dans la ville, mais c'est gratuit pour en sortir (et si vous êtes plus de 3 dans la voiture, afin d'inciter les Américains à se grouper pour les déplacements et, par là même, à réduire le trafic). Les fauchés revendront donc leur voiture de l'autre côté. Les « joggers »

SAN FRANCISCO / A VOIR (GOLDEN GATE)

prendront le bus à l'aller (s'arrêter après le pont) et le retraverseront à pied : vue superbe sur la baie, quand il n'y a pas de brouillard. On peut revenir par le ferry de Sausalito mais attention, le dernier part vers 17 h et Sausalito est à 5 km du pont.
Pour aller au Golden Gate Bridge, prenez le bus « Golden Gate Bus Transit », près du Civic Center (Market et 7th Streets). Prendre aussi le Northbound 30 Stockton pour Chestnut et Laguna. Puis le Southbound 28 jusqu'à Toll Plaza.
Ceux qui disposent d'un véhicule doivent absolument faire la route panoramique, au nord du Golden Gate Bridge. Vue fantastique sur le pont et S.F. en arrière-plan. Sortir de la 101, juste après le Vista Point du Golden Gate, direction Sausalito et tourner à gauche pour passer par le petit tunnel sous la 101. Continuer tout droit ; on peut atteindre le Saint Diablo d'où la vue est belle.
Sinon, on peut se contenter du San Marin Vista Point, à droite à la sortie du pont.
A 1 km au sud du Golden Gate, une plage très agréable : Baker Beach. Près du California Palace of the Legion, au bout de Lincoln Boulevard.

▶ **Palace of Fine Arts :** 3601 Lyon Street. A l'extrémité de Marina Boulevard. En bordure du Presidio. ☎ 563-7337. Ouvert du mercredi au vendredi de 11 h à 17 h. Samedi et dimanche, de 10 h à 17 h. Fermé le lundi et le mardi. Entrée payante. C'est un « exploratorum » qui permet d'expérimenter pratiquement tous les effets physiques. C'est un des derniers vestiges de l'Exposition universelle de 1915. Près de 600 tests à réaliser. On n'en connaît pas de ce genre en France. On y passerait bien la journée sans s'en rendre compte. Les enfants (et les adultes) se régalent.

▶ **Le Presidio :** à la pointe du Golden Gate, immense parc de 600 ha du nom d'un fort construit par les Espagnols en 1776. Se divise aujourd'hui en aires de pique-nique, promenades et zones militaires (qu'il est question de supprimer). Pour s'y rendre en bus du Downtown : prendre le 45 (N.W. bound) sur Kearny jusqu'au bout (Lyon et Palace of Fine Arts, voir texte précédent). Sinon, suivant vos goûts ou motivations, possibilités de visiter le musée de l'Armée (☎ 561-4115 ; ouvert de 10 h à 16 h ; fermé le lundi) et le Fort Point National Historic Site. Au pied du pilier sud du Golden Gate Bridge. Construit en 1853 (☎ 556-1693 ; ouvert tous les jours de 10 h à 17 h.)

▶ **Le Golden Gate Park :** à 3 km à l'ouest du Civic Center. Limitrophe du quartier de Haight Ashbury, un parc magnifique de 5 km de long sur 800 m de large. Pour s'y rendre : bus 7 ou 21 depuis Market Street. Le 71 Haight passe par Haight Street et finit à Stanyan (à l'est du parc). Le Westbound 5 Fulton y mène aussi. Encore plus beau que Central Park à New York, c'est tout dire. Créé en 1868 dans une région couverte de dunes. On y trouve pas moins de 6 000 variétés de plantes de toutes les régions du globe. Les paysagistes voulurent faire mieux que le bois de Boulogne et plantèrent un million d'arbres. La partie la plus intéressante est celle à l'est (entre Stanyan et le Stow Lake). Plus de 10 km de pistes cyclables. D'ailleurs, le parc est trop grand pour être visité à pied en une fois. Location de vélos sur Stanyan (du 600 au 800). Le seul problème, c'est qu'il y a de nombreux vols. Si l'on n'est pas en mesure de cadenasser le vélo à quelque chose, on ne peut visiter les musées.
• Entrée principale sur Oak et Stanyan. Carte du parc au McLaren Lodge. Peu après, on trouve les Camelia et Fushia Gardens. Suivi du Conservatoire des Fleurs. Construit en 1878. Splendide architecture victorienne. Après avoir croisé les 3 ferns (beaux arbres exotiques), on arrive dans le coin des rhododendrons dont John McLaren, le grand paysagiste écossais, était amoureux.
• Notre endroit préféré est le Japanese Tea Garden (ouvert de 9 h à 18 h 30 ; d'octobre à février de 8 h 30 à 17 h 30), où l'on déguste un excellent thé au jasmin dans un endroit super : des pagodes, des bonsaïs fabuleux, des ruisseaux, des petits ponts et même un bouddha assez important... Tous les dimanches, jeunes et vieux dansent sur les derniers tubes et, question habillement, c'est le spectacle. Entrée payante.
• Le Music Concourse est l'endroit du parc où se déroulent des concerts de rock gratuits (ou de fanfare !), généralement le dimanche, vers 12 h-14 h.
• En face, on découvre une série de musées scientifiques : le musée d'Histoire naturelle, le Morisson Planetarium et l'aquarium. Ouverts tous les jours de 10 h à 17 h (plus tard en été). Parfois des shows au laser au planétarium. Tous renseignements au 750-7141/45.

124 LA CALIFORNIE

- A côté du Japanese Tea Garden, probablement les deux plus beaux musées de San Francisco : le *De Young Museum* et l'*Asian Art Museum* (voir plus loin).
- A la hauteur de 12th Street, *jardin des Roses*.
- Le *Strybing Arboretum* et *Botanical Gardens* (9th Avenue et Lincoln Way ; ☎ 661-1316). Une fabuleuse oasis. Ouvert de 8 h à 16 h 30 (10 h à 17 h samedi, dimanche et jours fériés). Jardin des Parfums (*Garden of Fragrances*) avec indications en braille. Admirez le panneau qui invite à goûter les aromates. Plein d'autres jardins (Moon Viewing Garden, Biblical Garden, etc.).
- Canotage et pédalo possibles sur le *Stow Lake*, dominé par Strawberry Hill (colline artificielle de 140 m). Cascades, épais bosquets d'acacias et d'eucalyptus. Plus haut, d'autres cascades (*Rainbow Falls*).
- Dans la partie ouest du parc, enclos des bisons (*Buffalo Paddock*). D'autres petits lacs avant de parvenir au jardin des Tulipes pour finir.
- Possibilité de faire du cheval : ☎ 668-7360.
- Le dimanche, allez encourager les Français de San Francisco jouant à la pétanque près de Fulton Street, à la hauteur de 39th Avenue.

▶ *M.H. De Young Memorial Museum :* Golden Gate Park. ☎ 750-3659. Ouvert du mercredi au dimanche de 10 h à 17 h. Le même ticket permet l'entrée aux autres musées (*Asian Art* à côté et le *Legion of Honor* à Lincoln Park). Entrée gratuite le 1er mercredi et le 1er samedi matin de chaque mois. A pied, accès au De Young par Fulton et 10th Avenue. En bus depuis Union Square : n° 38 jusqu'à 6th et Geary, puis n° 44 vers le musée. Un merveilleux endroit, une des plus belles collections d'art américain, avec de prestigieuses expositions temporaires.
- *A droite de l'entrée :* arts africains, masques et bronzes remarquables, art esquimau, or péruvien, poterie maya, art maori, etc.
- *Art américain (fin XIXe) :* Mattews, Hobart, John Singer Sargent (*Caroline de Bassano* et *Lady Leonora Speyer*), Edward Hopper (superbe *Dîner à table*), Metcalf (*Winter's Festival*), Whistler, etc.
- Objets d'art, ameublement du XIXe s.
- *Art du XXe siècle :* Boris Lovet-Lorski (*Venus*), Man Ray, Yves Tanguy (*From One Night to Another*), Wayne Thiebaud (*24th Street Intersection*), John Kock (*The Bridge*), George Grosz (splendide *Lower Manhattan*), Diego Rivera, etc.
- *Art anglais :* Reynolds (*Ann, Vicountess of Townsend*), Turner, Gainsborough (*Samuel Kilderbee of Ipswich*), Constable, sir Henry Raeburn, etc.
- *Trompe-l'œil et natures mortes :* J.F. Peto (*Job Lot Cheap*), arts de l'Ouest américain (canyons, Indiens, paysages), Albert Bierstadt (beau *California Spring*), F.E. Church (paysages complètement fantasmés), ameublement colonial et du XIXe siècle.
- Enfin, petite salle d'arts anatolien et assyrien (admirables petites sculptures et plaques en ivoire en relief), petits bronzes romains, terres cuites grecques, couronne de laurier crétoise en or, jolis flacons de verre, etc.
- Superbe et très agréable cafétéria en plein air, autour d'un bassin orné d'angelots de bronze. Remarquable librairie.

▶ *Asian Art Museum :* même ticket que le De Young (si utilisé la même journée). Mêmes horaires. ☎ 668-8921. Un des fantastiques musées de ce genre. 6 000 ans d'arts asiatiques. Impossible de tout décrire. Près de la moitié des salles sont consacrées à la Chine dont on peut admirer de splendides jades et de non moins admirables peintures, miniatures et calligraphies sur manuscrits. Superbes bronzes (tripodes, jarres), stèles votives bouddhiques, terres cuites polychromes, porcelaines. Au 1er étage : Japon, Corée, Tibet. Admirable *taima mandala* du Japon (XIVe siècle), sculptures sur bois (frontons, poutres). Très beaux *tanka* tibétains, bijoux, bronzes, etc.

▶ *The California Palace of the Legion of Honor :* dans Lincoln Park (34th Avenue et Clement Street). Ouvert du mercredi au dimanche de 10 h à 17 h. Pour s'y rendre en bus : n° 38 jusqu'à 33 Road et Clement, puis le n° 18 jusqu'au musée.
L'architecture du musée fut imitée de l'hôtel de Salm à Paris (musée de la Légion d'honneur). A l'entrée, *le Penseur* annonce l'une des plus belles collections de Rodin du monde. Musée en grande partie consacré à l'art français d'ailleurs : art médiéval, sculpture religieuse, tapisseries. Sa situation exceptionnelle dans le parc Lincoln, son architecture, la richesse de ses collections en font probablement un des plus beaux musées de San Francisco.
- *Rez-de-chaussée (gauche) :* *Vue de Tivoli au soleil couchant* de Claude Lorrain, *Vieil Homme* de Georges de La Tour, saisissants portraits populaires de

Gaspare Travesi (dont la cartomancienne, beau travail sur les rides), *Adoration de l'agneau* du Baciccio, puis Le Sueur, Simon Vouet, Nicolas de Largillière. Superbe buffet en ébène du XVIIe siècle, admirable *Empire of Flora* de Tiepolo (verve artistique, légèreté, fraîcheur).
- Rez-de-chaussée (droite) : Van Dyck, Ferdinand Bol, *Rogier Clarisse* de Rubens. Noter la remarquable lumière dans *The Tribute Money* du même. Puis, Jacob Jordaens, *Joris de Cauleri* de Rembrandt.
- Art médiéval : nombreux primitifs religieux, exquis petit buffet sculpté du XVIe siècle, *Vierge et Enfant* de B. Vivarini, *Saint-Jean-Baptiste* et *Saint Francis* du Greco, Titien, œuvres de l'école de Fontainebleau, *Rencontre de saint Dominique et saint Francis,* Bernardo Daddi, Lorenzo di Niccolo.
- Early northern painting : belle *Déposition du Christ* par Ambrosius Benson, magnifique triptyque, le *Jugement dernier*. Noter la finesse des détails dans le panneau de droite en bas (l'Enfer), le raffinement des supplices (une dame grille comme une brochette), diables superbes, etc. *Passion du Christ* du Maître de Kappenberg, *l'Annonciation* du Maître du retable des Rois Catholiques, *Lucrece* de Joos Van Cleve, Lucas Cranach le Vieux (à la manière de Bosch), *la Tentation de saint Antoine* de Jan Wellens de Cock, *Vierge et Enfant* de Dierick Bouts.
- Statuaire religieuse : ravissante *Déposition* du XVe siècle, tapisseries de Bruxelles, meubles marquetés, très belle *Madonne avec sainte Anne et l'Enfant Jésus* en bois sculpté polychrome (XVIe siècle), Adam et Ève en albâtre, petits objets d'art religieux, Trinité en calcaire (du XVe siècle), reliquaire et crucifix en émail champlevé de Limoges (XIIIe siècle), *Christ aux liens* particulièrement expressif.
- Galerie Robert Dollar : Hubert Robert, exquis *Inutile de résister* de Fragonard, *la Cartomancienne* et *Partie carrée* de Watteau, François Boucher. Ameublement du XVIIIe siècle.
- Diane and Alfred Wilsey Court : sculptures de Rodin, *Scène de mariage* de K. Makowski.
- Salle 15 (retour dans Naify Gallery) : art flamand, David Teniers, Brughel le Vieux, Frans Hals, Gabriel Metsu, *Mariage de Tobias et Sarah* de Jan Steen, délicats petits ivoires (Hercule enfant et le serpent).
- École française du XVIIIe siècle : Oudry, *Compagnons de Diane* et *Vertumnus et Pomona* de Boucher, Nattier, Van Loo, etc.
- Néoclassiques des XVIIIe et XIXe siècles : Greuze, Élisabeth Vigée-Lebrun, Jacques Louis David, Houdon, Canova.
- XIXe siècle : John Constable, Corot, l'orientaliste Jean-Léon Gérôme, Bouguereau, Couture, Courbet, James Tissot, Degas, Manet, Fantin-Latour, Géricault, *Le Baiser* de Rodin, *Grand Canal à Venise* et *Water Lillies* de Monet, *Paysage à Beaulieu* de Renoir, Pissarro, Boudin, Cézanne, Sisley, *Montmartre* de Van Gogh, etc.

Pour finir, toujours une très intéressante expo temporaire sur un thème bien choisi.

▶ *Cliff House :* vers les n°s 1066-1090 Point Lobos Avenue. Tant qu'à être dans le coin du California Palace of the Legion of Honor, autant en profiter pour bénéficier d'une des plus belles vues qui soient sur la falaise, le Pacifique, les Seals Rocks, située tout au bout de l'avenue Geary. Une des promenades favorites des familles. La première Cliff House fut bâtie en 1863. Un bateau s'écrasa contre la falaise et sa cargaison de dynamite sauta emportant une partie de la maison. Quelques années plus tard, le reste brûla un jour de Noël (ah, les beaux sapins !). A la fin du siècle, elle fut reconstruite par Adolphe Sutro (créateur des fameux bains), mais brûla à nouveau peu de temps après. En 1909, une nouvelle Cliff House émergea, qui subit tellement de modifications et reconstructions que le présent édifice ne présente guère d'intérêt. Les restaurants y sont chers, très touristiques et de qualité controversée. En revanche, peu de risque à y prendre seulement le petit déjeuner pour bénéficier de la belle vue sur les Seals Rocks.

Bureau des parcs et forêts où l'on peut s'intéresser aux photos anciennes du site et à quelques anecdotes qui lui sont liées. Boutique de souvenirs. Petit musée (gratuit) des instruments et jeux mécaniques. Quelques « pièces » assez rares et fonctionnant encore.

▶ *San Francisco Fire Department Museum :* 655 Presidio Avenue (et Bush). ☎ 86 1-8000 (ext : 365). Ouvert du jeudi au dimanche de 13 h à 16 h. Fermé les jours fériés. Pour nos lecteurs fascinés par les soldats du feu (ou la peinture de Bouguereau et Fernand Cormon). Intéressante expo de photos, pompes à main, voitures à incendie et souvenirs de Lillie Hitchcock Coit qui s'enflamma tant pour cette héroïque corporation (cf. « Coit Tower » dans « A voir à North Beach et Russian Hill »).

HAIGHT ASHBURY

Quartier mythique des années 60 et de la belle époque hippie. Proche de l'université et offrant d'immenses maisons de charme, Haight Ashbury se devait de convenir à une génération pacifiste, rockeuse, généreuse, idéaliste, naïve, bucolique, poétique, psychédélique... Depuis, quelques centaines de milliards de gallons d'eau ont coulé sous le Golden Gate et le quartier s'est bien « gentrifié ». Cependant, même si le mouvement hippie a disparu, le quartier n'a perdu ni de son charme ni de son rythme. Bien au contraire. D'abord, toutes les tentatives d'importer magasins de luxe et restaurants du genre Union Street échouèrent. Snobs et friqués ne vinrent pas sur Haight. Il reste nombre de marginaux très couleur locale, quantité de boutiques originales, de petits restos pas chers et sympa, et d'intéressants lieux culturels. Une anecdote : l'année dernière, un drugstore tout neuf brûla sur Cole Street. Pour le construire, les promoteurs avaient liquidé sans scrupules un beau vieux théâtre. Bien sûr, tout le monde pensa à une vengeance. Aujourd'hui, les ruines sont toujours en l'état !

Petite promenade architecturale

Impossible d'inventorier toutes les élégantes demeures victoriennes du quartier. En voici cependant les plus beaux fleurons.

▶ Au coin de Haight et Masonic, chouette tir groupé de cinq maisons. Sur **Haight**, au n° 1665, *The Red Victorian B & B* (une des façades les plus colorées), au 1660 (un ex-vieux cinéma), au 1779 (la plus ancienne maison de la rue). Entre **Lyon et Baker**, aux n°s 1128, 1132, 1144, intéressante série (noter le travail des baies et des fenêtres). Au 1080, la plus imposante, présentant une somptueuse décoration extérieure. Tant d'autres dans la rue et alentour...
▶ Au coin de Broderick et Fulton, belle rangée encore. Puis, en continuant Fulton, on arrive à **Alamo Square**, charmante place donnant définitivement envie de vivre à San Francisco. Au point le plus haut de la place, intéressantes échappées. C'est là que l'on retrouve l'alignement le plus célèbre de la ville, les fameuses *Painted Ladies*.
▶ Retour sur Haight (et Baker), pour se promener dans le **Buena Vista Park** (pas trop conseillé la nuit). Prendre les escaliers pour accéder à une jolie vue sur la ville.
▶ Enfin, pour ceux qui n'ont plus trop le temps, dernière errance sur Waller Street. Au coin de **Masonic** et alentour, nombreuses maisons dont il faut détailler tout le décor extérieur, tous les petits particularismes.

Lieux culturels et de loisirs

— ***The Red Vic Movie House*** : 1727 Haight Street. ☎ 668-3994. Très chouette ciné art et essai. Superbe programmation.
— ***Park Bowl*** : 1855 Haight Street. Près du Golden Gate Park. Immense bowling 22 pistes. Un vrai, « à l'américaine ».
— Enfin, n'oubliez pas ***I BEAM*** et ***Nightbreak*** (voir chapitre « San Francisco by night »).

Quelques boutiques

— ***Cal Surplus*** : 1541 Haight Street (entre Ashbury et Clayton). ☎ 861-0404. On y propose aussi bien des jeans rapetassés, des chemises de grosse laine, des pantalons de treillis ou des salopettes de charpentier. Le tout variant selon les arrivages.
— ***Recycled Records*** : 1377 Haight Street, à la hauteur de Masonic Street. Ouvert de 10 h à 22 h (20 h le dimanche). Achat et vente de disques d'occase ou introuvables.
— ***Reckless Records*** : Haight et Masonic. Bons prix dans les disques, notamment dans les bandes originales de films.
— ***Jack's Record Cellar*** : 254 Scott Street. ☎ 431-3047. Ouvert tous les jours de midi à 19 h. Là aussi, des milliers de disques de tout genre à prix intéressants.
— ***Held Over*** : 1543 Haight Street. ☎ 864-0818. Ouvert de 10 h à 19 h (le dimanche ouvre à 11 h). Grande variété de vêtements des plus classiques aux plus originaux.

– **Austen Books :** 1687 Haight Street. ☎ 552-4122. Ouvert tous les jours de 11 h à 18 h. Une librairie qui possède un petit rayon de bouquins d'occasion en français. Vente, achat, échange...

LE QUARTIER DE CASTRO STREET

L'origine du mot « gay »

Pour se reconnaître et s'aborder sans danger, les homosexuels utilisaient un mot de passe. Ils demandaient à ceux qui les intéressaient : « Connaissez-vous un endroit gay ? », c'est-à-dire gai, agréable, où l'on rigole... Cette phrase anodine pour un hétéro (et ne présentant aucun danger si, par malheur, on avait affaire à quelque policier) annonçait la couleur pour celui qui était branché. Peu à peu, bien sûr, ça s'est su, et *gay* est devenu synonyme d'homosexuel. C'était notre quart d'heure culturel.
A l'origine, la densité des homosexuels n'était pas supérieure à la moyenne nationale. Mais l'extraordinaire tolérance des Californiens a attiré les homosexuels de tout le pays. Il est plus facile d'être homosexuel en Californie qu'au Texas...

Miss Liberty

On est loin de l'époque (1966) où le cardinal Spellmann demandait à ses curés d'inscrire les noms des fidèles qui entraient dans les cinémas voir des films considérés comme « licencieux ».
Les gays américains vont directement à leur fantasme. Trait fort révélateur, le *Bob Damron's Address Book*, le répertoire de toutes les adresses *gay* aux États-Unis, indiquait avec précision les spécialisations des boîtes homosexuelles. Ce qui supprimait toute surprise (on savait ce qu'on trouvait), toute attente (si on en était là, c'est parce qu'on aimait ceci ou cela) et même toute communication.
La population *gay* établit un énorme rapport de force (25 % de la ville) et le quartier devint un des plus vivants de la ville. Centaines de boutiques, restos, boîtes et lieux culturels qui démontraient la santé du mouvement. Du début des années 70 au début des années 80, la communauté *gay* connut donc un extraordinaire développement et s'imposa aux mentalités rétrogrades. En 1972, San Francisco fut la première ville américaine à publier une loi interdisant toute discrimination dans l'emploi et le logement sur les bases d'un choix de mode de vie ou d'orientation sexuelle. En 1973, l'Association psychiatrique américaine supprimait l'homosexualité de sa liste des maladies mentales ! Des conseillers municipaux ouvertement homosexuels furent élus à la mairie.

Bienvenue à bord du Titanic !

Bien entendu, le sida *(Aids)* a changé bien des choses : 60 victimes par mois ! (avec un record historique de 100 en mars 1989). Les saunas et *back rooms* sont fermés par décret municipal. Mais ce n'est pas encore la psychose. Évidemment, il y a plus de flirts que de calins hard...
En 1906, l'énorme tremblement de terre avait été considéré comme une malédiction de Dieu ; grand port, San Francisco était un lieu de débauche et de plaisir. Avec le sida, plusieurs ligues de vertu discernent encore la main de Dieu. En tout cas, la première cité homosexuelle du monde a perdu un peu de sa joie de vivre. Cependant les *straight* aigris et réacs de tout poil qui pensaient prendre leur revanche ont dû remettre leurs espoirs au placard. La communauté gay, durement secouée par les ravages du sida, a su réagir énergiquement. Elle mit le paquet sur l'information et la prévention. Elle multiplia les services de conseil et d'entraide pour les malades, les structures d'accueil et d'assistance diverse pour les plus atteints. Information et solidarité permettent non de survivre, mais plutôt de « vivre avec ». Impliquant forcément un changement radical de mode de vie des hommes (réduction significative de l'activité sexuelle et retour à la monogamie. Si quelques rues ou bouts de rue ont été récupérées par les *straights,* en revanche, le rapport de force politique est quasiment intact. Des activistes militants, personnalités homosexuelles connues sont régulièrement élues ou réélues à des postes très importants comme les *Education boards.*

A ne pas manquer

▶ **Castro Street** : de Market Street à 20th Street, cette portion de Castro est considérée comme le centre de la communauté *gay*. Au balcon des maisons, flotte son drapeau arc-en-ciel. Malgré la situation dramatique de la communauté *gay*, elle a réussi à conserver une partie de son lustre et animation d'antan. Notamment, nombreux magasins proposant de fort belles choses (mais souvent chères). A arpenter pour ceux qui se plaignent de ce que, en matière de vêtement, on réserve toujours les séduisantes couleurs aux femmes.
Au n° 249, *Castro*, cinéma à l'architecture originale. Décor façade et intérieur façon mission espagnole.

▶ **Mission Dolores** : à l'angle de Dolores et de 16th Street. Ouverte de 9 h à 16 h. Splendide église de style baroque colonial espagnol. Construite en 1775, elle résista au tremblement de terre de 1906 (c'est le plus ancien édifice de San Francisco).

▶ **Petite balade architecturale dans Noe Valley**. Au sud de Castro, vertébrée par 24th Street et Church Street, s'étend Noe Valley, une succession de collines couvertes d'antiques maisons de bois, de pavillons et de petites boutiques traditionnelles. C'est un quartier mixte de *gays*, vieilles familles ouvrières, retraités, etc., réputé pour son calme et sa qualité de vie.
Sur Liberty Street, entre Noe et Castro (du n° 539 au n° 575), très belles rangées de demeures avec élégantes vérandas et hauts escaliers.
Sur Castro, du n° 713 au 733, superbe alignement également.

▶ Enfin, ne pas manquer de se rendre par une route sinueuse aux **Twin Peaks** d'où vous bénéficierez probablement du plus beau panorama global sur la ville. Situé à l'ouest de Castro, entre Portola et Clarendon.

▶ **Names Project AIDS Memorial Quilt** : 2362 Market Street. Ce projet qui démarra en 1987 se donne pour but d'attirer l'attention sur la gravité de la situation en demandant aux amis, aux familles de victimes du sida de confectionner un morceau de tissu avec le nom du disparu (de 1,80 m sur 0,90 m). Chacun d'entre eux est ensuite intégré à un kilt qui est, aujourd'hui, devenu immense. D'abord composé de plusieurs dizaines, plusieurs centaines, puis plusieurs milliers de morceaux de tissu, cet impressionnant patchwork fut déployé pour la première fois sur Capitol Mall à Washington en octobre 1987 et couvrait l'équivalent de deux terrains de foot (avec 1 920 contributions). Puis, il fut déployé dans d'autres villes du pays, augmentant sans cesse en taille par de nouvelles contributions. Travail énorme de sensibilisation qui amena aujourd'hui le patchwork à plus de 15 000 morceaux. Désormais, quand il est déployé entièrement, le choc psychologique créé est à la hauteur de la gravité de la maladie. C'est en outre un moyen d'agitation culturel particulièrement efficace pour obtenir des fonds pour la recherche médicale et l'aide aux malades. Aujourd'hui, le kilt pèse plus de 16 t et mis bout à bout il mesure 50 km de long. Il a reçu plus de 2 millions de visiteurs. Pour toutes informations : ☎ (415) 863-5511 et 863-1966. Fax : 863-0708.

▶ **Cruisin the Castro** : 375 Lexington Street. ☎ 550-8110. Intéressante balade de 3 h 30 à travers le quartier, organisée par Trevor Hailey (qui y vit depuis 1972). Réservation obligatoire. Petits groupes de 6 à 12 personnes maximum. Compter autour de 200 F (*brunch* inclus). Le tour commence en général à 10 h, à partir du Harvey Milk Plaza (à côté du Castro Street MUNI Station).

Autres lieux ou quartiers gay

Le seul quartier résistant bien à la crise se révèle être Castro et Market. Les autres hauts lieux de la communauté *gay* ont périclité. Ainsi en est-il de Polk Street, hélas bien tombé. Un semblant d'activité entre Geary et Sacramento, mais comme dit un copain homo de Haight Ashbury, on n'y trouve plus que des *drag queens* et des *hustlers* ! The Girafe (entre Sutter et Post) est un des rares vidéo-bars qui tiennent encore. Quant au quartier de Folsom, dans South of Market (SOMA) qui fut le temple des *leather bars*, quelques poches résistent toujours, notamment le **Stud Bar** et **Eagles** (voir adresses dans le chapitre suivant).

San Francisco by night

Il est difficile d'indiquer les noms de boîtes. D'abord, elles sont très nombreuses, ensuite l'ambiance varie selon les groupes qui y passent.
Les boîtes accueillent souvent des groupes, mais pas toujours. Le quartier de «South Market», judicieusement situé au sud de Market Street, vous l'aviez compris, est devenu *«the» place*. Sur quelques blocs, ce secteur d'entrepôts est le rendez-vous des noctambules de tout poil, voile ou vapeur, ou les deux à la fois. L'animation est grosso modo concentrée autour de Folsom Street, 11th et 12th Streets. Au gré de vos pérégrinations, vous découvrirez des bars et des boîtes en tout genre. En voici quelques-uns.

SOUTH OF MARKET

- **Holy Cow :** 1535 Folsom Street. ☎ 621-6087. Club-dancing à l'enseigne de la vache. Son doux regard refléterait-il celui des patrons de la boîte ? Toujours est-il que c'est l'une des moins sélectives que l'on connaisse et qu'il n'y a pas de *cover charge*. Bonne musique dans cette grande salle s'articulant autour d'un bar ovale. Décor bois. Atmosphère sympa.
- **Paradise Lounge :** 11th Street et Folsom. ☎ 861-6906. Plusieurs salles et deux scènes. Superbe musique et nombreux concerts de qualité.
- **The DNA Lounge :** 375 11th Street. ☎ 626-1409. Ouvert tous les soirs jusqu'à 4 h. A la mode depuis quelques années déjà. Tient encore bien la route. Salle immense avec mezzanine faisant le tour. Bonne musique. Réputé pour ses groupes. Trois à quatre concerts par semaine à 22 h.
- **Slim :** 333 11th Street. ☎ 621-3330. Entre Folsom et Harrison. Là aussi, tout le contraire d'un club intimiste. Volume énorme. Malgré cela, la fumée arrive à faire pleurer. Concerts cinq à six fois par semaine.
- **DV 8 :** 540 Howard. ☎ 777-1419. Ouvert du mercredi au samedi. Énorme night-club sur deux niveaux. Une certaine sélection à l'entrée (surtout le week-end). A l'intérieur, beaux volumes. Décor romain avec fissures en trompe l'œil (peut-être remplacé par autre chose à l'heure qu'il est car les thèmes changent). Pistes de danse à plusieurs niveaux. Bar dans un coin sympa.
- **Brainwash Laundromat :** 1122 Folsom Street. ☎ 861-FOOD. Ouvert de 7 h 30 à 23 h tous les jours. La seule laverie automatique qu'on connaisse qui soit aussi une scène. Shows «musique live» tous les soirs à 21 h. Excellents groupes. Petit *cover charge*. C'est aussi un café sympa. Possibilité de s'y restaurer.
- **Colossus :** 1015 Folsom Street (et 6th Street). ☎ 431-BOYS. Ouvert à partir de 21 h 30. Depuis trois ans, s'est acquis une grande réputation dans les fêtes homos, et la beauté de ses *disco boys* ainsi que pour ses *drag shows* (fêtes travesties) notamment (où vont d'ailleurs pas mal de *straights*). Souvent pour les concerts, les 50 premières places sont gratuites. Ne pas rater le *drag competition* mensuelle. Comme on dit ici, Colossus, c'est «fun-big, big, big !».
- **The Stud :** 399 9th Street. ☎ 863-6623. Depuis plus de 20 ans, un des piliers de Folsom. Disco et bar tendance homo. Le mercredi soir, *oldies*. Clientèle plutôt jeune.
- **Eagles :** Harrison et 12th Street. Le dimanche après-midi, rendez-vous des *bikers leather*.

CASTRO ET MISSION

- **Josie's Cabaret and Juice Joint :** 3583 16th Street (et Market). ☎ 861-7933. Ouvert tous les jours à partir de 11 h. C'est d'abord jusqu'à 20 h une paisible petite cafétéria. Après, elle se transforme en cabaret de *gay comedy*. Excellente programmation, cadre vraiment agréable. Clientèle *gay* et *straight*. Parfois, un concert vers 22 h. Leurs «Lenny Bruce» d'aujourd'hui vous feront crouler de rire.
- **Roxie :** 3117 16th Street (et Valencia). ☎ 863-1087. On aime vraiment beaucoup ce vieux cinoche reconverti en salle d'art et d'essai. Remarquable programmation par thèmes, hommages à des cinéastes oubliés ou à découvrir, cinéma du tiers-monde. Ne pas manquer de rapporter une de leurs belles affiches programmes.
- **Cafe Beano :** 878 Valencia Street (entre 19th et 20th). ☎ 558-8112. Spécialisé dans les lectures de poésie, de nouvelles et d'œuvres originales. Un bon aperçu de la riche vie culturelle du quartier.

— **Midnight Sun :** 4067 18th Street. L'un des meilleurs vidéo-bars gays de la ville. Vite packed. En principe, pas de cover charge.

DOWNTOWN, NORTH BEACH

— **Palladium :** 1031 Kearny Street, à la hauteur de Broadway. ☎ 434-1308. Boîte un peu petite, mais on y rencontre la jeunesse de San Francisco. Écran vidéo géant et bar luxueux. Ambiance très ado et musique disco-funky ou « modern rock » jusqu'à 6 h.
— **Punch Line :** 444 Battery Street (entre Clay et Washington). ☎ 397-PLSF. L'un des plus célèbres comedy clubs. Shows en général à 21 h et 23 h 30 (samedi à 19 h). Conseillé de réserver.
— **Improv :** 401 Mason (à Geary). ☎ 441-7787. Autre fameux comedy club. Shows à 21 h vendredi et 23 h. Samedi, séance supplémentaire à 19 h.

HAIGHT ASHBURY

— **I BEAM :** 1748 Haight Street. ☎ 668-6006. Une des boîtes les plus populaires parmi les étudiants (en principe gratuit le mercredi pour eux jusqu'à 23 h). Danse, vidéo et lasers. Bons groupes. Concerts à 22 h.
— **Night Break :** 1821 Haight Street. ☎ 221-9008. Très grande salle un peu sombre. Pas mal de vibrations aussi. Beaucoup de margeos post-punk. Orchestres live du jeudi au dimanche. Bonne programmation. Happy hour jusqu'à 20 h tous les jours.
— **Kennel Club :** 628 Divisadero, près de Hayes Street. ☎ 931-1914. Fermé le lundi. Groupe trois fois par semaine à partir de 21 h. Vaste entrepôt avec bar circulaire au centre. Orchestre, écran géant, musique forte : rock, reggae, new wave, clientèle mélangée, groupes très différents, plutôt rock. Prix d'entrée en fonction de la qualité des groupes.

Pour les amateurs de jazz et de blues

— **Kimball's :** 300 Grove Street (et Franklin). ☎ 861-5555. Bâtiment en brique. A l'intérieur, décor plaisant. Certainement la meilleure boîte de jazz. Superbe salle toute meublée en bois blanc. Les plus grands noms du jazz y sont passés. Restaurant, mais on peut se contenter d'un verre au bar. Le midi, prix modérés. « Café menu » de 16 h à 23 h. A la carte, assez cher. Concerts en général à 21 h et 23 h.
— **The Great American Musical Hall :** 859 O'Farrell Street, près du coin de Polk Street. ☎ 885-0750. Cet ancien restaurant français au style colonial baroque et aux tentures rouges est aujourd'hui un rendez-vous des jazzmen à San Francisco. John Lee Hooker, B.B. King, Tania Maria s'y produisent fréquemment. Concert presque tous les soirs. Entrée assez chère, appelez pour savoir qui passe. Souvent, entrée gratuite pour les 100 premières personnes.
— Enfin, ne pas oublier **Lost and Found Saloon**, et ses beaux concerts de blues (voir chapitre « Où boire un verre ? »).

— AUX ENVIRONS —

▶ **SAUSALITO**

Quartier de l'autre côté du Golden Gate Bridge, connu pour ses hippies et ceux qui veulent le faire croire. Le coin est joli, mais attention à votre bourse : les boutiques sont luxueuses et les restos inabordables. Assez plaisant toutefois. Allez renifler les vitrines du Village Fair (777 Bridgeway). Ce sont des magasins installés dans une ancienne fumerie d'opium.
Une chose vraiment étonnante à voir : les fameux house-boats de toutes les tailles et de toutes les couleurs, qui forment tout un village flottant. Assez loin du centre : ils sont situés à la hauteur de la bretelle qui rejoint l'autoroute et il faut longer la mer une bonne demi-heure pour les trouver.
Non loin des house-boats, dans la baie, on peut voir une petite île avec quelques palmiers. Cette île n'en est pas une ! Elle a été fabriquée par Forbes Kiddoo, un constructeur de péniches, qui l'a conçue comme résidence principale. Il a fallu 600 t de béton, 50 t de sable pour la plage et autant de terre pour les arbres.

Au sous-sol, 15 pièces avec 3 salles de bains. Tirant d'eau : 2,6 m. Vous pouvez l'acheter pour la rondelette somme de 10 millions de francs et l'emporter où vous voulez. Ah, ces Américains !

Comment y aller ?

– **Ferry-boat :** Ferry Building. A la fin de Market Street. Départ toutes les 80 mn environ. En semaine, de 7 h 50 à 20 h. Samedi, dimanche et fêtes, six départs de 11 h 30 à 18 h 55. Pas de bateau pour Thanksgiving, Noël et Jour de l'An. Horaires en téléphonant au 322-6600. Également depuis Fisherman's Wharf, Pier 41. Avec *Red and White Fleet.* ☎ 546-2610. *Un conseil :* partez le matin de San Francisco en bus (par le Golden Gate Bridge) car la baie est dans le brouillard, puis revenez en ferry. Prenez le bus 10-20, à l'angle de Market Street et de 7th Street. Le ferry, lui, est tout aussi valable que l'excursion dans la baie en bateau, et moins cher.

Où dormir ?

Hôtels rares, chers, et toujours pleins !
■ *Golden Gate Youth Hostel :* ☎ 331-2777. Elle est très bien, mais ce n'est pas vraiment l'idéal car trop loin de Sausalito. Très difficile d'accès à pied, et le stop n'est pas aisé sur cette petite route. En outre, couvre-feu à 23 h (ça implique de partir trop tôt de San Francisco !).

Où manger ?

Tout est très cher dans le coin. Les fauchés se ravitailleront dans le petit supermarché situé sur California Street.
● *Bridgeway Café :* 633 Bridgeway. Dans le village même. ☎ 332-3426. Ouvert de 7 h 30 à 17 h. Bons sandwiches et burgers.
● *Giovanni's :* 629 Bridgeway, juste à côté. ☎ 332-4418. Ses pizzas sont excellentes et tout particulièrement celle au *garlic*, pour ceux qui aiment l'ail. Attention, les « petites » pizzas sont généralement trop grandes pour une seule personne. Excellente *sausage and green pepper, house special,* végétarienne, etc. Petite salle sympa.
● *Zack's :* resto en bois sur le port de plaisance. ☎ 332-9779. Grandes salles et terrasse agréable sur l'eau. Très populaire dans le coin. Prix raisonnables. Atmosphère sympa. *Juicy burgers* au gril, *beef brochettes, zacks ground steak,* BBQ, *clam chowder,* salades, etc. Parts copieuses. Bons groupes de jazz les vendredi et samedi de 20 h 30 à 0 h 30 (parfois le dimanche après-midi).

A faire

– *Petit tour au-dessus de la ville en hydravion :* Commodore Seaplanes organise des survols de la ville super. Le point de départ est à Sausalito. De San Francisco, prendre le Golden Gate Bridge et poursuivre sur la 101. Sortir à Stinston Beach-Mill Valley. Prendre tout de suite à droite, une petite rue au début de la sortie. D'ailleurs on voit les hydravions au bord de la 101, sur la droite. ☎ (415) 332-4843. Les vols s'organisent sur rendez-vous ou en venant à l'improviste. Mais il est conseillé d'appeler, ne serait-ce que pour vous informer des prix.
Trois tours sont proposés : 20 mn, 30 mn et 45 mn. Notre préféré, c'est celui de 30 mn. 20 mn c'est un peu court et celui de 45 mn n'offre pas forcément plus. On vous conseille fortement ce tour. C'est tout bonnement superbe. Le survol de la ville a vraiment quelque chose de magique. On a le sentiment de la dominer. L'alignement des rues, les différents quartiers apparaissent clairement. Puis on remonte vers le nord où l'on découvre les merveilleux îlots de Tiburon, les collines de Mill Valley, la belle plage de Stinston Beach. Dieu que c'est beau ! Le tour de 20 mn se contente du survol de la ville et des proches

environs. Celui de 45 mn remonte un peu plus au nord sur la côte. Pour que ce soit rentable, il vaut mieux être trois. Les prix sont franchement très honnêtes vu le pied qu'on prend dans cet hydravion. Et puis les types qui font ça sont vraiment sympa. La preuve, ils vous feront 10 % de réduc sur présentation du *Guide* !

▶ SAN RAFAEL

Ville agréable à environ 16 km au nord de Sausalito. Fondée en 1817 avec la mission San Rafael Arcangel. Pittoresque Main Street, choisie par George Lucas pour y tourner des scènes d'*American Graffiti*, en 1972. Les gastronomes y trouveront 175 restaurants et les esthètes les charmants quartiers victoriens, ainsi que le célèbre *Marin County Civic Center*, œuvre de Franck Lloyd Wright. Architecture ultra-futuriste, on dirait un bâtiment sorti d'un film de science-fiction. Plage de McNear's avec tennis et piscine.
– Pour s'y rendre, le *Golden Gate bus and Ferry*. ☎ 453-2100. Ferry depuis l'embarcadère de Market Street jusqu'à Larkspur Terminal au sud de San Rafael. Une douzaine de départs quotidiens (5 ou 6 les samedi, dimanche et jours fériés).
– *San Rafael Chamber of Commerce* : 818 5th Avenue. ☎ (415) 454-4163.

Où dormir

■ *Colonial Motel* : 1735 Lincoln Avenue. ☎ (415) 453-9188. Numéro gratuit : 800-554-9118. Situé pas loin du Downtown. A 15 mn en voiture du Golden Gate. Pour s'y rendre de la 101, sortie Lincoln Avenue ou Central San Rafael. Joli motel au milieu de la végétation offrant des chambres spacieuses et confortables à prix intéressants. Réfrigérateur, TV et câble, possibilité de kitchenettes. Accueil sympa. Les proprios parlent le français, l'allemand et l'espagnol et connaissent bien toutes les possibilités du coin.
■ *Villa Inn* : 1600 Lincoln Avenue. ☎ 456-4975. Numéro gratuit : 800-453-4511. Là aussi, motel sympa. Le bus pour San Francisco passe devant *(Golden Gate Transit Bus)*. Patrons basque et aveyronnais. Chambres plaisantes. Restaurant basque.

Dans les environs

– Pour les amateurs de clichés, aller au *mont Tamalpais*. A 10 mn au nord de San Francisco, accessible par la 101. Vue imprenable sur toute la baie de San Francisco. Point de départ de randonnées. Nombreux parcours fléchés dans un cadre très agréable.

Où se baigner ?

– *Muir Beach* : on ne peut y aller qu'en voiture. En bus, c'est la galère. Situé non loin de Muir Woods (voir plus loin), au nord de San Francisco, dont on vous conseille la visite. Si vous avez un véhicule, prenez la 101 et sortez à Mill Valley-Stinston Beach. Au premier grand carrefour (après être repassé sous la 101), prenez à gauche et poursuivez cette route qui sinue à travers les collines merveilleuses. Vue vraiment prenante. Au creux de la vallée, une petite pancarte sur la gauche indique la plage.
A côté de la grande plage, passé les rochers, bande de sable plus petite où l'on peut enlever le bas. Drague gentille pour les filles seules.
– *Tennessee Valley Road* : toujours à la sortie Mill Valley, en allant vers le nord. Tout de suite après être passé sous le pont, sur la gauche, une petite route mène à un parking. On y laisse sa voiture puis on marche sur 2 km environ jusqu'à une plage croquignolette, peu connue, entourée de hautes collines verdoyantes.
– *Stinston Beach* : encore plus loin sur la côte. Superbe plage de 2 km la plus connue et la plus prisée des San Franciscains. Beaucoup mieux aménagée que les autres. Les week-ends d'été, beaucoup de monde mais c'est vraiment sym-

pathique. Glacière, volley-ball et crème à bronzer. Toute cette région du nord de San Francisco échappe parfois (mais rarement) à la nappe de brouillard qui s'abat sur la ville certaines journées d'été.
Pour une petite faim, essayer les *brunchs* du Parkside, à côté du parking.

▶ BERKELEY

Une des plus célèbres universités au monde. Le plus de prix Nobel au mètre carré. Le temple de la contestation des sixties s'est bien assagi mais reste extraordinairement vivant. A ne pas rater.
Situé de l'autre côté de la baie par rapport à San Francisco (à 15 km environ). Pour y aller, le plus simple est de prendre le métro (BART), du bas de Powell Street (au centre de San Francisco), en direction de Richmond. Fonctionne jusqu'à minuit.
Puis il existe le bus — navette de l'Université de Californie, le *U.C. Shuttle.* Vous pouvez le prendre et aller au Hall of Science. Très belle vue sur Berkeley.
Demandez où se trouve la *Student Union* (en haut de Telegraph Avenue, dans l'université) : il y a une cafétéria (un bon endroit pour rencontrer les étudiants du coin) et un bowling. Pas loin, un kiosque d'informations. Plans du campus gratuits.
Bon, Berkeley on adore. Il faut se balader le long de *Telegraph Avenue,* une rue vraiment dingue avec ses boutiques, ses restos, ses disquaires et son ambiance. Un monde où les jeunes sont rois. Le spectale et la joie de vivre sont partout.
Et puis, à Berkeley, la fête est dans les maisons. Il y a tout l'été d'immenses *parties,* où est souvent convié quiconque passe devant.
En principe, certains samedis, à 21 h, concerts de rock au *Greek Theater,* en pleine université. De toute façon, il faut aller jeter un œil sur ce théâtre, cadeau de W.R. Hearst, pour voir ce que l'on peut faire quand on n'a ni pétrole ni idée, mais beaucoup de fric !
Il se passe encore quelque chose à Berkeley. Allez-y avant qu'il ne soit trop tard... En cherchant un peu, vous y passerez les nuits les plus dingues de votre existence. Vous fréquenterez ce petit cinéma qui passe à minuit des films où il est recommandé de venir *in a suitable state of consciousness.*
N'hésitez pas à monter sur la tour du campus *(Sather Tower).* Ce n'est pas cher et ça vaut le coup d'œil.

Où dormir ?

- **The Victorian Hotel :** 2520 Durant Avenue. ☎ (510) 540-7688. En plein centre, à deux pas de l'animation. Comme son nom l'indique, belle maison victorienne. Chambres correctes avec salle de bains autour de 350 F. Rénové récemment.
- **Berkeley Albany YMCA :** 2001 Allston Way. ☎ 848-6800 et 848-YMCA. Pas de charme particulier. *Single rooms* vraiment petites mais à prix modérés (compter 140 F). Attention, hommes seulement.

Où manger ?

- **La Fiesta :** 2444 Telegraph Avenue, à l'angle de Haste Street. ☎ 848-2588. Dans un décor mexicain, on sert de la cuisine mexicaine (ça tombe bien !). Si vous ne connaissez pas, n'ayez aucune crainte, car tout est expliqué. Très bon et pas trop cher.
- **The Blue Nile :** 2525 Telegraph Avenue. ☎ 540-6777. Ouvert tous les jours de 11 h 30 à 22 h (dimanche, de 17 h à 22 h). Intéressant parce que vous y mangerez de la cuisine éthiopienne, ce qui ne doit pas vous arriver tous les jours. A la réception, Mimi est adorable. Cadre exotique. Petits boxes intimes avec rideaux de jonc. Arrangez-vous pour avoir une table à l'étage d'où l'on domine la rue. *Lunch special* de 11 h à 16 h. Plats vraiment copieux. Goûter au *riffo* (spécialité de bœuf), au *yé siga tibs* (morceaux de bœuf, riz, légumes, sauce maison), au *doro wat* (poulet épicé), au *ye beg atecha* (agneau à l'ancienne). Vous noterez également combien les Éthiopiens mangent de façon originale !

134 LA CALIFORNIE

- **Kips :** 2439 Durant Avenue, près de Telegraph Avenue. ☎ 848-4340. Ouvert de 11 h à 23 h les dimanche et lundi (0 h 30 les mardi et mercredi et 1 h le reste de la semaine). Un self banal et bon marché avec des steaks et des hamburgers cuits à la braise. *Special Day Break* de 11 h à 16 h. Élu par le *Daily Californian* meilleure pizza de ce côté de Shattuck Avenue (qui coupe la ville en deux). Souvent bondé, à juste titre. Superbe juke-box des années 50. Juste à côté, goûtez aux *frozen yoghurts* : divers parfums naturels avec plein de noisettes, amandes... Vous nous en direz des nouvelles.
- **Saul's :** 1475 Shattuck Avenue. ☎ 848-DELI. Réputé pour ses excellents breakfasts. Très populaire ici. Cadre sympa. *Early Bird* pas cher du lundi au vendredi de 8 h à 10 h. Sinon, belles omelettes (*Lox Cloud, Salami to the Moon*, etc.) et carte bien remplie (soupes, salades, *bagels, deli sandwiches* et *old fashioned deli platters*).

Où boire un verre ?

- **Caffe Strada :** 2300 College Avenue (et Bancroft). Ouvert de 7 h à 23 h. Une *coffee shop* où l'on rencontre plein d'étudiants. Terrasse très recherchée.
- **Coffee Mediterraneum :** 2475 Telegraph Avenue. ☎ 841-5634. Ouvert de 9 h à 12 h. Une des cafétérias les moins chères du quartier. Omelettes, *burgers, snacks*. Excellent *espresso* comme seuls les Italiens savent le faire.
- **Au Triple Rock :** 1920 Shattuck Avenue (à 150 m du carrefour avec University Ave.). ☎ 843-2739. Ouvert de 11 h à 1 h tous les jours. Les trois bières (blonde, brune et ambrée), dont la fameuse Red Rock, sont les seules boissons servies ; elles sont fabriquées dans la brasserie que l'on peut voir du bar. Le patron, avant de remplir votre verre, le jette en l'air et le rattrape d'une main. On peut aussi manger (sandwiches, *natchos*, etc.). Clientèle d'étudiants.
- **Bison Brewing :** 2598 Telegraph (et Parker). ☎ 841-7734. Ouvert tous les jours de 11h à 1 h. Bar-menu jusqu'à 23 h. Musique *live* les jeudi, vendredi et samedi à 21 h. *Buck-a-beer* le vendredi de 16 h à 18 h. Terrasse au 1er étage au soleil, pour le petit déjeuner. Architecture et décor intérieur très modernes. Ne pas manquer, si vous voulez améliorer votre anglais, de prendre le prospectus révélant tout sur la fabrication de leur bière.

Où écouter de la musique ?

- **Larry Blake's :** 2367 Telegraph Avenue. ☎ 848-0888. Resto ouvert de 11 h 30 à 22 h (23 h le week-end et 21 h le dimanche). Bar ouvert jusqu'à 2 h. *Snacks*, salades, *BBQ chicken, vegetarian lasagne, burgers*, etc. Superbe programmation de blues à partir de 21 h.

A voir

▸ **Lowie Museum of Anthropology :** Kroeber Hall, Bancroft Way and College Avenue. ☎ 642-3681. Ouvert de 10 h à 16 h 30 du mardi au vendredi. De 12 h à 16 h 30 les samedi et dimanche. Fermé les lundi et jours fériés. Un petit musée, mais il intéressera les amateurs de collections ethnographiques. Section sur Ishi (le dernier Yahi, cf. le livre chez Terre humaine), artisanat, belle vannerie indienne, poterie mohave, bijoux, ornements, jouets. Quelques pièces insolites comme cette momie de crocodile, récipient de cérémonie (Indiens Kwakiut) en forme d'aigle, lion royal du Dahomey, tombe étrusque, etc. Sculpture en bois égyptienne représentant un jeune garçon assez remarquable.

▸ **University Art Museum :** 2626 Bancroft Way (entrée 2625 Durant Avenue également). ☎ 642-1207. Ouvert de 11 h à 17 h. Fermé les lundi et mardi. Intéressantes expos d'art contemporain. Belles œuvres dans le fonds permanent : *Passages East, West II*, de Raymond Saunders, *Chanting* de Sylvia Lark, *Goddesi* de Nancy Spero. Puis, *Number 207*, de Mark Rothko, *Study for figure V* de F. Bacon, puis Joan Mitchell, Sam Francis Richard Diebenkorn, Elmer Bishoff, etc. Salle avec Fernand Léger, Matta, *Surf* de Pierre Alechinsky, *Response without question* d'Asger Jorn, Tadeusz Kantor, Soulages, *Duo* et *Youth* de Magritte, dessins de Picasso, Klee, Matisse, Miró, Rouault, Max Beckmann, *Leipzigers* de George Grosz.

Salle Hans Hofmann (1880-1966) : nombreuses œuvres de ce peintre inventif s'exprimant en éclatantes couleurs : *Interieur Composition, Japanese Girl, In the wake of the hurricane, The Lark*. Sachant parfois aussi être éclectique et peindre à la façon de Pollock.

Galerie R. et R. Swig : *The Studio'* de Daumier, *Deauville* de Boudin, encre de John Singer Sargent. Beaux paysages d'Albert Bierstadt, *Self Portrait, Yawning*, un curieux Joseph Ducreux, *Madone et Enfant* du Titien. Remarquable *Road to Calvary* de Rubens, *Sleeping Woman* de Renoir.

▶ *Pacific Film Archive :* dans le même bâtiment qu'University Art Museum. Riche cinémathèque présentant des programmes par thème. Dans l'entrée (Durant Avenue), des roches pétrifiées servent de fauteuils. Ne pas manquer de prendre leur journal gratuit (avec programmation des films). Renseignements : ☎ 642-1124.

Possibilité de se restaurer au *Swallow Restaurant,* petite cafétéria au calme, avec terrasse plein soleil. Bons gâteaux. Ouvert de 11 h à 20 h (mardi et dimanche de 11 h à 17 h). Fermé le lundi.

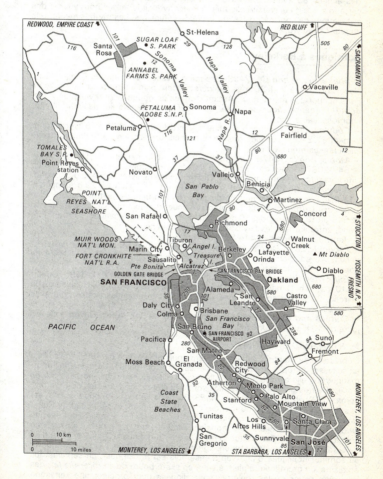

La baie de San Francisco

▶ *Hall of Science :* au nord-est du campus. ☎ 642-5132. Ouvert de 10 h à 16 h. Pour nos lecteurs amateurs de musées scientifiques, une étape très intéressante, avec toujours le meilleur matériel technologique et pédagogique.

▶ *Visite du campus* en semaine (en principe vers 13 h). Renseignements au Student Union Building. ☎ 642-5215.

▶ *People's Park :* Telegraph et Haste. Grande fresque militante (un peu défraîchie) qui vous accueille dans la rue en bas du parc. C'est ici, sur cette esplanade mythique, qu'eurent lieu les grands rassemblements contestataires des sixties. Quelques potagers-jardins populaires semi-abandonnés, quelques pancartes, il ne reste, bien sûr, plus grand-chose de l'esprit de l'époque. Aujourd'hui, refuge des *homeless* de la ville. La municipalité et les promoteurs convoitent pourtant cet immense espace en plein centre, mais n'osent pas y toucher pour le moment, de peur de réveiller les vieux démons. Il faut dire que, malgré l'apparente apathie politique des étudiants et professeurs, il semble que beaucoup tiennent encore à ce symbole. Une menace contre People's Park au début des années 80 avait d'ailleurs suscité une étonnante mobilisation. En 1992, cette fois, c'est l'université elle-même qui convoitait le terrain pour y créer des installations de sport. Mobilisation faible des étudiants. Les mythes meurent-ils un jour ? A suivre...

Boutiques à Berkeley

— *Shakespeare and Cº :* 2499 Telegraph Avenue, à l'angle de Dwight Way. Ouvert de 10 h à 21 h 30 tous les jours. Encore plus intéressante que celle de Paris qui porte le même nom. Autant inondée de bouquins et revues, avec une petite tendance pour tout ce qui touche à l'écologie, la marginalité, l'homosexualité, etc.
— *Cody's :* 2454 Telegraph Avenue. Ouvert de 9 h 15 à 21 h 45 (vendredi et samedi à 22 h 45). La plus grande et la meilleure librairie de Berkeley. Abrite aussi une cafétéria sympa.
— *Moe's Books :* 2476 Telegraph Avenue ; à la hauteur de Dwight Way. ☎ 849-2087. Ouvert de 10 h à 23 h tous les jours (minuit vendredi et samedi). Une librairie où il faut se précipiter. Quatre étages de livres neufs et d'occasion.
— *Rasputin :* 2332 Telegraph Avenue. Ouvert de 10 h 30 à 23 h (dimanche 11 h 30). Énormes boutiques de disques l'une en face de l'autre.
— *Millers Outpost :* 2403 Telegraph Avenue, non loin du Garden Restaurant. ☎ 549-3119. Ouvert de 10 h à 19 h. Samedi 18 h. Dimanche 11 h à 18 h. Vend, entre autres, des Levis 501 très bon marché.
— *Journaux français :* 2444 Durant Avenue.
— *Leopold :* 2518 Durant Ave. ☎ 848-2015. Ouvert tous les jours de 9 h à minuit. Au sous-sol, *the Vinyl Resting Place* avec tous les vieux L.P. et de bonnes vieilles musiques de films pas chères.
— *Bill's Men Shop :* 2386 Telegraph (et Channing Way). ☎ 848-5636. Ouvert de 10 h à 18 h. Dimanche de 12 h à 17 h. En été, soldes sur les chaussures de marche. Collection complète des Clarks. Plus les fameuses bottes Frye avec d'intéressantes réductions.
— *Comics and Comix :* 2461 Telegraph Ave. ☎ 845-4091. Ouvert tous les jours de 10 h à 21 h. Une mine de B.D.

▶ **STANFORD UNIVERSITY**

L'université de Stanford est assez récente puisqu'elle date de 1891, mais elle a su se hisser au top du classement américain, surtout dans le domaine de l'informatique, où elle excelle. C'est d'ailleurs elle qui a donné naissance à la *Silicon Valley*. De très grandes compagnies sont des émanations directes de *Stanford*, comme *SUN* et, plus récemment, *MIPS*. De l'avis de tout le monde, si ce n'est pas le plus beau campus du monde, c'est certainement le plus beau des États-Unis. Ici, chaque bâtiment contribue à l'esthétisme de l'ensemble. Tout est bâti en pierre ocre dans des styles rappelant l'architecture espagnole. Le plus beau coin à visiter est le *Quad*, situé derrière la cour d'honneur (*The Oval*) et au pied de la tour *Hoover* (point de repère agréable visible à 20 km à la ronde ; monter au sommet pour jouir d'une vue d'ensemble sur le campus). En semaine, les étudiants s'y promènent à pied, à vélo, en skate-board ou en *roller-blades*, ces nouveaux patins où les roulettes sont alignées pour procurer une sensation proche du patin à glace. Au printemps et en été, les cours ont souvent lieu à l'extérieur et, en vous promenant vers les salles de classe, derrière le *Quad*, vous découvrirez peut-être une vingtaine d'étudiants assis dans l'herbe autour de leur professeur. *Stanford* n'a pas le passé soixante-huitard agité de *Berkeley*. C'est plutôt une université où il fait bon étudier. Le campus est d'ailleurs deux fois plus étendu que celui de *Berkeley*, pour à peu près deux fois moins d'étudiants.

Vous pourrez également visiter le **Rodin Garden** (accès par *Palm Drive*) qui offre plusieurs sculptures originales de Rodin. Et si jamais vous vous trouvez là-bas vers la mi-juin, ne manquez pas non plus la cérémonie de remise des diplômes *(Graduation)*, qui attire plus de 20 000 personnes chaque année. Vous assisterez au défilé des quelque 4 000 jeunes diplômés, en costume et chapeau carré noirs, dans la plus pure tradition américaine. Enfin, pour ceux qui préfèrent se laisser guider, il existe toute l'année des visites guidées du campus. Renseignez-vous à *Tressider*, au Ticket Office (à l'intérieur, au rez-de-chaussée).

Où boire un verre ?

– **Tressider :** au centre du campus, près de la White Plaza. C'est le lieu de rencontre de tous les étudiants.

Quitter San Francisco

En stop

– **Vers le nord** (Sausalito, vallée du Vin) : bus 30 Stockton sur Columbus Avenue, à la hauteur de Washington Square, jusqu'à Marina Green.
– **Vers le nord-est** (Sacramento, lac Tahoe, Reno) : prendre le BART jusqu'à « North Berkeley ». Stopper sur la route 80.
– **Vers le sud-est** (Yosemite, Fresno) : prendre le BART jusqu'à la station « Hayward ». Stopper sur la route 580 puis 205.
– **Half-Cost Car-Pool Transit Systems :** 2720 Grove, Berkeley. ☎ 845-1769. C'est un organisme qui, pour la modique somme de 10 $, vous trouve un conducteur ou des passagers, vous aide pour le *drive-away*, prend vos messages et rend un tas d'autres services.

En bus ou en voiture (location)

Voir adresses au début du chapitre « San Francisco ».

En train

– **Amtrak :** Trans Bay Terminal, Mission et 1st Street. ☎ (800) 648-3850.
– **Southern Pacific Commuter Railroad :** 4th et Townsend. ☎ 495-4546.

En avion

– **Terminal de bus** pour aller à l'aéroport : angle de Ellis Street et de Taylor Street, près de Union Square. Départ toutes les 15 mn.
– **Door to Door Airport Express :** 865 Post Street. ☎ 775-5121. Toutes les demi-heures de 5 h 30 à 22 h 30. Téléphoner 24 h avant pour réserver.

En auto drive-away

– **Auto Drive-Away C° :** 330 Townsend Avenue. ☎ 567-6029.

En voiture d'occase

Achat à **Daly City** sur Mission Street (n° 6600 et suivants).

LA VALLÉE DU VIN

Le vin californien

Il y a encore quelques (rares) Français pour dire que le vin californien est imbuvable. Eh bien, qu'ils s'abreuvent de Coca-Cola. Pendant qu'on y est, on précise

que Coca-Cola est devenu depuis 1979 le plus gros négociant de vin américain avec sa filiale « Taylor ».
Le vin californien est plus fort que le vin français (normal : il y a plus de soleil) et il est plus sucré : on a tendance à en boire sans s'en rendre compte. Conclusion : allez boire dans les endroits suffisamment près de votre hôtel pour rentrer à pied. A notre avis, le pinot noir et l'Emerald Grey font partie des meilleurs, et les bons blancs secs valent largement les nôtres.
Tous les chauvins et ignares qui crient au scandale en voyant sur les étiquettes : chardonnay, gamay ou sauvignon... devraient savoir que les vins californiens proviennent essentiellement de plants européens.
Et puis n'oubliez pas que si l'on boit du vin en France, c'est grâce à la Californie. En effet, les cépages américains, beaucoup plus résistants, ont sauvé nos vignes complètement anéanties par le phylloxéra (1875). Cependant, il venait de là-bas aussi (un point partout !). Cruelle ironie de l'histoire, à leur tour les vignes californiennes subissent depuis quelques années les attaques du phylloxéra. Les autorités tentent de trouver une solution à ce qui pourrait devenir un désastre. Peut-être les vignes françaises, reconnaissantes, leur feront-elles un « La Fayette, nous voilà ! ».

▶ *MUIR WOODS PARK*

Un superbe petit parc naturel, au creux d'une vallée à deux pas du Pacifique et à une trentaine de kilomètres au nord de San Francisco. Splendide forêt de séquoias géants dont certains atteignent 70 m de haut. Petit *Visitor's Center* à l'entrée, qui est gratuite. Sentier de balade à travers les arbres millénaires. On aime bien ce parc, car il est assez peu fréquenté. Charmant, et sa visite se combine idéalement avec une journée à la plage de Muir Wood Beach ou à Stinston Beach, à quelques miles de là. Petit conseil donc : partir le matin de San Francisco, se balader une heure ou deux dans le parc, puis partir pique-niquer sur la plage de votre choix.
Un petit mot sur John Muir et les séquoias : philosophe, humaniste et écologiste avant l'heure, John Muir acheta au début du siècle cette parcelle de terrain pour protéger ces arbres de l'abattage qui commençait à sévir en Californie. Il eut du flair, ce monsieur, quand on sait qu'il ne subsiste aujourd'hui que 5 % des séquoias qui existaient à l'époque. Actuellement la demande est si forte et les compagnies d'abattage si puissantes que les écologistes ont un mal fou à conserver ce patrimoine. Pour ce faire, ils s'enchaînent aux arbres quand les bûcherons débarquent ou organisent des « sit-in » en haut des séquoias... Affaire à suivre.
– *Pour y aller* : avoir un véhicule, car pas de transports en commun. A 12 miles au nord du Golden Gate Bridge. Prendre la 101 North, sortir à Mill Valley-Stinston Beach et suivre les indications de la route 1 (nombreux détours dus à l'écroulement d'une partie de la route provoqué par le grand tremblement de terre).

▶ *SONOMA*

De San Francisco, Greyhound dessert Sonoma deux fois par jour. Tous les endroits à visiter sont autour de la place, admirablement restaurée.
– *La mission San Francisco Solano* est aujourd'hui un musée. Mais l'extérieur est bien plus intéressant que l'intérieur.
– *La Sonoma Cheese Factory :* on y déguste des fromages avec des bons vins du coin. On peut manger dans le jardin arrière. Au fond, visite de la fromagerie. *Attention*, ça ferme à 17 h 30 ; pour la dégustation, venir tôt.
– *L'hôtel Suisse* : à côté de la fromagerie. Le pub de l'hôtel est magnifique.
– *Le train miniature* à l'entrée sud de la ville : pas terrible, car il y a peu de maisons construites le long du circuit.

▶ *PETRIFIED FOREST*

A 17 miles de Glen Ellen, sur la route de Calistoga, un groupe de séquoias abattus et pétrifiés par une coulée de lave. Un peu décevant. Juste avant d'arriver à Calistoga, un geyser jaillit toutes les 7 à 15 mn.

▶ LES « WINERIES » (Napa Valley)

Ne pas visiter *Napa Valley* un dimanche au mois de juillet ou d'août. Trop de monde. Les caves les plus intéressantes se trouvent autour de Calistoga.
Pour la petite histoire, sachez que Moët et Chandon, agacé par la concurrence des mousseux américains, a acheté des terres dans la Napa Valley. On y produit un vin « méthode champenoise », appelé « Domaine Chandon ». Les amateurs de champagne ne seront pas déçus : beaucoup de nez, mais moins de suite que le vrai champagne. Bref, la comparaison est intéressante.
Une anecdote : la *cave Beaulieu,* fondée par un Français, fut une des seules de la région à fabriquer son vin pendant la prohibition, car son propriétaire prétendait que c'était du vin de messe. La visite de la cave Beaulieu et la dégustation sont gratuites.

Où dormir dans la Napa Valley ?

■ *Tall Timber Chalets :* 1012 Darms Lane, *Napa Valley*. A l'ouest de la Highway 29, juste avant d'arriver à Yountville. ☎ (707) 252-7810. Ce sont 8 chalets confortables pouvant loger 4 personnes dans un environnement sympa (vignes, bien sûr). Environ 500 F par jour (moins cher de novembre à avril, du dimanche au jeudi). Renseignements aussi à l'Adelaide Inn (☎ 441-2261). Demander Serge.

▶ YOUNTVILLE

Superbe centre commercial bâti dans une ancienne *winery*. Devant le succès, la gare, puis le train furent transformés en boutiques. Actuellement, presque tout le village est devenu un centre commercial fort réussi. Pour ceux qui ont vraiment beaucoup de temps à perdre.

▶ BODEGA BAY

Au bord de l'Océan, à 80 km au nord de San Francisco. **State Camping** et nature superbe. L'endroit idéal pour se refaire une santé ou tout simplement si on en a assez des grandes villes. Dunes de sable, montagne dominant la mer, fleurs et rapaces ; prévoir quand même un duvet, car les nuits sont fraîches. Un supermarché à 10 mn. De San Francisco, prenez la 101 North puis la 1. C'est là que Hitchcock a tourné *les Oiseaux*. La maison du film était restée debout, mais les inconditionnels du maître venaient par dizaines chaparder les pierres de la bâtisse. Elle a finalement dû être détruite.

Où dormir chic ?

■ *Duffy's Valley Hotel :* 14415 Coast Highway One, Valley Ford. ☎ (707) 876-3600. Numéro gratuit : 1-800-696-6679. Fax : 876-3603. Situé à 12 km de Bodega Bay. Bel environnement. Élégante demeure de 1864. Chambres de charme à 400 F (520 F le week-end). Grand jardin. Petit déjeuner compris. Attention, non fumeur et pas d'enfants en bas âge.

– DE SAN FRANCISCO A LOS ANGELES PAR LA CÔTE –

Si vous vous rendez de San Francisco à Los Angeles par voie de terre, prenez la route qui suit la côte, et non l'autoroute. C'est beaucoup plus lent, mais les Californiens disent qu'il s'agit de la plus jolie route côtière de la région. Il est possible de la faire en bus en grande partie, mais l'idéal est de voyager en voiture. Le stop n'est pas trop aisé et il faut tout de même avoir pas mal de temps devant soi, car la route est ce qu'il y a de moins direct.

SAN JOSE

Une ville à environ 70 km au sud de San Francisco. Rien de bien génial, à l'exception de l'étonnante Winchester Mystery House.

Comment y aller ?

– *De San Francisco ou Los Angeles :* liaisons assurées par Greyhound ou Amtrak.
– *En voiture :* de San Francisco, prendre la Freeway 280 vers le sud. Sortir à la pancarte « San Jose-17th Street ».

Où dormir ?

■ *Youth Hostel :* San Jose Park, Saratoga. ☎ 743-95-55. Une auberge de jeunesse qui ne reçoit que des compliments de nos lecteurs tant pour l'accueil et le confort que pour le cadre (au sein d'une forêt). Repas en dépannage. A essayer.

A voir

▶ *Winchester House :* 525 S Winchester Boulevard. ☎ (408) 247-2101. Ouverte tous les jours de 9 h à 18 h en été. Entrée chère. La visite guidée dure 1 h. Il y a parfois de drôles de gens aux États-Unis : la veuve du célèbre fabricant de carabines, très superstitieuse, vécut complètement sous l'emprise d'un médium. Au cours d'une séance d'occultisme, ce dernier lui ordonna de construire une chambre... pour chacun des morts tués par une Winchester ! Pendant 38 ans, et 24 h sur 24, des ouvriers travaillèrent à agrandir sa maison. Résultat : 160 pièces. L'intérieur est un labyrinthe hallucinant de chambres de toutes dimensions, parfois imbriquées les unes dans les autres ; certains escaliers ne donnent nulle part et des placards s'ouvrent sur des murs. Bref ! elle dépensa 5 millions de dollars, à tel point que ses héritiers, voyant sa fortune se dilapider, essayèrent de la faire enfermer.

▶ *Parc d'attractions Great America :* le long de Highway 101, sortie Great America Parkway. Ça vaut le déplacement.

MONTEREY   IND. TÉL. : 408

Station balnéaire très chicos à 200 km au sud de San Francisco. Accessoirement, petit port de pêche mais ici, on voit avant tout des (riches) touristes qui viennent dépenser leurs dollars. D'ailleurs, les deux principaux concessionnaires de voitures sont... Jaguar et Rolls. Ce fut le cadre de nombreux romans de Steinbeck. Robert-Louis Stevenson travailla dans le journal local et y écrivit : *l'Ile au trésor.*
Attention, évitez d'y aller le week-end : les motels sont alors bondés et doublent leur prix.

Adresses utiles

– *Visitors' Information :* 380 Alvarado Street. ☎ 649-1770. Ouvert du lundi au vendredi de 8 h 30 à 17 h.
– *Greyhound :* 351 Del Monte Avenue, près de Fisherman's Wharf. Liaisons vers Los Angeles, San Francisco et Hearst Castle.
– *Location de bicyclettes :* 188 Webster Street. Ouvert tous les jours jusqu'à 17 h.
– *Monterey Moped Company :* 2300 Del Monte Avenue. ☎ 646-0505. Location de mobylettes.

Où dormir ? Où manger ?

- **Hostelling International (Youth Hostel) :** Monterey High School Gym. En marge de la Pacific Street, de l'autre côté du Monterey Hospital (pas trop loin du centre ville). ☎ 649-0375. Bien entendu, la formule la moins chère. 3 $ de plus pour les non-membres. Inscription de 18 h à 23 h. Très conseillé de téléphoner avant pour savoir s'il y a de la place. Attention, ouvert seulement en été !
- **Town House Motel :** 1106 Fremont Boulevard, Seaside. Propre et gérants sympathiques. Très bon rapport qualité-prix.
- **Franciscan Inn :** 2058 N. Fremont Street. ☎ 375-9511. Non loin de l'intersection avec One. Correct et bon accueil. Prix acceptables.
- **Borg's Ocean Front Motel :** 635 Ocean View Road. ☎ 375-2406. Motel classique en bord de mer. A côté de Monterey. Bon accueil et prix acceptables.
- **Motel 6 :** 2124 Fremont Street. ☎ 646-8585. A l'est de la ville, pas loin de l'intersection avec la Highway 1. Une cinquantaine de chambres. Piscine.
- **Lone Oak Motel :** 2221 N. Fremont. ☎ 372-4924. A bien augmenté ses prix.
- Autres motels sur Fremont Street.
- **Veterans Memorial Park :** Jefferson Street, sur la Highway 68 West. ☎ 646-3865. Tournez à droite à Skyline Forest puis à gauche au pied de la colline, ou bus 3 du centre ville. Le seul camping de Monterey, donc s'y prendre assez tôt.
- **Old Fisherman's Grotto :** sur Fisherman's Wharf. ☎ 375-4604. Sympa et pas cher. Copieux. Bon poisson et onctueux *clam chowder*. Entrées plantureuses pour grosses faims.
- **Surdi's :** 2030 North Fremont St. ☎ 646-01100. Pour dîner plus chic à prix encore raisonnables. Cadre agréable. Bonnes *pasta*, *seafood* et grillades. A midi, pizzas, *burgers*, sandwiches, salad bar, etc.

A voir

▶ **Fisherman's Wharf :** succession de maisons en bois, en bord de mer. Construit au siècle dernier par les pêcheurs de baleines et les sardiniers. Bien entendu, depuis une dizaine d'années, tout a été transformé en boutiques de souvenirs et restaurants de luxe. Reste à voir toutefois car la restauration est plutôt réussie. Les phoques viennent jusqu'au pied de Fisherman's Wharf, où des touristes leur donnent du poisson. Belle attraction improvisée.

▶ **Monterey Bay Aquarium :** à l'extrémité ouest de Fisherman's Wharf. ☎ 375-3333. Ouvert de 10 h à 18 h. Entrée chère. Tous les poissons et animaux de mer batifolent dans d'impressionnants aquariums. Installé dans une ancienne usine de Cannery Row.

– En longeant la côte, juste après le Monterey Bay Aquarium, vous pouvez voir une multitude de phoques à proximité du rivage. Contrairement aux « 17 Miles Drive », c'est gratuit !

▶ **Cannery Row :** sur les 18 vieilles conserveries, il n'y en a plus une seule qui fonctionne. Aujourd'hui, elles abritent restos et boutiques diverses. Pourtant, nombreux sont les lecteurs de Steinbeck qui viennent tenter d'y retrouver l'atmosphère de ses chroniques.

▶ **Monterey Path of History :** pour ceux qui restent quelques jours et souhaitent découvrir les maisons historiques du centre ville, l'office du tourisme a édité un plan avec les principaux centres d'intérêt.

– **Festival de jazz** célèbre en septembre, chaque année.

▶ **17 Miles Drive :** route côtière de 17 miles, comme son nom l'indique, et qui fait le tour de la péninsule. Beaucoup de monde en été, mais les points de vue sont superbes. Entrée payante (chère) pour les voitures et gratuite pour les vélos (voir plus haut pour les locations de vélos et mobylettes). Splendides villas de milliardaires. C'était d'ailleurs le lieu de résidence de Henry Miller, qui devait préférer cet endroit aux hôtels borgnes de Clichy.
De la route qui longe la mer, vue superbe sur les cyprès frémissants. Arrêtez-vous aux *Seal and Bird Rocks*, où vous verrez des pélicans, des cormorans et des phoques s'ébattre sur un rocher, à quelques mètres du rivage.

142 **LA CALIFORNIE**

CARMELIND. TÉL. : 408

Superbe village et station balnéaire d'à peine 5 000 habitants qui doit sa célébrité au fait que Clint Eastwood, roi des westerns et des spaghetti, y fut élu maire pendant 2 ans, d'avril 1986 à 1988. D'ailleurs, la mairie en bois est vraiment croquignolette. Ici, tout est prospérité et richesse. Si ce n'est pas le paradis, ce n'en est pas loin. Carmel étale son opulence sur de ravissantes collines en bord de mer. Le site est plus protégé que l'Acropole et, depuis longtemps, on y a interdit les néons, les parcmètres et les feux de signalisation qui sont si peu esthétiques. Une loi interdit de couper tout arbre, si bien que certains poussent... sur les trottoirs et d'autres sur la plage. Autrefois un décret interdisait de déguster un cornet de glace dans la rue. Mais Clint Eastwood a supprimé ce décret...
Ne manquez pas la jolie **Carmel Mission**, construite par les Espagnols (1770). Elle fut élevée au rang de basilique par Jean XXIII (il y a encore du piston dans l'air). Intéressant musée d'art religieux. Beau mobilier. Retable polychrome. Superbe chapelle sur le côté.
Vous pouvez aussi visiter le **Biblical Garden**, planté d'espèces évoquées dans la Bible.

Où dormir ?

■ **Carmel River Inn :** Highway One (at the Bridge). A l'entrée sud de la ville et près de la mission. ☎ 624-1575. L'un des motels les moins chers. Propre. Piscine chauffée. Quelques cottages à louer aussi. Réservation, deux nuits minimum.
■ **Saddle Mountain Campground :** de la Highway 1 South, tourner sur Carmel Valley Road sur 6 km, jusqu'à Shulte Road, puis tourner à droite.

Plus chic

■ **Happy Landing :** Monte Verde (entre 5th et 6th). ☎ 624-7917. Pour nos lecteurs les plus fortunés, l'un des plus jolis B & B de la ville. Adorablement meublé. Un charme fou ! Jardins agréables. Compter 550 F pour deux.

Où manger ?

Pas de restos bon marché évidemment (il n'y a pas de clientèle !).

● **Hog's Breath Inn :** San Carlos Street et 5th Avenue. C'est le bar-resto de Clint Eastwood. On peut même le voir, de temps en temps, assis devant une bière. Joli cadre. Terrasse-jardin. Beaucoup de monde. Le midi, pas si cher que ça et copieux. Connu pour son *brunch* du dimanche. A la carte, le *sudden impact* ou le *for a few dollars more*. Ah oui, *hog's breath* signifie... haleine de porc !

Dans les environs

▶ **Point Lobos :** de Monterey, bus 22. Cette réserve naturelle, à quelques kilomètres au sud de Carmel, vaut largement le *17 Miles Drive*. Entrée payante pour les voitures. Le mieux est d'y aller à vélo et à pied. D'ailleurs, des petits sentiers pédestres longent la mer et permettent d'accéder aux plus jolis sites. Nombreux oiseaux et animaux marins : loutres, phoques. On y aperçoit des otaries qui ont la particularité d'« aboyer ». De novembre à avril, les baleines grises longent la côte. Elles peuvent atteindre 15 m et pèsent jusqu'à 40 t. Ne pas manquer **Bird Island**.
Attention à cet arbuste dont les feuilles brillantes ressemblent à celles du chêne. N'y touchez pas, son suc provoque des éruptions et des démangeaisons intenables, c'est du *poison oak*..

▶ **Big Sur :** sur la route n° 1, après Big Sur (les Français plouc disent « Big Chour », les Américains « Big Sseur »), une grande maison en bois dans un beau jardin, appelée **Henry Miller Memorial**, tenue par Jerry Kanrstra, ancien soixante-huitard aux tempes grises très sympa et qui était un ami de Miller. Ça vaut le coup d'œil, c'est un véritable petit musée : toute la bibliothèque de Miller, des dédicaces, posters, superbes photos, etc. ☎ 667-2574. Ouvert de 10 h à 17 h (sauf lundi). Possibilité d'acheter pour soutenir cette *non-profit foundation*. Vraiment à ne pas manquer ! En outre, la route qui relie Carmel à Big Sur est vraiment jolie. Elle offre des points de vue saisissants sur le Pacifique.

Où dormir ? Où manger dans les environs ?

■ *Limekiln Beach Redwoods Camping :* à 2 km au sud de Lucia et 60 km au nord de Hearst Castle. Sur Highway One. ☎ 667-2403. Ouvert de 8 h à 20 h. Beaux emplacements ombragés en bord de torrent et pas loin de la mer. En été, réservation obligatoire. Ouvert toute l'année.
● *Coast Gallery :* Highway One, Big Sur. Avant d'arriver au Henry Miller Memorial. ☎ 667-2301. C'est une galerie de peinture (avec des œuvres de Miller). Au 1er étage, agréable cafétéria avec vue sur l'horizon. Ouverte jusqu'à 18 h. Nourriture fraîche, snacks, sandwiches, salades à prix modérés.

HEARST CASTLE   IND. TÉL. : 805

A 370 km de San Francisco et 390 km de Los Angeles. Cette gigantesque résidence du propriétaire de journaux William Randolph Hearst fut commencée en 1919 mais jamais achevée. A la suite d'un voyage en Europe, il se passionna pour l'art.
Hearst acheta tout ce qu'il pouvait et fit construire son château avec ce seul principe : « Peu importe le prix et le temps que ça prendra. » Il fit refaire plusieurs fois certaines pièces qui ne lui convenaient pas. « C'était un puriste qui ne faisait pas de compromissions », aiment à répéter les guides qui font la visite. Curieuse notion de la pureté artistique ! Hearst, qui habitait auparavant la Côte Est, était plutôt un homme de la campagne. Il décida donc la construction de ce qu'il appela son « ranch ». Sa femme refusa de s'expatrier à l'Ouest. Ils se séparèrent. Ce fut Marion Davis, une starlette de Hollywood, qui profita de la demeure. Elle resta aux côtés de Hearst pendant 30 ans, jusqu'à sa mort. Quelle était véritablement leur vie en ce lieu ? Quelle est la part de réalité et la place faite à la légende ? Difficile à dire. Si la crème de Hollywood venait passer ses week-ends chez Hearst, on se demande comment on pouvait supporter cette maison plus de trois jours en semaine !

– *Attention :* pour visiter Hearst Castle, on est obligé de réserver. Il existe trois solutions.
– Téléphoner à MISTIX, système de réservation par téléphone. Composer le 1-800-444-7275 (appel gratuit). Il faut obligatoirement avoir sous la main une carte VISA ou Masterchage. Vous donnez au téléphone le n° de la carte, qui est automatiquement débitée. Service ouvert tous les jours de 9 h à 21 h. Précisez le *tour* guidé que vous avez choisi (le n° 1 qui dure 1 h 45 est le meilleur, si c'est votre première visite). Pour réserver de France faire le 452-59-56.
– Ou aller au *Holiday Inn* de San Simeon, ville située à quelques kilomètres au sud de Hearst Castle. Pas besoin de carte de crédit, on paie cash. Avec un peu de chance, vous aurez des billets d'entrée pour le lendemain.
– On peut également se pointer à l'improviste à la billetterie d'entrée. L'obtention d'un billet pour la visite suivante est très aléatoire. Mais après tout, avec un peu de chance... Savoir tout de même que la dernière visite commence à 15 h.

La visite

Quatre visites différentes sont proposées, numérotées de 1 à 4. Elles s'échelonnent en général de 8 h à 16 h, mais les horaires fluctuent pendant l'année. Prenez le *tour* n° 1, il dure 1 h 45 et ça suffit bien.
Cette résidence extravagante reste la maison la plus chère du monde, puisqu'elle coûta 30 millions de dollars. Autant vous le dire tout de suite, si l'argent

ne fait pas le bonheur, il ne fait pas non plus le bon goût. On s'étonnera qu'avec tant d'argent Hearst soit parvenu à construire une maison aussi peu habitable. Si les œuvres d'art qui s'amoncellent du sol au plafond sont toutes inestimables, leur mauvaise disposition dans les différentes salles ôte beaucoup à leur valeur. La visite commence pourtant plutôt bien avec cette piscine découverte, vraiment belle, à la décoration épurée. Puis vient la *guest house*. Dans l'entrée, superbe céramique du XVIe siècle. Chambres avec plafond à caissons. Magnifiques meubles. Dans le jardin, *Sekmet*, déesse de la Vie et de la Mort : corps de femme donnant la vie, tête de lion la reprenant. Fontaine Arts déco, barrière baroque, colonne classique ! Chambres d'invités, au style espagnol chargé mais dont ressort une unité décorative. On pénètre ensuite dans le bâtiment principal, dont la façade est un ramassis de tous les styles, un condensé d'histoire où le vrai moche côtoie le faux beau. On comprend également assez mal pourquoi la notion d'éclairage est totalement absente de l'aménagement des lieux.

Au total, une centaine de pièces dont certaines sont étonnantes : le réfectoire avec ses très longues tables de monastère vieilles de trois siècles, le bureau gothique, la bibliothèque et ses 5 000 volumes rares que le magnat ne lut jamais... Stalles d'église superbes, primitif religieux, statue de Canova, cheminée géante, tapisseries, mosaïque romaine, salle à manger gothique (grands chandeliers d'argent). Salle de billard, sur le thème des jeux et plaisirs (céramiques sur la fête, tapisserie sur la chasse, etc.).

Pour meubler sa « folie », il acheta en Europe ce qui était le plus cher, le plus fou mais pas toujours le plus beau. Quand une statue lui plaisait, il n'hésitait pas à la reproduire en marbre... ou en béton. Par contre, il dormait dans le lit de Richelieu. Il acheta des chœurs d'église. Il creusa des piscines comme vous n'en verrez jamais à la Foire de Paris.

Splendides jardins dominant la campagne environnante. Hearst n'hésita pas à dépenser des fortunes pour planter des arbres adultes. Il n'avait pas la patience d'attendre !

On termine la visite par le théâtre dans lequel on projette un film de 6 mn montrant les hôtes de marque qui furent invités : Charlie Chaplin, Clark Gable, Norma Shearer et bien d'autres. Allez revoir *Citizen Kane*, d'Orson Welles, qui évoque assez fidèlement la vie et l'entourage de Hearst.

Où dormir ?

Les motels de San Simeon et de Cambria, à quelques kilomètres au sud de Hearst Castle, sont chers et généralement pleins. Voici cependant quelques adresses intéressantes.

■ *Motel 6 :* 9070 Castillo Drive, San Simeon. ☎ 927-8691. Fax : 927-5341. Le moins cher du coin (tradition Motel 6 oblige !). Évidemment, pris d'assaut. Impérativement réserver.

■ *Piedras Blancas Motel :* sur Highway One, à 11 km au nord de Hearst Castle. ☎ 927-4202. En été, à peu près les mêmes prix que le Motel 6, intéressant donc. En outre, accueil courtois et motel bien situé. Environnement assez sauvage. Vue sur la mer. Motel tout simple, mais bien tenu.

Certains motels à San Simeon se situent sensiblement dans la même fourchette de prix en été (de 300 à 450 F pour deux), mêmes prestations, même confort et propreté, piscine, etc. Voici quelque adresses si vous souhaitez réserver.

■ *San Simeon Lodge :* 9520 Castillo Drive. ☎ 927-4601. Pas de charme particulier mais très correct.

■ *Castle Inn :* 6620 Moonstone Beach Drive, Cambria. Près de la mer. ☎ 927-4850. Confortable. Belle piscine.

■ *Sea Otter Inn :* à côté du précédent et un poil plus cher. ☎ 927-5888. Jacuzzi en prime.

■ *White Water Inn :* ☎ 927-1066. Du petit luxe. Compter à partir de 500 F pour deux.

■ *San Simeon State Beach :* camping à la sortie de Cambria, au bord de la Highway. Peu ombragé et bondé assez tôt. S'y présenter de bonne heure pour avoir une place.

■ *Sea Esta Motel :* 100 S Ocean Avenue, à Cayucos. ☎ 995-3932. Petit village à 36 km au sud de Hearst Castle. Tenu par un couple âgé. Un des motels les moins chers qu'on connaisse.

Les autres motels abordables de la région se trouvent *à Morro Bay* (48 km au sud de Hearst Castle) :
- ■ *The Golden Pelican Inn :* 3270 N. Main Street, Morro Bay. ☎ 772-7135. Sortir de la route principale à Yerba Buena Street. Petit Motel bien tenu et pas cher. Ne pas manquer de prendre le petit déjeuner ou tout autre repas à leur restaurant. Bons *pancakes* et excellent accueil. Peut-être tomberez-vous sur Jean, une adorable dame qui vient y jouer du piano de temps à autre et donne beaucoup de chaleur au lieu (au petit déjeuner surtout !).
- ■ *Motel 6 :* 298 Atascadero Road. ☎ 772-8881. Route au nord de la ville et allant vers la mer. 72 chambres. Piscine.
- ■ *Pacific Cottage Motel :* 2830 Adler Ave, Morro Bay. A la sortie sud de la ville. ☎ 772-2959. Venant du nord, tourner à gauche à San Jacinto. Propre, pas cher et patron accueillant.

SAN LUIS OBISPO — IND. TÉL. : 805

Ville commerçante sans grand intérêt, à 70 km au sud de Hearst Castle. Et pourtant, San Luis Obispo possède quelque chose d'unique : un hôtel...

- ■ *Madonna Inn :* 100 Madonna Road. ☎ 543-3000. Au sud de la ville, tout près de la Highway 101, sortie Madonna Road. N'accepte pas la carte de crédit. A la fois unique et dément. Imaginez un hôtel dessiné par Walt Disney pour recevoir les *honeymooners*. Les amateurs (pas forcément jeunes mariés !) doivent réserver longtemps à l'avance. Le rose est la couleur dominante. Chacune des 109 chambres a une décoration spécifique. Vous pouvez choisir entre une caverne, une crypte de cathédrale, un tepee indien, une tente de safari, une cascade dans la chambre. Toutes les chambres sont reproduites sur de belles cartes postales. Ne pas manquer d'aller en acheter à la réception (en plus, pas chères).

Mais l'endroit le plus fantastique est, sans aucun doute, le restaurant (et non la cafétéria) : tout est rose, tout est d'un mauvais goût très sûr, d'un kitsch baroque qui l'est encore plus. Il faut le voir pour le croire. Un souvenir dément pour le prix d'un Holiday Inn. A partir de 80 $ la double. Même si vous n'y dormez pas, faites-y une halte, prenez un café au resto ou essayez les cocktails, aussi guimauves que le décor, vous aurez un aperçu de l'endroit et vous ne gênerez personne (ils sont habitués !). Si vous souhaitez manger au restaurant, attention, ils ne prennent pas la carte Bleue (ni à l'hôtel d'ailleurs). Sinon, pas trop cher vu le cadre.

Où dormir ? Où manger ?

- ■ *Budget Motel :* 345 Marsh Street. ☎ 543-6443. Numéro gratuit en Californie : (800) 458-8848. Un des motels ordinaires les moins chers. Très correct. Pas loin du Madonna. Si vous venez de la Highway 101, sortir à Marsh Street.
- ■ *Apple Farm :* 2015 Monterey Street. ☎ 255-2040. Hôtel beaucoup plus cher (à partir de 450 F la double), mais chaque détail du décor est poussé à l'extrême et l'on se croirait dans *Alice au pays des merveilles*. En outre, le petit déjeuner est délicieux. Restaurant en revanche abordable et dispensant également une bonne nourriture.
- ● *Tortilla's Flat :* 1051 Nipomo Street. ☎ 544-7575. L'un des meilleurs restos mexicains. Salle immense et colorée. L'un des rendos favoris des jeunes. Ouvert de 11 h à 21 h. *Fiesta hours* de 16 h à 18 h du lundi au vendredi. *Sunday champagne brunch* de 10 h à 14 h.

A voir

- ▶ *L'ancienne mission espagnole :* Chorro Street. Jolie façade. Il faut découvrir les *creekside paths* (sentiers longeant le ruisseau), juste en face de la mission.
- ▶ *Marché :* dans la rue principale, le jeudi soir.

Où dormir très chic et original vers Santa Barbara ?

■ *Union Hotel :* à Los Alamos. Petite ville ayant conservé un certain charme, à mi-chemin de San Luis de Obispo et Santa Barbara (sortie de la 101 à Los Alamos). ☎ 344-2744. Dans Main Street, vieil hôtel en bois datant de 1880 ayant conservé tout son pittoresque. Ouvert vendredi, samedi et dimanche, possibilité de dîner superbement (ouvert aux personnes de passage aussi). Meubles anciens, beaux objets, vastes salles magnifiquement décorées. Entre autres, la salle à manger, la salle de billard ou de ping-pong (la plus belle table où vous ayez jamais rêvé de jouer !). Chambres adorables de 400 à 600 F (plus taxes). Petit déjeuner très copieux compris. Piscine dans le jardin et jacuzzi. Calme assuré.
Tout à côté, pour nos lecteurs les plus fortunés, une folie : la **Victorian Mansion**. Six chambres démentes à thèmes : la « 50's drive Inn » (on dort dans une Cadillac), la « gypsy », la « romaine », « l'égyptienne », la « french », la « pirate ». Chaque chambre est bourrée de gadgets électroniques (dans l'égyptienne, surprenante entrée de la salle de bains !). Bref, on ne va pas vous révéler tous les trucs ! Chambres à 1 000 F (plus taxes), mais l'expérience est unique...

SOLVANG

Entre San Luis Obispo et Santa Barbara, un petit détour pour ceux qui disposent de temps. Curieux village danois, entièrement construit dans le style du pays. Intéressante et insolite architecture. Quelques beaux moulins à vent. Soigné, très coloré et évidemment touristique. L'occasion de goûter aussi aux bonnes pâtisseries scandinaves. Notamment la *Danske Bageri Kafe 09 Conditori* (dans Alisal Road, la rue de la Frederick's Court).

Où dormir ? Où manger ?

■ *Viking Motel :* 5th Street, c'est-à-dire dans la rue principale. Très bon rapport qualité-prix, chambres impeccables, petit déjeuner inclus que l'on prend dans la boulangerie danoise, en face après avoir choisi la pâtisserie de son choix.
■ *Flying Flags :* 180 Ave. of the Flags. ☎ 688-3716. Un très beau camping, tout neuf et pas cher. Installations très propres. Sanitaires irréprochables. Jacuzzi, grande piscine. Bonne capacité d'accueil.
● *Andersen :* à la sortie de la 101, prendre directement à gauche. Le resto est à quelques centaines de mètres à droite. Assez populaire et peu connu des touristes. Fameux pour sa soupe de pois et son *pea soup Andersen's burger*.

SANTA BARBARA   IND. TÉL. : 805

A 150 km au nord de Los Angeles et à 535 km au sud de San Francisco, cette ville résidentielle et station balnéaire réputée de la côte californienne bénéficie d'un climat doux tout à fait exceptionnel (84 % de beaux jours !), apprécié dès le début du siècle pour ses vertus sur la santé.
La ville a gardé quelques traces de son passé espagnol, notamment ses maisons d'adobe (terre rouge), ses places à arcades et ses ruelles qui invitent à la flânerie. Ses habitants en ont fait une commune modèle, un joyau parmi les cités américaines, un bel exemple de qualité de vie...
Paradoxalement, les gens d'ici préservent tellement leur mode de vie et leur environnement que rien ne bouge. Spéculateurs et promoteurs immobiliers sont tenus à distance. Ce qui fait que, même au centre ville, subsistent des rues, des îlots de population assez pauvres. Ajoutez à cela un certain nombre de *street people* qui ont découvert que le climat leur convenait autant qu'aux riches et vous trouverez une ville moins frimeuse et pleine d'intéressantes contradictions. Beaucoup d'acteurs et chanteurs ont choisi de vivre dans le coin comme Robert Mitchum, Mickael Jackson, Kevin Kostner, Madonna, Karl Malden, Priscilla Presley, etc.

Comment y aller ?

- *En train,* liaisons chaque jour avec toute la côte pacifique. « Pacific Coast Route » avec *Amtrak.* Renseignements : ☎ (1-800) 872-7245, ou à la gare pour les horaires.
- *En bus :*
• Airbus assure la liaison dans les deux sens avec Los Angeles. ☎ 964-7759. L'arrêt d'Airbus à Santa Barbara se trouve devant le Sheraton Hotel, 1111 E Cabrillo Blvd. *Santa Barbara Airbus :* 5755 Thornwood Drive, Gdeta California 93117.
• La compagnie *Greyhound* assure aussi un service de bus. ☎ 966-3962.
- *En avion,* l'aéroport se trouve à environ 13 km au nord de Santa Barbara.
- *En voiture :* par la Highway 101, de San Francisco ou Los Angeles.

Adresses utiles

- *Visitor Information Center :* 1 Santa Barbara Street, Cabrillo Blvd. Près de Stearns Wharf. ☎ 965-3023. Ouvert de 9 h à 17 h du lundi au samedi et de 10 h à 16 h le dimanche.
- *Chamber of Commerce :* 504 State Street. ☎ 965-3021. Pas mal de documentation sur la ville là aussi et bonnes infos. Dites bonjour à Andrée de notre part. Très sympa et efficace.
- *Location de vélos : Beach Rentals,* 8 W. Cabrillo Boulevard (en face Stearns Wharf). ☎ 963-2524. On y loue aussi des patins à roulettes.

Où dormir ?

Autant le savoir, si manger reste abordable, dormir à Santa Barbara revient cher. En haute saison (mi-mai à fin septembre), les motels y coûtent souvent le double de ce qu'ils valent ailleurs. Cependant, après une rigoureuse sélection, voici quelques adresses pas exagérément chères et présentant, en outre, un excellent rapport qualité-prix. A noter : baisse assez importante du dimanche soir au jeudi. Le week-end, la demande étant très forte, les prix restent élevés.

Bon marché à prix moyens

■ *Hôtel State Street :* 121 State Street. ☎ 966-6586. Petit hôtel traditionnel à un bloc de la plage. Michel, le gérant, est français et donne volontiers des infos. Chambres simples, mais propres (avec sanitaires à l'extérieur), les moins chères de la ville. Quelques-unes avec salles de bains, ainsi que des chambres familiales. Seul petit inconvénient, le train tout proche qui siffle parfois amicalement, pour montrer qu'il existe. Donc, une adresse intéressante si vous n'avez pas le sommeil trop léger. 10 % de réduction à nos lecteurs. A peine plus cher l'été.
■ *Pacific Crest Inn :* 433 Corona del Mar Dr. (East Beach). ☎ 966-3103. Assez facile à trouver, repérer le Cabrillo Inn, sur Cabrillo Boulevard (la route au bord de mer). C'est juste derrière. Motel classique dans coin assez calme, offrant des chambres très correctes. Téléphone direct, kitchenette parfois, laundry, piscine. Bon accueil. En été, peu de différence de prix.
■ *Colonial Motel :* 206 Castillo Street. ☎ 963-4317. L'une des rues qui descendent vers la mer. Elle est assez passante, mais pas trop de bruit quand même. Fort bien tenu. Un poil plus cher que les précédents (et de 20 à 30 $ de plus en été).
■ *Tides Motel :* 116 Castillo Street. ☎ 963-9772. A deux blocs de la plage. Jolies chambres et bon confort. Là aussi, un des moins chers. Les chambres meilleur marché le restent en été.
■ *Motel 6 :* 443 Corona del Mar : ☎ 564-1392. A deux pas de la plage. Conforme à tous les établissements de cette chaîne. Correct et prix modérés. Petite piscine. Particulièrement recherché vu son emplacement. Réservation obligatoire.

Prix moyens à plus chic

■ *Cabrillo Inn :* 931 East Cabrillo Boulevard. ☎ 966-1641. Numéro gratuit : 1-800-648-6708. A deux pas de la plage. Très agréable motel fort bien situé

donc. Chambres confortables. Assez chères si l'on souhaite la vue sur le large. En revanche, si le manque de panorama ne vous empêche pas de dormir, certaines d'entre elles apparaissent tout à fait abordables. Belle piscine. Sundecks pour bronzer. Environ 30 $ de plus en été.
- *Tropicana Inn :* 223 Castillo Street. ☎ 966-2219. Fax : 962-9428. Numéro gratuit : 1-800-468-1988. Motel de charme non fumeur. Chambres très confortables. Piscine chauffée et jacuzzi. Quelques suites également. Faible augmentation du 25 mai au 7 septembre.

Bed & breakfast

Pour une nuit, nos lecteurs(trices) amoureux ou en voyage de noces trouveront un bon choix de B & B romantiques. Parfois, moins chers que les motels à prix moyens (de 400 à 500 F pour deux). Réservation extrêmement recommandée.

- *The Arlington Inn :* 1136 de la Vina Street (et Anapamu). ☎ 965-6532. Fax : 695-3840. Dans un quartier résidentiel, à une douzaine de blocs de la mer, très jolie demeure victorienne. Quatre chambres meublées de façon exquise (dont l'une sur jardin avec salle de bains). Copieux *breakfast* californien. Quatre autres chambres un peu plus chères, dans un cottage du même style à côté. En revanche, les chambres du bâtiment moderne, tout en étant correctes, ne présentent aucun intérêt.
- *The Glenborough Inn :* 1327 Bath Street. ☎ 966-0589. Belle maison de 1880. Atmosphère calme et intime. Accueil charmant. Chambres personnalisées à tous les prix et aux doux noms : « Aurelia's Francy », « French Rose », « Country », etc. On trouve même une « Garden Room », petite, gracieuse avec un lit en cuivre (et bains sur palier) à prix fort abordable. Une de nos préférées est la « Hideaway » (avec bains) à 500 F environ. Haute saison et les week-ends toute l'année, chambres aux mêmes prix. *Full gourmet breakfast* vraiment extra.
- *The Ivanhoe :* 1406 Castillo Street (et Sola). ☎ 963-8832. Déjà, le nom fait rêver. Demeure de charme bâtie vers 1880 par un capitaine danois en retraite. Superbe cheminée, meublée d'*antics*, chaleureux décor. Tous les types de chambres ou cottage pouvant loger de un à trois couples. Le « Captain's Quarters » fait presque 100 m² et occupe presque tout le rez-de-chaussée (750 F pour deux et 900 F pour quatre). Réservation quasi obligatoire à ces conditions !
- *Old Yacht Club Inn :* 431 Corona Del Mar Drive. ☎ 962-1277. Numéros gratuits : 1-800-549-1676 (en Californie) et 1-800-676-1676 (aux États-Unis). Quartier résidentiel, à deux pas de la mer. Pour vous repérer, pas loin de Cabrillo Inn et du Sheraton. Deux maisons côte à côte, Old Yacht Club et Hitchcock House (aucune parenté !). Meublées et décorées avec un goût absolument exquis. Tons chaleureux, cheminée qui crépite. Neuf chambres à tous les prix. La « Montecito » propose les couleurs de la mer, tandis que la « Marbella » se pomponne en country rose. Toutes possèdent un style différent. Accueil extrêmement courtois. En milieu de semaine et d'octobre à mai, prix spéciaux. Possibilité de dîner. Bonnes petites recettes maison.

Campings

- *Carpinteria Beach State Park :* à Carpinteria (environ 17 km au sud de Santa Barbara). ☎ 684-2811. Réservation par MISTIX au 800-444-7275. Sinon, vous obtiendrez à l'office du tourisme, le *Santa Barbara Campsite Directory* avec tous les campings à 50 km à la ronde. Dans les terres, campings sympa au *Lake Cachuma County Park* et dans *Las Padres National Forest.*

Où manger ?

Si vous aimez la nourriture mexicaine, profitez-en. Excellentes adresses et prix imbattables.

Bon marché

- *Pescados :* 422 N. Milpas. ☎ 965-3805. Ouvert de 11 h à 22 h (le dimanche, de 15 h à 21 h). A 9 blocs à l'est de State Street. Spécialisé dans le *mexican seafood* et le poisson frais. Cadre en bois agréable. Atmosphère relax. Goûter au *fish taco*, au *seafood quesadilla* ou au *lobster burrito*. Soupes et salades.

Excellents *combination plates* et poisson grillé *(pacific red snapper, eastern swordfish)* au charbon de bois. *Happy hour : Nacho bar,* de 15 h à 18 h, et toujours un *bar today's special.* Prix vraiment très modérés.
- ***Esau's :*** 403 State Street. Ouvert de 6 h à 13 h (le week-end à partir de 7 h). Vous l'aviez deviné : « This is the place for breakfast ! ». Un *coffee-shop* adorablement animé et prodiguant une très bonne et copieuse nourriture. Le plus populaire de la ville et prix démocratiques. Que demandez de plus ?
- ***Joe's Café :*** 536 State Street. ☎ 966-4638. Ouvert à midi et le soir jusqu'à 23 h (minuit le week-end). Fermé dimanche midi. Beaucoup de succès auprès des jeunes. Long comptoir ou toiles cirées à carreaux pour pâtes, salades, steak et *seafood* à bons prix. Pas mal d'animation le soir (surtout en fin de semaine). Endroit également populaire pour seulement y boire.
- ***Roses Café :*** 424 East Haley Street. ☎ 966-3773. L'un des meilleurs restos mexicains de la ville. Ouvert le soir jusqu'à 21 h. Cadre simple et chaleureux tout à la fois. Comptoir avec *stools* ou tables en Formica pour un bon choix de *burritos, enchiladas, tacos, chili,* etc.
- ***La Super Rica :*** 622 N. Milpas (et Alphonse). ☎ 963-4940. Ouvert de 11 h à 21 h 30 (22 h le week-end). Genre grande cantine mexicaine. Tables de bois. Terrasse couverte plaisante. Beaucoup de monde à midi. Une vingtaine de plats mexicains corrects, copieux et pas chers du tout : *tamal de verdura, arroz a la mexicana, guacamole, taco de calabacita.* Et les bières que vous aimez : Corona, Bohemia, Dos Esquis, Pacifico, etc.

Bon marché à prix moyens

- ***Brophy :*** au port de pêche. ☎ 966-4418. Arrivé en bas de State Street (ou Castillo), tourner à droite sur Shoreline Drive, puis sur Harbor Way. Au premier étage d'un bâtiment du port. Terrasse étroite, mais les places sont recherchées. A l'intérieur, atmosphère animée, parfois rugissante. Grande spécialité de *seafood* à prix fort intéressants. *Brophy's Clam Bar* ouvert toute la journée. Ne pas manquer le *New England clam chowder,* le *ceviche,* les *oysters Rockefeller,* le *combination platter,* etc. Sur le pouce, au comptoir, *fish'n'chips,* calmars ou coquilles Saint-Jacques frits, salades diverses. On trouve même un Napa bourgogne et un blanc Zinfandel pas chers !
- ***Woody's :*** 229 W. Montecito Street. ☎ 963-9326. Réputé pour ses *spare ribs,* son *lunch salad bar (all you can eat)* jusqu'à 16 h (et pas cher du tout), ses *combos,* les *burgers* au charbon de bois et pour finir deux fameux desserts : *carrot cake* et *pecan pie.*

Prix moyens à pluc chic

- ***The Palace Café :*** 8 East Cota Street (et Sate). ☎ 966-3133. Ouvert tous les soirs jusqu'à minuit. Cadre élégant vraiment plaisant. Atmosphère décontractée. Remarquable service. Spécialisé dans la cuisine cajun et créole. Belle carte d'où émergent le *craw fish étouffé,* le *blackened filet mignon,* les *chicken Tchoupitoulas,* le *louisiana B.B.Q. shrimp,* etc. Comme desserts, bonnes spécialités du Sud comme le *sweet potato pecan pie* et le *key lime pie.* Addition qui sait rester raisonnable.

Plus chic

Ce ne sont pas les restaurants chic qui manquent.

- ***Oysters :*** 9 W. Victoria Street. ☎ 962-9888. Cadre sobre, tons saumon et rose et quelques peintures aux murs. Service efficace. Excellente réputation pour *seafood* et poisson. Quelques plats : spaghetti à la crème avec homard et poivron doux, *linguini with clams,* coquilles Saint-Jacques au bacon et à l'ail, *cajun fillet with cornbread, grilled lamb of leg,* etc.
- ***Paradise Café :*** 702 Anacapa Street. ☎ 962-4416. Ouvert de 11 h à 23 h. Dimanche, *brunch* à partir de 8 h 30. Resto branché mode en ce moment. Décor très californien. Son bar est l'un des plus célèbres de Santa Barbara. Clientèle pas routarde pour deux sous, plutôt du genre *trendy.* Grande réputation pour les cocktails et les vins fins. Terrasse aux beaux jours. Cuisine appréciée localement, mais pas vraiment sophistiquée : *ahituna,* espadon, requin ou saumon grillé, *steak paradise* à 22 oz, *pasta, burgers,* salades, soupes, moules grillées au basilic, etc.

Où manger aux environs ?

● *Cold Spring Tavern* : 5995 Stage Coach Road. ☎ 967-0066. A San Marco Pass, dans la montagne surplombant Santa Barbara. Pour s'y rendre, prendre la 154, en direction du lac Cachuma. Bien indiqué. Ancien relais de diligence sur la vieille route qui reliait, il y a longtemps, Santa Barbara à l'intérieur du pays. Deux maisons en bois au milieu de la forêt. La taverne n'a guère changé depuis 100 ans et conserve toujours « *that good old west flavor* ». Bonne cuisine. Snacks dans la journée (parfois hamburgers de chevreuil). A la carte le soir (assez chère) : *sauteed medallions of rabbit, grilled filet of New Zeland Venison*, « Oh Baby, that's it ! » *(baby back park ribs)*, pâtes fraîches, poisson du jour, etc. Réservation pour le soir recommandée et quasi obligatoire le week-end (beaucoup de *happy bikers !*).

A voir

▶ *State Street :* vertèbre la vieille ville. Quasiment tout se tient dans ses parages proches. La descendre sur une douzaine de blocs, de jour comme de nuit, se révélera une promenade fort plaisante. A articuler avec le **Red tile walking tour**, qui permet d'admirer les anciens édifices en adobe (entre State, Anapamu, et de la Guerra et Santa Barbara Streets).

▶ *Santa Barbara Museum of Art :* State et Anapamu. ☎ 963-4364. Fax : 966-6840. Ouvert de 11 h à 17 h (21 h le jeudi). Dimanche de 12 h à 17 h. Fermé le lundi. Gratuit le jeudi et le premier dimanche du mois. Visite guidée en principe à 13 h.
● *Rez-de-chaussée :* peinture du XIXe siècle, objets d'arts, argenterie. De grands portraitistes comme James Peale et Gilbert Stuart, ainsi que J.S. Copley, Benjamin West, Thomas Cole *(Meeting of the Waters)*. Fameux paysagistes : Albert Bierstadt, Moran, Robert Henri *(Derricks on the North River)*.
Antiquités : verrerie préromaine, céramiques grecques.
École française : Corot *(La Rochelle)*, Sisley, Boudin, Vuillard *(Fuchsias et œillets d'Inde)*, Picasso *(Pivoine)*, Chagall, Derain, Monet *(Waterloo Bridge)*. Belle section d'arts asiatiques, objets tibétains, estampes de Ando Hiroshige, terres cuites émaillées Tang (618-906), Bouddha décontracté en bois de la dynastie Chin, etc.
● *1er étage :* expos temporaires et nombreuses toiles intéressantes : Siqueiros *(The Hill of the Dead)*, Dalí, Wilfredo Lam *(Personnage)*, Miró, Giacometti *(Seated Figure in Studio)*. Puis A. Gottlieb, Mark Tobey, Kandinsky, Maurer, Matisse *(Still Life with roses and fruits)*, Charles Demuth, etc.

▶ *Musée d'Histoire de la Ville :* 136 East de la Guerra Street. ☎ 966-1601. Ouvert de 10 h à 17 h. Dimanche, de 12 h à 17 h. Fermé le lundi. Entrée gratuite. Installé dans une ancienne résidence d'aristocrate, la « Casa Grande », construite en 1819 en brique d'adobe. C'est l'une des plus belles de Californie. Souvenirs sur la casa et la famille de la Guerra. Statuaire religieuse polychrome, manuscrits historiques, vêtements brodés espagnols, superbe autel chinois sculpté et doré. Remarquable *Stormy Voyage around the Horn* de Franck W. Thompson, gravures, jolies aquarelles, petits objets d'art. Reconstitution d'une maison de pionnier, vieilles selles de cow-boys, portraits de ladies, pittoresque collection de robes du début du siècle, illustrations des *Tales of Old California* de Charles C. Park, etc. Visites guidées les mercredi, samedi et dimanche, à 13 h 30.
Deux bâtiments en adobe font aussi partie intégrante du musée : Casa de Covarrubias, 715 Santa Barbara Street, et, juste à côté, Historic Adobe.

▶ *Mission Santa Barbara :* tout au bout de Laguna Street (et Los Olivos). ☎ 682-4713. Ouverte tous les jours de 9 h à 17 h. Petit droit d'entrée. L'une des dix missions franciscaines de Californie. Édifiée en 1786, appelée la « Reine des missions », elle a subi deux terribles séismes en 1812 et 1925. Longtemps paroisse des Indiens Chumash et école de théologie jusqu'en 1986. Pour la visite, petit dépliant français très complet. Souvenirs sur la construction de la mission, artisanat chumash, statues qui armèrent le fronton jusqu'au séisme de 1925, outils du moine forgeron, statuaire de bois polychrome, cuisine de la mission, catéchisme en dialecte indien, autel du XVIIIᵉ siècle, beau christ en bois philippin de la même époque. Cloître paisible. Cimetière des Indiens et figuier géant. Devant la mission, fontaine avec bassin construite en 1808 pour les femmes indiennes.

▸ *Museum of Natural History :* 2559 Puesta del Sol Road. ☎ 682-4711. Ouvert tous les jours de 9 h à 17 h (dimanche et jours fériés, à partir de 10 h). Gratuit le mercredi et le premier dimanche du mois. L'un des plus réputés du pays. Section importante sur la vie des Indiens durant la préhistoire, squelette d'une immense baleine bleue, planétarium, etc.

▸ *County Courthouse :* 1100 Anacapa Street. ☎ 681-4200. Petit palais bâti en 1926 dans un éblouissant style hispano-mauresque, avec de nombreuses fresques, portes sculptées et peintures à l'intérieur. Très beaux jardins. Ne pas manquer de grimper dans la tour pour admirer le panorama sur la ville. Ouvert de 8 h à 17 h (week-end et jours fériés à 9 h). Entrée gratuite. Visites guidées à 10 h 30 le mercredi et vendredi, et 14 h les mardi et samedi.

▸ *Botanic Garden :* 1212 Mission Canyon Road. ☎ 563-2521. Ouvert de 8 h au coucher du soleil. Gratuit le mardi et le mercredi. Visites guidées toute la semaine à 14 h. Plus à 10 h 30, les jeudi, samedi et dimanche. Splendide panorama de la flore californienne, des cactus aux *redwoods*. Pour les *addicts*, il reste encore le plus grand figuier des États-Unis, le *Moreton Bay fig tree* planté en 1874, à l'intersection de Chapala Street et de Highway 101.

▸ *Musée des Diligences, Chariots et Charrettes :* 129 Castillo Street. ☎ 569-2077. Ouvert le dimanche de 13 h à 16 h. Certains sont vieux de plus de 3 siècles. On les dépoussière chaque année au moment de la grande parade d'août des *Old Spanish Days.*

▸ *Sea Center :* Stearns Wharf. ☎ 963-1067. Ouvert de 10 h à 17 h les dimanche, lundi et mercredi ; à partir de 12 h les mardi et jeudi ; et jusqu'à 21 h les vendredi et samedi. Explications et présentation de la faune marine de Santa Barbara Channel.

▸ *Santa Barbara Winery :* 202 Anacapa Street. ☎ 963-3633. Ouvert tous les jours de 10 h à 17 h. Visites guidées de 11 h 30 à 15 h 30. Visite sur la fabrication des vins de Santa Ynes Valley : chardonnay, sauvignon blanc, pinot noir, cabernet sauvignon...

▸ *Croisières à bord du Harbor Queen :* pour découvrir la vue sur les plages bordées de palmiers, les architectures espagnoles et les magnifiques montagnes de Santa Ynes. Au départ de Stearns Wharf. Renseignements : ☎ 969-5217.

A voir dans les environs

▸ *Channel Islands :* huit îles dont la plus grande est Santa Cruz. Situées à 23 miles de la côte. Pour atteindre Anacapa Island, il faut seulement 20 mn en avion, de Camarillo Airport. Possibilité de faire des sauts de puce dans toutes les îles. Les bateaux partent de Ventura.

▸ *Route des vins :* les vignobles sont accessibles par les bus 101, 154 et 246.

▸ *Musée du Chemin de fer :* 300 N. Los Carneros Road, à Goleta (petite ville juste avant l'université de Santa Barbara. ☎ 964-3540. Ouvert du lundi au samedi de 13 h à 16 h. Pour les amoureux des escarbilles : vieux dépôt, gare, wagons de la Southern Pacific, immense petit train miniature, boutiques, etc. Pour s'y rendre, bus n° 11.

▸ *Observation des baleines :* autour du mois de mars, quand elles effectuent leur migration. Renseignements sur les bateaux assurant la balade à l'office du tourisme, ou en téléphonant : ☎ 963-3564, 682-4711 ou 962-4871.

Loisirs et achats

Vie nocturne assez animée. Il faut absolument savoir que la police de Santa Barbara est d'une extrême sévérité pour la conduite en état d'hébriété. Tirez au sort celui qui restera sobre pour ramener tout le monde ! Pour le programme complet des réjouissances, acheter *the Independent.*

▶ *Festival Old Spanish Days :* c'est la fiesta du début du mois d'août. Cinq jours assez fous avec parade de vieux buggies, rodéo, chants de mariachis et danse dans les rues bondées. Pour se loger, réserver plusieurs mois à l'avance avec paiement des nuits.

▶ *L'University of California of Santa Barbara* organise d'excellents *concerts* et spectacles de *danse*. A articuler avec la visite de leur *musée d'Art,* riche en toiles intéressantes. Pour tout renseignement : ☎ 961-2951.

▶ *Summer Solstice Parade :* le samedi le plus proche du 21 juin (jour le plus long de l'année). Grande fête extrêmement colorée.

▶ *Festival international du Film :* en mars, au vieux et charmant cinéma Arlington.

▶ *Pour les achats* et le plaisir des yeux, nombreux centres commerciaux comme la *Arcada Court,* au 1000 State Street. Style hispanique (ça va de soi !), avec fontaines, plantes exotiques, céramiques et un pittoresque décor d'animaux marins. Au 3800 State Street, le luxueux et scintillant *Cumbre Plaza*. Dans le quadrilatère State, Chapala, Ortega et Canon Perdido, s'élève le séduisant *Paseo Nuevo.* Pour finir, *Brinkerhoff Avenue* est une rue de charme bourrée d'antiquaires.

– DE SAN FRANCISCO A LOS ANGELES PAR L'INTÉRIEUR –

SACRAMENTO

Entre San Francisco et South Lake Tahoe. La vieille ville, très pittoresque, fut reconstruite comme au temps des westerns. Balades en calèche très agréables. Ne pas rater la gare longeant la rivière Sacramento. De magnifiques trains à vapeur y passent encore, qui transportent des passagers. On la croirait sortie tout droit du film *les Mystères de l'Ouest.* Pour les inconditionnels du train, visiter le *musée du Train* dans la vieille ville (entrée modique et show type hollywoodien). A voir encore, le *Capitole,* le *Musée automobile,* les *bateaux à roues* aménagés en musée.
De Sacramento, prendre la route 50 pour se rendre à South Lake Tahoe. Ce pourrait être un *scenic drive,* tant elle est jolie.

SOUTH LAKE TAHOE

Indicatif téléphonique : 916 côté Californie et 702 côté Nevada.

Ville de vacances au sud d'un grand lac, à cheval sur la Californie et le Nevada. Ce qui explique que d'un côté on admire le paysage, de l'autre on joue dans les casinos.
Le lac, aux eaux bleu azur, est entouré de belles forêts, surtout des conifères. Une superbe route panoramique en fait le tour.
Tourisme important en été : climat ensoleillé tout en restant très supportable grâce à l'altitude. Plages, sports nautiques, promenades en barque et balades en forêt.
En hiver, c'est un lieu idéal pour les amateurs de ski. Très bien équipé dans ce domaine, sans oublier qu'on est à 2 pas de Valley Springs, qui fut un site olympique.

Adresses utiles

– *Visitors' Bureau :* à Camp Richardson, à 2 km à l'ouest de la ville, le long de la US 89. Très serviable, et l'on peut voir une coupe souterraine de rivière qui

permet d'observer les poissons et les animaux d'eau douce batifoler dans leur élément naturel.
- **Greyhound :** 1099 Park Avenue, à l'est de la ville, près de la frontière avec le Nevada.
- **Location de bicyclettes et de mobylettes :** 3131 Highway 50. ☎ 544-7160. En face du camping El Dorado. Possibilité de louer des petits bateaux à moteur.
- **Poste :** Park Avenue, à un bloc au nord de la Highway 50.

Où dormir ?

Ceux qui dorment dans les motels ont vraiment intérêt à ne pas venir les week-ends. Les prix grimpent d'une façon vertigineuse et il est difficile de trouver une chambre.

Prix modérés

■ *Four Seasons Lodge :* sur la Highway 50, à Ski Run. ☎ 544-2751. Petit motel sans prétention, parmi les moins chers de la ville et à 200 m du lac. Petite piscine.
■ *Alta Vista Motel :* 3622 Highway 50. ☎ 544-2034. Tenu par un Hollandais accueillant.
■ *Sleepy Hollow Motel :* 3520 Highway 50. ☎ 544-1177. Près du précédent. Construction en bois de 33 chambres. Café gratuit. Bus gratuit jusqu'aux casinos. Téléphone et TV couleur dans les chambres.
■ *Motel 6 :* 2375 Highway 50. ☎ 541-6272. Central et piscine. Souvent plein.
■ *Motor Lodge :* à 500 m du Greyhound. ☎ 544-4114. Très confortable : lit relaxant, télé, téléphone. Bon accueil d'un couple de Français. Plus cher le week-end. Sinon, prix très raisonnables.
■ Des lecteurs nous ont conseillé le *Safari Motel* (près des casinos), bien et pas cher.

Campings

■ *Eldorado :* à l'entrée ouest de la ville. Dans une jolie pinède, à une centaine de mètres du lac. Assez cher. Évitez de vous installer à proximité de la Highway 50.
■ *Emerald Bay State Park :* à 15 km au nord-ouest de South Lake Tahoe, sur la route 89. Site superbe. Dans un bois surplombant une charmante crique encerclant une petite île. On vit au milieu des écureuils. Un autre camping un peu plus au nord.

Où manger ?

Comme à Las Vegas, les casinos sont les endroits les moins chers pour manger (tout est bon pour attirer les joueurs). Pensez à demander des *fun books* gratuits dans les motels pour obtenir des réductions dans les casinos.

● *High Sierra :* casino à proximité de la frontière. Étonnant *chuckwagon buffet* à prix réduit.
● *Harvey's :* autre casino connu pour son somptueux *graveyard breakfast* très abordable.
● *Nugget's :* sur la Highway 50, à la sortie est de la ville. Casino proposant, lui aussi, un *breakfast* bon marché.
● *Sushi House :* 3733 Highway 50. Sur la route principale qui conduit aux casinos. Resto japonais, genre cafétéria proposant des *sushi* (poisson cru) à prix abordable.

A voir

▶ *La route panoramique autour du lac (shoreline) :* cette route, longue de 110 km, offre des points de vue superbes ; les pressés seront contents puisque les plus beaux sites sont près du South Lake Tahoe, côté ouest. Louez un vélo (adresse plus haut) jusqu'à la charmante crique d'*Emerald Bay*. La route surplombe le lac. Agréables balades à pied dans la forêt.

▶ *Les casinos :* valable seulement pour ceux qui ne connaissent pas Las Vegas car ils n'ont ni leur splendeur ni leur démesure. A la sortie est de la ville.

▶ *Excursion en bateau sur le lac (lake cruise) :* 3 fois par jour (11 h, 13 h 30 et 16 h), le *Tahoe Queen*, un joli bateau à aube, genre Mississippi, effectue une balade de 2 heures sur le lac jusqu'à Emerald Bay.

▶ *Parachute ascensionnel sur le lac (para-sailing) :* départ à Ski Run Marina, dans le centre de South Lake Tahoe.

Dans les environs

▶ *Reno :* ville frontière se trouvant au Nevada. Capitale du divorce. Navettes gratuites à partir des hôtels. Au *casino Harrah's*, à Reno, excellent resto au premier étage. Très luxueux : couverts en argent, serveurs stylés. *Buffet-dinner* pour 7 $ dans un cadre merveilleux. On se sert à volonté. Excellents petits fours. Une bonne adresse.

▶ *Pyramid Lake :* dans le Nevada, à 1 h au nord de Reno. Grand lac en territoire indien aux eaux très pures. Très chouette d'y camper le soir. En plein désert (pas un arbre !). Nuits particulièrement étoilées. Quelques sources d'eau chaude. Suivre la *dirt road* qui longe le lac rive ouest (vers le nord).

▶ *Virginia City :* célèbre ville fantôme à environ 36 km de Reno et 60 du lac Tahoe. Ancienne ville minière créée en 1859. Beaucoup d'anciens édifices de bois et de brique encore debout. Aujourd'hui, la ville classée *National Historical Landmark* vit, bien entendu, du tourisme. Célèbres courses de chameaux en septembre (le week-end après *Labor Day*).
– *Chambre de commerce et office du tourisme :* ☎ (702) 847-0311.

▶ *Carson City :* autre ville mythique, capitale de l'État. Elle offre le *Kit Carson Traib*, une pittoresque balade dans l'histoire et le folklore de l'Ouest.
– *Convention and Visitors' Bureau :* 1900 S. Carson Street. ☎ (702) 687-7410. Numéro gratuit : 800-NEVADA-1.

YOSEMITE NATIONAL PARK   IND. TÉL. : 209

A 510 km au nord de Los Angeles et à 290 km à l'est de San Francisco. C'est l'un des premiers parcs nationaux du monde, protégé dès 1864 par un décret signé par Abraham Lincoln en personne !
On a donné à cette vallée le nom de Yosemite (prononcer « iossémiti ») en souvenir d'une tribu indienne, les *Uzumatis*, exterminée au milieu du siècle dernier. Yosemite Park couvre des milliers d'hectares de forêts (dont une partie a été malheureusement dévastée par l'incendie d'août 1990) et de montagnes grandioses dont l'altitude varie entre 600 et 3 960 m ; c'est une des grandes zones privilégiées de la faune et de la flore du continent américain. La vallée de Yosemite (au centre du parc) est un des plus beaux exemples de vallée glaciaire qui soit : *El Capitan* et *Half Dome* sont de fantastiques monolithes, uniques au monde. La vallée se caractérise par des flancs hauts et abrupts et un fond plat où coule la Merced River, qui est tout ce qui reste du lit du glacier.
En plein cœur de la Sierra Nevada, c'est l'image même que l'on se fait de la végétation et des montagnes : séquoias géants, paysages incroyables et panoramas à vous couper le souffle. Tous les animaux sont en liberté : loups, ours, daims en goguette, et partout des écureuils qui viennent jusqu'à vos pieds pour vous demander à manger. Ne pas les nourrir. Ils sont mignons mais certains trimbalent la rage.
Le parc est immense : les routes étant sinueuses et les *motor-homes* ralentissant la circulation, il faut compter 1 h 30 à 2 h pour le traverser (sans s'arrêter !) d'ouest en est.
Pour obtenir tout renseignement sur le parc, ☎ 372-0200.

Adresses utiles

Dans le parc même, à Yosemite Village, un supermarché, une poste, un garage, une station-service, un déli-épicerie, des magasins, des restos et un musée indien (derrière le Visitors' Center). Au Visitors' Center, demander la brochure gratuite en français.

Comment y aller ?

En bus
- **Par l'ouest :** Greyhound ne va pas jusqu'au parc. Pour aller de Merced à Yosemite, il faut obligatoirement réserver sa place de bus. Téléphonez 24 h à l'avance à Greyline (☎ 383-1563), qui assure une correspondance avec Amtrak depuis San Francisco ; ou à Via Charter lines (☎ 722-0366), qui propose 2 bus par jour pour le parc.
- **Par l'est :** Greyhound s'arrête à Lee Vining. Puis bus du Yosemite Transportation System, mais du 1er juillet au 10 septembre seulement, et une seule fois par jour ! Réservation obligatoire en été : ☎ 732-1421. Attention, cette route franchit la Tioga Pass, un col ouvert seulement de juin à octobre (environ : ça dépend du climat !), pour cause d'enneigement.

En voiture
- **4 entrées,** dont deux à l'ouest, faciles d'accès de San Francisco. Si vous venez de Las Vegas, méfiez-vous : l'entrée Est est souvent fermée (téléphoner avant).
- Si vous arrivez **par le sud** (en venant de L.A.), tournez tout de suite à droite après l'entrée payante du parc pour ne pas rater les séquoias.

Informations utiles

- **Entrée payante :** 5 $ par véhicule, valable 7 jours. Le Golden Eagle Pass est en vente sur place (25 $ par voiture) : il vous donne accès à tous les autres parcs nationaux.
- Bien entendu, comme dans tous les parcs nationaux, pour dormir, la solution idéale c'est le camping. Non parce que c'est la solution la plus économique (ce qui n'est pourtant pas négligeable), mais parce que c'est la seule manière de « vivre » le parc. Même si le centre du parc (la vallée) est souvent complet, en plein été il est toutefois possible de trouver de la place.
- En arrivant, s'arrêter impérativement au **Visitors' Center.** Là, de charmants rangers vous donneront une carte indiquant les routes, les randonnées pédestres, les pistes cyclables, ainsi qu'un petit journal très bien fait sur le parc avec le niveau de difficultés des balades, le temps de parcours moyen, etc. Pour finir, ils vous informeront sur le taux de remplissage de chaque camping et vous dirigeront vers ceux qui possèdent encore des sites disponibles. Demander le niveau d'équipement du camping choisi (eau, douche, barbecue...)

Topographie

Le parc est très vaste et forme une sorte d'ovale au centre duquel se situe la vallée de Yosemite. Là sont concentrées les plus grandes beautés naturelles du parc : El Capitan, Half Dome, Nevada Falls, Glacier Point, etc. Bien sûr, la plupart des campings s'y trouvent. L'été, c'est donc bondé et pas très calme : supermarché, vastes parkings, passage de voitures permanent. Nous, on préfère nettement camper à l'extérieur de la vallée, c'est plus calme et plus intime.

Où dormir dans le parc ?

Le camping
- Le parc possède une bonne quinzaine de campings avec des niveaux de confort variables. En été on conseille d'éviter ceux de la vallée et de préférer ceux du nord de la vallée, pas trop loin de l'entrée ouest du parc : **Crane Flat, Tamarack Flat, White Wolfe** et, plus loin, **Yosemite Creek** et **Porcupine**

156 LA CALIFORNIE

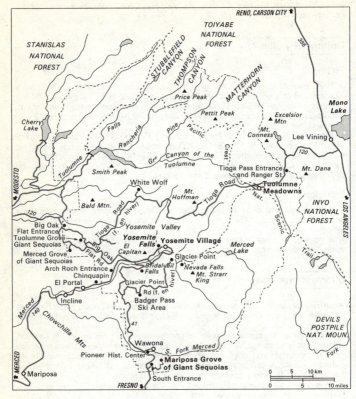

Yosemite National Park

Flat. Hors saison, on peut camper dans les sites de la vallée : ***Lower Pines, Upper Pines, Lower River,*** etc. Il y a souvent de la place et tout est plus calme. Les campings extérieurs n'ont pas tous des douches.
– Pour être sûr d'avoir un emplacement, le meilleur moyen est de réserver plusieurs semaines à l'avance. Réservations ☎ (619) 452-0150. Numéro gratuit : 1-800-365-2267. Mais il y a pourtant la possibilité de trouver une place de camping au dernier moment, en vous rendant assez tôt (avant 10 h) sur un terrain de camping hors de la vallée (voir sur la carte distribuée par les rangers). 5 de ces campings fonctionnent sur la base de *First come, first served* (« Premier arrivé, premier servi ») et ne prennent pas de réservations. En arrivant sur le site on prend une enveloppe, on cherche un emplacement et on place le paiement dans l'enveloppe, qu'on dépose dans une boîte. Si tout est complet, il vous reste à demander gentiment à des gens de partager leur site (repérer des gens qui ont une petite tente et qui ne sont que deux).

Les lodges

Pour réserver un lodge à l'intérieur du parc, écrire au *Yosemite Park Central Reservations* : 5410 E Home, Fresno, CA 93727. Ou téléphoner au (209) 252-4848. Dépôt obligatoire équivalent au prix d'une nuit. Le répondeur, de juin à septembre, a de grandes chances de vous dire que tout est *sold out* (bourré à craquer) car il faut en principe réserver un an à l'avance ! Mais, pendant le message, on vous dit d'essayer quand même en appuyant sur la touche 1 ou 3 du téléphone. A ce moment-là, votre appel est basculé sur les réservations Yose-

mite pour les *tent cabins* ou *cabins without bath* : ce sont les réservations qui n'ont pas été honorées.
- **Canvas Tent Cabins :** à Curry Village. Tentes véritables, contenant deux lits. Prévoir un sac de couchage. Au milieu de la forêt. Une chance de trouver une place, sans réservation, en y allant à... 6 h.
- **Cabins Without Bath :** à Curry Village et à Yosemite Lodge. Les murs sont en dur, mais c'est encore bien proche du camping. Tarif d'un motel de gamme moyenne.

Où dormir, où manger à l'extérieur du parc ?

A LEE VINING

A l'est du parc, sur la route US 395. Joli village paisible dominant le magnifique lac Mono. Autre avantage : la ville fantôme de Bodie n'est qu'à 40 km. Inconvénient : il arrive (jusqu'au printemps) que la Tioga Pass du Yosemite soit fermée à cause de la neige. Dans ce cas, pas d'accès au parc par la porte est : on doit contourner le parc par le nord (une journée !) pour atteindre la porte ouest... Plusieurs motels assez bon marché à Lee Vining, mais vite complets en été : réservez.

■ **Camping :** à la sortie nord du village. Se renseigner auprès du Forest Service. ☎ (619) 647-6525.
■ **The King's Inn :** dans le centre, mais à l'écart de la route principale. ☎ (619) 647-6300. Excellent accueil. Chambres correctes, bon marché. Certaines avec kitchenettes, à prix moyen. Café gratuit. Endroit calme.
■ **Murphey's Motel :** Main Street (US 395). ☎ (619) 647-6316. Bon accueil et chambres propres, avec TV et téléphone, certaines avec jacuzzi. Plus cher que le précédent.
■ **Gateway Motel :** Main Street. ☎ (619) 647-6467. Charmante maison en bois. Terrasses donnant sur Mono Lake et ses étonnantes concrétions calcaires. Dommage, l'accueil est très moyen. Un peu plus cher que ses voisins.
● **Yosemite Trading Company :** un bon resto situé dans la rue principale. ☎ (619) 647-6369. Ouvert de 7 h à 21 h. Petit déjeuner extra. Le soir, menu copieux et bon marché. Artisanat indien aux murs.

A Mammoth Lakes

Sur la US 395, au sud de Lee Vining, à 35 miles de l'entrée est de Yosemite Park (environ 45 mn en voiture). Grande station de ski l'hiver, très vivante même en été. Sur 37 restaurants, on ne compte que 4 fast-foods !

■ **Motel 6 :** 3372 Main Street. ☎ (619) 934-6660. Chambres assez bon marché. Si c'est complet, d'autres motels pas chers, du même côté de la route.
● **Gringo's Mexican Food y Cantina :** dans la rue principale, face au Fire Department. Ouvre à partir de 16 h. Cuisine correcte, copieuse et pas chère !

A Oakhurst

Au sud de Yosemite Park sur la route 41. Plusieurs motels, légèrement plus haut de gamme qu'à Lee Vining.

■ **White Chief Mountain :** à Fish Camp. ☎ 683-5444. A la sortie sud de Yosemite Park en allant vers Oakhurst. Un motel très accueillant, perdu en pleine forêt. Restaurant agréable. Cuisine plutôt bonne. Fermé en principe le dimanche et le lundi.

A Mariposa

Au sud-ouest du parc, sur la route 49. Adorable village style western. On y trouve une dizaine d'hôtels.

■ **Sierra View Motel :** 4993 7th Street. ☎ 966-5793. Appel gratuit : 1-800-627-8439. Cadre charmant, avec petit jardin. Patronne très gentille. Chambres avec air conditionné et TV. Prix moyens. Attention, c'est plein le week-end.

Transports intérieurs

- **Location de vélos** à *Yosemite Lodge* (le mieux) et à *Curry Village*. De mars à octobre-novembre seulement. Plusieurs routes sont réservées aux bicyclettes, notamment les 7 km qui permettent d'atteindre Mirror Lake (au nord-est de Curry Village).
- **Un bus gratuit (shuttle)** effectue la navette entre les campings et les deux villages. En été : de 7 h 30 à 22 h, toutes les 20 mn.
- **Location de chevaux :** près de North Pines Camping. ☎ 372-1248. De mars à novembre. Balades guidées : 2 h, la demi-journée ou la journée. En 2 h, on peut aller jusqu'à Yosemite Falls ou Mirror Lake.

A voir dans le parc

▶ **Deux superbes points de vue** quand on arrive dans la vallée en voiture depuis les entrées ouest et sud. Dans les deux cas, après le tunnel. Panoramas sur les sommets rocheux et les chutes d'eau.

▶ En arrivant, on aperçoit assez vite le **Capitan,** cette gigantesque muraille qui, avec ses 900 m, est la plus haute falaise entière du monde. C'est le point de rendez-vous des *free climbers* du monde entier.
Presque en face, la **Brideveil Fall** (cascade du Voile de la mariée) dont le nom rappelle le mouvement de cette étoffe si légère qui s'envole sous l'emprise du vent.

▶ Un peu plus loin, les **Yosemite Falls** restent les cascades les plus hautes du parc.

▶ Le **Half Dome,** à la forme si caractéristique, est devenu le symbole du parc car on aperçoit sa silhouette de pratiquement partout.

▶ **Les fameux séquoias géants :** à *Wawona* et à *Mariposa Grove,* au sud du parc, et à *Tuolumne Grove,* à l'ouest. Ces arbres font parfois plus de 6 m de diamètre pour un âge allant jusqu'à 2 700 ans.
La curiosité la plus photographiée du parc jusqu'ici était l'« *arbre tunnel* » *de Wawona,* haut de 71 m et âgé de 2100 ans, dans le tronc duquel un tunnel laissait passer une route à deux voies. Malheureusement, des chutes de neige très abondantes ont chargé son faîte d'un tel poids qu'un beau matin – ou soir, peut-être – de l'hiver 1968-1969, le géant des cimes s'est abattu, ne laissant à la contemplation des touristes que son corps impressionnant, allongé pour quelques années encore. Pour le voir, il faut garer sa voiture et prendre le camion-bus qui fait la visite.
Il reste heureusement dans le parc des séquoias beaucoup plus vieux, comme le Grizzly géant qui est toujours debout depuis 2 700 ans. Pour le voir, il faut marcher 13 km, ce qui peut être long quand on est avec des enfants.

▶ A l'embouchure de Merced Canyon, à l'angle sud-est de la vallée de Yosemite, une pointe rocheuse fait saillie d'où, à **Glacier Point,** on a sans doute le plus beau point de vue sur la contrée. Le coup d'œil est magnifique sur la vallée de Yosemite, sur Merced Canyon avec ses cascades et sur la High Sierra.

▶ Au sud-est de Yosemite, **Devils Postpile National Monument :** les amateurs de roches et phénomènes volcaniques pourront y admirer les plus belles, les plus grandes et les plus régulières colonnes basaltiques du monde.

Trekking

Yosemite est intéressant avant tout pour ses randonnées pédestres. Si vous trekkez, consultez impérativement le journal de Yosemite. Il est très complet : parcours, distances, dénivelé, temps moyen... Les itinéraires sont innombrables et pour tous niveaux. Si vous partez plus d'une journée, il faut demander une autorisation *(wilderness permit)* au Visitors' Center. C'est gratuit et les rangers savent où vous êtes : les ours sont nombreux et moins gentils que ceux de Walt Disney. Des randonneurs se font attaquer chaque année, donc ne laissez pas traîner de nourriture quand vous campez ! BIEN PRÉVENIR LES RANGERS DE VOTRE ARRIVÉE.

– **Trek de 3 h** (parmi tant d'autres) : l'un des plus beaux (et des plus fréquentés !) consiste à partir d'Upper Pines Camping et d'atteindre Vernal Fall. Le chemin longe la rivière. On peut effectuer cette randonnée à cheval. Les plus courageux continueront jusqu'à Nevada Fall (ça grimpe mais c'est superbe).
– **Trek de 2 jours :** suivez le même itinéraire que précédemment. Puis, de Nevada Fall, continuez le chemin pour camper à Little Yosemite Valley (à environ 2,5 km des chutes). Ne pas oublier de demander un *wilderness permit* avant de partir. Site fantastique mais attention à la nuit : il fait froid car c'est à presque 2 000 m ! Le lendemain, rebroussez chemin jusqu'à Glacier Point. Vue absolument superbe. Puis redescendez à Yosemite Village par le 4 miles trail.
– **Pour faire trempette :** soit la rivière Merced, qui coule au creux de la vallée (mais beaucoup de monde en été), soit se diriger vers Mirror Lake (départ de Upper Pines Campground). Petite marche de 30 mn. Juste avant Mirror Lake (qui est presque à sec), un autre petit lac mignon. On peut plonger du gros rocher au milieu.
– **Pour les vrais randonneurs :** des dizaines d'autres circuits de 2 à 10 jours. Voir avec les rangers.
– **Remarques :** possibilité de laisser ses affaires dans les consignes *(lockers)* situées près du *Registration Office*, à Curry Village (mais elles sont souvent pleines). Il est interdit de couper des arbres sur pied (que ces arbres soient vivants ou morts !).
Inutile, bien sûr, de penser faire un trek en hiver (dès novembre).

A voir aux environs

▶ **Mono Lake :** à côté de Lee Vining. L'un des plus vieux lacs d'Amérique (plus de 700 000 ans). Isolé dans un sublime désert de buissons de sauge, avec les cimes enneigées de la Sierra Nevada en toile de fond. Il vit un drame depuis les années 60 : les sources l'alimentant ont été détournées au profit de Los Angeles. Il est donc, hélas, en voie d'assèchement. Mais là est son charme : il laisse apparaître des concrétions calcaires (vieilles de 13 000 ans) qui forment un paysage lunaire insolite. L'été, tour du lac avec un guide et veillée d'observation des étoiles.
D'autre part, la salinité du lac (qui a triplé) rend la baignade particulièrement attrayante, rappelant un peu la mer Morte.

▶ **Saddlebag Lake :** à quelques kilomètres de la sortie est de Yosemite. Pour s'y rendre, prendre la route principale 120 qui traverse Yosemite d'ouest en est (on vous rappelle qu'elle est souvent fermée en hiver). On passe dans les *meadows* puis on grimpe, et on sort du parc par cette route principale. Quand on commence à redescendre, dans un virage, à gauche, une route mène à Saddlebag Lake. La route devient une piste (très bonne) sur environ 4 km.
On découvre alors un lac de haute montagne, superbe, dans lequel pêchent quelques amateurs de truite. Une bicoque en bois fait café et épicerie dans un style refuge de montagne. Des sentiers font le tour du lac, et d'autres permettent d'atteindre les cols qui le surplombent. Des canoës circulent sur le lac. Un « camping » à côté du café accueille les amoureux de calme. *Attention*, le lac est situé entre 2 500 et 3 000 m et il y fait vite froid quand le soleil se couche.

▶ **Sequoia and Kings Canyon National Parks:** à environ 80 miles au sud du Yosemite, une splendide région qui regroupe d'imposants sommets granitiques, des gorges profondes, des lacs, des rivières, des forêts d'arbres millénaires (et notamment de séquoias géants).

Où dormir ?

■ **Sequoia Motel :** 43 Sierra Drive, Three Rivers. ☎ 561-4453. Assez calme, pas loin d'un torrent. Propre. Air conditionné, piscine. Prix très raisonnables. A 2 km environ, bon resto avec grillades et vrai pain. Environnement sympa.

BODIE

A l'époque de la ruée vers l'or, Bodie avait une sordide réputation, car elle était fréquentée par les *desperados*. Quand on allait dans cette ville, la phrase consa-

crée était : « *Goodbye God, I'm going to Bodie* ». Pour ôter cette image profane, il fut décidé de faire une collecte pour bâtir une église méthodiste. Les pasteurs ne voulurent jamais y venir car tout l'argent venait, prétendait-on, des bordels et bars à opium. A la grande époque, il y avait un mort par jour. Pour rire, les mineurs disaient : « Well, have we got a man for breakfast this morning ? »
La ville fut définitivement abandonnée en 1932, à la suite d'un gigantesque incendie (allumé par Bill, un gamin). Il reste toutefois de nombreuses maisons en état (restaurées) ainsi que la vieille mine. Toute la ville et ses environs sont classés *State Park*. Ne manquez pas le vieux cimetière où tant de gens furent enterrés sans être débottés ; les prostituées étaient enterrées sous des pierres tombales sans aucune inscription. Sans être trop restaurée, la ville a bien gardé son esprit de jadis (on s'y croit vraiment). Située dans une lande désertique, elle produit une impression assez fantasmagorique. Les vestiges sont assez chouettes. On y trouve les restes de la ville chinoise, la banque, la prison et des maisons de chercheurs d'or.

Renseignements pratiques

Bodie est située sur la route 270, à l'écart de la Highway 395, entre Carson City et Bishop. Aucun service sur place ! Pour dormir, le plus simple est de s'arrêter à Lee Vining, à 42 km au sud de Bodie. Là, plusieurs motels relativement bon marché (voir « Lee Vining » dans le chapitre sur Yosemite Park, plus haut).
Entrée payante. Ouvert de 9 h à 19 h en été (18 h hors saison). Achetez absolument le guide.

La belle histoire des villes fantômes et de la ruée vers l'or

En 1848, Marshall, un jeune employé des moulins à eau de la vallée de Sacramento, découvre quelques pépites d'or dans la rivière. Les rumeurs vont aussi vite que les diligences de la Wells & Fargo. Aussitôt, les tricheurs au poker, les filles de bar et les *desperados* affluent et des dizaines de villes jaillissent du désert. Les saloons poussent aussi vite que les champignons. Et les chercheurs d'or, éternellement assoiffés, éclusent leur bière face à un énorme miroir afin de protéger leurs arrières.
Le moulin où eut lieu la formidable découverte appartenait à un certain John A. Sutter. Or, ce propriétaire commit la grave erreur de ne pas entourer ses terres de fil de fer barbelé. D'après la loi de l'époque, les terrains non enclos n'appartenaient à personne. En quelques jours, le malheureux Sutter se vit dépouiller de toute sa propriété. Malgré de multiples procès, il ne put jamais reprendre possession de ses biens et mourut en 1871 dans la misère.
C'est le début d'une fantastique épopée. Tous ceux qui, aux États-Unis, rêvent de faire fortune, se mettent en branle. On part en bateau des grands ports de la côte est, on double le cap Horn, on traverse à pied l'isthme de Panamá ou bien on s'en va à travers le continent en de longs convois qui partent de Saint Louis, sur le Missouri. Mais, lorsque le filon est tari, ces villes sont abandonnées aussi vite qu'elles s'étaient peuplées. Certaines ont été admirablement restaurées. En de nombreux secteurs de l'arrière-pays californien, les villes fantômes *(ghost towns)* et anciens campements de chercheurs d'or présentent un intérêt certain pour le touriste européen, qui n'en connaît généralement l'existence qu'à travers les productions hollywoodiennes.

LONE PINE — IND. TÉL. : 619

Sur la Highway 195, à la jonction de la route pour Death Valley. Peu fréquentée des touristes, cette petite ville de l'Ouest est pourtant connue pour avoir été l'une des plus importantes annexes d'Hollywood. C'est en effet dans le désert et les montagnes des environs que furent tournés la plupart des grands classiques du western et du film d'aventure : *la Charge de la brigade légère, les Trois Lanciers du Bengale, Star Trek, Nevada Smith,* et tant d'autres. En débarquant à Lone Pine, sachez que vous mettez vos pas dans les empreintes de bottes de John Wayne (qui y tourna à quatre reprises), Gary Cooper, Errol Flynn, Cary Grant, Douglas Fairbanks Jr, Bogart, Anthony Quinn, Rita Hayworth, Kirk Douglas, David Niven, Spencer Tracy, Lee Marvin, Tyrone Power et on en oublie plein.

Adresse utile

– **Visitor's Center :** à la sortie de la ville, à l'embranchement de la route 136 pour Death Valley. Demander le plan de la région, sur lequel tous les lieux des tournages importants sont indiqués. Petite librairie intéressante : bouquins sur le western, les Indiens, la faune et la flore de l'Ouest, etc. Également toutes sortes d'infos sur Death Valley.

Où manger ?

● **The Sportsman :** dans la rue principale (Hwy 195), face à la boutique Indian Trading Post. ☎ 876-5454. Sorte de saloon moderne. Au mur, une tête de bison tué au siècle dernier de nombreuses affiches de films tournés à Lone Pine et des photos de tournages, certaines dédicacées par des stars. A table, de délicieux burgers (dont le Tijuana) et des salades bon marché. Le cuistot est un vrai Mexicain. De temps en temps, les cops de la California Patrol descendent croquer un morceau.

Manifestation

– Tous les ans, vers mi-octobre, le **Sierra Film Festival** rend hommage au cinéma américain. Projections de films, concerts, rencontre d'acteurs, etc. Des circuits sont proposés pour revivre les tournages mythiques de Lone Pine : le désert où Johnny Weissmuller se prenait pour Tarzan, la route empruntée par Tony Curtis pour The Great Race, l'endroit où Robert Mitchum sauvait la vie de Hopalong Cassidy, etc. Renseignements : ☎ 876-4314.

DEATH VALLEY

IND. TÉL. : 619

Située à 210 km au nord-ouest de Las Vegas, la vallée de la Mort, un des sillons les plus profonds dans l'hémisphère nord, s'enfonce à 86 m sous le niveau de la mer. Son nom sinistre lui vient de la phrase lancée par un pionnier rescapé et exprimant la reconnaissance des mormons : « Dieu merci, nous sommes sortis de cette vallée de la Mort. » Entre les flancs resserrés de la vallée, le soleil est dément. C'est le pays de l'épouvante, où la température, en été, dépasse constamment 40° à l'ombre (pas de pot, car il n'y a pas d'ombre). On peut faire cuire un œuf sur un capot de voiture ! En 1986, il a fait jusqu'à 52 °C.
L'humidité de l'air est quasi nulle et, au volant d'une voiture non climatisée, on peut perdre en transpiration plus d'un litre d'eau à l'heure. C'est pourquoi il est très prudent d'avoir des réserves d'eau, au moins quatre litres par personne. Il est exclu de traverser Death Valley en stop.
Le paysage, à la fois grandiose et lunaire, offre le spectacle d'une région brûlée par le soleil mais d'une incroyable diversité : montagnes et mer de sel, canyons et champs de cactus, palmeraie et dunes de sable, cratères et phénomènes géologiques... N'oubliez pas que c'est à l'aube et à la fin du jour que les roches se colorent. De plus, la chaleur est moins étouffante. Enfin, restez obligatoirement sur les routes goudronnées.
Attention : la traversée est très dure pour les moteurs de voiture. Surtout, vérifiez bien les radiateurs, et ne faites pas trop chauffer la voiture (coupez la ventilation de temps en temps). Sur toute la traversée de la Death Valley, on trouve cependant des réservoirs d'eau pour les radiateurs des voitures (radiator water only).
Ce désert est peuplé d'une faune très riche : lynx, coyotes, serpents et le roadrunner, un oiseau, le « bip bip » du dessin animé.

Adresses utiles

- **Visitors' Center :** sur la route 190, à 300 m environ du Furnace Creek Ranch. Ouvert de 8 h à 19 h. Musée intéressant (mais payant) : exposition d'animaux du désert, objets et scènes quotidiennes de la vie des pionniers et des mineurs, géologie... D'autres bureaux d'information à Lone Pine (voir plus haut), à Shoshone (à l'est) et à Emigrant (après l'entrée ouest). Informations générales : ☎ 786-2331.
- **Self-service :** au Furnace Creek Ranch et à Scotty's Castle. Ouvert de 5 h 30 à 20 h 30.
- **Pompes à essence :** à Furnace Creek (de 7 h à 19 h), Scottie's Castle, au nord de la vallée (de 9 h à 17 h 30,) et à Stovepipe, entre Furnace Creek et Emigrant (de 7 h à 20 h).
- **En cas d'urgence :** ☎ 786-2330 ou 786-911 (24 h sur 24).
- **Douches et piscines :** à Furnace Creek Ranch et à Stovepipe Wells. S'inscrire à la réception des hôtels. Payant.

Où dormir ? Où manger ?

Impossible de camper en été à cause de la chaleur. Il fait plus frais dans un four.

■ **Furnace Creek Camping :** tout à côté du Furnace Creek Ranch. Notre préféré des 3 campings ouverts en été. Ombragé et nombreuses facilités tout à proximité : cafétéria, piscine, poste, douches, station d'essence, épicerie... et bistrot.
■ **Mesquite Spring Camping :** à quelques kilomètres au sud de Scotty's Castle, dans un cul-de-sac. Très isolé et beaucoup plus petit.
■ **Wildrose Camping :** déconseillé car loin de tout et dans une région sans intérêt. Mal équipé mais gratuit.

- **5 autres campings** dans la vallée : à Sunset, Texas Spring, Thorndike, Mahogany Flat et Stovepipe Wells (sur du béton !).

A Shoshone

Pour ceux souhaitant remonter Death Valley par le sud, possibilité de dormir à Shoshone (sur la 127, peu avant l'intersection avec la 178). Village minuscule à l'ambiance *Bagdad Café*, très sympa. Après, c'est 100 km de désert !

■ **Shoshone Inn :** dans la rue principale. ☎ 852-4335. Petit motel tenu par des vieux sympas. Chambres bon marché, avec ventilo et douche.
■ **Trailer Park :** sur la Hwy 127, à l'entrée du village quand on vient de la vallée. ☎ 852-9991. Idéal pour reprendre des forces après une journée dans la vallée de la Mort. Emplacements verdoyants pour planter la tente ; douches et toilettes bien entretenues. Et superbe piscine pour se détendre par les chaudes journées d'été.
● **Restaurant-saloon Crowbar :** face à la poste. Endroit agréable, à la déco originale. Dans le bar, billard, fléchettes et souvenirs de pionniers. Resto plutôt bon marché. *Burgers* à toutes les sauces, pizzas archi-copieuses et délicieuses salades (comme celle aux *tacos*). A l'extérieur, un amusant musée coloré.

Dans la vallée

■ **Furnace Creek Ranch :** à Furnace Creek Village, au cœur de la vallée. ☎ 510 ou 786-2345. A ne pas confondre avec le Furnace Creek Inn, bien plus cher. Une adresse assez exceptionnelle car, après des heures de désert total, on se retrouve dans une vraie oasis ! En fait, le « ranch » est un véritable village, avec bungalows, boutiques, petit supermarché, pressing, poste et... musée. En prime : piscine et tennis (éclairé la nuit). Bien sûr, tout cela est éminemment touristique, voire bondé, et l'accueil s'en ressent. Mais les logements sont suffisamment bien disséminés, au milieu de la verdure, pour qu'on se sente tranquille... Au choix : motel pas donné ou cabin bedroom (moins cher). Bien vous faire préciser les prix : des lecteurs ont eu des problèmes ! Côté restauration, un saloon et 4 restos (pas terribles et assez chers) : mexicain, italien, steakhouse et coffee-shop. Location de vélos à la station-service. On peut aussi camper sur place : surtout des campings-cars, mais on peut profiter de la piscine.

- **Panamint Springs Resort :** à l'entrée ouest de Monument Valley, sur la route 190. Pas de téléphone ; pour réserver, écrire : P.O. Box 45, Darwin, CA 93522. Un coin sauvage, vraiment dépaysant, avec vue sur la vallée. Le *Resort* est une grande maison typique de l'Ouest. Patron très sympa. Chambres avec air climatisé et salles de bains, à prix moyen. Fait aussi bar et resto (tous les jours jusqu'à 22 h). De l'autre côté de la route, une aire de camping assez sommaire.
- **Stovepipe Wells Village :** toujours sur la Highway 190, entre Panamint Springs et Furnace Creek. ☎ 786-2387. Cadre western assez rigolo. Au cas où les précédents sont complets, car les prix sont un peu plus élevés et l'accueil très moyen. Seul avantage, la piscine. On y trouve aussi resto, épicerie, station-service et aire de camping.

A voir dans Death Valley

Vers le sud

▶ *Zabriskie Point :* peu après Furnace Creek, sur la 190 direction Death Valley Junction. Rendu célèbre par le film d'Antonioni (qui portait le même nom), c'est l'un des phénomènes géologiques les plus fascinants de la vallée, pour ne pas dire de l'Ouest américain. S'y rendre absolument au lever du soleil, avant le rush des cars de touristes : calme olympien et magie des couleurs assurés. La vue sur les collines voisines, ravinées par les intempéries, offre un paysage absolument unique. La roche présente des couleurs merveilleuses, allant du vert à l'orange, en passant par le rose.

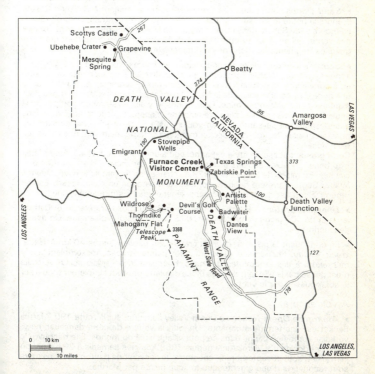

Death Valley National Monument

LA CALIFORNIE

▶ *Dante's View :* à l'écart de la route 190, après Zabriskie. Promontoire du haut duquel on a une vue absolument superbe sur une grande partie de Death Valley. On domine toute la vallée de 1 700 m. Le dernier kilomètre, qui monte à 14 %, est pénible pour les voitures. Il est préférable de couper la climatisation de la voiture, sinon on risque de bouillir.

▶ *La Palette des artistes (Artist Drive) :* peu après Furnace, sur la route 178 direction Shoshone. Dans un amphithéâtre, des pigments minéraux ont coloré les pierres volcaniques. Le fer produit les rouges, roses et jaunes. Le mica donne les verts, le manganèse les pourpres et les violets. Encore un régal pour les yeux (et les cellules photo !).

▶ *Golden Canyon :* à 3 km au sud de Furnace Creek Ranch, juste avant Artist Drive. Y aller très tôt pour éviter les grosses chaleurs. Petite balade à pied de 2,4 km dans un ravissant canyon. Intéressantes formations géologiques. Emportez de l'eau et un chapeau.

▶ *Devil's Golf Course :* le long de la 178, entre Artist Drive et Badwater. Une immense étendue de sel, presque aveuglante, en plein désert ! D'où ce surnom de « terrain de golf du diable »... Le vent a sculpté des formes inquiétantes sur le sol, à même les blocs de terre et de sel.

▶ *Badwater :* au bord de la route 178, une mare d'eau croupie. Vous êtes au point le plus bas des États-Unis, à 86 m au-dessous du niveau de la mer ! Pour l'anecdote, notez qu'il a fallu escalader la paroi rocheuse dominant la route pour y installer un panneau indiquant l'endroit exact du niveau de la mer...

Vers le nord

▶ *Sand Dunes :* après Furnace Creek, sur la route menant à Scotty's Castle. Prendre la petite route, sur la gauche, après la jonction centrale. On croit rêver : un morceau de Sahara dans l'Ouest américain ! Ces dunes de sable sont l'œuvre des vents, qui se rencontrent à ce point précis de la vallée, apportant grain par grain les fragments de roche des montagnes voisines.

▶ *Scotty's Castle :* visite guidée toutes les heures, de 9 h à 17 h (25 personnes par tour). Walter Scott était, au début du siècle, un sacré escroc. Il réussit à convaincre un certain Johnson, magnat des assurances, qu'il avait trouvé une mine d'or dans la vallée de la Mort. Il parvint à lui soutirer des fortunes pour exploiter cette prétendue mine. Puis, Johnson y alla et se rendit compte de la supercherie. Mais le milliardaire, très malade, s'aperçut que le climat très sec du désert améliorait sa santé. Il n'en voulut pas à Scott et lui versa ensuite une pension mensuelle. Johnson décida même de construire un véritable palais, en plein désert.
Cette grande bâtisse de style espagnol coûta une véritable fortune. Rien n'était trop beau : meubles anciens achetés en Europe, ferronnerie d'art, étoffes précieuses. En raison de la crise de 1929, le château ne fut jamais achevé. Quant à Walter Scott, il préféra habiter seul dans une baraque en plein désert. Escroc repenti, Scott est devenu une véritable légende de l'histoire américaine.

▶ *Ubehebe Crater :* à 8 km à l'ouest du château. Beau cratère de 800 m de large et de 500 pieds de profondeur, dû à une explosion volcanique. On peut y descendre.

▶ En continuant la piste au-delà du cratère, on parvient après 40 km à *Racetrack Valley.* Phénomène étonnant : de grandes traces, ressemblant à s'y méprendre à des empreintes de roues, marquent le sol. Mais aucun véhicule n'est passé par là ! En fait, de gros blocs de pierre ont tout simplement roulé sur le sol, poussés par le vent.

A voir encore

▶ *Amargosa Opera House :* à Death Valley Junction, sur la route 190. Martha Becket est une femme étonnante. Un jour, la voiture de cette danseuse new-yorkaise tombe en panne dans ce petit village isolé du monde. Elle découvre le désert et décide d'y vivre. Ainsi depuis 1968, tous les samedis à 20 h (sauf en juin, juillet, août et septembre !), spectacle de danse et de pantomime. Les murs sont recouverts d'une gigantesque fresque peinte par Martha.

▶ Si vous résidez à Furnace, les *forges anciennes de Wildrose* (à l'ouest de la vallée), pour intéressantes qu'elles soient, ne valent quand même pas les

200 km aller et retour (risque de surchauffe du moteur en outre). En revanche, c'est sur la route de ceux quittant la vallée par l'ouest.

▶ Et s'il vous reste du temps : **Tunnel Bridge, Mushrooms Rocks, Keane Wonder Mine** et de nombreux canyons.

LOS ANGELES
IND. TÉL. : 213

A 640 km de San Francisco et 210 km de San Diego. S'étendant chaque année, grâce à ses *freeways* tentaculaires, Los Angeles dévore tout sur son passage. Avec ses 13 millions d'habitants, elle se prépare à devenir la capitale de « l'empire du Pacifique » qui englobe le Japon, la Corée, la Chine et l'Ouest des États-Unis. L.A. est déjà entrée dans le XXIe siècle. En moins d'un siècle, L.A. n'a pas perdu son temps : elle a inventé le *roller-skate* et le *jacuzzi*, le *body-building* et Hollywood, Mickey et E.T.

L.A. est une agglomération sans centre véritable. Chaque quartier vit d'une façon autonome avec ses habitants, sa couleur de peau et son niveau de vie.

Si Los Angeles n'est pas la ville la plus étendue des États-Unis (c'est Jacksonville, Floride), comme l'affirment quelques guides concurrents et néanmoins amis, rappelez-vous que L.A. fait 1 200 km^2 et que 850 km d'autoroutes sillonnent la ville. C'est déjà pas mal.

Les distances fantastiques décourageront plus d'un routard. Il serait dommage toutefois de supprimer L.A. de votre itinéraire. Vous manqueriez des choses vraiment uniques.

Ce 29 avril 1992...

Ce jour-là, un jury blanc de la Simi Valley, comté blanc et réactionnaire de L.A. (c'est celui de Reagan), acquitte les policiers blancs accusés d'un passage à tabac en règle sur Rodney King, un automobiliste noir. Pas de chance pour eux, un vidéo-amateur tourna un film de la scène qui fit le tour du monde. Devant le scandaleux acquittement, South Central, l'un des quartiers les plus pauvres de L.A., se soulève, s'embrase, et s'attaque à tous les symboles de la société de consommation par le pillage et l'incendie. L'émeute dure deux jours et fait plus de 40 morts et des millions de dollars de dégâts. L.A. se réveille avec la gueule de bois. Pourtant, ça devait bien arriver un jour ou l'autre, avec l'immense dose de frustration accumulée par les communautés noire et chicano : suppression des programmes d'aide sociale, racisme des flics, chômage, écart sans cesse grandissant entre les revenus des riches et ceux des pauvres... Et pourtant les clignotants n'ont pas manqué ces dernières années, notamment à travers le cinéma, avec le remarquable *Boys'n the Hood* de John Singleton et *Do the Right Thing* de Spike Lee, qui traitait du désastre de la ghettoïsation de la communauté noire et montrait bien le baril de poudre prêt à sauter. Le jury de la Simi Valley alluma la mèche... En juillet 92, la Cour suprême de Californie fit cependant appel du verdict et renvoya les policiers en jugement. Même s'ils sont condamnés, les problèmes demeureront. Analyse d'un sociologue : « les révoltés se sont vengés sur leur propre quartier, ont détruit leurs propres biens. La prochaine fois, ils déferleront sur Beverly Hills ! Ils ont très peu de conscience politique et de capacité d'organisation, mais ça ne durera pas éternellement ». Aujourd'hui, les ghettos américains sont parvenus au bout de leur désespoir...

Arrivée à l'aéroport

– *Bus 607* qui vous dépose dans Downtown, pendant la semaine. Ou alors, prendre la navette gratuite « C shuttle » jusqu'au terminus. Puis *bus 42* (ou 439, plus rapide) vers Downtown.
– Le service de bus d'Airport Service dessert Downtown, mais aussi Beverly Hills, Hollywood, West Los Angeles. Et encore Pasadena, Long Beach, Universal City.

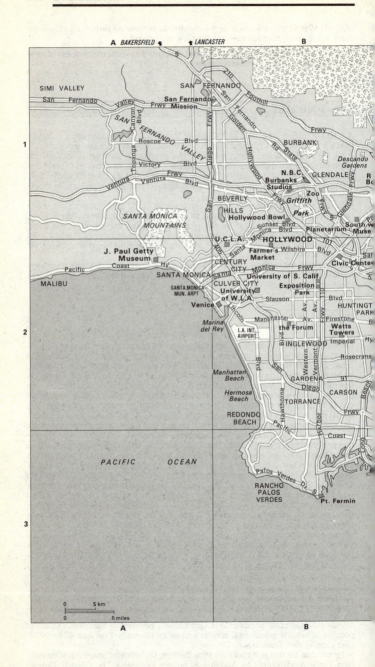

LOS ANGELES

LOS ANGELES 167

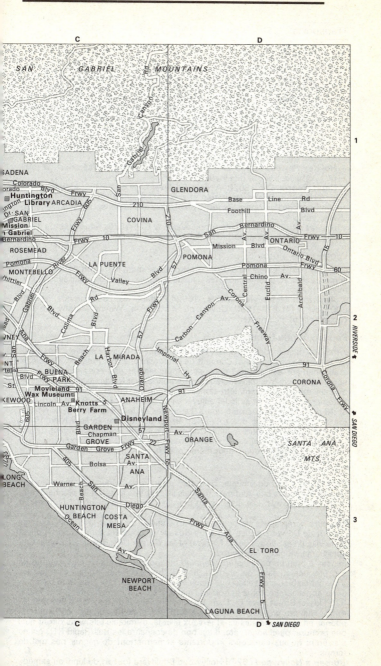

Transports

Location de voitures

Quand on sait que les coins intéressants sont parfois éloignés du centre de 20 à 30 km, on comprend vite que la ville devient un cauchemar pour celui qui ne possède pas de voiture. L.A. est le seul endroit où on conseille vraiment de louer une voiture. En se groupant à trois ou quatre, on s'y retrouve très vite : sérieux gain de temps assuré (plusieurs jours). Les *freeways* qui sillonnent la ville, considérez-les comme le métro : pour se rendre d'un point à un autre, bien étudier la carte et « prendre les correspondances », c'est-à-dire qu'on peut être amené à changer deux ou trois fois de *freeways*. En dehors des *rush-hours* (heures de pointe), très pratique. Vous constaterez avec étonnement comme c'est facile (toujours fort bien indiqué !).
- **Holiday Payless :** 6355 Westchester Parkway. Près de l'aéroport. ☎ 645-2100. Demandez Steve ou Lloyd.
- **Capri-Rent-a-Car :** 8620 Airport Boulevard. ☎ 641-2323 et 645-7700. Fax : 645-2958. Bonne réputation et prix intéressants. Ligne directe gratuite pour appeler de l'aéroport *(Baggage area)*, ainsi que le transport pour aller chercher le véhicule.
- **Rocket :** 4820 West Century boulevard. ☎ 674-1820. Situé près du Tivoli Motor Hotel. Prestations et prix satisfaisants.

Location de motos

Lorsqu'on voyage seul ou à deux, c'est probablement le moyen de locomotion le moins cher et, pour les adeptes, le plus agréable. Il faut bien sûr avoir le permis moto.
- **American Motorcycle Rentals :** 10924 Portal Drive, Los Alamitos. ☎ 594-8001 ou (714) 821-1590. Ouvert de 9 h à 18 h. Wayne Murphy qui s'en occupe est très compétent.

Parking, mode d'emploi

Attention, bien lire les panneaux de stationnement. Ils sont souvent très différents les uns des autres et donnent des autorisations très précises. Parfois, le stationnement est autorisé une heure gratuitement (les *cops* relèvent assez souvent les numéros dans leurs tournées pour piéger les dépassements). Nombreuses places avec parcmètres, mais à restrictions. Par exemple, il faut obligatoirement (quand c'est indiqué) enlever sa voiture entre 7 h et 9 h et entre 16 h et 18 h au moment des *rush-hours*. Les mises en fourrière sont hyper rapides (on a vu plusieurs fois des *tow-away* arriver une minute après 7 h ou 16 h !) Enfin, bien noter les jours et heures de nettoyage des rues (qui changent suivant les rues, bien entendu) car le stationnement est interdit à ces moments-là ! Le pire à L.A., c'est qu'on ne peut même pas choisir la marche à pied...

Bus

Pour les fauchés, on indique, bien sûr, la façon de visiter L.A. avec les bus locaux. Certes les bus vont partout, mais ils sont très lents car ils prennent rarement les *freeways*. Les arrêts sont marqués par un panneau R.T.D. blanc et orange.
Plusieurs compagnies de bus couvrent l'étendue de L.A. : la **R.T.D.**, bus qui partent de Downtown, les **Big Blue Buses**, qui couvrent toute la partie ouest de la ville (Westwood, Santa Monica) et les **Culver City Buses** (de Culver City vers Santa Monica, Westwood).
Pensez à prendre un transfert *(transfer)* qui, pour 25 cents de plus, permet de s'arrêter une ou deux fois en route jusqu'à l'heure marquée en bas du transfert. Voyager en bus, c'est aussi une question d'organisation. Nécessité de bien préparer son itinéraire. Infos et horaires à la **R.T.D. Bus Information :** Arco Plaza, 515 Flower Street (level C). Dans Downtown. Ouvert de 8 h à 15 h 30. ☎ 626-4455. Numéro gratuit : (1) 800-2 LA RIDE. A ce même numéro, on peut téléphoner en disant : je suis ici et je veux aller là, et miracle ! ils vous diront quel bus prendre, où changer, etc. Il est bon de connaître les Bus/Rapid RTD qui ne s'arrêtent qu'aux carrefours importants et permettent de gagner pas mal de temps.
Bureau à Hollywood : 6249 Hollywood Boulevard (ouvert du lundi au samedi, de 10 h à 18 h). Petit conseil : Hollywood est un bon point d'attache pour les

« busophiles » : il y a les plages, UCLA, Universal Studios, NBC, Beverly Hills et le Hollywood Bowl (concerts).
Demander la brochure gratuite *R.T.D. Self-Guided Tours,* qui indique les numéros de bus pour visiter Los Angeles.
Réduction pour les étudiants de moins de 18 ans.
ATTENTION : faire l'appoint avant de monter dans le bus. On ne rend pas la monnaie.
– *Terminal Greyhound :* 1716 E 7th Street au coin de Alameda. ☎ 620-1200. Plus rapide que les bus R.T.D. pour se rendre à Hollywood, Santa Monica et Anaheim (Disneyland). Cafétéria pas chère dans le terminal. Quartier assez dangereux le soir. Pour se rendre à Downtown, prendre le bus n° 60 (direction ouest, pour l'hôtel Hilton).

Avion

– *US Air :* ☎ 998-6622. Célèbre compagnie californienne qui assure de nombreuses liaisons sur San Francisco. Pass intéressant sur de nombreuses villes de l'Ouest. Réservations à Paris. ☎ 49-10-29-00.
– *C.I.E.E. (charters américains) :* 1093 Broxton Avenue, bureau 224. Westwood (près de UCLA).

Adresses utiles

– *Visitors' Center :* 685 S Figueroa St. (entre Wilshire et 7th). ☎ 689-8822. Ouvert de 8 h à 17 h. Fermé le dimanche.
– *Hollywood Visitors' Information Center :* 6541 Hollywood Boulevard. Ouvert de 9 h à 17 h. Fermé le dimanche. Compétent et bien documenté.
– *Poste restante :* General Delivery, 900 North Alemada Street (en face de Union Station). Ouverte du lundi au vendredi de 8 h à 15 h.
– *24 Hour Pharmacy :* Kaiser Pharmacy, dans le Los Angeles Medical Center, 4861 Sunset Boulevard. ☎ 667-8301.
– *Free Clinic :* 8405 Beverly Boulevard. ☎ 653-1990. Ouverte de 10 h à 22 h. Conseillé de téléphoner pour un rendez-vous.
– *Journaux français : Universal News Agency,* 1655 North Las Palmas. Ouvert tous les jours jusqu'à minuit.
– *Thomas Brothers :* 603 W 7th Street. ☎ 627-4018. Librairie de voyage. Grand choix de cartes et documentation touristique.
– *Librairie française : Cité des Livres,* 2306 Westwood Boulevard. ☎ 475-0658.
– *Auto drive-way :* 3407 W 6th. ☎ 666-6100.
– *Consulat général de France :* 10990 Wilshire Boulevard, Beverly Hills, suite 300, California 90024. ☎ 479-4426. Fax : 312-0704.
– *Consulat de Belgique :* 6100 Wilshire Boulevard. ☎ 857-1244. Fax : 936-2564.
– *Consulat de Suisse :* 3440 Wilshire Boulevard, suite 817, Los Angeles, CA 90010. ☎ 388-4127. Fax : 385-4514.
– *Consulat du Canada :* 300 S Grand Avenue, 10th Floor. ☎ 687-7432. Fax : 620-8827.
– Se procurer l'hebdo gratuit *L.A. Weekly* (140 pages), sur tout ce qui se passe à L.A. Nombreux encarts publicitaires donnant droit à des réductions. On trouve cet hebdo empilé un peu partout dans les lieux publics.
– *Centre d'accueil français de Los Angeles* (C.A.F.L.A.) : 9320 Langdon Ave, Sepulveda, CA 91343. ☎ (818) 892-9837. Fax : (818) 892-9577. Adresse qui intéressera ceux (celles) qui envisagent de rester un peu plus longtemps que d'usage à L.A. Grande maison avec jardin, cinq chambres à prix modérés, située dans la vallée de San Fernando. Ici, on trouve un accueil personnalisé et, surtout, de bons conseils sur toute la vie dans la région (administration, social, culturel, etc). Excursions dans l'Ouest et séjours à la carte, séjours linguistiques, voyages en territoire indien. Renseignements en France au (1) 39-63-23-48 et 34-61-34-14. Bonne adresse pour ceux qui veulent savoir où ils mettent les pieds dans un pays !
– *Pour tout renseignement :* ☎ 411 ou 555-1212. Hôtels, gares, banques, restaurants, ou encore si l'on a perdu le numéro de ses copains. Très efficace.

– *Chez E.T. Surf :* 904 Aviation Boulevard, Hermosa Beach. Eddy Talbot vous accueille en français et vous donne informations et conseils nécessaires sur le surf. Réduction à tous les Français !

Change

– *American Express :* 404 South Figueroa. ☎ 627-4800. A l'intérieur du *Hilton* (Thomas Cook) et de l'*hôtel Bonaventure.* Ouvert du lundi au vendredi de 9 h à 17 h et le samedi de 10 h à 17 h.
– *American Foreign Exchange :* World Trade Center, 350 South Figueroa. ☎ 626-0255. Pour changer des chèques de voyage libellés en francs.
– *Bank of America :* 555 S Flower Street. ☎ 228-2024. Pour obtenir des dollars sur présentation de la carte VISA. Ainsi qu'à la *First Interstate Bank.*

● Également quelques guichets automatiques *(money tellers)* acceptant les cartes de crédit étrangères. Pratique lorsqu'on a besoin de liquide à l'heure où les banques sont fermées. Voici quelques adresses :
– *Sumitomo Bank :* West Hollywood (demi-bloc au nord de Beverly Center), 310 N San Vicente Boulevard ; Downtown : 615 S Grand Avenue ; Santa Monica : 100 Wilshire Boulevard.
– *National Bank of California :* 145 South Fairfax ; 117 N La Cienega.
– *Change 24 h x 24 :* 6565 Hollywood Boulevard. ☎ 464-2718. Ferme la nuit du dimanche (de 17 h à 8 h).

Où dormir ?

PRÈS DE L'AÉROPORT

A moins d'avoir un avion à prendre de bonne heure, cela présente relativement peu d'intérêt d'habiter dans le coin de l'aéroport. Encore moins si l'on n'a pas de véhicule. On est loin de tout et on ne peut rien faire à pied aux alentours. *Ind. tél. :* pour tout le secteur de l'aéroport, c'est le *310.*

■ *Westchester YMCA :* 8015 S Sepulveda Boulevard, à la hauteur de 80th Street. ☎ 776-0922 et 670-4316. A 2 km au nord de l'aéroport. Abrite le *Bill Baker International Youth Hostel.* Horaires assez spartiates. Ouvert de juin à septembre, à partir de 21 h. Couvre-feu de 23 h 30 à 7 h 30. Fermeture des dortoirs à 8 h (8 h 30 samedi et dimanche). De l'aéroport, bus 42 et s'arrêter à l'angle de Sepulveda Boulevard et Manchester. Dortoirs. Avoir son duvet, mais possibilité de louer des draps. Consigne à bagages. Réduction pour les membres des A.J. A 2 km des plages de Venice. Un peu excentré pour visiter L.A.

Prix moyens

■ *Marletta's Motel :* 4849 W Century Boulevard, à Inglewood. ☎ 677-7500. A 2 km à l'est de l'aéroport. Bus 117. Petit motel sans prétention. Un poil moins cher que le Tivoli. T.V. couleur dans les chambres. Celles pour quatre personnes à prix intéressants. Resto chinois.
■ *Tivoli Motor Hotel :* 4861 W Century Boulevard, à Inglewood. ☎ 677-9181. Fax : 677-5578. Un peu plus cher que le précédent mais piscine, T.V. couleur et téléphone, et il reste à prix très modérés pour L.A. Navette gratuite pour l'aéroport à condition de ne pas arriver (ou partir) trop tard le soir.
■ *Royal Comfort Motel :* 4230 W Century Boulevard. ☎ 419-8042 (et 8041). Pas tellement plus loin que le Tivoli et un peu moins cher. Bon accueil. Chambres spacieuses. Moderne et propre. Jacuzzi, parking. Café gratuit le matin.
■ *Caesar's Motel :* 4652 W Century Boulevard, Inglewood. ☎ 671-6161. Fax : 672-4310. Piscine, agréable. Navette toutes les 30 mn pour l'aéroport. Mêmes prix que le précédent.
■ *Skyways Airport Motel :* 9250 Airport Boulevard. ☎ 670-2900. Numéro gratuit : (800) 336-0025 (0024 depuis la Californie). Fax : 410-1787. Tout près de l'aéroport et en face d'Avis et de Hertz. Piscine à 28°. Chambres avec TV, salle de bains ou douche et toilettes. Propre. *Coffee shop.* Premier bâtiment peut-être un peu bruyant. Demander plutôt une chambre dans l'annexe derrière,

donnant sur une rue calme. Chambres agréables s'ordonnant autour d'un patio avec petite piscine, le tout entouré de palmiers. Location de voitures à partir de 21 ans avec petit dépôt de garantie.

DANS DOWNTOWN

Certains coins du quartier sont plutôt dangereux le soir. Par exemple, dès la tombée de la nuit, éviter absolument le MacArthur Park, qui est le lieu de rendez-vous des dealers et des gangs. Mais nombreux bus pour se rendre dans les coins intéressants. En outre, on y trouve bars, restos et boîtes super accessibles à pied. De l'aéroport, bus 42 jusqu'à Olive Street. *Attention,* Downtown, ainsi que Hollywood, a conservé l'ancien *ind. tél. : 213.*

Assez bon marché

- *Orchid Hotel :* 819 South Flower Street (plan Downtown A3). ☎ 624-5855. Numéro gratuit : (800) 874-5855. Fax : 624-8740. De l'aéroport : bus Shuttle au parking « C », puis bus 439. Au centre même de Downtown, un petit hôtel bien tenu proposant d'agréables chambres parmi les moins chères du coin. Tout autour (en pleine rénovation urbaine), le quartier devient progressivement fréquentable. Les managers, aux commandes de l'établissement depuis plus de dix ans, jouent astucieusement le bon rapport qualité-prix. Confort correct (air conditionné, café gratuit, possibilité de laver son linge, etc.)
- *Motel de Ville :* 1123 W. 7th Street. Quelques blocs à l'ouest de Hilton. ☎ 624-8474. Fax : 624-7652. De l'aéroport, prendre le Airport Transit Bus jusqu'à l'hôtel Hilton. Si vous sortez de la Harbor Freeway (la 110) : du sud, sortie 6th Street et, du nord, sortie 8th Street (c'est ensuite tout proche). Peut-être le meilleur motel de Downtown. Propre, plaisant, manager accueillante. Chambres sensiblement aux mêmes prix que l'Orchid Hotel et seulement quelques dollars d'augmentation en été. Air conditionné, *coffee shop,* petite piscine. Avec 62 chambres, beaucoup de chances d'avoir de la place (mais en haute saison, pensez quand même à réserver). Prix à la semaine.
- *L.A. Guest-Hotel :* 1518 Rockwood Street. ☎ 250-7921 ou 250-7343. Remonter Beverly jusqu'au carrefour Loma et Belmont. Prendre cette dernière, puis la première à droite. De l'autre côté de Rockwood Street, accès par Glendale Boulevard. Très vieux quartier pavillonnaire. Jardins avec des puits de pétrole (incroyable !). Belle vue sur Downtown. Sorte d'A.J. privée dans une maison particulière. Bon accueil. Fermé de 9 h 30 à 17 h. Réservation recommandée car pas cher et peu de lits. Il faut apporter son sac de couchage. Sinon, 1 $. C'est une petite maison au fond du jardin. Mixte. Adresse très routarde. Confort basique, mais propreté acceptable. Sanitaires corrects. Terrasse avec fauteuils pour les soirs d'été. Prix pour la nuit : 12 $. Possibilité de faire la cuisine. Téléphoner absolument avant de s'y rendre. D'abord, c'est vite plein. Ensuite, la dame prend parfois de petites vacances dans l'année.
- *Cecil Hotel :* 640 S Main Street, près de 7th Street (plan Downtown B3). ☎ 624-3841. *Attention,* quartier dur le soir. Gigantesque hôtel de 700 chambres très moyennement tenues. Douches et TV privées. Petit coffre à la journée. Certaines chambres mieux que d'autres. Forfait à la semaine intéressant. En dépannage seulement.

Prix moyens à plus chic

- *Park Plaza Hotel :* 607 S Park View Street, à la hauteur de 6th Street. ☎ 384-5281. Bus 18 sur 5th Street. Demandez au chauffeur de vous arrêter devant l'hôtel. Sur le plan architectural, c'est, en bordure de jardin, un magnifique édifice Arts déco, l'un des plus beaux de L.A. A l'intérieur, décor époustouflant. Dans les années 20, c'était une adresse prestigieuse. Dans le hall, immense escalier éclairé par des chandeliers gigantesques. Eleanor Roosevelt et Bing Crosby y descendaient. Puis Charlton Heston, Sylvester Stallone, Richard Pryor, Robin Williams, etc. On y a tourné des films, télé-films (Eddie Murphy dans *Harlem Nights,* et *Psycho III* avec A. Perkins). Aujourd'hui, l'hôtel a quand même mal vieilli. Intérieur assez mal éclairé et tristounet le soir. On sent que la direction a bien du mal à gérer tout ça. La nuit, le quartier ne respire pas vraiment la sécurité. Bref, une adresse qui ne conviendra pas à tous nos lecteurs, mais seulement à ceux qui apprécient les architectures très insolites, les atmosphères un peu décadentes ou qui rêvent d'un tête à tête avec les vieilles gloires de L.A., comme dans *Sunset Boulevard.* Au sous-sol, piscine et gymnase gratuits. Demander une chambre dans un étage élevé pour la vue sur

Downtown. Chambres dans un processus de rénovation totale. Tout un étage en offre de belles à 360 F pour deux. On trouve toujours les « vieilles » chambres de 10 à 20 $ moins chères. Réduction de 15 % à nos lecteurs si réservation effectuée 7 jours avant (et sur présentation du *GDR*).
- *Hôtel Stillwell :* 838 S Grand Avenue, Los Angeles, CA 90017. ☎ 627-1151 ou (800) 553-4774 *(toll free).* Fax : 622-8940. Au total, 250 chambres récemment rénovées. Très confortable. Bien situé (hyper central). Chambres avec salle de bains, A.C. et télé représentent un très bon rapport qualité-prix (moins cher que le Park Plaza, à peine 10 $ de plus que le plus ordinaire des motels). Au rez-de-chaussée, cafétéria très agréable (cuisine à dominante mexicaine et indienne) et bar cossu à l'ambiance tamisée. De 7 h à 10 h, *Starving Students Special,* pas cher et copieux.

Plus chic

- ***Eastlake Inn :*** 1442 Kellam Avenue. ☎ 250-1620. Dans un quartier résidentiel avec un nombre important de belles maisons victoriennes. Excellent *B & B.* Situé à l'ouest du Dodger Stadium. Accès par Sunset Boulevard et Douglas Street (vers le n° 1000 de Sunset) ou, par le sud, par Beverly et Edgeware. Depuis la 110, sortie Sunset. Depuis la 101 (Hollywood Freeway), sortie Glendale. Sur une colline, une romantique demeure victorienne offrant des chambres de charme à tous les prix. Conviendra d'abord à ceux disposant d'un véhicule et souhaitant un coin calme et verdoyant (sans pourtant être loin des Freeways et de Downtown). Bon accueil. Chambres personnalisées, de la « Tom Thumb Room », à 300 F pour deux, à la superbe « Hummingbird Suite » à 900 F, en passant par la délicieuse « Sunrise Room » à 480 F (copieux petit déjeuner compris).
- ***The Inn at 657 :*** 657 W. 23rd Street. ☎ 741-2200. Numéro gratuit : (800) 347-7512. A deux blocs de la sortie de la 110 (Harbor Freeway) et cinq au sud de la 10 (Santa Monica Freeway). Opportunément situé sur le Dash aussi (transports intérieurs de Downtown). Quartier résidentiel mais pas snob. Familles ouvrières, artisans, enseignants, le vrai melting pot ethnique et professionnel, à deux pas de Figueroa. Bonnes vibrations donc pour ceux (celles) qui les recherchent. Très grande demeure avec jardinet et parking, sur rue calme. Si extérieurement elle ne possède pas de caractère particulier, en revanche, vous y trouverez des « suites » de charme présentant un superbe rapport qualité-prix. Avec, en prime, le très sympathique accueil de la propriétaire. Suites à 660, 780 et 1 200 F. Elles sont vraiment spacieuses (presque des appartements), avec entrée-salon, cuisine, etc., le tout décoré et meublé avec un goût très raffiné. La « Forest Greensuite » peut même s'adjoindre une deuxième chambre pour familles ou couples voyageant ensemble. Petit déjeuner plantureux compris. Réduction pour nos lecteurs. Réservation très conseillée (avec une nuit d'avance). *Attention,* suites non-fumeurs.
- ***Kawada Hotel :*** 200 South Hill Street. ☎ 621-4455. Numéro gratuit : (800) 752-9232. Fax : 687-4455. Dans un ancien immeuble en brique entièrement rénové. L'un des moins chers petits hôtels de luxe. Bon confort : petit réfrigérateur, vidéo, TV couleur, air conditionné, parfois une petite kitchenette, etc. Chambres de 360 à 450 F. Au rez-de-chaussée, un nouveau resto, l'Épicentre, décoré sur le thème des *earthquakes* (mais ça aurait pu être plus délirant !). Long bar.
- ***Figueroa Hotel :*** 939 S Figueroa Street, à la hauteur de Olympic Boulevard. ☎ 627-8971. Numéro gratuit : (800) 421-9092. Fax : 689-0305. Hôtel de 300 chambres dont l'intérieur est dans le style hispanique avec des carrelages mexicains. Piscine (bizarrement en forme de cercueil !) avec jacuzzi. Restaurant avec T.V. couleur, téléphone, A.C. et salle de bains. Navette pour l'aéroport. Chambres à partir de 500 F.

A VENICE ET SANTA MONICA

L'endroit le plus sympathique pour séjourner, car à proximité de la mer et atmosphère indescriptible. L'idéal est de louer un vélo à Venice pour se déplacer facilement dans le coin. De Downtown, bus 33 South ou 333 sur Spring Street et 6th Street. Descendre à Brooks Street (et Main). Ou bien à l'intersection 5th et Flower, prendre le bus bleu n° 10 « Santa Monica via Freeway ». Demander un *transfer.* Descendre sur 4th Street et prendre le bus n° 2 allant vers le sud. Descendre à Brooks Avenue. De Hollywood, prendre le 420 South sur Highland Avenue et Hollywood Boulevard pour Santa Monica Boulevard. Demander un *transfer*. Puis prendre le n° 4 West. Descendre à 4th et Santa Monica et prendre le n° 1 Blue Bus pour Brooks Avenue (ouf !). *Ind. tél. : 310*.

Bon marché

- ***Share-Tel International :*** 20 Brooks Avenue, Venice Beach, CA 90291. ☎ 392-0325. Fax : 392-9804. A 20 m du Bord Walk de Venice. Petit immeuble plaisant. Pour ainsi dire sur la plage. 20 appartements équipés, de 4 à 6 lits avec salle de bains et cuisine complètement installée. 100 lits. Chambres mixtes.
- ***Jim's at the Beach :*** 17 Brooks Avenue, Venice Beach. ☎ 399-4018 et 396-5138. Fax : 399-4216. Petit hôtel dans une maison particulière à 50 m de la plage. On est 6 par chambre mais il y a aussi coin-salon avec TV et kitchenette. Prix très raisonnables. Propre. Ambiance chaleureuse.
- ***Venice Beach Cotel :*** 25 Windward Avenue, Venice Beach. ☎ 399-7649 et 452-9889. Ouvert 24 h sur 24. Dans le quartier le plus animé. A.J. privée. Accueil assez indifférent. Chambres de 4 à 12 personnes. Quelques chambres pour couples (avec ou sans salle de bains) au prix des motels moyens. En été, ça se dégrade cependant pas mal.
- ***Marina Hostel :*** 2915 Yale Avenue, Venice. ☎ 301-3983. De Downtown (Spring Street), bus RTD 33 jusqu'à Venice Boulevard et Lincoln. Aller jusqu'à Washington Boulevard et descendre trois blocs. De l'aéroport, bus bleu n° 3 (North). Descendre à Washington Bird. A 2 km de la plage. Quartier tranquille. Grande maison particulière en bois. Steve, le jeune patron, est sympa. Atmosphère très *fellow travellers*. Chambres avec lits superposés ou matelas par terre (au choix !), le tout fort bien tenu. Belle cuisine et salles de bains presque luxueuses. *Lockers*, living chaleureux avec télé. Machines à laver. Extra pour les nostalgiques de Woodstock !
- ***Centerpoint Backpackers :*** 11 South Venice Boulevard, Venice Beach. ☎ 827-8811. Fax : 827-1048. Petit hôtel donnant sur la plage de Venice. Au 1er étage d'un petit immeuble. Tenu par un adorable trio représentatif du *melting pot* de la population de Los Angeles. Prix très compétitifs et réductions à la semaine à condition de payer d'avance. On partage une chambre à lits superposés dans laquelle il y a une cuisine et une salle de bains. Petit déjeuner gratuit entre 9 h et 11 h. Transport assuré de l'aéroport (prévenir avant). Les proprios organisent des excursions dans leur minibus pour visiter les points intéressants de la ville.
- ***Airport Hostel :*** 2221 Lincoln Boulevard, Venice. ☎ 305-0250. Même organisation que le Venice Beach Cotel. De l'aéroport, Shuttle « C » jusqu'au parking lot « C ». Puis Blue Bus n° 3 jusqu'à Victoria Avenue (l'hostel est en face). Bâtiment sans charme particulier sur avenue à gros trafic. Pour dépanner éventuellement.
- ***American Hostelling (Youth Hostel) :*** 1436 2nd Street, Santa Monica. Pas loin de Venice. ☎ 393-9913. *Attention :* durant l'été, seuls les détenteurs de la carte A.J. sont acceptés. Nouvelle A.J. officielle. A deux blocs de la plage et à trois du Greyhound. Superbe construction, la plus grande A.J. de l'Ouest. Pour s'y rendre de l'aéroport : prendre le *shuttle bus* « C » jusqu'au City Bus Terminal. De là, bus bleu n° 3 pour 4th et Broadway. Vous n'êtes plus qu'à quelques blocs de l'hostel.
- ***International Guesthouse :*** 1032 7th Street, Santa Monica. ☎ 458-6233 et 576-6292. Fax : 395-0555. Situé entre California et Washington, à un bloc et demi de Wilshire. Pas loin du centre et du front de mer. Dans une grande maison particulière, cette A.J. privée propose des chambres individuelles et *shared rooms* de 2 à 4 personnes. Bonne atmosphère. Prix à la semaine intéressants. Pas mal de longs séjours. Occasion de rencontres. Patron accueillant. Petit déjeuner et repas du soir inclus. Possibilité de laver son linge.
- ***Venice Beach Hostel :*** 701 Washington Street, Venice. Juste après Oxford Street. ☎ 306-5180. Au-dessus d'un teinturier *(Celebrity Cleaners)*. Petit escalier extérieur. A.J. privée. Chambres assez petites et pas mal surchargées en haute saison. Atmosphère néanmoins relax et accueil sympa. Comme style, plutôt rétro baba-cool ! Transport gratuit de l'aéroport.
- ***Seaview Motor Hotel :*** 1760 Ocean Avenue, Santa Monica. ☎ 391-3461. Un des derniers survivants des hôtels bon marché du front de mer (à notre avis, ça ne va pas durer !). Accueil complètement nul, mais les chambres les moins chères de Santa Monica. Certaines sont presque plaisantes. Sur patio, plus calmes avec quelques palmiers.

174 LA CALIFORNIE

- **Cadillac Hotel :** 401 Ocean Front Walk (et Dudley) à Venice Beach. ☎ 399-8876. Fax : 399-4536. Carrément sur la plage. Immense A.J. privée. Reconnaissable à ses belles couleurs vert clair et rose. Chambres pour quatre un poil plus chères qu'au Venice Beach et chambres doubles à prix traditionnels (autour de 300 F).

Prix moyens à plus chic

- **American Motel :** 1243 Lincoln Boulevard, Santa Monica. ☎ 458-1411 et 451-4842. A un demi-bloc de Wilshire. Pas loin de la plage. Moderne, sans charme particulier, assez bien tenu, prix tout à fait raisonnables (même pas chers pour le coin, surtout hors saison).
- **Ocean Lodge :** 1667 Ocean Avenue, Santa Monica. ☎ 451-4146 (poste 123). Chambres avec T.V., salle d'eau. De la n° 8, on voit la mer. Propreté acceptable. Demander quand même à voir une chambre. Si tout est plein ailleurs.
- **Sea Shore Motel :** 2637 Main Street, Santa Monica. ☎ 392-2787. Simple, assez correct et prix modérés.
- **Bayside Motel :** 2001 Ocean Avenue, Santa Monica. ☎ 396-6000. Central. Moderne. Chambres sur l'intérieur plus calmes. Bien tenu dans l'ensemble. Compter 300 F (quelques dollars de plus en été).

Plus chic

- **The Mansion Inn :** 327 Washington Street (et Sanborn), Marina del Rey. ☎ 821-2557. Numéro gratuit : (800) 828-0688. Fax : 827-0289. Pas loin de la plage. Plaisant, impeccable. Chambres confortables. Petit déjeuner pris dans une *courtyard* fleurie. Presque du petit luxe à partir de 480 F la chambre (*mid-week* : 10 $ de réduction).
- **Marina Pacific :** 1697 Pacific Avenue. ☎ 452-1111. Numéro gratuit : (800) 421-8151. Hôtel assez plaisant. Intérieur frais et coloré. A deux pas de la plage et au cœur de l'animation. Chambres à partir de 550 F.

Beaucoup plus chic

- **Shangri-La :** 1301 Ocean Avenue, à Santa Monica. ☎ 394-2791. Numéro gratuit : (800) 345-STAY. Fax : 451-3351. A la hauteur de Wilshire Boulevard. Façade blanche très modern style. Les chambres, récemment refaites, sont dans le même grenre. Quelques vedettes de cinéma aiment bien y descendre. Vue sur le Pacifique, et dans le centre ville. Studio (chambre plus living) au prix d'un 3-étoiles (environ 660 F).

A HOLLYWOOD ET BEVERLY HILLS

Hollywood n'est plus ce qu'elle était à l'âge d'or du cinéma. Dans certains endroits, prostitution et mauvais garçons le soir... De Downtown, bus 1 sur Hill Street, à l'angle de Olympic Boulevard.

Assez bon marché

- **Hollywood YMCA :** 1553 N Hudson Avenue. ☎ 467-4161 (ext : 216). A un bloc de Hollywood Boulevard (entre Sunset et Hollywood). De l'aéroport, prenez l'Airport Service bus jusqu'au *Roosevelt Hotel* et marchez 6 blocs vers l'est. Grande bâtisse avec piscine, gymnase. Si les singles apparaissent encore abordables, en revanche les doubles (sans salle de bains) sont chères pour ce qu'elles proposent. Un peu dégradé, aucun charme ! Les dortoirs de la *Youth Hostel* (dans le même bâtiment) sont évidemment moins chers (prix habituels). Fermé de 10 h à 16 h.
- **Hollywood International Youth Hostel :** 6561 Franklin Avenue. ☎ 850-6287. A l'intersection de Whitley. Quatre blocs à l'est de North Highland Avenue. Une vingtaine de lits dans une adorable maison. Le tout fort bien tenu. Excellent accueil. 10 $ la nuit. Prix intéressant à la semaine. Vite plein, téléphoner avant.
- **Hollywood Hills Hostel :** 1921 N. Highland Avenue. ☎ 850-7733. Fax : (310) 301-2537. Trois blocs au nord de Hollywood Boulevard. A.J. privée dans un ancien hôtel rénové. Ouvert toute l'année. 200 lits en chambres de 2

ou 4, 15 $ par personne (dîner compris). Elles s'étagent sur la colline. Chambres pour couples (mais assez chères). Coffre pour passeports et chèques de voyage. Excursions à Universal, Disneyland et Magic Mountain. Renseignements sur des locations de voitures à prix intéressants.
- *Banana Bungalow Hollywood :* 2775 Cahuenga Boulevard West. ☎ 851-1129. Numéro gratuit : 1-800-4-HOSTEL. Fax : 851-2022. Situé à North Hollywood. Pour s'y rendre, transport gratuit de l'aéroport, l'Amtrack ou le terminal des bus. En voiture : de Hollywood Boulevard, remonter Highland Avenue. Après l'entrée du Hollywood Bowl, tourner à gauche dans Cahuenga Boulevard West. Bungalows corrects de 4 à 6 lits par chambre (et salle de bains). Pas cher. En revanche, chambres doubles moins intéressantes. Piscine et solarium. Petit déjeuner compris. Salle de jeux. Transports gratuits pour Universal, Disneyland, Magic Mountain, les plages, etc. Bon resto aux prix incroyablement bas. Programme d'activités hebdomadaire assez riche.

Prix moyens

- *Hollywood Downtowner Motel :* 5601 Hollywood Boulevard. ☎ 464-7191. Deux blocs à l'est de Hollywood Freeway (la 101). Probablement le meilleur motel de Hollywood et, en prime, l'un des moins chers (donc, notre meilleure adresse). Fort bien géré. Patronne efficace et charmante tout à la fois. Air conditionné, piscine chauffée, parking, cuisine mise à disposition, etc.
- *Sunset Motel :* 6516 Sunset Boulevard. ☎ 461-2748. Un petit motel très simple, mais assez propre. Et pas cher du tout. Pour budgets serrés en fin de parcours. Cependant, si vous pouvez mettre 6 $ de mieux, autant opter pour le précédent.
- *Sunset 405 Motel :* 6826 Sunset Boulevard. ☎ 465-7186. Chambres correctes à prix convenables.
- *Dunes :* 5625 Sunset Boulevard. ☎ 467-5171. Numéro gratuit : (800) 4-LA-DUNES. A un bloc de la sortie de Hollywood Freeway (la 101). Ensemble de style mexicano-provençal avec palmiers et toits de tuile rouge. Une soixantaine de belles chambres spacieuses. Air conditionné, télé par satellite, chauffage réglable ; bref bon confort. Compter environ 360 F pour deux.

Plus chic

- *Hollywood Celebrity Hotel :* 1775 Orchid Avenue. ☎ 850-6464. Numéro gratuit : (800) 222-7017, et en Californie : ☎ 222-7090. A deux blocs de Hollywood Boulevard et de North Highland. Charmant petit hôtel style années 30 entièrement rénové. Architecture intérieure originale. Chambres spacieuses et très confortables, tons sobres, meublées Arts déco, à partir de 420 F. Beau rapport qualité-prix. Accueil courtois. Petit déjeuner continental compris. Quelques *de luxe suites* avec petit salon, *sleeper sofa,* pour 3 et 4 personnes à prix intéressants.
- *The Beverly Terrace Hotel :* 469 North Doheny Drive, Beverly Hills. ☎ 274-8141. Numéro gratuit : (800) 421-7223. Un petit hôtel dans le quartier où habitent les acteurs américains. Petite piscine bleue avec des palmiers. Les chambres sont disposées tout autour. Ça ressemble un peu à un hôtel de province en France. Prix presque corrects, compte tenu du quartier (environ 500 F la double quand même). Restaurant. En face de l'hôtel, un magnifique supermarché (Carl's Supermarket). Le quartier est très sûr. Et puis, vous risquez de croiser Harrison Ford ou Paul Newman dans la rue !
- *Hollywood Metropolitan Hotel :* 5825 Sunset Boulevard. ☎ 962-5800. Fax : 465-1380. Numéro gratuit : le même précédé de 800. Hôtel récent proposant de vastes chambres très confortables. Celles des derniers étages offrent un super panorama sur L.A. Lits *queensize.* Tout en haut, le Vista Restaurant pour le petit déjeuner continental (compris dans le prix). Compter 500 F la chambre (15 % de réduction et parking gratuit sur présentation du *Routard*). Réservez si possible.
- *Highland Gardens Hotel :* 7047 Franklin Avenue. ☎ 850-0536. Fax : 850-1712. Bien situé. A deux pas du centre de Hollywood. Moderne et chambres plaisantes. Les *standard* devant sont à environ 420 F. Derrière, sur le patio verdoyant, un peu plus cher.

Beaucoup plus chic

- *Château Marmont :* 8221 Sunset Boulevard. ☎ 656-1010. A la hauteur de La Cienega Blud. Leur brochure prétend que l'architecture est normande. Ils exagèrent ! En tout cas, ce pseudo-manoir perché sur une colline accueille toutes les stars depuis 1927. Un peu clinquant mais le hall de réception (gothique, s'il vous plaît) respire l'opulence. Jolie piscine entourée d'arbres. Prix d'un bon 4 étoiles (*standard room* à 600 F, studio à 800 F, après, les prix s'envolent).

Ultra-chic

- ■ *Hollywood Roosevelt :* 7000 Hollywood Boulevard. ☎ 466-7000. Numéro gratuit : (800) 423-8263. Construit en 1927, ce palace étonnant a abrité les amours et les extravagances d'une société bien particulière : celle des producteurs, des stars de cinéma et de la littérature américaine. La toute première cérémonie des oscars y eut lieu (1927). La restauration est parfaite et minutieuse : déco hispano-mauresque, plafonds peints, grilles de fer forgé et marbre blanc. En mezzanine, toute l'histoire du cinéma en photos et objets de culte : vieilles caméras des années 1930, T.S.F. glorieuses ayant illustré les débuts du parlant, ombres de Chaplin, fantômes de Marilyn, Ava Gardner, Clark Gable, etc. Nostalgie qui revient évidemment cher mais c'est mérité. Doubles à partir de 800 F. Vendu par *Forum Voyages*.

A WESTWOOD (UCLA)

Bon marché

- ■ *Westwood Inn Motel :* 10820 Wilshire Boulevard. ☎ (310) 474-3118. De l'aéroport bus RTD n° 560 à la porte C du terminal. Direction UCLA et descendre à Veteran Avenue, puis marcher 3 blocs vers l'est. Motel bien situé pour ceux souhaitant résider près de l'université. A 5 mn de Westwood Village. Fort bon accueil. Chambres spacieuses et confortables et, surtout, à prix très intéressants. Tarif dégressif sur plusieurs jours. Chambres pour quatre (2 pièces séparées) à prix imbattables. Enfin, les gérants sont une vraie mine d'infos.
- ■ *Mira Hershey Hall :* 801 Hilgard Avenue. ☎ 825-3691. Sur le campus de UCLA, résidence universitaire qui propose des chambres doubles très clean. Il faut y rester quand même quelque temps. Sanitaires dans le couloir. Possibilité de louer un frigo. Cuisine commune.

A ANAHEIM

(Disneyland ; ind. tél. : *714*)
A environ 40 km au sud-est de Downtown. De là, vous pouvez rayonner autour de trois attractions primordiales, tout à côté : *Disneyland, Knott's Berry Farm* et *Movieland Museum*.
De la Santa Ana Freeway *(Freeway 5)*, sortir à Disneyland. On tombe sur West Katella Avenue qui est jonchée de motels. Beaucoup d'opportunités sur Beach Boulevard également. Allez-y assez tôt le matin si vous voulez trouver une chambre.

Campings

- ■ *Malibu Beach Park :* 25801 Pacific Coast Highway (la One). ☎ (213) 456-6052. Situé entre Malibu Canyon Road et Coral Canyon Road. Correct. A 30 mn de Santa Monica. Vue sur l'Océan.
- ■ *Vacation Land :* 1343 S West Street. Pas loin de Disneyland (auquel le camping appartient). Assez cher pour un camping mais bien équipé. Pas d'ombre mais piscine. Le *camping K.O.A.*, à côté, n'accepte que les caravanes. Les vaches !
- ■ *Camperland :* 12262 Harbor Boulevard, Garden Grove. ☎ 750-6747 ou (800) 422-6746. A 1 mile de Disneyland. Piscine chauffée, machines à laver, etc. Cher pour un camping, plus cher que *Wetchester YMCA* par exemple.

Assez bon marché

- ■ *Motel 6 :* 2920 W Chapman Avenue. ☎ 634-2441. A 3 km de Disneyland. De la I-5, prendre la sortie Chapman Avenue. Piscine. Souvent complet.
- ■ *Motel 6 :* 1440 N State College. ☎ 956-9690. A 9 km de Disneyland. De la I-5, venant du nord, prendre la Highway 91 est (puis sortie : State College). Piscine.
- ■ *Skyview Motel :* 1126 W Katella Avenue. ☎ 533-4505. Correct. A deux pas de Disneyland. Un des moins chers du coin. Faible augmentation en été.

- **Motel 6 :** 921 South Beach Boulevard. ☎ 220-2866. A 7 km de Disneyland. De la I-5, montant vers le nord, sortie Katella Avenue (qu'on suit sur 7 km), puis tourner à droite pour Beach Boulevard. Une cinquantaine de chambres. Piscine.
- **Motel 6 :** 100 West Freedman Way. ☎ 520-9696. Le plus proche de Disneyland (moins d'un demi-mile). Tout nouveau. 227 chambres. Piscine. Réservation obligatoire en haute saison.
- **Village Inn :** 1750 South Harbor Avenue. ☎ 774-2460. Pas loin de Disneyland non plus. Reconnaissable de loin : tout coloré avec une silhouette de baleine. Simple, bien tenu, confort correct. Un des moins chers et quasiment le même prix en été. Une de nos meilleures adresses bon marché.
- **Gaslite Motel :** 7777 Beach Boulevard. ☎ 522-8441. Fax : 821-7203. Proche du Knotts Berry Farm. Depuis la I-5 et la 91, sortie : Beach Boulevard. Agréable, pas cher, bien tenu.

Prix modérés

- **Alamo Motor Lodge :** 1140 W Katella. ☎ 635-8070. A un bloc de l'entrée de Disneyland. Plutôt agréable. Bon rapport qualité-prix. Jolie piscine.
- **Sir Ru Dimar Motel :** 615 W Katella Avenue. ☎ 635-8110. A un bloc de Disneyland. T.V. couleur, radio, téléphone et salle de bains dans les chambres. Piscine. Un des moins chers en haute saison.

Plus chic

- **Vagabond Inn :** 1519 E 1st Street, Santa Ana. ☎ 547-9426. Numéro gratuit : (860) 522-1555. Fax : 547-4327. Sur la Santa Ana Freeway, prenez la sortie : First Street. A quelques minutes en voiture de Disneyland. Chambres spacieuses (2 lits *queen size*). T.V. couleur et air conditionné. Piscine. Le matin, café, *doughnuts* et journal gratuit. Réservation à Paris au 45-77-10-74.

A HUNTINGTON BEACH

A 40 mn en voiture de l'aéroport (et 20 mn au sud-ouest de Disneyland), Huntington est une sympathique petite ville de 175 000 habitants, entre Long Beach et Newport Beach (34 km de plages ! Beaucoup de surf, des dizaines de kilomètres de pistes cyclables...). Prendre le LAX Airport bus n° 232 jusqu'à Long Beach Transit Mall, puis bus n° 95. Ou bien le Greyhound LA bus n° 460 jusqu'à Knott's Berry Farm, puis bus n° 29.

- **Colonial Inn Youth Hostel :** 421 8th Street, Huntington Beach. ☎ 536-3315. Fax : 536-9485. Ouvert toute l'année. Bon marché. Réception ouverte de 7 h à 9 h 30 et de 16 h 30 à 23 h. Comme son nom l'indique, grande maison coloniale avec véranda et quelques palmiers. Quelques chambres pour couples et familles aussi. Vraiment bon marché. Prix à la semaine. Possibilité de laver son linge. Cuisine équipée. Consigne. Clé pour la nuit. Plage à 3 mn.

A NEWPORT BEACH

Ind. tél. : 714. A côté de Huntington Beach et plus populaire.

- **Newport Channel Inn :** 6030 West Pacific Coast Highway. ☎ 642-3030. Pas loin de la mer. Petit hôtel fort bien tenu et à prix très abordables. Chambres confortables.

Où manger ?

Les milliers de restaurants de L.A. offrent une variété de plats quasi infinie, à la portée de toutes les bourses. Les restaurants français sont les plus cotés et, bien entendu, les plus chers. Les restaurants purement américains sont rares en dehors des snacks. Leurs spécialités sont les viandes de bonne qualité et les salades typiquement californiennes. On ne peut passer en Californie du Sud sans manger au moins une fois à la mexicaine ou à la chinoise. Impossible ici de donner quelque judicieux conseil : entrez, commandez en fonction du prix, goûtez, et vous serez rarement déçu.

DANS DOWNTOWN

Bon marché

- **The Original Pantry :** 9th Street et Figueroa. ☎ 972-9279. Ce resto très populaire a la particularité d'être ouvert 24 h sur 24, depuis 1924, date de sa création (les serrures ont dû rouiller). D'ailleurs, il figure dans le *Livre des records* américain. Aujourd'hui, il détonne même, dans un environnement complètement bouleversé : tout autour sont apparus de prestigieux nouveaux immeubles. Leur slogan est « Never closed, never without customer ». Record de fidélité des serveurs : sur 80, deux d'entre eux ont travaillé de 40 à 55 ans, douze de 20 à 40 ans, 24 de 5 à 20 ans, etc. Et c'est vrai qu'il y a toujours plein de monde (3 000 clients par jour !). A propos, devant la caisse, amusez-vous à compter les couches de linos usés. Il fut créé par un ancien bagnard. Bonne cuisine et portions généreuses. Pas d'alcool. A propos de records, quelques chiffres : consommation de pain : 90 t par an ; 20 bœufs et 2 400 œufs par jour, 3 000 porcs et 2 300 agneaux par an. Enfin, annuellement, 220 vaches consacrent leur lait entièrement à Pantry. Sans passer tous les légumes en revue, sachez qu'il se grignote en *appetizer*... 30 t de céleri et que 15 t de sucre sont utilisés pour la cuisine et sucrer le café (fourni annuellement par 20 000 caféiers) et 17 t de lessive en poudre sont consommées par les machines à laver la vaisselle !

- *Gorky's Café and Russian Brewery :* 536 E 8th Street. A la hauteur de San Julian Street. ☎ 627-4060. Ouvert 24 h sur 24. Ce resto russo-américain ne paie pas de mine et pourtant c'est l'un des endroits les plus fréquentés (artistes, intellos, margeos de tout poil, étudiants). Décor supercoloré, grands volumes. Au fond (encore un coup de la glasnost !), derrière une grande vitre, on assiste à la fabrication de la bière. Gorky fait aussi son pain (excellents *giant muffins*). Self-service où l'on choisit entre les *blintzes, piroskis,* chou farci, *clam chowder* et la nouvelle cuisine californienne. Plats du jour très abordables, qui changent tous les jours. Petit déjeuner servi tout le temps ! A partir de 20 h, live music. Chouette atmosphère, mais menacée par la crise. Un peu en dehors des sentiers battus, Gorky's souffre du repli sur soi des Angelenos... *Happy hour* de 17 h à 19 h en semaine. Pour quelques *bucks, buffet and beer* illimité !

- *Philippe the Original :* 1001 N Alameda Street, à la hauteur de Main Street. ☎ 628-3781. Ouvert tous les jours de 6 h à 22 h. Tout à côté du vieux quartier mexicain (El Pueblo de Los Angeles). Salle immense. Mélange d'employés et de cols bleus. Ventilo au plafond, grandes tables et sciure par terre. Le resto typiquement américain tel qu'on l'imagine. Et pourtant, il fut créé au début du siècle par un Français. On peut y déguster les célèbres *French dipped sandwiches* (*dipped :* trempé dans la sauce) à un prix très abordable. Une invention certainement extraordinaire puisque des articles de journaux élogieux ornent tous les murs. Ils sont vraiment copieux. Bons gâteaux. Sur le comptoir, noter les œufs durs marinant dans le jus de betterave.

- *Vickman's :* 1228 E. Eight Avenue. ☎ 622-3852. A un bloc de Central Avenue. Ouvert de 3 h à 15 h. Le samedi jusqu'à 13 h et le dimanche de 7 h à 13 h. Petit déjeuner servi jusqu'à 10 h 45. Un des restos les plus populaires de Downtown. En fonction depuis 1919. Immense salle « vert salle de bains » avec quelques fresques maladroites. Longues tables et quelques box en bois. Clientèle des halles toutes proches et des lève-tôt. Nourriture simple, mais saine. Plats du jour abondants genre *beef stew, turkey drumstick, mahi-mahi* (thon), pâtes, *goulasch, B-B-Q spare ribs.* Grand choix de salades, soupes, sandwiches, omelettes, etc. Vraiment pas cher.

- *Vim :* 831 South Vermont Avenue. ☎ 480-8159. Quelques blocs au sud de Wilshire. C'est un quartier hispanophone mais, dans cette portion de rue, on trouve plusieurs restos thaïs ou sino-thaïs. Le Vim se révèle l'un des plus connus pour sa qualité de cuisine et ses prix d'avant-guerre (de Corée !). Ouvert de 12 h à 22 h tous les jours. Murs nus, tables de Formica. Ici, on vient avant tout pour se nourrir. Beaucoup de familles. Portions généreuses. Goûter au *B-B-Q duck, pork ginger and black mushroom* (cuit à la thaï), *oyster omelette,* délicieux *pad thai* (crevettes fraîches). Longue carte de plats chinois aussi.

- *Tommy's :* Beverly Boulevard et Rampart Boulevard. ☎ 389-9060. Ce restaurant occupe tout le coin de ce croisement de rues depuis 1946 et vend le hamburger le moins cher de la ville (mais aussi le plus banal). Pourtant, les foules s'y pressent la nuit dans une atmosphère un peu *American Graffiti.* Peut-être parce que c'est précisément ouvert 24 h sur 24 et que, au fil des générations, les habitudes se sont transmises. En tout cas, ici, il faut voir les familles hispanos faire la queue, puis se serrer le long des étroits comptoirs ou consommer dans leur voiture. Avec le succès, Tommy's s'est franchisé et a essaimé, mais c'est ici qu'on revient, au tout premier. Presque un culte !

- *Cassell's :* 3266 6th Street. ☎ 480-8668 et 387-5502. A la frontière ouest de Downtown à deux blocs de Vermont Avenue. Ouvert du lundi au samedi de

LOS ANGELES / DOWNTOWN *179*

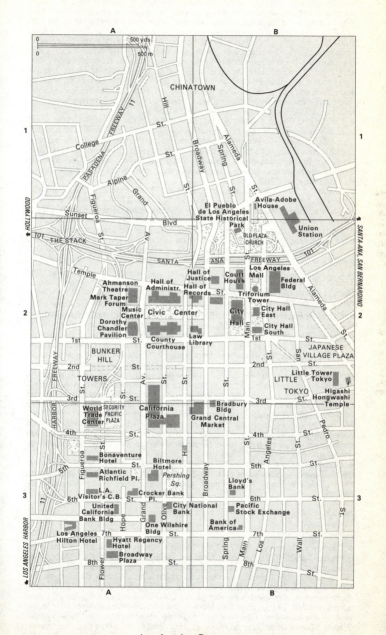

Los Angeles, Downtown

10 h 30 à 16 h. Sur la carte de visite est inscrit : « World best hamburger ». Un peu exagéré certes, mais c'est incontestablement le meilleur de L.A. Cadre banal à pleurer (pour mieux mettre en valeur la nourriture, peut-être ?). En tout cas, le *burger* est fait maison, bien *juicy* et goûteux. La viande est d'une fraîcheur légendaire et servie généreusement. Cependant, ne pas tenter d'influer sur la cuisson (et encore moins de demander votre hamburger bleu !). Vous ne vous attireriez que sarcasmes ou sourire méprisant. Commandez donc avec des *fried zucchini* (légères et délicieuses courgettes frites) et, comme Johnny Carson, Clint Eastwood, Liza Minelli et la regrettée Jane Mansfield (dans *The Girl can't help it*, elle avait crié « divin » à propos des *burgers* de Cassell's), régalez-vous du *salad-bar* et de ses onctueuses et originales sauces maison (*home-made red relish, roquefort cheese*, etc.), compris dans le prix du hamburger. En résumé, une adresse hautement recommandable !

- *Cole's :* 6th Street, à la hauteur de Los Angeles Street. Ouvert en 1908, c'est le plus vieux resto de Los Angeles. Ouvert jusqu'à 22 h. Fermé le dimanche. D'un côté, un self-service très abordable, et, de l'autre, un bar très sombre conformément au goût américain. Grand choix de plats : *pastrami, turkey, roast beef,* etc. Portions copieuses. Le comptoir d'acajou est usé, poli par tous les bras de chemises qui se sont affalés là. Au mur, des photos de la construction de l'immeuble en 1902.
- *Langer's :* 704 S Alvaredo Street. ☎ 483-8050. A côté du MacArthur Park. Ouvert de 7 h à 1 h (les samedi et dimanche jusqu'à 3 h). Le quartier craint un peu le soir, mais nos lecteurs les moins paranos apprécieront ce vieux « deli » offrant une très longue carte avec, entre autres, de délicieuses soupes, un choix d'une vingtaine de *pastrami*, un très bon *corned beef*, un *chicken in the pot*, du *cheese blintzer*, un *smoked pastrami plate dinner*, une grande variété de *cold fish specialities*, et tous les classiques de la cuisine juive à des prix d'avant-guerre (du Golfe)... Cadre traditionnel, Formica et banquettes de moleskine.

DANS CHINATOWN

Dans la petite ville chinoise enclavée entre la 110 et la 101 au nord de Downtown. Peu de touristes.

- *Empress Pavillion :* 988 N. Hill Street. Situé tout en haut de Chinatown, dans le Bamboo Plaza. ☎ 617-9898. Restaurant situé au 1er étage d'un centre commercial récent (avec parking). Garder le ticket, il sera déduit de la note. Ouvert tous les jours de 10 h à 14 h 30. Très grande salle au cadre plutôt austère. Pas de lanternes et autres « chinoiseries ». Quelques tableaux seulement. Service particulièrement efficace et assez souriant. Ici, on vient pour le *dim-sum*, l'un des plus réputés de L.A. Les serveuses trottinent avec leurs petits chariots couverts de toutes ces petites choses délicieuses et parfumées. Être à deux permet de partager et choisir plus, car il y a souvent quatre pièces par plat (classées par des lettres et par prix suivant leur originalité). Si vous devenez *dim-sum addicts*, vous vous familiariserez vite avec les noms : *pan fried shrimps pot sticks, pork dumplings shiv mai, garlic spare ribs, shrimps on rice paper, ginger beef tripes, rice noodles*, etc. Prix extrêmement raisonnables. Un conseil, arriver avant midi, après la queue s'allonge (mais pas trop d'attente, quand même).
- *Ocean Seafood :* Chunsan Plaza, 747 N. Broadway. ☎ 687-3088. Fax : 687-8549. Ouvert tous les jours de 9 h à 22 h 30. Y aller surtout pour le *dim-sum*. Très populaire aussi. Au 1er étage. Cadre assez chaleureux. Beaucoup de familles.

HOLLYWOOD, SUNSET, MELROSE ET WILSHIRE

Assez bon marché

- *Barney's Beanery :* 8447 Santa Monica Boulevard. Entre la Cienaga et Sweetzer. ☎ 654-2287. Ouvert tous les jours de 10 h à 2 h. La Mecque du hamburger ; Mac Do fait pâle figure à côté. Tout d'abord, un menu original sous forme de B.D. (on l'emporte en souvenir, bien sûr). Un choix de plus de 150 hamburgers (les grosses faims fortunées commanderont le n° 1125 !), près d'une centaine d'omelettes en tout genre. Cuisine tex-mex aussi (plus de trente sortes de chili). Le tout dans un bâtiment des années 20 où le décor côte ouest vaut le déplacement. Clientèle très bigarrée et ambiance électrique sympa. Grands billards américains au milieu et 255 variétés de bières pour les spécialistes.

- **Johnny Rockets :** Melrose et Gardner. ☎ 651-3361. Ouvert du dimanche au jeudi de 11 h à minuit. Vendredi et samedi de 11 h à 2 h. C'est un resto façon *American Graffitti* avec atmosphère *fifties* drôlement bien reconstituée. Les serveurs et les serveuses reprennent parfois en chœur les chansons de Fabian, Frankie Avalon, Chuck Berry, Ricky Nelson, Bobby Darrin, etc. Jeunes et moins jeunes nostalgiques s'agglutinent autour du comptoir (c'est plus sympa qu'en terrasse) pour les énormes hamburgers et les frites bien croustillantes.
- **Seafood Bay :** 3916 Sunset Boulevard. Au point de jonction avec Santa Monica Boulevard (extrême est de Hollywood). ☎ 664-3902. Ouvert de 11 h 30 à 21 h 30 (le vendredi jusqu'à 22 h), et de 16 h à 22 h (le dimanche jusqu'à 21 h 30). Cette cafétéria à l'aspect modeste ne propose que de bons poissons et des crustacés, à des tarifs très corrects. D'ailleurs, elle se considère comme un *« inflation fighter restaurant »*. Le midi, on sert des *light meal special* vraiment pas chers (*fresh fish sandwich, spaghettini calamari,* le *chowder* maison, sardines grillées, etc.). Belle sélection de poissons. Bouillabaisse qu'on peut agrémenter de homard. En entrée, on peut même commander du *whitefish caviar* ou des huîtres fumées. Nombreux *seafood cocktail*.
- **El Coyote Café :** 7312 Beverly Boulevard, à la hauteur de Fairfax Avenue. ☎ 939-2255 et 939-7766. Ouvert tous les jours de 11 h à 22 h (les vendredi et samedi jusqu'à 23 h). Le restaurant mexicain le plus kitsch que l'on connaisse. Depuis 50 ans, on y sert de la cuisine mexicaine dans une succession de salles toutes plus ringardes les unes que les autres. Le tout éclairé par des lampes faiblardes pour l'intimité. Bien entendu, les serveuses sont en costume du pays. Goûtez au cocktail Margarita pour vous mettre en condition. Tout cela très bruyant et coloré. Le succès de ce restaurant devrait d'ailleurs être l'objet d'une thèse de socio sur les motivations des gens. Si la nourriture est globalement correcte, elle ne se révèle vraiment pas d'une grande finesse. C'est l'immense usine à bouffe, capable de servir plusieurs centaines de personnes par jour. *Chili con carne, tostada, tamales, enchilada ranchera, guacamole, tacos* à prix imbattables à L.A. (en particulier, les *combinations*). Ça explique sûrement en partie leur succès (plus la joyeuse animation du lieu).

Prix moyens

- **Ed Debevic's :** 134 N La Cienega. ☎ 659-1952. Ceux qui connaissent celui de Chicago se feront un coup de nostalgie ici aussi. Dîner genre années 50. Toujours bondé. Décor marrant (super clinquant) et service diligent. Gros hamburgers, chili, salades et desserts maison. Pas trop cher. Menu-souvenir avec quelques réflexions drôles, du genre : « Chez Ed's, nous vous avions promis service amical et courtois à prix raisonnables, si nous n'avons pas réussi à tenir cette promesse... S.V.P., ne le dites à personne »...
- **Indigo :** 8222 West 3rd Street. ☎ 653-0140. Ouvert à midi en semaine. Le soir de 17 h 30 à 22 h (les vendredi et samedi jusqu'à 23 h). Fermé le dimanche. Pas loin du *Hard Rock Café*. Un bon restaurant typiquement californien. Prix raisonnables. On peut manger au soleil dans le patio. Nombreux plats exotiques aux influences mexicaines, françaises et chinoises. Bonnes pizzas, notamment le *calzone* farci au thon et celle à la *grilled Yucatán chicken sausage*. Choix de salades et *pasta* également.
- **Canter's :** 419 North Fairfax Avenue. ☎ 651-2030. Ouvert 24 h sur 24. Immense *deli* au décor d'une rare banalité, où l'on a toujours la garantie de trouver une honnête nourriture juive traditionnelle. A 3 h du matin, on se croirait au « coup de feu » de midi. Clientèle très mélangée allant des petits vieux insomniaques et discrets aux gens du show-business extravertis et bruyants. Serveurs ayant souvent l'âge de l'établissement ou affichant la même apparence. Service pas trop rapide. Carte longue comme le bras avec les classiques *reuben, hot corned beef and cabbage, box and cream cheese, chopped liver and egg salad, blintzes* et les gros *special sandwiches*...
- **The Old Spaghetti Factory :** 5939 Sunset Boulevard (Hollywood). Ouvert à midi du lundi au vendredi. Tous les soirs jusqu'à 22 h (les vendredi et samedi jusqu'à 23 h). On est accueilli par un péristyle à colonnes corinthiennes et cheminée ouvragée. On y mange un plat de spaghetti dans un cadre époustouflant, rococo XIXe, velours rouge et or, meubles tarabiscotés du genre Henri II de nos grands-mères, colonnes torsadées, lustres de cristal, lits coupés en deux transformés en tables pour amoureux. Moins cher que le cadre ne le laisse supposer.
- **Larry Parker's :** 206 South Beverly Drive. Un demi-bloc au sud de Wilshire Boulevard. ☎ 274-9007. Un vrai mystère : élu plus mauvais restaurant de Los

Angeles par le *Zagat Guide* (guide des restaurants de la L.A.). Mais le décor années 50, la gouaille des serveuses valent le déplacement. De plus, si vous avez faim à 4 h, c'est ouvert toute la nuit.
* *Kokomo Café :* Farmer's Market, 6333 W. 3rd Street (et Fairfax). ☎ 933-0773. Accès par « Gate 9 », côté 3rd Street et Fairfax. Ouvert de 9 h à 19 h (le dimanche de 10 h à 18 h). En hiver, de 9 h à 18 h 30 (le dimanche de 10 h à 17 h). L'occasion d'aller traîner parmi les stands de bouffe et de fruits de mer du Farmer's Market. Hors saison, plus d'Américains que de touristes. Ils y redécouvrent leurs charmes, ses étals, ses nombreux restos à prix modérés. Le Kokomo est l'un des plus populaires. Au comptoir ou à l'une des quelques tables (le dimanche matin, pour le *brunch*, il y a même une *waiting list !*). Longue série de portraits au-dessus du comptoir, pastiche des restaurants célèbres qui affichent leurs vedettes (ce sont des photos du staff et des clients !). Bonnes soupes et salades (organiques) et, surtout, l'un des meilleurs *smoked BLT* qu'on connaisse (pour les néophytes, c'est le *bacon, lettuce, smoked salmon sandwich*). Même proprio au *Gumbo Pot* un peu plus loin (West Patio, côté Fairfax ; ☎ 933-0358), qui se prétend le meilleur resto cajun de la ville. Très exagéré ! C'est une bonne petite nourriture sans plus. Certains plats se permettent même d'être un peu fades (un comble pour une cuisine du Sud). Néanmoins, pour ceux qui ne connaissent pas le *jambalaya* ou le *gumbo*, c'est une intéressante initiation à la cuisine cajun.
* *Caffe Latte :* 6254 Wilshire Boulevard. ☎ 936-5213. A deux pas du *Museum of Art*. Ouvert de 7 h à 15 h tous les jours (et de 18 h à 23 h du mardi au samedi). Avant tout, l'endroit idéal pour le petit déjeuner ou le *lunch*. Décor plaisant, très frais (bois blanc, tons doux, plantes vertes). On est accueilli par une délicate odeur de café. Service souriant et aimable. Bonne musique rock (tendance *seventies*). Clientèle d'habitués, employés du coin et visiteurs de musées égarés, car de l'extérieur ça fait très anonyme. Ici, le café est une religion. Plats végétariens. Excellente et copieuse nourriture à prix très acceptables : *vegetarian scramble omelette, pancakes, muffins*. Goûter au *hot or sweet italian* (*scrambled eggs* avec saucisses, basilic, tomates et oignons). Pour *lunch*, pâtes fraîches de 11 h à 15 h *(cajun angel hair, cheese tortellini), grilled toffu vegie burger, eggplant muffulatta,* salades, sandwiches, *green chili stew*, etc.

De prix moyens à plus chic

* *Hard Rock Café :* 8600 Beverly Boulevard, à l'angle avec San Vincente. ☎ 276-7605. Ouvert tous les jours de 11 h 30 à minuit. Parking gratuit au Beverly Center pour moins de 3 h. Impossible à rater : une gigantesque Cadillac est plantée au-dessus du resto. Musique non-stop. Très fréquenté par la jeunesse dorée de West Hollywood et Beverly Hills. L'endroit est célèbre pour avoir fait la couverture d'un disque des Doors : *Morrisson Hotel*. Pour le décor, rien n'est trop cher : une navette de la NASA, des disques d'or, une pompe à essence, la moto d'Elvis Presley. Une veste de Jimmy Hendrix, orgie de Fender's, etc. Assez délirant. Dans l'assiette, salade californienne, *famous babyrock watermelon ribs* et hamburgers géants. Prix tout à fait acceptables.
* *California Beach « Rock'n Sushi » :* 7656 Melrose Avenue. ☎ 655-0123. Ouvert uniquement le soir jusqu'à 23 h. Au 1er étage. Amusant resto japonais post-moderne, genre « Costes du *sushi* ». Nourriture correcte à prix encore raisonnables. Décor assez coloré et original. Néons et des tas de télés et vidéos dans les coins. On y trouve des sushis bien sûr mais aussi les *combinations dinners : chicken teriyaki* et *tempura* (ou *sashimi), sashimi* et *tempura, New York steak teriyaki* et *tempura*, etc. Quelques spécialités comme le *King Pao seafood special* (crabe, seiche, coquilles Saint-Jacques et crevettes sautées aux légumes). Un ou deux soirs par semaine, *all you can eat* de *sushi* (pendant une heure au Sushi Bar). *Happy hour* de 18 h à 19 h (week-end de 16 h 30 à 17 h 30). Le mercredi, *magic night* (jours et horaires à vérifier bien entendu). Aux beaux jours, petite terrasse.

Plus chic

* *The Musso and Frank Grill :* 6667 Hollywood Boulevard. ☎ 467-7788 et 467-5123. Ouvert de 11 h à 23 h. Fermé le dimanche. Le plus vieux restaurant de Hollywood. Ouvrit en 1919. L'atmosphère rappelle un peu notre Lipp national. Faut dire qu'on y rencontre tous les intellos et scénaristes de Hollywood depuis que Hemingway et Faulkner y avaient leur rond de serviette. Plat du jour différent selon les jours que le bon Dieu fait. Célèbre pour ses rôtis, son canard

« à la King » et ses serveurs peu aimables. Excellents vins californiens. Deux salles : le restaurant et un genre de cafétéria avec petits box et banquettes de moleskine. Si vous n'avez pas faim, allez de toute façon boire un verre au grand bar en bois sombre où tant de gens ont déjà refait le monde. *Daily special* inchangé depuis le début : lundi, poulet-nouilles, mardi, *corned beef and cabbage*, etc. Goûter au *flannel cake* inventé par l'ancien chef (53 ans de bons et loyaux services).

Encore plus chic

- *Citrus :* 6703 Melrose Avenue. ☎ 857-0034. Fax : 939-2694. Ouvert à midi et le soir jusqu'à 22 h 30 (vendredi et samedi 23 h). Réservation hautement recommandée. L'un des restaurants dont on parle le plus. Un incroyable engouement. Il faut dire qu'il possède tous les ingrédients. Architecture et décor très californiens, très *high tech* à dominante de blanc (côté *clean* et *healthy*), la couleur est apportée par les expos de peinture. Accueil courtois, atmosphère plus décontractée que ne le laissent augurer les prix de la maison. Et une cuisine qui déçoit rarement. Plats aux recettes élaborées, délicieux gâteaux car Michel Richard, chef français, est le roi de la pâtisserie. En outre, tout le monde peut admirer les chefs en pleine activité (seule une glace sépare la cuisine nickel de la salle à manger). Paradoxalement moins de charme, moins élégant (plus bruissant même !) que le Dôme et plus cher ! A midi, cependant, lunch assez abordable.
- *Spago :* 8795 Sunset Boulevard. ☎ 652-4025. Ouvert tous les jours jusqu'à minuit. Pour nous, Spago est un mystère ! Ça fait onze ans qu'il ne désemplit pas. Engouement incompréhensible pour un resto au cadre très banal, bruyant, pas très confortable et proposant certes une bonne cuisine, mais quand même pas exceptionnelle. Cuisine dans le restaurant même. Il paraît que ça rassure les Américains, mais imaginez le tintamarre des casseroles si votre table n'est pas loin. En outre, réservation plusieurs jours à l'avance, voire une semaine ou deux. Il faut dire qu'il y a toujours une star ou deux chaque soir et que Spago a vraiment acquis une grande réputation de scène pour « voir et être vu ». Clientèle assez *trendy* vous l'aviez deviné ! Une combine (bonne comme une autre) pour obtenir une table : venir de bonne heure (18 h-19 h) comme ça, au culot. Parfois, ça marche. Si possible, choisir la salle du fond. Vous y serez moins vu, mais elle se révélera plus agréable (parasols, plantes vertes, moins bruyante). Concernant la cuisine, les pizzas sont toujours excellentes et à prix encore raisonnables (goûter notamment à la *spicy chicken*). Carte assez étendue d'où émergent les *pastas* et quelques spécialités : le *parmesan rizotto with ragout of shrimps, lobster, scallops,* le *rare misuji beef salad with eggplant,* etc.
- *Le Dôme :* 8720 Sunset Boulevard (West Hollywood). ☎ 659-6919. Ouvert le midi et le soir jusqu'à minuit. Fermé le samedi midi et le dimanche. Harmonieuse façade à colonnes. Bravo aussi pour le décor extrêmement réussi. Sophistiqué sans excès, aménageant d'agréables zones d'intimité. Dans le salon, ambiance douce et feutrée. Élégant bar circulaire. Accueil particulièrement raffiné, sans snobisme (pas d'épate et de clinquant comme chez *Nicky Blair* et rien à voir avec la prétention de *Spago !*). Une carte intelligente, des petits plats goûteux et assez imaginatifs (superbe *seafood salad* et succulentes coques au vin blanc). Excellents gâteaux. En outre, prix étonnamment raisonnables pour un établissement de cette qualité (compter environ 200 F).
- *Yamashiro :* 1999 N Sycomore Avenue, donne sur Franklin Avenue (entre la Brea et Highland). ☎ 466-5125. En haut d'une colline. Superbe pagode japonaise qui offre un panorama fantastique sur L.A. Réplique exacte de l'architecture traditionnelle. Plusieurs centaines d'artisans vinrent d'Extrême-Orient y travailler. Magnifique jardin intérieur, conforme aux règles du zen. Assez cher pour y manger, mais on peut se contenter d'y boire un saké ou un thé.
Tout autour, de délicieuses promenades pour rêver. Vous découvrirez un authentique pagodon (vieux de 6 siècles) auprès d'une pièce d'eau. Clientèle assez chicos. Si vous venez en voiture, un domestique ira vous la garer. Ne pas manquer de réserver une table en terrasse avec panorama sur la ville. Si vous rentrez à pied tard le soir, quartier pas très rassurant (m'enfin, tout cela est bien subjectif).

A VENICE

Attention, désormais l'*ind. tél.* est le *310* (ainsi qu'à Santa Monica et Malibu).

Assez bon marché

- *Café 50's* : 838 Lincoln Boulevard. ☎ 399-1955. Ouvert tous les jours de 7 h à 23 h (1 h les vendredi et samedi). Comme son numéro de téléphone l'indique, nos lecteurs amoureux de James Dean et de Brando savoureront ici un décor et une atmosphère rétro chouettes. Murs ornés de vieilles affiches et de disques. De même, apprécieront-ils les juteux *(juicy !)* hamburgers maison, la *Big Boppers special scramble*, l'omelette Jerry Lee Lewis *Whole lot of shakin' going on*, le *Fats Domino's triple decker delight* ou le *Peggy Sue* (et pour finir les succulents *Sweets for my sweet*). Au fait, il y a même un plat s'appelant *Veal Sinatra*. Musique extra (est-il besoin de préciser ?).
- *Hinano :* 15 Washington Street. Ouvert tous les jours jusqu'à 1 h. Grande baraque en bois. Sciure par terre et trois billards américains. Parties acharnées. Intéressantes vieilles photos aux murs. Bonne bande musicale et une pancarte « aimez la musique ou taillez-vous ! ». Au comptoir, on descend de grandes chopes de bière d'un litre *(pitcher)*. Ambiance assez *rough* et sudiste. *Burger, tamales* et hot dogs sur le pouce.
- *Great Eats (The Oar House) :* 2941 Main Street. ☎ 396-4725. Ouvert jusqu'à 22 h. Décor marrant. Au plafond, toutes sortes d'objets hétéroclites : traîneaux, calèches (eh, oui !), vélos. Cuisine banale et pas chère : *burgers, buffalo wings*, etc. A côté, une boîte intéressante (même direction) : le **Quicksands**.

Prix moyens

- *Sidewalk Café :* 1407 Ocean Front Walk, au bout de Horizon Avenue. A l'épicentre de Venice. ☎ 399-5547. Ouvert tous les jours de 8 h à minuit. Grande terrasse donnant sur la mer (le meilleur poste d'observation rêvé). Tout compte fait, les salades et hamburgers ne sont pas bon marché mais l'ambiance est superbe et les filles ravissantes. Pour les intellos, un des hamburgers s'appelle « Marcel Proust » : ça doit être bon pour la mémoire. On peut se contenter d'un pot. *Live music* certains soirs. Dans le resto, on trouve *SWB*, intéressante librairie (☎ 399-2360). Parfois, des lectures publiques de textes ou poèmes.
- *Cheese and Olive Café :* 37 Washington Street. ☎ 823-9491. A côté du Deli 31. Ouvert tous les jours jusqu'à 23 h (18 h en basse saison). Patio bien aménagé avec fontaine qui glougloute. C'est là que se retrouve la clientèle B.C.B.G. du coin. Bons *brunches* copieusement servis et à prix raisonnables. Et puis, c'est toujours plein pour le *fresh catch of the day*, le *chicken Portofino* ou *curried*, les *vegetarian casserole, garlic shrimp, seafood pan roast, pasta*. Carte longue comme le bras. 32 sortes d'omelettes, sandwiches consistants, *burgers* originaux (*lambburger, buffaloburger*, etc.). Bons gâteaux.
- *The Firehouse :* Main Street et Rose. ☎ 396-6810. Ouvert de 7 h à 23 h (samedi et dimanche 8 h). Ancienne caserne de pompiers locale, convertie en *coffee shop*. D'ailleurs, le décor rouge et les modèles réduits évoquent assez les activités passées. Accueil sympa. Cuisine californienne traditionnelle.
- *Paco's :* 4141 Centinela. ☎ 391-9616. Un peu décentré, à l'est de Venice. Remonter Washington, c'est à l'intersection avec Centinela. Resto mexicain très populaire dans le coin. Ouvert de 10 h à 22 h tous les jours. Salles agréables séparées par de petites arches, plantes vertes, filets de pêcheurs et étoiles de mer séchées. Goûter à la *tostada* du chef, au *Paco's burrito*, aux intéressants *combinaciones mexicanas* (assortiments de spécialités). Grand choix de *platos regionales* (*pulpo ranchero, cancun mojo de ajo, enchiladas del mar*, etc.).

De prix moyens à plus chic

- *Rose Café :* angle Main Street et Rose Avenue. ☎ 399-0711. Ouvert de 11 h 30 à 15 h et de 17 h 30 à 22 h. L'endroit ressemble plus à un atelier de peinture qu'à un troquet. Sur la façade, deux magnifiques roses géantes. Salades diverses un peu chères, et délicieuses tartes.
- *Crab Shell :* 10 Washington Street. ☎ 821-8737. Ouvert midi et soir jusqu'à 23 h. Patio pour le *breakfast* les samedi et dimanche. Salle confortable avec banquettes en demi-lune pour les joyeuses bandes. Bar au 1er étage assez sympa. Terrasse (une des rares de la plage). Bonne réputation pour ses poissons et fruits de mer. A midi, prix raisonnables pour les poissons grillés au feu de bois, *quin, mahi-mahi, Pacific red snaper*. Bons sandwiches.
- *Rebecca's :* 2025 Pacific Avenue et North Venice. ☎ 306-6266. Ouvert tous les jours de 18 h à 1 h du matin (sauf les dimanche et jours fériés). A 2 pas

de la plage de Venice. Ce haut lieu de rendez-vous du Tout-L.A. vous permet de dîner dans l'un des décors les plus fantaisistes qu'ait conçus l'enfant chéri de la Californie, l'architecte Franck Gehry. Crocodiles et pieuvres géantes suspendus, illuminés de l'intérieur. Audacieux pot-pourri de matériaux. Poteaux décoratifs rappelant les cactus de l'Arizona. Une fois de plus, celui qui est reconnu comme l'un des grands architectes du moment a donné libre cours à son génie créatif. Pour ce qui est des nourritures terrestres, ce n'est pas mal non plus. Outre les nombreux *tacos, burritos, ceviches*, on déguste de véritables plats mexicains comme le fameux *mole* (poulet au chocolat) ou l'*arroz con mariscos* ; des curiosités telles que l'*oyster chowder* (cocktail épicé à l'huître) ; ou encore un excellent filet mignon, le poisson du jour, suivi d'un gâteau au chocolat nappé de caramel, à se damner. Assez cher toutefois, mais c'est mérité. Avec un peu de chance, on peut dîner dans de confortables alvéoles de cuir vert tendre. *Valet parking* à l'entrée ! Il vaut mieux réserver.

A SANTA MONICA ET MALIBU (Ind. tél. : 310)

- **Light House (Todai)** : 201 Arizona Avenue. ☎ 451-2076. Entre Wilshire et Santa Monica Avenue, presque sur le front de mer. Ouvert à midi et le soir jusqu'à 21 h (les jeudi, vendredi et samedi jusqu'à 21 h 30). Ça ressemble plus à une cafétéria qu'à un resto, mais ne pas s'y fier. Grande salle décorée par quelques thons hagards empaillés. Atmosphère rugissante. Parfois des émeutes à l'entrée. Ne pas manquer de prendre son numéro d'appel à la porte. Bon, vous avez deviné qu'il s'agit là d'un resto extrêmement populaire et tout à fait exceptionnel : un *eat as you can eat*, de frais et délicieux *sushis*, crabe, *clams*, moules gratinées, calmars, poissons divers (crus et cuits), salades, crevettes géantes, poulet *teriyaki*, travers de porc (et on en oublie). D'un rapport qualité-prix absolument imbattable ! Aussi, est-il précisé que les ingrats ou indélicats qui ne mangeraient que le poisson sur les *sushis* (et laisseraient le riz) se verraient impitoyablement taxés (normal !). Compter le soir un maximum de 110 F. Buffet le midi deux fois moins cher. Comment, vous n'y êtes pas encore ?...

- **Café-Casino** : au coin de Arizona et Ocean Avenue. Ouvert de 7 h à 22 h (23 h le week-end). Très grande cafétéria proposant *lunch* et *special dinner* à prix fort modérés. Cadre plaisant et aéré. Plats copieux et choix intéressant. Bons gâteaux. Terrasse.

- **Marco Polo Inn :** 716 South San Monica (et Lincoln). ☎ 393-2913. Ouvert midi et soir jusqu'à 20 h (sauf le dimanche). Resto propret et assez confortable. Bonne petite nourriture sino-thaïe à prix fort modérés. *Breakfast* jusqu'à 11 h.

- Le bel **Arnold Schwartzenegger** vient juste d'ouvrir un resto nouvelle cuisine (tendance autrichienne). Situé 3110 Main Street à Santa Monica. ☎ (310) 339-4800. Prix pas exagérés.

- Éviter le *Zucky's* (5th et Wilshire) : nourriture vraiment médiocre.

Prix moyens à plus chic

- **Gladstone's** : 17300 W Pacific Coast Highway, Pacific Palisades. ☎ 454-3474. Tout au bout de Sunset Boulevard, là où cette artère rejoint le Pacifique à Malibu Beach. Une institution ! En surplomb de la plage, le rendez-vous des surfers. On y boit, on y mange (nourriture au mieux correcte, voire banale et médiocre les mauvais jours), mais les gens (beaucoup de touristes) viennent surtout pour l'ambiance. Un décor surprenant et sympathique. Tenue bermuda et T-shirt, à tendance « belles et beaux des plages ». Un monde fou ! Le soir, de la terrasse vitrée, on peut admirer les merveilleux rouleaux de l'océan Pacifique qui viennent gronder sur la plage, astucieusement éclairée par de puissants projecteurs installés sur les pilotis de l'établissement. Il n'y a plus qu'à rêver (il vaut mieux car le service laisse parfois à désirer). Cependant, s'attendre à faire la queue un certain temps pour avoir le droit de rêver. Pas vraiment bon marché, pas déraisonnable non plus...

A WESTWOOD (UCLA)

Assez bon marché

- **The Butterfly Bakery :** 1321 Westwood Boulevard, près de UCLA. ☎ 479-6902. Ouvert de 7 h 30 à 19 h. Fermé le dimanche. Une boulangerie sympa où

les stars de Hollywood viennent prendre un café ou acheter des pâtisseries (Quincy Jones, Barbra Streisand, Madonna, Jacqueline Bisset, Olympia Dukakis, Jane Fonda et même Michael Jackson). Impressionnante collection de photos dédicacées. Gentil petit cadre. La propriétaire, Liz Brooks, peut vous parler des heures durant de « ses » stars. Surtout des salades, des hamburgers et plusieurs dizaines de parfums de *frozen yogurt*.
- *Golestan :* 1398 Westwood Boulevard. ☎ 470-3867. Ouvert tous les jours midi et soir jusqu'à 1 h. Dans un joli décor oriental (jeu de glaces et mosaïques de morceaux de miroirs), l'occasion de goûter à la cuisine perse. Le plus intéressant est le buffet illimité à midi, à un prix vraiment modéré. Bonnes spécialités : *sabzi polo mahi* (poisson blanc du lac Supérieur mariné et frit), *chelo kabob bang* (petits morceaux de filet de bœuf), etc. Petite terrasse dehors.
- *Shamshiri :* 1916 Westwood Boulevard. ☎ 474-1410. Ouvert tous les jours à midi et le soir jusqu'à 22 h (week-end à 23 h). Cadre reposant, atmosphère tranquille. Quelques box confortables. Là aussi, bonne cuisine iranienne et prix tout à fait raisonnables.

Plus chic

- *Alice's Restaurant :* 1043 Westwood Boulevard. ☎ 208-3171. Spécialités de steaks, hamburgers, pâtes, sandwiches, salades et fruits de mer, servis dans un joli cadre, avec comptoir de marbre, bois verni et brique rouge. Une minuscule terrasse perdue dans les plantes vertes. Au fond, coquette pièce avec fresque et miroir au plafond. Parfois, quelques vedettes de cinéma viennent y manger, en voisines.
- *Yesterdays :* 1056 Westwood Blvd. ☎ 208-8000. Ouvert du dimanche au vendredi de 11 h 30 à 23 h. Samedi à minuit. Le bar ferme, lui, à 1 h 30. Au rez-de-chaussée, restaurant. Au 1er étage, on peut boire un verre pour un prix très raisonnable. Orchestre tous les soirs dans un décor de saloon chicos. Ambiance sympa, car près de UCLA.

Où boire un verre, écouter de la musique et rencontrer de vrais Américains ?

A SANTA MONICA

– *Ye Old King's Head :* 116 Santa Monica Boulevard. ☎ 451-1402. Entre Ocean Avenue et 2nd Street. Un des pubs anglais les plus populaires de L.A. Cadre cossu, confortable. Inévitable portrait de Winston Churchill, nombreuses peintures, photos et gravures. Notamment, celles de Reagan pendant les années 70 (assez marrantes), quand il était gouverneur de Californie. Bonnes bières anglaises (Watney's, John Courage, etc.). Fréquenté par des expatriés qui vous racontent leur vie d'*illegal alien*. Impossible de ne pas faire connaissance.
– *The Irish Rover :* 3012 Santa Monica Boulevard. ☎ 828-3960. Encore un pub irlandais ! Petit, mais sympa. On peut y danser sans avoir toutefois l'impression d'être en boîte. Très bonne musique *live* le samedi soir. En particulier avec « Lost Soul », superbe groupe rhythm and blues. Dites bonjour à Carl Roberts (qui travaille au bar) de notre part, il est très sympa !
– *At My Place :* 1026 Wilshire Boulevard. ☎ 451-8596. Réservations : ☎ 451-8597. Cadre plutôt intime et sympathique pour écouter jazz et blues, tout en buvant un verre au comptoir ou en salle. Possibilité de petite restauration à prix modérés, comme le *BBQ chicken basket*, les *nachos*, quiche, salades, pizzas, lasagne, etc. Fort belle programmation. Quasiment tous les jours. Concerts à partir de 19 h-20 h, avec souvent deux shows dans la soirée. Téléphoner pour les horaires exacts.
– *Yankee Doodles :* 1410 3rd Street Promenade. ☎ 394-4632. Ouvert tous les jours jusqu'à 2 h. Immense « usine » au beau décor (brique, cuivre, moleskine) avec plus de vingt billards et un très long bar. On y vient pour être vu, jouer, boire, se restaurer dans une atmosphère *easy going*. Ambiance intéressante et bonne bande musicale. Télés pour présentation de sports en vidéo. Clientèle hétérogène mi-yuppies, mi-touristes en goguette. Nourriture classique : pizzas, salades, gâteaux.

A HOLLYWOOD ET WILSHIRE

– **Molly Malone's :** 575 S Fairfax. ☎ 935-1577. Entre Wilshire Boulevard et 6th Street, pas loin du LACMA. Ouvert de 17 h à 1 h 30. Pub irlandais. Le week-end et le mardi, droit d'entrée. Bonne bière irlandaise à la pression. Lumières tamisées. Très animé, même en semaine. Aux murs, des portraits à l'huile d'Irlandais plus ou moins célèbres. Beau et émouvant Brendan Behan. Musique *live* tous les soirs, sauf le lundi. Le mardi, groupes nouveaux et très branchés qui attirent une clientèle hollywoodienne de starlettes et de jeunes premiers. On peut même danser.
– **The Cat and Fiddle :** 6530 Sunset Boulevard. ☎ 468-3800. Élu meilleur pub de Hollywood par le *L.A. Weekly*, c'est un lieu très sympa avec un immense patio enfoui dans la verdure avec petite fontaine et jet d'eau qui glougloutent. Clientèle *trendy*. A tester, surtout en fin de semaine.

Où boire un vrai café ?

Quand les bars ferment à 2 h et qu'on a besoin de se réchauffer. Bien faire la différence entre les *coffee shops* et les *coffee houses*. Les premiers servent du jus de chaussette, les seconds du vrai café et sont des endroits culturels *(poetry readings)* parfois un peu snobs, mais amusants. De même, beaucoup sont ouverts la journée. Ce sont des endroits vraiment relaxants. Souvent des piles de bouquins et de revues pour se détendre. Voici quelques adresses.

A WILSHIRE ET HOLLYWOOD

– **Pick Me Up :** 5437 6th Street. ☎ 939-9706. Pas très loin du *Museum of Art*. Ouvert jusqu'à 2 h en semaine et 4 h le week-end. Endroit très sympa. Café délicieux. Il n'y a pas 2 tasses pareilles. Les meubles viennent des puces et sont également complètement dépareillés. Décor chaleureux et coloré. L'endroit a un côté rétro-Woodstock qui désespère les post-modernes de Java (voir plus loin). A propos, les chocolats chauds sont très bons également.
– **Java :** 7286 Beverly Boulevard. ☎ 931-4943. A l'angle de Poinsettia. Ouvert de 9 h à 2 h (3 h le week-end, le samedi de 10 h à 3 h ; dimanche de 10 h à 2 h). Tout près du New Beverly Cinema (salle d'art et d'essai). Bâtiment art déco. Tout est blanc. Murs nus. L'anti-Pick Me Up ! Larges fauteuils pour déguster excellents cafés et *cappuccino*. On y trouve même des étudiants qui étalent à toute heure leurs bouquins et révisent leurs cours.
– **Big and Tall Books :** 7311 Beverly Boulevard. ☎ 939-5022 et 939-1403. En face du Java. Ouvert tous les jours de 9 h à 2 h. On aime bien aussi cette vieille librairie-*coffee shop*. La nuit, plein d'étudiants frémissants.
– Enfin, ne pas oublier **Caffe Latte**, l'un des meilleurs cafés de L.A. (voir au chapitre « Où manger à Hollywood ? »).
– **Onyx Café :** 1802 N. Vermont Avenue. ☎ 660-5820. Ouvert jusqu'à 1 h (3 h le week-end). Situé dans un intéressant quartier habité par intellos et artistes (dans East Hollywood, au sud de Griffith Park). Un bon truc : articulez votre soirée entre le cinéma d'art et essai (Los Feliz Theater) et la librairie Chatterton (l'une des meilleures de L.A.) juste à côté. L'Onyx, quant à lui, est décoré de toiles d'artistes du quartier. Très bonne atmosphère, cafés et chocolats extra, de même que les gâteaux.

A SANTA MONICA

– **Congo Square :** 1238 3rd Street Promenade. ☎ 395-5606. Ouvert jusqu'à 2 h (3 h vendredi et samedi). Comme l'immeuble est tout neuf, on a recréé l'ancien artificiellement avec mobilier dépareillé et larges fauteuils. Ici, on cultive le décontracté. Expos de tableaux et clientèle d'intellos-branchés, mâtinée d'étudiants studieux. Bonne musique. Nombreuses variétés de cafés, thés et *italian sodas*. Bons *cakes* et *cookies*.
– **The Novel Café :** 212 Pier Avenue. A deux pas de la frontière de Venice. ☎ 396-8566. Ouvert de 7 h à minuit (2 h le week-end), et à 8 h les samedi et dimanche. Adorable librairie-*coffee shop*, où, là aussi, vieux fauteuils défoncés alternent avec rayons surchargés de bouquins vénérables. Bons gâteaux également. Toute petite terrasse dehors. Atmosphère animée ou studieuse, ça dépend des jours, des moments, de la pleine lune...

Les meilleures boîtes de L.A.

La plupart de ces boîtes demandent un droit d'entrée de 5 $ les vendredi, samedi et dimanche. Le prix de l'entrée vous donne droit généralement à une ou deux consommations. Il se révèle assez difficile en fait de dresser une cartographie des boîtes à Los Angeles. Leur durée d'existence, comme à New York, est souvent éphémère. En gros, il existe trois zones : Sunset pour le « Heavy metal », hard rock et autres, Hollywood-Wilshire pour les plus classiques et Downtown pour les plus populaires.

A DOWNTOWN (Ind. tél. : 213)

A Downtown, les boîtes retrouvent une certaine faveur du public à la suite du *revival* du quartier. Elles se logent en général dans d'anciens bâtiments publics, entrepôts ou cinémas désaffectés. Voici celles qui étaient les plus en vogue ces derniers mois.

– **Mayan :** 1038 S. Hill Street. ☎ 746-4287. Ancien cinéma avec un décor de temple maya-aztèque assez époustouflant, notamment la façade, le plafond et les bars. A l'intérieur, énorme volume. A notre avis, meilleure sélection musicale qu'au Shark Club, plus de son, plus de monde, plus d'atmosphère.
– **Shark Club :** 1024 S. Grant Avenue. ☎ 747-0999. Pas trop sélectif, mais avoir quand même un look *clean* (T-shirts refusés). Clientèle plutôt branchée, voire assez *trendy*. Là aussi, salle immense. Musique plus disco, lasers élaborés.
– **Vertigo :** 333 S. Boylston Street. ☎ 747-4849. En bordure de la 110 (Harbor Freeway), quelques blocs au nord de Wilshire. Pas facile d'y aller en voiture. Le moins *trendy* des trois, plus petit. Écran vidéo géant. Musique disco-funky. Dans un coin, on peut même jouer au black jack.

A HOLLYWOOD ET WILSHIRE

– **Spice :** 7070 Hollywood Boulevard. ☎ 856-9638. Clientèle assez jeune. Moins frime aussi. Accueil ouvert, très peu de sélection. Deux salles où passent parfois deux groupes à la fois. Bonne atmosphère. En général, bon rock. Le mardi, musique hip-hop, house, disco. D'autres soirées à thèmes musicaux, ça fluctue assez.
– **King-King :** 467 South la Bréa. ☎ 934-5418. Ouvert tous les soirs. Pas une boîte au sens plein du mot. Beaucoup plus intime et chaleureux. Magali, à l'entrée, est très sympa. Clientèle très rock. Excellents concerts à 22 h 30 et 0 h 30. Programmation assez éclectique : blues, rock, afro-cubain, soul, etc. Une de nos adresses préférées.
– **The Palomino :** 6907 Lankeshim Boulevard, North Hollywood. ☎ 764-4010. Notre endroit préféré à L.A. question musicale. 37 ans de succès ininterrompu ! Ambiance *truckers* à gros bras et Stetson sur la tête. Et pas du bidon, les camions sont garés devant ! Chaque soir, un orchestre différent, genre plutôt country. Atmosphère très western série B.
– **Variety Arts Center :** 940 S Figueroa Street, à la hauteur d'Olympic Boulevard. Assez fantastique. Un music-hall démodé comme il n'en existe plus en France. Les vendredi et samedi à partir de 20 h, on danse sur des airs de swing et de fox-trot. C'est pas vraiment chic mais mieux vaut porter une veste et une cravate. Au bar, un tas d'affiches, de souvenirs et de photos, de chanteurs qui ont forgé la chanson américaine. Messieurs, une surprise vous attend aux toilettes. Charmant et décadent.

SUR SUNSET (entre les nos 8500 et 9000)

Comment le phénomène « heavy metal » ou hard rock peut-il perdurer à ce point ! Pas l'ombre d'une décrue à l'horizon. Tel est l'un des nouveaux mystères de L.A. Pourquoi il s'est fixé à West Hollywood, en lisière de Beverly, au grand dam des habitants du coin, en est un autre. Nul ne sait ! Les faits sont là. Dès la tombée de la nuit, les milliers de clones envahissent Sunset vers le n° 9000 (à la hauteur de Doheny Drive et Wetherly). Côté mecs, des légions d'Alice Cooper, mignons comme tout avec leurs fins visages et leurs chevelures absaloniennes. Côté nanas, un nombre incroyable de filles par deux, des vraies jumelles par centaines, semblant sortir du même moule, boléros suggestifs, pantalons ou collants les plus serrés possible. Les clubs de « heavy metal »

s'alignent les uns à côté des autres, les boîtes et canettes de bière jonchent les trottoirs ou vont gicler dans les jardins privés.
Les habitants du coin, hagards, ne cessent de réclamer l'intervention des *cops* pour virer quelques couples roucoulant ou s'enivrant dans leurs parterres de fleurs. Des flics assez agressifs patrouillent, dégagent les buissons, embarquent parfois. Bonnes tensions, bonnes vibrations, mais en négatif. La faune du coin se révèle plutôt du genre contemplatif, sans véritable énergie. L'anticonformisme apparemment réside plutôt dans le look. Comme dit Brel, « c'est plus un trottoir, mais un cinéma où les gens viennent nous voir. » D'ailleurs, vous ferez comme nous, comme tous les touristes, comme tous les « gens bien » qui viennent tout émoustillés sur Sunset, dans un grand mouvement attirance-répulsion (ah, Sigmund !).
Sinon, voici quelques boîtes, les plus démentes. D'ailleurs, d'autres vont faire irruption, n'en doutez pas !

— *Gazzari's :* 9039 Sunset Boulevard. ☎ 273-6606. Réservation : 278-2765. L'un de ceux qui déménagent le plus. « King » du hard rock. Au moins une soirée obligatoire en ce lieu aux décibels meurtriers.
— *Roxy :* 9009 Sunset. ☎ 276-2222. Lui arrive facilement aux épaules. Aïe, aïe, Roxy ! l'adrénaline monte, monte...
— *Whisky à Gogo* (8901 Sunset, ☎ 652-4202) et *The Central* (8852 Sunset, ☎ 855-9183), pour ceux qui n'ont pas encore leur surdose. Le Whisky à Gogo est le plus ancien club de Hollywood (1964). Le Central quant à lui est plus petit, plus intime. Ses mardis soir sont renommés (Jam Night)...
— *Coconut Teaszer :* 8117 Sunset Boulevard. ☎ 654-4773. Là aussi, ça déménage pas mal. Salle pour les concerts rock, avec un *underground feel* comme ils disent.
— Et puis, on ne vous cite pas ceux des rues adjacentes, ceux des autres boulevards... *Madame Wongs, Club With No Name, Troubadour,* etc.

A SANTA MONICA

— *Quicksand :* 2941 Main Street. ☎ 396-4725. Un excellent *underground night club* (à partir de 21 ans). Tous les genres : funk, soul, hip-hop, reggae, etc. *Lighting, effects et sounds* sophistiqués. Leur devise : « Dance till you drop ! »

Où écouter du jazz et du blues ?

— **The Mint Lounge :** 6010 West Pico Boulevard. ☎ (213) 937-9630. Orchestres *live* tous les soirs de la semaine à partir de 20 h 30. Entrée plus chère en fin de semaine. Possibilité de s'y restaurer.
— **Saint Mark's :** 23 Winward Avenue. ☎ (310) 452-2222. Autant rhythm and blues que jazz. Bonne programmation. Resto proposant salades, pâtes, pizzas à prix modérés (du mardi au vendredi, pizza et pâtes, deux pour le prix d'une de 18 h à 20 h). Le mercredi, *ladies night, no cover*. Possibilité aussi de danser jusqu'à 2 h.
— **Nucleus Nuance :** 7267 Melrose Avenue. ☎ (213) 939-8666. Restaurant assez chic et cher, programmant cependant d'excellents artistes. On n'est pas forcé d'y manger, se contenter d'un verre au bar.

Oh ! les belles gambettes

— *Hollywood Tropicana :* 1250 N Western Avenue, Hollywood. ☎ 464-1653. Ouvert tous les jours de 19 h à minuit. Les vendredi et samedi, jusqu'à 2 h. Difficile de faire un spectacle plus macho. C'est même limite ! Mieux vaut le savoir avant d'entrer. Tout commence par un billet vert que des filles (superbes) en bikini viennent ramasser moyennant un authentique baiser sur la bouche. On a vu des mémés tendre un billet pour leur mari ! Puis le spectacle : une série de combats érotiques entre femmes soit dans la boue soit dans l'huile... Parfois, la nuit de dimanche, rock toute la nuit et entrée gratuite pour les couples et les dames seules.

Un peu de culture

– **The Grounding Theater :** 7307 Melrose Avenue (et Poinsettia). ☎ 934-9700. En ce moment, le théâtre le plus imaginatif de L.A. Consacre une part importante à l'impro. Depuis 15 ans, la salle ne désemplit pas. Le fameux Pee-Wee Herman en est issu. Réservation hyper-recommandée.
– **Hollywood Bowl :** 2201 N Highland Avenue. Superbes concerts du Los Angeles Philharmonic en été. Possibilité d'acheter les tickets jusqu'à 13 h le jour même : ☎ 480-3232. Renseignements sur le programme : ☎ 850-2000.
– **The Comedy Store :** 8433 Sunset. ☎ 656-6225. Un des plus fameux *comedy club* pour les impros. Téléphoner pour les programmes ou consulter les journaux de spectacles. Avec un peu de chance, vous pourrez tomber sur une soirée Robin Williams ou Richard Pryor ! En principe, le vendredi à 22 h, le samedi à 20 h et 22 h 30. Lundi, mardi et mercredi à partir de 21 h.

A voir

Pour ne pas vous perdre, cher lecteur, on va commencer par le plus proche pour finir vers le plus éloigné.

CENTRE VILLE (DOWNTOWN)

Comme dans la plupart des grandes villes américaines, après la journée de travail (vers 18 h), le centre se vide progressivement pour laisser la place aux minorités ethniques et laissés-pour-compte du système, Noirs et Mexicains notamment. Assez sale et parfois dangereux le soir. On assiste cependant, comme dans toutes les grandes métropoles américaines (New York, Chicago, Washington, Boston, San Francisco, etc.), à une réappropriation du centre ville. Certes, cette tendance s'avère moins avancée à L.A. qu'à New York (où le processus de *gentrification* n'est pas loin d'être achevé) mais, dans certains coins, les gratte-ciel récupèrent massivement l'espace.

Savoir profiter du DASH !

Un bon moyen de se balader : le « DASH ». Pour le prix d'un quarter, 3 lignes (A,B et C) reliant tous les centres d'intérêt de Downtown. Avec transfert gratuit entre lignes aux connexions. Récupérer absolument la carte avec les lignes qui vont d'Exposition Park à Chinatown. Tous renseignements au 1-800-2-LA RIDE.

▶ *Hôtel Bonaventure :* 5th Street and Flower Street. Architecture assez étonnante. Sa conception est proche du *Hyatt* de San Francisco et rappelle les décors de science-fiction des années 50. Vue spectaculaire du 35e étage (ascenseur gratuit). Bar panoramique à 360° par heure.

▶ **The Museum of Contemporary Art (MOCA) :** 250 S Grant Avenue, à la hauteur de California Plaza. ☎ 62-MOCA-2. Ouvert tous les jours de 11 h à 18 h. Jeudi et vendredi de 11 h à 20 h. Gratuit de 17 h à 20 h le jeudi. Réduction étudiants. Ouvert depuis quelques années, ce musée, construit par l'architecte japonais Isozaki, s'efforce de ne pas exposer les artistes consacrés. On garde un œil sur les nouvelles tendances, les courants les plus fous, les œuvres les plus surprenantes. Ici, on n'attend pas que les artistes soient morts pour se rendre compte de leur valeur. Dans la collection permanente, on peut admirer Franz Kline, Tapiés, Fautrier, Rothko *(Untitled, Black on Dark Sienna on Purple, Red and Blue Over Red)*, Morris Louis *(Pillar of Delay)*, Nicolas de Staël *(Vue d'Agrigente, les Joueurs de Football)*, statues de Giacometti, Dubuffet, Alechinsky, Miró *(Personnages dans la nuit)*. Puis Mondrian, Jackson Pollock etc. Très riche librairie (et vente d'objets d'art) sur la terrasse.

▶ *California Plaza :* tout nouveau complexe urbain assez réussi. Outre la belle architecture du MOCA, noter l'audacieuse forme biseautée de la Wells Fargo. Pas loin, *la First Interstate Tower* juste terminée qui est désormais la tour la plus haute à l'ouest de Chicago.

▶ **The Museum of Neon Art (MONA) :** 704 Traction Avenue. Ouvert du mercredi au samedi de 12 h à 17 h. A l'est de Little Tokyo, dans le nouveau quartier des lofts et des artistes. Musée assez petit qui contraste avec son environnement mégalo de banques, complexes commerciaux, renfermant quelques néons gigantesques dignes de Broadway, et d'autres plus modestes. Chose étonnante, le musée a été construit grâce au 1 % prélevé par la municipalité sur le programme de rénovation de la ville. En revanche, il fonctionne avec des fonds privés.

▶ *El Pueblo de Los Angeles :* sur Olvera Street, à l'extrémité nord de Main Street. Le long de cette petite rue, quelques maisons en adobe, construites à l'époque espagnole. 44 fermiers s'installèrent là en 1781. Ce fut le premier L.A. Depuis, c'est devenu ultratouristique et les boutiques débordent de souvenirs ringards. On peut s'en passer, ou alors consolez-vous en mangeant chez *Philippe the Original* (voir « Où manger bon marché dans Downtown ? »). Si vous vous y rendez, ne manquez pas, sur Olvera Street, la *Sepulveda House,* siège du *Visitors' Center* (ouvert de 10 h à 15 h, samedi à 16 h 30 ; fermé le dimanche). Film à 11 h et 14 h. Rez-de-chaussée, un véritable petit musée. Joliment décoré et ameublement d'autrefois reconstitué. Voir aussi, à côté, l'*Avila Adobe* (datant de 1818), la plus ancienne demeure de L.A. (maison du maire de l'époque). Pendant la guerre américano-mexicaine, servit de Q.G. aux troupes américaines (ouvert de 10 h à 15 h, week-end à 16 h 30, fermé le lundi).
Autres bâtiments intéressants : le *Masonic Hall* (1858), la *Fire House* (1884), etc. Se procurer *El Pueblo de Los Angeles Historic Park,* petit dépliant fort bien fait, avec plan. Et venir de bonne heure (avant les « marchands du Temple »).
Visites guidées gratuites : du mardi au samedi, à 10 h, 11 h, 12 h et 13 h. Rendez-vous au Docent Office (près de la Fire House, sur North Los Angeles Street). ☎ 628-1274.

▶ *Petit Chinatown piéton,* entre Hill Street et Broadway (vers le n° 945 North). Boutiques traditionnelles et populaires « puits aux souhaits ». Voir aussi au chapitre « Où manger à Chinatown ? ».

PASADENA

Ville au nord-est de Downtown, avec un musée à ne pas manquer.

▶ *Norton Simon Museum :* 411 West Colorado Boulevard. ☎ 449-3730. Ouvert du jeudi au dimanche de 12 h à 18 h. Pour s'y rendre de Downtown : remonter Alvaredo, puis emprunter la Highway n° 2 (nord). Sortir à Colorado Boulevard. De Downtown (Olive Street, entre 6th et 7th Streets), bus n° 483. Magnifique musée d'art, architecture d'une conception assez intéressante. Une anecdote : l'édifice fut tout d'abord réalisé pour abriter un musée d'art moderne qui fit faillite en 1975. La collection de Simon Norton s'y est remarquablement nichée. Beaucoup moins connu que le MOCA et que le County Museum of Art, mais il les vaut presque. En voici les principaux fleurons :
• *Salle à gauche de l'entrée :* Portrait d'Henri Rochefort, Falaise à Étretat, Nature morte aux pommes et aux poires et une admirable marine de Courbet. *Villa au bord de la mer* de Berthe Morisot ; *Boulevard des Fossés, Pontoise* de Pissarro ; *Plage à Trouville* de Boudin ; *le Pont des Arts, l'Atelier de l'artiste,* deux vus superbes de Renoir ; *le Voyageur* de Liubov Popova ; *Nature morte au poème* de Juan Gris ; *Artiste et Modèle, Nature morte aux instruments de musique* de Braque ; *Femme avec une guitare, Femme au livre, Femme à la mandoline, Buste de femme* (en noir et blanc), belles lithos sur le thème des taureaux, *Femmes d'Alger* de Picasso.
Portrait de Jeanne Hébuterne de Modigliani ; Puvis de Chavannes ; Maurice Denis, Signac ; *Portrait de Mme Manet,* de Manet ; Seurat ; *Embouchure de la Seine à Honfleur* de Monet ; *Femme tahitienne et garçon* de Gauguin ; *le Mûrier* de Van Gogh ; Cézanne ; Matisse ; le Douanier Rousseau ; *Marché aux poulets à Pontoise* de Pissarro ; *l'Atelier de l'artiste à Vétheuil* de Monet ; *Au cirque Fernando* et *Profil de prostituée* de Toulouse-Lautrec.
• Très riche département de *sculpture indienne :* merveilleux petits bronzes, superbe bodhisattva en schiste (II° siècle av. J.-C.), admirable et rare jeu d'échecs, avec damier marqueté et incrusté d'ivoire, *Krishna jouant de la flûte* (XIII° s.).
• *Salle à droite de l'entrée :* statues de Rodin ; *Vue du Rialto, Santa Maria della Salute* de Guardi ; Luca Giordano ; Giovanni Paolo Pannini (grand maître de la perspective et du trompe-l'œil) ; Poussin ; *Portrait de Lambert de Vermont* de N. de Largillierre ; *Paysage au berger jouant de la flûte* de Claude Gellée (dit le Lorrain) ; Chardin ; Fragonard ; Ingres ; *Portrait de doña Francisca Vicenta*

Chollet de Goya ; Zurbarán ; Rubens ; Tiepolo ; Ribera ; Murillo ; *Autoportrait* et *Portrait de Titus* de Rembrandt ; Franks Hals ; *la Piazzetta* de Canaletto, etc.
* *Section moderne :* Klee, Kokoschka, Soutine, Diego Rivera, Kirchner.
* *Les primitifs religieux :* Lucas Cranach dit l'Ancien ; Jan Metsys ; Hans Memling ; le Greco ; Dieric Bouts ; *Madone à l'Enfant avec livre*, superbe toile de Raphaël ; sept panneaux de retable de Bernardino Luini ; Bassano ; Giovanni di Paolo ; beau polyptyque de Pietro Lorenzetti ; Paolo Veneziano ; Filippino Lippi.
* *Au sous-sol :* dessins de Rembrandt, nombreux Degas de très grande valeur (notamment de très beaux pastels) ; Corot ; Boudin ; Sisley ; Utrillo, etc.

▶ **Huntington Library and Art Gallery :** 1151 Oxford Road. Au nord-est de Downtown, dans le quartier de San Marino (vers Pasadena). On y trouve une bibliothèque avec des pièces très rares comme la bible de Gutenberg imprimée en 1455 à Mayence. Un petit musée de peintures et de mobilier français du XVIIIe siècle avec des œuvres intéressantes. Enfin, magnifiques jardins botaniques : jardins tropical, japonais, du désert (des centaines de cactus), « shakespearien » (avec toutes les fleurs citées dans son œuvre), etc. Visite qui accroche réellement. Ouvert de 13 h à 16 h 30, sauf dimanche, lundi et jours fériés. Parking gratuit.

HOLLYWOOD

C'est entre 1913, l'année où Cecil B. De Mille loua une grange pour tourner ses premiers films, et 1920 que tous les grands producteurs de films se ruèrent vers la Californie du Sud, attirés par les avantages du climat et la variété des merveilleux paysages. A l'époque, le trucage n'avait pas encore atteint sa perfection actuelle. La plus grande partie des tournages se faisait donc à l'extérieur.
Charlie Chaplin, débarqué en 1913, et embauché à 75 $ par semaine, signe en 1917 le premier contrat de 1 million de dollars qu'aient enregistré les annales du cinéma. Il est entouré de vedettes telles que *Douglas Fairbanks* et *Mary Pickford,* avec qui il fonde les « Artistes Associés » en 1919 (*Griffith* en fait aussi partie).
C'est alors que le cinéma se constitue en industrie. Des firmes comme la *MGM* (Metro Goldwyn Mayer) ou la *Paramount* font la chasse aux « idoles », parmi lesquelles on trouve *Greta Garbo* et le chien *Rintintin, Buster Keaton, Rudolph Valentino* et *Harold Lloyd, Gloria Swanson...*
La réputation mondiale de Hollywood est toujours inégalée. A peu près les 9/10 des personnes travaillant dans l'industrie du cinéma et des dépenses faites dans ce domaine aux États-Unis sont concentrées dans ce seul district. Bien que les studios hollywoodiens aient traversé une crise extrêmement grave à l'époque de l'avènement de la télévision, leur recyclage rapide partiel dans la production d'émissions destinées à la T.V. les a sauvés d'une catastrophe frôlée de près. Et la boulimie des centaines de chaînes de télévision américaines (dont la plupart émettent souvent 20 h sur 24) leur permet de voir, pour longtemps encore, l'avenir en rose.

Dernière évolution du cinéma américain : la plupart des gros budgets visent le marché des adolescents qui, on le sait, vont plus souvent au cinéma que leurs parents. Les films pour adultes trouvent difficilement leur producteur. Crise du cinéma mais aussi crise du star-system puisque ces films pour enfants ne font que rarement appel aux grandes vedettes. Spielberg a toujours dit qu'il préférait investir dans les effets spéciaux plutôt que dans les têtes d'affiche. Pour l'instant, les faits lui ont donné raison.
C'est l'activité débordante des studios de Hollywood (situés en réalité dans leur grande majorité à Burbank et à San Fernando Valley) qui a contribué à répandre le mythe américain à travers le monde.
A remarquer, le mot « Hollywood » qui se découpe en lettres géantes dans les collines. En état de détérioration depuis des années, mais heureusement sauvé *in extremis* grâce à une souscription nationale parrainée par les stars du rock. C'est *Alice Cooper* qui est à l'origine de la réfection. Il a tenu à financer le dernier O. David Bowie a payé, quant à lui, la lettre H (est-ce un symbole ?). Sous le premier O habite *Russ Meyer,* l'inventeur des *Vixens.* A l'origine, en 1923, c'était en fait une publicité imaginée par un promoteur pour vendre des maisons sur les collines de Hollywood. Pour faire la photo mythique du lieu, prenez la sortie Hollywood Boulevard sur la freeway puis tournez dans Franklin puis Beachwood Drive.

A partir de N. Highland Avenue, s'étend le *Walk of Fame,* avec ses étoiles attribuées aux grandes vedettes du cinéma, radio, TV et disques. De grandes étoiles incrustées dans les trottoirs depuis 1958. Il y en a environ 2 000 aujourd'hui. Chaque mois, une nouvelle est attribuée. Pour connaître la date de la cérémonie, écrire ou téléphoner à *Hollywood Chamber of Commerce*, 6255 Sunset Boulevard (suite 911), Hollywood CA 90028. ☎ 469-8311.
– *Hollywood Visitors' Information Center :* 6541 Hollywood Boulevard. ☎ 461-4213. Installé dans une vieille demeure historique. Bon accueil et documentation intéressante.

▶ *Mann's Chinese Theater* (ex-Grauman) : 6925 Hollywood Boulevard, près de Highland Avenue. ☎ 464-8111. De Downtown, bus 1 sur Broadway Street. La salle de cinéma certainement la plus célèbre du monde. Ouvert de 12 h à minuit. Les conditions de projection y sont parfaites. C'est là qu'ont lieu la plupart des « grandes premières ». Non, Grauman n'était pas chinois. C'est à la suite d'un voyage en Chine, en 1924, qu'il eut l'idée de construire cette salle « à la chinoise ».
Sur une esplanade, les plus grandes personnalités du cinéma sont immortalisées par l'empreinte de leurs mains et de leurs pieds dans le ciment. A remarquer celles de R2 D2 (*Star Wars*) et celles de Donald Duck, l'humour super de Bogart, les petits petons de Shirley Temple et les minuscules talons de Marilyn Monroe. Mickey Mouse, Bugs Bunny, Snow White sont les seuls personnages imaginaires à avoir leur étoile. Reagan aussi a la sienne, mais elle est si proche de celle de son ex-femme, Jane Wyman, que les Américains puritains s'en trouvent gênés. Les belles histoires ont souvent une origine fort simple. Une vedette de l'époque visitant le chantier du cinéma, alors en construction, mit par inattention le pied sur du ciment encore frais et y laissa une empreinte. Il n'en fallut pas plus à M. Grauman pour lui donner l'idée de continuer. Chaque année, trois nouvelles empreintes s'ajoutent à la collection.

▶ Hollywood semble aujourd'hui retrouver un second souffle avec l'ouverture du *Galaxy*, un très beau complexe cinématographique au 7021 Hollywood Boulevard. Réminiscences Arts Déco et débauche de néons bleus. Au n° 6834 (et Highland Avenue), *El Capitan*, une autre superbe salle datant de 1920 et récemment rénovée. Hall au riche décor. Au n° 6712, *l'Egyptian Theatre* (de 1922), le premier cinéma de Grauman dans le quartier. Hélas, les ouvreuses ne sont plus déguisées en servantes égyptiennes. Sur Hudson et Hollywood, superbes fresques consacrées à Dolores del Rio.

▶ *Hollywood Wax Museum :* 6767 Hollywood Boulevard. ☎ 462-8860. Ouvert de 10 h à minuit (2 h le week-end). Musée de cire vieillot qui ne vaut pas le célèbre *Movieland* (voir chapitre « Environs de Disneyland »). Cependant, il est moins cher et plus central. Si John Kennedy, Marilyn, Jules des Eglises et Robert Redford sont franchement ratés, en revanche Clint Eastwood, Reagan, Dolly Parton et Katherine Hepburn se révèlent plutôt réussis.

▶ *World Guinness Records Museum :* 6764 Hollywood Boulevard. ☎ 463-6433. Ouvert jusqu'à minuit tous les jours.
Nouveau petit musée dans la lignée des « Believe it or not » et autres. On y trouve le pire et le vraiment rigolo (ou insolite). Présentation parfois naïve ou franchement ringarde. Mais à côté de cela, les vitrines reconstituées s'accompagnent de pittoresques films vidéo. Pour les mômes, des écrans télé où ils peuvent rechercher leurs animaux préférés ou tout autre centre d'intérêt. Quelques trucs qui sortent de l'ordinaire : le perroquet qui connaît 800 mots, l'homme qui plongea de plus de 8 m de haut dans 32 cm d'eau, les incroyables jeux de dominos qui tombent, le baiser le plus long du cinéma (3 mn 5 s, entre Jane Wyman et Regis Toomey), les 153 rôles de John Wayne au cinéma (seulement 11 sans être la vedette), etc.

▶ *Frederick's of Hollywood :* 6608 Hollywood Boulevard. Ouvert de 10 h à 18 h (vendredi à 21 h). Dimanche de midi à 17 h. Le roi de la petite culotte et de la combinaison aguichante ! La vitrine affiche les dessous les plus érotiques. Excentricité et fantasmes extravagants se côtoient sans vergogne. Toutes les grandes stars s'y sont pourvu en déshabillés roses affriolants ou soutiens-gorge coquins. Tout pour pimenter ses nuits câlines. La façade violette, mauve et rose vaut déjà le déplacement. La boutique a récemment récupéré son stock délirant de soutiens-gorge, jusque-là exposé au (feu) *Bra Museum*... Là aussi, donc, une gamme explosive de choses délicieuses ! Au fond du magasin, petit

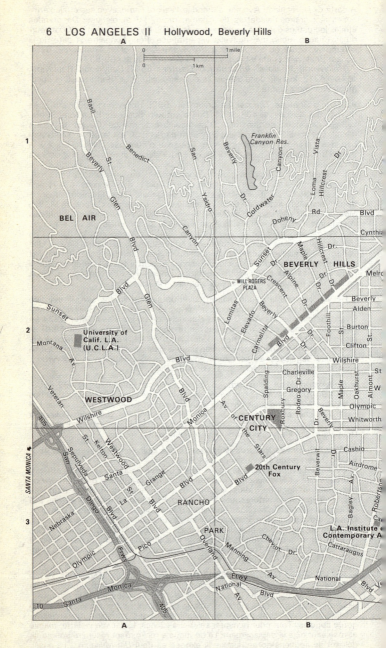

LOS ANGELES / HOLLYWOOD, BEVERLY HILLS

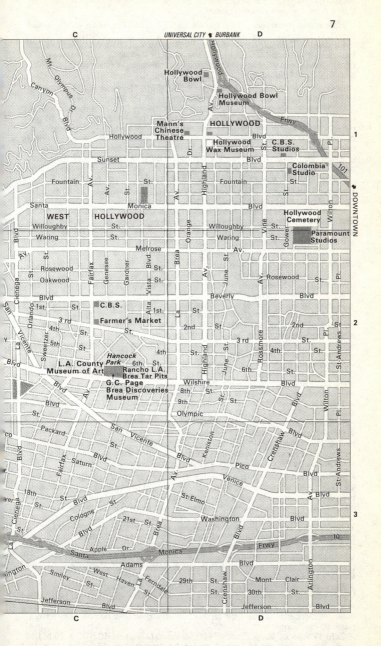

HOLLYWOOD, BEVERLY HILLS

196 LA CALIFORNIE

musée-galerie pour admirer la guêpière de Mae West, le soutien-gorge de Tony Curtis dans *Certains l'aiment chaud*.

▶ *Hollywood cemetery* : à l'angle de Santa Monica Boulevard et de Gower Street, à quelques blocs au sud-est du *Mann's Chinese Theater*. Là, les midinettes viennent pleurer sur les tombes de Rudolph Valentino, Fairbanks, Tyrone Power, Griffith, Paul Muni, John Hudson, Cecil B. De Mille... et Joe Dassin ! Ne cherchez pas Marilyn, elle est enterrée au cimetière de Westwood Village (voir plus loin). C'est plus calme.

▶ *Max Factor Museum of Beauty* : 1666 North Highland Avenue. ☎ 463-6668. Situé dans un demi-bloc au sud de Hollywood Boulevard. Ouvert de 9 h à 17 h du lundi au samedi. Dans un bel immeuble art déco, toute l'histoire du maquillage hollywoodien de 1920 aux *sixties*. Véritable petit musée du glamour, vous y verrez les premiers cosmétiques utilisés au cinéma, les salles de maquillages rétros, les perruques pour le film *le Magicien d'Oz* et autres productions célèbres, des photos de stars et la plus importante collection d'autographes au monde. En prime, les publicités les plus fameuses et d'insolites objets comme la *kissing machine* pour tester les rouges à lèvres... Bien entendu, boutique aux mêmes heures que le musée.

▶ *Hollywood Studio Museum* : 2100 N. Highland Avenue. ☎ 874-2276. Ouvert de 11 h à 16 h (le samedi à 10 h). Fermé le dimanche. Le seul musée consacré à l'ère du cinéma muet. Installé dans une ancienne grange qui servit tout à la fois de lieu de tournage, de vestiaire et d'écurie pour *Squaw Man*, le premier long métrage de Hollywood. Elle fut rénovée, déplacée des terrains de la Paramount et réinstallée là, il y a quelques années. Nombreux objets et souvenirs des premiers temps du cinéma.

▶ *Les boutiques de Hollywood* : à partir de N. Highland Avenue jusqu'à Cahuenga Boulevard, nombreux magasins originaux et pittoresques, à côté des traditionnelles boutiques de fringues folles, T-shirts et gadgets hollywoodiens. Voici une petite sélection :
• *Starworld* : à l'angle de Hollywood et de Cherokee. ☎ 469-0757. Ouvert tous les jours de 11 h à 19 h. Boutique où l'on trouve, à tous les prix (selon la célébrité de l'auteur) : autographes (M. Jackson, Madonna, les Beatles, Elvis...), photos, posters, scripts, bref, la boutique de l'amateur de cinéma et de musique souhaitant un vrai souvenir de Hollywood, même si ses moyens ne lui permettent que de le contempler.
• *Hollywood Toys and Costumes* : 6562 Hollywood Boulevard. ☎ 465-3119. Ouvert de 10 h à 19 h. Dimanche de 11 h à 18 h. La plus grande boutique de L.A. pour les costumes, déguisements, jouets, masques. Un choix incroyable, des trucs vraiment surprenants.
• *The Rock Shop* : 6666 Hollywood Boulevard. ☎ 466-7276. Ouvert de 11 h à 18 h. Dimanche de 12 h à 17 h. Grand choix d'affiches, posters, T-shirts, gadgets divers, disques, etc.
• *Ozzie Dots* : 3908 West Sunset Boulevard. ☎ 663-2867. A l'extrême est de Hollywood. Ouvert de 11 h à 18 h. Dimanche de 12 h à 17 h. Un magasin de vêtements d'occasion d'excellente qualité. Bien sûr, un peu plus cher que les *thrift shops* traditionnelles mais ça vaut le coup.

▶ *Melrose Avenue* : de Downtown, bus 10 sur Hill Street. Longue avenue au sud de Hollywood. Elle prend sa source à Beverly et disparaît dans les marais du Hollywood Freeway. Mais la partie la plus intéressante se trouve entre Highland Avenue et La Cienega Boulevard. C'est vraiment devenu le quartier qui bouge à L.A. avec ses magasins branchés, ses créateurs et ses restos. Un mélange de « branché des Halles » et de calme anglais. Un des rares endroits où l'on se balade à pied et où les Angelinos retrouvent les joies du lèche-vitrine. Ici, la bohème, la bourgeoisie et la punk generation se côtoient avec courtoisie et bonheur. Un conseil : à voir avant tout de nuit. La journée, ça fait rue assez banale. Quelques-unes de nos boutiques préférées, mais ce n'est pas limitatif (et il s'en crée sans cesse) :
• *Harvey's* : 7367 Melrose. Ouvert du lundi au samedi de 10 h 30 à 18 h. Voyez comme les années 1940-1950 sont aux Américains ce qu'est pour nous le style Régence. Incroyable amoncellement de meubles et objets rétro, pendules et lampadaires les plus hideux, un des premiers postes télé (et qui, paraît-il, fonctionne).
• *Zulu Wacko et Soap Plant* : 7400 Melrose. Ouvert de 10 h 30 à 23 h. Les jeudi, vendredi et samedi jusqu'à minuit. Le dimanche de 11 h 30 à 20 h. Un

poème à la Prévert : masques, livres d'art, Vierges fluo, porcelaines marrantes, bijoux, parfums, artisanat sud-américain, etc. Une des façades les plus folles et, de plus, une boutique de vêtements assez originale.
- *Vinyl Fetish :* 7305 Melrose. Ouvert tous les jours de 11 h à 21 h. Disquaire spécialisé en musiques punk, post-punk et industrial. Plein de gadgets hard rock et heavy metal.
- Enfin, ne pas oublier *Johnny Rockets* (voir chapitre : « Où manger à Hollywood ? »).

▶ *Barnsdall Park :* 4800 Hollywood Boulevard (entre Edgemont et Vermont). Dans l'est du quartier, un beau parc proposant de nombreux sites et activités. ☎ 662-7272.
- *La Holly Hock House :* œuvre de Franck Lloyd Wright (1917). Ce fut sa première construction à Los Angeles. Visites guidées les mardi, mercredi et jeudi, toutes les heures de 10 h à 13 h. Le samedi et les 3 premiers dimanches de chaque mois de 12 h à 15 h. Renseignements : ☎ 485-4580.

▶ *Griffith Park :* entre la Freeway 101 et la 5, s'étend le plus grand parc municipal du monde. A l'origine, en 1896, un don effectué par Griffith J. Griffith, émigrant gallois qui fit fortune et s'installa à cet endroit au nord de L.A. Se souvenant qu'il avait été très pauvre, il mit une condition à son legs : que ses terres deviennent un lieu de loisir et de repos pour le peuple. Hautes collines, canyons, bois, sentiers de randonnée et de jogging, pistes cyclables, équitations, etc. Un bol d'air à deux pas d'Hollywood (le mont Hollywood culmine à 540 m). De nombreuses parties demeurent très sauvages. On y compte plusieurs dizaines de kilomètres de sentiers. Enfin, on y trouve le zoo de L.A. et d'intéressants musées (le *Gene Autry Western Heritage Museum,* le musée de locomotives, etc.). Parc ouvert de 6 h à 22 h.
- *Rangers Visitors' Center :* Crystal Spring Drive. A l'est du parc, juste avant d'arriver au *Gene Autry Museum.* ☎ 665-5188. Ouvert tous les jours de 7 h à 17 h. Toutes les infos sur Griffith Park, ses randonnées, etc. On y trouve une carte illustrée avec tous les sites et musées à voir (disponible également au *Hollywood Visitors' Information Center*).

▶ *Gene Autry Western Heritage Museum :* 4700 Western Heritage Way. ☎ 667-2000. Situé à la jonction de la 5 (Golden State Freeway) et de la 134 (Ventura Freeway). Sortie « zoo ». Pour s'y rendre depuis le centre, le plus simple est d'attraper le Los Feliz Boulevard (depuis Western ou Vermont) et de le suivre presque jusqu'à la 5. Tourner à gauche sur Crystal Springs Drive et continuer tout droit vers le zoo et le musée (ils sont face à face). Ouvert de 10 h à 17 h. Fermé le lundi (sauf certains jours fériés), à Thanksgiving, à Noël et au Jour de l'An. Musée ouvert depuis 1988 et installé dans un vaste édifice à l'architecture rappelant les missions espagnoles. Baptisé du nom de la fameuse vedette du western, Gene Autry. Il fit 95 films de 1934 à 1953. Tint également pendant 16 ans « Melody Ranch », une émission radio à succès sur CBS, et le Gene Autry Show à la télé de 1950 à 1955. Il enregistra également 635 chansons et vendit 40 millions de disques. Recordman du nombre d'étoiles sur le célèbre *Walk of Fame* de Hollywood Boulevard. Vous allez donc visiter un grand musée de l'histoire de l'Ouest, mais, attention, strictement du point de vue... des Blancs. Démarche muséographique hyper classique et montrant ses limites. Ne pas s'attendre à un quelconque recul ou regard critique sur cette période, autant le savoir. Les Indiens n'y apparaissent que comme éléments de folklore. Cela dit, ne boudons pas notre plaisir : très riches collections, et reconstitutions remarquables. Compter au minimum deux heures de visite. En effet, si on oublie l'importante restriction précédente, musée vraiment fascinant par la qualité des objets, souvenirs et iconographies présentés. Divisé en grandes sections thématiques : *Spirit of discovery, Spirit of romance, Spirit of imagination, Spirit of community (!)* et *Spirit of opportunity and conquest.*
- *Spirit of discovery :* beaux tapis Chimayo (Irvin Trujillo, héritier d'une longue tradition de tisserands), vêtements d'enfants indiens. Tableau intéressant : *Passing Time, Eternal Beauty* de Wilson Hurtley (ou le Grand Canyon hyper fantasmé). Galerie des armes (inévitable !), avec la belle et irrésistible histoire de MM. Horace Smith et D.B. Wesson. Tout sur leur fabrication, lettres, documents, photos, affiches publicitaires, pistolets ouvragés.
- *Spirit of romance :* peintures, gravures, aquarelles, fusains sur la conquête de l'Ouest, notamment d'Albert Bierstadt (très grand paysagiste). Affiches du cirque de Buffalo Bill, ameublement kitsch (Steinway décoré !), argenterie avec motifs indiens, objets d'art, etc. Le théâtre et l'opéra dans l'Ouest.

• *Spirit of imagination :* rue de ville de l'Ouest reconstituée de façon pittoresque. Ne pas manquer les vidéos sur les *stunt men* (cascadeurs des films de « covebois »). Puis, tout sur le cinéma-western : vénérables caméras, costumes (celui de Clint Eastwood dans *Pale Rider,* chapeau de Steve McQueen dans *Tom Horn,* ceux de John Wayne et Gary Cooper), disques, cow-boys d'opérette, jouets (Roy Rogers), selles d'apparat, gadgets, superbes portraits de sioux par Joseph H. Sharp. Salle de ciné et vidéos (avec l'histoire de l'Ouest).
Accès aux salles du bas :
• *Spirit of cow-boys :* vêtements, objets, outils, étriers, éperons, photos. Vous serez étonné de la variété des barbelés qui encerclaient les prairies.
• *Spirit of community :* superbe galerie de colts et fusils, souvenirs de Pat Garrett et Billy the Kid, photos de la mort des frères Dalton, documents sur *OK Corral,* salle de jeu et bar en acajou, pittoresque voiture de pompiers de 1873, reconstitution d'une boutique de bourrelier.
• *Spirit of opportunity and conquest :* remarquable reconstitution d'une diligence, vêtements et artisanat indiens, poupées, jouets, souvenirs de pionniers, broderies, meubles, objets domestiques. Fresque qui évoque une vision angélique de l'Ouest et rappelle les fresques de l'époque coloniale du musée des Arts africains et océaniens à Paris. Bizarrement, pour le 500 ^{e} anniversaire de la découverte de l'Amérique, aucune tentative de début d'amorce de commencement de réactualisation de l'histoire de l'Ouest. Patience, pour 2081, une salle sur les génocides des Indiens est, paraît-il, programmée...

▶ *Travel Town Museum :* Zoo Drive. Tout au nord du parc. Ouvert de 10 h à 16 h. Week-ends et jours fériés, de 10 h à 17 h. En hiver, seulement le week-end de 10 h à 16 h 30. Musée des transports. La plus importante présentation de locomotives à vapeur à l'ouest du Mississippi. Toutes sortes de véhicules de 1849 à la Seconde Guerre mondiale. Quelques voitures de pompiers aussi et une impressionnante Union Pacific de 110 t. Petit train à vapeur miniature se baladant dans le musée. Dans l'ensemble, assez intéressant. Aire de pique-nique à côté. Plus loin, le *L.A. Live Steamers,* club de fans des modèles réduits. Le dimanche, balade gratuite sur un train miniature de 10 h à 17 h.

▶ *Loz Feliz Station :* si vous n'êtes pas saturé, il en reste encore un à tester sur Crystal Springs Drive (avant le Visitors' Center et le Western Heritage Museum). ☎ 664-6788. Ouvert de 10 h à 16 h 30 (17 h le week-end). A côté, pour les enfants, petite piste pour poneys et mini-balade en diligence. De mi-juin à mi-septembre, ouvert de 10 h à 17 h. En basse saison, ferme à 16 h 30 et le lundi.

▶ *L'observatoire et le planétarium :* accès par Vermont Avenue et Western Canyon Drive. De Downtow, bus 97 sur Spring Street. ☎ 664-1191. Ouvert tous les jours de mi-juin à mi-septembre. Planétarium de 650 places avec projections à 13 h 30, 15 h et 20 h (plus 16 h 30 le week-end). En basse saison, à 15 h et 20 h (week-end : à 13 h 30, 15 h, 16 h 30 et 20 h). Fermé le lundi. Les shows durent environ une heure (celui de 13 h 30 accepte les enfants de moins de cinq ans). Parfois, spectacle de lasers au laserium. Cher et avis partagés sur l'intérêt. James Dean s'y est battu au couteau dans *la Fureur de vivre.* Renseignements : ☎ (818) 997-3624. *Hall of sciences* proposant quelques expérimentations scientifiques. Ouvert en été du dimanche au vendredi de 13 h à 22 h (le samedi, à partir de 11 h 30). En hiver, ouvert de 14 h à 22 h (le samedi à partir de 11 h 30, le dimanche, 13 h). Fermé le lundi. Entrée gratuite.
Enfin, le public peut utiliser le télescope géant les soirs de ciel dégagé (du crépuscule jusqu'à 22 h). Renseignements : ☎ 664-1191.

▶ *Observatoire des oiseaux* (Bird's Sanctuary) : Vermont Canyon Road. Ouvert de 10 h à 17 h tous les jours.

▶ Nombreux sports pratiqués dans le parc : tennis, golf (4 terrains municipaux), équitation. Sentiers équestres spécialement prévus. Location de chevaux au *Griffith Park Equestrian Center :* ☎ 840-9063 (renseignements également au Visitor's Center) pour les autres centres. Sinon une autre bonne adresse :
• *Sunset Ranch :* 3400 N. Beachwood Drive. ☎ 464-9612. Possibilité d'effectuer un *midnight ride,* une balade à cheval qui part tous les vendredis soir à travers les collines de Hollywood jusqu'à Burbank. Panorama sur L.A. tout illuminé. On mange dans un restaurant mexicain (nourriture non comprise). On revient vers 23 h. Compter une vingtaine de dollars par personne.

▶ *Randonnées à pied :* le pied ! Très populaire ici d'aller s'oxygéner les bronches à travers les collines vierges de Griffith Park. Au moins 80 km de sentiers. Certains sont également partagés avec les balades à cheval. Ne pas manquer d'aller à la *Ranger Station* pour préparer votre randonnée (informations : ☎ 665-5188). L'une des balades les plus fameuses est celle du mont Hollywood. Elle débute au parking du planétarium (compter une dizaine de kilomètres aller et retour). Beau panorama sur tout L.A.

▸ *Cimetière de Forest Lawn :* à Glendale, 1712 S Glendale Avenue. ☎ 254-3131. « L'art d'être mort en Californie. » La partie la plus extravagante de ce cimetière divisé en quatre sections : chapelles démentes, sculptures, etc. Clark Gable et sa femme Carole Lombard y reposent, Humphrey Bogart, Walt Disney, ainsi que la prêcheuse évangéliste, Aimée Semple McPherson, qui s'y est fait (paraît-il) enterrer avec un téléphone et une ligne en état de marche... C'est avant tout un très grand parc agréable et un grand bol d'oxygène. Pas du tout morbide, puisque la plupart des tombes se résument à des plaques posées à même le gazon. Possibilité d'y circuler en voiture. Tout en haut, dans le Court of Freedom. Voir la reproduction de la célèbre œuvre de Trumbull, *la Signature de la Déclaration d'indépendance* en mosaïque (700 000 petits morceaux et 1 500 coloris !). Voir aussi, au Great Mausoleum, *la Cène,* d'après Léonard de Vinci. Tous les jours de 9 h à 16 h 45 (visite toutes les demi-heures). Superbe vitrail.

▶ *Les studios Universal*
Au nord de Hollywood. Pour y aller de Downtown, bus 420 à l'angle de Hollywood Boulevard et Highland Avenue. Ouvert en été (22 juin à début septembre) de 7 h 30 à 20 h (le parc ferme à 22 h). Le reste de l'été et les jours fériés, de 9 h à 18 h. En basse saison, ouvert de 10 h à 15 h 30 (le week-end, à partir de 9 h 30). Fermé pour Thanksgiving et Noël. Compter une bonne journée de visite. Entrée assez chère. Réduction de 3 à 11 ans et au-delà de 60 ans, et gratuit pour les moins de 3 ans. Possibilité d'acheter un *two days ticket* (4 $ de réduction). Abonnement annuel aussi *(celebrity season pass).* Un conseil : en été, y aller dès l'ouverture. ☎ (818) 508-9600. Représentation et vente de ticket d'entrée à Paris, auprès de *Discover America Marketing,* ☎ 45-77-10-74.
Cette visite des studios de la plus grande firme de production américaine permet de voir comment on construit les décors, monte des trucages, etc. Les studios Universal furent créés en 1915 et la visite organisée commença en 1964. A ce jour, on compte plus de 65 millions de visiteurs. La journée s'organise en deux temps. Nous conseillons d'abord la visite des studios proprement dits. Ils se situent en contrebas. Une volée d'escaliers mécaniques mène au départ du *tram ride* qui parcourt les studios, véritable ville de hangars immenses, de rues et quartiers reconstitués. Autant le dire, l'intérêt des attractions est assez inégal. Mais certaines se révèlent véritablement époustouflantes. On ne va pas, bien sûr, vous les décrire trop en détail pour vous laisser la surprise. Voilà les *must* de la visite. Un dernier conseil : commencez par le *tram ride* qui vous met de suite dans l'atmosphère et ne pas rater Back Draft (une usine en feu), la toute dernière attraction !
• *Earthquake :* survivez à un grand tremblement de terre, de magnitude 8,3 à l'échelle de Richter. Vous êtes confortablement installé dans le métro new-yorkais, soudain tout s'arrête et c'est la catastrophe, le cauchemar commence. Les rames de métro s'enfoncent. Le sol craque de partout. La rue s'effondre entraînant un gros camion de propane qui évidemment s'empresse d'exploser. La chaleur vous atteint le visage. Les tuyaux éclatés provoquent des inondations effrayantes... 145 s de tremblement de terre et d'émotions garanties. Il faut souligner la prouesse technique également, puisque tout est calculé pour exploser et se rompre au moins 200 fois par jour ! Un dernier gag : le studio abritant l'attraction a été conçu pour supporter un véritable séisme de 8,3. C'est donc le bâtiment le plus sûr au monde !
• *King Kong :* confortablement installé dans un métro aérien, on passe au-dessus des toits de New York pour braver l'incroyable King Kong. Il vous fera défaillir avec son haleine qui sent... la banane. Il vous attrapera (presque) et bousculera votre véhicule. Voyage remuant dont le souvenir restera marqué pour longtemps... A proscrire pour les tout jeunes enfants. Au fait, quelques chiffres, toujours impressionnants eux aussi : il mesure 10 m (3 étages) sans les jambes, pèse plus de 6 t (300 kg de fourrure) et est capable d'effectuer 29 mouvements de visage (réglés par ordinateur). Ça en fait, bien entendu, l'animal fonctionnant avec le système le plus sophistiqué au monde (il est conçu pour apparaître 20 fois par heure, à longueur d'année !). La reconstitution de New York a aussi été réalisée avec un souci de détail assez extraordinaire.

• D'autres attractions plus secondaires, mais intéressantes également comme le *flash flood* (l'inondation). En revanche, le passage de la mer Rouge et *les Dents de la mer* sont un peu usés et *Galactica* manque de crédibilité. Enfin, en passant d'un studio à l'autre, vous aurez l'occasion de frôler le motel et la maison de Norman Bates, la rue où fut tourné *the Sting* et bien d'autres choses. En outre, tous les jours, il s'y tourne des feuilletons TV et des séquences de films. Bref, ouvrez grand les yeux !

▶ *Le Studio Center*

Au sortir du *tram ride*, d'autres superbes attractions vous attendent en bas.

• **E.T. Adventure** : on pénètre d'abord dans une mystérieuse et sombre forêt de séquoias. C'est la *Green Planet* où une tente de sauver E.T. et les visiteurs sont sollicités pour l'aider. On se balade à vélo ou en téléphérique, suspendu dans les étoiles et sur la lune, parmi les personnages du film *E.T*. Enfin, on se retrouve face à l'extra-terrestre dont la lumière brillante, irradiée par son cœur... nous illumine en signe de reconnaissance (émotion). Cette promenade dans les étoiles et près de la lune vous fera survoler une ville tout illuminée et tous les méchants à la poursuite de E.T. (cops, FBI, CIA, armée, etc.). Cette balade coûta la bagatelle de 40 millions de dollars ! Steven Spielberg contribua, bien entendu, à la réalisation de ce show abrité dans le studio le plus grand jamais construit. Ses effets spéciaux resteront, pour de nombreuses années encore, imbattables.

• **The World of Cinemagic** : grand studio où vous seront révélés les techniques et les trucages les plus célèbres du cinéma. Vraiment spectaculaire et amusant. De plus, ceux qui maîtrisent bien l'anglais s'apercevront que les animateurs ont pas mal d'humour. Trois séquences fortes : la fameuse scène de la douche dans *Psychose* d'Hitchcock. Tous les secrets du vieux « Hitch » qui, depuis *Psychose*, fit que prendre une simple douche ne serait plus jamais comme avant pour de nombreuses générations à venir ! D'autres trucs révolutionnaires utilisés dans *Vertigo, la Corde, Fenêtre sur cour*, etc. Tâchez de vous porter candidat pour la scène finale du *Saboteur* (ou comment tomber du haut de la statue de la Liberté).

Vous seront également révélées les techniques incroyables utilisées pour certaines scènes de *Retour vers le futur*. Peut-être aurez-vous la chance d'être mis en scène dans la fameuse *De Lorean*. Pour finir, des jeunes spectateurs créent en direct la bande-son d'un feuilleton dans les mêmes conditions de travail et de timing que les professionnels. Dans ce studio, outre les moyens techniques incroyables mis en œuvre, c'est la participation du public au show qui lui donne un intérêt encore plus fort.

▶ *Dans l'Entertainment Center*

• **Lucy, a tribute** : attraction d'intérêt plus local, rétrospective de la carrière de Lucille Ball, célèbre actrice rousse des années 30.

• **Les aventures de Conan** : l'éternelle lutte du Bien et du Mal. Elles vous projetteront dans un dur combat contre un terrifiant dragon. Reconstitution assez époustouflante là aussi, et grands jeux de lasers et de flammes.

• **The Riot Act** : un spectacle à heures fixes, mettant en jeu deux bandes adverses de hors-la-loi. Le tout avec de jolies cascades, d'excellents gags, et pas mal d'humour en général. En 15 mn, c'est une succession de bagarres, d'explosions et de décors qui s'effondrent. Assez bien fait.

• D'autres attractions comme **Animal Actors Stage** : tout un tas d'animaux de films, « acteurs » célèbres, démontrent leurs talents. Tous ont à leur crédit un nombre impressionnant de films, de quoi faire baver d'envie tous les comédiens. Entre autres, on retrouve Lassie et Einstein, la star de *Back to the Future*. Très bien pour les enfants.

Également, **Miami Vice** (une cinquantaine d'explosions parfois spectaculaires), **Star Trek Adventure**, attraction en trois dimensions présentée dans une salle de 2 000 places, **An American Tail**, avec les héros de Fievel, plus grand que nature. Spectacle assez chouette. Au **Fievel Playland,** les gamins se retrouveront véritablement lilliputiens lorsqu'ils glisseront sur une énorme peau de banane-toboggan ou exploreront une tranche de gruyère géante !

Enfin, à chaque coin de rue, vous pourrez tomber sur Groucho Marx, W.C. Field, Marilyn Monroe, Clark Gable, le prof de *Back to the Future*, Charlot, etc.

Où manger ?

- **Mel's :** célèbre *dinner* style *fifties* pour de *juicy hamburgers* et crémeux *milkshakes*.
- **Victoria Station :** plus chic. Évoque la fameuse gare londonienne. Fameux pour des *prime ribs*, salades composées et desserts.

BEVERLY HILLS

Quartier résidentiel des stars et des producteurs. Bus 4-B de Hill Street, entre 6th Street et Olympic Boulevard (au sud du Civic Center). Vous pouvez même vous procurer une carte indiquant les maisons de vos vedettes préférées... Sans obligatoirement acheter cette carte « attrape-nigaud », allez quand même faire un tour du côté de Beverly, c'est vraiment étonnant. Citons notamment sur Carolwood Drive, les villas d'*Elvis Presley* (144), *Barbara Streisand* (325), *Walt Disney* (355) ; sur Summit Drive, celles de *Charlie Chaplin* (1085) et *Mary Pickford* (« Pickfair », 1143). Plus loin, au-delà de Beverly Drive, Doheny Road court parallèlement en contre-haut de Sunset Boulevard ; au 400 de cette rue, près de Hillcrest Road, vécut *Marilyn Monroe*, alors que *Groucho Marx* résidait au 1083 Hillcrest Road. Si vous y connaissez quelqu'un, faites-le-nous savoir. Les routardes futées pourront passer une annonce dans le *L.A. Times* en se proposant comme jeune fille au pair. Celles qui parlent déjà l'anglais (très important) ont toutes leurs chances. Elles pourront avoir le loisir de choisir entre les différents milliardaires intéressés. Ainsi, comme c'est arrivé à une lectrice, vous pourrez (par exemple) vous occuper de... caniches dans le plus grand luxe, à deux pas de chez Reagan et Peter Falk... Comme quoi !
Mais ne vous faites pas d'illusions, vous verrez plus facilement les poubelles des stars que leurs propriétaires. De toute façon, l'imagination doit suffire pour s'inventer des piscines en forme de cœur et des intérieurs déments. Il vaut mieux passer à Bel-Air en voiture pour voir de belles propriétés.
Au 516 Walden Drive, Spadina House, inspirée de *Hansel et Gretel.*

▸ **Rodeo Drive :** bus 20 ou 22 de Wilshire Boulevard. L'avenue la plus chère du monde se situe à Beverly Hills. On y trouve d'ailleurs les plus grandes marques françaises et italiennes. Allez faire un tour à **Rodeo Collection**, certainement le centre commercial le plus sophistiqué du monde.

MIDTOWN

Quartier s'étendant globalement au sud de Melrose jusqu'à Santa Monica Freeway, bordé à l'est et à l'ouest par Downtown et Beverly. Vertébré au milieu par Wilshire Boulevard.

▸ **Los Angeles County Museum of Art (LACMA) :** 5905 Wilshire Boulevard, dans Hancock Park, pas très loin de Farmer's Market. ☎ 857-6108. Ouvert de 10 h à 17 h. Samedi et dimanche, de 10 h à 18 h. Fermé le lundi. De Downtown, bus 20, 21 ou 22 que l'on prend sur Wilshire Boulevard, à la hauteur de Flower Street. Le musée des Beaux-Arts le plus important de la Côte Ouest. Remarquable façade due à l'architecte Bruce Goff. Mobilier dessiné par Eero Saarinen. Une jolie collection d'art islamique et des chefs-d'œuvre de la peinture asiatique à nos jours, plus 14 Degas et 10 Cézanne. Une nouvelle partie, l'Anderson Building, consacrée à l'art du XXe siècle, a été inaugurée fin 1986. Toutes les tendances sont représentées.
- Au 3e étage : collections permanentes. Peinture russe : Mikhail Larionov, Wassily Ermilov. Fantastique *Portrait de Juñer Vidal* de Picasso (période bleue, 1903). Peinture américaine : Morgan Russell, Marsden Hartley, Stanton McDonald-Wright, etc. Braque *(Bateaux sur la plage* et *Nature morte au violon),* Diego Rivera. Têtes en bronze de Matisse. Jacques Villon, Chagall *(Violoniste dans la neige),* Soutine, Rouault, Modigliani *(Jeune Femme du peuple),* F. Léger, Juan Gris, Kupka, Mondrian, Kandinsky *(Improvisation sans titre III).*
- Superbes Picasso *(Femme pleurant au mouchoir),* Dufy *(Paris),* Man Ray, Duchamp *(la Boîte dans la valise),* Magritte, Marx Ernst, Miró, Diego Rivera (splendide *Jour des fleurs*), de Koonig, Rothko, Riopelle, Pollock, Dubuffet, Nicolas de Staël *(Vue de Marseille),* Morris Louis, Sam Francis, Beckmann, Kirchner (expressionnistes allemands), etc.
- Au 2e étage : peinture et sculpture contemporaines américaines.
- Dans le Hammer Building, très beaux Gauguin, expos temporaires, les impressionnistes et quelques remarquables chefs-d'œuvre : *Madeleine à la flamme* de

Georges de La Tour, *la Sainte Famille* de Rubens, *Réveil de Lazare* de Rembrandt, etc.

▶ ***George C. Page Museum of La Brea Discoveries*** : 5801 Wilshire Boulevard. ☎ 936-2230 et 857-6311. Ouvert de 10 h à 17 h. Fermé le lundi (sauf lundis fériés), ainsi qu'à Thanksgiving, Noël et Jour de l'An. Bus 20, 21 et 22 de Downtown. Musée d'histoire naturelle créé sur Rancho La Brea, un immense ranch qui se révéla être au début du siècle un gisement gigantesque de goudron naturel. La véritable surprise fut d'y découvrir, complètement fossilisés, des milliers d'animaux, mammouths, tigres, loups, insectes, oiseaux, microorganismes, plantes, et... une femme. Tous avaient été noyés dans la masse d'asphalte. Découverte prodigieuse donc, qui incita George C. Page, un milliardaire philanthrope à créer ce musée. Milliardaire au destin curieux, qui quitta à 16 ans son Nébraska natal à la suite de la découverte d'une orange. Fantasmant sur le pays capable de produire un fruit aussi délicieux, il débarqua en Californie et fit fortune dans le... commerce des fruits tropicaux avec les pays froids (naturellement !).
Présentation remarquable de ce musée, conçu en grande partie pour les enfants (jeunes mammouths animés, exercice de force avec le goudron, laboratoire juste séparé des visiteurs par une grande glace, etc.). L'âge des animaux varie de 10 000 à 40 000 ans. Les plus nombreux à s'être fait piéger par le bitume sont les *smilodon californius*, genre de tigres géants à dents de morse, les *dire wolf* (loups énormes) et puis les ours à « face courte », lions américains, chevaux, pécaris, et autres bisons. Visite en deux temps : le musée proprement dit et, très recommandée, la visite guidée aux *pits* (les sites de fouilles). Rendez-vous à 13 h à l'*Observation Pit*, du mercredi au dimanche. Visite du musée (avec un film) à 14 h, du mardi au dimanche, et également à 11 h 30 le week-end. En été, on peut même assister au travail des paléontologues du *Pit 91*.

▶ ***Farmer's Market*** : W 3rd Street et Fairfax. ☎ 933-9211. De Downtown, bus 16 sur 5th Street. Ouvert de 9 h à 19 h (le dimanche, de 10 h à 18 h). Fondé en 1934 par 18 agriculteurs qui décidèrent de vendre eux-mêmes leurs produits, il compte aujourd'hui 160 stands qui proposent une variété infinie de produits alimentaires venus des quatre coins du globe. Cela dit, tout est assez cher. De nombreux restaurants de toutes les nationalités : italiens, chinois, etc. Un projet de modernisation et d'agrandissement est en cours.

▶ Les édifices Arts déco de **Wilshire Boulevard** et les belles demeures victoriennes : à partir de Downtown, vers l'ouest, découvrez quelques-uns des plus remarquables édifices Arts déco de L.A. ainsi que d'intéressantes maisons victoriennes en bois de la fin du siècle dernier.
• *Park Plaza Hotel :* splendide immeuble Arts déco de 1924, lieu de tournage de nombreux films. Voir l'immense hall d'entrée et son décor époustouflant (voir chapitre « Où dormir ? »).
• *Grier-Musser Museum :* 403 South Bonnie Brae (entre 3rd et 4th Streets). Rue à deux blocs du MarcArthur Park. ☎ 413-1814. Ouvert de 11 h à 16 h du mercredi au samedi. Belle maison de style Queen Anne (1898), une des rares subsistant à L.A. Visite intéressante également pour la décoration intérieure : ameublement, aquarelles, porcelaines anciennes, vitraux victoriens, collection de vieilles cartes postales sur la ville, objets domestiques insolites, etc.
• Le *Magnin Wilshire* et le *Wiltern Center :* respectivement au 3050 et 3780 Wilshire Boulevard. Le Magnin date de 1928. Considéré comme le plus bel édifice Arts déco de L.A. Abrite encore aujourd'hui un grand magasin. Joli décor intérieur. Quant au Wiltern Center, construit en 1931, il offre de pittoresques façades en céramique verte. Au rez-de-chaussée, une belle salle de spectacle. Ne pas manquer d'assister à une *performance,* là aussi pour le cadre intérieur.

WESTWOOD

De Downtown, prendre le bus 21. On arrive à l'université de L.A. (UCLA), rendue célèbre par les marchands de fringues français. A propos, savez-vous que ce sigle, inscrit sur des millions de pull-overs, fut inventé par un petit marchand vendéen de prêt-à-porter ? Et ça signifiait Union des Coopératives de Loire-Atlantique... Cependant, Westwood, c'est avant tout un des plus anciens villages de L.A., en tout point charmant avant de faire l'objet de la convoitise des promoteurs. A la fin des années 80 fut construit le *shopping village*, agréable quartier commerçant dans un style hispano-méditerranéen. Aujourd'hui, le

Dôme (Westwood et Broxton), la *Tower* (Westwood et Weyburn) et le ravissant *Village Theatre*, au 961 Broxton Avenue (édifié en 1930) restent les symboles de cette époque. Le week-end, Westwood s'anime furieusement autour de ses 250 boutiques, ses cinémas, théâtres et nombreux cafés et restaurants.

▶ **The Armand Hammer Museum of Art and Cultural Center :** 10899 Wilshire Boulevard. ☎ 443-7000. Fax : (310) 443-7099. Ouvert de 12 h à 19 h tous les jours sauf le mardi.
Curieuse histoire que celle de ce musée. Armand Hammer, industriel milliardaire, collectionneur d'art, ami de Lénine, et membre du conseil d'administration du LACMA, s'apprêtait à léguer à ce dernier ses riches collections. Mais quand il sut qu'elles allaient être éparpillées, il décida de créer son propre musée afin qu'elles conservent leur unité. Résultat : cet imposant musée, construit en 1990 et dont l'architecture laisse beaucoup de visiteurs perplexes. Les collections sont estimées aux alentours de 300 millions de dollars et présentent d'admirables chefs-d'œuvre.

Impossible de tout citer, mais vous y découvrirez la plus importante collection de Daumier hors de France, le seul codex (recueil médical) de Léonard de Vinci connu, *l'Homme au chapeau noir* et la célèbre *Junon* de Rembrandt, des toiles du Tintoret, Rubens, Titien, Watteau *(Fête en l'honneur de Pan)*, Ingres, Géricault, Gustave Moreau (l'une de ses plus belles œuvres, *Salomé dansant devant Hérode)*, Chardin, Boucher, Fragonard *(l'Éducation de la Vierge)*, Gauguin *(Bonjour Monsieur Gauguin)*, Goya, Van Gogh *(l'Hôpital à Saint-Rémy)*, Pissarro, Chagall *(l'Ange bleu)*, Mary Cassatt *(Reine Lefèvre et Margot)*, Gilbert Stuart, James Ensor, John Singer Sargent *(Docteur Pozzi)*, etc. Prestigieuses expositions temporaires (comme celle sur la grande Catherine de Russie, en 1992) mais il faut savoir qu'à ces moments-là de nombreuses œuvres régulières ne sont plus présentées, leurs salles étant alors réquisitionnées. Se renseigner donc au préalable !

▶ *La tombe de Marilyn Monroe :* Westwood Memorial Cemetery, 1218 Glendon Avenue. Pas trop facile à trouver. Juste derrière l'AVCO Center (cinémas) sur Wilshire Boulevard. La tombe (en fait, une simple plaque dans le mur) se trouve à gauche de l'entrée, après les trois premiers « sanctuaries of devotion ». Curieux : elle est souvent recouverte de traces de rouge à lèvres, baisers envoyés pour l'au-delà par les admirateurs de la star. Dans le même cimetière, tombe de Nathalie Wood (sur la pelouse centrale, la plus fleurie). Y reposent également Truman Capote, Peter Lorre et Darryl F. Zanuck (simple plaque dans le gazon !).

▶ *University of California at Los Angeles (UCLA) :* fondée en 1929, d'abord constituée de quatre édifices qui forment son centre historique et entourent aujourd'hui la *Dickson Plaza*. Les *Powell, Kinsey, Royce* et *Haines buildings* furent construits en brique, en style dit « romanesque ». L'architecte du Royce Hall s'inspira de la basilique Sant' Ambrogio à Milan, tandis que celui de la Powell Library copia le dôme de San Sepolcro à Bologne (ainsi que l'église San Zeno Maggiore à Vérone pour l'entrée principale). Aujourd'hui, c'est un immense campus délimité par les avenues Le Conte, Gayley, Hilgard et Sunset Boulevard. Pour s'y rendre : bus RTD n°s 20, 21, 22, 320 et 322 (ce dernier allant de Downtown à Santa Monica), qui courent le long de Wilshire Boulevard. Sur place, un *RTD shuttle* bon marché dessert les principaux points d'intérêt. Très recommandé d'aller au **UCLA Visitors' Center**, dans le Ueberroth Building, sur Le Conte Avenue, entre Gayley Avenue et Westwood Plaza. ☎ 206-8147. Vous y trouverez de bonnes infos, parfois un film d'introduction sur l'université et une carte détaillée. Point de départ d'une visite pédestre de 1 h 30 environ, à 10 h 30 et 13 h 30, les jours de semaine (téléphoner pour vérifier les horaires).
• Pour ceux qui disposent d'un peu de temps, beaucoup de choses à voir, notamment de petits musées : le nouveau *Fowler Museum of Cultural History* (art et ethnographie) à côté du Royce Hall. Vous découvrirez aussi une petite mais riche collection d'instruments de musique au *Schoenberg Hall*. Tout à côté, la *Inverted Fountain* qui recrée l'atmosphère d'un torrent de montagne. Dans la *Wight Art Gallery* (au nord du Campus, dans le *Dickson Art Center*), expositions temporaires intéressantes (ouvert le mardi de 11 h à 20 h, du mercredi au vendredi de 11 h à 17 h, le week-end de 13 h à 17 h ; fermé les lundi et congés scolaires). A côté, le *Macgowan Hall* et la *tour des Masques* dans la cour du théâtre. En face, le *Francklin D. Murphy Sculpture Garden*,

l'un des lieux de pique-nique favoris des étudiants. On y découvre une cinquantaine de sculptures (Rodin, Miró, etc.).
• *Student's Store :* situé dans l'Ackerman Union Building (B level) sur Bruin Walk (tous les étudiants connaissent). ☎ 825-7711. Pour ceux qui pensent à leur rentrée universitaire. On y trouve de tout : matériel scolaire, calculatrices, films, tee-shirts, bouquins, etc. Ouvert en principe les jours de semaine de 7 h 45 à 19 h 30 (vendredi, 18 h). Le samedi 10 h à 17 h et le dimanche 12 h à 17 h.
• A l'intérieur de Ackerman Union, deux restaurants : le *Cooperage* (pizza, *salad bar* et *burgers*) et le *Treehouse* qui ressemble plus à un resto.
• A l'extérieur, le *Bruin Bear* (l'énorme ours), symbole de l'université et le *UCLA Athletic Hall of Fame* qui retrace toute son histoire sportive, ses succès, les grandes vedettes sportives, etc.

VENICE

A voir surtout le week-end. Ce quartier au bord du Pacifique tire son nom des canaux qui le parcourent. Ils furent creusés par un milliardaire à la suite d'un voyage à Venise. En 1924, une fois les canaux réalisés, cet extravagant Californien importa même d'authentiques gondoles. Deux gondoliers vénitiens furent embauchés afin d'apprendre aux jeunes Américains l'art de la rame. On construisit même des ponts et des maisons d'inspiration vénitienne, dont il subsiste un ou deux édifices encore aujourd'hui. Et puis un jour arriva la catastrophe, on découvrit du pétrole et on creusa partout, à la hâte, sans hésiter à détruire les constructions à peine achevées. La plupart des canaux furent comblés. Longtemps quartier populaire de petites gens sans histoire ayant réussi à y acheter ou y bâtir de petites maisons. Le brutal engouement pour Venice les a plutôt déconcertés et ils sont aujourd'hui à juste titre inquiets pour l'avenir. Un signe : tous les motels pas chers ont été quasiment rasés pour céder la place à des hôtels de standing.
C'est aujourd'hui le lieu de rendez-vous des artistes et des marginaux. Intéressant pour son petit commerce toute la semaine (le long de la plage), pour ses murs peints. Nos préférés se trouvent au bout de Windward Street et entre Windward et Market Street. Tout près de la plage. Le plus gros de l'animation se situe aux parages du *Side Walk Café*. Festival de looks d'enfer. C'est un théâtre permanent. La plupart des gens sont littéralement en représentation. On peut d'ailleurs se faire photographier aux côtés d'un « body-buildé », ou alors se faire masser par un hindou en pleine rue. On y retrouve toutes les petites activités professionnelles ou artistiques de la rue : jongleurs, chanteurs, bateleurs, tireurs de tarots, prédicateurs exaltés, mais d'autres dansent.
Le *roller-skate* y est né. D'ailleurs, on peut louer une paire de patins à roulettes et s'éclater tout le long de la plage. Les piétons se rangent, vu la foule qui se balade sur roulettes. Ça vaut le coup d'œil et la peine d'essayer. Certains effectuent des figures assez étonnantes, d'autres dansent.
– *Location de vélos :* 21 Washington Street, tout près de la plage. On peut aussi louer des *roller-skates* et des tandems. Également à l'angle North Venice et Ocean Front Walk. ☎ 650-1076.
Pour ceux qui viennent en voiture, un conseil : ne pas se garer sur les parkings privés des maisons en bord de plage ou des rues annexes. Fourrière garantie en quelques minutes. Dès que la nuit tombe, l'animation retombe également. La nuit, on y retrouve les mêmes problèmes de sécurité qu'en maints endroits de L.A.
– Voir plus haut « Où dormir ? » et « Où manger ? » à Venice. Floraison extra de *youth hostels* privés. Le coin deviendra probablement le meilleur endroit pour résider à L.A.

SANTA MONICA

Prolongement naturel de Venice vers le nord, Santa Monica est un quartier traditionnellement beaucoup plus résidentiel que Venice. Une des plages les plus proches du centre, dont les accès connaissent en été de démentiels embouteillages. La très récente (et réussie) rénovation du centre ville, la fameuse *Third Street Promenade*, en fait aujourd'hui un lieu de rencontre très *up to date* des *yuppies* de tout poil.
Pour le centre de Santa Monica, nombreux bus : n⁰ˢ 4, 20, 22, 33, 304, 320, 322, 333 et 434.

▶ *Museum of Flying :* 2772 Donald Douglas Loop North, Santa Monica Airport. ☎ 392-8822. Ouvert du mercredi au dimanche de 10 h à 17 h. Pour s'y rendre, de Santa Monica Freeway (la 10), sortie Bundy South ou Centinela South. Puis deux blocs vers Ocean Park Boulevard, tourner à droite jusqu'à 31st Street, que l'on prend à gauche jusqu'au bout (pancartes indiquant le musée). Pour les amateurs de vieux coucous, trois étages de *Spitfire, Skyhawk, Skyraider, Douglas DC3, Burma Pascal, Dago Red,* plus films, vidéos, documents, maquettes, *book shops,* etc.

▸ *Santa Monica Pier :* très populaire et animé en été. De là, commence le *Palissades Park,* apprécié des sans-logis du coin.

▸ *Third Street Promenade :* de part et d'autre de Santa Monica et Arizona Avenue, Third Street s'est transformée en luxueuse rue piétonne. Cafés et restos branchés (comme le *Yankee Doodles*), beau complexe cinématographique de 7 salles de l'AMC, nombreuses boutiques sophistiquées. Entre autres, au n° 1334, **Nature's Own,** une étonnante boutique de pierres rares et fossiles. Au 1349, **Eric Chaim Kline,** une librairie proposant d'intéressants bouquins d'occasion (notamment sur l'art, l'architecture, la poésie et le vieil Ouest). Accueil sympa de John.
Au bout, sur 3rd et Broadway, le **Santa Monica Place,** immense centre commercial.
Bonne boutique pour les bottes : *Bootz,* au 2654 Main Street. ☎ 396-2466. Souvent d'importantes remises sur les grandes marques et beaucoup de choix, ainsi que toutes sortes d'accessoires.
Au nord de Santa Monica, s'étend **Brentwood,** une banlieue résidentielle. Les fans de Marilyn tenteront d'y trouver le n° 5 Helena Drive... C'est là que s'élève l'hacienda où elle vécut et mourut dans des circonstances si mystérieuses !

MALIBU

Au nord-ouest de Santa Monica, s'étend la très longue *Pacific Coast Highway.* Le *Malibu Lagoon* est un centre de surf mondialement connu. Maisons en bord de plage parmi les plus chères de L.A. (de un à deux millions de dollars), mais souvent de médiocre architecture. La plupart sont sur pilotis sur une minuscule bande de sable, dans des lieux fort « calmes et romantiques », coincées entre mer et autoroute (il faut savoir souffrir pour être dans le coup !). Ne fantasmez donc pas trop sur Malibu. Trafic dément sur la route côtière et nombreuses zones privées avec gardes et molosses. Cependant, voici quelques plages intéressantes : la *Topanga State Beach,* juste après le Paul Getty Museum. Pour le surf surtout. Plus haut, les plages de *Corral* et *Point Dume Beach.* En général, sympa et peu fréquentées. Enfin, tout au nord la *plage de Zuma,* très populaire chez les Angelenos. Pour les surfeurs et autres fous de baignades.
Possibilité d'obtenir plus d'infos en écrivant au **Department of Beaches and Harbors,** 13837 Fiji Way. Marina del Rey, CA 90292. ☎ 305-9503. Fax : 821-6345. Ils connaissent par cœur leurs 72 *miles* de côtes (dont 40 de plages) et peuvent vous indiquer les plages à surf, les conditions pour y pratiquer ce sport, celles qui sont surveillées, les changements climatiques, etc.
Sinon, si vous vous baladez du côté de Marina del Rey (sud de Venice), vous trouverez un *Visitors' Center* au coin de Admiralty et Mindanao. ☎ 305-9545. Matériel touristique et également renseignements sur les plages et le surf.

▸ *J. Paul Getty Museum :* 17985 Pacific Coast Highway, à 1 km au nord de Sunset Boulevard. Prenez le bus 434 sur Ocean Avenue au bout de Santa Monica. Ouvert du mardi au dimanche, de 10 h à 17 h. Fermé le lundi, à Noël, au Jour de l'An, à Thanksgiving et Independance Day. Entrée gratuite, mais le règlement est pour le moins bizarre : sans place de parking libre, vous ne pouvez entrer et les piétons n'ont pas accès (accord entre le musée et les résidents du coin pour empêcher le parking sauvage !). Donc réservez une place de parking 8 jours à l'avance (délai plus court en basse saison), en téléphonant au 458-2003, ou prenez le bus ! Autre solution pour ceux qui ont une voiture et qui restent moins d'une semaine à L.A. : allez garer votre voiture à la *Chart House* (un resto cher), située à 800 m du musée Getty ; de là, une navette (payante) vous transporte jusqu'au musée (sauf le week-end). On peut aussi se faire *dropped off* par une voiture, mais il faut d'abord se présenter au *frontgate guardhouse.*
Seuls non-automobilistes admis : passagers de taxis, cyclistes et passagers des bus de la R.T.D. Dans le bus, il faut demander un *museum pass.* Arrêt R.T.D. à 700 m du musée.
Celui-ci est une reconstitution de la villa dei Papiri qui fut la plus fastueuse découverte de Pompéi. Superbes jardins avec péristyle. Les collections sont

orientées vers le classicisme. On ne verra ici que des œuvres de l'Antiquité classique, de la Renaissance et de magnifiques meubles français du XVIIIe siècle. Getty vivait en Angleterre. Il n'eut jamais l'occasion de voir son musée, car il mourut en 1976, deux ans après l'ouverture, en léguant 1,3 milliard de dollars afin d'acheter des œuvres. Ce qui ne fut pas sans semer le chaos sur le marché de l'art. Les administrateurs du musée peuvent obtenir n'importe quoi à n'importe quel prix. A cause de cela, il se colporte même deux vilaines choses : d'abord, que le musée n'arrive pas à dépenser tout son argent, ensuite que des escrocs de génie auraient réussi à refiler quelques faux magnifiques !
• *Rez-de-chaussée :* antiquités. Cratères et vases grecs, petits bronzes romains, fresques, portraits de Fayoum, belles amphores peintes, griffons, verreries, bijoux, mosaïques, bustes. Magnifiques statuettes des Cyclades (précurseur des styles Brancusi, Modigliani, etc.).
— *Coffee-shop* très agréable. On se demande comment les décorateurs ont pu faire des erreurs aussi grossières pour les ombres des colonnes autour du patio... M'enfin !
• *A l'étage :* collections d'une richesse époustouflante, il faut bien le reconnaître. Impossible de tout énumérer. *View on Grand Canal, Santa Maria de la Salute,* un des plus grands Canaletto que l'on connaisse, *Old Man in a Military Costume* de Rembrandt, puis Van Dick, Ruysdael, *le Miracle de saint Francis de Paola* de Rubens, *Portrait de James Christie* de Gainsborough. Superbe ameublement du XVIIIe siècle français et reconstitution d'élégants salons, tapisseries, salles des maniéristes (Guido Reni, Luca Giordano), *Mendiants* de Georges de La Tour, puis Le Brun, Poussin, *Portrait de la marquise de Santiago* de Goya. Remarquable salle des esquisses : Watteau, Chardin, Coypel, Boucher, Rigaud, Fragonard, Greuze, Delacroix, Daumier, Millet (encres, pastels, fusains, etc.). Missels et évangiles enluminés. Célèbres *Iris* de Van Gogh, Degas, *la Promenade* de Renoir, Pissarro, Cézanne, Manet, Gustave Moreau et tant d'autres. Prestigieux primitifs religieux : Simone Martini, splendide *Couronnement de la Vierge* de Gentile da Fabriano, Masaccio, *Portraits d'un jeune homme* attribué à Raphaël, Bronzino, *Sainte Famille* éblouissante de Giovanni Francesco Bezzi, Véronèse, triptyque de Bartolomeo Vivarini, *Annonciation* de Dierick Bouts, Jean Gossaert (dit Mabuse), etc.
Une extension est à l'heure actuelle en construction et sera inaugurée en 1995. Elle permettra la présentation de nouvelles sections : photographie, art du XIXe siècle, etc.
— Un peu au nord du musée, sur la route 1 qui longe la côte, un chouette bar et coffee-shop : le *Malibu Inn.* Déco très western, serveuses sympa. Goûtez aux délicieux *rolls.* Si vous remontez vers le nord dès le matin, voilà une chouette halte pour le petit déjeuner.

AUTRES MUSÉES ET CURIOSITÉS

▶ *Southwest Museum :* 234 Museum Drive. ☎ 221-2163. Ouvert de 11 h à 17 h du mardi au dimanche. Fermé les lundi et jours fériés. Au nord-est de L.A. Assez excentré. Situé entre Glendale et Pasadena, quelques blocs à l'ouest de la Highway 110. Bus R.T.D. 83. Très intéressant musée pour tous les amoureux d'art indien de l'Alaska à l'Amérique du Sud. Fondé en 1907, c'est l'un des plus anciens de L.A. Grandes salles lumineuses pour présenter de superbes tuniques, tissus divers, poterie peinte préhistorique, vannerie. Riche section d'art mésoaméricain et précolombien, poterie, textiles et art colonial espagnol. Programmes éducatifs toute l'année : « lectures », danses traditionnelles, films, etc. Boutique du musée bien fournie.
Possibilité dans le même temps de visiter la *Casa de Adobe* au 4605 North Figueroa. Situé dans le même coin (bus R.T.D. 81, si l'on y va directement). Meublée et décorée comme les demeures de la période espagnole. Pittoresque cuisine avec son four en argile et ses vieux objets domestiques. Parfois, shows de danses mexicaines.

▶ *Natural History Museum :* 900 Exposition Boulevard. ☎ 744-DINO et 744-3414. Ouvert de 10 h à 17 h. Fermé le lundi. Situé au sud de la Highway 10 et de la University of Southern California, quelques blocs à l'ouest de la 110 (entre Figueroa et Vermont). Pour s'y rendre : bus 40 et 42 de Downtown. Venant du nord, bus 204 sur Vermont. Venant de Santa Monica, bus 20, 22 et 320 et correspondance avec le 204. De Venice, bus 333 (Venice Boulevard). Entrée gratuite le premier mardi du mois. Le plus grand musée d'histoire naturelle de l'Ouest. Riches collections d'animaux dans leur milieu reconstitué : reptiles, section ornithologique, minéraux, fossiles de plusieurs dizaines de millions d'années, dinosaures, expos temporaires par thèmes, etc. *Discovery Center* pour les enfants.

▶ *California Museum of Science and Industry* : 700 State Drive, Exposition Park. Entrée à Exposition et Figueroa. ☎ (213) 744-7400. Ouvert tous les jours de 10 h à 17 h. Entrée gratuite (sauf pour l'*IMAX Theater*). C'est le musée contemporain des sciences et technologies. Tout sur la conquête de l'espace, les tremblements de terre, les énergies, la santé, les mathématiques, l'économie, l'alimentation de la planète, etc.

L'*Imax Theater* propose d'extraordinaires conditions de projection : écran haut de cinq étages, long de 23 m, son sur 6 pistes, etc. L'image est 10 fois plus grande que celle d'un film 35 mm. Films à couper le souffle bien entendu (genre incroyables exploits sportifs, éruptions de volcans). En moyenne, quatre films projetés. Téléphoner pour les horaires : ☎ (213) 744-2014 et 744-2015 (message enregistré) et 744-2019.

A côté, l'*Aerospace Building*. Mêmes jours, mêmes horaires. Entrée gratuite. Pour les fans de vieux avions et capsules spatiales.

▶ *California Afro-American Museum* : 600 State Street, Exposition Park. Ouvert tous les jours de 10 h à 17 h. Entrée gratuite. Musée consacré aux arts afro-américains, peintures, sculptures, expos temporaires, librairie.

▶ *Les cimetières d'animaux (pet cemeteries)* : au lieu de les voir traités chimiquement et transformés en engrais (la loi californienne interdit de les enterrer dans les jardins), nombre d'Angelenos font enterrer leurs animaux dans les deux cimetières qui leur sont réservés dans la périphérie de L.A. Coût minimum des obsèques : 150 $ (ajouter un supplément pour un cercueil en acajou). Visitez un de ces cimetières : c'est unique. Il y en a un sur la Ventura Freeway à 20 miles de L.A. (difficile à trouver ; ça s'appelle « Los Angeles Pet Park »). Dans le même genre, plein de cliniques pour animaux sur Sepulveda Boulevard South, vers les numéros 1700.

▶ *Magic Mountain* : de la Highway 101 à Ventura, prenez la *State Highway 126*. A 35 miles au nord-ouest du centre ville de Los Angeles. Les bus Gray Lines y vont. ☎ 481-2121. Ouvert de Memorial Day au Labor Day tous les jours de 10 h à minuit. Le reste de l'année, les week-ends et vacances scolaires. ☎ (818) 367-5965. Pensez à prendre des coupons de réduction dans les hôtels (certains coupons couvrent jusqu'à six personnes d'une même famille). 50 attractions, dont certaines parfaitement inconnues en Europe, notamment ses célèbres *roller coasters* (montagnes russes) tournant dans tous les sens (le *Revolution* est le seul effectuant un loop de 360° à la verticale !), son village artisanal, sa tour d'observation haute de 117 m, son *Showcase Theater* où se produisent les vedettes de variétés. Si vous voulez avoir une bonne idée de la descente du Colorado en bateau, ne manquez pas les *Roaring Rapids* : très chouette, mais ça mouille ! La nouvelle attraction, frissons garantis, est le *Free Fall* : ascenseur qui tombe en chute libre : 25 m à 90 km/h en seulement 2,5 s. C'est l'un des parcs les plus fréquentés du Greater Los Angeles. Cher.

ANAHEIM (DISNEYLAND, prononcer Dizniland)

– Pour tout renseignement, ☎ (714) 999-4565. De L.A. : ☎ 626-8605 (poste 4565). Pour écrire : Disneyland Guest Relations, P.O. Box 3232, Anaheim, CA 92803.

Comment y aller ?

A 40 km au sud-est du centre de L.A.
– *En bus* : de 6th Street, prendre le bus R.T.D. 460. Il faut compter 1 h 30. Pas cher du tout : 1 $. Pour le retour, il faut descendre Harbor Boulevard, sur la droite en sortant de Disneyland. L'arrêt est juste à trois blocs (10 mn à pied). Toutefois, Greyhound est plus rapide que le bus R.T.D. Départs fréquents du terminal de Downtown : 208 E 6th Street, à l'angle de Los Angeles Street (attention, pas de départ de Union Station). Ne pas laisser ses bagages au terminal Greyhound, car la consigne ferme à 19 h 30. Il y a des *lockers* à Disneyland même (sur la place principale, après l'entrée).

— *En voiture :* prenez la Santa Ana Freeway (n° 5) puis la sortie « Disneyland ».

Once upon a time... Disney story

Comme toutes les stars, Mickey est descendu du ciel à Hollywood en 1928. Au départ, ce n'était pas un personnage de BD comme on l'a souvent pensé. Mickey est d'abord un héros de dessin animé. A noter qu'il fut second rôle jusqu'aux années 40. La vedette, c'était Pluto. Disney n'était pas un dessinateur exceptionnel. Très vite, il s'arrêta de dessiner. Mais c'était avant tout un homme d'idées, à la fois pour les concevoir, puis pour les faire réaliser. Sa première idée de génie fut de donner aux visages de ses héros des expressions reflétant leurs émotions et leurs sentiments.
La légende veut que Disney ait recueilli une petite souris qu'il appela Mortimer. Sa femme le poussa à la débaptiser pour la dénommer Mickey, nom moins ronflant. Cependant, plus tard, elle était contre le nom de Donald pour le canard (c'est ainsi que se fait l'histoire !).
Pour faciliter le travail des dessinateurs, Mickey se compose de ronds : les oreilles, la tête, les yeux... jusqu'aux boutons de culotte. De même n'a-t-il pas de poils ! Plus tard, les psychanalystes décèleront dans ces rondeurs un signe d'humanité et de sympathie (le rond évoque la femme, les fruits...). Félix le Chat, avec ses oreilles en pointe, est plus dur, plus agressif. Pas toujours très courageux, Mickey a l'héroïsme du brave homme. Il fuit devant Pat Hibulaire mais n'hésite pas à défendre l'honneur de Minnie. Timide avec les filles, Mickey bénéficie toutefois d'une noblesse de caractère qui le fait ressembler étrangement au personnage de Charlie Chaplin. Un exemple pour les enfants. Bref, un personnage fréquentable. Curieusement, Mussolini avait interdit tous les *comics* américains sauf Mickey. En revanche, dès 1931, les Nazis considéraient Mickey comme « l'expression de l'idéal le plus méprisable jamais révélé à la face du monde ». Est-ce pour cela que le mot de passe des Alliés, le 6 juin 1944, au Débarquement, était « Mickey Mouse » ?
Très vite, Disney crut en l'avenir du parlant. *Steamboat Willie* (que l'on peut voir à Disneyland) est le premier dessin animé ayant une piste sonore synchronisée. Peu de gens savent que la voix nasillarde de Mickey n'était autre que celle de Walt Disney.
Autre trait de génie, Disney inventa le marketing et les études de marché, avant la lettre. Il invitait son équipe au cinéma et faisait projeter son dernier dessin animé avec le public. On notait les réactions dans la salle. Une discussion s'ensuivait à la sortie pour analyser pourquoi certains gags fonctionnaient, d'autres non. A Disneyland, lorsqu'un enfant demande à parler à Mickey au téléphone, l'opératrice répond d'une façon désolée « qu'il est malheureusement en train de faire la sieste ».
Pour les lettrés, bon de savoir que « entuber » se dit en argot américain « to make somebody Mickey Mouse »...
En ce qui concerne les autres vedettes, Disney pilla tout simplement les personnages de contes pour enfants, tombés dans le domaine public. *Cendrillon* fut empruntée à Charles Perrault, *Alice au pays des merveilles* à Lewis Carroll, *Pinocchio* à Collodi, *Mowgli* à Kipling et *le capitaine Nemo* à Jules Verne.
Walt Disney est mort d'un cancer du poumon, le 15 décembre 1966, à l'âge de 65 ans. Disneyworld (Floride) fut inauguré en 1971.

Le Magic Kingdom de Disneyland

Les tarifs

N'oubliez pas qu'Onc'Picsou tient la caisse, et que l'entrée est fort chère. Mais on n'a rien sans rien ! Toutefois, le prix d'entrée permet l'utilisation gratuite et illimitée de toutes les attractions du parc. Prévoir au minimum 30 $ par personne.
— Le *One-Day Magic Day :* accès aux attractions pendant toute une journée. Droit de sortir, mais ne pas oublier de se faire *stamper.*
— Le *2 and 3 Magic Days :* donne accès aux attractions de Magic Kingdom pendant 2 ou 3 jours. Réductions (faibles) pour enfants de 3 à 11 ans dans les trois cas. Gratuit pour les enfants jusqu'à 2 ans. A partir de 60 ans, petite réduction (sauf le samedi de juin à septembre).

Infos préliminaires

— Au parking, n'oubliez pas de noter scrupuleusement le numéro exact de votre emplacement, ainsi, bien sûr, que le nom du parking. Nous, bêtement, on n'avait relevé que celui du parking. Quand on a voulu rentrer, il nous a fallu une demi-heure pour retrouver la voiture...
— Consigne à l'entrée : payante. Possibilité de location de *strollers* pour balader les tout-petits.
— *ARCHI-IMPORTANT* : évitez absolument d'y aller le week-end ou pendant les fêtes de fin d'année, c'est constamment bondé ; plusieurs heures de file d'attente. D'ailleurs, ces files sont également fort longues les après-midi d'été. Renseignez-vous aussi sur les dates des vacances américaines. Car c'est pire que le week-end.
— Le super tuyau : en été, le Magic Kingdom est généralement ouvert de 9 h à minuit. En fait, les guichets ouvrent à 8 h pour mieux résorber les files d'attente. De 8 h à 10 h, faites au pas de course les attractions les plus visitées. En commençant par la gauche : *The Pirates of the Caribbean, Big Thunder Mountain Railroad, the Haunted Mansion* et enfin *Space Mountain*. Vous gagnerez 2 à 3 h de file d'attente.
Ensuite, quand des milliers de visiteurs débarquent de tout côté, allez vers les attractions moins visitées comme le *Liberty Square Riverboat* ou la *Tom Sawyer Island*.
Les soirs d'été, un grand nombre de gens s'en vont après l'*Electrical Parade* de 21 h. Ensuite, jusqu'à la fermeture, beaucoup moins de monde pour faire d'autres attractions. Rien ne vous empêche d'admirer la 2ᵉ Electrical Parade à 23 h (ou minuit). La journée étant fort longue sous un soleil accablant, ceux qui ont une voiture peuvent sortir faire une sieste pendant les heures les plus chaudes. A la sortie, demander un *re-entry stamp* gratuit pour revenir en fin d'après-midi. De même, le même jour on peut sortir du parking avec sa voiture, mais bien conserver son ticket pour le présenter au retour.

A voir

Impossible d'énumérer toutes les attractions. Le *Souvenir guide* offert gracieusement par Disneyland les détaille fort bien.
Pour bâtir les superbes maisons qui longent Main Street on a utilisé la « perspective forcée », technique très employée pour les décors de cinéma. Ainsi, les 2ᵉ et 3ᵉ étages sont de plus en plus petits pour accroître l'impression de chaleur et d'intimité. Déjà les Grecs avaient découvert ce procédé pour la construction du Parthénon !
— Sur Main Street, **Penny Arcade,** une salle de jeu réunit des jeux d'avant-guerre. Il y en a des super, en particulier *Electricity is life* qu'il faut absolument essayer. Et l'on utilise toujours les bons vieux *penny, nickel, dime* ou *quarter*. Toujours sur Main Street, une petite salle de cinéma projette sur six écrans **Steamboat Willie**, le premier dessin animé de Walt Disney, créé en 1928. Un monument historique. D'autres petits chefs-d'œuvre également.
— Juste à l'entrée à droite, la **Walt Disney Story** et **Great Moments with Mister Lincoln :** hommage au 16ᵉ président des États-Unis.

— Mais notre attraction préférée reste **The Pirates of the Caribbean,** à New Orleans. Vraiment fabuleux. Jamais on n'a vu une attraction aussi géniale. Vous voilà parti sur une barque dans le monde des corsaires. Il fait nuit. Les villages de pêcheurs se succèdent, peuplés de pirates bizarres et inquiétants. En voici venant de découvrir un trésor. Soudain l'orage gronde. Des coups de feu, de canon. Un navire pirate est en train d'accoster...

— **Jungle Cruise :** le monde mystérieux de la forêt tropicale. Rien ne manque : animaux sauvages, vilains indigènes, etc.

— A Frontier land, pour vous replonger dans l'atmosphère de cabarets des films de cow-boys série B, il faut assister au **Golden Horseshoe Jamboree,** un spectacle gratuit dans le genre « cabaret », un peu jambe-en-l'air-mais-avec-pudeur-à-cause-des-enfants. Très prisé. Il faut réserver sa place dès le matin pour l'après-midi. Shows en principe à 11 h 15, 12 h 45, 14 h 30, 16 h et 17 h 15.

— **Big Thunder Mountain Railroad :** à Frontier Land. Il s'agit d'une course folle à bord d'un petit train type Far West, qui crache une fumée ne piquant pas les yeux. A toute allure, on parcourt des tunnels au fond des mines pour resurgir dans un village du temps de la ruée vers l'or. Le tout dans un joli décor de montagnes aux roches rouges.

— *Haunted Mansion* : à Liberty Square. Ne manquez surtout pas de répondre à l'invitation de tous ces fantômes et morts-vivants. Installé dans une petite voiture, vous déambulerez dans l'enfilade des couloirs obscurs et des pièces diaboliquement poussiéreuses. Les fantômes dansent. Le vampire, bon enfant, sucerait volontiers votre sang. Les cris succèdent aux grondements, les spectres aux vampires, jusqu'au frisson suprême provoqué par la valse lente d'une dizaine d'hologrammes extraordinaires réunis pour un bal morbide.

— Le populaire *Mark Twain Steam boat* devrait ouvrir en 93 après un programme de rénovation qui coûtera 60 millions de dollars !

— *Splash Mountain* : à Critter Country. Très populaire, là aussi. Un *roller coaster* sur un tronc d'arbre circule le long d'une rivière bordée d'automates... Le finale est mémorable (la file d'attente l'atteste). C'est la plus haute plongée du monde. Bien sûr, attraction non recommandée aux lectrices enceintes, aux petits enfants et sujets au vertige... A 11 h, un jour de semaine, déjà une heure de queue.

— *Fantasy Follies* : à Plaza Garden. Pour les plus petits. Toutes les heures, parades des personnages de Disney (grandeur nature). Chansons et danses.

— *Magic Journeys* : à Fantasy Land. Merveilleux film en 3 dimensions au cours duquel un enfant survole, en rêve, des paysages merveilleux.

— *20 000 Leagues under the Sea* : à Fantasy Land. Le capitaine Nemo inventé par Jules Verne vous invite à bord de son sous-marin, *le Nautilus*. On explore avec lui un monde souterrain insoupçonné, avec des poissons multicolores et des plantes impressionnantes. Certains lecteurs nous ont dit que c'était assez décevant. A suivre.

— *Space Mountain* : à Tomorrow Land, vous emmène dans un voyage intersidéral mouvementé, qui constitue un sommet dans le perfectionnement des effets spéciaux. Certainement le « clou » de Disneyland. Attaché aux commandes d'un vaisseau spatial, on est propulsé à une vitesse formidable (jusqu'à 45 km/h) dans une nuit bleutée éclairée par la pluie terrifiante des météorites. Il s'agit de véritables montagnes russes dans l'espace.

— *Star Tours* : à côté du Space Mountain. Voyage dans l'espace. Création de George Lucas. Assez tourmenté, comme le précise le *warning* à l'entrée. Beaucoup de monde aussi.

— *Circle Vision* : à Tomorrow Land. Présentation de *American Journeys*, film sur écran circulaire permettant de découvrir l'Amérique, ses paysages sublimes et ses habitants. Spectacle superbe, bien que certains passages soient plutôt nationalistes. C'est là que l'on peut se souvenir du farouche maccarthysme de Disney. Show en principe à partir de 15 h. Avant, c'est la présentation spectaculaire d'un pays jusqu'à 13 h 30 (en 1992, *Wonders of China*).

— *Submarine Voyage* : à Tomorrow Land. Balade dans un grand sous-marin jaune qui part explorer le pôle Nord.

Conclusion : celui qui est persuadé que Disneyland est uniquement pour les enfants est un ignare. On s'y amuse vraiment !

Où manger ?

La nourriture est assez chère à Disneyland. Il est interdit d'y introduire de la nourriture et de la boisson (on s'en doutait !). Cependant, aire de pique-nique à côté de l'entrée principale et les habitués du coke et du hamburger les trouveront aux mêmes prix qu'ailleurs. Avec la mode de la « healthy Food », Disney donne même la liste dans sa brochure des restos offrant spaghetti sans sauce et « non fat frozen yogourt » ! Si vous avez quelques dollars en plus, allez manger une salade au *Blue Bayou*, à New Orleans Square. On doit avouer ne pas connaître un seul resto au monde avec un décor aussi fabuleux. On se retrouve dans une plantation de Louisiane, sous une nuit étoilée comme on n'en a jamais vue.

A voir dans les environs de Disneyland

De Disneyland, une compagnie, la *Town Tour Funbus* d'Anaheim [☎ (714) 365-1390], dont la ligne n° 4 dessert Knott's Berry Farm, Buena Park Shopping Center, Movie World, Movieland Wax Museum : toutes les heures de 9 h à 18 h, en s'arrêtant à de nombreux hôtels d'Anaheim. Aller et retour de Knott's à la région de Disneyland. Les fauchés prendront le bus R.T.D. n° 802.

▸ *Knott's Berry Farm* : 8039 Beach Boulevard, Buena Park, au sud de Santa Anna Freeway. A 10 km de Disneyland. ☎ (714) 220-5200. Ouvert en été de 9 h à minuit (le samedi jusqu'à 1 h). Hors saison, ouvert de 10 h à 18 h, le samedi de 10 h à 22 h et le dimanche de 10 h à 19 h. Un parc d'attractions de 61 ha avec des restos et des magasins. Le plus intéressant est cette étonnante *Ghost Town* (ville de chercheurs d'or abandonnée). Tout y est : saloon, gare de chemin de fer, *trading post*, armurier, maréchal-ferrant, prison, et même hôtel de passe ! On peut visiter une mine, entreprendre un circuit sur un vieux chemin de fer à vapeur, voir une « attaque », et chercher de l'or dans une mine.
Intéressant *musée de l'Ouest :* photos d'époque, pépites d'or, ustensiles de cow-boys, armes à feu, etc. Plusieurs restos : le mieux et le moins cher est sans conteste le *Firemen's Brigade :* on mange des grillades dehors, sur de grandes tables.

▸ *Movieland Wax Museum :* 7711 Beach Boulevard. Pas très loin de la Knott's Berry Farm. ☎ (714) 522-1155. Ouvert tous les jours de 9 h à 21 h 30 (en hiver à 10 h). Attention, les caisses ferment à 20 h. Un musée de cire vraiment réussi, qui n'a rien à voir avec toutes les bêtises qui dévalorisent le genre. Ouvert en 1962 et inauguré par Mary Pickford. Le musée réunit 250 mannequins en cire de célèbres acteurs, d'une ressemblance étonnante et chacun dans un décor très soigné.
En général, on les voit dans une scène de film culte, genre *African Queen, Autant en emporte le vent, Fenêtre sur cour, Chantons sous la pluie, Spartacus, West Side Story,* etc. Quelques-unes vraiment réussies comme Jean Harlow dans *Dinner at Eight,* Gary Cooper dans *High Noon,* Jerry Lewis dans *Docteur Jerry and Mister Love,* Kevin Cotsner dans *Danse avec les loups.* Bon sens commercial pas absent, puisqu'on est amené à traverser plusieurs *gift shops* opportunément placées sur le parcours. Par ailleurs, les mannequins sont souvent habillés avec les vêtements utilisés dans les films (donnés par les vedettes et les studios). Pour les amateurs, « Chamber of Horrors » avec 15 classiques de films d'épouvante, comme *l'Exorciste* et *Halloween*.

▸ *Ripley's :* 7850 Beach Boulevard. ☎ (714) 522-7045. Juste en face du Wax Museum. Même direction. Succursale du célèbre *Believe it or not* présent dans la plupart des grandes villes américaines. Pour les amateurs du genre. Intérêt inégal : quelques vidéos spectaculaires, objets insolites, phénomènes réellement étranges mélangés à des phénomènes surévalués, bidonnés ou mal présentés. Bref, à boire et à manger, comme on dit !

▸ *Medieval Times :* sur Beach Boulevard, en face de Movieland Wax Museum. Spectacles les lundi, mardi et jeudi à 18 h et à 20 h 30 ; le mercredi à 17 h ; le vendredi à 18 h 15 et à 21 h ; le samedi à 16 h, 18 h 30 et 21 h 15 et le dimanche à 13 h, 16 h 45 et 19 h 30. Pour les amateurs du Moyen Age, dîner tournoi. Un peu cher et « à l'américaine ».

▸ *Crystal Cathedral :* 13490 Chapman Avenue, à l'angle de Lewis Street. A quelques minutes au sud de Disneyland. De la Freeway 5, on aperçoit cette extraordinaire cathédrale tout en verre et haute de 70 m. Elle a coûté la modique somme de 100 millions de francs. Elle fut construite en 1977 par Robert Schuller, le pasteur le plus célèbre des États-Unis. Ses prêches sont retransmis par des dizaines de chaînes de télévision pour 1 700 000 téléspectateurs. Même si vous n'en avez pas l'habitude, assistez à une messe le dimanche (9 h et 11 h). Du grand spectacle ! Mieux qu'au Châtelet : mise en scène hollywoodienne, anges qui s'envolent, etc. Sinon, concerts d'orgue pratiquement tous les jours à midi.

▸ *Orange Drive-in :* gigantesque drive-in tout à côté de la Freeway 5, à peu près à la sortie Disneyland. Intéressant si vous envisagez de dormir dans le coin.

Pour dormir à Anaheim : voir plus haut.

Comment en un jour devenir pilote de chasse ?

– *Air Combat USA* : à Fullerton (nord d'Anaheim), Box 2726. ☎ (714) 522-7590. Incroyable : plus de 3 000 plombiers, informaticiens, profs, paysans, infirmières, étudiants (friqués !)... ont piloté à ce jour un véritable avion de chasse parti à la recherche de l'ennemi « rouge » pour l'abattre.

Après un briefing pour les consignes de vol, les apprentis *Top Gun* s'offrent ainsi une virée avec des pros et vont connaître toute les émotions d'un pilote de chasse. Bien sûr, on n'expédie pas un missile sur l'adversaire, mais un rayon laser qui, lorsqu'il fait mouche, déclenche un fumigène. Toutes ces fortes émotions coûtent cher, vous vous en doutiez : de 400 à 2 300 dollars suivant les options (*engagements* supplémentaires, chandelles, tonneaux, etc.). A la carte quoi ! A la fin les nouveaux Tom Cruise repartent fiers comme des bars-tabacs avec la vidéo de leurs exploits (comprise dans le prix).

LA CÔTE SUD

▶ **Queen Mary :** à Long Beach. Du Downtown de Los Angeles, prendre la Blue Line, nouveau tram reliant Downtown à Long Beach. En voiture, suivre la Long Beach Freeway (n° 7), tout au sud. Environ 40 km du centre de L.A. Prendre la sortie « Queen Mary ». Du 22 juin au Labor Day, ouvert de 9 h à 19 h (attention, acheter les billets 1 h avant). Hors saison, ouvert de 10 h à 18 h. ☎ 435-3511. Coupons de réduction dans les hôtels. Le plus grand paquebot jamais construit. Lancé en 1934, le navire fut acheté par la ville de Long Beach et aménagé en musée de la Navigation.

De son passé, si intimement lié aux années folles, demeure le souvenir de ses illustres passagers : Churchill, Clark Gable, Greta Garbo...

Reconstitution de scènes d'époque grâce à des personnages en cire : jeune couple au resto, salle de jeux du navire... Plusieurs scènes rappellent la Seconde Guerre mondiale lorsque le *Queen Mary* fut réquisitionné pour le transport des troupes. On visite des cabines, la salle des commandes. L'*observation bar* est un chef-d'œuvre Arts déco. Ne manquez pas non plus la piscine, ni la salle des machines. Des cabines ont été aménagées en chambres d'hôtel style Arts déco. Compter 520 F pour deux. Réservation au (310) 432-6964.

▶ **Spruce Goose :** maintenant on peut aussi visiter, à proximité, l'incroyable hydravion, le plus grand du monde, construit par le mégalomane milliardaire Howard Hughes, en 1942. Situé sur le Pier « J », Long Beach. ☎ 435-3511. Mêmes horaires que le *Queen Mary*. Il était si lourd qu'il n'a pu s'envoler qu'une fois pendant quelques minutes, le temps de parcourir à peine 1 mile ! Projections intéressantes sur son histoire et celle de son génial créateur. A bord, exposition permanente de vieilles voitures américaines.

Cet avion fut une commande de l'État américain. En effet, pendant la guerre, les *Liberty ships* utilisés pour le transport des troupes et du matériel étaient souvent coulés par les sous-marins allemands. Chose étonnante, il fut construit entièrement en bois, car bien des métaux étaient introuvables. Ses dimensions dépassaient celles d'un terrain de football. Autre malheur : il fut achevé en 1947, bien après la guerre... D'ailleurs Hughes ne s'est jamais remis de cet échec. Heureusement, il ne connaissait guère d'échecs avec les femmes. Il faut dire qu'il avait racheté les studios R.K.O. et fait établir une liste de fiches sur lesquelles figuraient les mensurations de l'actrice, ses particularités physiques, etc. Chaque fin d'après-midi, le milliardaire choisissait une ou plusieurs fiches, détaillant le menu de sa soirée. La vie avait du bon avant le sida...

▶ **Long Beach Museum of Arts :** 2300 E. Ocean Boulevard. ☎ (310) 439-2119. Ouvert du mercredi au dimanche de 12 h à 17 h (12 h-20 h le jeudi). Fermé le lundi et le mardi. Situé dans une demeure historique de 1912 dominant la mer. Peinture contemporaine, expos temporaires et vidéos.

CALICO

Ville fantôme (pas si terrible !) située à l'est de Barstow, sur l'autoroute 15 (et non sur la route 15). Pas de bus, que le stop. Visite tous les jours de 7 h au cou-

cher du soleil. Dans les années 1890, Calico était une ville prospère qui devait son essor à une mine d'argent dont la production annuelle représentait près de 86 millions de dollars. Il est possible de visiter l'endroit à bord du petit train qui transportait jadis le précieux minerai. Camping à proximité, dans le canyon, mais pas d'ombre.
On peut se déguiser en pionnier, chercheur d'or, et se faire prendre en photo ! Ne manquez pas la maison penchée, vous croirez résister à la pesanteur.
C'est, vous vous en doutez, extrêmement touristique : chaque maison est une boutique de souvenirs, et on vend des hamburgers dans le saloon. Les amateurs de fossiles en trouveront à bon marché.

Où dormir, où manger ?

- **Camping KOA :** à Yermo. ☎ (714) 254-2311. Entre Calico et Barstow.
- **Motel Calico :** à Yermo (Hwy 15 et Ghost Town Rd). ☎ (619) 254-2419. Petit motel tranquille et très bon marché. Chambres à l'ameublement années 1940, mais bien tenues.
- **Peggy Sue's :** à 300 m du motel *Calico*. ☎ (619) 254-3370. Un amusant petit resto, genre routier, à l'atmosphère *fifties*. Service le soir jusqu'à 22 h. Ambiance très sympa. Carte bien fournie, du *Buddy Holly Bacon Cheeseburger* à la *Lana Turner Tuna Salad*, en passant par le *Hank Williams Chili Spaghetti*.

SAN DIEGO   IND. TÉL. : 619

A 205 km au sud de Los Angeles et 25 km de la frontière mexicaine (Tijuana). Ville la plus méridionale de la côte californienne. Deuxième agglomération de Californie par le nombre d'habitants, San Diego fut, au siècle dernier, oubliée par le chemin de fer. Voilà pourquoi elle ne connut pas de grandes immigrations comme San Francisco ou Los Angeles.
Ville assez étendue, face à la mer, San Diego est agréable. Un climat chaud et sec, une situation exceptionnelle sur deux baies bien protégées, c'est un centre résidentiel fort apprécié. L'Océan est dangereux pour les nageurs moyens. Enfin, malgré les coupes sévères dans les budgets militaires et les réductions d'effectifs de sa base navale, San Diego semble survivre mieux que les autres à la récession. Les projets immobiliers explosent Downtown.

Transports

- **Arrivée à l'aéroport :** le bus 2 dessert Downtown.
- **Greyhound :** 120, W Broadway, à la hauteur de 1st Avenue. ☎ 239-9171.
- **Rainbow Ride Shuttle Service :** dessert les hôtels de la ville, de l'aéroport. ☎ 695-3830.

Adresses utiles

- **Visitors' Center :** 11 Horton Plaza, au bout de F Street, dans 1st Street. ☎ 236-1212. Ouvert du lundi au samedi de 8 h 30 à 17 h. Le dimanche de 11 h à 17 h. Aimable et efficace.
- **Poste :** 2535 Midway Drive. Ouverte du lundi au vendredi de 8 h 30 à 17 h ; le samedi de 8 h 30 à 16 h. Poste restante.
- **Bank of America :** 450 B Street. ☎ 230-6200. Pour obtenir du liquide sur présentation de la carte VISA.
- **American Express :** 1020 Prospect Street, à la Jolla. ☎ 459-4161. Ouvert du lundi au vendredi de 9 h à 17 h.
- **Pharmacie ouverte 24 h sur 24 :** Sharp Cabrillo Hospital, 3475 Kenyon Street. ☎ 221-3400.
- **Location de voitures :** Lindo's, 595 Hotel Circle. ☎ 298-9813.
- **Consulat du Mexique :** 610 A Street. ☎ 231-8414. Ouvert du lundi au vendredi de 9 h à 14 h 30.

Où dormir ?

DOWNTOWN ET PÉRIPHÉRIE

Bon marché

- **Jim's San Diego :** 1425 C Street. ☎ 235-0234. Pour s'y rendre, trolley à côté de Greyhound. S'arrêter à City College, c'est à trois blocs. Si vous arrivez en voiture de L.A. par le Freeway 5, continuez en direction de Downtown, puis sortie à droite « 10th Avenue ». Belle A.J. privée dans deux demeures de style victorien. Tout le confort. Petits dortoirs à partir de quatre. Fort bien tenu. Cuisine équipée. Machines à laver. Patio entre les maisons où il fait bon se retrouver. Encore un petit jardin agréable tout au fond. Longue fresque qui agrémente. Le gérant connaît parfaitement bien la ville.
- **Armed Service YMCA :** 500 W Broadway. ☎ 232-1133. A 50 m du terminal Greyhound et de la gare. Dortoir. Chambres simples ou doubles, avec ou sans T.V. Billard, consigne, laverie et cafétéria. Aucun charme et accueil rugueux. Assez monacal même. Elle abrite aussi la *Youth Hostel*.
- **YWCA :** 1012 C Street. ☎ 239-0355 et 239-2902. Ouvert toute l'année. Pour femmes seulement. Dortoirs et chambres particulières. Piscine et gymnasium. Pas de resto.
- **The Maryland Hotel :** 630 F Street. ☎ 239-9243. A deux pas du centre. Bel immeuble ancien, entièrement rénové tout récemment. Plaisant. Bon accueil. Une des chambres doubles les moins chères de Downtown (ah ! s'ils avaient au moins un hôtel comme ça à New York). Prix intéressant à la semaine.
- **The Downtown Inn :** 660 G Street. ☎ 238-4100. Là aussi, une superbe adresse. Chambre avec bains, offrant en plus réfrigérateur, *micro-wave*, ventilo, TV couleur. Le meilleur rapport qualité-prix du coin et assez central. Prix intéressants à la semaine.
- **Golden West Hotel :** 720 4th Avenue. A la hauteur de G Street. Pas loin de Horton Plaza. ☎ 233-7594. Réduction à la semaine (pas étonnant qu'il y ait autant de pensionnaires retraités). Immense vestibule. Bien tenu dans l'ensemble. Les chambres avec lavabo parmi les moins chères de la ville. Et pour un peu plus, on a droit à un cabinet de toilette. TV couleur. Récemment ravalé.
- **Clarke's Flamingo Lodge :** 1765 Union Street. ☎ 234-6787. Numéro gratuit : (800) 822-0133. Fax : 233-5016. De la I 5, sortie Front Street. Vers le nord, à une dizaine de blocs du centre. Motel avec un bon rapport qualité-prix. Un p'tit côté Arts déco. Au calme, au bout d'une rue sans issue. Piscine chauffée. Chambres avec A.C. Restaurant pas cher : le *Hardtimes Bistro* (voir plus loin). Ils viennent vous chercher à l'aéroport, à la gare ou au terminal de bus si vous leur téléphonez. Une de nos meilleures adresses.
- **Churchill Hotel :** 827 C Street. ☎ 234-5186. Assez central. Le hall ressemble à l'entrée d'un château fort reconstitué pour un film de série B. Ringard mais assez rigolo. Chaque chambre est décorée selon un thème différent. Décoration parfois d'un mauvais goût confinant au sublime. Demander à compulser leur *menu de Rooms*. Nous, on aime bien la « Circus Circus », la « Chrome-A-Rama », la « Cloud Nine » et la « Versailles ». Et vous ? Il y a même des chambres avec salle de bains à l'extérieur à des prix encore plus intéressants. Propreté toujours impeccable. A côté, un bon resto italien très abordable.

Prix moyens à plus chic

- **Hill House :** 2504 A Street. ☎ 239-4738. A environ 20 blocs du centre, vers l'est. Si vous venez du centre, ne pas suivre « A » qui s'interrompt un moment à cause de l'université, mais plutôt « C » ou Broadway (qui passe sous l'autoroute 5). Si vous venez de la I 5 South, sortir à Pershing Drive Exit. Quartier résidentiel tranquille. Maison ancienne pleine de charme avec jardin. Excellent accueil. Quatre chambres personnalisées de 350 à 420 F, plus *The Loft*, une suite avec deux grands lits, cuisine équipée, grande salle de bains (500 F pour deux et 700 F pour quatre). Superbe rapport prix-qualité ! Petit déjeuner continental compris. *Attention,* on ne fume pas dans la maison. Très recommandé de réserver.

HORS DU CENTRE

Bon marché

- **Point Loma American Hostelling :** 3790 Udall Street, à Point Loma. ☎ 223-4778. A 9 km de Downtown. De Downtown, bus 35 (sur B Street) et

descendre à Alpha Beta Shopping Center (Voltaire et Poinsettia). Ouvert toute l'année. Une gentille petite maison de 2 étages avec balcons, dans un quartier très agréable et plein de verdure. *Attention,* fermé de 9 h 30 à 16 h 30. Petits dortoirs de 10 lits et chambres doubles. Cuisine bien équipée. Se présenter de bonne heure pour avoir un lit. Ne comptez pas trop sur la réservation au téléphone. Autre *A.J.* dans le sud de la ville à seulement 7 km de Tijuana (☎ 423-8039). Bien située, près de la plage.
- *KOA Campground :* 30601 Edgemere Avenue, à Chula Vista. ☎ (714) 427-3601. De Mission Bay, prenez la Freeway 5. Continuez vers le sud et sortez à E Street. Remontez E Street jusqu'à 2nd Avenue. Tournez à gauche. Puis tout droit. Le camping est sur la droite. Pas terrible. Sur présentation du ticket, vous aurez droit à des réductions pour le zoo, Sea World et Wild Animal Park.
- *Campland on the Bay :* 2211 Pacific Beach Drive. ☎ 274-6260. Fax : 581-4206. Numéro gratuit : 1-800-4 BAY FUN (de 7 h à 21 h). Sur la Freeway 5 (en venant du sud), sortir à Mission Drive et emprunter Grant Avenue jusqu'à Olney Street que l'on prend à gauche jusqu'au bout. Le camping est alors sur la gauche. Bien situé. Piscine. Belle plage. Resto abordable.

Prix moyens

- *Ocean Manor Apartment Hotel :* 1370 Sunset Cliffs Boulevard. ☎ 222-7901. A la hauteur de Point Loma Avenue. Quartier résidentiel. Motel tenu par un vieux couple et construit tout au bord de la mer. On y parle le français. A 50 m des Sunset Cliffs, célèbres pour leurs couchers de soleil. Certaines chambres disposent d'une kitchenette mais minimum 3 jours. Petite piscine. Très propre. On aime bien. C'est l'une de nos plus fidèles adresses. Bus 35 qui va directement à Broadway.
- *Loma Lodge :* 3202 Rosecrans Street. ☎ 222-0511. Réservations : ☎ (800) 266-0511. Prix corrects. Chambres spacieuses, avec balcon et superbe salle de bains. Très bien tenu. Grande piscine. Petit déjeuner compris. Parking gratuit. Seule réserve : quartier de peu d'intérêt et assez bruyant.
- *The Crown City Inn :* 520 Orange Avenue. ☎ 435-3116. Fax : 435-6750. Numéro gratuit : (800) 422-1173. Pour ceux qui souhaitent résider dans l'île de Coronado. Joli motel de style provençal avec tuile rouge. Chambres agréables et confortables. Piscine.
- *La Avenida Motel :* 1315 Orange Avenue. ☎ 435-3191. A côté du célèbre Coronado. Correct. 300 F la double.

Plus chic

- *Harbor Hill Guest-House :* 2330 Albatros Street. ☎ 233-0638. Situé à quelques blocs au nord de Downtown, sur une colline. Quartier résidentiel. Élégante demeure offrant de très coquettes chambres. Vue sur le port et agréable terrasse. Bon accueil. Doubles de 360 à 500 F (petit déjeuner compris).
- *Keating House :* 2331 Second Avenue. ☎ 239-8585. Là aussi, dans le même quartier résidentiel, une splendide maison victorienne (de 1888) entourée d'un verdoyant jardin. Beaucoup de charme (ah ! l'entrée de la maison). Mêmes prix que le précédent. Chambres personnalisées avec salle de bains à l'étage de 360 à 480 F. Les deux plus chères se situent dans un petit cottage derrière et possèdent leur propre salle de bains. Environnement vraiment agréable. Petit déjeuner consistant.

Très chic

- *Britt House :* 406 Mapple Street (et 4th). ☎ 234-2926. Quartier résidentiel. Plus haut que les précédents, mais à 5 mn de Downtown en voiture. De la I 5, sortie Washington ou Sassafras (puis Laurel). Une des plus belles demeures victoriennes qu'on connaisse, au milieu d'un grand jardin. A l'intérieur, décor d'un rare raffinement (ah ! le soleil dans les vitraux). Chambres adorables. Délicieux petit déjeuner (pain maison). Pour nos lecteurs(trices) argenté(e)s et romantiques. Environ 600 F la double.

Très chic dans Old Town

- *Heritage Park B And B Inn :* 2470 Heritage Park Row. Tout au nord de San Diego. Belle maison victorienne, sur une verdoyante colline, entourée d'autres maisons anciennes. Calme garanti. Ameublement ancien. Un certain charme. Bon *home-made breakfast.* Doubles de 480 à 720 F.

Où manger ? Où boire un verre ?

DOWNTOWN

Bon marché

- *Eastern Restaurant :* 1065 4th Street. ☎ 233-6090. Ouvert de 11 h à 20 h. Fermé le dimanche. Petit self-cafétéria chinois. Très grande salle. Propre et bon accueil. La providence des budgets serrés grâce à son buffet illimité (à un prix vraiment modique). Nourriture très correcte, en particulier les rouleaux impériaux, soupes et poissons en beignet. Eau fraîche purifiée.
- *Gen Lai Sen :* 1065 12th Avenue (et C Street). ☎ 239-5478 et 5479. Ouvert tous les jours de 10 h jusqu'à 21 h 30. Une adresse qui intéressera nos lecteurs résidant chez *Jim's* (car tout proche). Grande cantine chinoise possédant une bonne réputation. Énorme choix à la carte (157 plats !). *Lunch* et *Dinner Specials* bon marché.
- *Caruso's :* 835 4th Avenue. En face du Horton Plaza. ☎ 234-6538. Ouvert tous les jours de 11 h à 22 h. Cadre agréable. Pour les *pasta addicts*, un *all you can eat* pas cher à midi (spaghetti sauce à la viande, pain à l'ail et salade). Sinon, bonnes pizzas.
- *Hardtimes Bistro :* 1765 Union Street (et 15). ☎ 239-5593. Ouvert de 6 h 30 à minuit (les vendredi et samedi jusqu'à 2 h). C'est le resto du Clark's Flamingo. Particulièrement bon marché. *Draft beer* à moins d'un dollar. Carafe de vin à prix très modéré. Belles omelettes, copieux *burgers*. Goûter au *Philadelphia steak sandwich*.
- *Galaxy :* 522 Horton Plaza. ☎ 234-7211. Tout en haut du célèbre centre commercial. Un amusant bar-grill au beau décor et atmosphère *fifties*. Bon accueil. Sandwiches, *burgers*, salades « célestes ». Excellents *milk shakes*, ainsi que les *brownie hot fudge sundae*, *death by chocolate*, *carrot cake supreme*, etc.

Prix moyens

- *Hob Nob Hill :* 2271 1st Avenue. ☎ 239-8176. Au nord de Downtown. Un peu excentré, mais pas difficile à trouver. Ouvert pour *breakfast*, *lunch* et *dinner*. Fermé le samedi. Un des plus vieux restos de la ville (ouvert en 1946). Maison vénérable donc, au décor délicieusement rétro ; cuisine familiale à prix fort acceptables. Clientèle parfois à dominante *senior citizen*. Serveuses dans le style de la maison, look et style un peu sévères. Toujours un consistant plat du jour genre *old-fashioned beef stew*, *gourmet breast of chicken curry* ou *corned beef and cabbage*. Goûter à la spécialité : le *braised domestic lamb shank*. Salades copieuses. Bons *house wine* et gâteaux maison. *Breakfast* généreux.
- *The Jolly Roger :* Seaport Village (807 West Harbor Drive à Kettner Boulevard). ☎ 233-4300. Ouvert de 7 h à 22 h (jusqu'à 23 h les vendredi et samedi). Situé au sud du village. Cadre frais. Plantes vertes. Tâchez de trouver une table donnant sur le port de plaisance. Atmosphère assez *easy going*. Sympa pour le petit déjeuner entre autres. Réputé pour ses *burgers* et sa *seafood*. Prix très raisonnables (même le soir). Le matin, goûter aux *pigs in a blanket*, à l'omelette à l'avocat, champignons et fromage. A midi, on trouve même des *irish nachos* (ça aurait plu à Joan Baez !). Bons *chicken pot pie* et *fajitas*. Le soir, spécialités de viandes (intéressant *combination* avec *prime rib*). *Happy hour* de 16 h à 19 h (avec buffet et *draft beer* à 1 $).
- *Dick's Last Resort :* 345 5th Avenue (entre J et K Avenue). ☎ 231-9100. Ouvert tous les jours de 11 h à 2 h. Immense hall à l'atmosphère rugissante le week-end, un peu plus calme en semaine. Ici, on cultive sciemment l'anticonformisme et la « gross » dérision. N'oubliez pas d'emporter leur désopilant menu-dépliant. En titre : « All those rotten rumors are true... We serve tourists », « Alka Seltzer and aspirin on the house ! ». Le ton est donné. L'impressionnante collection de soutiens-gorge au-dessus du bar n'aura échappé à personne. Bandes de jeunes banlieusards et *yuppies* en goguette rivalisent dans les rires les plus gras. Faut dire que lorsque les serveuses se mettent aussi là à faire des gags, où qu'on va ! Le tout, ponctué par un orchestre de country ou de rock pas nécessairement bon (et compensant souvent ses faiblesses par une sono assourdissante). Vous aurez aussi compris que, dans ces conditions, ce qu'on trouve dans l'assiette devient tout à coup dérisoire. *Jaws shark plate* (filets de requin), *Mae West plate* (*chicken breast...* warf, warf !), huîtres du golfe, etc. Mais la spécialité ici, c'est le *bucket* de quelque chose... de *ribs*, *shrimps* ou de

pattes de crabes. L'atmosphère fait opportunément oublier qu'elles ne sont pas vraiment bon marché. L'essentiel, n'est-il pas ici… « to create some scandalous stories to take back home with you… » Choix de 80 bières. Agréable terrasse pour échapper à l'usine. De toute façon, ce n'est pas un lieu très ordinaire, vous irez bien au moins une fois !
- **Cabo Cabo Grill :** 203 5th Avenue. ☎ 232-2272. Ouvert tous les jours de 11 h 30 à 22 h. Immense resto mexicain. Bonne réputation. Suivre leur *king of crab promotion* (en général, les lundi et mardi soir). On peut se contenter de déguster *tacos* et *enchiladas* au comptoir avec un *margarita* bien frais. *Happy hours* de 16 h à 19 h (*nachos* gratuits, *margaritas* à moitié prix). Le jeudi, spécialité de *tacos* au requin. Bonne sélection de *pescados* et *mariscos*. Pas très animé le soir en début de semaine.

Plus chic

- **Croce's :** 802 5th Avenue et F. En plein dans Gaslamp, le cœur de la ville. ☎ 233-4355. Ouvert à midi et jusqu'à 23 h, les vendredi et samedi jusqu'à minuit. Jim Croce fut un auteur de chansons à succès, notamment *Bad, bad Leroy Brown*, *Time in a bottle* et *Operator*. Il mourut en 1973. Sa femme ouvrit ce restaurant pour honorer sa mémoire. Immense portrait au mur. Souvenirs divers. Décor assez sophistiqué. Piano-bar à midi et le soir. A midi, c'est plutôt relax, *casual* et les prix sont accessibles à tous. Le soir, clientèle beaucoup plus chicos, atmosphère empesée, et presque deux fois plus cher. Donc, y manger le midi. Ça tombe bien, il y a de belles salades (ah, la présentation originale de la niçoise !) et d'appétissants *appetizers* (redondance ?) comme le *Croce's sampler*, le *buffalo mozzarella* ou les *blinchiki* (deux blintzes extra). Ne pas manquer de lire le menu marrant avec le *billboard* à l'intérieur.
- **Fio's :** 801 5th Avenue. ☎ 234-3467. Au cœur du Gaslamp. Ouvert de 11 h 30 à 23 h (minuit vendredi et samedi). Dimanche, de 17 h à 23 h. Cadre très élégant. Cuisine dans la salle. « Glasnost » en matière gastronomique toujours à la mode. Assez bruyant (comme Spago à L.A.), mais il paraît que les Américains adorent (ça les rassure, ils ont l'impression d'exister !). Superbe fresque sur le Palio. Nourriture de l'Italie du Nord particulièrement raffinée. *Polenta a la Montenara* vraiment goûteuse, superbe *osso buco*, sans oublier le *rotolino di mozzarella*, la *piccata di vitella*, le poulet a la toscane, les *scampi arrosti*, etc. Dans la bataille acharnée que se livrent les grands restos italiens de San Diego, Fio's mène indéniablement aux points. Si les jeans troués sont mal vus, en revanche, c'est plutôt col ouvert et *casual*. Pour finir, prix pas scandaleux du tout. Vous auriez tort de snober ce Fio's…
- **Sfuzzi :** 340 5th Avenue. ☎ 231-2323. Ouvert à midi et le soir jusqu'à 22 h. L'un des derniers « ritos » du Gaslamp. A ouvert depuis peu. D'abord voulu gagner la bataille du décor. Faut dire que l'architecte a appliqué quelques bonnes idées : belle utilisation de l'espace (ancien entrepôt), murs de brique avec faux vestiges de fresques romaines. Créatif, frais et aéré donc. Petite terrasse sur rue. Particulièrement agréable pour déjeuner. Bar-menu à prix très abordable. Service efficace. Là aussi, fine et copieuse cuisine italo-californienne. Goûter au *Sfuzzi antipasti selection*, *penne with sweet sauvage*, *marinated shrimp*, *scallop*, *calamari salad*, saumon grillé aux asperges, *Ramona crusted chicken breast*. Le soir, carte encore plus étendue, mais plus chère bien entendu (*veal osso bucco with pappardèlle*, *oven roasted snapper*, etc.).
- **Hotel del Coronado :** 1500 Orange Avenue, Coronado Beach. ☎ 522-8000. Ne pas rater leur *brunch* du dimanche matin. Absolument somptueux. Servi dans une immense salle à manger avec plafond à caissons et en forme de carène de navire renversée. Boiseries et murs tendus de tissu vieux rose. Bref, cadre vraiment élégant. Ne pas avoir peur de la longue file d'attente (prendre d'abord un ticket), ça se résorbe assez vite. Mets en abondance et délicieux. Laisser un peu de place pour les desserts. Pas si cher que ça, compter 150 F environ. En semaine, buffet réputé pour le *lunch* aussi. En revanche, dîner très cher dans les luxueux salons du Prince of Wales Grill. Bar en acajou massif. Photos anciennes du prince de Galles et lady Simpson.

HILLCREST

Bon marché

- **The Corvette :** 3946 5th Avenue. Dans Hillcrest. A 3 km de Downtown, mais en ligne droite. Facile à trouver. ☎ 542-1001 et 542-1476. Ouvert jusqu'à 23 h. Bar-grill dans une ambiance années 50, très animée, dédié non seulement aux *fifties* mais aussi à l'une des plus célèbres automobiles, la Corvette. L'immense salle est supposée contenir 288 personnes ou 49 Corvette. Décor vraiment remarquable. La jeunesse s'y écrase pour engloutir de bons hamburgers sur une chouette musique rock'n' roll. Un conseil : si, en souvenir, vous voulez prendre des photos du lieu, faites-le vite et sans ostentation. En effet, inexplicablement, la direction refuse qu'on photographie son établissement. A ne pas rater de toute façon !

● *City Delicatessen* : 535 University Avenue. ☎ 295-2747. Pas loin de Corvette. Ouvert de 7 h à minuit (vendredi et samedi 2 h). Un des plus grands deli qu'on connaisse. Agencement et décor style vieux *dinner*. Belle carte. Les salades sont énormes ! Goûtez à la *chopped liver*, la *whitefish* ou le *combo*, Plats chauds à prix raisonnables : *chicken in the pot, corned beef and cabbage, mixed grill, egg plant casserole,* etc. Les sandwiches, c'est du pareil au même. Goûtez donc au *City club sandwich* ! Généreux *cold fish platters*. *Special lunch* servi en semaine. On trouve même un *calorie counter* pour ceux (celles) obsédé(e)s par leur ligne.

DANS OLD TOWN

Bon marché

● *O'Hungry's* : 2547 San Diego Avenue, juste en face de la church of the Immaculate Conception. ☎ 298-0133. Ouvert tous les jours de 8 h à 23 h. Le resto le moins cher de ce quartier si touristique. *Home made soup,* et quelques plats abordables : *salad-bar,* crêpes, spaghetti, sandwiches divers. Bonne musique, country, rhythm'n' blues, rock... Étonnant, la bière se boit à la longueur du verre : un demi-yard et un yard !

De prix moyens à plus chic

● *Casa de Pico* : Juan Street, à l'intérieur du centre commercial Bazar del Mundo. ☎ 296-3267. Ouvert de 10 h à 21 h (21 h 30 le week-end). Excellent resto mexicain là encore, mais allez-y assez tôt si vous ne voulez pas attendre une heure. Ambiance agréable avec jardin intérieur, parasols et musique. Plats copieux, orchestre de mariachis, serveuses en costume traditionnel. Prendre leur cocktail à base de tequila. Menu très pédago (noter la description minutieuse et phonétique des plats).

● *Casa Bandini* : à 100 m de la Casa Pico. ☎ 297-8211. Ancienne maison d'un aventurier, Juan Bandini. Il la fit construire en 1829. Puis, elle devint successivement magasin, fabrique d'huile d'olive, relais de poste, hôtel, avant d'être aujourd'hui restaurant. Belle construction en adobe avec balcons et vérandas. Pas mal de charme et atmosphère un peu moins touristique qu'à côté. Moins de monde aussi et grand jardin agréable avec fontaine et plantes exubérantes. Nourriture mexicaine classique correcte, à prix somme toute raisonnables. Bon *sunday brunch*.

A voir

DOWNTOWN

Comme dans la plupart des grandes villes américaines, dans les années 60, le centre s'est progressivement vidé au profit des banlieues résidentielles. Peu à peu, ce quartier se peuplait de marginaux et de clochards, les immeubles se dégradaient. Mais, depuis quelques années, la municipalité a effectué un travail considérable pour redonner au centre sa splendeur du début du siècle. Les façades victoriennes sont désormais ravalées et on a même restauré un *gas lamp quarter* entre 4th Avenue et 6th Avenue, près de Horton Plaza. Les nouveaux restaurants, cafés et boîtes champignonnent à tout va, consacrant le *revival* de Downtown. Bien sûr, il ne suffit pas de rénover magnifiquement un centre ville pour en chasser, par un coup de baguette magique, tous les problèmes sociaux. Downtown reste quand même, la nuit, un lieu de rencontre des laissés-pour-compte et de tous les *street people* à la recherche d'un peu de chaleur.

▶ *Horton Plaza* : situé entre Broadway et G Street, 1st et 4th Avenues. ☎ 238-1596. Ouvert de 10 h à 21 h (le samedi jusqu'à 18 h ; dimanche, de

11 h à 18 h). Les restos et certaines boutiques ferment bien entendu plus tard. Immense centre commercial, œuvre de Ernest W. Hahn. Plus de 140 boutiques et restos et 4 grands magasins (dont les fameux *Broadway* et *Nordstrom*). Concept absolument nouveau et hardi. Tout se répartit sur plusieurs niveaux reliés par des passerelles aériennes, volées d'escaliers, allées, etc. Façades de toutes les couleurs, agréables *plazas*, mélanges de style espagnol, byzantin, moderne. Souvent des concerts gratuits le midi sur les *plazas*. Sur E et 1st Avenues, fontaine lumineuse du plus bel effet (devant le Doubletree Hotel).

▸ *Gaslamp Quarter :* visite du quartier historique tous les samedis à 10 h et 13 h. Renseignements : ☎ 233-5227.

▸ *Musée maritime :* 1306 N Harbor Drive. ☎ 234-9153. Ouvert de 9 h à 20 h. On y trouve de très nombreux bateaux, de toutes tailles et de toutes les époques. Il y a même le plus vieux navire marchand du monde : le *Star of India* ainsi que le *Berkeley* (un steam-ferry) et le *Medea*, un luxueux yatch. Pas très loin du centre ville (à la hauteur de « A » Street).

▸ *Firehouse Museum :* Columbia et Cedar Street. ☎ 232-FIRE. Dans la plus ancienne caserne de pompiers de la ville, tout sur les soldats du feu avec exposition de vieux matériel.

BALBOA PARK

Pour s'y rendre : bus 7 sur Broadway. C'est un parc de 560 ha où, au milieu d'une riche végétation, se trouvent les plus importants musées de la ville ainsi que le zoo. Créé en 1868, au moment où San Diego n'était qu'un village de quelques milliers d'habitants. Aujourd'hui, c'est l'extraordinaire poumon vert de plus d'un million de personnes. Les bâtiments de style colonial espagnol sont les vestiges de ceux qui ornèrent les grandes expositions de 1915 et 1935. Ils ont été joliment restaurés, et en côtoient d'autres construits dans le même style, au milieu d'une luxuriante végétation, palmiers, arbres tropicaux, bassins divers.

• *Information Center :* 1549 El Prado. ☎ 239-0512 et 239-9628. Ouvert tous les jours de 9 h 30 à 16 h. Possibilité d'acheter le *Balboa Park Passport*. Pour une dizaine de dollars, tous les musées du parc.

▸ *Le zoo :* ☎ 234-3153 et 231-1515. Ouvert en été de 9 h à 17 h (jusqu'à 16 h en hiver). Entrée chère : 8,50 $. Le plus vaste du monde, dans un site absolument superbe. On se retrouve dans une sorte de forêt tropicale avec un canyon naturel. Plus de 6 000 animaux vivent dans leur environnement naturel. Comme spécimens particulièrement exceptionnels, les koalas australiens, les nasiques, ces célèbres singes connus pour leur nez pointu très proéminent, l'uakari, singe au visage démoniaque, etc. Pour les paresseux ou les pressés, un bus permet de visiter rapidement les endroits les plus intéressants.

▸ *San Diego Museum of Art :* 1450 Le Prado. Peu de place sur le parking le week-end. Conseillé de laisser la voiture avant le pont d'accès. ☎ 232-7931. Ouvert de 10 h à 16 h 30. Fermé le lundi. Intéressantes collections : Ingres, Corot, *la Jeune Bergère* de Bouguereau, *le Miroir de la Loue* de Courbet, *Sortie de théâtre* de Daumier, *la Sente du chou*, Pontoise et *Une rue à Auvers* de Pissarro, *Effet de neige à Limetz* de Monet, Boudin, *Femme peignant ses cheveux* de Renoir, Dufy, Vuillard, Max Beckmann, Sam Francis, *March to the Summit* de Paul Klee, *Metropolitan Opera House*, montage photo de David Hockney.
• Portraits et paysagistes du XIXe et début du XXe siècle : Thomas Moran, George Inness, Thomas Eakins, Raphaëlle Peale, William Merritt Chase, Mary Cassatt.
• Séduisante section d'arts asiatiques : poterie chinoise, bronzes sino-tibétains des XVIIIe et XIXe siècles. Superbe Hayagriva et *24 guerriers de Koyo* de Tosa Mitsunori. Ravissantes estampes de Hokusai, Kobayoshi Kiyochika, etc.
• Au premier étage : *l'Église du village* de Vlaminck, *Intérieur de Mme Hessel Sewing* de Vuillard, portrait de Pierre Monteux de Bonnard, *le Garçon aux yeux bleus* de Modigliani. Plus Tiepolo, Simon Vouet, Zurbarán, *Saint Pierre le pénitent* d'El Greco, *le Marquis de Sonagra* de Goya, Bellotto, remarquable *Mole depuis Saint-Marc* de Canaletto, splendide *Grand Canal et Rialto* de Guardi, David Tenier le Jeune, Rubens, *la Reine Henrietta-Maria* de Van Dick, Frans Hals.

220 LA CALIFORNIE

- Art médiéval : *Crucifixion* du Maître d'Alfajarin, *Christ captif* de Jérôme Bosch, *Madone et Enfant* d'Adrien Ysenbrandt, Giorgione, Véronèse, Carlo Crivelli, Luca Signorelli, *la Conversion de Madeleine* de Bernardino Luini, Lorenzo Veneziano, etc.

▶ ***Reuben H. Fleet Space Theater and Science Center :*** ☎ 238-1233 et 238-1168. Ouvert tous les jours de 9 h 30 à 21 h 30 (vendredi et samedi jusqu'à 22 h 30). A 10 mn à pied du zoo. Genre palais de la Découverte où les gamins peuvent s'éveiller à l'astronomie, la mécanique des fluides, l'électricité... Plusieurs fois par jour, projection d'un film en Omnimax (écran en forme d'une gigantesque demi-sphère), généralement sur l'astronomie ou la conquête de l'espace. Également spectacle de laserium.

▶ ***Museum of Man :*** Prado. ☎ 239-2001. Ouvert de 10 h à 16 h 30 tous les jours. Installé dans un édifice genre belle église baroque espagnole, avec façade ouvragée et clocher en poivrière. Excellent musée anthropologique. Section sur la culture indienne. Artisans travaillant devant le public (en particulier un tisserand d'Oaxaca montrant le filage de la laine).

▶ Dans un long bâtiment, la *Casa Balboa*, on découvre trois autres musées : le *musée des Arts photographiques*. Ouvert tous les jours de 10 h à 17 h (le jeudi jusqu'à 21 h). ☎ 239-5262. Intéressantes expos temporaires. Le *musée d'Histoire* de San Diego : ouvert de 10 h à 16 h 30. Fermé les lundi et mardi. ☎ 232-6203. Histoire de la ville de 1850 à nos jours. Enfin, petit *musée du Train miniature :* ouvert du mercredi au vendredi de 11 h à 16 h (les samedi et dimanche jusqu'à 17 h). Ouvert également le premier mardi de chaque mois (et gratuit). ☎ 696-0199.

▶ *Musée d'Histoire naturelle :* sur le Prado. ☎ 232-3821. Ouvert tous les jours de 10 h à 16 h 30. Tout sur les animaux, les plantes et la géologie de la Californie du Sud, de l'Arizona, de la Basse-Californie et du désert de Sonora (au Mexique). Intéressante section sur les espèces menacées de disparition. Nouvelle salle de l'écologie du désert et sismographe enregistrant quotidiennement les mouvements de la terre. Riche *museum store* !

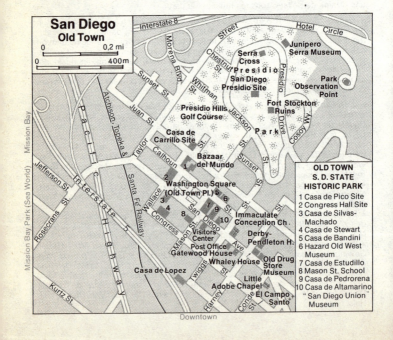

▸ Pour ceux qui ont plus de temps ou sont plus particulièrement motivés, voir encore :
• Le **musée des Champions** : tout sur plus de 40 sports. Présentation de films. Ouvert tous les jours de 10 h à 16 h 30 (le dimanche de 12 h à 17 h). ☎ 234-2544.
• Le **musée de l'Automobile** : près du musée de l'aérospace. ☎ 231-AUTO. Ouvert tous les jours de 10 h à 16 h.
• le **centre culturel de la Raza** : Park Boulevard. ☎ 235-6135. Ouvert de 12 h à 17 h. Fermé les lundi et mardi. Présentation d'œuvres des *native Californians* : Indiens, Mexicains, Chicanos. Expos temporaires et intéressantes *bookstore*.

▸ **Aerospace Museum** : installé dans le Ford Building. ☎ 234-8291. Ouvert tous les jours de 10 h à 16 h 30. Plus de 70 appareils présentés, de la montgolfière au dernier *shuttle* spatial. *Hall of fame* avec tous les grands pilotes de l'histoire. Vous trouverez également dans la Theodore E. Gildred Flight Rotunda, les plus importantes bibliothèque et archives du monde, ainsi qu'une *gift shop* particulièrement fournie.

▸ **Timken Art Gallery** : le Prado. ☎ 239-5548. Ouvert de 10 h à 16 h 30 (le dimanche de 13 h 30 à 16 h 30). Fermé le lundi, les jours fériés et en septembre. Entrée gratuite. Encore un intéressant petit musée d'art avec d'étonnants chefs-d'œuvre (belles icônes russes et tapisseries des Gobelins, entre autres).

▸ **L'Old Globe Theatre** produit une dizaine de pièces par an. C'est le théâtre le plus ancien de Californie. Représentations du mardi au dimanche. Renseignements : ☎ 231-1941.

DANS L'ILE DE CORONADO

▸ **Hotel del Coronado** : 1500 Orange Avenue. ☎ 522-8000. Prendre l'extraordinaire Coronado Bridge ou le bus 910 de Downtown. On ne vous indique pas cet hôtel pour que vous y dormiez, mais parce que c'est un monument historique. De style victorien, cette bâtisse extravagante a accueilli les cinq derniers présidents américains et une kyrielle de milliardaires octogénaires, rois en exil et stars de cinéma. Ce fut, lors de sa construction, la plus importante structure utilisant l'électricité... après la ville de New York ! Thomas Edison lui-même y alluma le premier sapin de Noël éclairé électriquement. C'est là que le roi Édouard VIII d'Angleterre rencontra Wallis Simpson et dut abdiquer en faveur de George VI. Depuis son ouverture en 1888, l'histoire du Coronado se confond avec celle de la politique, de l'argent et du cinéma. Son apothéose reste le jour où Billy Wilder réussit à y traîner Marilyn Monroe, Jack Lemmon et Tony Curtis pour tourner le très célèbre *Certains l'aiment chaud* (en 1959). On se rappelle les tensions entre les acteurs au moment du tournage. Tony Curtis, à qui un journaliste demandait quel effet ça lui faisait d'embrasser une des plus belles femmes du monde, répondit : « J'aurais préféré embrasser Hitler... » Enfin, ne pas y manquer le *brunch* du dimanche ou le buffet du *lunch* en semaine (voir chapitre « Où manger ? »).

▸ **Le Old Ferry Landing** : 1201 1st Street (et B Avenue). ☎ 435-8895. C'est l'ancien débarcadère du Ferry transformé en centre commercial avec cafés et restaurants. Lieu de balade familiale populaire. Ouvert tous les jours. Pour s'y rendre, ferry de Broadway Pier (au bout de Broadway, dans Downtown). De 9 h à 22 h (23 h le vendredi et le samedi). Départ toutes les heures. Petit supplément pour les vélos. Belle vue sur la baie et architecture agréable. Bien entendu, assez touristique, mais toujours bon enfant.

AU NORD DE LA VILLE

▸ **Old Town** : on y accède par la San Diego Freeway, Interstate 5. Bus 4 sur Broadway. Ce quartier de style espagnol, avec ses maisons en adobe, occupe en fait six blocs seulement. Créé en 1820, il fut l'une des toutes premières implantations en Californie. Nombreux magasins de souvenirs et des restaurants. Washington Square constitue le centre d'Old Town. Visitez le *Bazar del Mundo*, copie d'une place de marché mexicaine, avec des boutiques autour d'une cour décorée de jolis jardins. Malheureusement un peu trop commercial (2754 Calhoun Street).
Malgré cela, partez découvrir les vestiges des premières demeures de San Diego : la Casa de Machado Stewart (1830), la Machado y Silvas (1832), la

Casa de Carillo (1820), celle d'Estudillo (1827), etc. Visites guidées par les *park rangers* à 14 h tous les jours. Rendez-vous à la casa Machado y Silvas. Renseignements :
- *Old Town State Park :* 2645 San Diego Avenue. ☎ 237-6770.

▸ *Heritage Park :* 2455 Heritage Park Row. ☎ 565-5928. Sur la colline surplombant Old Town, un splendide ensemble de demeures anciennes. Très belle Sherman Gilbert House (1887). Un peu plus bas, dominant le gazon, le temple Beth Israel, construction en bois de 1889, première synagogue de San Diego. Récemment rénovée et ouverte au public.

▸ *La Serra Museum :* Presidio Park, au-dessus de Old Town. ☎ 297-3258. Ouvert de 10 h à 16 h. Fermé le lundi. A l'endroit où naquit la Californie, un petit musée historique installé dans un édifice de style colonial.

▸ *Sea World :* au nord-ouest de Old Town. Bus 9 sur Broadway (renseignements bus : ☎ 233-3004). ☎ 226-390 1. Ouvert de 9 h au crépuscule. Vente des tickets arrêtée 1 h avant. En été, parfois des extensions d'horaires (jusqu'à 23 h). Un des plus grands aquariums du monde avec environ 5 500 espèces représentées. Impressionnantes présentations d'animaux, dauphins, baleines (tueuses, bien sûr), otaries, pingouins, et un spectacle avec des jets d'eau *(sparklets).* Prévoir tout l'après-midi. Réduction (en principe) sur présentation de l'Ameripass. Entrée assez chère (mais ça vaut vraiment le coup !). Dans une des brochures touristiques sur San Diego que l'on trouve dans tous les motels, il y a des coupons de réduction de 2 $ par personne.
Très pratique : une feuille indique les horaires exacts des attractions. Périodicité importante qui permet de les articuler entre elles. Deux à voir absolument : le *Sea Lion and Otter Show* (Pirates of Prinniped). Remarquable, vraiment désopilant. Ainsi que le *Baby Shamu Celebration* du Shamu Stadium : spectacle époustouflant ! Un conseil, si vous venez avec un costume en alpaga, évitez les dix premiers rangs...

▸ *Le Scenic Drive :* ce circuit de 83 km, balisé par des panneaux portant des mouettes bleues, permet de visiter la ville en voiture. Il commence près de Broadway, traverse Balboa Park, l'Old Town, Mission Bay, Aquatic Park, passe au sommet du mont Soledad, au Cabrillo National Monument, et revient à Broadway par Shelter Island. Pas génial, on préfère celui de Santa Barbara.

▸ *Cabrillo National Monument :* situé au bout de Point Loma. ☎ 557-5450. Ouvert de 9 h au coucher du soleil. Dédié à l'explorateur Juan Rodriguez Cabrillo, qui découvrit la côte californienne en 1542. C'est le troisième des monuments les plus visités aux États-Unis. De cette colline, on a une belle vue sur la baie (pas trop tôt le matin en raison de la brume), avec ses installations maritimes, ses bateaux et les lointaines hauteurs du Mexique. De mi-décembre à mi-février, on peut observer la migration des baleines vers le sud. Il en passe alors une trentaine par jour (avec des pointes de 200 mi-janvier). Quelques agences organisent l'observation des cétacés.

LE NOUVEAU SAN DIEGO

En face de la gare, au bout de Broadway, s'élève à l'heure actuelle l'un des plus spectaculaires ensembles architecturaux de notre connaissance. Ses principaux fleurons en seront le *Great American Plaza,* le *Columbia Square,* les *Emerald Shapery* et *Koll Centers,* etc. Pas moins de 110 projets juste achevés ou en cours. En quelques années, Downtown est vraiment en train de connaître une métamorphose incroyable. A l'intention de nos lecteurs férus d'architecture moderne, voici les principaux fleurons des années à venir et une adresse utile :
– *Downtown Information Center :* 255 G Street. ☎ 696-3215. Ouvert de 9 h à 17 h. Fermé le dimanche. Tous les samedis, circuits gratuits : de 10 h à 12 h, le *Downtown Redevelopment Bus Tour* et de 13 à 15 h le *Downtown Residential Walking Tour.* Téléphoner pour confirmation des circuits et réservation.
• *Emerald Shapery Center :* récemment achevé, ressemble aux orgues de la chaussée des Géants, avec ses immeubles hexagonaux et biseautés.
• *John Burham :* au 610 West Ash Street, voit tout le quartier se refléter dans ses façades.
• *Sunroad Pacific Tower :* sur Ash, Columbia, Beach et State. Aura fort belle allure.
• *Columbia Square :* 1230 Columbia Street. S'avance comme une proue de navire.

- **One Courthouse Plaza :** au coin de C Street et State. Là aussi, architecture particulièrement originale.
- **Great American Plaza :** 600 West Broadway. A peine achevé. Il a coûté la bagatelle de 200 millions de dollars. Tours avec sommets à plusieurs angles biseautés.
- **Koll Center :** 501 et 601 West Broadway. Une des réalisations les plus colossales. Sera achevé en 1993.
- **The Courtyard :** 601 Front Street. Tour impressionnante de 40 étages (avec un toit en dôme probablement terminé en 1993 également).
- **Hyatt Regency :** West Harbor Drive. Tout juste fini.
- **One Harbor Drive :** 100 Harbor Drive. Deux tours à l'audacieuse architecturale. Tout en rondeurs, lignes horizontales, rythmées par des étages en espalier. Toit en U. Abritera le *San Diego Museum of Contemporary Art*.
- **Le Palladion :** 777 Front Street. Ouvert en février 1992, c'est le centre commercial abritant le plus grand nombre de boutiques de grand luxe sous un seul toit au monde (battant le célèbre Rodeo Drive à L.A.). Tout de marbre et granit, avec une façade d'inspiration Arts déco.

Achats

– **Seaport Village :** 849 West Harbor Drive (à la hauteur de J Street). Complexe commercial sur Embarcadero, reflétant ce qu'était cette partie du port il y a un siècle. Architecture et espace vraiment plaisants. Maisons en bois au milieu d'une belle végétation. Boutiques ouvertes de 10 h à 21 h (22 h de juin à août). Renseignements : ☎ 235-4014. Ne pas manquer de rendre visite à **Upstart** (sympathique librairie et *coffee shop*).
– **Horton Plaza Center :** au centre de Downtown, sur Broadway. Le dernier centre commercial récemment ouvert. 140 boutiques, 5 niveaux, architecture d'avant-garde, etc. (voir chapitre « A voir Downtown »).
– **Pannikin :** 675 G Street. ☎ 239-7891. Ouvert de 9 h à 17 h 30. Les samedi et dimanche de 10 h à 17 h. Grande boutique à l'ancienne vendant cafés, thés, tasses, théières et gadgets divers. Plaisant !

Où sortir ? Où boire un verre ? Où écouter de la musique ?

Partie prenante du *revival* de Downtown : l'irruption de super lieux musicaux. Rock et blues déferlent sur le trottoir. Presque possible de choisir à la carte en se baladant. La plupart des boîtes se situent dans le tout récemment rénové Gaslamp. En semaine, quasiment jamais de *cover charge*.

– **Patrick's :** 428 F Street. ☎ 233-3077. En face du Horton Plaza Parking. Bien sombre, bien animé. Tous les soirs, de remarquables petits orchestres de blues, jazz et rock. *Happy hour* tous les jours de 18 h à 19 h 30 (avec *finger munchies* les jeudi et vendredi). Le premier vendredi de chaque mois, grand festival de blues. A notre avis, le meilleur bar, la meilleure atmosphère de Downtown.
– **Bodie's :** 528 F Street, entre 5th et 6th Avenues. ☎ 236-8988. Le grand rival de Patrick's. De grands moments de blues le jeudi. Rockabilly les lundi et mardi. Alternative rock les vendredi et samedi. Clientèle plus marginale et musique assez déglinguée. On aime bien la belle fresque sur le mur.
– **Croce's Top Hat :** 820 5th Avenue. ☎ 233-4355. A côté du restaurant Croce. A l'intérieur, le décor figure une ancienne façade de cinéma. Ouvert jusqu'à 2 h. Atmosphère sympa. Intéressants cocktails. Excellente programmation jazz et R'n'B. Téléphoner pour les horaires.
– **Johnny's MS 801 :** 4th Avenue et F Street. ☎ 233-1131. Le jeudi, soirée *oldies* 50's et 60's.
– **Kansas City Steak House :** 535 5th Avenue. ☎ 557-0525. L'un des discos les plus populaires. C'est un resto faisant dancing les vendredi et samedi soir. Entrée payante.
– **Brewki's :** 310 5th Avenue (coin de K Street). ☎ 231-7700. Ouvert de 11 h à 2 h. Très grande brasserie produisant sa propre bière. Ouverte depuis peu. *Brewski for a buck* de 16 h à 18 h. Possibilité de se restaurer.

224 LA CALIFORNIE

— *B Street California Grill and Jazz Bar :* 425 West B Street. ☎ 236-1707. Réputé, en plus de sa cuisine *southern California,* pour ses excellents concerts de jazz. A partir de 17 h 30 le vendredi, 19 h 30 le samedi et 19 h du dimanche au jeudi. *Happy hour* du lundi au vendredi de 16 h à 19 h (avec hors-d'œuvre gratuits). Clientèle un peu chic.
— *Blarney Stone :* 502 5th Avenue. ☎ 233-8519. Ouvert jusqu'à 2 h. Excellentes sessions d'*irish folk music* (le mardi, *oldies*). En dehors des sessions, animation plutôt molle. Possibilité de se restaurer.

AU NORD DE SAN DIEGO

▶ **LA JOLLA**

Station balnéaire et résidentielle. Devenue également fameuse pour ses luxueuses boutiques et ses galeries d'art. Principalement le long de Prospect Street.

Où dormir ? Où manger ?

■ *B and B Mr. et Mrs Niels Stoermer :* 5446 Candlelight Drive, La Jolla, CA 92037. ☎ (619) 454-5360. Même numéro pour le fax. Propose de belles chambres tout confort avec petit déjeuner américain à 420 F pour deux. Piscine.
● *Alfonso's :* 1251 Prospect La Jolla. ☎ 454-2232. Excellente cuisine mexicaine dans un cadre fort agréable.

A voir

▶ *Jolla Museum of Contemporary Art :* 700 Prospect Avenue. ☎ 454-3541. Fermé le lundi et la deuxième semaine d'août. Intéressantes œuvres d'artistes américains contemporains.

▶ *Children Museum :* assez excentré, situé Villa La Jolla Drive, La Jolla Village Square. Près de la I 5 (sortie nord à Nobel Drive et sortie sud à La Jolla Villa Drive). ☎ 450-0767. Fermé les lundi et mardi. Téléphoner pour les horaires.

▶ *Scripps Aquarium :* 8602 La Jolla Shores Drive. ☎ 534-6933. Situé dans l'institut d'Océanographie dépendant de l'université. Ouvert tous les jours de 9 h 30 à 17 h. Possibilité d'assister à la nourriture des animaux les mercredi et dimanche à 13 h 30. Bon aperçu de la faune marine locale. Se renseigner pour les heures d'ouverture.

A voir aux environs

▶ *Wild Animal Park :* 15500 San Pasqual Valley Road. ☎ 231-0251 et 231-1515. Ouvert tous les jours de mi-juin au Labor Day, de 9 h à 17 h (mais dernier billet vendu à 16 h). A ne pas confondre avec le zoo qui se trouve dans San Diego. A 40 km au nord-est de la ville. Prendre la Freeway 15, puis la route n° 78. Entrée assez chère. Ce gigantesque parc zoologique de 730 ha renferme des animaux évoluant d'une façon assez proche de leur vie à l'état naturel. Des oiseaux vivent en liberté près d'un village africain fidèlement reconstitué. Ne manquez pas les condors. Dressage de faucons et d'éléphants. Circuits de 8 km en monorail. Nombreux shows, dont voici quelques horaires pour que vous puissiez vous organiser : *Bird show* à 11 h et 16 h 30 ; *Rare and Wild America Show* à 13 h et 16 h ; *Elephant Show* à 12 h et 15 h (le week-end seulement). *Tours en monorail* de 9 h 30 à 16 h sur chaque demi-heure. *Nourriture des animaux* à 11 h et 16 h à l'Animal Care Center. Possibilité de voir les bébés animaux au Petting Kraal de 9 h 30 à 10 h 45. Pour les photographes, le *Hawk Talk* à 11 h 30 et 14 h 30. Possibilité de la prendre en photo de très près. *Photo Caravan Tours* enfin : sur réservation, on peut se balader dans un *safari truck* pour saisir les animaux de plus près encore. ☎ (619) 738-5022.

▶ RAMONA

C'est la première ville western située à 57 km à l'est de San Diego, sur la route de Julian. Une longue Main Street bordée d'édifices XIXᵉ et début XXᵉ siècle caractéristiques. Ne nécesite pas un détour, mais c'est sur le chemin !

A voir

▸ **Ramona Pioneer Historical Society Museum et G.B. Woodward :** 645 Main Street. Ouvert du jeudi au dimanche de 13 h à 16 h. ☎ (619) 789-7644. Intéressant musée comprenant chariots, vieilles machines, atelier de maréchal-ferrant, collections d'outils anciens, vêtements de femmes des *good old days,* mobilier, documents rares, etc .

▶ JULIAN

L'excursion favorite des San-Diegans. Ancienne petite ville minière de l'Ouest. Bien sûr très touristique (et le logement sur place est cher !). Pas désagréable pourtant. Si vous passez par là, ne manquez pas de goûter la tarte aux pommes, la spécialité locale. En particulier, celle de chez **Mom's,** (2119 Main Street) qui fait aussi snack.
Visiter aussi le **Julian Pioneer Museum,** intéressant petit musée régional.

▶ LE DÉSERT D'ANZO BORREGO

A 2 h de voiture de San Diego, un vrai et beau désert. Pas très connu (faut dire qu'il y en a aussi beaucoup dans l'Ouest), mais c'est l'un des plus grands des États-Unis. Pour s'y rendre : la Highway 8, puis la 67 et la 78 jusqu'à Santa Isabel. De là, la 79, puis les S 2 et S 22 jusqu'à Borrego Springs. Variante : la Highway 15 North, puis la 78, etc. En mars, avril, extraordinaire floraison. On y trouve aussi douze variétés de cactus, des palmeraies et de nombreux animaux : 200 espèces d'oiseaux (dont le célèbre bip-bip, *le roadrunner,* et des aigles royaux), des daims, pumas, mouflons, renards, ratons laveurs, iguanes, etc.
– **Visitors' Center :** Borrego Springs. Ouvert du 1ᵉʳ octobre au 31 mai de 9 h à 17 h tous les jours. En été, ouvert les week-ends et jours fériés de 10 h à 15 h. Superbe expo sur la vie du désert et riche documentation. Bien sûr, très compétent sur toutes les possibilités de balades et d'excursions.
– **Borrego Springs Chamber of Commerce :** 622 Palm Canyon Drive. ☎ (619) 767-5555. Écrire pour avoir la doc sur la région. Une demi-douzaine de motels (dont certains à prix abordables).

▸ **Les balades les plus populaires :** le Borrego Palm Canyon, le Glorieta Canyon (en avril surtout), Font's Point pour le lever ou le coucher de soleil, les Borrego Badlands, etc. Tout cela dans des limites très raisonnables autour du Visitors' Center.

▸ **JOSHUA TREE NATIONAL PARK :** toujours pour les *deserts addicts,* un beau désert de cactus. Situé à une centaine de km au sud-est de San Bernardino, entre San Diego et Los Angeles. Pour y séjourner, au moins deux campings et quelques motels. Entre autres, le **Safari Motel,** tenu par des Français. Situé Palmes highway, Joshua Tree. ☎ (619) 366-3111.

AU SUD DE SAN DIEGO

▶ TIJUANA

Pour se rendre à Tijuna, il faut se procurer un visa, assez cher, valable 3 mois, au consulat du Mexique à San Diego : 6th Street et A Street. Ouvert du lundi au vendredi de 8 h à 14 h. En fait, on peut entrer au Mexique à pied sans montrer patte blanche, comme dans un moulin. La carte touristique, elle, n'existe que pour les ressortissants américains.
Attention, les voitures de location n'ont pas le droit de franchir la frontière, sauf autorisation spéciale. Immenses parkings à la frontière, côté États-Unis. De toute façon, vous devrez prendre une assurance spéciale à la douane. En fait, le plus simple est de prendre le trolley sur C Street (dans le centre de San Diego) qui, pour 1.25 $, vous conduit à Tijuana.

Cette ville frontière se trouve à 25 km de San Diego. Ne vous faites pas d'illusion, ce n'est pas terrible : les bâtiments sont bas et construits à la va-vite, comme beaucoup de ces villes qui se sont développées trop rapidement. Le samedi soir, les Californiens passent la frontière pour entrer dans les « bars » et y faire la fête, dans une ambiance indescriptible. Inutile de changer votre argent en pesos. A Tijuana, tout se paie en dollars. Si vous dites que vous êtes français et si vous parlez espagnol, vous pouvez y faire de bonnes affaires.
Ce petit tour au Mexique est intéressant pour y faire quelques emplettes (fringues, bijoux, alcool... mais une seule bouteille de tequila autorisée !). Sur la route d'Ensenada (à 2 km de la frontière), un immense marché d'artisanat.
Attention, on vous déconseille de boire des boissons alcoolisées dans la rue, même dans un sachet de papier, et surtout si on a une bouille de gringo. On a vite fait de se retrouver en taule pour une malheureuse mousse. Si cette aventure vous arrivait, précisez rapidement que vous êtes français.
En tout cas, Tijuana est très intéressante pour comprendre le problème des rapports Mexique - États-Unis : un mois de travail au Mexique équivaut à une semaine de boulot à Tijuana qui équivaut à un jour de travail à San Diego...

LE MIDDLE WEST (SUD)

LAS VEGAS   IND. TÉL. : 702

A 380 km au nord-est de Los Angeles et 680 km au sud-est de San Francisco. Qu'on y aille pour s'amuser ou pour bronzer, pour s'y marier ou pour divorcer — ou les deux à la fois —, pour y jouer son fric et repartir les poches vides ou pleines (vides le plus souvent), c'est la nuit qu'il faut arriver à Las Vegas ou au coucher du soleil, pour voir s'allumer les milliers de néons clignotant sur le fameux Strip (unique boulevard de la ville). Et puis aussi parce que, pendant la journée, la chaleur est intenable.

Un peu d'histoire

C'est à la construction du chemin de fer, en 1905, que Las Vegas doit d'exister. Située en plein désert, la vallée de Las Vegas avait d'abord été, en 1840, un lieu de campement pour les caravanes qui empruntaient la vieille piste espagnole de Santa Fe à la Californie.
Le divorce ou le mariage, selon la Constitution des différents États, généralement d'inspiration puritaine ou catholique, était chose difficile. Il fallait de longs délais et de sérieux motifs. Le Nevada se montra libéral dans ce domaine. On devait pouvoir marier les cow-boys et pionniers, qui n'étaient que de passage, le plus rapidement possible. Pour le divorce, en fait de délai, les autorités locales ne demandaient que la qualité de résident de l'État, qui s'acquérait au bout de six semaines. L'aspirant au divorce n'avait donc qu'à prendre quarante-deux jours de vacances dans un hôtel de Las Vegas pour l'obtenir. Quant au motif, le Nevada se chargea également de le fournir ; on y inventa la notion de « cruauté mentale ».

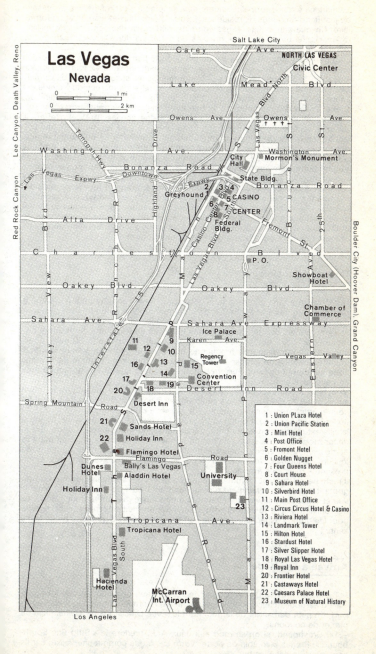

Le mariage est une formalité encore plus simple : il n'est même pas nécessaire de justifier d'un temps de résidence. Il suffit d'être deux et de remplir un formulaire. Chaque année, Las Vegas voit ainsi débarquer des centaines de milliers d'Américains ou de touristes pressés de nouer les doux liens du mariage, ou anxieux de les rompre.
L'attitude des autorités vis-à-vis du jeu découle sans doute de la libéralisation du divorce. Il faut bien occuper les « clients » pendant leurs 42 jours de loisirs. Aussi, en 1931, tous les jeux ont été autorisés, sans aucune espèce de formalités. Plus que le chemin de fer ou la roulette, l'image de marque du Nevada est l'appareil à sous *(slot-machine)*. Celui-ci est né à l'époque de la prohibition. C'était en fait des distributeurs de bonbons, quelque peu transformés.
Mais le véritable essor de Las Vegas date des années 1945. En effet, la Sécurité sociale n'existant pas aux États-Unis, ce sont les syndicats qui collectent les fonds pour leurs propres caisses de retraite. Le puissant syndicat des camionneurs (les *teamsters*) disposait de liquidités énormes qu'il décida de placer. Ses liens avec la Mafia l'incitèrent à investir dans les casinos de Las Vegas. Outre leurs énormes profits, ces entreprises ont un très gros avantage : la quasi-totalité de l'argent amassé est en liquide. Le premier casino « géant » construit à Las Vegas fut le *Flamingo*. Il existe toujours et fut même considérablement promotionné par le film *Bugsy* (avec Warren Beatty), qui raconte la création du casino, puis de la ville, par un mafioso mégalo... Au niveau statistique, quelques chiffres : chaque année, plus de 50 personnes gagnent plus de 200 000 $. Quasiment 50 % des profits de Hilton sur les États-Unis sont réalisés par ses deux seuls hôtels-casinos de Las Vegas !

Un peu de sociologie

Las Vegas est sans conteste, plus encore que New York City ou L.A., la ville la plus démente des États-Unis. Certains affirment même qu'on ne peut pas avoir compris le pays si on n'a jamais mis les pieds ici... Car Las Vegas réunit à elle seule toutes les contradictions, toutes les folies américaines : démesure architecturale au cœur des grands espaces, débauche électrique (à 50 miles de là, une centrale atomique ne fonctionne que pour alimenter la ville !), bouffe à volonté, frénésie de gagner ou de dépenser, règne sans partage de la mafia alliée au *show business,* mariages éclairs... avouez que ça fait beaucoup pour un pays aussi puritain !
Ville factice par excellence, royaume du kitsch et de la mégalomanie, c'est aussi, selon André Bercoff, « la seule ville au monde fonctionnant 24 h sur 24 à coup d'amphétamines et de néons, de musique et de hasard ».
Malgré (ou grâce à) tout cela, Las Vegas est à voir une fois dans sa vie. Même si la ville est rapidement écœurante pour la sensibilité européenne. Car derrière le décor merveilleux, le spectacle est parfois terrible : cortèges de vieux paumés et de jeunes défoncés, mélange de fauchés et de friqués, alignements de joueurs hallucinés, tout ça sur fond « musical » assourdissant des omniprésentes machines à sous...
Il reste heureusement l'atmosphère unique de la ville, ses féeriques avenues clignotantes, son *entertainment* typiquement américain qui vous en met plein la vue et un coût de la vie étonnamment moins élevé que prévu pour qui sait se débrouiller... Alors un conseil : organisez-vous une nuit délirante et repartez vite pour les grands espaces avant que l'effet pervers de la déchéance ne se fasse sentir !

Arrivée à Las Vegas

– Quand on arrive à Las Vegas par un vol intérieur, on ne paie pas la taxe spéciale d'aéroport (chère). De plus, au bureau d'information touristique de l'aéroport, on peut demander de la doc, dont la revue *Official Visitor Guide*. Plein de pub et de coupons.
– Du Greyhound, si on se rend aux deux A.J., prendre le « Strip Bus Southbound ». Prenez bien soin de porter votre sac à dos comme une valise, car ils sont interdits dans les bus.

Adresses utiles

– **Visitors' Center :** Convention Center, 3150 Paradise Road. ☎ 892-0711. Ouvert tous les jours (y compris le week-end) de 8 h à 17 h.
– **Greyhound :** dans Downtown, 200 Main Street. ☎ 382-2640.
– **Location de voitures :** *Dollar-Rent-a-Car.* ☎ 739-8408. Bureaux à l'aéroport. Beaucoup d'annonces de journaux proposent des locations intéressantes.
– **Bureau de change :** ouvert pratiquement tout le temps, au 3025 S Las Vegas Boulevard. Utile si l'on veut se marier ou se refaire au casino en pleine nuit.
– Une excellente **radio locale** sur 105.5, pour écouter tous les classiques du rock en remontant le Strip !

Où dormir ?

Encore une particularité de Las Vegas : les hôtels ne ressemblent pas à des hôtels ! En fait, chaque hôtel fait en même temps casino, à moins que ce ne soient les casinos qui fassent hôtels. Inconvénients : ce n'est pas toujours de tout repos (chambres au-dessus des salles de jeu) et la réception est perdue au milieu des machines à sous (!), sans doute pour inciter les clients à dépenser quelques dollars avant même d'avoir posé leurs valises ! Avantages : les prix des chambres sont faibles pour le pays, histoire de vous attirer, justement, dans les casinos.
IMPORTANT : évitez de dormir à Las Vegas les vendredi et samedi soir. En effet, les Américains y affluent en grand nombre pour le week-end. Les hôtels et les motels n'hésitent pas à augmenter leurs tarifs, parfois à les doubler !
Si vous arrivez en bus ou en voiture, arrêtez-vous dans un resto ou un fast food pour prendre des bons de réduction valables dans les hôtels ou motels. On peut souvent obtenir des nuits à prix très intéressants, avec tout le confort souhaité (uniquement en semaine, bien sûr).

DANS DOWNTOWN (quartier de la gare)

Bon marché

Les casinos les moins luxueux attirent une clientèle assez populaire. Les hôtels dépendant de ces casinos sont plutôt bon marché. En été, réservez.

■ *Gold Spike Casino :* 400 E Ogden (et Litle Street). ☎ 384-8444. N° gratuit : (1-800) 634-6703. A deux blocs à peine de l'animation. Hôtel sans charme mais moderne et propre. L'un des moins chers de la ville. *Breakfast* gratuit. Toutes les chambres disposent de téléphone, T.V., A.C. et salle de bains. Très intéressant : mêmes prix toute l'année. Les suites ne coûtent guère plus cher. Ne prend pas de réservations pour le samedi.
■ *Western Casino :* 899 E Fremont Street à la hauteur de 9th Street. ☎ 384-4620. Numéro gratuit : (1-800) 634-6703. Aussi peu cher que le précédent mais un peu excentré. Les chambres ont le téléphone, T.V., A.C. et salle de bains. Clientèle populaire. Dans la salle de jeu, ambiance « Ouest profond ». On y côtoie *policemen*, camionneurs, clochards et ménagères.
■ *Budget Inn :* 301 South Main Street. ☎ 385-5560. Un des rares hôtels qui ne soient pas aussi casino. Refait récemment. Bon accueil, très pro. Chambres mignonnes et propres, avec douche, w.-c., TV et téléphone, mais un peu plus chères que celles des adresses précédentes.

Prix moyens à plus chic

■ *Lady Luck :* à l'angle de Ogden et Fremont, au cœur de Downtown. ☎ 477-3000. Numéro gratuit : (1-800) 523-9582 (taper les lettres LADY LUCK sur l'écran à touches !). Voilà un casino à taille humaine. Accueil souriant. Un bon rapport qualité-prix : on dort dans un Novotel pour le prix d'un hôtel de sous-préfecture. Les prix augmentent le vendredi et le samedi, mais le dimanche le tarif est presque bon marché. Des lecteurs se sont néanmoins plaint du manque de confort de certaines chambres.

- **Queen of Hearts :** 19 E Lewis, à hauteur de Main Street. ☎ 382-8878. Numéro gratuit : (1-800) 835-6005. A 2 blocs du terminal Greyhound. Le quartier n'est pas terrible mais l'hôtel (qui fait mini-casino depuis peu) est construit en carré autour d'une petite piscine. Chambres confortables et propres, à un prix très correct en semaine. Accueil moyen.
- **Four Queens :** 200 E Fremont Street. ☎ 634-6045. En plein centre, dans la rue la plus animée de Las Vegas. Casino assez luxueux proposant des chambres confortables à un prix attractif en semaine.

Très chic

- **Golden Nugget :** 129 E Fremont. ☎ 386-8121. Pour réserver : n° gratuit, (1-800) 634-3454. Au cœur de Downtown, un hôtel-casino de luxe assez étonnant. C'est le seul qui refuse la vulgarité et les matériaux « cheap ». Par exemple, il n'y a pas un mètre de néon dans l'établissement ; les marbres et les tissus les plus chers furent utilisés dans la décoration. Pour une description plus détaillée, se reporter au chapitre « Les casinos de Downtown ». Superbe hall d'entrée, d'un très grand raffinement dans le luxe. Surtout, le *Golden Nugget* offre (sauf le week-end, c'est plus cher), de fort belles chambres à partir d'une soixantaine de dollars. L'occasion de se payer un palace pour (presque) rien ! En outre, l'hôtel abrite trois excellents restaurants aux promotions alléchantes, et propose ce qui est probablement le plus bel établissement de bains et de détente de la ville. L'entrée à ce *spa*, incluant une merveilleuse piscine à remous, ne coûte que 15 $.

SUR LE STRIP (LAS VEGAS BOULEVARD) et à proximité

Bon marché

- **Las Vegas Independent Hostel :** 1208 Las Vegas Boulevard South. A la hauteur de Charleston Boulevard. ☎ 385-9955. En fait, un petit motel transformé en A.J. Les non-membres sont acceptés mais paient un peu plus cher. Au choix, dortoirs ou chambres doubles. Possibilité de faire sa cuisine. Les bureaux de l'A.J. sont ouverts de 7 h à 23 h (du 1er avril au 31 octobre). En basse saison, de 8 h à 11 h et de 15 h à 23 h. Atmosphère assez *fellow traveller*. Pas de couvre-feu. On vous donne une clé pour rentrer quand vous voulez. *Breakfast* gratuit. Machines à laver. Téléphone *long distance*. Une bien bonne adresse, la moins chère de Las Vegas avec l'autre A.J. Propose des excursions sympa.
- **Las Vegas International Hostel (Hostelling International) :** 1236 Las Vegas Boulevard South. ☎ 382-8119. L'A.J. officielle, juste à côté de l'adresse précédente. Réception de 7 h à 10 h et de 16 h à 23 h. A 2 km du terminal de bus. Pas trop loin à pied des casinos du Strip. Ensemble de petits bungalows encadrant une pelouse fleurie. Environnement agréable donc (grandes tables dehors). Excellent accueil. Chambres de quatre à six lits avec douche et A.C. Pas de couvre-feu (chacun sa clé). Possibilité de réserver depuis l'A.J. de Grand Canyon ou en payant une nuit d'avance par mandat. Blanchisserie, cuisine, consigne. Pas de *breakfast* mais café gratuit. Quelques chambres avec salle de bains et T.V. Organise pas mal de choses.

Prix moyens

- **Monie Marie Motel :** 3767 Las Vegas Boulevard. ☎ 739-6565 ou 66. M. et Mme Somphone sont de sympathiques Laotiens établis ici depuis une dizaine d'années. Bien entendu, ils parlent le français et évoquent notre pays avec nostalgie. Chambres avec A.C. et T.V., pas chères du tout pour un motel (en semaine). Piscine. Une bonne formule collective : pour six personnes, 2 chambres à 2 grands lits avec salle de bains et air conditionné.
- **Desert Rose Motel :** 3774 Las Vegas Boulevard South. ☎ 739-6739. Motel classique, à l'accueil moyen mais bon marché. Bien tenu. Piscine.
- **Motel 6 :** 195 E Tropicana Avenue. ☎ 798-0728. A proximité du Strip. Près de l'aéroport. S'y rendre tôt le matin, car souvent complet en été. Et pourtant, près de 600 chambres ! Piscine et *jacuzzi*. Bon marché et réputation méritée.
- **Airport Inn :** 5100 Paradise Road. ☎ 798-2777. Face à l'aéroport et près de Tropicana Avenue. Chambres avec T.V. et salle de bains. Certaines avec kitchenette. Deux piscines et laverie automatique. Propre et accueillant, mais très excentré (impossible de faire quoi que ce soit à pied). On peut réserver gratuitement : ☎ (1-800) 634-6439.

Très chic

■ **Excalibur :** Las Vegas Boulevard (The Strip), à l'angle de Tropicana Avenue. ☎ 597-7777. Numéro gratuit : (1-800) 937-7777. Impossible à rater : de loin, on jurerait un mini-Disneyland ! Cet incroyable château médiéval reconstitué est l'hôtel-casino le plus en vue depuis quelques années. Il a réussi à voler la vedette aux deux autres « monstres » du Strip, le Caesar's Palace et le Mirage. Voir description détaillée au chapitre « Les casinos »... Ce qui nous intéresse ici, ce sont les promotions offertes sur les chambres hors saison. Il n'est pas rare de trouver des nuits à partir de 45 $ (environ)... Bien sûr, tout le confort et les services d'un grand hôtel, ambiance moyenâgeuse en prime ! Ah, on oubliait : c'est, selon le *Guinness Book*, le plus grand hôtel du monde, avec 4 032 chambres !

■ Nous ne vous conseillons plus de dormir au **Caesar's Palace :** même si le décor est toujours aussi délirant, le luxe époustouflant et les spectacles étonnants, la partie hôtel a considérablement baissé en qualité (du moins pour les chambres réservées aux touristes), l'accueil est déplorable et les promotions rares.

Les campings

■ Camping KOA : 4315 Boulder Highway, à la hauteur de Desert Inn Road (à l'est de la ville). ☎ 451-5527. Le seul de la ville à accepter les tentes (une dizaine d'emplacements). Problèmes : sol très dur et pas d'ombre (ça aussi c'est dur !). Avantages : piscine, jacuzzi, douches et laverie. Quelques navettes gratuites pour le Strip.

■ Aux environs : **2 campings** à Boulder City (à 30 km au sud-est de Las Vegas, au bord du Colorado) et plusieurs terrains autour du magnifique Lake Mead, entre Las Vegas et Grand Canyon. Liste disponible à l'office du tourisme de Las Vegas.

Où manger ?

Les routards seront ravis d'apprendre que Las Vegas est sans doute la ville des États-Unis où les prix des repas sont les plus avantageux ! Comme pour les chambres, les casinos se battent à coups de discount afin d'appâter les gogos dans les salles de jeu... Résultat : il n'est pas rare de se retrouver devant un buffet à volonté pour 3 $, de se taper un dîner royal à 2 $ ou même de s'offrir un *champagne brunch* (la spécialité de Las Vegas) pour 5 $! Ne vous étonnez donc pas si nous ne vous indiquons que des adresses de casinos dans cette rubrique...
Ceux qui ne supportent plus le bruit des machines à sous se rabattront sur les *fast-foods* classiques, qui, guerre commerciale oblige, font également d'intéressantes réductions ! N'oubliez pas de ramasser partout où vous en trouverez (hôtels, journaux) les *fun coupons* qui proposent toutes sortes de promotions dans les casinos... (voir plus loin). Les adresses qui suivent sont celles des casinos proposant le plus souvent des tarifs bon marché dans certains de leurs restos. Mais vous en trouverez bien d'autres, annoncés à certaines dates dans les journaux locaux ou sur les panneaux géants du Strip.

● **Golden Nugget :** 129 E Fremont Street. ☎ 385-7111. *Breakfast* de 7 h à 10 h 30. *Lunch* de 10 h 30 à 15 h. *Dinner* de 16 h à 23 h (dimanche, 22 h) puis *Dinner-steak* (à un prix imbattable) de 23 h à 5 h. Demi-tarif pour enfants de 4 à 10 ans (sauf vacances). *Champagne brunch* le dimanche de 8 h à 22 h. En arrivant dans la salle de jeu principale, chercher les panneaux **The Buffet**. C'est le resto le moins cher de l'hôtel, aux promotions étonnantes. Considéré comme le meilleur buffet de Las Vegas. Il faut voir les queues se former rapidement. Mets raffinés. En plus de ce buffet, il offre trois superbes restaurants : le **Stefano's** (peut-être le décor le plus sophistiqué), servant une délicieuse cuisine du nord de l'Italie ; **Lillie Langtry's**, son décor fin de siècle et sa très fine cuisine cantonaise. Enfin, le dîner de rêve, chez **Elaine's**, dans un cadre d'une grande élégance (cuisine continentale assez élaborée).

● **Circus Circus :** 2880 Las Vegas Boulevard (the Strip). ☎ 734-0410. Ouvert de 6 h à 23 h. Les *breakfasts* les moins chers. *Dinner* de 16 h 30 à 23 h, à peine plus cher. Le vendredi, repas de fruits de mer au même prix. Au fond de la salle de jeu, un buffet absolument gigantesque (on n'a jamais vu plus impres-

sionnant !). Au moins 10 000 clients par jour ! On paie une somme modique à l'entrée et on se sert autant qu'on veut. Cela dit, un certain nombre de lecteurs n'apprécieront pas le côté « usine à bouffe ». C'est aussi chaleureux qu'un hall de gare. Accepte les enfants.
- *Harrah's :* Las Vegas Boulevard (the Strip). En face du *Caesar's Palace.* ☎ 369-5000. *Breakfast* célèbre pour son buffet gigantesque avec quelques plats de la Louisiane de 7 h à 11 h.
- *El Rancho :* sur le Strip, entre Sahara Avenue et Desert Inn Road. ☎ 796-2222. La déco extérieure est carrément une reconstitution de ville de western ! L'un des *breakfasts* les moins chers de la ville. Plein de promos sur les *dinners* également.
- *Excalibur :* voir adresse dans « Où dormir ? ». Très intéressant *roundtable buffet,* au 1er étage. *Breakfast* bon marché, de 7 h à 11 h ; *lunch* pour 1 $ de plus, de 11 h à 16 h, puis *dinner* de 16 h à 22 h, pour encore 1 $ de plus ! Prévoir de faire la queue, il y a toujours un monde fou.
- D'autres casinos aux tarifs alléchants, en vrac : **Aladdin, Continental** (pour son *florentine buffet*), **Dunes** (pour son *champagne brunch*), **Imperial Palace** (buffet empereur), **Silver City** (buffet « Olé ! » bon marché), etc.

Plus chic

- *Casino Tropicana :* 3801 Las Vegas Boulevard South. ☎ 739-2222. Le *champagne brunch* est très cher mais les *caribbean nights* servies dans le resto **Island Buffet** valent vraiment le coup. Les vendredi et samedi, de 16 h à 22 h. Excellente cuisine des îles et fruits tropicaux à profusion, dans un décor chaleureux, pour un prix très raisonnable. Le week-end également, *brunch* pour environ 6 $. Le casino vaut le coup d'œil : luxe étonnant, très colonial, et beau plafond Arts déco dans la salle de jeu.
- *Pekin Market :* au 1er étage du Hilton Flamingo, sur le Strip, face au Caesar's Palace. ☎ 733-3111. Ouvert de 17 h 30 à 23 h. Élégante décoration asiatique, censée représenter un marché pékinois. Serveurs chinois attentionnés. Carte alléchante : canard fumé, crevettes sauce piquante, délicieux *spare ribs,* etc. Cuisine exquise, sans doute la meilleure de Las Vegas. Ça change des plats américains. On y trouve même du beaujolais, pas très cher. Une adresse parfaite pour les amoureux (clientèle calme, intimité des tables), pas vraiment bon marché pour la ville mais très raisonnable par rapport à l'équivalent en France.

Où boire un verre ?

– *Landmark Grand Hotel :* Paradise Road, à l'angle de Convention Drive. N'hésitez pas à monter au 31e étage de cette gigantesque tour ressemblant à celle d'un aéroport. Vue fabuleuse sur Las Vegas la nuit. Bar idéal pour prendre un verre lors du coucher de soleil.

Comment boire gratuitement ?

Dans n'importe quel casino. Il suffit de s'asseoir en face du *Keno* (loterie toutes les cinq minutes) ou des machines à sous, des tables de *craps* ou de roulette, bref un peu partout. En faisant semblant de jouer, vous attendez qu'une charmante hôtesse passe et vous commandez un verre. Voilà comment boire des *screwdrivers, bloody Mary* et autres rafraîchissements gratuitement et à volonté. N'oubliez pas le pourboire tout de même... ou alors évitez de vous présenter 2 fois à la même hôtesse car elles ont très bonne mémoire !

Les casinos

Ne dormez pas, car Las Vegas est extraordinaire la nuit. Déposez vos bagages à votre hôtel ou à la consigne du Greyhound situé sur Main Street. Puis allez de casino en casino au gré de vos désirs (un sport bien américain qui a même un nom : *casino hopping*).
Théoriquement interdits aux moins de 21 ans. *Attention,* les appareils-photo sont en général mal vus. Très souvent, les casinos contiennent à la fois une

salle de jeu et une salle de spectacle. L'entrée à la première est évidemment gratuite.
En principe on exige, dans les casinos et dans les shows, une « tenue correcte » mais, en fait, tout le monde s'en moque, surtout le personnel des casinos. « Don't kill the goose that lays the golden eggs », disent les Américains. Il faut donc vraiment être sale pour se faire vider d'un casino.
Pour la petite histoire, sachez que les casinos ont l'habitude d'offrir un billet d'avion à leurs clients ruinés pour rentrer chez eux. La généralisation des cartes de crédit facilite désormais le travail à ceux qui désirent se ruiner complètement (l'engueulade à la maison...).
En fait, il y a deux quartiers bien distincts à Las Vegas : le Strip et Downtown.

Le Strip

Nom donné au Las Vegas Boulevard. On y trouve les casinos les plus luxueux. Des réalisations absolument démentes s'alignent sur plusieurs kilomètres. Quand vont-ils s'arrêter dans la démesure ? Jamais, car ici il y a la place, le fric et l'imagination.
Toutes les 15 mn, de 7 h à minuit, un bus parcourt le Strip jusqu'à Downtown.
- **Caesar's Palace :** 3570 Las Vegas Boulevard S. ☎ 731-7110. Au coin de Flamingo Road. Pour sa façade illuminée, l'une des plus belles du genre. C'est l'hôtel-casino le plus dingue de la planète, rêve d'un mafioso à prétentions intellectuelles. Ici, on ne recule devant rien : les serveuses sont vêtues de toges romaines (ultracourtes bien sûr), le bar *Cleopatra's Barge* est une réplique des bateaux du Nil à l'époque de l'Égypte ancienne, l'immense piscine des jardins intérieurs est digne des Olympiades, une boule géante abrite un cinéma hi-tec, la salle de spectacles attire les championnats du monde de boxe et des *shows* de moto sont donnés dans le stade de l'hôtel !
Une anecdote : en 1987, un jeune de 19 ans gagna au Caesar's un million de dollars sur une *slot-machine*. Le casino refusa de payer, car il n'avait pas l'âge requis. Ses parents firent un procès (qu'ils perdirent).
- **The Mirage :** à côté du Caesar's. ☎ 791-7111. L'autre folie du proprio du *Golden Nugget*. Au soleil, on dirait un immense lingot d'or aux formes affinées. 28 étages. Plus de 3 000 chambres. *Lobby* couvert d'un atrium et conçu comme une serre tropicale. 2 200 machines à sous ont été installées.
Les jardins ont été conçus comme un gigantesque lagon des mers du Sud, avec lacs, grottes, cascades, enfouis au sein de... 1 000 palmiers. Ils furent plantés pendant un an sur un terrain à côté du chantier, pour qu'ils s'acclimatent bien. Enfin, au-dessus des *waterfalls* donnant sur l'avenue, on peut assister chaque soir à des éruptions volcaniques avec fumées et flammes immenses crachées par le cratère (sacrée Amérique !). Ne pas venir après 1 h du matin, vous manqueriez le spectacle. Toutes les 15 mn dès la tombée de la nuit ; fantastique ! Pour conclure, un investissement de plus de 500 millions de dollars. De nombreuses personnes avaient déjà réservé depuis des mois pour avoir le privilège d'y dormir la première nuit !
- **Excalibur :** voir adresse dans « Où dormir ? ». Extraordinaire château médiéval multicolore avec des tours aux formes invraisemblables. Les architectes étudièrent 20 châteaux écossais et anglais et y puisèrent leur inspiration. Les « murailles » abritent quelque 4 000 chambres. Le personnel se balade en costume d'époque et des chevaliers en armure s'affrontent dans les couloirs. Cette petite folie médiévale n'a coûté que 300 millions de dollars. Une misère. Curieusement, c'est le seul casino où les parents osent emmener leurs enfants (sans avoir l'impression de les pervertir !). Au 1er étage, galerie commerciale décorée de dragons, marionnettes, etc. C'est l'endroit favori de la *middle class* américaine.
- **Circus-Circus :** 2880 Las Vegas Boulevard S. ☎ 734-0410. Situé entre Desert Inn Road et Sahara Avenue. En forme de chapiteau de cirque ! Vous pourrez voir des trapézistes et des clowns évoluer au-dessus des machines à sous et des tables de jeu. C'est, selon les promoteurs, le plus grand cirque « permanent » du monde. Voyez aussi l'aire de jeux charmante réservée aux enfants pendant que vous dépenserez vos millions en bas.
- Autres originalités : le **casino Harrah's** (face au *Caesar's*), en forme de bateau à vapeur (!) ; le **casino El Rancho** (pas très loin) et ses façades en forme de maisons de *cow-boys ;* le **Rio**, premier hôtel ne comportant que des suites et au design superbe (murs bleu et rouge, entièrement éclairés de l'intérieur) ; le **Tropicana** pour ses (fausses) statues de l'île de Pâques, etc.

— C'est au dernier étage du *Desert Inn* que le milliardaire Howard Hughes (propriétaire d'une partie de la ville !) passa les dernières années de sa vie, sans être vu de personne.

Downtown

On y trouve les casinos les plus populaires. Les mises sont bien moins importantes. Clientèle peu fortunée ou ruinée... par les casinos du Strip.
Le centre-ville cache néanmoins l'un des plus beaux casinos de la ville (le *Golden Nugget*) mais, surtout, le quartier est de dimension bien plus humaine que le Strip, aux casinos disséminés sur une distance épuisante pour les piétons. La vraie grande claque de Las Vegas, c'est de remonter *Fremont Street by night* : un déluge de couleurs, un ruissellement de néons inimaginable ! On se croirait, au choix : dans un rêve mégalo, ou carrément dans un dessin animé psychédélique...

— **Golden Nugget :** 129 E Fremont Street. ☎ 385-7111. Bien que situé Downtown, considéré comme le meilleur casino de la ville (avec le *Caesar's*). Il détient le record du monde pour le nombre de machines à sous. Réputé pour avoir le plus grand sens de la clientèle de tout Las Vegas. La décoration et la finition de l'édifice se révèlent quasiment parfaites. Les marbres viennent d'Italie. TOUS les tapis des couloirs sont tissés main (à 600 $ le m^2 !). Le changement quotidien des fleurs coûte 6 000 F. La moindre empreinte de doigt sur les cuivres et les glaces est essuyée immédiatement. Autour de la piscine, une machinerie produit une légère brume pour donner une impression de fraîcheur. Ne pas manquer de s'offrir, pour seulement 15 $, la belle piscine à remous (toutes les autres possibilités et gadgets) dans l'élégant et luxueux *spa* de la maison.
Au rez-de-chaussée, on peut admirer, dans une vitrine, l'une des plus grosses pépites du monde (la *golden nugget*, justement). Elle pèse près de 30 kg. Noter la superbe chaîne de montre. Pour finir, une anecdote : il y a quelque temps, un camionneur, qui vivait dans un motel pouilleux de Downtown, gagna trois millions de dollars. Le patron du *Golden Nugget* fit établir le chèque de suite et lui offrit de dormir dans l'un des plus beaux appartements. Il lui demanda s'il désirait autre chose. L'heureux gagnant répondit : « Yerrr ! I'wanna burger and a beer ! »
— **Four Queens Casino :** 202 E Fremont Street. ☎ 385-4011. Ici, on joue sur des tapis rouges. Salle aux lustres énormes et clinquants. Intéressant surtout pour son *Believe it or not Museum*. Entrée payante mais qui le mérite bien. Son fondateur, Ripley, était un grand voyageur entre les deux guerres. Il a réuni un tas d'objets bizarres, de pièces incroyables vraiment surprenantes. On termine par un petit cimetière désopilant pour ceux qui comprennent l'anglais (ouvert de 9 h à minuit, samedi et dimanche jusqu'à 1 h).
— **Binion's Horseshoe Club :** 111 S Main Street. ☎ 382-1600. Vous pourrez vous faire photographier (gratuitement) devant un million de dollars !
— Il y a des hôtels où l'on joue uniquement avec des *nickels* et des *cents*. C'est l'occasion pour les pauvres et les laissés-pour-compte de jouer quand même, comme les grands. Belle galerie de portraits pittoresques, ça va de soi ! Au *Western Hotel* (899 E Fremont), en mars 1986, un type a gagné 95 172 $ avec... 1 cent ! Régulièrement, d'ailleurs, des gens se font quelques centaines, quelques milliers de dollars en misant 1 cent ou deux ! C'est tout de même rare.
— **Union Plaza :** la gare est dans l'hôtel, carrément. Ça permet de la rentabiliser, car ce n'est pas les quelques trains qui passent par jour qui rapportent de l'argent !

Comment jouer ?

Que ceux qui n'ont jamais mis les pieds dans un casino ne paniquent pas : à Las Vegas, le jeu le plus populaire est la machine à sous *(slot machine)*, surnommée à juste titre « bandit manchot » *(one arm bandit)*. C'est d'une simplicité déconcertante : on glisse sa pièce puis on tire sur la poignée. Les machines ont même désormais un bouton, histoire de ne pas donner de courbatures à force de tirer sur la manche ! Un conseil : contentez-vous surtout de celles à 25 c, car celles à 1 $ vous ruinent à toute vitesse. On en trouve aussi (plus rares) à 10, 5, voire 1 cent !
Il arrive souvent (les machines seraient-elles truquées ? on n'en sait rien) qu'on gagne une poignée de pièces à peine arrivé dans un casino. Ce qui vous incite à

tout rejouer immédiatement. Méfiez-vous : après avoir gagné plusieurs fois des petites sommes (aussitôt réinvesties et reperdues), on croit avoir tout de même de la chance... Et on ressort un billet pour demander de la monnaie. Voilà comment on se retrouve dépouillé, et pourquoi les casinos roulent sur l'or. Tout l'art du jeu consiste à savoir s'arrêter. Soit après n'avoir perdu qu'une somme fixée à l'avance (et sacrifiée volontairement pour le plaisir). Soit, si on est chanceux, immédiatement après avoir gagné en un seul coup un paquet de pièces.
Les autres jeux proposés dans les casinos attirent plutôt les spécialistes et demandent un investissement plus important. On trouve de tout : roulette, *craps, black jack...* et même loto sportif, avec murs entiers d'écrans T.V. retransmettant des matches !
– Au *Las Vegas Hilton,* sur Paradise Road (à l'angle de Convention Drive), on vous apprend gratuitement à jouer (mais pas à gagner).
– Au *Golden Nugget,* leçons gratuites de *craps,* trois fois par jour, du lundi au vendredi.
– Au *Caesar's Palace,* dont les salles de jeu sont immenses, leçons de *craps* (appelé communément « passe anglaise ») gratuites de 11 h à 15 h 30 (du lundi au vendredi). Celles de *black jack* sont à 10 h.
Voir la *slot-machine* géante avec un levier de 1 m (et qui fonctionne !).

Les « fun coupons »

Un truc super à Las Vegas pour les routards fauchés qui veulent quand même rire : ce sont les carnets de coupons *(fun coupons)* gratis ou à demi-tarif pour les casinos. Il existe aussi des coupons pour des boissons gratuites, des *break-fasts,* et même des paquets de *play-tokens,* sortes de jetons qui n'ont pas de valeur marchande, mais qui sont ingurgitables par les machines à sous. C'est l'appât ! Mais ça vaut le coup d'en profiter si on sait s'arrêter... A noter enfin les demi-tarifs pour des pizzas et des repas complets.
On trouve les *fun coupons* dans les stations de Graylines Tours ou dans les stations-service. Dans certains hôtels ou également dans les casinos, il arrive que de nombreux *fun coupons* traînent sur le comptoir. Ramassez-en un maximum et ensuite organisez-vous. Vous pouvez, par exemple, tracer votre itinéraire en fonction des coupons dont vous disposez. Et vous faites les casinos les uns à la suite des autres.
Les casinos de Downtown offrent maintenant des bons très intéressants pour gagner la clientèle du Strip.
Beaucoup de casinos proposent également des *All you can eat* pour environ 5 $ (voire 2,50 $ à midi) ou, avec les bons, des repas (du petit déjeuner au souper) à des prix qui défient toute concurrence ! Vous pouvez déjeuner à partir de 20 F ou dîner pour 30 F.
Pour celui qui ne joue pas, Las Vegas est la ville la moins chère des États-Unis.

Spectacles fous et shows mégalos

Procurez-vous le *Today in Las Vegas,* journal gratuit déposé dans les hôtels, et *What's On,* que l'on trouve au syndicat d'initiative et dans certains casinos. Ces revues vous tiendront au courant des attractions et des shows de la semaine. Il est bon de savoir que les casinos ont suffisamment d'argent pour inviter les plus grandes vedettes du monde. Vous pouvez tomber sur Dolly Parton, Frank Sinatra, Dean Martin, Dionne Warwick, Paul Anka, Petula Clark, Willie Nelson, Kenny Rodgers ou Chuck Berry. Et même parfois sur Line Renaud (pas de pot !).
Les spectacles français ont la cote à Las Vegas. Il n'est pas rare de voir les casinos vantant à coup de néons géants la présence du Lido, des Folies-Bergère ou de l'Alcazar... Comme si ces illustres cabarets fermaient boutique à Paris pour passer quelques semaines dans la ville. En fait, des techniciens français, des couturiers parisiens fabriquent les costumes et on met quand même quelques danseuses françaises dans le spectacle, au moins celles qui parlent dans le micro. C'est du *franchising,* comme dans la haute couture.

– **Le Mirage** (sur le Strip) est l'hôtel-casino actuellement le plus réputé pour ses spectacles. Complètement mégalo, le patron s'est juré d'y satisfaire (à coups de millions de dollars) ses fantasmes les plus délirants. Il y a déjà les éruptions (gratuites !) de volcan à l'entrée du Mirage (on en parle plus haut).

Mais ce n'est pas tout. Les effets spéciaux de la salle de spectacle ont été créés par Spielberg et George Lucas. Les deux plus grands magiciens du monde, Siegfried et Roy, ont été embauchés (plusieurs dizaines de millions de dollars) pour cinq ans... Ils sont capables de faire disparaître un tigre de la scène (voire un éléphant !). Vaut vraiment la peine d'être vu pour les effets spéciaux, les chorégraphies et les 19 tigres blancs. Attention, la place est très chère (même si le prix inclut 2 boissons). Deux spectacles par jour (sauf le mercredi 3 fois par mois), à 19 h 30 et à 23 h. Impossible de réserver à l'avance, on ne peut acheter des billets que pour un spectacle ayant lieu le soir même (donc foncez-y à 8 h). Pour savoir s'il y a des places disponibles, téléphoner au 792-7777.
– *Le Riviera* propose, avec *Splash*, le plus beau spectacle musical de Las Vegas. C'est une fantaisie aquatique extraordinaire, avec, en plus, quelques-uns des plus grands bateleurs et magiciens qui existent ! Deux représentations par jour, à 20 h et 23 h. Réservations : ☎ 794-9301.
– *L'Excalibur*, toujours dans le trip moyenâgeux (le concept a été entièrement pensé à la mode marketing), organise les « Tournois du roi Arthur ». Reconstitutions historiques, en costume, des fêtes païennes, avec joutes, danses et dîner médiéval. Assez cher, là aussi, mais assez réussi (à la sauce américaine). Deux shows par jour, à 18 h et 20 h 30.

Les musées

▶ **Nevada State Museum and Historical Society :** 700 Twin Lakes. ☎ 486-5205. Ouvert de 8 h 30 à 16 h 30. Entrée à prix modique, gratuite pour les moins de 18 ans. Sections consacrées à l'histoire régionale. D'autres à l'ethnographie, l'anthropologie, la géologie, la faune et la botanique. Toutes les variétés de cactus et d'insectes, reptiles, animaux sauvages dans des vitrines superbement reconstituées. Très intéressantes présentations d'artisanat indien, poteries, tissages, peintures. Expos temporaires par thèmes. Librairie bien fournie.

▶ **Las Vegas Museum of Natural History :** 900 Las Vegas Boulevard North. ☎ 384-3466. A partir de poissons et autres animaux fossilisés, remarquable présentation de l'évolution des espèces. C'est la 2e collection de dinosaures des États-Unis. Reconstitution grandeur nature du tyrannosaure (le plus gros dinosaure carnivore), avec animation et vrais cris ! Même chose avec le tricératops (son œil bouge aussi). Heureusement, il est précisé que la bête est herbivore...
Galerie présentant des bronzes superbes figurant des animaux sauvages (dons des bienfaiteurs du musée). Vous pourrez y admirer également la plus belle collection d'animaux en bois sculpté du monde (notamment le « Harpy Eagle », tout polychrome). Riche collection aussi de peintures, aquarelles et dessins sur le monde animal. Librairie extra avec nombre de livres et jeux pédagogiques. En principe, ouvert tous les jours de 9 h à 18 h (21 h les vendredis, samedis et dimanches).

▶ **Imperial Palace :** 3535 Las Vegas Boulevard. ☎ 731-3311. Joli **musée de la Voiture ancienne**. Deux cents superbes véhicules en majorité américains. On y voit la Mercedes d'Hitler et la voiture de Howard Hughes (effrayé par les microbes, il y avait installé un appareil pour filtrer l'air, qui coûtait plus cher que l'auto). Payant, mais il existe des coupons *(funs)* qui donnent l'accès gratuit au musée.

▶ **Las Vegas Liberace Museum :** Liberace Plaza, 1775 E Tropicana. ☎ 798-5595. Ouvert de 10 h à 17 h. Le dimanche de 13 h à 17 h. Musée consacré à feu Liberace, le plus célèbre animateur de music-hall américain. Une idole à Las Vegas et un très grand pianiste. On peut admirer ici une des plus fabuleuses collections de pianos qu'on connaisse, ainsi que son incroyable garde-robe (plutôt efféminée, mais il faisait ce qu'il voulait...) et ses voitures démentes.

A faire

– **Wet'n Wild :** America's Water Park. Sur le Strip, juste en dessous de Sahara Avenue. ☎ 737-7873. Ouvert de mai à septembre, de 10 h à 20 h. Pour changer des casinos, tous les jeux d'eaux imaginables, dont le Banzai Boggan... Un peu cher mais on trouve dans les journaux des bons de réduction de 20 % sur le prix d'entrée.

Comment se marier à Las Vegas ?

Depuis qu'Eddie Barclay se marie de temps en temps à Las Vegas, c'est devenu très chic. Contrairement à une légende, on se marie beaucoup plus à Las Vegas qu'on ne divorce (75 000 mariages contre 8 700 divorces en 1990). Voici le mode d'emploi.
Le moins cher est d'aller au *County Court-House :* 200 S 3rd Street, à l'angle de Carson Street. C'est la mairie de Las Vegas. Ouverte 24 h sur 24 les vendredi, samedi et dimanche. Sinon, de 8 h à minuit. Se munir d'un passeport. Pour une trentaine de dollars, on vous remet un *marriage licence.*
Pour la célébration proprement dite, à vous de choisir entre la chapelle et l'officier de l'état civil, *ad hoc :* on peut consulter une liste sur place, à la mairie. Les « fiancés » reçoivent leur acte de mariage dans la foulée...
Le mariage civil est le plus rapide et le moins cher. Sinon, le mariage à la chapelle, façon cow-boy ou rock star, vaut vraiment le coup d'être vécu. Aux deux extrémités du Strip, un nombre étonnant de chapelles, toutes plus kitsch les unes que les autres, proposent des *wedding tours* à tous les prix. Il y aurait même, depuis peu (mais ça, on n'a pas encore testé), des *fast wedding :* vous ne sortez pas de la voiture et un pasteur vient vous marier en quelques minutes pour une somme symbolique ! Mais pour que les bonnes traditions ne se perdent pas, on vous conseille tout de même les deux chapelles les plus sympathiques de Las Vegas :

– ***The Little Church of the West :*** 3960 Las Vegas Boulevard South. ☎ 739-7971. Numéro gratuit : (1-800) 821-2452. A côté du Hacienda Hotel. La plus mignonne de la ville, tout en bois et au milieu d'un petit bosquet d'arbres. Un vrai havre de calme, perdu dans le béton et les néons tapageurs. C'est ici qu'Elvis se marie, dans le film *l'Amour en quatrième vitesse.* Depuis, de nombreuses stars se sont mariées dans la petite église de l'Ouest : Dudly Moore, Judy Garland, Mickey Rooney, l'acteur Telly Savalas, le musicien David Sanborn, le chanteur (fondateur du Live Aid) Bob Geldof et, dernièrement, Richard Gere et Cindy Crawford. La location de la chapelle vous coûtera environ 55 $ mais inclut la limousine (généralement une Cadillac blanche, ça va de soi). Le chauffeur vient vous prendre à votre hôtel puis vous remettez à l'organisatrice la licence délivrée à la mairie. Elle tend à la future mariée (*bride* en anglais) un bouquet de fleurs (à partir de 10 $) puis vous fait avancer le long du couloir, tandis que démarre l'harmonium (25 $ pour l'organiste) ou, pour les fauchés, une cassette de musique classique (8 $)... Tatatam ! Le couple a ensuite droit au sermon du pasteur (pourboire apprécié à la fin de la cérémonie, à discrétion), à la remise des anneaux (ne pas les oublier avant de venir !) et aux félicitations des curieux réunis devant la porte de l'église (sons de cloche à la sortie, mais eux sont gratuits). Ah, on oubliait l'essentiel : après le « oui » fatidique, le pasteur vous autorise à vous embrasser tendrement. Si vous n'avez pas oublié votre appareil-photo (pour économiser 50 $), on prendra gentiment pour vous des photos de ce moment inoubliable...
– ***The White Chapel :*** 1301 Las Vegas Boulevard. ☎ 382-5943. Toute blanche, comme l'indique son nom ! Minuscule et à la déco très fleur bleue, c'est aussi l'église la plus connue de Las Vegas depuis que l'actrice de *Dynastie* Joan Collins a fait vibrer toute l'Amérique en s'y mariant.
Attention, pour faire homologuer le mariage dans les registres de l'état civil français, vous aurez besoin de la copie certifiée conforme de l'acte de mariage. Elle s'obtient au ***Country Recorder,*** 309 S 3rd Street, ☎ 455-4341, pour une somme modique. Prévoir dix jours à compter du mariage. De retour en France, adressez la copie certifiée conforme de cet acte, vos actes de naissance et la preuve de votre nationalité française au service de l'état civil du ministère des Affaires étrangères, B.P. 1056, 44035 Nantes Cedex. C'est magique !

Excursions

▶ La compagnie *Grayline Sightseeing Tours* organise des voyages en car vers le ***Grand Canyon.*** L'excursion dure deux jours. Dans le prix sont inclus le trans-

port, le logement et le billet pour la navette qui conduit à tous les points de vue sur le canyon. On peut également descendre le **Black Canyon** sur un raft (durée : 3 h), avec en prime une vision unique du *Hoover Dam.* Réservez 24 h à l'avance au ☎ 384-1234. Ils proposent également de nombreuses autres excursions ; demandez la brochure.
— Des deux auberges de jeunesse citées dans notre rubrique « Où dormir ? », l'une organise des séjours à **Grand Canyon** (l'*Independant YH*) et l'autre propose des réductions de 20 % sur des excursions pour le **Colorado** et **Bryce Canyon.**

▶ *Hoover Dam :* à environ 40 km, par la 93 S. Immense barrage de 220 m de haut. Assez spectaculaire.

PHOENIX
IND. TÉL. : 602

Ville tellement étendue qu'on la traverse sans s'en rendre compte. Phoenix est une drôle de ville, la terreur des routards en stop. Elle mesure 70 km de long sur 50 de large ! Il y fait très, très chaud l'été mais le climat est vraiment agréable le reste de l'année. Ce qui explique le nombre de retraités dans la ville. A l'exception des buildings de Downtown, tous les bâtiments sont des pavillons. A *Sun City* (banlieue ouest de Phoenix), il y a 14 000 retraités. Aucun bébé ne naît dans cette ville. Il faut dire que chaque habitant a au moins 50 ans. De plus, les enfants n'ont pas le droit d'y loger pendant l'année scolaire. Un camp de concentration renfermant uniquement des consentants.
Au premier abord, Phoenix n'a pas une séduction évidente et les points d'intérêt sont très éloignés les uns des autres. Voiture pratiquement obligatoire. Le soir, Downtown est vraiment moribond. Surtout évitez d'arriver un dimanche : peu ou pas de bus urbains. La seule chance de ceux qui sont à pied, c'est de se faire des amis à la YMCA ; la ville vous apparaîtra alors avec certains attraits. Sinon, découragé par le gigantisme de la cité, vous reprendrez la route vite fait.

Adresses utiles

— **Visitors' Center :** 122 N 2nd St. à l'angle de Adams (au rez-de-chaussée de l'hôtel Hyatt). ☎ 254-6500. Ouvert du lundi au vendredi de 8 h à 16 h 30 (en principe). Bureau à l'aéroport (arrivées internationales) ouvert de 9 h à 21 h (jusqu'à 17 h les samedi et dimanche).
— **Poste :** 4949 E Van Buren. Assez loin du centre. **Poste restante :** 1553 E Buckeye Rd (loin aussi).
— **Terminal Greyhound :** 5th Street et Washington Street. ☎ 248-4040. 1 bus par jour pour Flagstaff (3 h de route), 6 bus par jour pour L.A. (9 h), 9 bus par jour pour Tucson (3 h). Sinon, la *Cie Nava-Hopi* se rend aussi à Flagstaff (3 fois par jour) et Tucson (2 fois). Départ du Terminal 2 à l'aéroport.
— **City Bus Terminal :** Washington Street, à l'angle de Central. Demandez un plan des lignes, on n'a jamais rencontré un réseau aussi compliqué. Attention, pas de bus urbains le dimanche.
— **Auto Drive-Away :** 3530 East Indian School Rd. ☎ 952-0339. Téléphoner avant.
— **Rent-a-Wreck :** 401 N 7th Avenue, AZ 85007. ☎ 252-4897. Locations de voitures à prix abordables.
— **Radio KDKB :** sur 93.3. Que des classiques du rock.

Où dormir ?

Bon marché

■ *Youth Hostel Metcalf House :* 1026 N 9th Street. ☎ 254-9803. Fermée le soir à partir de 22 h 30. Du City Bus terminal, prenez le bus 7 jusqu'à 7th Street puis marchez 2 blocs. Le soir, conseillé de s'y rendre en taxi. Adorable petite maison en brique avec pelouse tout autour. Au choix : dortoir ou chambre, très bon marché. Malheureusement, un peu éloignée du centre. Les non-membres sont acceptés (mais sans la carte de membre, les petits motels sont au même

- **YMCA :** 350 N 1st Avenue, à la hauteur de Van Buren Street. ☎ 253-6181. Bus 6 du City Bus terminal. A le gros avantage d'être situé en plein centre. Une des YMCA les plus propres du pays. En outre, la piscine et le *Fitness Center* viennent d'être refaits. Nouveaux *lockers*. Prix spéciaux à la semaine. Pas de chambres doubles.

Prix moyens

Tous les motels sont sur Van Buren (grande avenue qui part de Downtown). Pas très bien famée : éviter d'arriver le soir.

- **Newton's Inn :** 917 E Van Buren. ☎ 258-8131. Un grand motel dont les chambres donnent sur un jardin avec beaucoup de verdure et une piscine. Chaque chambre dispose d'une salle de bains, de deux lits, TV couleur et réfrigérateur. Notre meilleure adresse : bon accueil et pas cher du tout.
- **Budget Lodge Motel :** 402 W Van Buren. ☎ 254-7247. Motel bon marché près du centre ville. Propre et agréable mais accueil froid. Piscine (toute petite).
- **Airport Central Inn :** 2247 E Van Buren. ☎ 244-9394. Aussi bon marché que le précédent. Grandes chambres climatisées mais un peu bruyantes. Grande piscine. Fait aussi resto. Accueil un brin parano.
- **Motel 6 :** 2323 E Van Buren (angle de 24th Street). ☎ 267-7511. A 3 km de Downtown et près de l'aéroport (bruyant). Grande piscine. Tarif très correct.
- **American Lodge :** 965 E Van Buren. ☎ 252-6823. Accueil déplorable mais chambres avec A.C. et câble. Piscine. Même prix.
- **Motel 6 :** 5315 E Van Buren Street. ☎ 267-8555. A 7 km du centre, mais proche de Papago Park et de l'université. Piscine.
- **Economy Inn (Auto Lodge Motel) :** 804 E Van Buren. ☎ 254-0181. Chambres avec A.C. et T.V. Le moins cher de tous mais vraiment pas très propre. En dernier ressort.

Où manger ?

Les meilleurs restos sont toujours un peu périphériques. Ici, on fait à l'aise 5 à 10 km pour aller manger dans des établissements de qualité.

De bon marché à prix moyens

- **The Spaghetti Company Restaurant :** dans Old Tempe, juste à côté de l'université, au coin de 4th et Mill Streets. ☎ 966-3848. Ouvert pour le *lunch* de 11 h à 15 h 30 du lundi au samedi. *Dinner* du lundi au jeudi de 15 h 30 à 22 h 30 (vendredi et samedi, 23 h 30). Dimanche de 11 h 30 à 22 h. L'occasion de découvrir le quartier de Old Tempe, qui a été fort bien remis en valeur. Le resto, quant à lui, présente une jolie décoration de bois verni, style anglais avec plein de beaux objets et *antiques*. Le *must*, c'est de pouvoir manger dans une réplique des vieux tramways qui parcouraient Phoenix in the « good old days ». A midi, carte bien fournie à prix fort raisonnables : pizzas, salades, sandwiches divers et savoureux. Le soir, carte plus étendue et toujours à bons prix : *Veal Marsala, Cheese Manicoti,* excellents spaghetti, lasagne, etc. Même maison dans Downtown, mêmes horaires, même décor, même style, mêmes prix au 1418 N Central Avenue. ☎ 257-0380. Ne pas oublier d'emporter leur menu, plein de dessins marrants.
- **Bobby McGee's :** 8501 N 27th Avenue. ☎ 995-5982. Au nord de la ville. Si vous venez du centre, prendre la Highway 17 et sortir à Northern Avenue. Ouvert jusqu'à 22 h (23 h le vendredi, minuit le samedi). Immense resto décoré style 1900 Old West. Gravures, vitraux, *tiffanies*. Serveuses en costumes d'époque. Plusieurs salles et bar. *Happy hours* avec buffet gratuit de 16 h à 20 h. Piste de danse. Belle carte et petits plats moins chers que le cadre ne le laisse supposer. Goûter aux *favorites (Mahi Maha Macadamia)*, aux *charbroiled* (délicieux *teriyaki*) ou aux spécialités (*prime rib* de bœuf, fruits de mer sautés). Plats en promo certains soirs. Réservation recommandée.
- **Garcia's :** Peoria Avenue et 33th Avenue. ☎ 866-1850. Deux grandes avenues plus haut que le précédent (Highway 17 et sortir à Peoria). Avoir impérativement un véhicule car c'est très haut dans la ville. Ouvert de 11 h à 22 h (le

week-end, 23 h). Restaurant mexicain assez fameux. Décor coloré, ça va de soi. Cuisine très correcte et à prix raisonnables. Même un *lunch* pas cher à midi (en semaine). Spécialités d'*enchiladas, fajitas combo, chili relleno,* mais surtout le *Garcia's Chimichanga*. Réservation conseillée.

● *Matador :* 125 E Adams. Downtown. Très central, en face de l'hôtel Hyatt. ☎ 254-7563. Ouvert tous les jours, de 7 h à 23 h. Bon restaurant mexicain dans une salle gigantesque. Décoration moderne pas géniale. Quelques photos

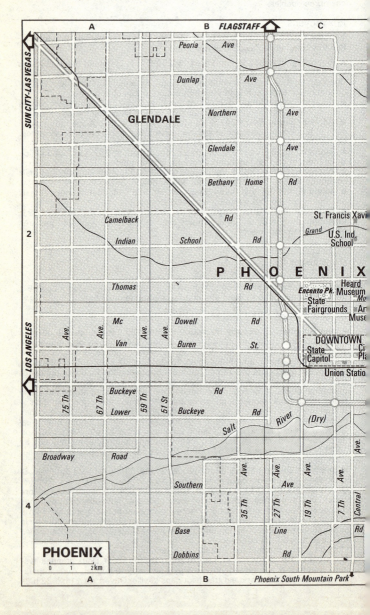

de convives célèbres (Dukakis, Debbie Reynolds, Anthony Quinn). Longue carte d'où l'on dégage la *taco salad,* le *steak picado,* le *fajitas,* les *chiles rellenos,* etc. Prix moyens et clientèle populaire.
- *Rawhide :* se reporter au chapitre « Aux environs ».
- Voir également le *Minders Binders* (dans « Où boire un verre ? »), qui fait également resto.

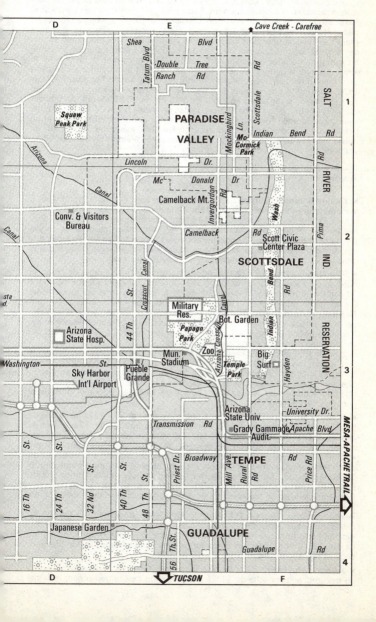

Où boire un verre (et s'éclater comme un jeune Américain) ?

- **Minders Binders :** 715 South Hayden Road. ☎ 966-1911. Ouvert tous les jours de 11 h à 1 h. Situé à Tempe. Avenue perpendiculaire à University Drive (la première qu'on rencontre après avoir traversé l'université). Le Minders se trouve pratiquement au coin. Grande et vieille demeure en bois peinte de couleurs éclatantes. A l'intérieur, un des cadres les plus fous qu'on ait jamais vus. Bazar étonnant, poème de Prévert à la puissance 10. Accrochés aux murs et plafonds : canots de chasse à la baleine, mules entières empaillées, traîneaux (dont l'un avec un père Noël lubrique), une vraie calèche, une machine à dégrainer le maïs, des têtes de caribous... et des centaines d'autres choses, ainsi que de superbes collages. Musique rock extra (à fond la caisse) et bière à 1 $ le litre ! Clientèle largement jeune et étudiante. On peut aussi y manger (la carte est pleine d'humour) : sandwiches *(Beefy Brotherly Love, The Peep), Curley QQQ, Gadzook Zuchs, Burgers*, etc. *Daily Specials* annoncés sous forme de *leaflets* (exemple : le dimanche soir, la bière à 75 cts de 20 h à minuit). Au premier étage, grand bar, jeux vidéos et piste de danse. *Happy hours* de 16 h à 20 h (du lundi au vendredi). Possibilité de jouer au *shuffle board*, au mini-basket et au baby foot ! Derrière le resto, « plage » où les gens jouent au volley. Ah, on oubliait : le mercredi, concours de T-shirts mouillés ! *Minders Binders,* on adore vraiment !

A voir

▶ *Desert Botanical Garden :* 1201 N Galvin Parkway. Sur Van Buren Street, à la hauteur de 56th Street. ☎ 941-1225. A l'intérieur du Papago Park, à l'est de la ville. Ouvert tous les jours de 8 h (9 h hors saison) au coucher de soleil. Prenez le bus 3E marqué « Zoo ». Gigantesque collection en plein air de cactus d'Amérique et d'Afrique. On explique comment les plantes ont su s'adapter aux rigueurs extrêmes du climat désertique. Assez intéressant mais évitez d'y aller pendant les heures chaudes de la journée. Aire de pique-nique.

▶ *The Heard Museum :* 22 E Monte Vista Road. A une dizaine de blocs au nord du centre de Phoenix. ☎ 252-8848. Ouvert du lundi au samedi de 10 h à 17 h (20 h le mercredi), le dimanche de 12 h à 17 h. Fermé les jours fériés. Remarquable musée d'art indien, dans une superbe villa coloniale. Les différentes tribus du Sud-Ouest sont représentées par leurs types d'habitats, poteries, tissus et traditions. Très beaux objets de la collection Fred Harvey. Tout cela baigné de musique indienne. Une salle d'œuvres modernes. Petit jardin de sculptures. Étonnants berceaux indiens.
A la fin du XIXe siècle, Harvey révéla la richesse de la culture apache. Il obtint la concession des hôtels et restaurants de nombreux parcs nationaux (dont Death Valley et le Grand Canyon). Exceptionnelle collection de *kachinas* : ces magnifiques poupées étaient données aux garçons à la puberté pour les initier à leur rôle futur dans la tribu. Ne pas rater *Our Voices, Our Land,* excellent audiovisuel sur la vie des Indiens du Sud-Ouest.

▶ *Phoenix Art Museum :* 1625 N Central Avenue. ☎ 257-1222 (à l'angle de MacDowell). Ouvert de 10 h à 17 h (21 h le mercredi et de 12 h à 17 h le samedi). Fermé les lundi et jours fériés. Gratuit le mercredi. Un très intéressant musée d'art. Bonne section de bronzes de Rodin, art sino-tibétain, lithos anciennes, gravures de James Ensor, Goya, Gavarni, Daumier, etc. Belle section américaine sur l'Ouest et les Indiens. Maison coloniale espagnole reconstituée. Section moderne : Tàpies, Paul Guerrero, David Bates, Jim Waid, et un insolite Frida Khalo, sans oublier Picasso, Magritte, Karel Appel, etc.
Remarquable expo de modèles réduits de pièces meublées dans tous les styles (il y a même une cuisine bretonne).
Peinture encore : Georgia O'Keeffe, Joseph Stella, Rousseau, Vuillard, Dufy. Quelques beaux primitifs religieux (Gérard David) et peintres de l'école flamande. École française du XVIIIe : Boucher, Élisabeth Vigée-Lebrun, Quentin de La Tour. Et Corot, Millet, un *Christ au tombeau* de Delacroix, Julius Steward, ancêtre de l'hyperréalisme.

▶ *Arizona Museum :* 1002 W Van Buren. ☎ 253-2734. Downtown. Ouvert du mercredi au dimanche de 11 h à 16 h. Un petit musée peu connu, mais qui intéressera les passionnés du Far West. Impossible à rater avec à l'entrée la vieille *Diamond Stack Davenport*, loco qui travailla aux mines de Tombstone. Musée privé, le premier de l'État (1927), racontant 2 000 ans d'histoire de l'Arizona. Entre autres, une presse à journaux de 1878, superbe carte de Phoenix de 1885, drapeau de la guerre de Sécession, matériel de mineur, pittoresques photos anciennes, jouets d'enfants, jolis minéraux, petits objets marrants, vitrines adroitement reconstituées, armes, coffret d'un docteur en 1860, corde qui pendit un *outlaw* et beaucoup d'autres pièces insolites. En outre, belle collection de *kachinas* et artisanat indien authentique.

Pour ceux qui ont du temps

▶ *Arizona Hall of Fame Museum :* 1101 W Washington. ☎ 255-2110. Ouvert de 8 h à 17 h du lundi au vendredi. Un petit détour par là ne se révèle pas inintéressant. D'abord, c'est une noble construction dans le goût du début du siècle, appelé *classic eclectic style*. Elle abrita longtemps la Carnegie Public Library. Située dans un grand jardin. Aujourd'hui, on y trouve des expos temporaires sur l'histoire des citoyens de l'Arizona. Sociologiquement insolite. Voir le hall des Femmes célèbres et de celle de l'année.

▶ *Hall of Flame (Fire Fighting Museum) :* 6101 East Van Buren. ☎ 275-3473 (ASK-FIRE). Ouvert de 9 h à 17 h. Fermé le dimanche. Situé dans Papago Park. Le plus grand musée du monde sur les soldats du feu. De la pompe Rumsey qui combattit le grand incendie de Chicago (1871) à la rutilante et superbe Seagrave (1928), plus de 100 véhicules à incendie sont exposés. Plus tous les outils, accessoires et uniformes, ainsi que d'intéressantes photos et documents divers.

▶ *Taliesin West :* 106th Street et E Shea Boulevard. ☎ 860-2700. Ouvert de 8 h à 11 h de juin à septembre. Le reste de l'année, de 13 h à 16 h le week-end. Visite guidée uniquement, de 1 h ou 3 h. Entrée assez chère. Au nord-est de Scottsdale. Maison-atelier et résidence d'hiver de l'architecte Frank Lloyd Wright. Construite en 1938 sur le flanc d'une colline, ce fut l'une des premières tentatives d'intégration au paysage.

▶ *Courses de lévriers :* Greyhound Park, 3801 E Washington Street. ☎ 273-7181. Tous les soirs du jeudi au dimanche.

▶ *Le quartier résidentiel de Scottsdale :* beaucoup de grands hôtels, d'un beau design, surtout sur Scottsdale Avenue. Sur 5th Avenue, nombreuses boutiques d'artisanat indien, joaillerie, turquoises. On peut trouver des choses pas plus chères que dans les réserves indiennes navajo ou hopi. Surtout, hésitez pour l'achat, le vendeur vous consentira peut-être une réduction de 30 à 40 %.

Tempe et le quartier de l'université

Proche de l'aéroport et au sud du Papago Park, une ville très agréable et jeune, puisqu'elle abrite l'université. Quatrième cité de l'État (environ 150 000 habitants). Le parc aquatique Big Surf (avec vagues artificielles pour surfer !) et notre resto le plus sympa (voir « Où manger ? ») sont à Tempe.
– *Convention and Visitors Bureau :* 51 W 3rd St. ☎ 894-8158. Numéro gratuit : 1-800-283-6734. Ouvert de 8 h 30 à 17 h. Dans la vieille ville.

▶ Voir l'université et son *Gammage Center of the Performing Arts.* ☎ 965-3434 (Mill Avenue et Apache Road, bus n° 60 ou, les samedis-dimanche, n° 22). Une des dernières grandes œuvres de l'architecte Franck Lloyd Wright.
L'*université* abrite d'intéressants petits musées pour ceux qui disposent de temps : géologie (minéraux, fossiles, etc.). ☎ 965-6586. Fine Arts (peinture américaine des XIXe et XXe siècle), Mill Avenue et 10th Street. ☎ 965-ARTS. Anthropologie. ☎ 965-6213.

▶ Balade dans le quartier de *Old Tempe,* fort bien restauré. Chouette animation. Beaucoup de jeunes, ça va de soi. Quelques édifices intéressants.

A faire

– *Chaparral Speedway :* 5519 E Washington Street, au coin de 56th Street. ☎ 275-9292. A 2 km au sud du Desert Botanical Garden. Ouvert de 12 h à 22 h 30. On conduit une mini-Chaparral sur un circuit fermé. Un peu décevant car il faut s'arrêter à chaque tour pour pointer sa carte. Les voitures sont bridées à 50 miles/h mais le reste est toutefois impressionnant.

– *Le tubing* : à 50 km au nord-est de Phoenix. Les départs se font sur la Salt River, à 20 miles au nord-est de Phoenix, près de Bush Highway à la hauteur de Usery Pass Road (Tonto National Forest). Ceux qui n'ont pas de véhicule peuvent téléphoner au 984-3305, un bus viendra les chercher à un prix très abordable. Ouvert de mi-avril à mi-septembre, de 9 h à 16 h tous les jours. C'est le sport favori des habitants de Phoenix. Ça consiste à descendre les rapides sur des chambres à air de camions.
Phoenix réunit un certain nombre de qualités pour pratiquer ce sport. Il fait très chaud en été, et les eaux ne sont pas polluées. Ce n'est pas dangereux en soi mais il faut respecter certaines règles de prudence. D'abord, porter des chaussures de tennis pour se protéger des rochers immergés. Ensuite, avoir un chapeau et s'enduire le corps de crème protectrice. Les chambres à air se louent sur place.

– *Good Time Tours* : 2926 N 34th Place, au nord de Thomas Road. ☎ 956-6598. Ouvert de 8 h à 17 h. Location de ATC, ces super petites motos à 3 roues. Profitez-en, c'est interdit en France. Génial sur les pistes sablonneuses.

– *Desert Balloon Rides* : 7406 E Butherus Drive, à Scottsdale Airport. A 10 km au nord de Phoenix. Réservation obligatoire au 991-3666. Le vol en ballon dure 1 à 2 h et on survole le Sonora Desert. Très cher (minimum 125 $) mais champagne... gratuit !

A voir aux environs

▶ *Rawhide* : 23023 N Scottsdale Road. ☎ 563-1880. A 20 km au nord de Phoenix par la Scottsdale Road. Ouvert tous les jours de 17 h à 24 h (le week-end à partir de 11 h hors été). Reconstitution d'une ville de l'Ouest des années 1880. Entrée gratuite. On y retrouve un saloon, une prison, une mine d'or et même un musée assez intéressant. Restaurant connu pour ses steaks que l'on déguste sur de grandes tables. Essayez ce jeu étonnant où des poules jouent au morpion avec vous : elles gagnent à chaque fois ! Animation et duel de cow-boys. Archi-touristique, bien sûr.

▶ *Arcosanti* : à Cordes Junction, à 65 miles au nord de Phoenix sur la route de Flagstaff (Interstate 17, exit 262). Ouvert tous les jours, de 9 h à 17 h. ☎ 632-7135. Ville futuriste commencée en 1970 par l'architecte Paolo Soleri. Mouvement qui s'intitule « Arcology », néologisme venant d'architecture et écologie. Soleri a voulu réconcilier l'homme et son environnement en s'inspirant de l'énergie solaire et de l'habitat des... termites. Le résultat est assez étonnant et inspire de nombreux professionnels. Des concerts y sont même donnés. Intéressant pour les amateurs d'architecture. Visite guidée (gratuite... mais 5 $ suggérés !) de 10 h à 16 h (sur l'heure). Quatre personnes minimum. Cafétéria ouverte tous les jours de 8 h à 16 h.
Ceux qui sont intéressés par le travail de Soleri peuvent également visiter *Cosanti*, à Scottsdale (6433 Doubletree Ranch Road). ☎ 948-6145. Ouvert tous les jours de 9 h à 17 h. Bâtiments et structures futuristes également, mais plus portés sur l'écologie.

▶ Faites en voiture la *piste* qui sépare *Tortilla Flat* du *lac Roosevelt*. Le paysage est superbe : désert de cactus, canyon, route escarpée de montagne. Compter 2 h.

TUCSON   IND. TÉL. : 602

Tucson (prononcer « Tousseunn ») est une des plus anciennes villes espagnoles, dont il ne reste pas grand-chose. Comme elle est assez étendue, ses centres d'intérêt sont dispersés, mais l'atmosphère y est agréable. Vous n'y resterez quand même pas une semaine car il faut bien dire que c'est très mort le soir. Le climat est très chaud et sec. Beaucoup d'occasions de rencontrer des Indiens en ville. C'est dans la région de Tucson que l'on trouve les cactus géants saguaro.

Adresses utiles

- *Metropolitan Tucson Convention and Visitors Bureau :* 130 South Scott Street. ☎ 624-1889. Ouvert du lundi au vendredi de 8 h 30 à 17 h. Dans le centre. Bon accueil et excellente information. Plan de ville et possibilité de téléphoner aux hôtels.
- *Poste :* 150 S Church Street et 141 S 6th Avenue. Downtown.
- *Tucson Metropolitan Chamber of Commerce :* 435 W St Mary's Road. ☎ 792-1212.
- *Tucson's Mountain Newsreel :* mensuel de culture populaire, bourré d'infos. Distribué gratuitement.
- *Auto Drive-Away :* ☎ 844-9770.
- *Amtrak :* 400 E Toole (et 5th Avenue). ☎ 623-4442. Deux ou trois trains par semaine pour Los Angeles, Phoenix et El Paso.
- *Greyhound :* 2 S 4th Avenue. ☎ 792-0972. Downtown. Entre Broadway et Congress. 10 bus pour Phoenix, une demi-douzaine pour Nogales (frontière mexicaine) et 5 pour San Diego.

Où dormir ?

Bon marché

- *Tucson International Hotel :* 311 East Congress. ☎ 622-8848. Downtown. A deux pas du terminal Greyhound et d'Amtrak. Vieil hôtel de l'Ouest (1919) fort bien restauré et qui a conservé un charme désuet. Il abrite l'auberge de jeunesse locale. Petits dortoirs propres, plutôt agréables. Chambres doubles avec salle de bains à prix très raisonnables.
- *Lohse Memorial YMCA :* 516 N 5th Street. ☎ 624-7471. Assez central. Un petit « Y » sympathique. Une vingtaine de *singles* pas chères. Salle de sport et piscine. Plus haut, malheureusement, la YWCA vient de fermer.
- *Motel 6 :* 960 S Freeway. Sortie 258 de la I-10. En voiture, pas vraiment loin du centre ville. ☎ 628-1339. Piscine. Un des moins chers de la ville et correct.

Prix moyens

- *Sahara Motor Inn :* 919 North Stone. ☎ 882-5226. Sortie d'autoroute Saint Mary's Road. Moderne. Propre. Piscine. Prix modérés.
- *Travel Lodge :* 1136 North Stone Avenue. ☎ 622-6714. N° gratuit de réservation : (800) 255-3050. Un des moins chers du coin. Très correct. Piscine.
- *University Inn :* 950 North Stone Avenue. ☎ 791-7503. N° gratuit : (800) 233-8466. Très bien. Une poignée de dollars plus cher que les précédents.

Où manger ?

Plein de possibilités dans le quartier mexicain. S'il n'y a guère plus de monde dans les rues le soir, au moins l'atmosphère dans les établissements y est-elle plus animée.

- *El Torero :* 231 E 26th Street (à l'ouest de S 4th Ave. ☎ 622-9534. Peut-être le meilleur resto mexicain populaire de la ville. Ouvert de 11 h à minuit. Fermé le mardi. Cadre agréable et bon accueil. Goûter aux *combination plates* : *tostadas, chimichangas, burros, tamales* et aux nombreuses spécialités maison (comme la *carne conchile verde*, le *fish and crab Topopo*, la *carne seca y tortilla*).
- *Double L :* 1830 S 4th Avenue. ☎ 792-1585. Grandes salles au décor assez nu et quelconque, mais on y trouve une excellente nourriture mexicaine. Goûter aux *combination plates* (*chile relleno, enchilada* ou *chile rouge, chimichanga* et *guacamole*). Bons *turkey topopo salad* et *fajitas*. Conseillé de réserver le week-end et en hiver.
- *La cafétéria de l'hôtel Congress :* 331 E Congress, Downtown. Ouvert de 7 h à 14 h 30 les mardi et mercredi (23 h les jeudi et vendredi). Dimanche, le matin seulement. Nourriture correcte et bon marché.
- *El Dorado :* 1949 S 4th Avenue. ☎ 622-9171. Pas loin du *Double L*. Plus chaleureux. Nourriture mexicaine et *seafood* réputées également. Musique traditionnelle les vendredi, samedi et dimanche.

● **Rosies Cantina :** 202 East Speedway. ☎ 623-7060. Ouvert 24 h sur 24. Grande terrasse bien ventilée. Bières et *margaritas* bon marché. Cuisine mexicaine.

Plus chic

● **El Adobe :** 40 W Broadway. Dans le centre. ☎ 791-7458. Resto installé dans l'une des plus anciennes demeures de la ville (1868). Pas mal de charme. Cuisine mexicaine réputée depuis de nombreuses années. Une vénérable institution. Attention, ferme de bonne heure (21 h maxi). Service jusqu'à 22 h le week-end. Fermé le dimanche. De juin à septembre, fermé le samedi midi. Réservation très recommandée. Pas si cher que ça.

Aux environs

● **Hidden Valley Inn Restaurant :** 4825 N Sabino Canyon Road. ☎ 299-494. Ouvert tous les jours à midi et soir à partir de 17 h. Pour ceux qui placent leur voyage sous le signe de la gastronomie western. Bons steaks et *prime ribs*. Piste de danse et *live music*. Conseillé de réserver.

A voir

Deux endroits à visiter en particulier, *Old Tucson Studios* et l'*Arizona Sonora Desert Museum*. Vraiment super, malheureusement à 20 km à l'ouest de la ville. Allez-y en stop (pas de bus) ou alors prenez le circuit Grayline.

▶ **Old Tucson Studios :** 201 S Kinney Rd. ☎ 883-6457. Ouvert de 9 h à 17 h tous les jours. Reconstitution par la Columbia (en 1939) d'une petite ville de l'Ouest de la fin du XIX° siècle, une des plus belles du genre. Toutes les maisons et baraques ont été utilisées comme décor dans de nombreux westerns parmi les plus célèbres. Le premier fut *Arizona*, en 1939, avec Jean Arthur et William Holden, puis *Rio Bravo, El Dorado, Joe Kidd* (de Clint Eastwood) et *le Juge Roy Bean* (avec Paul Newman), entre autres. Tout y est : la rue typique avec banque, prison, saloon... Un village mexicain, une gare... et une rue chinoise. Il y a même un musée de la Médecine assez étonnant, dans lequel on voit le matériel (inquiétant !) utilisé par les docteurs et charlatans à l'époque de la conquête de l'Ouest. Toutes les 2 h, fusillades, reconstitutions fidèles des grands films. Assez cher, mais ça vaut le coup.

▶ **Arizona Sonora Desert Museum :** 2021 N Kinney Rd. ☎ 883-2702 et 883-1380. A 3 km à l'ouest de Old Tucson. Ouvert de 8 h 30 à 17 h. De Memorial Day à Labor Day (les mois d'été), de 7 h 30 à 18 h. Entrée chère (sauf pour les moins de 13 ans). Comment peut-on faire un musée du désert puisque, par définition, il n'y a rien dans un désert ? Eh bien, on peut le faire ! Vous serez étonné par les animaux sauvages, les serpents, les oiseaux qui peuplent un désert. Le *Cactus Garden* rassemble les spécimens les plus variés et les plus rares. Enfin, vous pénétrerez dans une caverne dont les stalactites sont superbement mises en valeur par des éclairages fort bien étudiés. Conseillé de venir le plus tôt possible, car les animaux sont plus actifs le matin.
Et en prime, un petit truc : arrangez-vous avec un chauffeur de taxi pour qu'il vous conduise au musée le matin vers 9 h et vienne vous reprendre à Old Tucson quand vous voulez. Quant à vous, faites à pied (3 km) le trajet entre les deux sites. Super. On se balade à travers les cactus. Où est passé John Wayne ? Pas mal de films et séries T.V. ont été tournés dans le coin *(les Mystères de l'Ouest, la Petite Maison dans la prairie)*.

▶ **L'université d'Arizona :** E Speedway Boulevard et N Park Avenue. Pas très loin du terminal Greyhound, **Arizona State Museum**. Petit musée d'art et sur les Indiens du X° siècle à nos jours. Assez intéressant. Entrée gratuite. ☎ 621-6302. Ouvert de 10 h à 17 h (dimanche à 14 h).
En été, **Summer Arts Festival**. Bonne atmosphère. Théâtre, danse, opéra, etc. ☎ 621-1162. Billets au Drama Building, Park et Speedway.

▶ **Tucson Museum of Art :** 140 N Main Street. ☎ 624-2333. Ouvert de 10 h à 17 h. Dimanche à 13 h. Fermé le lundi. Mardi, nocturne jusqu'à 21 h. Musée présentant d'intéressantes collections d'art précolombien, de meubles et peintures espagnols.

▶ **4th Avenue**, vers 5th et 8th Streets, offre une centaines de belles boutiques d'antiquités, mode, beaux objets, etc.

▶ *Pima Air Museum :* 6000 E Valencia Road. ☎ 574-9658. Pour y aller, I 10 East, Valencia Exit. Ouvert tous les jours de 9 h à 17 h (caisse fermée à 16 h). Plus de 130 avions de toutes sortes exposés (civils et militaires depuis 1940).

A voir aux environs

▶ *Le Sabino Canyon :* dans un très beau site, une ville cow-boy un peu pacotille et des restos à prix raisonnables. Pour motorisés uniquement, car assez loin (36 km au nord-est de Tucson). Prenez l'East Speedway jusqu'à Wilmot, tournez au nord et suivez les indications « Sabino Canyon ». Ouvert tous les jours de 9 h à 17 h. ☎ 749-2327. Balade dans le canyon en petit tram. Bon, assez touristique.

▶ *Mission San Xavier :* route 11 à 14 km au sud de Tucson. ☎ 294-2624. Ouvert tous les jours de 9 h à 18 h. Une magnifique mission espagnole, la plus belle des États-Unis, dit-on, surnommée la Colombe blanche.

▶ Pour ceux que ça intéresse, visite d'un *site de lancement de fusées Titan*, aujourd'hui désaffecté, à une quarantaine de kilomètres au sud de Tucson. Sur la I 19 South (Exit 69). ☎ 791-2929. Téléphoner pour horaires et réservation.

▶ *Biosphère 2 :* de *Tucson* suivre Oracle Road vers le nord jusqu'à Oracle Junction. Prendre l'embranchement vers le nord-est (Highway 77). Un demi-mile après la borne 36, une petite route sur la droite : Biosphère 2 Conference Center Road. Ensuite, c'est tout droit. Compter environ une heure de route.
Biosphère 2 (la 1 étant notre terre), c'était cette fabuleuse aventure écologique et cette très médiatique expérience scientifique qui consistait à prouver que l'on pouvait reproduire l'écosystème terrestre. Huit « chercheurs » se sont enfermés dans une pyramide de verre, en plein désert d'Arizona, pour démontrer qu'ils pourraient vivre en vase clos au milieu d'une nature reconstituée (forêt tropicale, ferme, savane, mini-océan, etc. !). Cette serre de 140 000 m^2, qui ne coûta pas moins de 150 millions de dollars, devait dévoiler certains mystères actuels, tels que l'effet de serre et les pluies acides. Seulement voilà, trois mois à peine après leur « embarquement » dans cette biosphère, les occupants ont dû réinjecter de l'air de notre bonne vieille planète alors qu'ils s'étaient promis de résister 2 ans. Puis, la presse américaine a dévoilé les dessous de l'entreprise : un milliardaire mégalo se serait laissé embobiner par un gourou cinglé, fondateur d'une secte aux idées dignes de celles des ennemis de James Bond (genre : « On va élaborer un homme parfait qui pourra survivre sur Mars quand la planète Terre s'autodétruira » !).
Une vraie histoire à l'américaine... Dommage, au départ tout le monde croyait dans ce projet (même nous) et l'image de l'écologie en a pris un coup. En attendant, le site attire des millions de visiteurs (pas pour longtemps) et le milliardaire à l'origine du projet peut au moins récupérer sa mise au le prix des entrées. On vous déconseille donc de faire le détour pour visiter ce musée de verre et d'acier, même si le cadre est superbe, d'autant plus que c'est cher. En outre, les organisateurs ont décidé de créer à côté de la pyramide un ridicule parc d'attraction...

TOMBSTONE

A 100 km au sud-est de Tucson par la I 80. Tombstone, *« the town too tough to die ! »*. Ancienne cité minière et réputée pour sa violence du temps de l'Ouest sauvage, la ville a conservé beaucoup de baraques de cette époque. Elle est surtout célèbre pour avoir abrité le fameux duel de *OK Corral*. Le souvenir de Wyatt Earp, de Doc Holliday et du clan Clanton flotte encore dans les rues, et le vieux cimetière où l'on enterrait les morts sans les débotter reçoit toujours beaucoup de visites. Chaque tombe (époque 1880-1900) porte le nom de son occupant, mais aussi le motif de sa disparition, avec parfois le nom du responsable.
Cette cité a été fondée par un prospecteur d'argent à qui on avait dit : « N'allez pas par là, vous n'y trouverez qu'une pierre tombale. » Il y avait découvert un riche filon, attiré d'autres mineurs, et baptisé sa ville « pierre tombale ». Lorsqu'elle parvint au stade d'une agglomération de quelque importance, un publicitaire entreprenant y fonda le premier journal qu'il nomma, tout naturellement,

l'Épitaphe. Tombstone connut deux coups durs : les mines inondées en 1887 et le transfert du palais de justice à Bisbee en 1929.
Tombstone ne fut jamais une ville fantôme, malgré la fermeture des mines. Elle végéta, certes, mais survécut. Ce qui explique l'état exceptionnel des bâtiments et la qualité des vestiges et souvenirs.

Règlement de comptes à OK Corral !

Ce fameux et authentique épisode de l'histoire de l'Ouest se déroula le 26 octobre 1881. Il fut immortalisé par le film *Règlement de comptes à OK Corral* de John Sturges (avec Kirk Douglas et Burt Lancaster), ainsi que *Doc Holliday* de Frank Perry (avec Stacy Keach). Le shérif Wyatt Earp, ses deux frères Virgil et Morgan, ainsi que Doc Holliday (dentiste alcoolique devenu aussi une légende), étaient partis pour arrêter les frères Clanton et les McLaury, connus pour leurs actes de banditisme. La fusillade dura 30 secondes. Deux frères McLaury furent tués. Trois membres du groupe Earp furent blessés légèrement. Un des frères Clanton expira peu après, non sans avoir demandé à quelqu'un de lui enlever ses bottes, car il avait promis à sa maman de ne pas être enterré avec !
Le shérif Wyatt Earp, contre toute attente, mourut dans son lit en 1929, à Los Angeles, à l'âge de 80 ans. Entre-temps, il avait, il est vrai, changé de métier et était devenu agent immobilier.

La belle et véritable histoire de Russian Bill

Russian Bill, un grand dégingandé aux élégants habits et belles manières, apparut un beau jour de 1880 à Tombstone, un colt rutilant sur le côté. D'emblée, il joua les hors-la-loi, dont il utilisait le parler. Il s'acoquina avec les pires crapules de la ville, notamment Curly Bill, un bandit notoire. Il soignait les blessés de la bande, leur offrait refuge et couvert, bref faisait tout pour se faire accepter dans le milieu. Las, Curly Bill lui conseilla un jour d'arrêter de faire le pitre car il ne serait jamais un hors-la-loi. Déçu, Russian Bill partit au Nouveau Mexique et rejoignit la bande de Zeke Murillo, un autre bandit célèbre. Mais là aussi, il n'apparut pas plus crédible et on se moqua de lui.
Profondément choqué, il décida d'agir seul désormais. Il commença par voler un cheval, mais comme il resta dans la région, la bête fut vite reconnue et le shérif l'arrêta. Russian Bill passa donc sa première nuit de voleur de chevaux à la prison de Shakespeare, en compagnie de Sandy King, un tueur notoire. Ils furent jugés et condamnés à la pendaison dans la salle à manger du grand hôtel de la ville. Jamais exécution ne perturba autant les braves gens. Russian Bill était hilare et remerciait les bourreaux et la foule avec une politesse raffinée. Pouvaient-ils deviner qu'il réalisait enfin son rêve : être reconnu comme un vrai *outlaw* ! Quelque temps après, on sut qu'il s'appelait de son vrai nom William Tattenbaum et qu'il venait d'une des plus grandes familles d'aristocrates russes.

Où dormir ?

- Cinq *motels* (dont trois à prix raisonnables) et un *B & B.*
- *Camping KOA :* très confortable. Piscine.

A voir

La ville ayant conservé son Downtown original (quelques rues se coupant à angle droit), les points d'intérêt sont proches les uns des autres. Cependant, compter au moins 2 à 3 h de visite (avec le cimetière un peu en dehors de la ville). Si vous achetez tous les coupons de visite en même temps, à l'Historama, vous gagnez un dollar.
– *Information touristique :* Allen et 4th Streets. ☎ 457-2202.

▶ *Tombstone Historama et site d'OK Corral :* Allen Street (et 3rd Street). Intéressant sur l'histoire de la ville et des mines. A côté, visite du site où eut lieu la célèbre fusillade de OK Corral. Corbillard qui transporta les corps des Clanton et McLaury.

Dans la *backyard,* très belle expo de photos de Fly. Émouvante évocation de la vie des Indiens et de la reddition de Geronimo. Celui-ci se rendit sur la promesse que la justice américaine serait indulgente. En fait, il fut déporté en Floride et emprisonné 23 ans. Il y mourut rongé par le chagrin et l'alcool. Une anecdote : celui qui mena les négociations, le général Crook, laissa son nom dans l'histoire à la suite de son manquement à la parole, le mot *crook* signifiant désormais escroc.

Reconstitution (assez sommaire, il faut dire), à l'endroit où elle eut lieu, de la fusillade entre Wyatt Earp, Doc Holliday et les frères Clanton et McLaury. Petit studio photo de l'époque. Vous pourrez voir aussi une maison traditionnelle de prostituée du « Red Light District ». Vestiges des écuries, calèches, buggie et même toilettes de l'époque !

Wild Bunch Show, les 1er et 3e dimanches de chaque mois. Show des Vigilantes les 2e, 4e et parfois 5e dimanches dans les rues de la ville. Renseignements au bureau de tourisme.

▶ *Crystal Palace :* au coin de Allen et 5th Streets. L'établissement n'a quasiment pas changé d'aspect depuis 1880. Ce fut le plus populaire des quelque 100 saloons de la ville. En activité jusqu'en 1963, avant d'être racheté et restauré par la commission des monuments historiques. On reconstruisit très exactement (grâce aux photos) le célèbre bar en acajou. Il eut des clients célèbres dont, bien entendu, Virgil Earp (et ses ennemis), le juge Wells Spicer qui conduisit l'enquête sur la fusillade de OK Corral, le Dr Harry Mattews qui examina les corps, le Dr George Goodfellow, fameux chirurgien de l'armée à la retraite, et tant de desperados. Ce Goodfellow connut une notoriété invraisemblable. Il soigna toutes les blessures par balle dans un rayon de 100 km, perdit 20 $ dans un pari avec Geronimo, était l'ami de Diaz le président mexicain. Finalement, il négocia la reddition des Espagnols lors de la guerre pour Cuba en 1898. Ce dernier haut fait restera particulièrement dans la légende pour le nombre de bouteilles de gin qui furent descendues pendant la négociation !

▶ *Bird Cage Theater :* 6th et Allen Streets. Entrée payante. Peut-être la visite la plus émouvante. En effet, ce « théâtre » (Honky Tonk) où tricheurs professionnels, mineurs déglingués et notables pourris se bousculaient pour voir les spectacles « légers » et jouer un poker, est resté complètement en l'état. De 1881 à 1889, il ne ferma pas une minute et connut 16 batailles au revolver. Les murs portent toujours les traces des 140 balles qui s'y logèrent. Scène en ruine, papier peint d'origine, décor poussiéreux dans lequel sont exposés tous les souvenirs de la ville : tables de jeu, vieilles affiches, vêtements d'époque, armes, objets domestiques divers, instruments « chirurgicaux » de dentiste de Doc Holliday, etc. Les loges du premier balcon communiquaient avec la scène où des beautés venues de partout chantaient dans des cages : « Je ne suis qu'un oiseau dans une cage dorée ».

▶ *Tombstone Epitaph :* 5th Street. Rendre visite au célèbre journal. Les fans de western peuvent même s'y abonner (aujourd'hui mensuel). Possibilité d'acheter le numéro spécial sur OK Corral (avec les minutes de l'enquête et du procès) et d'intéressantes brochures.

▶ *Le palais de justice (Court House) :* Toughnut et 3rd Streets. Édifié en 1882. Un des rares bâtiments en dur de l'époque. Dans la cour s'élève encore l'échafaud. A l'intérieur, petit musée. Dans la même rue, à l'autre bout, la *Fire-House.*

▶ *La mairie :* Toughnut et 5th Streets. Construite à la même époque que le palais de justice et toujours utilisée comme telle. Jolie façade.

▶ *Wells & Fargo :* Allen Street (et 5th Street). Au même endroit depuis 1888. Il y avait, à l'époque, 573 bureaux de ce type dans l'Ouest. La Wells & Fargo ne se contentait pas de transporter les gens, mais assurait aussi l'acheminement du courrier et les opérations bancaires. C'est aujourd'hui l'une des plus grosses banques des États-Unis (voir son superbe nouveau siège social à L.A.).

▶ *Rose Tree Inn Museum :* 4th et Toughnut Streets. ☎ 457-3326. Une demeure pleine d'histoire et d'anecdotes. Très bel ameublement d'origine et, surtout, le plus gros buisson de roses du monde (homologué par le *Guinness Book*). A l'origine, une jeune mariée écossaise qui reçut de son pays d'origine quelques pousses de roses. L'une d'elles fut plantée dans le patio et prospéra...

BISBEE

IND. TÉL. : 602

A une quarantaine de kilomètres au sud de Tombstone. Pour les amoureux de l'Ouest, une ancienne ville minière qui vaut le déplacement. Située presque à la frontière mexicaine, elle s'étage dans une belle vallée. La plupart des bâtiments datent de la fin du siècle dernier. Un énorme rocher, *Castle Rock*, surplombe la ville. Panorama assez chouette en arrivant de Tombstone.

– *Greater Bisbee Chamber of Commerce (office du tourisme) :* 7 Naco Road. ☎ 432-2141. Ouvert de 9 h 15 à 17 h. Le samedi de 9 h 30 à 14 h. Bonne documentation sur la ville.

Où dormir ?

■ *The Inn at Castle Rock :* 112 Tombstone Canyon Road. ☎ 432-7195. En contrebas de la route de Tombstone, en face de Castle Rock. Une immense demeure victorienne, ancienne *boarding house* (hôtel pour mineurs), avec de longs balcons. Accueil sympa. Jim, le proprio, est un artiste dont les toiles égaient toute la maison. Intérieur plein de charme, donc. Une curiosité : au rez-de-chaussée, à l'intérieur, un puits de 3 m de large et 20 m de profondeur, ancienne entrée de la mine d'argent. Quand elle fut noyée, elle servit durant quinze ans de puits à la ville. Chambres pas très grandes, mais personnalisées. Toutes dans un style différent et joliment meublées (salle de bains dans chacune). Agréable salon de repos et lecture, avec panorama sur la ville. Jardins sur la colline. Copieux petit déjeuner que l'on peut prendre dehors. Une de nos adresses les plus romantiques, qui vaut une petite dépense supplémentaire (compter 300 F pour deux, petit déjeuner compris).
■ *Jonquil Motel :* 317 Tombstone Canyon. ☎ 432-7371. Sept chambres correctes avec salle de bains et T.V. Prix très raisonnables.
■ *Y.M.C.A. :* Box 968, 85603. ☎ 432-3542. Située en plein centre du Old Bisbee. Bon accueil. Pas cher et accepte tout le monde ! Écrire pour réserver ou téléphoner sur place.

Plus chic

■ *Copper Queen Hotel :* 11 Howell Avenue. ☎ 432-2216. Construit en 1902 par la Copper Queen Mining Company en pleine euphorie minière. Aujourd'hui, fort bien restauré, il a conservé tout son *old flavour*. Plus de 40 belles chambres, beaucoup d'entre elles meublées avec du mobilier dans le style de l'époque. Charmants *Copper Queen Saloon* et *Dining Room*.

Un peu d'histoire

Ce fut longtemps un coin très sauvage. Personne ne se hasardait dans cette vallée, à 1 600 m, dominée par les Mule Mountains et peuplées de farouches tribus apaches défendant efficacement leur territoire. Cependant, en 1877, une patrouille de l'armée à la poursuite d'Indiens en rébellion découvrit la vallée et, surtout, une source chargée de plomb (ce qui indiquait la présence de riches filons, d'argent notamment). En fait, c'est en cuivre que la région était le plus riche. Deux ans plus tard, 53 *claims* (concessions) étaient déjà enregistrées. Bisbee se créa et atteignit rapidement 25 000 habitants (aujourd'hui, 8 000), les mines prospérèrent, puis vint la crise. Cependant, ce n'est qu'en 1975 que ferma la dernière mine. Ce qui explique que l'on visite une ville qui se révèle bien loin d'être fantôme. Vu le prix de certains métaux, des rumeurs font même état d'une réouverture probable de certaines mines. En tout cas, les habitants se battent avec conviction pour faire vivre leur ville.

A voir

▶ *Copper Queen Tour :* départ du Queen Mine Building. ☎ 432-2071. Visite à 10 h 30, 12 h, 14 h et 15 h 30 tous les jours. Durée : un peu plus d'une heure.

Fourniture d'un ciré jaune et d'un casque. Environ 230 km de galeries sillonnent cette mine qui ferma en 1943. Les mules qui tiraient les wagonnets ne remontaient jamais à la surface (elles passaient en moyenne 18 ans sous terre) de peur qu'elles ne deviennent aveugles ou, tout simplement, qu'elles refusent de redescendre. La première machine automatique mise en fonction fut baptisée « *widowmaker* » (« fabricante de veuves ») du fait du haut taux de poussière dégagé. Les guides sont souvent d'anciens mineurs. Prévoir un lainage, la température descendant jusqu'à 10°.

Possibilité aussi d'effectuer le tour de la **Lavender Open Pit Mine,** une des plus grandes mines de cuivre à ciel ouvert. Elle ferma en 1975. Une visite quotidienne à midi, depuis le Queen Mine Building.

▶ **Visite de la ville en bus :** départ du Queen Mine Building à 10 h 30, 14 h et 15 h 30. Balade de 1 h 30 environ.

▶ **Musée de la Mine :** dans le centre. ☎ 432-7071. Ouvert de 10 h à 16 h. Dimanche de 13 h à 16 h. Installé dans une demeure de 1897, ancien siège de la compagnie et Masonic Lodge Hall. Une intéressante plongée dans l'histoire des mines à Bisbee.

▶ **Mulheim House :** 207 B Young-blood Hill. Ouvert du vendredi au samedi de 13 h à 16 h. Visite d'une maison typique de la région.

▶ **Balade à pied :** sur les pentes de la ville, le long de Copper Queen Plaza, des rues Main, Subway, Howell, Opera, Brewery, OK et sur Naco Road, on découvre nombre de pittoresques demeures et édifices publics comme la vieille prison, le théâtre lyrique, la poste, la Covenant Presbyterian Church, etc. L'office du tourisme a fort opportunément édité un plan de ville *(Bisbee, a Walking Tour)* avec tous les *landmarks* répertoriés.

▶ Pour ceux qui sont des **ghost towns and mining camps** *addicts* et qui disposent de temps, la région se prête bien à une visite en profondeur. Là aussi, une petite brochure de l'Arizona Office of Tourism présente les principaux points d'intérêt. *Attention,* ils sont souvent beaucoup moins spectaculaires que Tombstone ou Bisbee. Être bien motivé.

FLAGSTAFF

IND. TÉL. : 602

A 225 km de Phoenix, 210 du lac Powell et 130 du Grand Canyon. Petite ville d'altitude, entourée de montagnes boisées. Le climat y est doux, ce qui est bien agréable après la fournaise du désert. Bien que ce soit en Arizona, il y fait frais le soir. Point de départ idéal pour le Grand Canyon car tout y est bien moins cher !

Adresses utiles

– **Visitors' Information :** Chamber of Commerce, 101 W Route 66, à l'angle de Beaver Street. ☎ 774-9541. Dans le centre, près de la gare. Ouvert tous les jours de 8 h à 21 h (17 h le dimanche). Personnel compétent. Abondante documentation.
– **Terminal Greyhound :** 399 South Malpais Lane. ☎ 774-4573. A 1 km au sud de la gare. Liaisons sur Phoenix, Los Angeles, Las Vegas, etc.
– **Amtrak :** 1 E Route 66. ☎ 774-8675. Numéro gratuit : (1-800) 872-7245. Un train par jour pour Los Angeles et pour Albuquerque. C'était le train de la grande époque du Far West. Passage de convois de marchandises assez impressionnants.
– **Post Office :** 104 North Agassiz Street.
– **Location de voitures :** attention, des lecteurs se sont fait rouler (justement) par la société *Admiral's,* pourtant recommandée par l'A.J. officielle et certains motels.
– **Librairie :** *Bookman's Used Books,* dans le Longs Drugs Shopping Center, sur Milton Road, juste avant l'université (au sud de la ville). Ouvert tous les jours de 9 h à 22 h. Choix impressionnant de livres et de disques d'occasion. Également des guides de voyage, cartes du pays et de belles cartes postales. On y trouve aussi un petit bureau de poste !

LE MIDDLE WEST (SUD)

Où dormir ?

Bon marché

■ *Dubeau Motel (Youth Hostel) :* 19 West Phoenix, dans Dowtown, à côté de la gare. ☎ 774-6731. Jolie maison en brique. Gérant très sympa. C'est le rendez-vous des routards américains et étrangers. Dortoirs ou chambres privées. Pas cher du tout. Cuisine, laverie et activités diverses. Un peu fouillis mais une ambiance vraiment agréable. Petit déjeuner gratuit.

■ *Downtowner Independent Youth Hostel :* 19 South San Francisco. ☎ 774-8461. Juste à côté du Dubeau. Autre motel transformé en A.J. privée. Les travaux viennent d'être achevés et l'endroit est des plus agréables. Chambres petites mais très bien tenues. Dortoirs pour 2 $ de moins. Gérants accueillants et pleins d'humour. On peut faire sa cuisine. Le matin, café et *donuts* gratuits. Autres avantages : ils prêtent gracieusement des vélos et acceptent même de venir vous chercher au terminal de bus... Attention, selon leur devise, les Dinosaures Vicieux ne sont pas acceptés !

■ *Youth Hostel* (officielle) : face à la gare, au 1er étage de l'hôtel Weatherford, à l'angle de Leroux Street et Aspen (Downtown). ☎ 774-2731. Ouvert de 7 h à 9 h 30 et de 17 h à 22 h. Dans un édifice de la fin du XIXe siècle. Dortoirs pour les fauchés et chambres pour les amoureux. Même prix que les A.J. privées mais plus strict. On peut faire sa cuisine. Couvre-feu à 23 h.

Les campings

■ *Fort Tuthill Camping :* à 5 km au sud de Flagstaff, sur l'US 89 A, en allant vers Sedona. ☎ 774-3464. Isolé mais en pleine nature dans la pinède.
■ *Flagstaff KOA :* 5803 N Highway 89. Au nord-est de la ville. ☎ 526-9926. Au milieu des arbres. Confortable et calme.

Prix moyens

■ *The L Motel :* 121 S Sitgreaves. A la sortie 195 B, au sud de Downtown (à 0,5 mile du centre). ☎ 774-8820. Motel sans prétention, tout rose et bien tenu. Gérant aimable. Chambres avec air conditionné, grands lits et T.V. câblée. Ouvert 24 h sur 24.
■ *Twilite Motel :* 2010 E Route 66. ☎ 774-3364. Motel tout en bois, créé en 1937. Chambres décorées avec goût. Café et pop-corn gratuits. Dommage que l'accueil soit très moyen. Mêmes prix que le L Motel, mais en saison les prix augmentent.
■ *Flamingo Motor Hotel :* 550 W Old Highway 66. ☎ 779-2251. L'un des moins cher de la ville mais vous n'arriverez pas à obtenir un sourire de la patronne ! On a tout essayé...

Plus chic

■ *Dierker House Bed & Breakfast :* 423 West Cherry. ☎ 774-3249. A 3 blocs au nord de la Route 66, dans un quartier résidentiel proche de Downtown. Une bien jolie maison particulière, très confortable, tenue par une dame charmante. Non fumeur. C'est presque deux fois plus cher qu'un motel mais pour ceux qui peuvent se le permettre, ça vaut le coup. Téléphoner avant car c'est souvent plein.

Où manger ?

● *Alpine Pizza :* 7 N Leroux Street, près de la gare et de l'A.J. officielle. ☎ 779-4109. Un endroit intéressant et relax. Ouvert de 11 h à 23 h (minuit vendredi et samedi). Les pizzas sont succulentes et gigantesques. Pour les petites faims, la *9 inches* est largement suffisante. On y sert du vin et de la bière.
● *Choi's :* Aspen Street, à la hauteur de Leroux Street. ☎ 774-3492. Ouvert en semaine de 6 h à 15 h et le dimanche de 8 h à 18 h. Cafétéria tenue par des Chinois. Il faut voir M. Choi derrière son comptoir : avec son chapeau de cuisinier, il semble sortir tout droit des albums de Lucky Luke. En tout cas, *breakfast* et *lunch* abordables.
● *Hong Kong Café :* 6 E Route 66. Face à la gare. Grande salle style années 50. Banquette de moleskine verte. Ouvert de 8 h à 21 h. Petit déjeuner améri-

cain copieux. Au *lunch* et au *dinner*, cuisine chinoise très bon marché mais assez banale.
- **Kathy's Café :** 7 N San Francisco. ☎ 774-1951. Ouvert tous les jours de 6 h 30 à 15 h. La décoration est assez coquette. Goûtez aux omelettes ou au *navajo taco*. *Breakfast* avec petits pains faits maison.
- **Furrs Cafeteria :** sur Milton Road, 1 mile avant la jonction avec la I 40. A midi, buffet *all you can eat* pour un prix dérisoire. Clientèle populaire et pas mal d'Indiens.

Plus chic

- **Black Barts :** 2760 East Butler Avenue. ☎ 779-3142. Ouvert de 17 h à 21 h (22 h le week-end). Pour ceux qui ont une voiture car c'est loin du centre. Gigantesque *steak-house* dans une sorte de saloon reconstitué. Décor « rétro western » assez réussi. Ambiance décontractée et bon enfant (très touristique tout de même). Le plus de l'endroit : figurez-vous que les serveurs et serveuses (tous étudiants à l'université de Flagstaff) chantent et jouent chacun leur tour tout au long du repas ! Puis ils se réunissent pour un dernier extrait de comédie musicale. C'est ça aussi, l'Amérique profonde... On vient surtout pour le spectacle, car la cuisine (grillades surtout, dont le *BBQ chicken* du chef) n'est pas donné).
- **Delhi Palace :** 2700 S Woodlands Village Boulevard (dans le centre commercial, face au Motel 6). ☎ 556-0019. Ouvert jusqu'à 22 h. Cadre et service raffinés, comme il se doit. Délicieuse cuisine. On retrouve les habituels plats d'Inde du Nord : *tandoori*, *tika*, *masala*, etc. Prix plus élevés que dans les restos US traditionnels mais d'intéressantes promos, comme le buffet à volonté, tous les jours de 11 h 30 à 14 h 30. Le soir, menus complets, plus chers mais incluant *naan* et cafés.

Où boire un verre ?

– **Main Street :** 4 South San Francisco Street. ☎ 774-1519. Ouvert tous les jours de 11 h à minuit (le dimanche à partir de midi). Ne soyez pas choqué par les nombreuses cacahuètes qui jonchent le vieux parquet. Ici, elles sont gratuites. Possibilité de manger grillades, salades, etc., mais on vient ici avant tout pour boire. Prix modérés. Si Kevin est en forme, il tentera une façon originale de servir le *bloody Mary* ! A propos, excellents cocktails. Atmosphère joyeuse et musique *live* le soir.
– **The Monsoon's :** 22 E Route 66, à la hauteur de San Francisco Street. Bonne musique et ambiance chaude certains soirs. Billard et vieux ventilos.
– **The Mad Italian :** 101 S San Francisco Street. ☎ 779-1820. Ouvert de 11 h 30 à 1 h. Grand bistrot étudiant et margeo. Comptoir en U, qui permet de voir tout le monde. Possibilité de grignoter sandwiches et salades. *Happy hour* de 16 h à 19 h. Écran T.V. géant, mini-golf (!) et billards.

A voir

▶ **Lowell Observatory :** sur une colline à l'ouest de la ville, à 3 miles de l'A.J. ☎ 774-3358. Réservation obligatoire. Téléphoner de 8 h 30 à 17 h 30. Ouvert du lundi au vendredi mais, si vous voulez voir quelque chose, allez-y à 10 h ou à 13 h 30 précises. Le grand télescope est assez impressionnant.

▶ **Museum of Northern Arizona :** à 5 km au nord sur l'US 180 (route du Grand Canyon). ☎ 774-5211. Ouvert de 9 h à 17 h. Demi-tarif pour les étudiants. Tissages, outils et bijoux des deux principales tribus du coin : les Navajos et les Hopis. Belle collection de poupées *kachinas*.

Manifestations

– **Festival d'artisanat indien :** en principe, tout au long du mois d'août, au Museum (chants et danses navajo, zuni et hopi).
– **Rodéo annuel :** à la mi-juin. Super ambiance pendant un week-end. Fête western d'une petite ville où l'on se connaît.

– **Pow Wow :** le week-end précédant le 4 juillet. Dans le centre ville, chants, danses, artisanat et cuisine d'Indiens venus de différents pays d'Amérique.

– **Festival of the Arts :** en juillet, concerts classiques, expos, lecture de poésie, etc. Sur le campus.

Dans les environs

▶ **Sedona :** à 42 km au sud de Flagstaff, sur l'US 89. Petite ville très touristique où vécut Max Ernst. Évitez d'y dormir car tout est très cher. Entourée de jolis rochers rouges, notamment le *Red Rock Crossing* où l'on tourna plusieurs westerns. *Office du tourisme :* ☎ 282-7722. Numéro gratuit : 1-800-288-7336.

▶ **Tlaquepaque** (prononcer Talakapaké) : un des plus beaux centres commerciaux des États-Unis, à l'est de Sedona. ☎ 282-4838. Superbe village mexicain comme vous n'en verrez jamais au Mexique (tellement c'est propre !). Patios fleuris égayés par des fontaines. Boutiques et restos pratiquant des tarifs exorbitants, mais on n'est pas là pour acheter.

▶ ***The Chapel of the Holy Cross :*** magnifiquement située sur un rocher rouge, l'architecture fut imaginée par Frank Lloyd Wright. A 2 miles de Sedona.

▶ **Meteor Crater :** à 50 km à l'est de Flagstaff sur l'US 180. A 8 km de la route principale. ☎ 526-5259. En été, ouvert de 6 h à 18 h. Le plus grand cratère météorique du monde. Assez spectaculaire : 1 265 m de diamètre et 174 m de profondeur. Un sacré météore ! Sur le bord du cratère, un musée. L'endroit fut utilisé comme camp d'entraînement par les astronautes. On peut d'ailleurs y voir une vidéo en hommage aux passagers de la navette qui a explosé et qui s'appelle *The Future Belongs to the Brave.* En 10 mn, on a un condensé de l'« esprit américain ». Être quand même assez motivé, sinon ça pourrait paraître cher pour un trou.

▶ **Petrified Forest National Park :** à 100 miles à l'est de Flagstaff, sur la 40. Troncs d'arbres pétrifiés dans un paysage lunaire composé de roches volcaniques. Mieux que la forêt pétrifiée située sur la route de Calistoga, dans la Napa Valley.

▶ Les passionnés de civilisations indiennes pourront visiter des maisons troglodytiques à **Walnut Canyon** (à 20 km à l'est par l'Interstate Canyon) et à **Montezuma Castle** (32 km au sud-est). Certaines sont perchées à même la falaise.

Suggestion d'itinéraire au départ de Flagstaff

Flagstaff est un excellent point de départ pour découvrir certains sites parmi les plus beaux des États-Unis ainsi que des réserves indiennes. L'itinéraire que nous proposons effectue une boucle et peut se faire en une semaine environ. De nombreux endroits ne sont pas desservis par les bus et le stop est risqué (peu de voitures et grosses chaleurs). Voilà pourquoi la location d'une voiture s'impose.
Flagstaff-Grand Canyon Village-US 264 (qui traverse les réserves hopis et navajos). US 191 pour le canyon de Chelly-Monument Valley via Kayenta-Page et le lac Powell-Bryce Canyon-Zion Canyon-Las Vegas-Flagstaff.
Croyez-nous, cet itinéraire risque d'être l'un des plus beaux souvenirs de votre vie. Conseillé d'acheter une carte d'Arizona. Possibilité d'extension au départ du canyon de Chelly par la US 40 pour Santa Fe, Taos, Durango et Mesa Verde. Puis retour à l'itinéraire principal par Monument Valley.

– **Bus pour Grand Canyon Village :** Nava-Hopi Tours (Gray Line). ☎ 774-5003 ou (1-800) 892-8687.

LE CANYON DU COLORADO

IND. TÉL. : 602

Le Grand Canyon est un des phénomènes géologiques les plus étonnants qui soient. Ça, tout le monde le sait. Le Colorado a taillé la roche particulièrement

ITINÉRAIRE AU DÉPART DE FLAGSTAFF 255

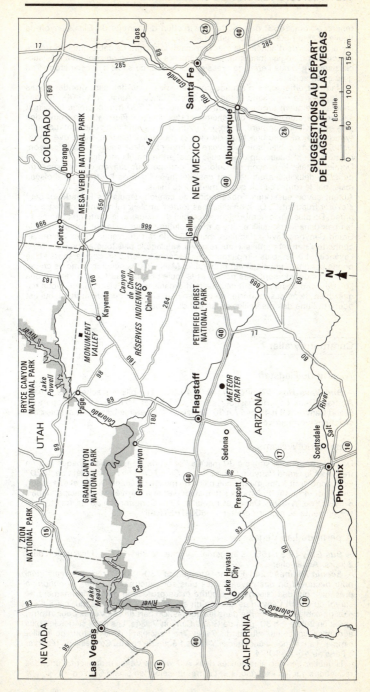

SUGGESTIONS AU DÉPART DE FLAGSTAFF OU LAS VEGAS

tendre. Avant 1963, date de la construction du barrage de Glen Canyon, le fleuve charriait 500 000 t de sable par jour.

Il y a 2 milliards d'années, la mer recouvrait la région. Le sable que l'on trouve partout est d'origine maritime. Les sédiments et le sable se sont entassés successivement. Sous l'effet de pressions diverses, ce sable s'est transformé en grès et en schiste.

Du fait des différences d'altitude considérables, cinq des sept grandes zones climatiques se retrouvent le long du Grand Canyon. Ainsi, vers 1 000 m, des cactées indiquent un climat subtropical sec. A 1 200 m prédomine un climat sec, tempéré chaud avec des chênes et des acajous. Plus haut, on trouve des pins et un climat tempéré. Enfin, vers 2 500 m s'étend une zone climatique du type canadien, avec une forêt de pins et de sapins (surtout sur la rive nord). Donc, ne pas oublier son pull, voire un imper : il pleut souvent sur le canyon, même en été ! Beaucoup d'écureuils mais, attention, ils mordent.

Dernier détail : le canyon du Colorado, comme tout canyon qui se respecte, possède deux faces qui ne sont pas éloignées l'une de l'autre à vol d'oiseau mais, par la route, ça fait quand même 215 miles.

Autant savoir aussi que l'observation du canyon depuis les belvédères peut s'avérer frustrante... On n'en saisit pas toute l'ampleur tellement le monstre est grand. De plus, vu le nombre (considérable) de visiteurs, la contemplation ne se fait pas dans la tranquillité ! Il y a trois solutions pour vraiment appréhender le Grand Canyon : l'avion (fabuleux mais cher), le raft (moyen le mieux adapté au contexte « naturel » ; mais il faut réserver sa place le plus longtemps possible à l'avance) et enfin, plus simplement, la descente à pied d'un des versants ! Une bonne condition physique est préférable. Mais c'est la solution la moins chère, les points de vue sont plus riches, et la foule plus rare au fur et à mesure que l'on descend. Pensez à tout cela avant d'organiser votre visite. Sinon, vous risquez bien de ne pas rapporter un souvenir aussi ébloui que prévu de ce qui est pourtant l'une des merveilles naturelles du globe.

Comment y aller ?

A partir de Flagstaff

– **Bus Nava-Hopi (Gray Line) :** ☎ 774-5003. Les billets s'achètent à la gare Amtrak. Deux départs par jour en été : 7 h 58 et 15 h 10. Le bus repart du Grand Canyon à 9 h 45 et 17 h 30. Conseillé d'acheter le billet (aller simple possible) dès votre arrivée.

A partir de Williams

De cette petite ville située à 30 miles à l'ouest de Flagstaff part chaque jour un train pour le Grand Canyon. Originalité : le *Grand Canyon Railway* date de 1920 ! On a donc droit à une magnifique pièce de musée du Grand Ouest, avec vapeur, cheminot et tût tût du fameux sifflet au départ et à l'arrivée ! En principe, départ à 9 h 30 de Williams Depot et retour à 16 h. Compter 2 h 30 de trajet. Renseignements au numéro gratuit : 1-800-THETRAIN.

A partir de Las Vegas

– **Bus Gray Line :** 1550 S Industrial Avenue. ☎ 384-11234. L'excursion dure 2 jours. Assez chère.
– **Scenic Airlines :** 241 E Reno Avenue. ☎ 730-1900. Très cher mais idéal pour découvrir un des paysages les plus somptueux du monde. *Attention :* à présent, pour des raisons de sécurité et de protection de l'environnement, le survol du Grand Canyon se limite à un aperçu général du paysage, car il n'est plus possible de descendre dans les gorges. On part de Las Vegas pour atterrir, après un vol de 1 h 30, près du Grand Canyon Village. Les sièges les plus agréables sont ceux du fond : 7a et 7c. Possibilité d'aller-retour ou d'aller simple. Tarif K moins cher que le Y. Très fréquenté en été. Conseillé de réserver à Paris au 45-77-10-74.
– N'oubliez pas non plus que les deux A.J. de Las Vegas proposent, l'une, des réductions sur les excursions et l'autre, un séjour au Grand Canyon.

LE CANYON DU COLORADO / OÙ DORMIR ? 257

▶ RIVE SUD (SOUTH RIM)

La rive sud est de loin le côté le plus fréquenté. Entrée officielle du parc national à Moqui (route 180 en venant de Flagstaff). Évidemment, c'est payant (10 $ par voiture), sauf si vous avez déjà acheté le *Golden Eagle Pass*.

GRAND CANYON VILLAGE (Ind. tél. : 602)

Le centre touristique de la rive sud s'appelle *Grand Canyon Village*, village artificiel construit pour les besoins du tourisme. Les promoteurs ne sont pas idiots car le site est fabuleux, tout au bord du Grand Canyon.

Adresses utiles

– A l'est du village, un **Visitors' Center** où l'on obtient gratuitement prospectus et renseignements en français. ☎ 638-7888. Ouvert tous les jours de 8 h à 17 h (en hiver) ou 19 h (en été). Se renseigner sur les promenades guidées, films ou montages diapos gratuits.
– En cas de pépin, un **médecin** est disponible à *Grand Canyon Clinic*. ☎ 638-2551. Ou contactez n'importe quel *ranger*.

Où dormir ?

Dans le village, l'hébergement est bien sûr très souvent complet en été. Une petite chance toutefois en s'y prenant tôt le matin au *Visitors' Center*.
L'ensemble d'hôtels, restaurants et campings ont une concession exclusive accordée à Fred Harvey. A la fin du siècle dernier, ce sacré bonhomme commença sa carrière comme plongeur dans un resto du Kansas. Très vite, il comprit le parti que l'on pouvait tirer des régions indiennes. Grand Canyon Village était sur la ligne de chemin de fer de Santa Fe, qui conduisait les pionniers vers l'Ouest. Les femmes qui travaillaient dans les restaurants et hôtels de Fred Harvey acquirent une solide réputation. Elles étaient courageuses au travail et habiles. Cette réputation était si forte qu'épouser une *Fred Harvey's girl* devint une référence. Hélas, les temps ont bien changé : le personnel actuel est tellement débordé que l'accueil s'en ressent.

■ **Mather Campground :** à 200 m au sud du Visitors' Center. S'y pointer plutôt le matin ou réserver car souvent complet. Écrire à la centrale de réservation : Mistix, P.O. Box 85705, San Diego, CA 92138-5705. On peut aussi réserver par téléphone au 1-800-365-2267. On ne prend pas de réservation de décembre à mars.
■ **Trailer Village :** à 500 m de Mather Campground. ☎ 638-2631. Ouvert toute l'année. Beaucoup plus cher que le précédent, mais on y trouve plus facilement de la place ; possibilité de partager les emplacements.

Plus chic

■ **Bright Angel Lodge :** à l'ouest du Visitors' Center. Réservations : Grand Canyon National Park Lodges, P.O. Box 699, Grand Canyon, Arizona 86023. ☎ 638-2631. Magnifiquement situé au bord de la falaise. L'hôtel le plus abordable du parc, même si les chambres sont aussi chères que dans un 3 étoiles. Décor rustique négligé. Aucune chance en été sans réservation. Consigne à bagages (utile pour les randonneurs mais payante).
■ En dehors du parc, les motels les plus proches se trouvent à *Tusayan*, à 13 km au sud de Grand Canyon. Mais ils sont chers et souvent complets. En revanche, le camping de Tusayan *(Grand Canyon Camper Village)* est moins souvent plein que les sites du Canyon Village.

Plus loin

■ Possibilité de dormir dans une **A.J. à Tuba City**, sur la route de Monument Valley (voir au chapitre « Réserve Hopi »).
■ **Cameron Trading Post :** à 54 miles au nord de Flagstaff sur la Highway 89, à quelques dizaines de miles de Grand Canyon Village. P.O. Box 339, Cameron, 86020 Arizona. ☎ 679-2231. Numéro gratuit : 1-800-338-7385. Motel-resto-

258 LE MIDDLE WEST (SUD)

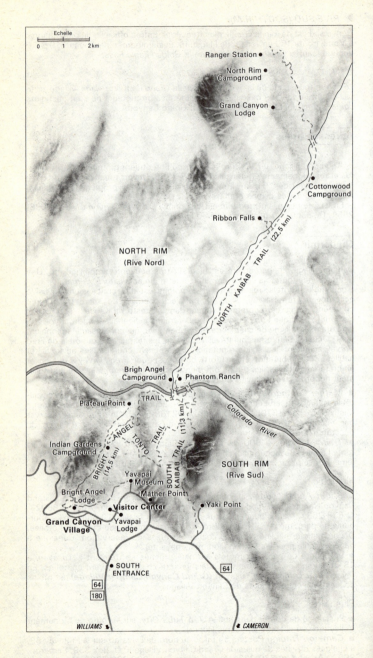

ITINÉRAIRES PÉDESTRES DANS LE COLORADO

boutique tenu par des Navajos souriants. Chambres à prix moyens. Belle salle à manger, mais resto assez cher et très touristique. Boutique immense avec quelques beaux souvenirs à acheter.

Où manger ?

- *Maswick Lodge :* à l'ouest du Visitors' Center. Self-service plein à craquer en été. On fait donc la queue pour sa *pasta* ou son *cheeseburger* mais au moins c'est assez bon marché (pour le Grand Canyon).
- *Yavapai Lodge :* près du Visitors' Center. On y trouve une cafétéria.
- Pour les fauchés, *grande épicerie* à 200 m du Visitors' Center.

A voir

- Du village, de fin mai à septembre, partent deux navettes *(shuttle)* qui transportent gratuitement les touristes le long du Grand Canyon. L'une va vers l'est, l'autre vers l'ouest. Environ toutes les 15 mn. Le soir, à partir de 19 h, les bus de la route ouest permettent d'admirer le coucher de soleil. Amateurs de photos, prévoir des pellicules 1 000 Asa.

▸ *Yavapai Museum :* situé à moins d'un mile à l'est du Visitors' Center. Ouvert de 9 h à 18 h. Assez passionnant. Histoire du Canyon, présentation des montagnes, des minéraux, etc. A voir, si vous ne descendez pas dans le canyon. D'ailleurs, ça vous donnera l'envie d'y descendre.

▸ *Grand Canyon Imax :* à Tusayan, à l'entrée sud du parc. ☎ 638-2203. Ouvert en été de 8 h 30 à 20 h 30 (hiver de 10 h 30 à 18 h 30). Film toutes les heures sur écran géant. L'histoire du canyon, avec effets spéciaux. Réussi, mais assez cher pour 35 mn de cinéma.

▸ Sur la route est, à 20 miles du village, vers Cameron, intéressant petit *musée* sur la culture anasazi (le *Tusayan Museum,* East Rim Drive). Photos, documents, bijoux et objets domestiques. Quelques vitrines sur les Hopis et Navajos également. Vestiges d'un petit pueblo vieux de 8 siècles. On a retrouvé la Kiva ou lieu cérémoniel secret. Noter le système d'aération. C'est évidemment peu spectaculaire, mais c'est l'un des rares vestiges de cette civilisation disparue. *Tour* commenté le matin et l'après-midi. Rendez-vous dans le musée.

▸ De nombreuses compagnies proposent le *survol du Grand Canyon* en hélico ou en avion. Les prix varient en fonction du nombre de personnes et la durée du vol. L'hélico est bien plus cher que l'avion. La compagnie la moins chère que nous ayons trouvée : *Grand Canyon Airlines.* ☎ 638-2407.

Conseils pour ceux qui descendent au fond du Canyon

- Allez avant tout au *Visitors' Center :* discutez les itinéraires (il y en a plusieurs) avec les rangers.
- Pour toute information et réservation pour un *hiking* et camping dans le Grand Canyon, vous pouvez écrire au *Back Country Reservations Office,* P.O. Box 129, Grand Canyon, AZ 86023. ☎ 638-7888.
- N'oubliez pas que ces randonnées pédestres se font à l'inverse de l'alpinisme. D'abord la descente, puis la remontée, quand on est... épuisé.
- Pour descendre et remonter, il faut compter environ 8 h. Bon à savoir !
- On conseille pour descendre de ne prendre que des provisions et de l'eau (au moins 2 l par personne), plus des cachets de sel en vente en haut (très important, les cachets de sel). La température peut atteindre 49 °C en plein été ! Pour le reste, limiter son équipement au strict minimum. D'ailleurs, on peut alléger son sac à la consigne du *Bright Angel Lodge.*
- Pour se protéger du soleil, il est indispensable de se couvrir tout le corps, y compris les bras, et de porter un chapeau à larges bords.
- Toutes les excursions pédestres du canyon peuvent se faire sans guide, mais il est formellement interdit de quitter les chemins.
- Si on veut camper au fond *(Phantom Ranch),* il faut réserver très longtemps à l'avance. Amende très importante si on campe sans permis. Sinon, dans le terrain de camping au fond de la gorge règne une ambiance assez sympa le soir.

— Quant à la descente à dos de mulet, pas question, vu qu'il faut réserver plus de trois mois à l'avance ! Si ! De toute façon, la mule, ça n'est pas très intéressant. Ça ne va pas plus vite, les prix sont prohibitifs, on attrape des ampoules aux fesses et ça fatigue inutilement ces pauvres bêtes. Les circuits proposés sont de 1 ou 2 jours (avec nuit à Phantom Ranch). Les conditions d'acceptation sont assez délirantes : peser moins de 90 kg, mesurer plus de 1,48 m (!) et bien sûr parler l'anglais... Pour ceux qui restent cependant intéressés : ☎ 638-2401.
— Les couleurs deviennent extraordinaires au coucher du soleil.

Itinéraires dans le canyon

On parcourt des millénaires géologiques en quelque 1 500 m de décor dénivelé (la précision est importante pour les candidats), et le paysage est absolument fantastique. Équipement ultraléger de rigueur.

● *1er itinéraire : Bright Angel Trail*

Sentier qui descend en lacet à partir de *Bright Angel Lodge,* jusqu'au fond du canyon. Attention, les distances suivantes n'indiquent que les allers simples. Voici les diverses étapes pour l'itinéraire :
— 1,5 mile : eau à la 1re *rest-house* de mai à septembre.
— 3 miles : eau à la 2e *rest-house* de mai à septembre.
— 4,5 miles : *Indian Gardens*. Compter 5 ou 6 h pour l'aller-retour. Ça se fait dans la journée. Mais on peut aussi y camper. Véritable oasis située à mi-pente. Point d'eau et toilettes.
— 6 miles : *Plateau Point*. De là, on surplombe le fleuve. Vue absolument superbe. Il faut vraiment aller jusque-là.
En fait, c'est un excellent endroit pour faire halte avant de remonter. La vue étant plus belle à mi-chemin, il est préférable de ne pas descendre tout au fond de la gorge.
De là, la remontée jusqu'au plateau supérieur en 6 h de marche est particulièrement pénible en été.
— 8 miles : *Colorado River*. Après une bonne nuit, descendre jusqu'au fleuve, en laissant ses affaires au campement. Ne pas se baigner : le courant vous emporterait vite fait. On tient à nos lecteurs, nous.
Il n'est pas désagréable de se restaurer et de dormir à *Phantom Ranch,* au fond du canyon, après une « balade » de 13 km *(South Rim)*. Dormir dans ce dortoir impeccable avec air conditionné (40 ºC la nuit en août) et douche coûte assez cher, mais le repos permet de reprendre la route le lendemain matin à 4 h pour atteindre le sommet en fin d'après-midi. La nourriture au fond de la gorge est chère. Pour les réservations, écrire à : *Reservations Dept.* Grand Canyon National Park Lodges, Phantom Ranch, Grand Canyon, P.O. Box 699, AZ 86023. ☎ (602) 638-2401.
Pour ceux qui descendent tout au fond et qui remontent par la North Rim, prévoir deux jours de grimpette dans des conditions parfois pénibles. Camping sur le parcours. Se renseigner auprès des rangers pour organiser son trek.
Ils sont fous ces Américains : le record de vitesse en jogging pour traverser le Grand Canyon, de *South Rim* à *North Rim*, soit 33,6 km, est de 3 h.

● *2e itinéraire : South Kaibab Trail*

Sentier abrupt et difficile que l'on déconseille, car il y a très peu d'ombre et pas d'eau. Emportez un réservoir d'eau (1 gallon par personne). Le sentier descend directement de Yaki Point jusqu'au fond du canyon. Pas de terrain de camping.

● *Descente des rapides du Colorado*

Parcourir l'Ouest américain sans descendre le Colorado, c'est un peu comme visiter la Bourgogne en ne buvant que de l'eau d'Évian. Bref, cette descente (sans danger d'ailleurs !) risque d'être un grand moment de votre vie.
Vous prenez place, en compagnie de quatre à six autres passagers, sur des radeaux ou bateaux pneumatiques, dirigés chacun par un pilote américain confirmé. Les raisons de l'attrait de ces descentes sont multiples.
C'est tout d'abord la meilleure façon d'assister librement, sans contrainte, au grand défilé des somptueux chefs-d'œuvre naturels de l'Ouest, puisque ces rivières traversent les plus spectaculaires paysages. C'est aussi renouer avec la

nature. Au long du parcours, pas de traces de civilisation, tout est en place comme au premier jour. On bivouaque sur les plages de sable, on déjeune au hasard de la course, et des promenades à pied permettent de s'éloigner du fleuve pour aller saisir, là-haut, d'autres paysages. Les rivières de l'Ouest, c'est aussi... les rapides ! Souvent paisibles, il leur arrive, capricieux, de se précipiter soudain dans des gorges, de caracoler et de bondir.
Les balades et descentes sont organisées et réalisées par des entreprises américaines spécialisées. Vous aurez donc avec vous des compagnons américains, ce qui ajoute à l'attrait du voyage par la qualité des rencontres que l'on fait. La durée moyenne de chaque périple est, selon les cas, de un jour à une semaine ; il est donc facile de l'insérer dans un voyage dans l'Ouest. Ce n'est pas aussi cher qu'on le croit.
Une précision : il est pratiquement impossible de trouver une place si vous n'avez pas réservé deux mois à l'avance. Une agence française effectue les réservations auprès des organisations américaines. Et pour le même prix qu'aux États-Unis, puisque la commission est payée par l'agence organisatrice et non par le client.
– *Explorator :* 16, place de la Madeleine, 75008 Paris. ☎ 42-66-66-24. M. : Madeleine. L'agence propose des descentes du Grand Canyon de 3 journées minimum.

A emporter pour les rapides du Colorado

– Sac de couchage.
– Tente légère ou sursac de bivouac (orages fréquents en été). Le sac de couchage et la tente peuvent généralement se louer sur place.
– Imperméable genre K-Way.
– Crème solaire protectrice.
– Crème antimoustiques.
– Chapeau.
– Lunettes de soleil.
– Maillot de bain.
– Chaussures ne craignant pas l'eau.
– Chemise à manches longues.

▶ *RIVE NORD (NORTH RIM)*

Boudée par les masses touristiques (elle ne reçoit que 10 % des visiteurs du Grand Canyon), la rive nord possède pourtant ses atouts propres. En fonction de ce que l'on veut faire, on peut la préférer à la rive sud. A son actif : elle est beaucoup moins fréquentée, bien plus intime, la route qui y mène est bordée de forêts de sapins et de vastes prairies riantes qui rappellent le Canada, elle est plus élevée en altitude (2 400 m contre 2 000 m à la rive sud) et le sentier qui descend vers le Colorado est plus bucolique et même ombragé par endroits. A son passif : son altitude rend les nuits plus fraîches, la vue est un peu moins impressionnante (un tout petit peu) et elle est fermée l'hiver. Le véritable problème se pose pour les trekkeurs : le sentier pour descendre au fond fait 23 km à partir de la rive nord, alors qu'il n'y a que 14 km depuis la rive sud. Pour ceux qui veulent descendre et remonter par le même chemin, on conseille la rive sud. En revanche, si votre intention est de descendre par un côté et de remonter par l'autre, on vous conseille de descendre par le nord. Voilà ! Maintenant, à vous de choisir.

Informations utiles

– *Magasin d'alimentation (camper store),* assez limité, à l'entrée du North Rim Campground. Ouvert de 8 h à 20 h. Vend aussi du bois et quelques éléments de camping.
– *Douche et machines à laver* à 100 m du North Rim Campground. Ouvert tous les jours de 8 h à 20 h.
– *Poste* à Grand Canyon Lodge.
– A l'entrée du parc, se procurer le petit *journal du parc* décrivant toutes les balades, ainsi que la *carte* du canyon.

Où dormir ?

Un camping et un lodge à l'intérieur du parc, à deux pas du canyon.

- **North Rim Campground :** tout près du canyon, à 1 km sur la droite avant la fin de la route. Sous de grands pins majestueux. Calme et bien équipé. Système de paiement par enveloppe. Douche, machine à laver et épicerie à proximité. Réserver auprès de l'agence *Mistix* (voir « Où dormir ? » à Grand Canyon Village).

Plus chic

- **Grand Canyon Lodge :** réservations au (801) 586-7686. Vraiment au bord de la falaise. Vue impressionnante de la terrasse du lodge. Lever et coucher de soleil uniques. Logement dans de chouettes cabanes de bois tout équipées et disséminées dans un espace vert. Assez cher, mais endroit romantique à souhait. Fait aussi snack-bar et resto.
- **Kaibab Lodge :** à 18 miles au nord du North Rim. ☎ 638-2389. Ouvert de mai à octobre uniquement. Une auberge réputée, à l'ambiance « trappeurs ». Bon accueil et prix relativement corrects pour l'endroit (environ 350 F pour un couple). Souvent complet pendant les *rush* d'été.

Où manger ?

- La **cafétéria de Canyon Lodge** propose des petits déjeuners à prix modiques. Les repas du resto sont délicieux mais plus chers. La vue à travers les grandes baies vitrées dominant le canyon est époustouflante.

Où dormir hors du parc ?

- **De Motte Park Campground :** à 5 miles au nord de la limite du parc. Ouvert en été seulement. Pas cher et bien équipé. Géré par le parc. Pas de réservations.
- **Jacob Lake Campground :** à 45 miles du parc. Là aussi, ouvert en été seulement. Réservations possibles au 1-800-283-2267. Supplément pour la réservation.

A faire

- **Bright Angel Trail :** petit sentier de 15 mn qui démarre de Grand Canyon Lodge et longe une paroi étroite, en proue de navire. Vue indescriptible. Au coucher comme au lever du soleil, un *must*.
- **Transept Trail :** rejoint le premier mais démarre du North Rim Campground.
- **North Kaibab Trail :** débute à 1 km environ au nord du camping. Fléché. C'est le sentier qui descend tout au fond, jusqu'au Colorado. Vu que la totalité fait environ 23 km, la plupart des visiteurs se contentent d'une petite portion. Pour une balade d'une demi-journée, on peut descendre jusqu'au petit pont, en 1h 45 (remontée en 2 h 30). Pour un trek d'une journée (6 à 8 h), on peut rallier Roaring Springs et retour (15 km en tout). Pour ceux qui descendent tout en bas, se renseigner auprès des rangers. Il est nécessaire de réserver sa place de camping d'avance. Certains font la descente en une journée, mais les rangers conseillent de la faire en 2 jours. La remontée par la rive sud se fait en une journée.
- **Cape Royal :** à 37 km du camping. Petit sentier qui mène à un balcon dominant le canyon. C'est le seul point de la rive nord d'où l'on peut apercevoir le Colorado. Beau panorama.
- **Point Impérial :** un autre point de vue, encore différent des précédents.

LES RÉSERVES D'INDIENS

Si l'on veut rencontrer les Indiens, il faut s'attendre à vivre un étrange paradoxe : ils sont là, aujourd'hui, nombreux, Navajos, Hopis, Apaches, Papagos,

RÉSERVES INDIENNES

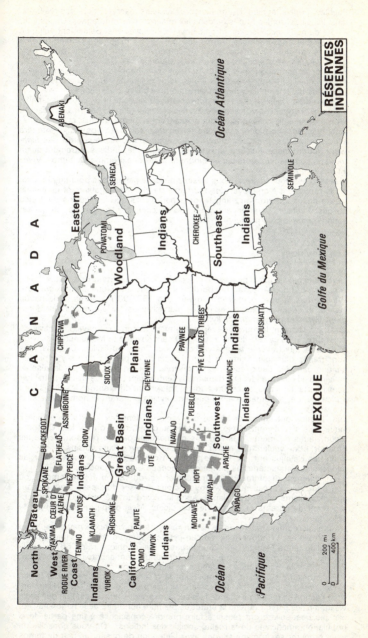

Pueblos, Supaïs, et bien d'autres encore, sur leurs réserves, hors des réserves, dans les villes, sur les routes ou dans les déserts et les montagnes. On les voit, à côté de nous, accessibles, et on a envie d'être avec eux. Seulement voilà, on trimbale aussi des images à propos des Indiens : à l'image de « l'Indien-qui-fait-peur » s'est ajoutée l'image de « l'Indien-pauvre-victime ». Alors, on se sent gêné, vaguement coupable, on a peur de déranger.
Les Indiens sont comme ils sont. Alors ne vous empressez pas de les trouver « peu accueillants » ou « réservés » s'ils ne déroulent pas le tapis rouge devant vous. Les Indiens ne chercheront jamais à faire plaisir ou à séduire.
Il s'agira donc de laisser vos comportements au vestiaire et de vous laisser aller à votre authenticité, à vos sentiments, à la considération de l'autre. Les déserts, les montagnes, les canyons et tout ce qui y vit, serpents, cactus, coyotes, chevaux, yuccas, scorpions, etc. vous feront déjà voir avec vos yeux, entendre avec vos oreilles, pour peu que vous acceptiez de sortir du confort des *highways* goudronnées. Puisque vous voulez découvrir les Indiens autrement qu'en touriste, commencez alors par abandonner toute idée d'emploi du temps. Vivez à l'*Indian time* !
Si les Indiens vous invitent, vous saisirez qu'ils ne parlent pas pour ne rien dire, qu'ils répugnent à employer des tournures de phrases négatives et qu'il vous faudra désapprendre votre anglais pour parler celui que les Indiens sont bien obligés d'utiliser. En attendant, bien sûr, de connaître leur langue, ce qui est quand même le plus pratique.

Les Navajos

La réserve navajo est la plus vaste réserve indienne des États-Unis. Située dans la partie nord de l'Arizona et débordant sur l'Utah et le Nouveau-Mexique, elle est à la fois la terre d'environ la moitié des 150 000 membres de la nation navajo, et l'écrin qui abrite ces perles merveilleuses qui ont pour nom *Monument Valley* et *canyon de Chelly*.
Du Grand Canyon, la route 64 (vers l'est) mène au territoire navajo. A partir de Tuba City, vous avez le choix : route 160 vers Kayenta et Monument Valley ou route 264 (qui traverse la réserve hopi) pour Chelly ou Gallup. Ces chapitres sont traités plus loin. Faites le plein d'essence et pensez qu'il n'y a pas de banque dans les deux réserves. La réserve hopi est entourée par la réserve navajo, bien plus grande. Les deux tribus tentent tant bien que mal de cohabiter sans heurts, bien que les cultures soient totalement différentes : les Hopis sont agriculteurs et sédentaires alors que les Navajos préfèrent le nomadisme et la chasse.
Les Navajos ont l'habitude de ne pas regarder dans les yeux la personne à laquelle ils s'adressent. Assez déroutant au début, mais on s'y fait. De toute façon, faites de même. Les Navajos ne mangent pas de poisson, censé les étouffer, et ne veulent pas entrer en compétition avec leurs voisins...
Enfin, les Navajos ont une langue tellement difficile qu'elle fut utilisée par les services secrets américains pendant la Seconde Guerre mondiale.
Il est vivement recommandé de fréquenter les rodéos (en été seulement), où l'on peut voir d'excellents cow-boys indiens rivaliser d'adresse avec de tout aussi excellents cow-boys blancs, sous le regard amusé et les cris d'encouragement de parents et d'amis des candidats. Mais préparez-vous à frire, le soleil tape dur.
La capitale administrative de la nation navajo (on prononce « navaho », voire « navarro ») est Window Rock, au sud-est de la réserve. Mais la vraie capitale est Gallup (entre Flagstaff et Albuquerque, sur la mythique route 66) : c'est là que les Indiens trouvent du travail mais surtout peuvent acheter de l'alcool (leur drame), la ville étant située en dehors de leur territoire.
Vous croiserez sûrement, en traversant la réserve, les voitures de la police navajo, rendue célèbre par les romans policiers de l'écrivain Tony Hillerman, dont l'action se déroule à chaque fois sur la réserve. Hillerman est l'un des seuls visages pâles à avoir obtenu le statut de membre honoraire de la nation navajo, car ses best-sellers ont réussi à faire prendre conscience à une partie de la population américaine de la réalité sociale des Indiens... On vous conseille de vous procurer ses romans si vous avez l'intention de passer un peu de temps en terre navajo : vous comprendrez mieux quelle est la vie actuelle de ces « déracinés à domicile ».

LE TERRITOIRE HOPI

IND. TÉL. : 602

Entièrement encerclée par les terres navajos, la réserve hopi ne compte que 10 000 âmes. Traversée par la petite route 264, elle reçoit peu de touristes, malgré la beauté de ses paysages, les Navajos monopolisant les visiteurs grâce à Monument Valley et au canyon de Chelly. Au moins, ici, vous serez tranquilles et le mode de vie hopi, moins dénaturé par le tourisme que celui des Navajos, vous paraîtra un peu plus authentique (si c'est encore possible). La réserve couvre trois plateaux (les *mesas*). Sur chaque plateau, un village perché aux maisons de pierre.

Les Hopis sont originaires de la Terre de Feu. Leurs femmes sont célèbres pour leur curieuse coiffure, surnommée *butterfly hairdo* et qui leur fait un peu des oreilles de Mickey. Le *piki bread* est la grande tradition culinaire des Hopis. Ce sont des galettes de maïs de couleur verte. Les quelques fours à pain hérités de leurs ancêtres ne servent plus que pendant les fêtes d'été. On ne peut pas assister aux cérémonies religieuses des Hopis (qui ont souvent lieu dans des caves). Leur religion est encore secrète. Tant mieux, c'est toujours ça que les Blancs ne leur voleront pas ! Dans le même ordre d'idée, sachez qu'il est strictement interdit de prendre des photos sur la réserve hopi. Aussi bien des paysages que des habitants : ils en ont eu assez de voir les visages pâles se faire de l'argent sur leur dos... Comprenez-les et respectez leur volonté.

Où dormir ?

A TUBA CITY (Territoire Navajo)

■ **Greyhills Inn Hostel :** au bord de la route principale. ☎ 283-6271. Ouvert toute l'année. Le week-end, fermé jusqu'à 16 h. Chambres et dortoirs à louer dans une résidence universitaire pour Navajos. Bonne occasion de rencontres. Bon accueil et prix imbattables : 10 $ la nuit (en *cash* ou chèques de voyage seulement).

Plus chic

■ **Tuba Motel & Trading Post :** Main Street. ☎ 283-4545. Le seul hôtel à l'entrée de la réserve. Chambres confortables et très bien décorées. Assez cher tout de même. Resto mexicain et boutique indienne.

A SECOND MESA

■ **Motel du Hopi Cultural Center :** au bord de la route 164. ☎ 734-2401. Le seul hôtel de la réserve hopi, exclusivement tenu par des Indiens. Assez cher mais chaque chambre dispose d'un grand lit, w.-c. et salle de bains privée. Souvent plein.

■ On peut aussi camper près du Hopi Cultural Center : il y a là un **camping national** avec arbres, tables, BBQ, tout le savoir-faire des Américains en matière de camping.

Où manger ?

● **Le resto du Hopi Cultural Center** est bon et pas cher. Salades et plats américains pour les indécrottables, mais c'est l'occasion de goûter à la cuisine hopi : chili, galettes et beignets au maïs ! Mais attention, pas d'alcools. La première bière se trouve hors des réserves, à environ 130 km (mais c'est ce qui fait de la plus insipide des bières américaines la meilleure bière du monde).

A voir

▶ **Walpi :** le plus beau et étonnant des villages hopis. Sur les hauteurs de First Mesa, à l'écart de la route 264. Pas évident à trouver car c'est mal fléché. C'est un peu avant Pelacca, en venant de Second Mesa. Imaginez un village perché, en pierre, sans eau ni électricité, habité par seulement 8 Indiens ! Aux pieds de

Walpi, les plaines s'étendent à perte de vue. Antérieur au XVe siècle, le village semble ne pas avoir bougé depuis le Moyen Age : maisons tordues, puits, vieux escaliers partout... *Attention*, la visite est obligatoirement effectuée en compagnie d'un guide indien. Photos et dessins strictement interdits. Il faut laisser son véhicule à l'entrée du village et s'adresser au *bureau municipal*. Ouvert en principe de 9 h 30 à 17 h. Gratuit mais on peut laisser un don pour la communauté (on vous le conseille, d'ailleurs : la tribu est vraiment pauvre). Quelques artisans vendent de belles poteries dans le village.

▶ D'autres villages à visiter, pour ceux qui ont du temps : *Shungopavi* et *Mishongnovi* (2nd Mesa), mais surtout *Old Oraibi* (Third Mesa), considéré comme le plus vieux village habité des États-Unis puisqu'il aurait été construit un siècle avant Jésus-Christ !

▶ *Hopi Museum :* dans le Centre culturel, à Second Mesa. Ouvert de 8 h à 17 h, sauf le dimanche. Entrée payante. Résumé de l'histoire des Hopis à travers les fouilles archéologiques et l'artisanat traditionnel (poteries, vannerie, bijoux). Très belles photos d'Edward Curtis, qui passa sa vie à photographier les Indiens d'Amérique. Vidéo.

▶ Sur place, renseignez-vous sur *les danses*. En été, il y en a pratiquement tous les week-ends. Elles sont très importantes pour les Hopis et chaque village organise des manifestations ouvertes au public. Parmi les plus connues, la danse du serpent.

GALLUP   IND. TÉL. : 505

A la frontière du territoire navajo, sur la route de Flagstaff à Albuquerque. Ville sans charme mais c'est ici que vous saisirez le mieux la réalité des Indiens d'aujourd'hui. Ne pas manquer, en août, le « Inter Tribal Indian Ceremonial ». Gallup est également célèbre pour son artisanat, ses bars et ses rodéos.

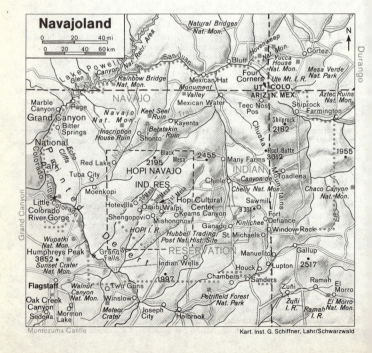

LE CANYON DE CHELLY 267

– *Convention and Visitors' Bureau :* informations sur les activités et l'hébergement en téléphonant 24 h sur 24 : ☎ 722-2227. Numéro gratuit : 1-800-242-4282.

Où dormir ?

■ *Camping KOA :* sur la route 66, sortie n° 16, à côté du Holiday Inn. Bien équipé mais cadre pas vraiment champêtre.
■ On trouve de nombreux *motels* sur la route 66, à la sortie ouest de la ville. Les moins chers, par ordre croissant : *Shaliman Inn* (le plus crade), *Budget Inn* (☎ 722-6677), *Travellers Inn* (☎ 722-7765), *Motel 6* (☎ 863-4492), *Econo Lodge* (☎ 722-6677) et *Days Inn* (☎ 863-3891). Ils se valent à peu près tous.

Aux environs

■ *Navajo Nation Inn :* 48 West Hwy 264, Window Rock. ☎ (602) 871-4108. L'un des rares motels de la réserve, situé dans la capitale navajo, à quelques miles à l'ouest de Gallup. Tenu, bien sûr, par des Navajos.

Où manger ?

● *The Butcher Shop :* 2003 West Highway 66. A côté du MacDo. ☎ 722-4711. Fréquenté uniquement par les autochtones (aussi bien les cow-boys que les Indiens !), c'est le spécialiste des viandes, comme son nom l'indique. Plats archi-copieux et assez bon marché. Délicieux steaks, comme le *tenderloin,* le *sirloin* ou le *New York.* Également des plats mexicains mais aussi des poissons, crevettes et homards à prix défiant toute concurrence. Serveuses navajos. Fait aussi bar.

LE CANYON DE CHELLY   IND. TÉL. : 602

A mi-chemin entre Gallup et Monument Valley, en pleine réserve navajo. On y accède par la petite ville de Chinle, située sur la route 191. Le canyon est un endroit sacré pour les Indiens. On y trouve en effet les ruines de villages anasazi, premiers occupants de la région, que les Navajos appellent respectueusement « ancêtres ». L'originalité de ces villages, comme à Mesa Verde, c'est qu'ils furent construits dans des grottes, à même la paroi rocheuse ! On peut également admirer de nombreux pictogrammes gravés dans la roche. Autre raison pour laquelle le site est sacré : c'est ici que l'infâme Kit Carson gagna la bataille finale contre les Navajos après les avoir affamés.

– *Visitors' Center :* à l'entrée du parc. Ouvert de 8 h à 18 h. ☎ 674-5436. A côté, un petit *Musée indien* et un *hogan,* habitation traditionnelle navajo.
– *Justin's Horse Rental :* dans le parc, à l'entrée du South Rim Drive. ☎ 674-5678. Location de chevaux indiens à l'heure. Balade merveilleuse au fond du canyon. Conseillé de réserver la veille.
– *Canyon Hiking Service :* à Chinle (P.O. Box 362). ☎ 674-5326. Situé à un quart de mile du Visitors' Center. Ernest Jones est un guide agréé par le National Park Service. Amoureux du canyon, il organise différentes randonnées pour les hikers. A 9 h, 17 h et de nuit. Réservation obligatoire. Prix raisonnables. Une formule intéressante.

Où dormir ?

■ *Cottonwood Campground :* à 1 km au sud du Visitors' Center. Gratuit et pas de réservation (1er arrivé, 1er servi). Ombragé. Tables. Toilettes. *Attention,* l'endroit est infesté de moustiques en été. Il n'y a pas de douche, mais vous pourrez en prendre une à la *Chapter House,* à Chinle, 1 mile avant le Visitors' Center.

Plus chic

■ *Thunderbird Lodge :* à 1 km au sud du Visitors' Center. Le lodge est moins cher que le motel mais approche quand même le prix d'un 3 étoiles. Réservation très conseillée en été : ☎ 674-5841. Propose des circuits en camion dans le canyon.
■ *Canyon de Chelly Motel :* à Chinle. ☎ 674-5875. Confortable. Piscine. Bon accueil. Moins cher que le précédent mais souvent plein. Resto.
– Si tout est complet, poursuivez jusqu'à *Gallup* (voir plus haut).

Où manger ?

● *Cafétéria du Thunderbird Lodge :* self-service avec des plats classiques et quelques recettes navajos. Correct et pas très cher. Ouvert de 7 h à 20 h 30. Dans la boutique à côté, ne manquez pas ces « tableaux de sable ». Autrefois, selon la tradition navajo, le prêtre dessinait, avec du sable de différentes couleurs, des motifs magiques qui étaient effacés après la cérémonie.

A voir

Le parc national se compose en fait de deux canyons qui se rejoignent du côté ouest : le canyon del Muerto (North Rim Drive) et le canyon de Chelly proprement dit (South Rim Drive).
En gros, il y a trois façons de visiter le site (tout de même très étendu, même si ce n'est pas le Grand Canyon).

▶ Prendre l'une des deux routes qui contournent les deux canyons (la 64 et la 7) et se contenter des *view points* (belvédères). C'est le plus simple mais, à moins d'avoir de grosses jumelles, vous ne verrez pas les ruines anasazi et encore moins les pictogrammes !

▶ Un seul chemin est autorisé pour se rendre seul au fond du canyon : *White House Trail.* Il part de la route 7. Compter 1 à 2 h pour descendre mais 3 à 4 h pour remonter. Cette merveilleuse piste de 3 km aboutit à une rivière, que l'on traverse à gué pour atteindre l'une des plus belles ruines de Chelly : *White House*, vieux village bâti en adobe et accroché à l'une des parois du canyon. N'oubliez pas d'apporter de l'eau et un chapeau et respectez l'interdiction de vous rendre ailleurs (les rangers navajos veillent).

▶ Plus coûteux mais plus enrichissant : *la visite en groupe*, guidée par un Navajo. C'est le seul moyen de voir vraiment les deux canyons, puisqu'ils sont interdits (à l'exception du chemin détaillé plus haut) sans un guide accompagnateur. Deux raisons à cette interdiction : des familles navajos vivent encore au fond des canyons et cultivent des lopins de terre. Mais surtout, des déprédations des ruines et des pictogrammes ont mis en péril le patrimoine sacré des Indiens. Depuis, les Navajos préfèrent garder un contrôle du site. Bref, la visite guidée s'effectue soit à cheval (voir adresse dans l'introduction), soit en 4 x 4 (en fait, un camion sans toit). Deux circuits sont proposés : la demi-journée (3 h 30 de piste) avec visite d'une moitié du canyon del Muerto et d'un quart du canyon de Chelly. On voit une dizaine de villages anasazi et pas mal de pictogrammes. C'est donc largement suffisant. Compter environ 32 $ par personne (ne pas oublier son chapeau ; l'eau est offerte).
Le circuit d'une journée permet de voir les deux canyons dans leur intégralité, y compris le *Spider Rock*, rocher étonnant qui surveille le fond du canyon de Chelly.
Les circuits en 4 x 4 sont proposés par le Thunderbird Lodge. Réserver sa place en été (coordonnées dans « Où dormir ? »).

MONUMENT VALLEY   IND. TÉL. : 801

Souvenez-vous des grands westerns *(la Chevauchée fantastique, Fort Apache, Rio Grande, Billy the Kid...)* ! Au premier plan, le héros à cheval. Au fond,

MONUMENT VALLEY 269

d'étonnants pitons de roche rouge qui atteignent parfois 300 ou 400 m. Eh bien, c'est Monument Valley, l'un des phénomènes naturels les plus extraordinaires des États-Unis. Le jeu des couleurs, variant du rose au violet, revêt un charme particulier à l'aube et au coucher du soleil. Quand vous y serez, vous vous croirez en plein « western ». Les paysages n'ont pas changé depuis le passage du Pony Express. Il ne vous restera plus qu'à imaginer les cow-boys jouant du lasso et les Indiens lançant leur cri de guerre.

La vallée est en outre peuplée d'Indiens navajos, qui vivent de l'agriculture et de l'élevage de moutons ainsi que de la vente d'objets artisanaux, bijoux en argent et couvertures tissées. Ils habitent, aujourd'hui encore, à la manière de leurs ancêtres, dans des *hogans* en bois, brindilles et argile, accomplissent leur travail quotidien selon les traditions ancestrales, participent aux rites perpétués par le *medicine man* (sorcier) et pratiquent l'art des tableaux de sable. Allez boire un coup au *Golden Sand,* un des bistrots de Kayenta. Vous y verrez des Indiens Navajos, des vrais de vrais.

Comment y aller ?

De Kayenta, prenez la route du nord (163). Pas d'accès en bus. Entrée du parc payante.
- **Monument Valley Visitors' Center :** 0,5 mile après l'entrée du parc. ☎ 727-3287. Ouvert de 8 h à 17 h.

Où dormir, où manger ?

Dans le parc tribal

■ **Mitten View Campground :** tout à côté du Visitors' Center, à l'intérieur du parc. Camping payant. Site superbe au pied d'une falaise mais peu ombragé. Sanitaires et douches en forme de *hogan* (habitation traditionnelle navajo). Pas de réservation. « Premier arrivé, premier servi. »
■ **Goulding's Lodge (and Campground) :** pas vraiment dans le parc, mais juste avant l'entrée, à 10 km à l'ouest du Visitors' Center. ☎ 727-3231. C'est le seul hôtel proche du parc, avec vue, au loin, sur les pitons rouges de Monument Valley. Vieille maison de pionnier du Far West avec motel moderne attenant (assez chic), piscine et resto. Les stars du cinéma et du rock y descendent souvent. On y trouve aussi un terrain où planter sa tente (de mars à mi-octobre), avec douches chaudes, grill et épicerie. Petit *musée* consacré aux Indiens et aux fondateurs du lodge, Harry Goulding et sa femme Mike. Personnages mythiques de la région, les Goulding s'établirent en 1923 ici même, face à la 8e merveille du monde. Ils furent acceptés par les Navajos, dont le mode de vie les avait séduits, et implantèrent un *trading post*. Pour faire connaître Monument Valley (alors inconnu du grand public !), ils persuadèrent John Ford de venir y tourner ses westerns. La légende était lancée...
Pour le motel, compter le prix d'un 3 étoiles. Mais ça vaut vraiment le coup. Réserver plusieurs semaines à l'avance en été. Resto pas mal du tout, avec quelques spécialités navajos. On peut aussi y prendre de super petits déjeuners, comme les *huevos ranchos,* avec chili et pain indien !

A Kayenta

■ **Holiday Inn :** dans le centre de Kayenta, à l'intersection de l'US 160 et de l'US 163. ☎ 697-3221. Prix d'un 3 étoiles. Très bien tenu, conformément à l'image de marque de la chaîne. Restaurant avec, pour décoration, un *hogan* et un *pueblo* indien. Service très lent mais bonne cuisine italienne et mexicaine.
■ **John et Laurie Fatland :** KMHP, Unit 121, Kayenta, AZ 86033 (P.O. Box 2269). ☎ (602) 697-8538. Numéro gratuit : 1-800-841-9852. C'est un *Bed & Breakfast* qui, tout en étant cher pour les États-Unis, l'est beaucoup moins que les hôtels de la région. Réservation obligatoire, ne serait-ce que pour vous faire indiquer la route. Accueil sympathique.

Plus loin

■ **Anasazi Inn :** à 12 miles à l'ouest de Kayenta, sur la route 160. ☎ (602) 697-3793. Grand motel appartenant aux Indiens mais géré par des Américains.

Chambres avec air conditionné. Prix d'un 2 étoiles (et pourtant un des moins chers ici).
■ *Camping gratuit :* dans le parc du Navajo National Monument, à 20 miles à l'ouest de Kayenta, sur la route 564 (qui part de la 160). Le terrain est juste à côté du Visitors' Center. Très bien aménagé, avec ombre, sanitaires, tables et barbecues individuels.
■ Pour ceux qui se rendent de Monument Valley à Grand Canyon (ou l'inverse), possibilité de dormir à *Tuba City*, petite ville située sur la route 160, à 72 miles à l'ouest de Kayenta (voir plus haut : « Où dormir ? » en territoire hopi). Sinon, plusieurs motels à Mexican Hat, au nord de Monument Valley.

Comment visiter Monument Valley ?

En face du Visitors' Center part une piste accessible à tous les véhicules mais en mauvais état. Le circuit (d'environ 30 km) se faufile entre les gigantesques blocs rocheux éparpillés dans le désert. On vous remet un plan à l'entrée, avec l'indication des « monuments » les plus originaux. Compter au minimum 2 à 3 h pour faire le tour avec son propre véhicule. Sachez qu'au coucher de soleil, l'un des plus beaux sites est le fameux *John Ford's Point*.

▶ *Excursions en minibus :* renseignements au Visitors' Center. De toute façon, des Indiens vous en proposeront dès votre arrivée dans le parc (les formules et les prix sont presque tous les mêmes). La balade dure environ 2 h 30. Accompagné par un guide navajo, on accomplit la boucle traditionnelle (accessible à tout le monde) mais on a droit en plus à la visite d'une partie du site interdite aux visiteurs indépendants, notamment *Mystery Valley*. Avantage : on voit des curiosités telles que les arches et les ponts naturels mais aussi on peut approcher des Navajos vivant dans Monument Valley et visiter un *hogan* traditionnel. C'est bien sûr très touristique. Si vous voulez réserver un circuit, vous pouvez vous adresser au *Goulding's Lodge* mais c'est plus cher que directement sur place.

▶ *Balade à cheval :* aller directement à l'enclos pour s'inscrire. Sur la route du parc, après l'entrée et avant le Visitors' Center. La balade avec guide indien dure environ 1 h 30. Exceptionnel, calme absolu. Évitez les heures chaudes.

Aux environs

▶ *Monument Valley Museum :* dans le Goulding's Lodge (voir « Où dormir ? »). Entrée payante. Dans une vraie maison de l'Ouest américain, des souvenirs de la famille Goulding (avec chambre reconstituée), des photos de Navajos et de Monument Valley (superbes). L'entrée est une reconstitution du *trading post* des années 20. Au fond, une salle consacrée aux westerns tournés ici, avec photos et souvenirs de John Ford.

▶ *Navajo National Monument :* à 20 miles à l'ouest de Kayenta. Prendre la route 564. Encore un site sacré pour les Indiens. Derrière le Visitors' Center part une petite piste très agréable. Au bout, c'est la surprise : le gigantesque *canyon de Betatakin*. Depuis le belvédère, un télescope permet d'admirer une grotte de 140 m de haut où les Indiens Anasazi avaient construit l'un de leurs villages en pierre et en adobe. Superbe mais on ne peut pas descendre dans le canyon.

Promenades aériennes

– *Grand Canyon Airlines :* P.O. Box 186, Grand Canyon, Arizona 86023. ☎ (602) 638-2407. Survol du Grand Canyon et de Monument Valley. C'est toutefois très cher.
– *Scenic Airlines :* 241 E Reno Avenue, Las Vegas, Nevada 89119. ☎ (702) 597-2200. Survol du Grand Canyon et de Monument Valley. A partir de 990 F. Réservations à Paris : *Discover America Marketing,* ☎ 45-77-10-74.

PAGE ET LE LAC POWELL   IND. TÉL. : 602

A 180 km au nord-est de Grand Canyon Village.
Attention, quitte à faire un détour de quelques centaines de kilomètres, personne ne doit manquer le lac Powell. Le spectacle de ces énormes falaises rouges qui tombent dans le lac est tout aussi imposant que le Grand Canyon et beaucoup moins connu. De nombreux films furent tournés dans le secteur, parmi lesquels *Bandolero* (avec James Stewart, Dean Martin et Raquel Welch, pas moins !), *Wanda Nevada* (avec Peter Fonda), un Clint Eastwood et même des scènes de *Superman !*
Page est une petite localité au bord du lac. Après avoir traversé le barrage du *Glen Canyon* (superbe), arrêtez-vous juste après, au **Glen Canyon Visitors' Center,** pour le panorama fantastique sur le lac. Possibilité de visiter le barrage à partir du Visitors' Center. Avec 215 m de haut, c'est le 4e des États-Unis (visite gratuite de 8 h à 16 h ; prévoir 1 h). La ville est entièrement artificielle et fut bâtie en 1957, lors de la construction du barrage. Une curiosité sur Lake Powell Blvd : pas moins de 10 églises, les unes à côté des autres, se disputent les âmes de Page !
- **Tourist Information (and Page Museum) :** 6 Lake Powell Boulevard. ☎ 645-9496. Très compétent et bourré d'informations. Intéressant aussi pour son petit musée régional. Ouvert tous les jours de 8 h à 16 h en été (à partir de 10 h le dimanche). Tableaux sur la géologie. Instruments de travail, objets domestiques, mortiers indiens, superbes photos de canyons. Curieux tableau montrant toutes les variétés de barbelés (une centaine !). Documents sur la vie du major Powell (il fut explorateur, enseignant, soldat, homme d'État et... patriarche). Il réalisa en 1868 une excursion de 1 600 miles en canot sur le Colorado.

Où dormir ?

Il faut arriver tôt le matin en saison pour être sûr d'avoir une chambre.

De bon marché à prix moyens

- **Wahweap Campground :** 100 Lakeshore Drive, à Wahweap. ☎ 645-2471 ou 8883. A 7 km de Page, au bord du lac, à proximité de Wahweap Marina. Arriver tôt en été (avant 14 h) pour avoir un bon emplacement ombragé. Magnifiquement situé face aux grandes falaises plongeant dans le lac. Tables et BBQ gratuits.
- **Page Lake Powell Trailer, Motel and Campground :** 849 S Highway 98. ☎ 645-3374. A l'entrée de Page, venant de Kayenta. Peu d'ombre.
- **Navajo Trail Motel :** 800 Bureau Street, dans le centre de Page. ☎ 645-9508. Prenez la route principale qui descend au lac. Un peu en retrait de la route, derrière le Page Boy Motel. Le motel le moins cher de la ville. Simple, mais T.V. couleur et A.C. Le patron aime beaucoup les routards français. Si c'est complet, tenter sa chance à l'annexe (même proprio), **The Wild Poney,** en face du poste de police. Bâtiment préfabriqué mal insonorisé, mais ça dépanne.
- **Page Boy Motel :** 150 S Lake Powell Boulevard. ☎ 645-2416. Sans cachet mais impeccable et également pas trop cher. L'accueil laisse parfois à désirer. Piscine et petit jardin.

Plus chic

- **Econo Lodge :** 121 S Lake Powell Boulevard. ☎ 645-2488. Toujours sur la route principale. Motel banal mais correct.
- **Weston's Empire House :** 107 S Lake Powell Boulevard. ☎ 645-2406. Sur la route principale. Petite piscine. T.V. couleur et A.C. Resto et *coffee shop.* Cher.

Où manger, où boire un verre ?

- **Glen Canyon Steak House :** 201 N Lake Powell Boulevard. ☎ 645-3363. Ouvert dès 5 h 30. Déco western et atmosphère décontractée. Salades, bons *burgers,* etc. Pas cher du tout. Musique le soir.

- **Ken's Old West :** 718 Vista Avenue, au coin de Lake Powell Boulevard. ☎ 645-5160. Ouvre à partir de 16 h. Les vrais cow-boys se retrouvent dans cette étonnante maison tout en bois. Normal, les concerts (en général country) sont fameux. Côté resto : viandes et *seafood*. *Salad bar* à volonté. Un peu plus cher que le précédent mais une super ambiance.
- **Stromboli's :** 711 Navajo Drive. ☎ 645-2605. Ouvert de 11 h à 14 h et de 16 h 30 à 22 h. Sympa pour sa grande terrasse en bois et ses pizzas bon marché.
- **Windy Mesa :** 800 N Navajo Drive. ☎ 645-2186. Prolos, margeos et Indiens pour une bonne musique rock et country. A 21 h, sauf le lundi. 1 $ de droit d'entrée pour les concerts. Atmosphère pas toujours de tout repos. Bourrelet sur le comptoir, pour ne pas se heurter le menton. Tables de billard. Les Indiens viennent y boire un coup et disputer quelques parties.

A voir, à faire

▶ **Balades sur le lac en bateau :** à ne manquer sous aucun prétexte ! C'est d'ailleurs le seul moyen de découvrir le Lake Powell et ses innombrables curiosités : ponts naturels (dont le fameux *Rainbow bridge*), parois sculptées, déserts de sable rouge, gorges et ravins... Étendant ses nombreux tentacules dans les terres, le lac totalise 3 150 km de rivages ! C'est plus que toute la côte ouest du pays... On y trouve quelques plages où il est vraiment agréable de se baigner, puisque l'eau est constamment tiède. Les spectacles naturels offerts par le lac sont vraiment saisissants et cette balade risque d'être l'un de vos plus beaux souvenirs du pays. Paul-Loup Sulitzer, entre autres personnalités, a tellement craqué sur le site qu'il vient paraît-il de s'acheter une luxueuse propriété dans le coin (mais que cela n'empêche pas ceux qui ne l'aiment pas de visiter Lake Powell !).

Plusieurs compagnies proposent toutes sortes de tours du lac, à un peu tous les tarifs en fonction de la durée. Renseignements au *Tourist Information* de Page. On peut aussi se rendre directement à la Marina de Wahweap (à 7 km au nord-ouest de Page), d'où partent les bateaux. Mais plus que les *boat tours,* on vous conseille la location d'une petite barque à moteur, vous serez plus tranquille. Tarif à l'heure. Le *skiff* est le bateau le moins cher. Pour payer encore moins cher, trouvez des copains pour vous accompagner car l'embarcation peut contenir jusqu'à 4 personnes. Conseillé de réserver dès votre arrivée (au moins 48 h à l'avance en août), mais ils n'acceptent pas de réservations pour des locations de moins d'une journée. Sinon, tentez votre chance tôt le matin (à partir de 7 h). L'après-midi, retour obligatoire à 16 h (17 h en été). Attention à l'heure du retour, tout retard vous ferait perdre votre caution. Et ils ne plaisantent pas. Bien vérifier l'état du bateau avant d'embarquer, certains ont eu des problèmes !

Une excursion de 4 h est suffisante pour visiter *Navajo Creek,* un étonnant canyon qui pénètre loin dans les terres. Faites attention au soleil : la réverbération est intense ; il est bon d'avoir un vêtement pour se couvrir les membres, et un chapeau.

Attention à la météo : des vents violents peuvent survenir brusquement dans la journée. Si vous avez peur de vous retrouver sur le lac avec Force 6 (c'est arrivé), on vous conseille de louer la catégorie supérieure (mais c'est plus cher). Il serait dommage de vous priver de cette excursion.

▶ **Tours and Adventure** (au **Wahweap Lodge**) : propose un *All Day Rainbow Bridge Cruise.* Cher, bien sûr, mais pratique si on ne veut pas attendre. Il faut réserver la veille, mais il arrive qu'il y ait des places pour le jour même. La demi-journée revient pratiquement au même prix que la journée (repas compris dans cette dernière). Renseignements : ☎ 645-2433.

▶ **Survol du lac** avec *Lake Powell Air Service :* ☎ 645-2494. A 2 km du centre, près du Municipal Airport. Pour ceux qui en ont les moyens, balade aérienne fantastique de 30 mn au-dessus du lac Powell. Le petit avion remonte le lac jusqu'à Rainbow Bridge, cette étonnante arche naturelle de 88 m de haut et de 85 m d'ouverture. Possibilité d'extension jusqu'à Monument Valley (durée : 2 h 30).

▶ **Trekking :** une piste de 14 miles permet d'atteindre le superbe *Rainbow bridge.* Demander la brochure au *Tourist Center.*

Où dormir à Kanab (sur la route de Bryce Canyon) ?

Kanab se révèle une étape reposante sur le long trail des parcs nationaux.
- *Canyonlands International Hostel* : 143 East 100 South, dans le centre de Kanab. ☎ (801) 644-5554. Petit *Youth Hostel* privé, proposant des dortoirs bien tenus. On peut faire sa cuisine. Bon accueil. Bureau ouvert de 8 h à 10 h et de 17 h à 22 h tous les jours. Plein de renseignements sur la région.
- *Premium Motel :* 99 S 1st East. ☎ 644-2449. Réception à la station-service. Modeste, mais propre et, surtout, le moins cher de la ville. Chambres avec salle de bains, A.C. et T.V.
- *K Motel :* à la jonction de la 89 et de la 89A. ☎ 644-2611. Confortable et bon marché. Patron très gentil. Chambres avec A.C. et télé. Bon resto mexicain à côté.

BRYCE CANYON NATIONAL PARK   IND. TÉL. : 801

En fait, ce n'est pas vraiment un canyon mais un plateau calcaire dont l'érosion a créé des colonnes rocheuses d'une étonnante gamme de couleurs allant de l'orange au rouge profond *(Pink Cliffs)*. Même si vous avez vu le Grand Canyon, le paysage est suffisamment différent (et magnifique) pour mériter un détour. Autrefois, la mer recouvrait tout, puis elle s'est retirée. Les formations en forme de bougie sont dues à l'érosion par la pluie. Le coin abonde de *tamias* (sorte de petits écureuils). De l'avis de beaucoup, c'est certainement le plus beau parc de la région.
Juste avant d'arriver à Bryce Canyon, quand on vient de l'Interstate reliant Salt Lake City à Las Vegas, on trouve *Red Canyon* qui, lui aussi, dévoile de superbes roches rouges érodées.

Adresses utiles

– *Visitors' Center :* à l'entrée du parc national. Ouvert de 8 h à 20 h. Demandez leur journal gratuit, *Bryce Canyon Hoodo,* qui donne tous les renseigne-

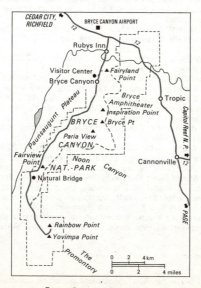

Bryce Canyon National Park

ments utiles sur le parc ainsi que la liste des chemins pédestres avec leur durée et leur difficulté. Donne également un dépliant avec la liste de tous les hébergements autour de Bryce.
– *Épicerie :* Bryce Canyon General Store, près de Sunrise Point, à l'intérieur du parc. On peut aussi acheter du bois. Douche et laverie.
– *Randonnée à cheval :* renseignements au *Bryce Canyon Lodge* ou au *Visitors' Center*. Randonnée de 2 h, 3 h ou demi-journée. Même ceux qui n'ont jamais fait de cheval peuvent essayer (choisir toutefois une balade courte !).
– Aucun transport public à l'intérieur du parc.
– Appel en cas d'*urgence :* ☎ 1-676-2411.

Où dormir ?

A l'intérieur du parc

■ *North Campground :* face au Visitors' Center. ☎ 834-5322. Magnifiquement situé en pleine pinède. Tables et BBQ disponibles pour les campeurs. Pas de réservation : premier arrivé, premier servi. Venir très tôt pour avoir une petite chance de trouver un site.
■ *Ruby's Inn Campground :* juste avant l'entrée du parc. Ombragé.
■ *Sunset Campground :* un peu plus isolé, au sud du parc. Même genre.
■ *Bryce Canyon Lodge :* ☎ 586-7686. Confortables bungalows en bois dans la pinède. Le seul motel à l'intérieur du parc mais dont le prix équivaut quand même à celui d'un 3 étoiles. Ouvert de fin avril à début octobre. Le resto est bon et pas trop cher.

Hors du parc

Sachez que plus vous vous éloignez du parc, plus les prix baissent.
Par prudence, ceux qui n'ont pas réservé ont tout intérêt à se loger ailleurs que dans le parc.

■ *Bryce/Zion KOA :* près de Glendale, à l'écart de la route 89. ☎ 648-2490. Très bien situé, au milieu des champs et au pied d'un mini Bryce ! Tentes et cabines. Piscine et petit étang. Organise des balades à cheval.
■ *Bryce Village :* ☎ 834-5303. 5 km avant le Visitors' Center. Motel avec piscine. *Economy rooms* sans A.C. à un prix presque abordable (tarif 3 étoiles pour les chambres les moins chères). Fait aussi resto, station-service et épicerie (avec gaz pour camping).
■ *Mountain Ridge :* ☎ 438-5371. A Hatch, situé à 35 km au sud de Bryce Canyon sur la route 89. Chambres correctes avec salle de bains et T.V. Bon marché pour le coin. Fait aussi camping.
■ *New Bryce Motel :* à Hatch. ☎ 735-4265 et 735-4217. Plus cher que le précédent, mais mieux. Au resto, bons *burgers*.
■ *Mount Carmel Motel :* ☎ 648-2323. Très bien situé car Mount Carmel est le carrefour des routes qui conduisent à Bryce Canyon (98 km au nord) et à Zion Canyon (22 km à l'ouest). Le motel est situé au lieu dit Muddy Creek, 1 km avant ce carrefour (venant de Bryce). Modeste, mais certainement l'hébergement le moins cher du coin. Chambres avec douche et A.C. Bon accueil. Possibilité de planter des tentes. *Camping* très bien entretenu et très accueillant. C'est aussi la *poste* du village.
■ *Golden Hills Motel :* à Mount Carmel Junction. ☎ 648-2268. Motel traditionnel, sans charme mais situé au carrefour entre Bryce Canyon et Zion Canyon. T.V. et A.C. dans les chambres. Prix d'un petit 2 étoiles.
■ *Thunderbird Motel (Best Western) :* Mount Carmel Junction. ☎ 648-2203 ou 2262. Plus chic. Compter 60 $ la double. Impeccable. Resto.
■ *Historic Smith Hotel :* à Glendale, sur la route allant de Bryce à Zion National Park. ☎ 648-2156. Un *B & B* dans une charmante maison en bois datant de 1927. 7 chambres sont à votre disposition, et vous pourrez savourer au petit déjeuner les succulents *muffins* confectionnés par Shirley. Souvent plein.

A voir. A faire

▶ Dans le parc, plusieurs sites absolument superbes comme *Sunrise Point, Sunset Point, Bryce Point...* Aller au Visitors' Center pour obtenir le guide des randonnées. Si vous êtes pressé, les deux endroits à ne manquer sous aucun prétexte sont *Sunset Point* et *Paria View*. Des routes goudronnées vous mènent partout au bord même de la falaise.

- *Bryce Point* ressemble à une espèce de proue de navire qui s'enfonce dans le canyon et livre plus de 180° d'horizon. Forêt d'aiguilles effilées. Droit devant, un massif rocheux a été baptisé *Alligator*. Bryce était le nom d'une famille de pionniers qui y vécut complètement isolée de 1875 à 1880.
A *Sunset Point of View,* on trouve des *hoodoos* ou pinacles, résultat des variations de température : 200 jours d'hiver, puis 100 jours d'enfer ! Les coloris proviennent de l'oxydation de minéraux (les orange, rose et rouge du fer, le violet du manganèse, les parties blanches sont du pur calcaire). A 3/4 de mile, très jolie balade à *Queen's Garden*.

▸ *Nombreuses randonnées* extraordinaires qui descendent dans ce gigantesque amphithéâtre. Les chemins se faufilent entre ces colonnes rocheuses dont certaines atteignent plusieurs dizaines de mètres. Vraiment fabuleux.
Quelques conseils : partez tôt le matin pour éviter la chaleur... et les touristes. Emportez de l'eau et un chapeau. Et prenez votre temps, n'oubliez pas que l'altitude est élevée (2 438 m.).
Toutes les randonnées sont intéressantes. Mais si vous devez en faire une seule, combinez les deux itinéraires : *Queen's Garden* et *Navajo Trail*. Le plus facile est de partir de Sunset Point. Ces deux randonnées bout à bout (4,8 km au total) permettent d'admirer le plus beau paysage du parc.

▸ On peut aussi se promener *à dos de mulet* dans ce paysage de rêve. Renseignements au lodge du parc.

▸ *Tours en « classic Limousine »,* espèce de vieux mini-bus des années 30. Là aussi, voir au lodge.

▸ Pour les riches : *survol de la région en hélico*. Piste face au *Ruby's Inn*, avant l'entrée du parc.

ZION NATIONAL PARK
IND. TÉL. : 801

Endroit longtemps isolé du fait de la difficulté d'accès, *Zion* fut pendant longtemps le refuge des mormons qui fuyaient les persécutions.
La route goudronnée est faite en bitume rouge afin de ne pas jurer avec le paysage. Très étroite et sinueuse sur 30 km. Côté est, on traverse des rochers érodés avec des stries étonnantes, comme si la nature avait utilisé un rateau...
Zion est avant tout un assez étroit canyon d'à peine 11 km. Navette le long du canyon. Le site est souvent comparé à un pays de géants. C'est vrai que les falaises sont impressionnantes par leur hauteur. Et leurs couleurs sont assez étonnantes : beige, rose, orange, rouge... Les formes ne sont pas en reste : cheminées, blocs suspendus, dômes, etc. Bref, encore un parc superbe.
L'entrée est payante, sauf le 25 août, date anniversaire.

Adresses utiles

- *Visitors' Center :* à l'entrée sud du canyon. ☎ 772-3256. Demander le journal du parc, très utile.
- *Balade à cheval :* à Zion Lodge, dans le canyon. ☎ 772-3967. Randonnée de 1 h ou demi-journée.

Où dormir ?

Dans le parc

■ *South Campground* et *Watchman Campground :* deux campings à quelques centaines de mètres au sud du Visitors' Center. Bien situés au bord de la rivière. Tables de pique-nique, eau courante, toilettes mais pas de douche. Épicerie juste à l'intérieur de l'entrée sud (près des campings).
■ *Zion Lodge :* ☎ 586-7686. Dans le parc. Adorables petits bungalows en bois avec cheminée. Plutôt cher et souvent complet. Restaurant et boutique.

A l'est du parc

— Voir les motels situés à Mount Carmel (se reporter au chapitre sur Bryce Canyon).

Au sud du parc

Quelques motels assez chers à Springdale, à 2 km au sud du parc.

■ *Park Villa Motel :* 650 West State. ☎ 635-4010. Numéro gratuit : 1-800-682-6336. Dans la petite ville de Hurricane, tout près du Zion National Park. Tenu par un couple de Français. Elle est d'origine indonésienne, lui est un ancien de chez Total. Ils ont repris un motel charmant avec un parc et une piscine. Très bon accueil. Une trentaine de chambres doubles grand format avec kitchenette et B.B.Q. Bien moins cher que les autres adresses du coin. Salle d'eau toute neuve, moquette épaisse, T.V. La réception déborde de prospectus sur les parcs. On vous donne plein de conseils et de tuyaux pour les visiter.

■ *Canyon Ranch Motel :* 668 Zion Park Boulevard. ☎ 772-3357. Petits bungalows très coquets avec kitchenette, au cœur du village. Joli panorama et excellent accueil. Prix d'un 3 étoiles.

■ *Flanigan's Inn :* ☎ 772-3244. Numéro gratuit : 1-800-765-7787. Joli motel avec restaurant et piscine. T.V. couleur et A.C. dans les chambres. Prix d'un 3 étoiles.

■ *Driftwood (Best Western) :* entrée sud de Springdale. ☎ 772-3262. Accueil moyen. Chambres avec A.C. Piscine. Même prix que les autres. Cafétéria.

A voir. A faire

Gorges parfois abruptes et impressionnantes. Dunes de sable pétrifiées, formations rocheuses couvertes de stries régulières.

▶ Une balade superbe : *l'exploration des Narrows* (interdite par temps d'orage), à l'extrémité nord du parc. La randonnée se fait dans la rivière, tellement le canyon est étroit. Très impressionnant. Prévoyez des chaussures étanches ou de bonnes chaussures de marche séchant rapidement. Attention,

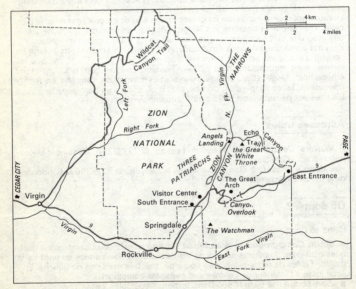

Zion National Park

c'est assez long. Comptez 12 h de marche en tout. Permis obligatoire pour effectuer cette randonnée (renseignez-vous au Visitors' Center). Mais la plupart des gens n'en font qu'une infime partie. En une heure ou deux on découvre déjà des paysages magnifiques.

▶ L'excursion vers le **Weeping Rock** est assez courte et agréable. Belle vue sur la vallée.

CANYONLANDS NATIONAL PARK

A l'est de Bryce et Zion Park, et au nord du Lake Powell.
L'un des plus beaux et certainement le moins connu des parcs d'État. Pas étonnant, les coins les plus magnifiques sont accessibles seulement en voiture tout-terrain. Côté curiosités, Canyonlands est un concentré de tous les grands parcs de l'Ouest : arcs naturels comme à Arches, colonnes rouges comme à Bryce Canyon, anciens villages indiens comme à Mesa Verde et gorges profondes dignes de celles du Grand Canyon...

– Pour accéder à Canyonlands, prendre l'US 191 au nord de Moab. Puis, empruntez à gauche la route 313 en direction de **Dead Horse Point.** Autrefois, les cow-boys y parquaient leurs chevaux. En effet, il s'agit d'un plateau accessible par une étroite route de crête. Il suffisait de placer une barrière à l'entrée pour que les animaux ne puissent s'échapper. Un jour, les cow-boys oublièrent d'apporter de l'eau et le troupeau mourut entièrement, d'où le nom. Promontoire fantastique surplombant le Colorado d'environ 400 m. Bref, la vue plongeante n'a rien à envier au Grand Canyon. Une autre route (la 211) permet d'accéder à la rive sud du parc. **Camping** à Dead Horse Point et à Island in the Sky.
– On peut louer une voiture tout-terrain à plusieurs et prendre un chauffeur ; sinon, on manque les plus beaux endroits. Plusieurs agences à Moab. La plus importante est : **Tag-A-Long**, 452 N Main Street, Moab. ☎ (801) 259.8946. Vous pourrez ainsi visiter, entre autres, le **Needles District.** Surtout, ne manquez pas la balade pédestre peu fatigante d'environ 3 km aller-retour. On emprunte un canyon dont la largeur est parfois inférieure à un mètre. De chaque côté, des roches absolument gigantesques. Le ciel n'est plus qu'une mince bande bleue.

ARCHES NATIONAL PARK et MOAB   IND. TÉL. : 801

Assez peu connu des touristes étrangers (même si les jeunes américains aiment s'y promener) ; ce petit parc mérite vraiment une visite. On y trouve le plus grand nombre d'arcs et autres formations rocheuses dues à l'érosion par le vent, les rivières et le gel. En outre, la ville voisine de Moab se révèle une étape très reposante.

Adresse utile

– **Visitors' Center de Moab :** 805 N Main Street (Hwy 191). ☎ 259-8825. Appel gratuit : 1-800-635-6622. Plein d'infos sur la ville, les activités sportives de la région (raft, 4 x 4, randonnées, *mountain bike*, etc.) et bien évidemment sur Canyonlands et Arches.

Où dormir à Moab ?

■ **The Lazy Lizard :** 1213 S Highway 191. ☎ 259-6057. A 1 km au sud de la ville. Repérer les bâtiments marqués « A 1 Self Storage ». Maison isolée derrière. Calme et tranquillité assurés. *Youth Hostel* privée très sympa. Le patron a lui-même baroudé avant de se fixer ici. Atmosphère très *fellow traveller.* Petits dortoirs bon marché ou chambres pour couple pas chères non plus. C'est un peu fait de bric et de broc, mais plutôt bien tenu. Salle commune avec

TV. On peut y obtenir d'excellents conseils sur les ressources du coin. Possibilité de planter la tente. On vous a réservé une surprise pour la fin : c'est probablement le seul *Youth Hostel* des États-Unis qui propose pour ses hôtes... un vrai jacuzzi ! Une étoile de plus cette année.

Prix moyens

■ *Inca Inn Motel :* 570 N Main. ☎ 259-7261. Chambres propres avec T.V., salle de bains, air conditionné. Piscine. Prix raisonnables. La patronne est belge et peut donc vous renseigner facilement.
■ *The Prospector Lodge Motel :* 186 N 100 W, dans une rue parallèle à la rue principale. ☎ 259-5145. Petit motel banal, tenu par des Chinois. Chambres propres et bien équipées. Prix très raisonnables.
■ *Sunset Motel :* 41 W 100 N. ☎ 259-5191. Numéro gratuit : 1-800-421-5614. Dans une rue perpendiculaire à Main Street. Mignons chalets en bois et piscine. Un poil plus cher que les précédents.

Plus chic

■ *The Westwood Guest-House :* 81 E 100 S. ☎ 259-7283. Numéro gratuit : 1-800-526-5690. Dans un quartier calme de la ville. Charmante guest-house offrant des appartements de une ou deux chambres avec tout le confort (cuisine équipée, salle de bains, living, etc.). Les Westwood sont absolument adorables. Si vous rêvez de lit ancien en cuivre (recouvert d'un beau patchwork fait main), d'un rocking-chair, d'objets et souvenirs de pionniers, c'est ici qu'il faut descendre (et sans que cela n'attente à votre portefeuille). On avait oublié, superbe petit déjeuner. Très conseillé de réserver, ça doit se savoir !
■ *Rustic Inn :* 120 E 100 S. ☎ 259-6177. Numéro gratuit : 1-800-231. Dans le centre. Propre, rationnel, confortable. Quelques chambres avec *water-bed* et réfrigérateur. Piscine.

Les campings

■ *Devils Garden Campground :* à l'intérieur du Arches National Park. ☎ 259-8161. Ouvert toute l'année. Pas de réservation, mais « premier arrivé, premier servi ». Toilettes, eau courante, tables et barbecues. Emplacement pour 50 tentes ou *motor-homes*.
■ *Camping KOA :* 3225 South Hwy 191, à 8 km au sud de la ville. ☎ 259-6682. Bien indiqué et correctement équipé. Un petit supermarché bien approvi-

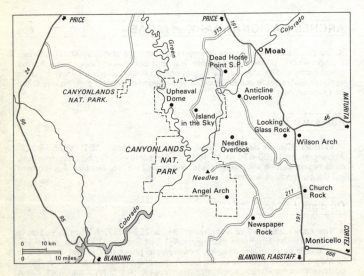

Canyonlands National Park

sionné. Machines à laver et à sécher le linge. Sanitaires impeccables. Excellent accueil. Piscine et mini-golf.

Où manger ?

- **Poplar Place (Pub & Eatery) :** à l'angle de Main Street et de 1st North. ☎ 259-6018. Ouvert tous les jours à partir de 11 h. A rouvert après avoir brûlé en 1989 ! Toujours d'excellentes pizzas. Sinon, salades, sandwiches et plats végétariens. Cadre très agréable, mi-branché mi-indien. Musique cool et clientèle jeune. Dommage, on pousse un peu à la consommation : les prix, en fonction des portions, grimpent vite si on a un peu faim. Faire comme les habitués : commander une grosse pizza à deux !
- **Honest Ozzie's Café :** 60 N 100 W. ☎ 259-8442. Dans une rue parallèle à Main Street (entre Center Street et 100 North). Service pour le petit déjeuner à partir de 7 h et le soir jusqu'à 22 h. Jardin agréable. On a plutôt l'impression d'entrer dans une maison particulière que dans un restaurant. C'est intime et chaleureux. Cuisine avant tout végétarienne : soupes, quiches, lasagnes, salades. Clientèle jeune décontractée. Bons desserts.
- **Cattleman's Inn :** 1991 S Highway 191. A 2 miles au sud de la ville. ☎ 259-6585. Ouvert 24 h sur 24. C'est un bon vieux routier, avec les « gros-cul » devant, des *teamsters* comme dans *Convoy* (le film de Peckinpah) et atmosphère sympa. Nourriture très correcte et copieuse. Les vendredi et samedi soir vous parviendront les échos des groupes de rock ou de country du *lounge* à côté. Ne pas manquer d'y faire un tour. C'est l'Ouest, le vrai !

Comment visiter Arches National Park ?

Se rendre à Moab. De là, 8 km au nord, par la route US 191. Une route goudronnée d'environ 30 km traverse tout le parc.
Demandez le plan gratuit au **Visitors' Center** du parc. Situé à 0,5 mile au nord de Moab, sur la route de Arches. Ouvert de 8 h à 20 h (19 h en hiver). Pas mal de doc à grappiller. L'entrée (payante) du parc est 4 miles plus loin.
Sitôt l'entrée franchie, la route goudronnée s'élève rapidement et le spectacle commence. On traverse d'abord **Park Avenue,** un ensemble de rochers imposants formant de hautes parois semblables aux immeubles de l'artère new-yorkaise. Sur la gauche, on découvre le rocher très évocateur des **Three Gossips** (les Trois Commères).
Quelques kilomètres plus loin, le célèbre **Balanced Rock**, rocher en équilibre fragile. Prenez la route sur la droite desservant **Windows Section,** connue pour ses arches superbes (dont la **Double Arch**) et l'étonnante **Elephants Parade.**
Plus au nord, prendre la route menant à Wolfe Ranch. Là commence le sentier pédestre le plus intéressant du parc (5 km aller-retour ; mais comptez 1 h de marche car ça grimpe !), conduisant à la superbe **Delicate Arch.**
Plus haut, *Fiery Furnace* dans laquelle on se promène pendant 2 h, accompagné par des rangers, dans un labyrinthe de rochers aux formes étranges et surprenantes.

A faire

– Pour les bons marcheurs, un sentier parcourt le **Devils Garden** dont le relief rappelle celui du Sahara. Le long du parcours (5 miles aller-retour), on rencontre huit arches.

– En toute modestie, voilà une excellente idée : à Moab, on peut louer un cheval pendant une, deux ou trois heures pour parcourir Arches National Park. Une adresse :

– **Pack Creek Ranch :** à 12 km au sud de Moab. Prendre la Highway 191, puis à gauche pour Lasal Mount Loop Road. ☎ 259-5505.

– Possibilité de faire du **rafting : Sheri Griffith Expeditions** (☎ 259-8229). Également **North American River Expeditions :** 543 N Main, Moab. ☎ 259-5865.

— Pour le *mountain bike*, demander l'adresse des loueurs au Visitors' Center de Moab.

DURANGO IND. TÉL. : 303

Une charmante petite ville dans le sud-ouest du Colorado, au pied des Rocky Mountains et à 37 miles à l'est du parc national de Mesa Verde. Endroit très attachant, car on a su y conserver l'atmosphère d'autrefois. La rue principale a été restaurée avec goût dans la grande tradition *old western*. Beaucoup de choses sont organisées pour le touriste, si bien qu'on peut y rester deux ou trois jours sans s'en apercevoir.

Adresses utiles

— *Visitors' Center (Durango Area Chamber)* : sortie sud de la ville, au bord de la Hwy 550. ☎ 247-0312. Numéro gratuit : 1-800-525-8855. Ouvert en semaine de 8 h à 17 h.
— *Piscine* : angle de Main Street et 24th Street. ☎ 259-9988.

Où dormir ?

■ *Durango Hostel (Tourist Rooms)* : 543 E 2nd Avenue. Près de la gare. ☎ 247-9905. Ouvert de 7 h à 10 h et de 17 h à 22 h. Petite maison tout en bois. Jardin avec barbecue. L'intérieur est assez désordonné et pas toujours bien tenu mais patron sympa et nuit très bon marché.
■ *Highland Motel* : 474 6th Street, Durango 81302. ☎ 247-0452. Chambres confortables avec T.V. Bien tenu. Accueil chaleureux. Le seul motel proche du centre parmi les moins chers de la ville. Réserver au moins une semaine à l'avance en été.
■ Plusieurs *motels* bon marché sur Main Street, au nord de la ville (donc assez loin du centre à pied) : *Siesta Motel, Vista, Vagabond Inn* (angle de 22nd Street), *Budget Inn* (angle de 31st Street), etc.

Plus chic

■ *Strater Hotel* : à l'angle de Main Avenue et de 7th Street. ☎ 247-4431. Superbe bâtisse victorienne construite en 1887. Au cœur, bien entendu, du ravissant centre « historique » de la ville. 93 chambres entièrement meublées dans le style de l'époque et impeccablement tenues. Le luxe désuet de l'ensemble n'empêche pas l'hôtel de posséder un jacuzzi ! Également dans l'hôtel : un resto raffiné, un théâtre et un saloon. Chambres 4 fois plus chères que dans un motel mais dépaysement garanti. Si vous n'avez pas les moyens de vous l'offrir, prenez au moins un verre au saloon et admirez au passage le hall de l'hôtel.

Où dormir chic à Pagosa Springs ?

■ *Echo Manor Inn* : 3366 Highway 84. ☎ 264-5646. A 3 miles au sud de Pagosa, en direction de Taos. Sur une butte, un vrai manoir faisant *B & B*. Extrêmement confortable et luxueusement meublé. Sur la terrasse, jacuzzi. Plusieurs salons, dont un décoré de trophées de chasse. Excellent accueil. Chambres (la plupart avec salle de bains privée) à partir de 50 $. Petit déjeuner plantureux compris. Alors, là, dites-nous si vous avez déjà pris votre *breakfast* dans une cuisine aussi ravissante. Décorée comme une chambre à coucher, avec un kitsch ahurissant. En prime, les délicieux petits gâteaux de la patronne !

Où manger ?

De bon marché à prix moyens

- *Farquarts :* voir plus loin, « Où boire un verre ? Dans les saloons ! ».
- *Carvers Bakery Café :* 1022 Main Avenue. Atmosphère *cool*. Le rendez-vous des jeunes végétariens. Sert des *breakfasts,* des salades, des sandwiches chauds mais surtout de bons gâteaux et *pies.*
- *Olde Tymer's Café :* au coin de Main Avenue et de 10th Street. Ouvert tous les jours de 11 h à 22 h (21 h le dimanche). Ambiance américaine mais nourriture mexicaine. Demander le plat du jour, en général copieux et pas cher. Si vous n'aimez pas manger au rythme des matches de base-ball ou de football, allez dans le patio, tout au fond de la salle.

Un peu plus chic

- *Francisco's :* sur Main Avenue, entre 6th et 7th Street. ☎ 247-4098. Le grand resto mexicain chic et décontracté. Serveuses en costume local et déco élégante (banquettes peintes, fontaine). Grand choix à la carte et prix tout à fait raisonnables. Cuisine délicieuse et copieuse, service parfait... Bref, une excellente adresse.

Où boire un verre ? Dans les saloons !

Eh oui, Durango est l'une des rares villes américaines à avoir conservé la tradition de ce genre d'établissements où l'on plumait les chercheurs d'or à la grande époque. Vous pourrez donc écouter du ragtime et de la country music pas trop frelatée. Encore aujourd'hui, on y rit bien et ça chauffe à blanc, surtout le samedir soir.

- *Diamond Belle :* au rez-de-chaussée du *Strater Hotel* (voir « Où dormir ? »). Ouvert de 11 h à 1 h. C'est le plus connu de Durango. On s'y croirait : luxe kitsch, serveuses en décolleté et bas résilles affriolants, pianiste ringard, etc. Rigolo mais tout de même assez touristique et coincé.
- *Farquarts :* 725 Main Avenue, à 2 pas du précédent. ☎ 247-5440. Ouvert jusqu'à 2 h. Notre saloon préféré, même si le cadre fait moins western que celui du Diamond Belle. Les jeunes du coin s'y retrouvent tous les soirs pour écouter d'excellents concerts de folk, de rhythm'n'blues, de reggae et de bon vieux rock'n'roll. Décoration pleine de détails amusants. Fait aussi resto, de 11 h à 23 h. Nombreux plats américains, italiens et mexicains à tous les prix. Plutôt bon et copieux.

Les manifestations

- *Rodéo :* de mai à octobre. Au Plata Country Fairgrounds, à l'angle de Main Avenue et 25ᵉ rue. Renseignements : ☎ 247-1666. Entrée pas trop chère. Barbecue à partir de 18 h, tous les soirs, et concerts un peu plus tard.
- En été, nombreux **festivals, concerts, cérémonies indiennes** (comme les *sundances Ute*), etc. Programme disponible au Visitors' Center.

A voir. A faire

- *The Silverton Train :* de début mai à fin octobre, tous les jours, à 8 h 30 et 9 h 30, part un vieux train à vapeur, loco 1900 et wagons 1880, qui rejoint Silverton (2 800 m), ancienne ville minière de 1822, que l'on visite en 2 h. Les paysages traversés sont fantastiques. Évidemment, ceux qui habitent en Haute-Savoie s'ennuieront un peu. Retour à 17 h 30 et 18 h 30. *Attention,* c'est quand même long et fatigant, et surtout salissant à cause de la fumée pour ceux qui choisissent les wagons ouverts *(gondala)* de préférence aux *coaches* fermés ou au *nomad* luxueux, mais hors de prix. De plus, en mai et à partir de septembre, Silverton connaît de fréquentes bourrasques de vent glacé, des averses, voire de la neige. S'équiper en conséquence. Bondé en été. Un 3ᵉ train est ajouté de juin à fin août (départ à 10 h 15). Réservez au 247-2733, sinon, soyez à la gare de Durango (au début de Main Avenue) à 6 h si vous voulez avoir une chance d'embarquer.

– *Marigold Glassware :* visite gratuite d'un atelier de souffleurs de verre, à 2 miles au nord de Durango, sur la Highway 550, à côté de l'*Iron Horse Inn*. On a le droit d'acheter mais c'est assez laid !

– *Balades à cheval :* départ du lac Vallecito à 19 *miles* au nord-est de Durango. La promenade, dans un cadre superbe au pied des montagnes, dure une ou deux heures, une demi-journée ou toute la journée. Réserver à *Wilderness Trails*, ☎ 247-0722.

– *Sports « aventureux » :* beaucoup de jeunes Américains un peu friqués, néo-sportifs, ancien babas ou *yuppies* musclés s'offrent des séjours *adventures* à Durango. Les activités en vogue proposées ici sont nombreuses : *rafting, skiing, canoeing, trekking, free climbing* ou *mountain biking*... Durango a d'ailleurs accueilli le championnat du monde de *mountain bike* en 1990.
Plusieurs agences de Durango proposent leurs services :
• *Southwest Adventures :* 780 Main Avenue. ☎ 259-0370. Spécialisée dans la montagne (escalade, kayak, raft et *biking*).
• *Crested Butte Rafting :* au nord de Durango. ☎ 349-7423.
• *American Adventure Expeditions :* 301 Main Avenue (angle 7th Street). ☎ 247-4789. Numéro gratuit : 1-800-288-0675. Propose des tarifs avantageux sur des descentes de rapides, à l'heure ou plus.

Où se payer une toile au clair de lune ?

– *Rockett Drive-in :* sortir de Durango par la 550 South et faire environ 3 miles. Le ciné est sur la droite. A faire au moins une fois dans sa vie, même si le film est nul. Avant de prendre sa place (de parking), ne pas oublier le maxi-Coke et le seau de pop-corn.

A voir aux environs de Durango

▶ Pour ceux qui ont du temps : superbes paysages de montagne au nord de Durango, par la Hwy 550. A plus de 50 miles, la *Red Mountain Pass* (près de 4 000 m d'altitude !) et sa montagne rouge et blanc (vraiment) puis de jolis villages encaissés, etc.

▶ Plus loin au nord, à Grand Junction : le *Museum of Western Colorado* [☎ (303) 242-0971] présente de beaux spécimens d'artisanat indien et un panorama des monstres retrouvés à Dinosaur Valley.

MESA VERDE NATIONAL PARK   IND. TÉL. : 303

A l'ouest de Durango, sur la route 160. L'unique entrée est à 16 km avant la ville de Cortez. Un gigantesque plateau de 600 m de haut domine la plaine. La visite est longue, vu les distances à parcourir. Comptez environ 5 h. Entrée payante (*Golden Eagle pass* accepté).
La Mesa Verde, « plateau verdoyant », fut occupée par les Indiens Anasazi dès le début de notre ère. Ce peuple vivait d'agriculture et de chasse, habitant des maisons d'argile, célébrant des cérémonies religieuses dans des caves souterraines, circulaires : les *kivas*. Pour des raisons de sécurité, ils durent quitter leurs habitations du plateau et installer leurs villages dans les interstices des falaises, à même les parois des canyons (à l'image des goélands et des cormorans nichant sur les falaises bretonnes).
L'état de conservation de ces habitations troglodytiques est fantastique. On dénombrerait pas moins de 1 000 de ces sites actuellement. Musée, guides et livres retracent de façon très vivante toute une civilisation indienne qui atteignit son apogée au XIIIe siècle et disparut soudainement du canyon pour diverses raisons : attaques de tribus ennemies, période de grande sécheresse...

Où dormir ?

- ■ *Camping* près du village de Morfield. Dans le parc, un peu après l'entrée. Emportez des lainages et un imper, il pleut souvent.
- ■ *Far View Lodge :* le seul hôtel du site. ☎ 533-7731. Fait aussi resto. Cher et souvent plein.
- – Autant dormir à Durango et visiter Mesa Verde le lendemain matin.

A voir

Arrêtez-vous d'abord au *Far View Center* (ouvert en été de 8 h à 17 h), duquel on a une jolie vue sur la plaine et les canyons environnants. Continuez jusqu'au *Chapin Mesa Museum* (ouvert de 8 h à 18 h 30). Très intéressantes collections d'archéologie et d'anthropologie concernant les Indiens de la Mesa Verde. A remarquer la simplicité de ceux qui ont créé ce musée : dans une vitrine, un tas d'objets où il est marqué : « On ne connaît pas l'utilisation de ces objets. Si vous avez une idée, écrivez-nous. » Ça change des Monsieur-je-sais-tout à la française. Explications très précises quand même sur la vannerie, la poterie, les méthodes de teinture indiennes. Vitrine avec maquette assez réussie montrant l'évolution de l'habitat dans la Mesa Verde (noter les jolis trompe-l'œil). Dans une autre, on présente tout ce qu'on doit aux Indiens (plantes, légumes, médecine, produits industriels, etc.). Un musée ouvert sur l'avenir, quoi !

Derrière ce musée, *Spruce Tree House*, une des plus grandes habitations troglodytiques du parc. Continuez jusqu'à *Cliff Palace* (visite jusqu'à 18 h 30), comprenant 200 pièces dans une vaste grotte au-dessus d'un canyon impressionnant. C'est la plus grande construction troglodytique d'Amérique du Nord, découverte en 1888 par deux cow-boys en goguette qui s'appelaient Charles Mason et Richard Wetherill. Ils étaient partis à la recherche de leurs vaches égarées.

TAOS
IND. TÉL. : 505

A 110 km au nord-est de Santa Fe. Dans un magnifique site montagneux, Taos a gardé le style de ces petits villages de l'époque mexicaine, avec ses maisons en adobe et aux toits plats. Ces maisons habitées sans interruption depuis mille ans, sont les plus anciennes des États-Unis. Depuis toujours, Taos attire les artistes, dont les œuvres sont exposées dans les galeries de la ville. Les environs ont également servi de décor à de nombreux films : *les mines du roi Salomon, Butch Cassidy, Easy Rider, l'Homme qui venait d'ailleurs* (avec David Bowie) et même *Star Wars, Superman* et *Indiana Jones* !

Le charme de Taos, outre celui de son architecture exclusivement vouée au style pueblo (comme à Santa Fe), c'est que ses dimensions sont à l'échelle humaine, chose suffisamment rare aux États-Unis pour être soulignée. Enfin une ville où la voiture est inutile ! La vie y est assez chère, malheureusement, mais moins qu'à Santa Fe, et les routards y sont moins regardés de travers.

La vie y est plaisante et les activités sportives et culturelles suffisamment nombreuses pour que ceux qui en ont les moyens puissent prévoir d'y passer quelques nuits.

Adresses utiles

- – *Visitors' Center :* 229 Paseo del Pueblo (la grande place qui donne sur la route principale). ☎ 758-3873. Numéro gratuit : 1-800-732-8267. Ouvert de 9 h à 17 h (18 h en été), sauf le dimanche.
- – *Terminal Greyhound :* à la station Fina, sur le Paseo del Pueblo Sur.
- – *Gearing Up :* Paseo del Pueblo, à l'angle de Des George Lane. ☎ 751-0365. Location de *mountain bikes*. Le proprio a fait le tour de France à vélo !
- – *Radio KTAO :* sur 101.5 FM. A la particularité de fonctionner uniquement à l'énergie solaire.

Où dormir ?

Bon marché à prix moyens

- *Taos Motel :* paseo del Pueblo Sur (route 68). ☎ 758-2524. Numéro gratuit : 1-800-323-6009. Très correct, et excellent accueil. Le moins cher de la ville. Accepte les tentes.
- *Casa de Taos Motel :* route S 64, 4 km après la ville, en direction de Santa Fe. ☎ 758-3503. Pas beaucoup de chambres. Assez modeste, mais propreté acceptable et pas cher du tout.
- *Indian Hills Inn :* paseo del Pueblo Sur. ☎ 758-4293. Numéro gratuit : 1-800-444-2346. Centre ville. Pas loin de l'office du tourisme. Les chambres sont grandes et propres, avec T.V. et salle de bains. Même prix que les précédents.

Très chic

- *Casa Benavides B & B :* 137 Kit Carson Road. ☎ 758-1772. Numéro gratuit : 1-800-554-9552. Très central. Le plus bel hôtel de charme de la ville. Adorablement meublé et décoré dans le style hispano-indien. Accueil extrêmement courtois. Chambres de 80 à 135 $.

Où camper ?

- *Carson National Forest :* à 4 miles environ au nord de Taos. Emplacements peu aménagés mais gratuits où l'on peut planter sa tente au bord d'un cours d'eau. Pas de lavabos ni de toilettes. Ne prend pas de réservations.
- *R.V. Park :* sur la 68, à 3,5 miles au sud de Taos. ☎ 758-1667 ou 1-800-323-6009.

Où dormir aux environs ?

- *Taos « Indian Country » International Hostel (The Abominable Snowmansion) :* à Arroyo Seco. ☎ 776-8298. Ouvert de 8 h à 10 h et de 16 h à 21 h. C'est un bâtiment en adobe restauré, construit dans le style des habitations des Indiens de Taos. Situé à 10 miles de Taos : prenez la Highway 64 sur 5 miles, puis la Highway 150 sur 5 miles. Ouvert l'été du 1er mai à fin octobre. Ouvre aussi l'hiver pour les skieurs. Plusieurs possibilités : planter sa tente dans le jardin (appeler d'avance, car peu de place). Lits en dortoirs (garçons et filles séparés) ou tipi (plus cher) ou encore chambre privée (prix d'un motel). Pas de *curfew* mais *check-out* à 10 h. Cuisine tout équipée. Avoir son véhicule, car pas de bus au départ de Taos.

Où manger ?

- *La Cigale, Café de Paris :* 223 Paseo del Pueblo Sur. ☎ 751-0500. Pour les nostalgiques de la cuisine française... Dans un cadre chaleureux (nombreuses photos en noir et blanc, de Doisneau en particulier), notre copain Laurent Guérin, originaire de Boulogne-Billancourt, vous concoctera un steak au poivre, une salade bien de chez nous, une quiche, une fondue bourguignonne, des crêpes... à des prix très honnêtes.
- *Apple Tree :* 123 Bent Street. ☎ 758-1900. Un petit resto pas loin de la Plaza. Dans une maison particulière. Ouvert le midi et soir jusqu'à 21 h 30. Nourriture fraîche et copieuse. Prix modérés le midi, mais assez cher le soir. Beaucoup de monde. Jardin-terrasse agréable.
- *Dori's Bakery and Café :* sur le Paseo del Pueblo Norte, près du Post Office. ☎ 758-9222. Bon accueil. *Lunch* pas cher. Petites pizzas. Possibilité de déjeuner sous les arbres. Bon *cappuccino* et musique certains soirs. Prix doux pour le standing de la ville. Cela dit, cuisine pas terrible. On vient avant tout pour l'ambiance relax et les rencontres (entre jeunes chevelus).

Très chic

- **Taos Inn :** 125 paseo del Pueblo Norte. ☎ 758-1977. Numéro gratuit : 1-800-TAOS-INN. Dans une demeure en adobe historique. Beaucoup de charme. Cuisine originale et excellente. On peut manger dans le Patio de 14 h à 21 h. Très agréable. Musique parfois le week-end. Sinon, belle salle à manger. Bon lunch à prix assez abordable. Le soir, c'est malheureusement deux fois plus cher. Fait aussi hôtel. Chambres magnifiques mais hors de prix.

Où boire un verre ? Où écouter de la musique ?

- **The End of the Universe :** McCarthy Plaza, placette adjacente à Taos Plaza, dans le centre historique. Le rendez-vous des jeunes. Autre intérêt : on y sert un véritable café.
- **Sagebrush Inn :** South Santa Fe Road. ☎ 758-2254. Qui croirait que ce bel hôtel de luxe en adobe, genre hacienda pour touristes, héberge un bar pour cow-boys ? Ici, on joue le *two-step*, le vrai. Concerts gratuits tous les soirs de 20 h à minuit. Clientèle locale.

A voir

▶ **La Plaza,** bien sûr, avec ses jolies maisons « de style » et ses boutiques.

▶ **Kit Carson's House :** Kit Carson Road. ☎ 758-0505. Ouvert tous les jours de 8 h à 18 h (hors saison de 9 h à 17 h). A l'est de la plaza où vécut pendant 24 ans le célèbre Kit Carson, qui fut à la fois éclaireur, trappeur et même franc-maçon. La visite de la maison est assez intéressante. Demeure datant de 1825. Vous y trouverez ses armes, sa canne, sa pipe, sa veste de cuir. Petite section archéologique, photos anciennes, livres sur la vie de Carson, objets domestiques, vêtements d'époque, etc. Riches sections, notamment les techniques de la poudre, meubles, cuisine reconstituée, living-room traditionnel, etc. Kit Carson a été enterré au *cimetière* du village (en sortant du musée à gauche, prendre Dragoon Street). Accès aussi depuis la rue principale.

▶ **Millicent Rogers Museum :** à 4 miles au nord de Taos, à l'écart de la route 522. ☎ 758-2462. Bien signalé. Ouvert tous les jours (sauf fériés) de 9 h à 17 h. Très intéressant musée sur la culture et l'artisanat indiens.

▶ **L'église Rancho** de Taos, à 4 km au sud de la ville. Vraiment très belle.

▶ **Taos Pueblo :** à 4 km au nord-est de Taos (route fléchée depuis le Paseo Pueblo). Visite payante (chère). Ouvert de 8 h à 17 h 30 sauf les jours de cérémonie. Village indien historique, à voir absolument, même si l'exploitation touristique est assez déroutante. La construction du pueblo y est conservée dans sa forme la plus pure. Autour de la plaza, traversée par une rivière, se groupent des maisons fortifiées en adobe. Devant celles-ci, il y a souvent des fours en forme d'œuf. Particulièrement remarquables, les deux maisons communautaires de quatre et cinq étages. Les cérémonies animistes continuent à être célébrées avec des chants et des danses. Église coloniale typique avec plafond en bois, tribune, saints dans leurs niches. Les habitants, aimables, restent toutefois réservés vis-à-vis des touristes. Les photos sont payantes. Possibilité d'acheter un fort bel artisanat. Beaucoup d'Indiens sont également des peintres de grand talent.

▶ **Le pont du Rio Grande (Gorge bridge) :** à 19 km au nord-ouest de Taos, un pont métallique grandiose enjambe le rio Grande à 198 m de hauteur.

A faire

- **Du ski :** Taos possède, selon les connaisseurs, les meilleures pistes de ski des États-Unis. La station est petite mais la neige excellente. L'école de ski de la ville est dirigée, figurez-vous, par un Français.

- **De l'escalade (climbing) :** les amateurs peuvent demander au patron du resto La Cigale (voir plus haut) les adresses des coins où grimper.

– **Rafting :** descente du Rio Grande avec l'agence *Far Flung Adventures,* aux environs de Taos. ☎ 758-2628.

– **Hiking, Skidoo,** etc. Voir l'agence *Native Son's Adv.* ☎ 758-9342.

SANTA FE   IND. TÉL. : 505

C'est la plus vieille ville de l'Union, fondée en 1609 par les Espagnols, soit 11 ans avant l'arrivée du *Mayflower.* Santa Fe, avec Taos, reste le témoin de l'antériorité dans le sud-ouest du pays de la culture espagnole, avec ses églises de l'époque coloniale et sa fameuse *plaza,* qui rappelle les *zocalo* des villes mexicaines.

Son charme pittoresque contraste avec l'ordonnancement des villes américaines. Ici, tout building est banni (!) et chaque maison se doit de respecter l'architecture traditionnelle du Nouveau Mexique : hauteur limitée des bâtiments, toits plats et murs en adobe. L'adobe, c'est tout simplement de l'argile, matériau rejeté par tout le monde (y compris les Indiens !) jusqu'aux années 60. Paradoxalement, ce matériau de pauvre est aujourd'hui devenu un signe extérieur de richesse !

L'architecture santa-féenne rappellera à certains l'atmosphère mexicaine revisitée par Sergio Leone. En fait, ce style typique n'est autre qu'une récupération de l'art pueblo. En débarquant ici, les Espagnols se sont contenté d'ouvrir des portes et des fenêtres dans les maisons, alors que les Indiens y entraient par le toit !

Depuis plusieurs années, Santa Fe est la ville branchée par excellence. Artistes et pontes du show biz californiens y passent leurs week-ends, incitant les promoteurs à y investir en masse. Les prix n'arrêtent donc pas de flamber, poussant les habitants modestes à déserter la ville. Ne restent plus que des galeries d'art ultra-snob, des boutiques d'artisanat hors de prix et de fringues super chicos, des restos chers et quelques librairies vaguement intellos. Rendez-vous des *yuppies* et des marginaux friqués, Santa Fe s'est même payé le privilège de donner naissance à une mode vestimentaire : le style « coyote », qui s'est répandu parmi les chébrans des grandes capitales. Pour ne rien arranger, Santa Fe (l'une des cinq villes les plus visitées des États-Unis) est envahie de (riches) touristes texans en été.

Bref, pas vraiment une ville pour routards, notamment à cause des prix pratiqués ici, mais qui mérite tout de même une visite ne serait-ce que pour la beauté de son architecture et la richesse de ses musées.

Adresses utiles

– **Office du tourisme :** W Marcy Street, Santa Fe Convention Center. Petit bureau aussi au Sweeny Center (au coin de Marcy et Grant) et un autre sur la Plaza (en été seulement), à côté de la First National Bank.
– **Thrifty Rent-a-Car :** 1718 Cerrillos Road. ☎ 984-1961.
– **Terminal Greyhound :** 858 Saint Michael's Road, à environ 5 km au sud du centre. ☎ 471-0008.
– **Journaux en français :** au *Downtown Subscription* (voir « Où boire un verre ? »).

Où dormir ?

■ *Santa Fe International Hostel :* 1412 Cerrillos Road, Santa Fe, NM 87501. ☎ 988-1153. A 2 km du centre historique. Ouvert de 7 h à 23 h. Belle déco pueblo et bonne atmosphère. Un des rares endroits de la ville pour fauchés ! Au choix : dortoirs ou chambres, avec ou sans salle de bains. Cuisine. Seul petit désagrément : les corvées obligatoires (on retombe dans le style A.J. vieille école !). Pour réserver, écrire et joindre un mandat.

■ *Council on International Relations :* à l'étage de l'hôtel *La Fonda,* sur la Plaza. Il faut y être avant 12 h. Jusqu'à 17 h, possibilité de téléphoner au 982-4931. Réservé aux étudiants. Pour pas cher, on est logé chez l'habitant, petit déjeuner inclus. Attention, fermé du vendredi soir (17 h) au lundi matin (9 h).

- **Camping KOA (Apache Canyon)** : au sud-est de Santa Fe, sur l'Interstate 25 N (exit 290). ☎ 982-1419. Épicerie, sanitaires et laverie.

Prix moyens

La plupart des motels s'étendent sur Cerrillos Road. Chers pour la plupart. Voici notre meilleur choix. En haute saison, les prix grimpent de 40 % au moins. Attention, généralement tout est plein le week-end !
- **Motel 6 :** 3007 Cerrillos Road. ☎ 473-1380. Assez loin de la ville, mais c'est le moins cher de tous (souvent complet). Réserver impérativement.
- **Thunderbird Inn :** 1821 Cerrillos Road. ☎ 983-4397. Petit motel à l'architecture mexicaine. Chambres décorées avec goût. Excellent accueil. Un peu plus cher que le précédent. Kitchenette dans certaines chambres.
- **Stage Coach Motor Inn :** 3360 Cerrillos Road. ☎ 471-0707. Adorable motel décoré dans le style mexicain. Accueil agréable. Un poil plus cher.
- **Western Scene Motel :** 1608 Cerrillos Road. ☎ 983-7484. A 2 km du centre. Architecture en forme de pueblo. Assez bon marché mais accueil très moyen. Ne prend pas les réservations.
- Éviter le **Ramada Inn,** cher et bruyant.

Plus chic

- **El Rey Inn :** 1862 Cerrillos Road. ☎ 982-1931. Un motel assez exceptionnel (même unique). Environnement très fleuri. Chambres délicieusement décorées (style colonialo-mexicain). Les chambres donnent, au choix, sur un patio, une allée romantique, ou carrément sur la piscine. Tout cela pour à peine deux fois le prix d'un motel ordinaire. Seul problème : trop souvent complet. Penser à réserver quelque temps à l'avance.
- **Garrett's Desert Inn :** 311 Old Santa Fe Trail. ☎ 982-1851. N° gratuit : 1-800-888-2145. Moderne, pas de charme particulier, mais impeccable. Surtout, situé dans Downtown, à deux pas de la vie nocturne. Chambres avec tout le confort souhaité et café à volonté. Piscine agréable. Tout de même cher pour un motel.

Où manger ?

Les restos sont chers à Santa Fe. Les fauchés iront manger au *snack-bar du magasin Woolworth's,* sur la Plaza (côté San Francisco Street). Ouvert de 9 h à 17 h.

Bon marché

- **Zia Diner :** 326 Guadalupe (quartier de la gare). ☎ 988-7008. Ouvert jusqu'à 22 h. Salle immense, très animée le soir. Typiquement américain (*burgers, sandwiches, salades,* etc.) avec quelques spécialités mexicanos, Santa Fe oblige. Plats du jour pas chers. Cuisine bonne et copieuse. Service pro et clientèle jeune.
- **Upper Crust Pizza :** 329 Old Santa Fe Trail. ☎ 983-4140. Tout près de la vieille église des États-Unis. Ouvert de 11 h à 22 h tous les jours et le dimanche de 12 h à 22 h. Pizzas correctes et salades copieuses. Terrasse agréable.
- **Josie's Casa de Comida :** 225 E Marcy Street. Ouvert de 11 h à 16 h. Fermé le week-end. Cuisine mexicaine abordable. Spécialités maison. Rien n'est préparé d'avance.

Prix moyens

- **French Pastries :** sur San Francisco Street, à 50 m de la Plaza. Ferme à 17 h. Salon de thé tenu par des Français. Petit déjeuner bien de chez nous avec croissants et vrai café. Sinon, délicieux pains aux raisins, crêpes, sandwiches authentiquement parisiens et onctueuses tartes salées. Une belle réussite à la française. Mais c'est tout de même assez cher si on y déjeune vraiment.
- **Tomasita's :** 500 S Guadalupe (près de la gare). ☎ 983-5721. Service le soir jusqu'à 22 h. Installé dans un ancien entrepôt de chemin de fer. Pas mal de caractère. Clientèle jeune et bruyante. Cuisine mexicaine possédant une très bonne réputation. Portions copieuses. Goûter la *tortilla soup,* la salade de *guacamole,* le *combination plate* (avec *enchilada,* fromage, *taco, posole,* etc.), le

stuffed sopaipilla, le *super tortilla burger,* etc. Ne prend pas de réservations. Et le week-end, au moins 1 h d'attente !
● *La Cantina :* 125 E Palace Avenue (dans la cour). ☎ 988-9232. Véritable spectacle organisé par les serveurs. Ils chantent, en vous servant, des extraits de comédies musicales. Si vous êtes fauché, contentez-vous d'un sandwich ou d'une salade, on ne vous regardera pas de travers. Arriver de bonne heure (vers 19 h 30) pour dîner, c'est vite complet. Ne prend pas de réservations.

Plus chic

● *Café Pasqual's :* au coin de Don Gaspar et Water Streets. ☎ 983-9340. A deux pas de la Plaza. Dans un décor frais, coloré, très plaisant, les gens se bousculent pour goûter la bonne cuisine mexicaine (dès le petit déjeuner). Accueil et service décontractés, voire un peu lent. Excellents *chorizo burrito, polenta, huevos motulenos* (hmm !), *paella,* crevettes thaïes, etc. Belle carte des vins. Assez cher tout de même (surtout le soir).

Où boire un verre ?

– *Downtown Subscription :* 376 Garcia Street (de la Plaza, prendre Cathedral Street et traverser le pont). A l'écart de la frime et de l'agitation, dans un quartier résidentiel paisible. C'est le coin des étudiants : librairie, galerie photo et café, le tout installé dans une maison de la presse ! Grande terrasse dans la végétation. Pas d'alcool mais 10 sortes de cafés. Belles pâtisseries et tartes salées également.
– *Hore House :* sur la Plaza, au coin de la rue San Francisco (côté ouest). Au 1er étage élégante terrasse donnant sur la plus belle place de l'Ouest américain.

Tables et chaises en fer forgé, décorées d'azulejos. Le comble du raffinement : par vent frais, des radiateurs extérieurs réchauffent l'air ! En dégustant une piña-colada ou une bière Dos Equis, on se croirait carrément à Oaxaca... Service prévenant et prix doux pour la ville (si on se contente d'y prendre un verre).
– Enfin, ne pas manquer d'aller admirer le coucher de soleil (avec des *zakouski* et une *margarita*) sur la superbe **terrasse du luxueux hôtel La Fonda** (au coin de la Plaza, côté est). Panorama exceptionnel sur la ville.

A voir

Les musées de Santa Fe ne sont plus gratuits mais il existe un *pass* de deux jours qui donne accès aux quatre musées publics de la ville. Ils sont tous ouverts de 10 h à 17 h (tous les jours). Fermés le lundi en janvier-février.

▶ *La Plaza :* centre touristique de Santa Fe. C'est la vieille place du marché, aménagée par les conquistadores espagnols. Monument élevé à la mémoire des soldats américains morts au cours des guerres indiennes, et que semblent ignorer les descendants des Hopis ou des Navajos. Noter cependant (remords tardif) qu'un mot a été gratté sur le monument. Devinez lequel ?

▶ *Palace of the Governors :* sur la Plaza. ☎ 827-6483. Ancienne demeure des gouverneurs, et tout particulièrement de Lewis Wallace qui, s'ennuyant ferme, écrivit *Ben Hur*. Actuellement, musée avec une collection historique importante d'époque hispanique : habits, meubles, armes et outils. La chapelle personnelle des gouverneurs, tout à fait exceptionnelle, a été préservée. Le long du palais, de vraies Indiennes viennent vendre des poteries et des bijoux assez jolis. Assez chers cependant.

▶ *Fine Arts Museum :* à côté du palais des gouverneurs. ☎ 827-4468. Consacré à l'art du Nouveau-Mexique : sculptures, poteries, couvertures, photos... Joli patio. Quelques toiles intéressantes : *Blue River, From the River, Light Blue, Spring Tree n° 1* de Georgia O'Keeffe. Gravures de Will Shuster, paysages de Willard Nash et Randall Davey. Remarquables expos temporaires.

▶ *Chapel of San Miguel :* sur Old Santa Fe Trail. La plus vieille église des États-Unis, construite en 1610. Joli intérieur, dans le plus pur style mexicain. Entrée gratuite. A côté, *The Oldest House,* construite en torchis vers 1200 et transformée évidemment en magasin de souvenirs.

▶ *Saint Francis Cathedral :* une enclave française dans cette Espagne du Nouveau Monde. Datant du XIXe siècle, elle fut construite grâce à un évêque auvergnat, Mgr Lamy, désireux d'élever une église romane qui concurrencerait la brique américaine. Vous pouvez voir la statue du saint homme sur le parvis.

▶ *Institute of American Indian Arts :* Cerrillos Road. Après le carrefour avec Saint Francis Drive, sur la droite. C'est une école d'art indienne où les œuvres des élèves sont exposées et vendues. Pas mal de choses intéressantes à des prix raisonnables. Notamment les peintures et bijoux. Une manière d'acheter intelligente et qui encourage les élèves.

▶ *Museum of International Folk Art :* redescendre Old Santa Fe Trail vers le sud, puis prendre Camino Lejo. A environ 3 km du centre. Bien fléché. ☎ 827-4468. Fait partie du forfait musées. A l'entrée, prendre le guide en anglais qui donne tous les commentaires sur les vitrines. Indispensable. On pèse nos mots : l'un des plus beaux musées d'arts traditionnels que l'on connaisse. Visite à ne pas manquer. Dans un cadre magnifique, exposition d'objets, tissus, jouets, etc., de plus de 50 pays. Riche collection de talismans, amulettes, ex-voto, etc. En particulier, l'art hispanique et, surtout, la fabuleuse collection Girard. Ce fou d'ethnographie avait accumulé toute sa vie des milliers de poupées, jouets, santons, révélant les rituels de la vie et de la mort. Très belle collection de trains miniatures. Villes chinoise et mexicaine reconstituées, théâtres-maquettes, etc. Il légua sa collection au musée. Festival de grâce, de couleurs joyeuses, enchantement pour les yeux.

▶ *Museum of Indian Arts and Culture :* à côté du précédent. ☎ 827-8941. C'est le quatrième musée accessible avec le *pass.* Entièrement consacré à la culture indienne. Superbes sections de poterie, vannerie, tissage, etc. Expo par chronologie et par nations indiennes (Apaches, Papagos, Yavapaïs, Havasupaïs, Navajos et Hopis).

LE MIDDLE WEST (SUD)

▶ *Wheelwright Museum of the American Indian :* à quelques centaines de mètres du précédent, un musée privé, très intéressant complément pour ceux qui s'intéressent à la culture indienne. ☎ 982-4636. Ouvert de 10 h à 16 h 45 (dimanche, de 10 h à 13 h). De novembre à février, fermé le lundi. Belles sculptures à l'entrée. A l'intérieur, splendides tissages et tapisseries, poterie et vannerie, bijoux indiens, présentés de façon très didactique. Sympathique *Case Trading Post*.

▶ A voir aussi : le *pueblo indien*. A Tesuque, par la 590. ☎ 983-2667.

▶ *Upper Canyon Road :* ancienne route commerciale devenue aujourd'hui la pittoresque rue des artistes avec leurs ateliers de peinture.

Manifestations

— *Grande fête* de la ville la première quinzaine de septembre pendant trois jours (de liesse).
— *Fête et foire navajo :* en général vers la mi-août. Exposition d'artisanat avec des bijoux, turquoises, poteries et autres objets d'artisanat. Assez cher toutefois.
— En juillet et en août, saison de l'*opéra de Santa Fe*. Coté à l'argus. Un opéra de plein air avec des chanteurs venus du monde entier. *Standing rooms* à 6 $ seulement si on vient une heure avant la représentation. Ça vaut vraiment le coup ! Représentations tous les soirs. Souvent complet, mais on a souvent de bonnes chances d'obtenir des *standing rooms*. Acheter son billet directement sur place après s'être renseigné à l'office du tourisme sur l'opéra joué. Débute généralement à 21 h. Pour y aller : c'est à 7 *miles* de la ville, au nord, en empruntant la route de Taos. Panneau « Opera » sur la gauche. Soirée extra en perspective. ☎ 982-3855.

A faire

— *Turquoise Trail :* c'est la route qui relie Santa Fe à Albuquerque. Elle passe par l'ancien chemin des chercheurs de turquoises (zinc et plomb). Aller en direction de *Madrid*, petite ville où règne une ambiance de bout du monde, puis *Cerrillos*. On peut ensuite s'arrêter à *Sandia Crest* d'où l'on domine toute la ville d'Albuquerque. Sandia Crest est la station de ski du coin.

— Un *river trip* aux environs de *Santa Fe*. Départs tous les jours d'avril à septembre, à la journée ou à la demi-journée. Renseignements : *Rio Bravo River Tours*, 1412 Cerrillos Road. ☎ 988-1153. Avant de s'inscrire, demander si les eaux sont suffisamment abondantes pour causer quelques frayeurs.

ALBUQUERQUE IND. TÉL. : 505

La plus grande ville du Nouveau-Mexique, capitale des *hot air balloons*. Albuquerque (prononcer « Albou-kerki ») ne possède pas (loin s'en faut) le charme de Santa Fe. Ville moderne et universitaire à la population très jeune (moyenne d'âge des habitants : trente ans !). Dans l'ensemble pas déplaisante en soi et avantageuse pour les routards car la vie y est bon marché. Si vous y passez une petite journée, deux musées méritent votre visite.
— *Office du tourisme :* dans le *Convention Center*, 401 2nd Street NW, à l'angle de Market. ☎ 243-3696. Numéro gratuit : 1-800-284-2282. Ouvert du lundi au vendredi de 8 h à 17 h.
— *Old Town Information Center :* 301 Romero NW. ☎ 243-3215. Ouvert de 10 h 30 à 17 h. Dimanche de 11 h à 17 h.
— *Radio KLSK :* de bons vieux standards du rock, à écouter sur 104.1 en remontant la route 66 vers Gallup !

Où dormir ?

Albuquerque, beaucoup moins touristique que Santa Fe, propose un logement très abordable.

■ *Albuquerque International Hostel :* 1012 Central Ave. W. ☎ 243-6101. A l'angle de 10th Street. A.J. privée (même proprio que celle de Santa Fe). Maison ancienne. Bureau ouvert de 7 h à 11 h et de 16 h à 23 h. Dortoirs ou chambres privées. Cuisine et laverie. Pas de couvre-feu. Bon accueil.

■ *Camping KOA Central :* 12400 Skyline Road. ☎ 296-2729. Minibus depuis Old Town. Attention, pas beaucoup de liaisons le dimanche.

Prix moyens

■ *Grand Western Motor Hotel :* 918 Central Ave. SW. ☎ 243-1773. Motel très correct et presque bon marché. Dans Downtown, à 8 blocs de la gare. Patron sympa. La plupart des chambres avec salle de bains.

■ Nombreux *motels* bon marché, ou à des prix raisonnables, sur Central Avenue (de University Avenue à San Mateo Avenue). Au 601 Central NE, le *Gaslite,* un des moins chers. ☎ 242-6020. Un peu crade mais le patron (un vieux routard pakistanais) est adorable.

Où manger ?

● *Route 66 Diner :* 1405 Central Ave. NE. ☎ 247-1421. Ouvert du lundi au jeudi de 9 h à 23 h (minuit le vendredi et 22 h le dimanche). *Breakfast* le samedi de 8 h à 13 h. Sur la fameuse route 66, un amusant petit *dinner,* façon *American Graffiti.* Décor *fifties,* bonnes vibrations pour une petite nourriture traditionnelle. Burgers, sandwiches, soupes, salades et *specials* du jour. *Soda fountain* bien fournie. Bon café.

● *M & J Restaurant (Sanitary Tortilla Factory) :* 403 2nd Street SW. ☎ 242-4890. Ouvert le midi et uniquement le vendredi et le samedi soir. Fermé le dimanche. Un des restos mexicains les plus connus. Atmosphère sympa. Prix modérés. Y aller plutôt à midi ; le soir, quartier assez mort. *Specials* bon marché, *chile rellenos, enchiladas, burritos, posole,* omelette mexicaine, etc.

Prix moyens

● *Cooperage :* 7220 Lomas Blvd NE, à l'angle de Louisiane. ☎ 255-1657. Ouvert de 11 h à 14 h 30 et de 17 h à 22 h (23 h vendredi et samedi). Dimanche, de 12 h à 21 h. A l'est du centre ville, immense restaurant ayant la forme d'un tonneau (normal, il célèbre le travail des charrons). Décor intérieur original, service parfait et cuisine très abordable. Buffet magnifique à midi. *Happy hours* de 16 h à 19 h. Musique vendredi et samedi soir.

● *Bennigan's :* 2105 Louisiana Blvd NE. ☎ 883-1665. Ouvert à midi et le soir jusqu'à 2 h (dimanche à minuit). *Brunch* célèbre les samedi et dimanche de 9 h 45 à 15 h. Appartient à la chaîne très connue, mais ce n'est pas bâclé pour autant. Décor assez sophistiqué, intime et plaisant. Bons *appetizers* et plats copieux. Pas si cher que le cadre le suggère. Viandes délicieuses (et qu'on peut obtenir « bleues » !). En particulier, le *Blackened Rib Eye Steak* et le *Prime Rib,* en promotion les dimanche, lundi et mardi soir. Avec chaque plat, *salad-bar* à volonté ! Un excellent rapport-qualité-prix.

A voir

▶ *Indian Pueblo Cultural Centre :* 2401 12th Street NW (un bloc au nord de la I 40). ☎ 843-7270 ou 243-3696. Ouvert tous les jours de mi-avril à mi-janvier de 9 h à 17 h 30. De mi-janvier à mi-avril, fermé le dimanche. Superbe musée géré par les tribus de la région. Belles fresques dans la cour intérieure. Tout sur l'histoire des Indiens et des pueblos. Poteries, vêtements, photos, documents, maquettes de pueblos, petite chapelle reconstituée. Vitrine pour chaque pueblo avec sa production locale (on apprécie ainsi la grande diversité). Expo d'intéressantes œuvres contemporaines. Possibilité de se restaurer à la cafétéria jusqu'à 15 h 30. Danses le week-end à 11 h et 14 h.

▶ **New Mexico Museum of Natural History :** 1801 Mountain Road (Old Town). Dans le centre. ☎ 841-8837. Ouvert tous les jours de 9 h à 17 h. Un des musées d'histoire naturelle les plus intéressants qu'on connaisse. D'un didactisme époustouflant. Superbe cadre (ça va de soi !). Reconstitution de dinosaures et des célèbres *Camarasaurus* et *Allosaurus*. Bruitage, ambiance sonore avec mini-jungle. Dans le hall principal, confrontation d'un ULM avec un ptérodactyle. Apprenez à vos enfants à reconnaître les traces d'animaux dans le sable, à étudier les insectes au microscope, etc. Une fourmilière en coupe permet de la voir grandir, évoluer chaque jour. Galerie « Création du monde. »

▶ **Old Town :** vieux quartier espagnol restauré et évidemment assez touristique. Nombreuses boutiques. Très agréable plaza avec l'église San Felipe de Neri. Absolument ravissant : adobe ocre, patios fleuris, gazouillis, petites allées serpentines. Voir aussi le *musée d'Art, d'Histoire et des Sciences* (2000 Mountain Rd NW ; ☎ 243-7255). Belle collection d'art colonial.

▶ **L'université :** au coin de University et Central Ave. Éminemment vivante. Pour les passionnés, abrite un petit *Fine Arts Museum*. ☎ 277-4001. Intéressantes peintures principalement américaines : *Taos Plaza* de Ward Lockwood, *Indians Hunting* de George L.K. Morris, *le Vase* de Fernand Léger, *Grey Hills Forms* et *White Flowers* de Georgia O'Keeffe.
Possibilité de visiter également la *Johnson Gallery,* dans la maison du fameux peintre qui travailla dans la région et considéré comme l'égal de Georgia O'Keeffe (ouvert du mardi au vendredi de 9 h à 16 h).
Enfin, nos lecteurs férus d'anthropologie et d'ethnographie, rendront visite (toujours sur le campus) au *Maxwell Museum of Anthropology* (ouvert de 9 h à 16 h, samedi à 10 h ; fermé les dimanches et jours fériés).
Possibilité d'obtenir une carte du campus au Student Activities Center (☎ 277-4706) ou à l'office du tourisme.

A voir aux environs

▶ **Pueblo of Acoma (Sky City) :** village indien posé au sommet d'un plateau *(Enchanted Mesa).* A une soixante de miles d'Albuquerque, sur la route de Gallup. Renseignements : ☎ 800-747-0181. Ouvert tous les jours, sauf pendant les fêtes religieuses, de 8 h à 19 h. Autrefois inaccessible, le village ne peut être visité que si l'on est accompagné d'un guide indien. Droit d'entrée à payer plus une taxe photo. Un minibus vient chercher les touristes au pied de la Mesa.
Cultural Center avec des expositions sur les Indiens d'Amérique.

DALLAS IND. TÉL. : 214

Deuxième ville du Texas, Dallas n'est pas une destination dont on parle beaucoup comme lieu de séjour, mais si vous y passez, pourquoi ne pas y rester un ou deux jours ? Downtown n'est pas trop abîmé, ne serait-ce que parce que, depuis l'assassinat de John F. Kennedy, le centre ville a pris un sens historique et que les pouvoirs publics le remettent en valeur. La vie culturelle et artistique offre mille possibilités et, sur le plan architectural, ce ne sont pas les hardiesses qui manquent.

Adresses utiles

– **Office du tourisme :** Union Station. 400 S Houston. Ouvert de 9 h à 17 h. ☎ 747-2355.
– **Alliance française :** 703 McKinney Avenue. ☎ 954-0165.
– **Greyhound :** Commerce et Lamar. ☎ 741-1481.
– **Trailways :** 1500 Jackson Street. ☎ 655-7000.
– **Grayline Tours :** ☎ 824-2424.
– **Amtrak :** ☎ (800) 328-4567.
– **Dallas Transit System :** 101 N Peak Street. ☎ 826-2222. Profitez du *Hop-A-Bus :* transport rapide et fréquent dans le centre.

- *Location de voitures :* Budget. ☎ 357-1574.
- *Auto Drive-Away :* ☎ 691-2125.

Où dormir ?

Bon marché

- ■ *Travel Inn Budget :* 901 Forth Worth Avenue. ☎ 747-8978. Convenable et pas cher. A la réception, le café coule à flots. A 20 mn à pied du centre ville (5 mn en bus). Notre proverbiale honnêteté nous pousse à dire que le quartier craint un peu... Rentrez en taxi le soir.
- ■ *Youth Hostel :* 1451 E Northgare. ☎ 438-6061. En banlieue. Pour y aller, une navette fait le trajet cinq fois par jour. Ou bien, depuis les bus Greyhound, il faut prendre le bus 202 sur Main Street pour Las Colinas, puis le 306 jusqu'à University of Dallas Conference Center (35 mn de trajet environ). 40 lits, piscine, cuisine, consignes à bagages. Ouvert de 7 h à 9 h et de 17 h à 23 h.
- ■ *Grand Lodge Hotel :* 1401 N Zang Boulevard. Pas trop cher pour Dallas et très correct.
- ■ *Bed & Breakfast :* 4224 W-Red Bird Lane. ☎ 298-8586. Association qui possède, réparties dans différentes maisons de la ville, environ 150 chambres. Les prix sont très corrects, pour des chambres confortables et propres. Petit déjeuner copieux. Possibilité d'y aller par le bus de Downtown ou demander au propriétaire du B & B de venir vous chercher. Réserver à l'avance.

Plus chic

- ■ *Bradford Plaza :* 302 S Houston Street. Près de Union Station. Très confortable. Bien tenu et service de qualité. Super petit déjeuner. *Complementary cocktail* servi le soir au bar. Assez cher tout de même.

Où manger ?

- ● *Rosies' Seli :* Austin Alley. Bonne cuisine italienne.
- ● *Downtown Express :* 807 Elm Street. *Salad bar, submarine sandwich* et la plus grosse pizza de la ville.
- ● *Sonny Brian's Smokehouse :* Inwood Road. On vient – paraît-il – de New York pour y déguster le meilleur barbecue du monde. Toujours la queue à l'entrée d'une vieille cabane.
- ● *Terilli's :* 2815 Lower Greenville. Très bon resto italien avec orchestre. Un peu cher.
- ● *La Madeleine :* 3906 Lemmon Avenue. Pour les nostalgiques, une adresse française. Cuisine française servie par des Françaises. Simple. Bon marché.
- – *Attention :* à Dallas, presque tout est fermé à 17 h, et il est difficile alors de trouver un resto autre que Mac Donald's.

Où boire un verre ?

Dans le seul quartier animé du centre : Market Street.

- – *Bahama Bob's :* très agréable, avec orchestre.
- – *Boiler Room :* boîte de nuit très chaude.

A voir

- ▶ *New City Hall :* Akard et Young. La nouvelle mairie surprend par sa ligne audacieuse. Dessinée par I.M. Pei (le « type » de la pyramide du Louvre). 1 400 personnes y travaillent dans des conditions de clarté optimales.
- ▶ *Union Station :* 400 S Houston. L'ancienne gare, bâtie en 1914, a été classée monument historique. De nombreuses manifestations s'y tiennent, ainsi que des expos.

294 LE MIDDLE WEST (SUD)

▶ *Kennedy Plaza :* Market et Main. C'est là que se trouve le mémorial édifié en l'honneur de Kennedy, non loin du lieu où il fut assassiné. Vous y verrez également la *première maison* de Dallas.

▶ *West End Market Place :* quartier où les anciens entrepôts ont été rénovés en boutiques, restaurants. A visiter de nuit. Entre Wordel Rogers et Houston Street.

▶ *Hyatt Regency :* derrière Union Station. Une architecture à couper le souffle, c'est tellement beau qu'on a presque envie d'y mourir. L'effet au soleil est magnifique. Montez dans la tour à côté. On y accède par l'hôtel. En haut, bar tournant. On peut se contenter de payer un café. De plus, accès gratuit à l'observatoire.

▶ *Old Red Court House :* sur Houston. L'ancien palais de justice construit en 1890, après avoir expédié quelques centaines de voleurs de chevaux à la potence, a pris une retraite méritée.

▶ *Adolphus Hotel :* 1321 Commerce. Grand hôtel qui date de 1912 et qui, avec son voisin prestigieux, le *Mobil Building,* personnifie bien les tendances architecturales de ce début de siècle.

▶ *School Book Depository :* coin nord-est de Houston et Elm. C'est l'endroit présumé d'où le coup de feu meurtrier a été tiré. Acheté récemment dans le cadre du classement du site.

▶ *Allied Bank Tower at Fountain Place :* à l'angle de Ross Avenue et de Field Street. La première tour du complexe a été dessinée par I.M. Pei, Harry Weese et Dan Kiley. Fontaine de 160 jets jaillissant du dallage de la place, programmés par ordinateur.

▶ *Crescent Court :* Cedar Springs Road. Hôtel-résidence et centre commercial. Les immeubles sont surmontés de toitures pointues, genre ardoise, et de ferronnerie, le tout mi-château de la Loire, mi-Nouvelle-Orléans (dessinés par Philip Johnson, 1985).

▶ *Thanksgiving Square :* à l'angle de Pacific Avenue et de Bryon Street. Havre de paix, petit jardin et chapelle, conçus par Philip Johnson, 1977.

▶ *Informart :* 1950 Stemmons Freeway, au nord-est. Copie du Crystal Palace de Londres, construit en 1851. Énorme structure métallique blanche abritant 150 000 m^2 de locaux d'exposition de matériel informatique. A ouvert en 1985.

Aux environs

– Pour les inconditionnels du feuilleton *Dallas*, visite de **Southfork Ranch** (payante) tous les après-midi en semaine. C'est devenu la principale attraction de la région. Le ranch est situé 6 miles à l'est de la ville de Plano (banlieue nord de Dallas), à l'intersection de Parker Road et de la route FM 2551. Au départ de Dallas, *Grayline* emmène chaque jour, en car, les touristes visiter *Southfork Ranch,* le siège de la compagnie pétrolière des Ewing, la maison de Lucy, l'école... Dans les boutiques de souvenirs, on s'arrache le chapeau de J.R., les bottes de Bobby, les T-shirts de Lucy, la veste de Jock... sans oublier les porte-clefs, badges et autres gadgets en tout genre. Dernier en date des « musts » : *Southfork Ranch Cook Book,* un livre de cuisine qui donne les recettes favorites des Ewing. Chaque épisode tourné rapportait 50 000 $ à Joe R. Duncan, le propriétaire...

Mais qu'est-ce qu'on peut encore découvrir au Texas ?

Le rodéo, parbleu ! D'avril à septembre, tous les vendredi et samedi, les plus grands champions se mesurent entre eux. Sur des taureaux véritablement furieux, ils accomplissent de réels exploits. Pour s'y rendre : le taxi est cher, mais *Grayline* vous y emmène le vendredi et le samedi.

– *Mesquite Rodeo :* I-635 S at Military Parkway Exit. ☎ (214) 285-8777. Show à 20 h 30.

LE MIDDLE WEST (NORD)

Vers le mont Rushmore

Entre Chicago et le mont Rushmore, à 15 km d'Iowa City, se trouve une communauté : les *Amonas*. Ce sont des Allemands venus s'installer dans ce plat pays (pas d'ambiguïté, il ne s'agit pas de Belges). La région est largement touristique, mais ça vaut le coup. Goûtez à leurs excellents *T-bones,* qu'ils savent très bien cuisiner.

LE MONT RUSHMORE — IND. TÉL. : 615

Excursions en bus organisées par *Grayline* à partir de Rapid City (1600 E Saint Patrick Street).
On peut dormir à l'**YMCA** de Rapid City, avec la possibilité d'utiliser les douches. Téléphonez à l'YMCA du terminal de bus, et le responsable viendra même vous chercher en voiture si vous arrivez tard le soir.
L'endroit est célèbre pour les têtes des présidents *Washington, Jefferson, Lincoln* et *Roosevelt,* hautes de 20 m et sculptées par un certain Borglum de 1927 à 1941. On voit très bien ces têtes dans *la Mort aux trousses* de Hitchcock, qui est bien passé 5 ou 6 fois à la télé. Alors on peut shunter.
A 11 km vers le sud-ouest, Korczak Ziolkowski a sculpté dans Thunderhead Mountain une effigie équestre, de 172 m, de *Crazy Horse* (voyeurs s'abstenir : il s'agit d'un chef indien). La sculpture d'un tel monument se fait à l'aide de bâtons de dynamite, de rouleaux compresseurs, de bulldozers. Romantiques, passez votre chemin !
Korczak Ziolkowski, le sculpteur de *Crazy Horse,* mort récemment, a bâti tout un complexe atelier-musée-centre touristique, au pied de la montagne, et ses héritiers ont aujourd'hui beaucoup plus de 174 $ – somme qu'il possédait le jour de son arrivée. Entrée payante.
Toute la région des **Blackhills,** aux environs, ne manque pas d'intérêt à condition d'avoir une voiture. On peut alors descendre un peu au sud du mont Rushmore, dans le **Custer State Park,** avec surtout son *Wild Life Loophole* (un circuit d'environ 25 km), où il y a des chiens de prairie et des troupeaux de bisons. Juste au sud, la **Needle Highway,** petite route traversant des « cathédrales » de rochers et des formations rocheuses fort spectaculaires, dues à l'érosion.
Les Blackhills avaient été donnés, par un pacte, aux Indiens pour l'éternité. Évidemment l'éternité s'arrêta à la découverte de l'or...

DEVIL'S TOWER NATIONAL MONUMENT (Wyoming)

C'est là qu'a été tourné *Rencontres du troisième type*. Il s'agit d'un énorme bloc stratifié de 264 m de haut. Autour, vous verrez des chiens de prairie et des wapitis. Superbe.
Pour y aller, quittez la route 14 à 50 miles de la frontière avec le Dakota du Sud, sur la droite.

CHEYENNE — IND. TÉL. : 718

Capitale du Wyoming. La ville ne présente guère d'intérêt sauf fin juillet pour le plus grand rodéo des États-Unis. Alors, toute la ville vit à l'heure des cow-boys

avec chapeaux... Y aller en début de semaine, car il y a un monde fou pendant les trois derniers jours...
Les *Cheyenne Frontier Days* sont depuis 1897 une énorme fête annuelle qui rassemble les vrais cow-boys américains de tous les États-Unis. Bien entendu, le rodéo qui se déroule tous les après-midi est le spectacle le plus prisé et le plus violent de ce festival. Pour ne pas être éliminé, le cow-boy doit rester au moins 8 s sur l'animal. Depuis le domptage des chevaux sauvages jusqu'à la monte de taureaux d'une tonne, en passant par les exercices de lasso, tout y est. Mais ce rodéo, ancêtre de toutes les manifestations de ce type aux États-Unis, n'est que le clou d'une fête qui dure neuf jours avec des cortèges de chariots, des Indiens, des fanfares et tout le folklore de l'Ouest : fin juillet ; vérifier la date.

Autres attractions :
— *Parades géantes* (2 h) de vieilles diligences, fanfares, majorettes... Trois fois dans la semaine.
— Un *club du troisième âge* fait bal tous les soirs.
— Un *vieux théâtre* mélodrame de l'ancien temps, au centre ville.
— *Spectacle folklorique* donné par des tribus indiennes authentiques. Et bien entendu, dans le cabaret, on recrée l'ambiance enfumée des saloons de l'Old West avec orchestre de banjo et demoiselles affriolantes en bas résilles.
— Tous les soirs, des vedettes de *country music* et des *courses de chariots*.
— Une *fête foraine* permanente avec bal.
— Petits déjeuners gratuits géants, trois fois dans la semaine. 5 000 personnes servies en 2 h !
— Pendant le rodéo, super ambiance au **Mayflower**, bar rock avec une clientèle de rockers. A l'**Abany Bar**, clientèle de cow-boys plus âgés, mais ambiance très chaude, le spectacle est aussi dans la salle. 17th Avenue est l'axe le plus animé.

Où dormir ?

— Hôtels nombreux et camping près du centre ville.
■ **Healthy Friends :** 2320 Dell Range Boulevard. ☎ 637-3207. Il n'y a pas de lit, on utilise son sac de couchage. « *No alcohol, no smoking, no drugs, it's what Healthy Friends means !* » Assez loin à pied, allez-y en taxi.
■ **Y.W.C.A. :** 222 E 17th Street. Uniquement pour les femmes. A trois blocs du terminal de bus et de la gare.
■ **Wyoming Hotel :** 16th Street. A un bloc du terminal de bus. T.V. mais pas de douche.
■ **Plein Hotel :** tout près du terminal Greyhound. Chambres avec salle de bains, où l'on peut facilement dormir à cinq.

CODY
IND. TÉL. : 307

Cody, c'est la ville de William Cody, autrement dit Buffalo Bill (Bill étant un diminutif de William).
Ce vaniteux était fier d'avoir abattu 4 280 bisons en 17 mois. Pour nourrir les ouvriers chargés de construire le chemin de fer... mais aussi pour affamer les Indiens ! Il était si imbu de lui-même qu'il monta un spectacle de cirque, minable d'ailleurs, où il jouait son propre rôle. C'est ainsi qu'il devint célèbre, notamment en Europe, où ses grandes tournées théâtrales popularisèrent le Far West... Dans son *Wild West Show*, il employa même Sitting Bull. Une fois que le grand chef indien eut été tué par le 7e de cavalerie, Buffalo Bill tourna un film qui reconstituait fidèlement ce meurtre. Bref, la légende a sacrément bonifié la réalité.
Il fonda la ville de Cody vers 1895.

Où dormir ?

■ **Super 8 Motel :** 730 Yellowstone Road. ☎ 527-6214.
■ **Buffalo Bill Village :** 1701 Sheridan Avenue, Cody, WY 82414. Village de bungalows, très correct.

- **Best Bet Inn :** 17th Street (route vers Greybull). ☎ 587-9009. Leur pub, c'est : « Vous trouverez des chambres joliment meublées, mais certainement pas plus propres ni de meilleur rapport qualité-prix... »

Plus chic

- **Best Western Sunrise Motel :** 1407 8th Street. ☎ 587-5566. Situé juste à côté du *Buffalo Bill Historical Center*.

Où manger ?

- **Proud Cut Salon & Restaurant :** 1227 Sheridan Avenue. ☎ 527-6905. De la cuisine « cow-boy ».
- **Taco John's :** 1001 Sheridan Avenue. ☎ 527-6424. Cuisine mexicaine agréable et pas très chère.
- **Tag's on 10th :** 937 Sheridan Avenue. ☎ 587-4971. Resto aux intéressantes spécialités, comme les *Rocky Mountains Oysters*, testicules de bison panées servies en appetizers ! Ça possède un petit goût de poulet très spécial.

A voir

Hormis les rodéos (tous les soirs en été à 20 h 30), Cody propose aux visiteurs beaucoup de musées. Il y en a pour tous les goûts : le **Plains Indians Museum,** le **Cody Firearms Museum** (musée des armes à feux), la **Whitney Gallery of Western Art,** le **Buffalo Bill Museum** et le **Historic Trail Town.** Tous sont passionnants pour les fêlés du Far West, et tout particulièrement le *Historic Trail Town* car tout y est « dans son jus » comme on dit dans le monde de l'automobile. C'est une petite ville de pionniers reconstituée avec d'authentiques maisons de l'époque, trouvées dans la région, achetées et remontées ici par un couple passionné d'archéologie. Vous y verrez la cabane où Butch Cassidy et le Sundance Kid se donnaient rendez-vous, celle où vivait l'aide de camp indien du général Custer (eh oui, Little Big Man a réellement existé !), la tombe du vrai « Jeremiah Johnson » (non loin de celles des victimes d'une sombre histoire d'amour et de vengeance), un saloon, une école, un bureau de poste, l'échoppe d'un barbier et celle d'un maréchal-ferrant, etc. Le tout est aménagé avec des meubles et des milliers d'objets d'époque. Un vrai plongeon dans l'univers de Fenimore Cooper d'où l'on ressort un peu étourdi, avec la certitude que la vie dans l'Ouest était encore plus rude, plus anarchique et peut-être plus solitaire qu'on ne se l'imaginait.

Aux environs

▶ Une boucle en voiture vous mènera jusqu'aux **Bighorn Mountains** (plus de 3 300 m). Voir entre autres la **Medecine Wheel.** L'origine de cette « roue » (un grand cercle de pierres entouré de petits caïrns et d'autres symboles) reste mystérieuse. Elle sert encore aux Indiens pour des cérémonies sur lesquelles ils gardent un silence poli, encore qu'eux-mêmes avouent ne pas en connaître l'ancienne signification. Parmi les théories qui s'y rapportent, signalons celle qui l'attribue aux Aztèques (ils vivaient probablement dans la région avant d'émigrer au Mexique) et qui se base sur sa similitude avec certains de leurs calendriers... Prendre la direction de Greybull, puis la U.S. 14. A Burgess Junction, tourner sur la 14 A. Un panneau indique un chemin raide (mais tout à fait carrossable par temps sec). Vue inoubliable. Au retour, reprenez la 14 A vers Lovell puis Cody.

▶ De Cody, une extension de cette boucle – mais alors, prévoir une journée entière – permet de visiter quelques sites célèbres de l'histoire indienne, comme celui où Custer prit une raclée monumentale en juin 1876 : **la vallée de Little Big Horn.** Prendre la route 14 ou 14 A vers Sheridan, puis la U.S. 90 direction nord jusqu'à Crow Agency (on traverse la réserve des Crows). Non loin se trouve le *Little Big Horn Battlefield National Monument*. Chaque année (autour du 25 juin) ont lieu des reconstitutions *live* de cette bataille et des conférences sur les Indiens, la cavalerie, etc. Beaucoup plus authentique est le *Crow Fair,* un gigantesque *pow-wow* qui rassemble la plupart des nations indiennes pendant la deuxième semaine d'août (toujours à Crow Agency).

▶ *Kirwin Ghost Town :* une vraie ville fantôme, pas du tout touristique. De Cody, se rendre à Meeteetse (35 miles) puis prendre un chemin direction Wood River (où on peut camper).

YELLOWSTONE NATIONAL PARK   IND. TÉL. : 307

Grand comme la Corse, le Yellowstone est le parc national le plus ancien du monde (1872). Bien sûr, de nombreuses tribus indiennes (à commencer par les Crows, qui vivaient ici) connaissaient ce paradis terrestre. Mais figurez-vous que les premiers Blancs à le découvrir (et à le baptiser) furent des trappeurs français. Le parc est parsemé de merveilleuses forêts et de ruisseaux limpides. Les animaux sauvages y abondent encore. Malgré le terrible incendie de 1988, qui provoqua d'importants dégâts dans la forêt, le Yellowstone reste l'un des endroits les plus spectaculaires du monde pour les passionnés de phénomènes géologiques et volcaniques.

Attention, en hiver et encore au printemps, il y a au moins un mètre de neige ! Et pas question de traverser le parc en bus avant le mois de juin. L'altitude y rend les nuits fraîches et provoque de brusques changements de température. Prévoyez une petite laine, même en été !

Comment y aller ?

Pour pénétrer dans le parc, il y a cinq routes d'accès : West, South, East et Northeast Entrances, et le Sylvan Pass.
Évitez si possible l'entrée sud, déprimante : les 30 km qui la sépare du Yellowstone Lake furent ravagés par le grand incendie ! En revanche, il ne faut surtout pas manquer de sortir (quitte à repasser par Cody et la East Entrance) par l'extraordinaire *Sylvan Pass* et la *Beartooth Scenic Highway Route 212* (la route vers Red Lodge). Cette route d'une beauté inoubliable (surnommée « les 100 miles les plus beaux des États-Unis ») conduit au *Top of The World* (sommet du monde), un col qui, bien que culminant à 9 300 pieds (plus de 3 000 m ! neiges éternelles garanties, ouvert de juin à septembre), trouve le moyen d'être dominé par les montagnes voisines.

Transports

– *De West Yellowstone* (entrée du parc) : quatre bus quotidiens pour visiter le parc.
– *De Livingstone :* un bus de la Yellowstone Park C° part (en principe !) à 16 h.
– *De Jackson :* deux bus par jour (départ de Teton Village, à 3 km au nord).
– *De Bozeman :* un bus par jour, vers 17 h 30, qui arrive à West Yellowstone. Si vous passez par Bozeman, en profiter pour visiter, sur le campus de l'université de Montana, le petit *musée des Montagnes Rocheuses :* superbes parures d'Indiens et reconstitution de sites archéologiques.
– *De Billings :* splendide route de montagne à plus de 3 000 m entre Billings et Red Lodge. Entrée nord-est.
– Dans le bus, s'entendre avec d'autres routards pour louer une voiture. A West Yellowstone (à 2 km de l'entrée du parc), une dizaine de compagnies de location de voitures dans le village.
– Seule la ligne régulière *Greyhound Idahofalls-West Yellowstone* est gratuite avec l'Ameripass. Toutes les autres liaisons vers ou dans le parc (même indiquées sur la carte Greyhound) sont payantes.

Où dormir ?

Il y a plusieurs « villages » dans le parc. On est hébergé dans des *lodges* ou *cabins* (petites cabanes). C'est assez cher dans l'ensemble, surtout à Canyon

Lodge. Le camping avec des tentes est interdit dans certains endroits du parc *(Canyon* et *Fishing Bridge)* en raison du danger que représentent les ours. D'autre part, des coffres spécialement aménagés sont à la disposition des promeneurs pour y mettre des victuailles (toujours à cause des ours). La location de camping-cars est une solution à ne pas négliger quand on voyage à plusieurs. Les sites de camping sont très bien aménagés et agréables mais malheureusement souvent pleins. Vous pouvez toujours demander à partager un emplacement après avoir bien observé les gens ! Toutes les formes d'hébergement, en *lodges* ou en plein air, sont gérées par ***T.W. Recreational Services Inc.*** (☎ 344-7311).

■ *Madison Hotel :* près du terminal Greyhound. Tout en bois, assez confortable. Possibilité de dormir à quatre dans une chambre à deux lits.
■ *Alpine Motel :* le moins cher de West Yellowstone. Petit et souvent plein. Très bien.
■ *Pioneer Motel :* 515 Madison Avenue ☎ 307-646-9705. A l'entrée de West Yellowstone, genre petits chalets : choupinet, pas trop cher. Location de voitures à des prix intéressants.

Où manger ?

Il y a des self-services ou des restaurants dans tous les villages. Ils ne sont pas terribles (pour certains, la décence nous empêche d'employer d'autres mots) et toujours assez chers. La meilleure solution reste encore le pique-nique ou les snacks genre « MacDo ».

● *Old Faithful Inn :* pour ceux qui en ont assez des provisions dans les épiceries. Demandez la spécialité. Pas trop cher et viande succulente.

Où dormir, où manger dans les environs ?

■ *Sunset Café :* 13 miles avant West Yellowstone, non loin du croisement de la route 20 et de la route 87, près d'un lac. Beau panorama. Plutôt calme. On loge en *cabins*. Plutôt vieillot mais pittoresque, du style *Bagdad Café*. Sur place, on trouve une station-service, un bar, avec sa clientèle de touristes et d'habitués du coin, et un petit resto pas trop cher.
■ *Top of the World :* motel-épicerie-souvenirs (P.O. Box 684 Red Lodge, Montana 59068 U.S.A.). Situé dans le col de la Beartooth Scenic Highway (route 212), entre Red Lodge et Cooke City, au nord-est du Yellowstone. Une adresse peu américaine : pas de téléphone ni de T.V. ! Seulement 5 chambres avec douche-w.-c. Ouvert de fin juin au 15 octobre sauf enneigement précoce. Prix « routard » mais réservez par correspondance ou passez au p'tit bonheur la chance...

A voir

Le parc est très bien aménagé. Si vous souhaitez juste le survoler histoire de ne pas mourir idiot, prévoyez quand même deux jours complets (c'est grand !). Mais les amoureux des phénomènes naturels et des animaux sauvages peuvent y rester une semaine sans s'ennuyer.
Un bon conseil : ayez des jumelles. Vous ne les regretterez jamais, au contraire... Les cinq accès du parc débouchent sur un grand « huit » de 280 km de long. Le Yellowstone est un parc à remonter le temps, une image vivante de ce à quoi pouvait ressembler le monde avant l'apparition de l'homme. On y a déjà l'impression d'être soi-même un anachronisme alors que croiser un dinosaure ne surprendrait pas autrement dans ce décor... A défaut des monstres préhistoriques, mieux vaut se méfier des monstres de gloutonnerie que sont les ours. Si les « appâter » avec de la nourriture est le moyen le plus sûr pour qu'ils s'approchent, c'est surtout le plus sûr moyen de s'attirer de très gros ennuis... avec l'ours et avec les autorités locales ! Quant aux bisons, leur regard sombre et ennuyé dissuade vite de leur refuser la priorité ou d'aller discuter extinction des espèces avec eux. Les « rangers » du parc distribuent dès l'entrée une brochure multilingue sur la conduite à tenir en cas de rencontre.

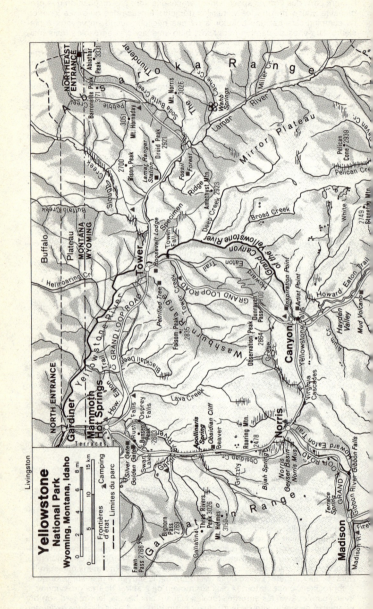

YELLOWSTONE NATIONAL PARK 301

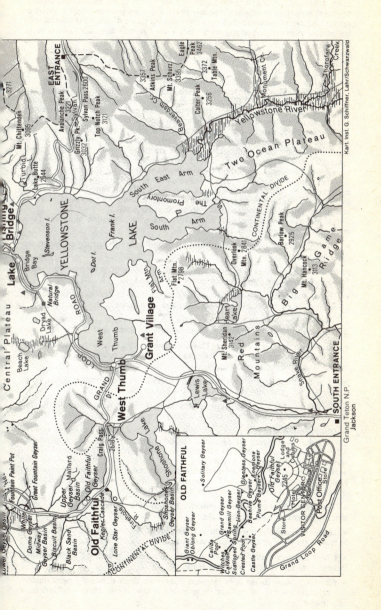

La faune qui pullule au Yellowstone est aussi variée que la flore et les différents habitats qu'on y trouve : les mouflons gambadent sur les sommets rocailleux ; ours, écureuils, cerfs et chevreuils aiment les forêts et les sous-bois ; bisons, coyotes, antilopes et chiens de prairie préfèrent... les prairies ; daims, élans et castors adorent les lisières des bois longeant les cours d'eau, où d'ailleurs tous les autres viennent les retrouver à l'heure de l'apéro ! Bien sûr, écureuils et chiens de prairie sont partout où poussent les miettes de pique-nique, et vous attireront également des ennuis si un ranger vous surprend à les nourrir...

Les seuls endroits où la vie animale et végétale — homme ou espèces dures à cuire mis à part — se fait rare sont ceux où sévissent les phénomènes volcaniques. Il y a plus d'un million d'années, le cœur du Yellowstone subit une gigantesque explosion, créant un cratère estimé à plus de 40 km de diamètre pour une profondeur de 2 000 m. L'érosion a fait le reste, stoppant les coulées de lave et comblant les bouches d'éruption. Mais comme la croûte terrestre y est restée relativement mince, l'eau s'infiltre jusqu'à la roche en fusion, les gaz sous pression faisant le chemin inverse. Cette combinaison et la nature des roches détermine ce qui va se passer en surface. Geysers, bassins de concrétions, fumeroles, lacs multicolores, mares de boue... tout ça s'agite, fume, crache à haute température, avec des bruits inquiétants et dans une forte odeur de soufre. Bienvenue en Enfer ! Ces phénomènes sont uniques au monde par leur diversité, leur nombre et leur importance sur un même territoire et des aménagements appropriés permettent à tous — petits ou grands, méfiants ou inconscients — de s'émerveiller devant des spectacles normalement réservés aux aventuriers suicidaires ou aux géologues suréquipés...

Parmi les spectacles les plus saisissants (dans le sens des aiguilles d'une montre à partir du nord-ouest) :

- ▶ *Mammoth Hot Springs :* bassins de concrétions grimpants en terrasses étrangement colorées.

- ▶ *Petrified Tree :* pas exactement un arbre, plutôt un bout de son tronc mais toujours dressé (près de 2 m), ce qui est plus rare !

- ▶ *Tower Fall :* cascade de 40 m qui dégringole dans la Yellowstone River. De fines aiguilles rocheuses détachées des parois s'élèvent du fond du canyon.

- ▶ *Lover & Upper Falls :* grandes chutes impressionnantes à la naissance du grand canyon de la Yellowstone River. Superbes falaises aux tons ocre.

- ▶ *Mud Vulcano Trail* et *Sulfur Caldron :* mares et geysers de boues agressives et bouillantes avec, de l'autre côté de la route en contrebas, une vraie colline de soufre. Gare aux acides.

- ▶ Rives nord-est du *Yellowstone Lake* : enfin une vaste étendue d'eau « normale »... Vue splendide sur les Absarokas Mountains.

- ▶ *Isa Lake :* petit lac avec de grands nénuphars. Situé sur la ligne de partage des eaux, il alimente l'Atlantique ou le Pacifique selon son humeur !

- ▶ *Old Faithfull Area :* c'est La Mecque des geysers et des « piscines » multicolores. Les deux stars : Old Faithfull Geysers (le *vieux fidèle* crache toutes les 70 mn environ jusqu'à plus de 50 m de haut depuis sa découverte en 1870) et Morning Glory Fool qui, malgré les pièces de monnaie balancées par les superstitieux, est restée une des plus belles mares aux couleurs arc-en-ciel. Malgré la foule, ne pas bouder l'auberge *Old Faithfull Inn*, faite d'énormes troncs d'arbres : on y a affiché les horaires des 6 geysers les plus réguliers.

- ▶ *Turquoise Pool* et *Grand Prismatic Spring :* 2 bassins de 30 et 100 m de diamètre aux couleurs magnifiques.

- ▶ *Lower Geyser Basin* et *Firehole Lake Drive :* peut-être plus saisissants que le bassin du Old Faithfull car délaissés par la foule. Et pourtant...

- ▶ *Chief Joseph Trail :* ou la longue et douloureuse marche d'un grand chef indien et de son peuple. Musée à Madison.

- ▶ *Norris Geyser Basin* (à la jonction ouest des deux boucles) : petit musée, geysers crachant à la surface de grandes mares d'eau claire et fumerolles rageuses.

- ▶ *Roaring Mountain :* petites fumerolles mais grondements impressionnants issus des pentes d'une ancienne coulée de lave très importante.

▶ **Obsidian Cliff :** falaise d'obsidienne (75 m de haut) toujours aussi belle malgré les collectionneurs vandales !

A faire

Le réseau routier ne vous fera jamais pénétrer au cœur du parc. Si l'on veut randonner, s'adresser aux « Rangers Stations » ou aux « Visitor's Centers » (dans tous les « villages » du parc) où les conseils et les brochures sont gratuits. Mais un bon guide n'est pas hors de prix... Il faut néanmoins savoir que :
– La pêche est autorisée dans beaucoup d'endroits à condition d'en faire la demande à la « ranger station » la plus proche. Le permis est gratuit.
– Faire trempette est déconseillé ailleurs que dans le Yellowstone Lake. Ailleurs, on peut aussi bien mettre le pied dans un bain d'acide que dans une bouilloire...
– La location de bateaux ne se fait que sur les bords du Yellowstone Lake (Grant Village, Bridge Bay).
– Promenade à cheval : Mammoth Hot Springs Village, Tower & Roosevelt Lodge, Canyon Village.
– Balades en chariots de pionniers avec « cook-out » (dîners en plein air style cow-boy). Roosevelt Lodge.
– Si *time is money, weather* l'est aussi : pour les fortunés mordus du raid dans la neige, il est possible de louer en saison un *snowmobile !* (réservation nécessaire) : West Yellowstone Chamber of Commerce, Box 458, Canyon Street & Yellows. Ave., West Yellowstone, Montana 59758. ☎ (406) 646-770.

GRAND TETON NATIONAL PARK   IND. TÉL. : 307

A 10 km au sud du parc de Yellowstone. Le billet d'entrée du Yellowstone (valable une semaine) couvre aussi la visite du Grand Teton National Park, nommé ainsi d'après le nom d'une tribu sioux. Se compose d'une part du *Jackson Hole,* cuvette glaciaire traversée par la *Snake River* et occupée par des lacs de montagne très poissonneux ; d'autre part, de *Teton Range* qui s'élève brusquement jusqu'aux cimes granitiques.
Dans la vallée de haute montagne abondent les élans et les cerfs. Sur l'eau glissent les cygnes, les pélicans blancs, les canards et les oies sauvages. Un troupeau de bisons vit dans *Wildlife Range,* pas loin de *Buffalo Entrance.* On rencontre aussi des ours.
Nombreuses randonnées à pied et promenades en radeau sur les rapides de la Snake River.
Deux centres d'informations touristiques avec de petits musées. Qu'on y passe 5 mn ou 2 h, c'est toujours intéressant. A *Colter Bay,* au milieu du parc, superbe **musée d'Art et Traditions indiens.** A *Moose,* **musée du Commerce de la fourrure.** Pour tout savoir de la vie des trappeurs au XIXe siècle.
Les vendredis soir, en été, à *Jackson,* danses indiennes et attaques de cow-boys. A partir de 18 h. Ne pas rater l'*Alpine Slide,* une espèce de bob à roulettes qui dévale les collines.
Possibilité de faire du planeur de l'autre côté de la chaîne des Tetons, à *Driggs* dans l'Idaho (70 km de Jackson).

Où dormir ? Où manger ?

Dans le parc on trouve sept aires de camping dont seulement quatre où les tentes sont admises (toujours à cause des ours) et quatre hôtels-*lodges :* **Colter Bay Village,** ☎ 543-2855 (le moins cher) ; **Jackson Lake Lodge,** ☎ 543-2855 (même propriétaire que le Colter Bay) ; **Jenny Lake Lodge,** ☎ 733-4647 ; **Signal Mountain Lodge,** ☎ 543-2831.
Beaucoup plus chers, mais ô combien amusants..., les *dude ranches,* c'est-à-dire les ranchs-hôtels, une formule assez répandue du genre pension complète où l'on vous fait participer à la vie des fermiers-éleveurs du Far West ! Vous voilà en plein feuilleton télé, c'est d'ailleurs dans la région que fut filmée *la Grande Vallée !*

304 LE MIDDLE WEST (NORD)

■ *Moose Head Ranch :* Eleanor & John Mettler, Route 7, Box 1362, Tallahassee, Florida 32308. ☎ (904) 877-1431). Il faut réserver en hiver — jusqu'à juin — pour l'été suivant. Le ranch est dans le parc à 26 miles au nord de la ville de Jackson Hole sur la U.S. 26-28-191 (aux États-Unis, on cumule les numéros des routes dès qu'elles ont un tronçon commun, jusqu'au moment où elles se séparent). Ils garantissent un cheval par pensionnaire, des randonnées sublimes et des *cook-outs* (bouffe en plein air avec le chariot de ravitaillement comme dans les westerns !).

■ *Triangle X Ranch :* à Moose, WY 83012. ☎ 733-5500. Sur la U.S. 89-189-26, toujours dans le parc. Hormis du cheval, on peut faire des excursions sur la rivière (rafting ou balade pépère suivant les goûts, ça dépend de quel côté des rapides on se trouve !) et vivre des soirées animées... quadrilles et musique country & western. Ce ranch est aussi ouvert en hiver et possède des motos-neige.

JACKSON HOLE   IND. TÉL. : 307

C'est le nom d'une cuvette où la Snake River perd momentanément de son agressivité. La petite ville de Jackson, touristique et vraiment kitsch mais néanmoins très sympa, est située près de l'entrée sud du Grand Teton National Park. De la musique country & western dans tous les bars, des rodéos à gogo, une parade renommée pour la fête nationale du 4 juillet, et Town Square, le parc du centre ville où l'on entre sous des arches monumentales faites d'un empilement de bois de cerfs et de wapitis... A force d'être plus « western » que l'Ouest, le résultat est plutôt outrancier. Mais qu'importe, l'Amérique c'est aussi un certain goût de l'overdose, et Jackson Hole est situé dans un cadre inoubliable. C'est aussi une station de ski, l'hiver.

Où dormir ?

■ *The Bunkhouse Jackson's Own Hostel :* dortoirs ou couchettes. Cuisine et possibilité de faire sa lessive. Douche payante.
■ *Super 8 motel :* 1520 S. Hwy 89. ☎ 733-6833. T.V. et téléphone gratuit pour appel local, chambre double à prix moyen.
■ *Western Motel :* Box 1684, 225 S. Glenwood. ☎ 733-3291. Petit hôtel sympa. T.V. câblée, piscine. Bon rapport qualité-prix.

Plus chic

■ *Best Western Parkway Inn :* 125 N. Jackson Street. ☎ 733-4340. Chambres doubles confortables mais deux fois plus chères qu'ailleurs.

Où manger ?

● *JJ's Silver Dollar & Grill :* 50 N. Glenwood. ☎ 733-2190. Un bar-resto rigolo : le comptoir de 15 m est incrusté de 2 032 pièces d'un dollar en argent ! Goûtez les spécialité régionales, c'est peu gastronomique mais certainement exotique !

A voir, à faire

▶ *National Elk Refuge :* créé en 1912 pour protéger le domaine où les wapitis viennent hiverner.

— *Escalade* pour les amateurs éclairés mais aussi pour les novices. Renseignements : *Exum Mountain Guides* (☎ 733-2297) ou *Jackson Hole Mountain Guides & Climbing School* (☎ 733-4979).

— *Rafting* en aval de la Snake River (hurlements garantis) ou gentilles balades en amont. En ville et sur la U.S. 89 (en descendant vers Alpine), une pléiade de boutiques vous louent le matériel avec ou sans accompagnateur.

— **Locations de chevaux :** balades guidées avec petit déjeuner au coin du feu de camp compris, ou avec dîner en fin de journée (entre les deux, il fait trop chaud !). Choisir la location en fonction du paysage désiré. Les prix sont à peu près standard et la qualité du service aussi. Pour cavaliers expérimentés, location de chevaux non accompagnés à Alpine Junction, sur la US. 89. ☎ 654-9900.

— **Le tour du Grand Teton** en 80 émotions ! Balades en ballon dirigeable : **Rainbow Balloon Flights** (☎ 733-0470) ou **Wyoming Balloon Company** (☎ 739-0900).

— **En hiver :** ski hors pistes par hélicoptère (à Teton Village ; ☎ 733-3274) ou encore balades en traîneau avec chiens ou élans (!) et location de *snowmobiles*.

SALT LAKE CITY

IND. TÉL. : 801

Capitale religieuse des mormons, certes, mais surtout capitale administrative de l'Utah. Une ville qui n'est pas sans cachet — malgré son aspect trop propre, trop sage, trop organisé — parce qu'elle est justement très différente des autres grandes villes des États-Unis... et d'ailleurs ! Une ville riche, mais sans frime ni tape-à-l'œil. Ici, pas de ghettos et les banlieues sont *clean*. Même les zonards ont l'air d'avoir pris un bain avant d'aller zoner ! Et la seule chose que de rares punkoïdes demandent régulièrement aux passants, c'est l'heure ! Les mormons (qui l'avaient fondée en 1847 sous la houlette de leur chef Brigham Young) représentent actuellement la moitié de la population de la ville. Faut-il y voir une relation de cause à effet ? Toujours est-il que l'Utah — y compris Salt Lake City — est probablement l'État le plus « ouvert » des States.

Arrivée à l'aéroport

Pour aller à Salt Lake City de l'aéroport, prendre le bus 50 qui; vous conduit en plein centre (North Temple et Main Street). Revers de la médaille : on peut l'attendre plus d'une heure.

Les mormons

A l'origine, le prophète Joseph Smith eut, en 1823, la révélation du livre mormon que l'ange Moroni lui avait transmis sous la forme de plusieurs tablettes d'or. Bien sûr, quand on lui demandait de montrer ces tablettes où était inscrit un « nouveau catéchisme », il se contentait de dire qu'il les avait rendues après les avoir traduites. Mais il ne savait plus à qui exactement. Un jour, il réussit à convaincre un riche fermier d'éditer 3 000 exemplaires de ce « nouveau catéchisme » dont il avait fait la traduction avec un de ses amis. Vendus à un dollar, ces livres furent rapidement soldés à 25 cents. Eh oui, tout le monde n'est pas Françoise Sagan ! Selon cet ouvrage, publié en 1830, le Christ ordonne d'établir l'empire de Sion. Joseph Smith postula la présidence des États-Unis, se fit arrêter, lyncher... A vous dégoûter d'être prophète. Mais la foi d'origine américaine la plus importante (4 millions de fidèles) reste un royaume à part.
Joseph Smith avait une petite particularité : il adorait les femmes. Aussi s'empressa-t-il d'instaurer la polygamie dans sa religion. Elle était même obligatoire. Selon lui, il est tellement dur de supporter une femme toute sa vie qu'en épouser plusieurs est une véritable pénitence... Et, cela, Dieu s'en souviendrait longtemps ! Mais la femme n'est pas l'égale de l'homme pour autant.
D'ailleurs, pour avoir pris position en faveur de l'égalité des droits entre les femmes et les hommes, une mormone américaine fut excommuniée en 1980 par un tribunal religieux présidé par un évêque mormon... par ailleurs fonctionnaire de la C.I.A.
Religion bizarre : au début, les Noirs n'étaient pas admis, et cela valut au chef mormon d'être récemment condamné par le « Civil Right ». Il y a des passages du *Book of Mormon* qui considèrent la peau noire comme un signe de défaveur de Dieu ! Ce qui ne doit pas être le cas de la couleur jaune : dans tous les hauts

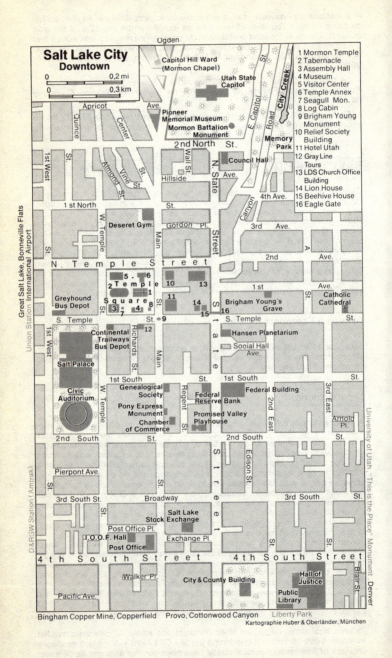

lieux mormons, de jeunes et adorables personnes d'origine asiatique viennent se proposer comme guides, et vous préviennent que c'est à titre gracieux, sans intention aucune d'essayer de vous convertir.
Il n'existe pas vraiment de prêtres. En revanche, sitôt leurs études terminées, jeunes hommes et jeunes filles doivent partir dans le monde entier pour y exercer une activité missionnaire pendant deux ans (si !) et à leurs frais. A l'étranger, on les reconnaît facilement : ils portent chemisette blanche, cravate et pantalon sombre.
D'ailleurs, on vous conseille de ne pas donner votre nom et votre adresse sur le livre des visiteurs du temple. Un lecteur a vu rappliquer chez lui des mormons venus essayer de le convertir (eh oui, ils l'ont retrouvé en Bretagne, époustouflant !).
Les mormons ont un drôle de passe-temps, c'est de baptiser les morts : pour cela il suffit de connaître le nom, le prénom et la date de naissance. Voilà pourquoi des centaines de mormons parcourent le monde à longueur d'années à la recherche de vieux registres de mairie ou d'église afin de répertorier nos ancêtres sur microfilm. Le tout est ensuite avalé par un gigantesque ordinateur à Salt Lake City et archivé au creux d'une montagne.
Actuellement, en France, le tiers des communes a déjà reçu la visite de ces infatigables mormons. Lors de son baptême, un mormon en profite pour parrainer une dizaine de défunts qui se retrouvent convertis au mormonisme, sans leur avis bien entendu. Bref, votre grand-père que vous avez enterré il y a une dizaine d'années était catholique comme (presque) tout le monde. Eh bien, il est peut-être devenu mormon sans que vous le sachiez...
D'autres traits de la vie des mormons sont la discipline sexuelle, la fécondité du mariage, l'ardeur d'apprendre, le renoncement à l'alcool, au café, au thé, au tabac et aux drogues. L'Église est en même temps une richissime entreprise économique avec des propriétés foncières, des banques, des compagnies d'assurance, des hôtels, des moulins, son propre quotidien et une station de radio.
Il faut dire que ses fidèles lui versent 10 % de leurs revenus, ce qui permet de voir venir.
Un grand merci à Maurice Denuzière, célèbre auteur de *Louisiane,* dont les connaissances nous ont bien aidés pour ce chapitre.

Adresses utiles

– **Office du tourisme :** bâtiment sud de la place Salt Palace, 180 South West Temple. ☎ 355-4684. Demandez la brochure *Your Guide to Salt Lake.*
– **Greyhound :** 160 W South Temple Street.
– **Auto Drive-Away :** ☎ 262-3662.
– Dans le centre ville, les bus sont gratuits. La zone verte est indiquée sur les plans du réseau qu'on trouve aux arrêts de bus.
– Consigne gratuite à l'entrée ouest du temple des mormons. Ferme à 23 h.
– Une super adresse si vous vous intéressez vraiment à l'écologie du pays ou si vous cherchez les meilleurs coins où camper : **Bureau of Land Management,** Salt Lake District, 2370 South/2300 West. ☎ 977-4300. Accueil chaleureux.
– Demandez le *journal* gratuit *Private Eye,* très utile pour ceux qui veulent se mettre au diapason de la ville. Tout y est : concerts, clubs privés, cinéma, expos, petites annonces, etc. Siège au 68 West/400 South. ☎ 575-7003.

Fêtes

– 24 juillet : **Pioneer Day.** Commémoration de la fondation de la ville par les pionniers mormons le 24 juillet 1847. On assiste à une grande parade à l'américaine (chars, majorettes...) et à de splendides rodéos (en salle malheureusement).
– Mardi et samedi en juillet-août : **Promised Valley.** Spectacle musical gratuit.
– Tous les ans, **Festival** entre le 10 et le 20 septembre sur West Temple Street. Beaucoup de spectacles gratuits dans la journée, expos, artisanat, bonne ambiance. Les groupes sont généralement bons (jazz, folk, blues...).
– Il y a aussi beaucoup de **concerts** gratuits (jazz, classique) au Temple Square Hall mais il faut avoir plus de huit ans !

— Un « must » local : le *Mormon Tabernacle Choir,* au Salt Lake Tabernacle. Probablement la chorale la plus motivée, dans la salle de spectacle la plus mégalo !

Où dormir ?

■ *KOA-S.L. City & Camp VIP :* respectivement 1400 et 1350 West/North Temple. ☎ 355-1192 et 328-0224. 2 aires de camping à moins de 30 m de marche du centre ville. Douches, machines à laver, épicerie. La solution la moins chère.
■ *Youth Hostel :* 107 F Street, Residential Center Avenue. ☎ 363-8137. Dans un quartier assez huppé. Belle maison. Bus n° 3 du centre ville. Très bien, avec cuisine, salon. Assez bon marché. Réception close impérativement à 22 h. Fermé en novembre.
■ *Bob's Motel :* 534 N 300 W. Pas reluisant, mais un des moins chers de la ville. A six blocs du terminal Greyhound.
■ *Covered Wagon Hotel :* 230 West North Temple. ☎ 533-9100. A deux pas du temple. Petits bungalows de type « provençal » (toits en tuiles rouges). Propre et bon marché. Excellent rapport qualité-prix. Pour une poignée de dollars de plus, bien mieux et plus proche du centre que le *Bob's !*
■ *Motel 6 :* 176 W 6th Street South. ☎ 521-3280. Piscine, air conditionné.
■ *Motel 6 :* 1990 W North Temple Street. ☎ 322-3061. Moins central que le précédent. Dans l'ouest de la ville. Piscine.
■ *YWCA :* 3rd Street East et 3rd Street South. ☎ 355-2804. Filles uniquement. Un peu cher pour ce que c'est.
■ *Cherry Hills Campground :* à Kaysville, environ 15 miles au nord de Salt Lake City, sur la I 15. Prendre la sortie Kaysville, puis 2 miles sur la droite, sur la colline. Camping très confortable sous les cerisiers. Cueillette à volonté en mai-juin. Assez cher.

Plus chic

■ *Carlton Hotel :* 140 E South Temple. ☎ 355-3418. N° gratuit (hors État) : (800) 633-3500. Élégant petit hôtel en brique sur deux étages. Un certain charme. En plein centre. Chambres impeccables à un prix étonnamment raisonnable (petit déjeuner compris).
■ *Quality Inn :* 154 West/600 South. ☎ 521-2930. Plus que correct. Piscine, et super restaurant mexicain pas cher. On sert dans les chambres jusqu'à 21 h.

Où manger ?

Bon marché à prix moyens

● *Bill & Nada's Café :* 479 South/6th East. ☎ 359-6984. En face du fameux Trolley Square. Ouvert 24 h sur 24. Genre de petit *diner* avec un parfum rétro. Très bon accueil. Juke-box avec de bons *oldies.* Cuisine américaine traditionnelle, servie copieusement et pas chère. Viande particulièrement de qualité (beaux *T-bones*).
● *Coyote Bill's :* 206 S West Temple. ☎ 355-8106. A 300 m du Greyhound. Réputé pour ses bons steaks et ses prix modérés. Ouvert midi et soir jusqu'à minuit, 2 h vendredi et samedi, 22 h le dimanche. *Breakfast* et *luncheon special, all you can eat ribs.* Samedi et dimanche, brunch de 11 h à 17 h.
● *California C & R :* 554 East/400 South. ☎ 322-1666. Ouvert de 11 h à 21 h (vendredi et samedi à 22 h). Dimanche de 12 h à 20 h. Un ancien wagon peint de façon rutilante et converti en *hamburger house.* Une curieuse tache de couleur dans la grisaille de la ville. Bien sûr, burgers, mais aussi *chicken and ribs,* sandwiches, etc. Petite terrasse.
● *Chuck-O-Rama :* 744 East/400 South. C'est un self du genre *all you can eat.* Pour 7 $ par personne, c'est l'endroit rêvé pour se refaire une santé si l'on n'a pas mangé depuis une semaine. Et c'est plutôt bon.
● *The Great Wall :* dans Main Street, entre 200 et 300 South. Petit restaurant chinois (comme son nom l'indique !) bon marché et très copieux. Service rapide, ce qui n'est pas fréquent dans ce type d'endroit.
● *Tony Roma's :* 2 adresses : Trolley Square ou Midvale, dans le centre ville. Les meilleurs plats de côtes et travers de' porc de toute l'Amérique.

● **Benihana of Tokyo :** 165 South/West Temple, dans Arrow Press Square. ☎ 322-2421. Non seulement la cuisine japonaise y est 2 fois moins chère qu'à Paris, mais tout se fait devant vos yeux ébahis : la danse des couteaux est un vrai show. Mieux qu'au music-hall !

● **Sophie Garcia's :** 154 West/600 South ☎ 355-2081. Restaurant mexicain situé dans le *Quality Inn.* L'ambiance y est très chaleureuse et les plats aussi ! Appétit d'ogre bienvenu. Probablement le meilleur rapport qualité-prix de S.L. City.

Dans la série plus chic : tous les restos de *Trolley Square* (voir chapitre « A voir »).

Où boire un coup ? Faire la fête ?

Oui, vous avez bien lu ! Contrairement à ce qu'on imagine d'une ville où l'influence mormone est si forte, la vie nocturne à S.L.C. est plutôt agitée ! L'alcool coule à flots dans la plupart des clubs privés où, pour une poignée de dollars, vous pouvez être admis comme membre temporaire et inviter qui vous voulez ! Musique *live* ou simples boîtes de nuit, les lieux de perdition ne manquent pas, tous genres confondus. Mieux vaut se munir du journal (gratuit) *Private Eye* pour en savoir plus... Si l'on désire juste acheter quelques bouteilles, il existe des « magasins d'État » où l'on peut se procurer vins et alcools forts, mais leurs horaires d'ouverture varient sans cesse ! Décourageant...

Une dernière précision : on peut demander du vin ou des digestifs dans la plupart des restaurants. Seule règle incontournable : pas de bouteille sur les tables. Dur pour savoir exactement ce que l'on boit.

– **Squatter's Pub Brewery :** 147 West/Broadway. ☎ 363-2739. La seule vraie brasserie de l'Ouest. Grand choix de bières à la pression, avec des recettes inédites, genre *raspberry cream ale...*

– **Green Parrot Café :** à l'angle de 200 West et de 200 South. ☎ 363-3201. Tout nouveau, tout beau. L'endroit « branché » de Salt Lake City. C'est un bar-restaurant-café-théâtre où, tous les soirs, se produit un groupe (tous les styles de musique) et se déroule un défilé de mode. Agréable terrasse. Ouvert de midi à tard le soir (variable).

A voir

Il y a beaucoup de choses à voir ou à faire à S.L.C. et dans les environs. Ne pas hésiter à s'adresser au *Visitors' Bureau.*

▶ **Temple Square :** au centre de la ville, sur 4 ha, à un bloc du terminal Greyhound (consigne gratuite à l'entrée ouest du temple). Le lieu saint des mormons comportant le temple et le tabernacle. Le *Mormon Temple,* imposante construction en granit, est couronné d'une statue de l'ange Moroni. L'intérieur est interdit aux non-mormons. Le *tabernacle* a une des plus grandes portées de voûte du monde. Ne manquez pas les concerts d'orgue (gratuits) au tabernacle, tous les jours. Tous les vendredis soir, répétition de la chorale à 19 h 30, et c'est gratuit aussi.

Ne pas manquer également l'*observatoire* situé au sommet de l'immeuble qui renferme les bureaux de l'église mormone (en face du temple). Fermé le dimanche. Vue superbe sur la ville, les Rocheuses, le Grand Lac Salé. Commentaires effectués par de charmantes dames mormones. Gratuit bien sûr, tout comme la visite du tabernacle, des jardins et même la visite guidée. A ne pas manquer ! Même pour nos lecteurs agnostiques et libertaires...

▶ **Trolley Square :** 550 S 7th Street. Un centre commercial assez chouette, aménagé dans un ancien dépôt de trolleys. Un modèle de reconversion intelligente. Nombreux restaurants.

▶ **Utah Fine Arts Museum :** 101 Art and Architecture Center. ☎ 581-7332. Prendre 1300 East jusqu'à 400 South. Au cœur de l'université. Ouvert de 10 h à 17 h. Le week-end de 14 h à 17 h. Pour les fans de musées d'art et qui ont une heure à perdre, ce petit musée vaut le déplacement. Dans un cadre superbe (comme savent si bien les créer les Américains), découvrez d'intéressantes collections d'art médiéval européen, mobilier, peintures et objets raffinés (par époque, pays, etc.). En particulier : *Portrait de Joanna Leigh* par Reynolds, de splendides tanagras et petits bronzes, tapisseries flamandes d'après des cartons de l'atelier de Rubens, peintures de l'école américaine (la nature et la famille), porcelaines chinoises, miniatures, statues précolombiennes, masques africains, etc. Éclairages sophistiqués, fiches techniques par salle. Remarquable !

▸ *Utah Museum of Natural History :* University Street. ☎ 581-4303. Des dinosaures à l'écologie moderne en passant par les Indiens... Vaut largement sa réputation !

▸ *Hansen Planetarium :* 15 South/State Street. ☎ 538-2098. Spectacles lasers et ballets d'étoiles. Et surtout l'un des rares endroits auxquels la NASA a fait don de quelques morceaux de Lune !

▸ *Crossroads Plaza et ZCMI :* en haut de Main Street. Pour les mordus de shopping. Deux gigantesques centres commerciaux se faisant pratiquement face, le premier ultra-branché et le second délicieusement rétro.

Aux environs

▸ *Pioneer Village :* à Farmington, dans la banlieue nord. Bus 70. Du lundi au samedi de 9 h à 17 h et le dimanche de 13 h à 17 h. Un musée en plein air avec de nombreuses maisons en bois, de l'époque des pionniers. Petit musée. Promenades en voiture bâchée tirée par des bœufs. L'entrée du village est payante. En fait, ce village est maintenant rattaché à un grand parc d'attractions. Pour y entrer, il faut donc aussi payer pour le parc.

▸ *Grand Lac Salé :* à 27 km de la ville. On peut s'y baigner, bien que le sable du rivage ne soit pas très propre à cause des insectes.
Cependant, depuis quelques années, l'eau a tendance à dessaler du fait des inondations. Résultat, on ne flotte plus comme autrefois.
De Salt Lake City, pour se rendre au lac, bus « Grayline Tours » le matin (vers 9 h ou 10 h) du terminal (77 W South Temple Street). Ne fonctionne qu'en été.

▸ *Bonneville :* à la fin août, grandes courses de motos où les chevronnés essaient de battre les records du monde de vitesse. Date exacte à vérifier.
Sinon, tout au long de l'année, on peut tomber sur des « fêlés » équipés de machines plus ou moins monstrueuses *(dragsters, streamliners)* qu'ils font voler sur le sel des Bonneville Flats. Éviter les jours de pluie, c'est sinistre...

▸ *Parc City* et *Sundance :* à moins d'une heure à l'est et au sud-est de Salt Lake. Toutes activités de montagne, hiver comme été : ski, escalade, deltaplane, etc.

NOUVELLE LIBERTE

LIC. 175 551 - ART CONCEPT

C'EST UN BONHEUR DE VOYAGER

Nous vous offrons la possibilité de partir en croisière en Mer Rouge, en Mer des Caraïbes, sur le Nil, de plonger dans la piscine de « votre » villa en Floride, de rouler en 4 x 4 dans le Sud Tunisien, de vivre au cœur même de Marrakech, de découvrir le Canada en moto des neiges ou bien installé dans un de ces fameux traîneaux à chiens, de paresser dans l'un des hôtels sélectionnés par nos soins aux Antilles, à Maurice, à la Réunion, en Espagne, en Israël, en Tunisie, en Floride...

Pour vous rendre à destination, AIR LIBERTE, compagnie aérienne du groupe, réputée pour son service et sa ponctualité, met à votre disposition la flotte la plus moderne d'Europe composée de MD 83 et d'AIRBUS A 300-600 et A 310-300.

RENSEIGNEMENTS ET RESERVATIONS DANS TOUTES LES AGENCES CLUB MED VOYAGES ET AGENCES DE VOYAGES AGREEES ET AU : (1) 40 26 25 55

LA LETTRE DU ROUTARD

5, rue de l'Arrivée   92190 Meudon

Abonnez-vous à "La Lettre du Routard" le complément indispensable des "Guides du Routard"
Philippe Gloaguen

Bon nombre de renseignements sont trop fragiles ou éphémères pour être mentionnés dans nos guides, dont la périodicité est annuelle.

Quels sont les meilleures techniques, nos propres tuyaux, ceux que nous utilisons pour rédiger les GUIDES DU ROUTARD ? Comment découvrir des tarifs imbattables ? Quels sont les pays où il faut voyager cette année ? Quels sont les renseignements que seuls connaissent les professionnels du voyage ?

De nombreuses agences offrent à nos abonnés des réductions spéciales sur des vols, des séjours ou des locations. Quelques exemples tirés du 1er numéro :
— Un tour du monde sur lignes régulières pour 7 400 F.
— Une semaine de ski tout compris pour 1 900 F.
— Les rapides du Colorado pour 220 dollars.
— Une semaine de location de moto en Crête pour 1 160 F.
— Des réductions sur les matériels de camping, compagnies d'assurances, de 5 à 25 %...

Enfin, quels sont nos projets et nos nouvelles parutions ?

Tout ceci compose « LA LETTRE DU ROUTARD », qui paraît désormais tous les 2 mois. Cotisation : 90 F par an, payable à l'ordre de CLAD CONSEIL, 5, rue de l'Arrivée, 92190 MEUDON.

BULLETIN D'INSCRIPTION A RETOURNER
à CLAD CONSEIL : 5, rue de l'Arrivée
92190 Meudon.

Nom de l'abonné : _____

Adresse : _____

_____

_____

(Joindre à ce bulletin un chèque bancaire ou postal de 90 F à l'ordre de CLAD CONSEIL.)

Jumbo Charter,
Plus de **100** destinations !

Consultez votre agence Jumbo

Aix en Pce. Tél. : 42 26 04 11
Angoulème. Tél. : 45 92 07 94
Avignon. Tél. : 90 27 16 00
Lille. Tél. : 20 57 58 62
Limoges. Tél. : 55 32 79 29
Lyon 2°. Tél. : 78 37 15 89
Lyon 2°. Tél. : 78 42 80 77
Nice. Tél. : 93 80 88 66
Nimes. Tél. : 66 21 02 01
Paris 1er. Tél. : 40 41 82 04
Paris 2°. Tél. : 47 42 06 92
Paris 6°. Tél. : 46 34 19 79
Paris 6°. Tél. : 43 29 35 50
Paris 7°. Tél. : 47 05 01 95
St Jean de Luz. Tél. : 59 51 03 10
Strasbourg. Tél. : 88 22 31 30
Toulouse. Tél. : 61 23 35 12

Et toutes agences de voyages agréées Jumbo.

jumbo Charter

Seuls les oiseaux paient moins cher.

LE GUIDE BLEU: UN MONUMENT POUR APPRÉCIER TOUS LES AUTRES.

Si le Guide Bleu apparaît comme un trésor d'intelligence, de précision, de culture et d'ouverture, c'est parce que nous sommes nombreux à le construire : écrivains, architectes, conservateurs de musée et aussi journalistes, enseignants et professionnels du voyage.

H HACHETTE

L'AMERIQUE DU NORD
TOUS LES JOURS
NEW YORK, BOSTON, CHICAGO, WASHINGTON, MIAMI, LOS ANGELES, SAN FRANCISCO...

cent-trente villes au départ de France

Vois domestiques et forfaits aériens aux USA

Hôtels toutes catégories
Locations de voitures, camping-cars, motos

Circuits auto+hôtel, minibus+camping, bus+hôtel, vélo+camping
Mini-séjours à bon marché, YMCA

Tous les USA "à la carte"

Tarifs aériens spéciaux pour les jeunes et étudiants vers le monde entier

---

Cartes internationales de jeune (FIYTO) et d'étudiant (ISIC)
"Jobs" d'été aux USA & Canada pour étudiants
"Summer sessions" et cours d'anglais intensif en universités américaines

---

31, rue St-Augustin - 75002 Paris .... Tél. : (1) 42 66 20 87
51, rue Dauphine - 75006 Paris .... Tél. : (1) 43 25 09 86 - 43 26 79 65
16, rue de Vaugirard - 75006 Paris .... Tél. : (1) 46 34 02 90
49, r. Pierre Charron - 75008 Paris .... Tél. : (1) 44 95 95 75

Aix-en-Provence 13100 - 12, r. Victor Leydet .... Tél. : 42 38 58 82
Lyon 69002 - 36, quai Gailleton .... Tél. : 78 37 09 56
Montpellier 34000 - 20, rue de l'Université .... Tél. : 67 60 89 29
Nice 06000 - 37 bis, rue d'Angleterre .... Tél. : 93 82 23 33

Minitel 3615 Council

INDEX

ALBUQUERQUE, 290
ANAHEIM, 207
ARCHES NATIONAL PARK, 277
ANZO BORREGO (le désert d'), 225
BERKELEY, 133
BEVERLY HILLS, 201
BIG SUR, 142
BIOSPHÈRE 2, 247
BISBEE, 250
BODEGA BAY, 139
BODIE, 159
BORREGO, 225
BRYCE CANYON NATIONAL PARK, 273
CALICO, 212
CALIFORNIE, 91
CANYON DE CHELLY (LE), 267
CANYON DU COLORADO, 254
CANYONLANDS NATIONAL PARK, 277
CARMEL, 142
CHANNEL ISLANDS, 151
CHEYENNE, 295
CODY, 296
DALLAS, 292
DEATH VALLEY, 161
DEVIL'S TOWER NATIONAL MONUMENT, 295
DISNEYLAND (ANAHEIM), 207
DURANGO, 280
FLAGSTAFF, 251
GALLUP, 266
GRAND TETON NATIONAL PARK, 303
HEARST CASTLE, 143
HOLLYWOOD, 192
JACKSON HOLE, 304
JOSHUA TREE NATIONAL PARK, 225
JULIAN, 225
LA JOLLA, 224
LAS VEGAS, 226
LONE PINE, 160
LOS ANGELES, 165
MALIBU, 205
MESA VERDE NATIONAL PARK, 282
MIDDLE WEST (NORD), 295
MIDDLE WEST (SUD), 226
MOAB, 277
MONTEREY, 140
MONUMENT VALLEY, 268
MUIR WOODS, 138
NAPA VALLEY (les « Wineries »), 139
PAGE, 271
PASADENA, 191
PETRIFIED FOREST, 139
PHOENIX, 238
POINT LOBOS, 142
POWELL (le lac), 271
RAMONA, 225
RÉSERVES D'INDIENS (les), 262
RUÉE VERS L'OR (la), 160
RUSHMORE (le mont), 295
SACRAMENTO, 152
SALT LAKE CITY, 305
SAN DIEGO, 213
SAN FRANCISCO, 91
SAN JOSE, 140
SAN LUIS OBISPO, 145
SAN RAFAEL, 132
SANTA BARBARA, 146
SANTA FE, 286
SANTA MONICA, 204
SAUSALITO, 130
SOLVANG, 146
SONOMA, 138
SOUTH LAKE TAHOE, 152
STANFORD UNIVERSITY, 136
TAOS, 283
TERRITOIRE HOPI (le), 265
TIJUANA, 225
TOMBSTONE, 247
TUCSON, 244
VALLÉE DU VIN (la), 137
VENICE, 204
VILLES FANTÔMES (la belle histoire des villes), 160
WESTWOOD, 202
YELLOWSTONE NATIONAL PARK, 298
YOSEMITE NATIONAL PARK, 154
YOUNTVILLE, 139
ZION NATIONAL PARK, 275

Laissez-vous transporter par vos passions.

Vols réguliers
quotidiens à prix discount

Los Angeles — 3995 F AR*
San Francisco 3995 F AR*
San Diego —— 4180 F AR*
Las Vegas —— 4390 F AR*
Phoenix —— 4045 F AR*
etc.

Prix au 1er septembre 1992, par personne, au départ de Paris, à partir de.

USA CÔTE OUEST
15 145 F*
15 JOURS LA DÉCOUVERTE DE L'OUEST
HÔTELS DE LUXE
CIRCUITS DANS TOUT LES ÉTATS-UNIS

FORUM VOYAGES
LE LUXE MOINS CHER.

Agences Forum Voyages : 11, avenue de l'Opéra, Paris 1er Tél. : 42 61 20 20 ● 39, rue de la Harpe, Paris 5e Tél. : 46 33 97 97 ● 81, bd St-Michel, Paris 5e Tél. : 43 25 80 58 ● 1, rue Cassette (angle 71, rue de Rennes), Paris 6e Tél. : 45 44 38 61 ● 140, rue du Faubourg Saint-Honoré, Paris 8e Tél. : 42 89 07 07 ● 49, avenue Raymond-Poincaré, Paris 16e Tél. : 47 27 89 89 ● 75, avenue des Ternes, Paris 17e Tél. : 45 74 39 38 ● Autres agences à Amiens, Caen, Lyon, Melun, Metz, Montpellier, Nancy, Nantes, Reims, Rouen, Strasbourg, Toulouse. Renseignements 24 h/24 . Tél. : 47 27 36 37. En vente dans toutes les agences Club Med Voyages.

Bon à découper et à retourner à Forum Voyages, 67, avenue Raymond-Poincaré, 75116 Paris.
Je vous remercie de m'envoyer, contre 15 F en timbres, votre brochure :

☐ **Vols discount**   ☐ L'Asie   ☐ Les Amériques   ☐ La Méditerranée   ☐ L'Inde

Nom : _____ Prénom : _____
Adresse : : _____
Code postal : _____ Ville : _____

Avec les Vidéo Guides Hachette regardez votre voyage !

- ANTILLES FRANÇAISES
- ATTRACTIONS EN FLORIDE
- AUSTRALIE
- AUTRICHE
- CANADA
- CHÂTEAUX DE LOIRE
- EGYPTE
- FLORIDE
- GRÈCE : ATHÈNES ET LES ILES
- GUADELOUPE
- GUYANE *
- ILES FRANCAISES DU PACIFIQUE
- ILE MAURICE
- LONDRES
- LOS ANGELES *
- LOUISIANE / MISSISSIPPI *
- MARTINIQUE
- NEW YORK
- OUEST CANADIEN
- PARIS
- PARIS RÉTRO
- QUÉBEC
- LA RÉUNION
- SAN FRANCISCO *
- TEXAS, NOUVEAU-MEXIQUE
- THAILANDE
- TUNISIE
- U.S.A COTE OUEST
- VIÊT-NAM *

* à paraître

**1 cassette vidéo de 60'
+ 1 mini-guide
+ des coupons de réduction**

Disponibles en librairie, en vidéo club, par correspondance
Pour tout renseignement : (1) 42.26.44.46

36.15 LETUDIANT
le service des 15-25 ans

Des centaines d'offres de jobs en France et à l'étranger.

Des offres de logements partout en France.

Le guide des études à l'étranger, le palmarès des BTS, des prépas...

36.15 LETUDIANT

les **Routards** *parlent aux* **Routards**

Faites-nous part de vos expériences, de vos découvertes, de vos tuyaux pour que d'autres routards ne tombent pas dans les mêmes erreurs. Indiquez-nous les renseignements périmés. Aidez-nous à remettre l'ouvrage à jour. Faites profiter les autres de vos adresses nouvelles, combines géniales... On envoie un exemplaire gratuit de la prochaine édition à ceux dont on retient les suggestions. Quelques conseils cependant :
– N'oubliez pas de préciser sur votre lettre l'ouvrage que vous désirez recevoir. On n'est pas Madame Soleil !
– Vérifiez que vos remarques concernent l'édition en cours et notez les pages du guide concernées par vos observations.
– Quand vous indiquez des hôtels ou des restaurants, pensez à signaler leur adresse précise et, pour les grandes villes, les moyens de transport pour y aller. Si vous le pouvez, joignez la carte de visite de l'hôtel ou du resto décrit.
– Bien sûr, on s'arrache moins les yeux sur les lettres dactylographiées ou correctement écrites !

Le Guide du Routard : 5, rue de l'Arrivée. 92190 Meudon

la **Lettre** *du* **Routard**

Bon nombre de renseignements sont trop fragiles ou éphémères pour être mentionnés dans nos guides, dont la périodicité est annuelle. Comment découvrir ces tarifs imbattables ? Quels sont les renseignements que seuls connaissent les journalistes et les professionnels du voyage ? Quelles sont les agences qui offrent à nos adhérents des réductions spéciales sur des vols, des séjours ou des locations ?
Tout ceci compose « La Lettre du Routard » qui paraît désormais tous les 2 mois. Cotisation : 90 F par an, payable par chèque à l'ordre de CLAD Conseil - 5, rue de l'Arrivée - 92190 Meudon.
(Bulletin d'inscription à l'intérieur de ce guide. Pas de mandat postal).

36 15 *code* **Routard**

Les routards ont enfin leur banque de données sur Minitel : 36-15 (code Routard). Vols superdiscount, réduction, nouveautés, fêtes dans le monde entier, dates de parution des G.D.R., rancards insolites et... petites annonces.
Et une nouveauté : le QUIZ du routard ! 30 questions rigolotes pour, éventuellement, tester vos connaissances et, surtout, gagner des cadeaux sympa : des billets d'avion et les indispensables G.D.R. Alors, faites mousser vos petites cellules grises.

Routard assistance

Après des mois d'études et de discussions serrées avec les meilleures sociétés, voici « Routard Assistance », un contrat d'assurance tous risques voyages sans aucune franchise ! Spécialement conçu pour nos lecteurs, les voyageurs indépendants.
Assistance complète avec rapatriement médical illimité. Dépenses de santé, frais d'hôpital, pris en charge directement sans franchise jusqu'à 500 000 F + caution pénale + défense juridique + responsabilité civile + tous risques bagages et photos + assurance personnelle accidents (300 000 F). Très complet ! Et une grande première : vous ne payez que le prix correspondant à la durée réelle de votre voyage. Tableau des garanties et bulletin d'inscription à l'intérieur de ce guide.

Imprimé en France par Hérissey n° 59442
Dépôt légal n° 366-2-1993
Collection n° 13 – Édition n° 01
24/1935/6
I.S.B.N. 2.01.019925.1
I.S.S.N. 0768.20.34